中国担保制度与担保方法

曹士兵 / 著

Guarantee Law of China

第五版

中国法制出版社
CHINA LEGAL PUBLISHING HOUSE

第五版
修订说明

《中国担保制度与担保方法》第五版根据《中华人民共和国民法典》（以下简称民法典）和《最高人民法院关于适用〈中华人民共和国民法典〉有关担保制度的解释》（以下简称民法典担保制度司法解释，以区别于2000年12月13日发布的《最高人民法院关于适用〈中华人民共和国担保法〉若干问题的解释》，后者简称担保法司法解释）修订。

改革开放之后，在形成我国担保法律制度的过程中，1995年颁布的《中华人民共和国担保法》（以下简称担保法）、2007年颁布的《中华人民共和国物权法》（以下简称物权法）发挥了奠基和建构法律体系的重要作用，可谓厥功至伟，最高人民法院2000年发布的担保法司法解释不仅拾遗补阙，也进一步发现、肯定、探索了担保领域的新方法、新制度，在推动我国担保制度走向成熟的过程中功不可没。民法典担保制度是对这些重要法律与解释的编纂，立法技术上有很大进步，更加注重体系的完整性、规范的逻辑性，也消除了既有法律、解释中一些矛盾和不成熟的地方，但即便如此，我国担保制度20余年发展的现实成就决定了民法典担保制度在立法发展上是担保法制度的法典化，是我国担保法制建设发展、成熟的标志。正是基于这样的基本认识，作者在本版修订中保留了担保法、物权法、担保法司法解释原有的内容，保留了对这些法律、解释的适用分析和阐述，而并非一律引用民法典和民法典担保制度司法解释的规定。这样处理有以下好处：

一是方便读者了解我国担保法制的全貌与发展历程。民法典中的担保制度只是我国担保法制的法典化部分，没有纳入民法典的担保法制的其他内容仍然活跃在法律实践中，这是由民法的属性决定的。当事人在民事活动中约定的规则与方法，法不禁止即可应用，且原则上具有法律效力。这一点在担保法司法解释的运用中更加明显，没有纳入民法典的司法解释内容，只要法律不禁止或未作改变，当事人就可以将其作为惯例应用于民事活动中，继续发挥规范和指导作用。从中，我们也可以观察到习惯法的形成过程，事实上，习惯法比制定法具有更高的要求，需要长期的法律实践并被实践所公认。

二是方便读者对照使用。原担保法的内容被民法典否定或改动的地方，在这次修订时都专门列出予以解释、阐述，为了读者阅读方便，作者常常是单独列出一个标题，既有利于读者找到相关内容，也有利于读者和保留下来的原担保法的内容相对照，有利于准确适用。

三是有利于制度创新。担保制度的法典化是立法的重大进步，但法典化会导致未能纳入编纂中的规范、制度游离于法典之外，而社会生活尤其是经济交往的快速发展，使法典中的担保法资源难以完全满足实践的需要，这已经被我国担保法律实践所证明。

因此，保留担保法、物权法、担保法司法解释的原有内容，有利于读者在了解民法典以及我国担保实践中所有的担保方法和制度的基础上，根据经济交往的实际需要创新担保方法，探索新的担保制度与规范，在满足实践需要的同时，推动我国担保制度继往开来，不断进步，为经济稳定、快速、健康发展赋能。

曹士兵

2022 年 8 月 22 日

总 目 录

导　论　中国担保法律环境评论 …………………………… 001

第一章　总　　则 …………………………… 021

第二章　保　　证 …………………………… 145

第三章　抵　　押 …………………………… 227

第四章　质　　押 …………………………… 363

第五章　留　　置 …………………………… 431

第六章　定　　金 …………………………… 451

第七章　担保纠纷案件诉讼程序与管辖 …………………………… 473

目　录

导论　中国担保法律环境评论

一、中国担保立法评论 …… 003
二、与担保相关的司法环境评论 …… 013
三、与担保相关的执法环境评论 …… 017
四、未来担保立法应予关注的问题 …… 018

第一章　总　则

第一节　担保法的调整对象 …… 023
一、担保法的调整对象——以典型担保方式为核心 …… 023
二、非典型担保形式与法律适用 …… 025
三、司法程序中担保的性质与法律适用 …… 031
第二节　担保法在时间上的适用范围 …… 035
一、担保法司法解释第133条的规定 …… 036
二、《最高人民法院关于涉及担保纠纷案件的司法解释的适用和保证责任方式认定问题的批复》的规定 …… 039
第三节　担保法规定的法律责任类型 …… 040
一、担保责任 …… 041
二、赔偿责任 …… 043
三、违约责任 …… 043
四、缔约过失责任 …… 045

第四节　独立担保 …… 045
一、担保行为的基本特性——从属性和附随性 …… 045
二、担保合同与主合同的特殊关系——独立担保 …… 047
三、独立担保在我国的实践 …… 050
四、独立担保案件的裁判方法——尊重当事人的意思自治 …… 053
第五节　共同担保 …… 059
一、共同保证 …… 059
二、共同抵押、质押 …… 061
三、混合共同担保 …… 069
四、民法典担保制度及其司法解释规定的共同担保追偿权 …… 073
五、担保关系中不同类型追偿权的总结 …… 074
第六节　对外担保 …… 076
一、何为对外担保——对外担保范围的认定 …… 076
二、对外担保的法律适用 …… 078
三、对外担保批准与登记的区别 …… 080
四、对外担保与标的涉外担保的区别 …… 081
五、关于适用外国法和国际惯例 …… 083
第七节　机关、社会团体、事业单位和其他组织提供的担保 …… 083
一、法人分类与我国民法通则关于法人的规定 …… 083
二、民事诉讼法上的其他组织 …… 085
三、无权利能力社团 …… 086
四、机关、社团法人、事业单位提供的担保 …… 087
五、其他组织、无权利能力社团及其执行机构提供的担保 …… 090
六、民法典总则规定的民事主体及其各自的担保资格 …… 093
第八节　公司担保 …… 098
一、2005 年修订前的公司法关于公司担保的规定与最高人民法院“×福实业公司担保案”的裁判背景 …… 098
二、“×福实业公司担保案”的裁判思路 …… 100
三、现行公司法关于公司担保能力的规定 …… 102

四、现行公司法相关规定中值得注意的问题 …… 104
五、如何看待最高人民法院 2006 年“×彩集团担保案” …… 106
第九节　无效担保的法律责任 …… 115
一、主合同有效而担保合同自身无效，担保人的责任 …… 116
二、主合同无效导致担保合同无效，担保人的责任 …… 118
三、主合同与担保合同均无效，担保人的责任 …… 121
四、无效担保人承担责任的前提——对债务人“不能清偿”到期债务的理解 …… 122
五、担保人承担赔偿责任后的追偿权 …… 125
第十节　主合同解除与担保人的法律责任 …… 127
一、主合同法定解除与担保人的法律责任 …… 128
二、担保人在主合同解除后承担担保责任的要件 …… 129
三、合同解除后担保人的责任范围 …… 130
第十一节　越权行为与担保责任 …… 131
一、代表人责任——法定代表人、负责人越权与担保责任 …… 132
二、表见代理——一般行为人越权与担保责任 …… 136

第二章　保　证

第一节　保证人的资格 …… 147
一、保证人的基本资格要求——代为清偿能力 …… 147
二、提供保证的合格主体和禁止主体 …… 148
三、分支机构、职能部门、代表处作保证人的情形 …… 150
第二节　保证合同的形式 …… 155
一、主从合同的形式 …… 155
二、主从条款的形式 …… 155
三、以保证人身份在合同上承保的形式 …… 155
四、保证人单方面出具的保证承诺书形式——民法典第 685 条的适用问题 …… 156

五、口头保证合同 …… 157
六、安慰函 …… 158
第三节　共同保证 …… 161
一、按份共同保证 …… 161
二、连带共同保证 …… 161
三、保证人的追偿权 …… 163
第四节　特殊保证 …… 165
一、对注册资金提供保证 …… 165
二、保证监督专款专用 …… 167
第五节　最高额保证 …… 167
一、最高额保证的特征 …… 168
二、最高额保证的决算期与清偿期 …… 169
三、最高额保证的保证期间 …… 170
第六节　保证责任与抗辩权 …… 172
一、先诉抗辩权与保证责任 …… 173
二、债权债务转移、主合同变更与保证责任 …… 179
三、保证期间与保证责任 …… 183
四、诉讼时效与保证责任 …… 192
五、债权人放弃物的担保与保证责任 …… 200
六、保证人死亡与保证责任 …… 203
第七节　保证关系中的欺诈 …… 204
一、债权人欺诈保证人 …… 205
二、债务人欺诈保证人 …… 206
三、债权人、债务人恶意串通欺骗保证人 …… 206
四、债务人、保证人共同欺诈债权人 …… 207
五、以贷还贷 …… 209
第八节　企业破产与保证责任 …… 211
一、债权人破产 …… 211
二、债务人破产 …… 212

三、保证人破产 …… 216
第九节　企业出售、改制、分立、合并与保证责任 …… 217
一、债务人发生企业出售、改制、分立、合并情况 …… 217
二、保证人发生企业出售、改制、分立、合并情况 …… 218
第十节　保证保险 …… 220
一、最高人民法院关于保证保险的裁判和答复 …… 220
二、最高人民法院对保证保险性质的不同认识 …… 222
三、保证保险的性质——信用保险 …… 223
四、审理保证保险案件值得注意的问题 …… 225

第三章　抵　押

第一节　抵押合同 …… 229
一、抵押合同的生效 …… 229
二、抵押合同的无效 …… 234
三、抵押合同不成立与不生效 …… 236
四、关于独立抵押合同 …… 238
第二节　抵押物 …… 239
一、房地产项目抵押与预售房屋抵押（未来财产的抵押） …… 239
二、建筑物与在建工程抵押 …… 240
三、建设用地使用权抵押和集体土地使用权抵押 …… 241
四、林木、林地使用权抵押与草地使用权、农作物抵押 …… 242
五、准物权——海域使用权与探矿权抵押 …… 244
六、车辆、船舶、航空器抵押 …… 245
七、一般动产抵押 …… 245
八、共有财产抵押 …… 246
九、限制流通财产的抵押 …… 248
十、即将取得的财产抵押 …… 248
十一、不得抵押的财产 …… 249

第三节　抵押权的取得 …… 258
一、依登记取得抵押权 …… 259
二、依抵押合同取得抵押权 …… 264
三、依法律规定取得抵押权 …… 266
四、依继承、遗赠取得抵押权 …… 267
五、依转让取得抵押权 …… 267
六、抵押权的善意取得 …… 269
第四节　抵押登记的效力 …… 284
一、不动产抵押登记的效力 …… 284
二、动产抵押登记的效力 …… 286
三、不动产抵押预告登记的效力 …… 287
第五节　抵押权的效力 …… 288
一、抵押权所涉抵押标的物的范围 …… 288
二、抵押权对一般债权人的效力——优先受偿效力 …… 298
三、抵押权对第三人的效力——对抗效力（含追及效力） …… 300
四、抵押权对侵害抵押物行为的效力 …… 309
五、未办理抵押登记的动产抵押权的效力 …… 312
第六节　抵押权的次序 …… 314
一、抵押权与留置权 …… 314
二、抵押权与质权 …… 315
三、抵押权与租赁权 …… 316
四、抵押权与抵押权 …… 316
五、抵押权与优先权 …… 318
六、抵押权与非典型担保 …… 319
第七节　无效抵押与部分无效的抵押 …… 321
一、抵押权因主债权无效、被撤销而无效 …… 321
二、抵押权因抵押人主体资格原因而无效 …… 323
三、抵押权因抵押财产原因无效 …… 323
四、抵押权因抵押人属于无权处分人而无效 …… 323

五、抵押权因抵押行为未经共有人同意而无效 …… 324
六、抵押物未能现实存在导致抵押权不生效力 …… 325
七、因恶意抵押导致抵押权无效 …… 326
八、流质抵押无效 …… 328
九、抵押期间的约定无效 …… 329
第八节　抵押权的实现 …… 329
一、实现抵押权的条件 …… 329
二、实现抵押权的程序 …… 330
三、实现抵押权的方式 …… 336
四、恶意实现抵押权 …… 340
五、抵押权人对债务人其他财产的求偿 …… 340
第九节　抵押权的消灭 …… 341
一、抵押权因所担保的债权消灭而消灭 …… 341
二、抵押权因抵押物的灭失而消灭 …… 342
三、抵押权因司法保护期届满而实际消灭 …… 342
四、抵押权因实现而消灭 …… 344
五、抵押权因放弃而消灭 …… 345
六、抵押权因债权人未经抵押人同意转让债务而消灭 …… 346
第十节　非典型抵押 …… 346
一、财团抵押 …… 347
二、浮动抵押 …… 348
三、“中国式按揭” …… 351
四、最高额抵押 …… 354

第四章　质　押

第一节　质押合同 …… 365
一、质押合同的生效 …… 365
二、质押合同不成立、不生效 …… 366

三、质押合同的无效 …… 367
四、对出质人不履行出质义务的违约救济 …… 367
第二节 质物与动产质权的取得 …… 369
一、质物的范围 …… 369
二、依法律行为设定动产质权 …… 371
三、继受取得质权 …… 374
四、质权的善意取得 …… 374
第三节 特殊动产质押 …… 375
一、金钱质押 …… 375
二、账户质押 …… 377
三、营业质押 …… 380
四、最高额质押 …… 380
第四节 动产出质人与质权人的权利义务 …… 382
一、出质人的权利 …… 382
二、出质人的义务 …… 384
三、质权人的权利 …… 385
四、质权人的义务 …… 390
第五节 动产质权的实现与消灭 …… 392
一、动产质权的实现 …… 392
二、动产质权的消灭 …… 394
第六节 权利质权 …… 398
一、可出质权利的性质与种类 …… 398
二、权利质权的取得 …… 400
三、出质人的权利义务 …… 401
四、质权人的权利义务 …… 404
五、存款单质权 …… 405
六、票据质权 …… 410
七、债券质权 …… 414
八、应收账款质权 …… 415

九、仓单、提单质权 …… 420
十、股权质权 …… 421
十一、知识产权质权 …… 422
第七节　权利质权的实现与消灭 …… 422
一、权利质权的实现 …… 422
二、权利质权的消灭 …… 428

第五章　留　置

第一节　我国法律规定的留置权 …… 433
一、留置权的沿革 …… 433
二、我国法律规定的留置权 …… 434
第二节　留置权的成立要件 …… 436
一、民事留置权的成立要件 …… 436
二、商事留置权的成立要件 …… 439
三、特别留置权的成立要件 …… 440
四、留置权成立的消极要件 …… 441
第三节　留置权的效力 …… 442
一、留置权的优先效力与对抗效力 …… 443
二、留置权所担保的债权范围和对留置物的效力范围 …… 443
三、留置权的不可分效力 …… 444
第四节　留置权的行使 …… 444
一、留置权的行使条件 …… 445
二、留置权的行使程序与方式 …… 446
第五节　留置权的消灭 …… 448
一、留置权因留置权人丧失对留置物的占有而消灭 …… 448
二、留置权人接受债务人另行提供的担保 …… 449

第六章 定　　金

第一节　定金的类型和各类型的运用 …… 453
一、立约定金 …… 453
二、成约定金 …… 455
三、解约定金 …… 456
第二节　定金的识别 …… 458
一、定金的性质与特点 …… 458
二、识别定金的方法 …… 459
三、其他不属于定金的金钱担保 …… 460
第三节　定金的实践性 …… 461
一、定金合同的实践性 …… 461
二、定金合同订立后少交付或多交付定金的处理 …… 462
三、定金的限额和超过限额的处理 …… 462
四、定金合同订立后不交付定金的处理 …… 463
第四节　定金处罚 …… 463
一、立约定金、成约定金、解约定金的处罚条件 …… 464
二、违约定金的处罚条件 …… 464
三、免予处罚定金的情形 …… 467
第五节　定金与损害赔偿、违约金的并罚 …… 469
一、定金与损害赔偿的并罚 …… 470
二、定金与违约金的并罚 …… 470

第七章　担保纠纷案件诉讼程序与管辖

第一节　担保纠纷案件的诉讼程序 …… 475
一、一般保证纠纷案件 …… 475
二、连带保证纠纷案件 …… 477
三、分支机构作保证人的担保纠纷案件 …… 478

四、债务人起诉债权人的纠纷案件 …… 480
五、物的担保纠纷案件 …… 481
六、保证与物的担保并存的担保诉讼案件 …… 483
第二节　担保纠纷案件的管辖 …… 483
一、债权人单独起诉债务人或担保人案件的管辖 …… 484
二、债权人一并起诉债务人和担保人案件的管辖 …… 484
三、债务人与担保人必须作为共同被告案件的管辖 …… 484
四、主从合同协议管辖选择法院不一致时管辖的确定 …… 485

导论

中国担保法律环境评论

市场经济即法治经济，在经济全球化迅猛发展的时代，与市场经济运行相关的法律制度建设，直接影响到一个国家和地区经济发展的速度和质量。担保法是市场经济的法律，其立法宗旨是保障债权的实现，法律制度的设置以债权人的合法权益为出发点，立法的最终目的是通过法律手段提升社会信用道德水平。从当今发达国家经济发展的历史来看，经济的腾飞通常伴随外资的引进和金融的繁荣，担保法在这两个方面都发挥着不可或缺的作用。引进外资和繁荣金融必然依赖信用保障，事实上，资本的运行与担保的运用一直具有共生性，两者的发展也是同步的，对于金融行业来说，一部好的担保法能够大力促进金融的繁荣，是为不辩之理。当前，随着经济交往的日益发达，担保已经从单纯的债权保障工具，演变为兼有债权保障功能和金融产品特性的混合工具，与金融创新密不可分，许多新型金融产品即以创新担保方式为核心，担保越发显示出独特的价值。我国关于担保的专门立法始于 20 世纪 90 年代中期，而涉及担保的司法审判活动却可以追溯到 20 世纪 70 年代末。时至今日，当世界资本流动和金融的有效运行直接影响国家经济发展，担保的作用愈加彰显的时候，对我国的担保法律环境进行全面的回顾，对我国担保立法和与担保有关的司法活动进行系统分析，成为必要。分析是为了总结成功与不足，发现并解决我国担保法律环境中存在的制约经济发展的障碍，促进我国担保法律制度的进一步完善，为提升我国利用外资水平和增强企业融资能力更好地提供法律保障。

一、中国担保立法评论

（一）中国担保立法概况

担保立法分为两类，一类是担保机构组织法，一类是担保行为法。担保机构组织法是规范信用担保经营主体（主要是担保公司）的成立、组织机构、运作方式、经营范围、行业监管、法律责任的法律；担保行为法是规范担保公司的担保行为和法律允许做担保人的其他主体的担保关系的法律。担保行为法不只是针对担保公司，它调整的是民事、经济活动中所有的担保关系。

目前，我国的担保公司非依特别法成立，而是依公司法成立的普通公司，就担保机构组织法而言，《中华人民共和国公司法》（以下简称公司法）是担保机构组织法的核心。在我国设立各类担保公司，除因经营担保业务的特殊性而需要主管部门批准外，其设立程序基本上按照普通公司的设立程序进行。对于因特定目的设立的担保公司，如中小企业信用担保机构、住房置业担保公司，政府相关部门发布的规范意见、管理办法①，也部分起到担保机构组织法的作用，但它们不能成为我国的法律渊源。可以说，信用担保业的组织法在我国还略显薄弱，现有的有关组织制度方面的法律与规章制度还不能完全满足信用担保业广阔发展的需要。在这一状况下，调整担保行为方面的法律制度愈显重要。

我国关于担保行为方面的立法到目前为止经历了三个阶段。第一个阶段是萌芽期，从中华人民共和国成立到1986年《中华人民共和国民法通则》（以下简称民法通则②）颁布之前。在这一时期基本没有针对担保行为的立法，社会经济活动中担保行为较为少见，偶尔出现的担保行为，由于没有法律规定，司法机关对其性质认定和法律后果的判断处于初步探索阶段③。这一时期关于担保行为的规则仅有最高人民法院发布的零散法律意见，数量极少，处于初级阶段。第二个阶段是立法期，以1987年民法通则的颁布为标志，截至1995年《中华人民共和国担保法》（以下简称担保法）颁布之前。民法通则在第89条规定："依照法律的规定或者按照当事人的约定，可以采用下列方式担保债务的履行：（一）保证人向债权人保证债务人履行债务，债务人不履行债务的，按照约定由保证人履行或者承担连带责任；保证人履行债务后，有权向债务人追偿。（二）债务人或者第三人可以提供一定的财产作为抵押物。债务人不履行债务的，债权人有权依照法律的规定以抵押物折价或者以变卖抵押物的价款优先得到偿还。（三）当事人一方在法律规定的范围内可以向对方给付定金。债务人履行债务后，定金应当抵作价款或者收回。给付定金的一方不履行债务的，无权要求返还定金；接受定金的一方不履行债务的，应当双倍返还定金。（四）按照合同约定一方占有对方的

① 如2000年5月16日发布的《住房置业担保管理试行办法》（已失效）等。

② 民法典于2021年1月1日起实施，物权法、担保法、民法通则等同时废止。

③ 在这一时期，最高人民法院答复过的地方法院请示中就有"当事人在书面协议中约定担保的，是否承担法律责任？"的问题。参见《人民法院年鉴1992》，人民法院出版社1992年版，第267页。

财产，对方不按照合同给付应付款项超过约定期限的，占有人有权留置该财产，依照法律的规定以留置财产折价或者以变卖该财产的价款优先得到偿还。”民法通则是我国民事基本法，其中对四种担保形式——保证、抵押、定金、留置的规定，是新中国在担保领域的首次立法，基本改变了我国担保领域无法可依的局面。此后，最高人民法院在民法通则规定的范围内发布了含有担保法律规范的司法意见——《关于贯彻执行〈中华人民共和国民法通则〉若干问题的意见（试行）》[①]，其中涉及担保的条文共 12 条；各省、市地方也制定了相关的地方性法规；1993 年《中华人民共和国经济合同法》[②] 修订颁布，其中对定金和保证作了规定，条文共有两条；1994 年最高人民法院发布了针对保证的系统司法解释——《关于审理经济合同纠纷案件有关保证的若干问题的规定》[③]，共 31 条，成为这一时期对担保行为规定的条文最多、分量最重的法律解释性文件，是人民法院审理担保纠纷案件的主要依据，弥补了成文法的不足。第三个阶段是专门立法期，从 1995 年担保法的颁布至今。这一时期社会经济活动中的担保行为非常活跃，担保纠纷显著增多，新型的信用担保业——担保公司纷纷设立，社会经济生活和司法实践对制定专门担保法的需要更加迫切。1995 年 6 月 30 日颁布，同年 10 月 1 日生效的担保法共 7 章 96 条，分别对常见的典型担保行为——保证、抵押、质押、定金、留置——作了系统的规定，其中也包括较新的动产抵押担保和权利质押担保形式。2000 年 12 月 13 日最高人民法院发布了《关于适用〈中华人民共和国担保法〉若干问题的解释》（以下简称担保法司法解释）[④]，有力地配合了担保法的贯彻实施。该解释共 134 条，针对司法实践中出现的担保领域中的疑难问题，以担保法为依据给予了系统的解释。与此同时，一些省、自治区、直辖市也制定了贯彻实施担保法的地方立法和规章。2007 年 3 月 16 日《中华人民共和国物权法》（以下简称物权法）颁布并于同年 10 月 1 日生效，该法第四编——担保物权编规定了抵押权、质权和留置权，法律适用效力优于担保法，因此成为我国担保物权制度的核心法律。到第三个阶段，我国已经建立起以民法通

---

① 于 2021 年 1 月 1 日失效。

② 于 1999 年 10 月 1 日失效。

③ 最高人民法院法发〔1994〕8 号，1994 年 4 月 15 日发布，于 2021 年 1 月 1 日失效。

④ 最高人民法院法释〔2000〕44 号，2000 年 12 月 8 日发布，于 2021 年 1 月 1 日失效。

则、合同法、物权法为基本法，以担保法为核心，以最高人民法院司法解释为重要补充的完整的担保法律体系，基本上可以适应我国经济活动中各类担保行为调整的需要。

2021 年 1 月 1 日实施的《中华人民共和国民法典》是我国民事法律制度集大成的重要法制建设成果，具有世界性影响，民法典中关于担保制度的建构，对自 1995 年以来我国担保法律制度领域重要法律法规、司法解释、规章制度、地方性立法进行了科学编纂，既有取舍，又有发展，在立法技术上有重大进步，更加注重体系的完整性、逻辑性和法律规范的有效适用，同时消除了既有法律、司法解释中一些矛盾和不成熟的内容。民法典担保制度内容并不多，但体现了世界法制文明的重要成果，反映了我国法律实践在担保领域的重要探索和创见，比如“中国式按揭”、账户质押、清算型让与担保等，也肯定了最高人民法院有关担保法司法解释的工作成果。2020 年 1 月 1 日，为了配合民法典担保制度的正确实施，最高人民法院及时发布了民法典担保制度司法解释，这一新的司法解释既对最高人民法院 2000 年发布的担保法司法解释进行了拾遗补阙，同时发现、肯定、探索了担保领域的新方法、新制度，在配合民法典实施和推定我国担保制度走向成熟中具有重要意义。

（二）中国担保立法主要成功之处

首先，中国担保立法主要是担保行为立法，目前经济活动中常见的典型担保行为都由法律调整，非典型担保行为的一部分在我国也能找到法律规定，从法律适用上来说，我国已形成一个对不同担保行为均有法律适用的担保行为法体系。这是中国担保立法的主要成功之处。具体而言：1. 典型担保，即保证、抵押、质押（包括动产质押和权利质押）、留置、定金等，由担保法调整，其中包括担保、反担保、再担保、共同担保这样的不同形式；2. 非典型担保，如按揭、回购、所有权保留等，由民法通则、《中华人民共和国合同法》[①]（以下简称合同法）调整；3. 司法程序中的担保，如诉讼保全、强制执行中的担保，由《中华人民共和国民事诉讼法》（以下简称民事诉讼法）调整；4. 其他担保，如收费权

① 合同法第九章买卖合同第 134 条，即关于所有权保留的规定（民法典第 641 条规定：“当事人可以在买卖合同中约定买受人未履行支付价款或者其他义务的，标的物的所有权属于出卖人。出卖人对标的物保留的所有权，未经登记，不得对抗善意第三人。”）。

质押、退税托管账户质押等，除被法律法规、司法解释明确纳入物权担保外[①]，由合同法调整，即按照当事人之间的约定处理担保人与被担保人之间的权利义务关系，对第三人不发生对抗效力，尤其不得对抗善意第三人。

其次，中国担保法确立了“保障债权”的立法宗旨，对市场信用的建立有促进作用。担保法的立法宗旨凸显了保障债权在担保法中的至高地位，在担保法的司法实践中，遇到法律没有规定，不同观点又争执不下时，立法宗旨的重要地位就愈加彰显。就利益衡量而言，根据立法宗旨关于“保障债权实现”的规定，债权人的地位在同等条件下要优于债务人和担保人，在债权人的利益与债务人、担保人的利益发生冲突，各方无法实现互利、“双赢”，法律又无具体规定时，以担保法立法宗旨为法律解释依据，债权人的利益应居于优先受保护的地位。这是担保法的另一成功之处。

最后，中国担保立法将保证这样的人保形式和抵押、质押这样的物保形式放在同一部法律中，有助于整个社会对担保建立完整的认识，尤其是对担保物权。在物权法颁布之前，通过担保法的规定，人们认识到担保物权的重要性，并对物权的性质、特点以及在保障债权实现上的优势有了正确的认识。在一定意义上，担保法培植了物权优先的思想，为全社会进一步树立物权保护意识起到了宣传、铺路的作用。

---

① 高速公路收费权质押，由《国务院关于收费公路项目贷款担保问题的批复》（国函〔1999〕28号）和最高人民法院担保法司法解释第97条规定为权利质押的标的，债权人可以取得质权（民法典担保制度司法解释第61条规定：“以现有的应收账款出质，应收账款债务人向质权人确认应收账款的真实性后，又以应收账款不存在或者已经消灭为由主张不承担责任的，人民法院不予支持。以现有的应收账款出质，应收账款债务人未确认应收账款的真实性，质权人以应收账款债务人为被告，请求就应收账款优先受偿，能够举证证明办理出质登记时应收账款真实存在的，人民法院应予支持；质权人不能举证证明办理出质登记时应收账款真实存在，仅以已经办理出质登记为由，请求就应收账款优先受偿的，人民法院不予支持。以现有的应收账款出质，应收账款债务人已经向应收账款债权人履行了债务，质权人请求应收账款债务人履行债务的，人民法院不予支持，但是应收账款债务人接到质权人要求向其履行的通知后，仍然向应收账款债权人履行的除外。以基础设施和公用事业项目收益权、提供服务或者劳务产生的债权以及其他将有的应收账款出质，当事人为应收账款设立特定账户，发生法定或者约定的质权实现事由时，质权人请求就该特定账户内的款项优先受偿的，人民法院应予支持；特定账户内的款项不足以清偿债务或者未设立特定账户，质权人请求折价或者拍卖、变卖项目收益权等将有的应收账款，并以所得的价款优先受偿的，人民法院依法予以支持。”）。

（三）中国担保立法的不足

我国担保法制定于20世纪90年代中期，由于时代的局限性，不可避免存在不足之处，主要表现在以下四个方面：

1. 立法具有局限性和保守性，理论准备不足。我国从对担保没有立法发展到对担保专门立法是一个巨大的进步，对整个社会建立市场信用和增强信用意识都有重要的意义，但毕竟因时代的限制存在立法局限性和保守性。首先，由于认识上的局限，担保法局限于调整典型担保形式，对现实经济活动中被反复应用、大量鲜活而行之有效的非典型担保方式没有涉及，因此从成文法的角度看，我国欠缺对于非典型担保方式的法律规定，不利于非典型担保在经济活动中的运用，司法实践也存在法律适用上的困难。常见的非典型担保，如按揭担保、所有权保留担保、让与担保、回赎等，在我国目前的经济生活中很常见，但在担保法中没有规定，司法机关无法依据担保法对这些法律关系中的权利义务进行裁决。此外，在权利质押方面，担保法、物权法肯定权利质押是一大进步，但同时又存在明显的保守之处，对可出质的权利进行了列举式的限制，并又同时规定非常模糊的“兜底条款”[①]，造成实践中对究竟哪些权利在我国可以质押认识模糊，法律的可预见性不强。比如，国际经济交往和国内经济活动中常见的收费权质押，在我国法律背景下是否有效？债权人能否取得担保物权？国内对这些问题存在模糊认识。担保法和物权法对权利质押的规定，在很大程度上限制了权利质押在经济活动中的实际运用[②]。

担保法起草制定之时，由于对担保制度和物权理论的研究还不充分，理论准备不足也反映到立法中。首先是担保法在抵押合同的效力和抵押权的追及效力等方面没有彻底贯彻物权的法律本质，将抵押登记作为抵押合同的生效要件（担保

---

① 即担保法第75条第4项（对应民法典第440条第7项，无实质变化）和物权法第223条第7项（对应民法典第440条第7项，无实质变化）对于权利质押的限制。

② 大陆法系在权利质押上一般仅限制不可转让的权利和非财产权利，民事权利只要有可让与性和变现价值，均可以被当事人用作担保财产。可参考《德国民法典》第1274条、《日本民法典》第362～367条的规定。

法第41条[①]),“混淆了抵押合同的生效与依据抵押合同所发生的物权变动”[②];在抵押人转让抵押物的情况下,担保法规定抵押权转化为对转让价款的物上请求权(担保法第49条[③]),未赋予抵押权追及效力,淡化了抵押权的物权性质,不仅导致法律适用上的困难,而且给抵押人逃避抵押责任提供了条件。因为,按照担保法的规定,抵押人只要履行通知抵押权人和告知受让人的义务,就可以处分抵押物,而抵押权人只能要求抵押人将转让抵押物的价金优先向其清偿,而不能向受让人行使抵押权。因此,当抵押权人收到抵押人转让抵押物的通知后,只能等待抵押人自觉履行债务,如果抵押人将转让抵押物的价金挪作他用,抵押权人的权利落空将无法避免。在这种情况下抵押权人为了保护自身权利,只能采取诉讼方式要求法院扣押价金,基本上等同于抵押权人在行使其债权请求权(通过申请财产保全控制抵押财产),抵押权所具有的物权效力被弱化[④]。其次是误用物权优先原理,以物权优先于债权为立法理由,强行规定物的担保优先于人的担保,限制当事人的意思自治[⑤](担保法第28条[⑥])。当债权人在有保证人作担保的情况下,为了债权的安全,要求债务人提供抵押物或质物,旨在形成对债权实现的“双保险”,但担保法强行规定保证人免除担保物价值部分的保证责任,不

---

① 民法典第402条规定:“以本法第三百九十五条第一款第一项至第三项规定的财产或者第五项规定的正在建造的建筑物抵押的,应当办理抵押登记。抵押权自登记时设立。”

② 梁慧星主编:《中国物权法草案建议稿》,社会科学文献出版社1999年版,第612页。物权法第15条对此已经进行实质性的修正(对应民法典第215条,无实质变化)。

③ 民法典第406条规定:“抵押期间,抵押人可以转让抵押财产。当事人另有约定的,按照其约定。抵押财产转让的,抵押权不受影响。抵押人转让抵押财产的,应当及时通知抵押权人。抵押权人能够证明抵押财产转让可能损害抵押权的,可以请求抵押人将转让所得的价款向抵押权人提前清偿债务或者提存。转让的价款超过债权数额的部分归抵押人所有,不足部分由债务人清偿。”

④ 对于我国担保法未规定抵押权人的追及权问题,已故著名民法学家谢怀栻先生建议最高人民法院在司法解释中采取当然解释方法,解释抵押权当然有追及权。对此,出于司法解释权限上的考虑,最高人民法院未作当然解释,但在抵押人未按照担保法的要求转让抵押物时,最高人民法院采取了目的解释方法,解释为抵押权人有追及权,也可视为对谢先生建议的回应。见担保法司法解释第67条。

⑤ 物权法第176条(对应民法典第392条,无实质变化)对此作了改变,允许债权人与担保人按照约定的方式实现债权,即允许当事人意思自治,实为我国担保制度一大进步。

⑥ 该条已经被废止。民法典第392条进一步明确规定:“被担保的债权既有物的担保又有人的担保的,债务人不履行到期债务或者发生当事人约定的实现担保物权的情形,债权人应当按照约定实现债权;没有约定或者约定不明确,债务人自己提供物的担保的,债权人应当先就该物的担保实现债权;第三人提供物的担保的,债权人可以就物的担保实现债权,也可以请求保证人承担保证责任。提供担保的第三人承担担保责任后,有权向债务人追偿。”

允许债权人与担保人意思自治，其结果是导致债权人无法获得人保和物保的“双保险”。担保法这样强行规定的目的是保护保证人，但更为合理的解决途径应当是通过规定抵押权的代位行使的方式，即允许当事人通过意思自治约定由保证人先行承担保证责任，保证人承担保证责任后，可以代位行使债权人在抵押财产上的抵押权。[①]

2. 无效担保法律责任界限模糊。担保法调整担保法律关系，对担保责任的规定是其核心内容，包括无效担保后的法律责任。担保法关于无效担保责任的规定仅有一款（担保法第 5 条第 2 款[②]），笼统规定债权人、债务人、担保人视过错承担相应民事责任，对于责任的构成、责任的划分、责任的性质均未作规定，导致无效担保情况下担保人责任不确定，司法实践中常出现无效担保时担保人的责任重于有效担保的情况。除此之外，在分支机构无效担保的问题上，担保法也笼统规定法人对分支机构承担过错责任（担保法第 29 条），但对于法人过错的性质、内容、分支机构过错的性质、内容等细节，法律均不作规定，导致动辄因分支机构越权行为追究法人的无效担保责任，置法人于不安全的境地，不利于遏制分支机构与债权人串通向法人转嫁风险的行为。针对该问题，为弥补立法的不足，担保法司法解释根据担保人与债权人过错大小进一步对无效担保责任进行了区分，划分了四种责任情形[③]。但司法解释的划分方法也因立法的局限而存在法律责任构成要件上的不足。

3. 担保制度设置复杂。担保法的制度设置以保障债权为出发点，也同时注意平衡债权人与担保人的各自利益，但担保法在制度设置上还是呈现出复杂化的

---

① 抵押权的代位行使可参见拙作《中国担保诸问题的解决和展望》的介绍，中国法制出版社 2001 年版，第 79 页。在史尚宽先生的《物权法论》（中国政法大学出版社 2000 年版）中更有详细阐述。

② 对应民法典第 388 条第 2 款，无实质变化。

③ 担保法司法解释第 7 条和第 8 条（民法典担保制度司法解释第 17 条规定：“主合同有效而第三人提供的担保合同无效，人民法院应当区分不同情形确定担保人的赔偿责任：（一）债权人与担保人均有过错的，担保人承担的赔偿责任不应超过债务人不能清偿部分的二分之一；（二）担保人有过错而债权人无过错的，担保人对债务人不能清偿的部分承担赔偿责任；（三）债权人有过错而担保人无过错的，担保人不承担赔偿责任。主合同无效导致第三人提供的担保合同无效，担保人无过错的，不承担赔偿责任；担保人有过错的，其承担的赔偿责任不应超过债务人不能清偿部分的三分之一。”），详细内容参见李国光等：《〈关于适用《中华人民共和国担保法》若干问题的解释〉理解与适用》，吉林人民出版社 2000 年版，第 67~76 页。

倾向。对此，我们可以从担保法规定的保证期间的内容和抵押物登记部门的多元化两方面加以例证。

保证期间是担保法规定的保证人承担保证责任的期间，期间届满保证人免除保证责任。按照担保法的规定，保证期间具有法定性和强制性，无论当事人是否约定保证期间，保证合同均必须有保证期间。关于保证期间，首先，遇到的问题是，由于担保法的特殊表述，实践中对保证期间的性质存在认识上的重大分歧。按照担保法第25条、第26条[①]的规定，债权人未在保证期间内依照法律的规定主张权利的，“保证人免除保证责任”，而债权人主张权利的，“保证期间适用诉讼时效中断的规定”。根据担保法的表述，有主张保证期间属于消灭时效的，也有主张保证期间属于除斥期间的，更有主张保证期间属于诉讼时效的。这样一来就致使保证期间能否消灭债权，保证期间是否仅产生保证人对债权人的抗辩权，保证期间是否可以中断、中止、延长等问题成为疑问，影响到当事人权利义务关系的稳定。为此，最高人民法院在发布担保法司法解释时，从担保法关于保证期间具有“保证人免除保证责任”的法律效力推论，将保证期间解释为除斥期间，减少了法律适用上的不稳定性，但由于法律规定的不确定，司法解释的推论也同样受到来自理论界的批评。其次，担保法对一般保证和连带保证规定了不同的保证期间失效方式，规定连带保证由债权人直接向保证人主张权利，一般保证必须也只能向债务人主张权利；对连带保证，担保法未规定债权人主张权利的方式，但规定一般保证中债权人主张权利的方式只能是起诉或申请仲裁。在不同的保证方式中，债权人行使权利的对象、方式因法律规定而各不相同，普通当事人实难分辨。除此之外，保证期间的其他细节，比如分期偿还债权保证期间的起算点、无效保证的保证期间价值、期间届满后保证人自愿清偿的效力等，也较为复杂，直接导致法律适用上的困难。司法实践表明，在保证纠纷案件中，保证人在保证

---

① 民法典第692条规定：“保证期间是确定保证人承担保证责任的期间，不发生中止、中断和延长。债权人与保证人可以约定保证期间，但是约定的保证期间早于主债务履行期限或者与主债务履行期限同时届满的，视为没有约定；没有约定或者约定不明确的，保证期间为主债务履行期限届满之日起六个月。债权人与债务人对主债务履行期限没有约定或者约定不明确的，保证期间自债权人请求债务人履行债务的宽限期届满之日起计算。”第693条规定：“一般保证的债权人未在保证期间对债务人提起诉讼或者申请仲裁的，保证人不再承担保证责任。连带责任保证的债权人未在保证期间请求保证人承担保证责任的，保证人不再承担保证责任。”

期间上面几乎有无穷的抗辩理由，致使债权人疲于应付[①]。

抵押物的登记是抵押权取得方式之一，对债权人意义重大。现行担保法规定的抵押物的登记部门本身就比较复杂，除此之外，该法还规定最有抵押价值的建筑物抵押的登记部门可以由地方县级人民政府自行决定，这样就必然导致我国建筑物的抵押登记部门难以统一。实践中，有的地方规定房地产管理部门为登记部门；有的地方规定房地产交易中心为登记部门；有的地方干脆由工商行政管理部门登记；更有甚者，有的地方规定当事人必须同时在房地产管理部门和土地管理部门作双重登记。这样一来，建筑物抵押在我国因抵押登记部门重叠，查询困难，重复抵押增加，直接导致建筑物抵押担保价值的降低。

4. 法律价值取向未臻完满。担保法的立法宗旨弘扬对债权的保护是非常重要和必要的，但在法律价值的取向上，担保法仅着眼于以担保转移风险作为保障债权实现的手段，而没有注意到担保分散风险也同样是保障债权实现的关键，在不少方面表现出为保障债权而加重担保人负担的倾向。例如，在担保合同未约定担保范围时，担保法规定由担保人承担全部债务；在当事人未约定担保方式时，担保法规定担保人承担连带责任等。[②] 这样的法律价值取向对社会实践的导向作用是，债权人在经济活动中热衷于寻找一个愿意完全承担风险的担保人，而忽视对债务人清偿能力、信用程度的审查，在指导思想上将担保人作为风险的转移对象。这在我国银行业贷款审查中非常常见，笔者将这种现象称为“向担保人逃避”[③]。“向担保人逃避”的指导思想致使银行在发放贷款的时候明知债务人没有信用，缺乏偿债能力，但只要债务人找到一个愿意承担连带责任的保证人（有时银行甚至出面为债务人寻找保证人），银行仍然会发放贷款。从表面上看银行的行为符合商业运作，但由此埋下了纠纷的隐患。因为银行本可以指望两个债务人（债务人和保证人）承担清偿责任，现在只能指望一个债务人（即保证人），而

---

① 关于保证期间给司法实践带来的麻烦，可参阅笔者撰文《清理保证期间的法律适用》，载《中国民商审判》第二卷，法律出版社 2002 年版，第 267 页。

② 担保法第 21 条第 2 款、第 19 条（这一严苛的立法思路，在民法典编纂时得到缓和和修正，如民法典第 691 条规定：“保证的范围包括主债权及其利息、违约金、损害赔偿金和实现债权的费用。当事人另有约定的，按照其约定。”第 686 条规定：“保证的方式包括一般保证和连带责任保证。当事人在保证合同中对保证方式没有约定或者约定不明确的，按照一般保证承担保证责任。”）。

③ 详见拙作《中国担保诸问题的解决与展望》第三章的介绍。

保证人因承担的担保责任属于约定责任的性质而享有法律规定的特别抗辩权，比如保证期间抗辩、欺诈抗辩等，债权实现的不确定性加大。当前，从世界各国担保立法的实践看①，应当鼓励在担保立法中建立符合诚实信用、等价有偿的市场经济规律的完整价值取向，在不排除风险转移的模式下，树立担保的风险分散价值观，通过立法形成“担保也旨在分散风险”的法律意识，以便于债权人、债务人、担保人构成完整的风险承担体系②，使债权的实现更加有保障，也更加符合市场经济的规律。

二、与担保相关的司法环境评论

（一）司法活动中形成的对担保制度及担保法律关系的共识

我国与担保相关的司法环境基本上是良好的。如前所述，在没有担保立法的时期，有关担保的法律文件仅表现为最高人民法院的法律意见。在民法通则对担保制度有了规定以后，最高人民法院发布了司法解释将担保法律条文具体化。担保法颁布后，最高人民法院又发布了担保法司法解释，集中地归纳、总结了1995年担保法颁布后在法律适用和司法实践中存在的典型问题，并有针对性地进行司法解释。该司法解释篇幅之大是前所未有的，表明了司法部门对担保法及其适用的高度重视。随着担保立法的发展和司法实践的进步，我国司法界在审理担保纠纷案件中基本形成以下共识：

1. 担保的目的是为债权实现提供保障，在法律无强制性规定的情况下，当事人之间关于担保的意思自治具有法律效力。

2. 担保行为必须符合担保法的规定，担保法规定的保证、抵押、质押、留置、定金五种担保方式，可以普遍适用于各类经济活动，发挥担保债权实现的功能。

3. 担保关系在当事人就提供担保的意思表示达成一致并按照担保法的规定履行手续后确立，担保行为带来法律责任。除法律规定或当事人约定的免责情形

---

① 从联合国贸易法委员会第六工作组起草的《担保交易立法指南草案》中即可见一斑，https://uncitral.un.org/zh/working_groups/6/security_interests，最后访问时间：2016年7月2日。

② 据了解，我国各类担保公司在签订的担保合同中，已经在尝试通过担保组合的方式，与债权人、债务人分担风险。中国投资担保有限公司在其中起到了示范作用。这些可视为担保业在积极地实践着担保分散风险的价值观，值得重视。

外，担保行为所招致的法律责任可能有担保责任（担保关系有效）、无效担保的赔偿责任（担保关系无效）、缔约过失责任（担保关系不成立或不生效）和违约责任（担保有效但担保权益不能实现）。

4. 担保关系各方当事人系平等主体，应当遵循平等、自愿、诚实信用的原则开展担保活动。债权人在债务人不履行债务时有权要求担保人承担担保责任，担保人也享有担保法规定的各类抗辩权。在债权人采取隐瞒真实情况、不当陈述、与债务人串通等手段欺诈担保人时，担保人依法可以免除担保责任。

5. 担保人的担保意思表示被债权人接受后，担保人不得撤销其担保。但担保不能推定，在没有证据证明当事人有提供担保的意思表示时，不能推定当事人为担保人。

6. 担保方式区分为人保和物保。保证属于人保，仅在债权人、保证人之间发生效力，保证人以全部责任财产承担保证责任；抵押、质押、留置、定金属于物保，担保人以特定财产承担担保责任。物保不仅在债权人、担保人之间发生效力，而且有对抗第三人的效力，当事人侵占担保物构成侵权，依法产生侵权责任。

7. 担保行为的法律效力受担保法的限制。保证行为无效的原因主要是保证人主体资格欠缺，担保法禁止国家机关、公益单位、法人的职能部门和分支机构、自治组织等主体作保证人；抵押、质押行为无效的原因主要是担保物不合法，担保法禁止国家机关的财产、公益设施、教育医疗设施、土地所有权、集体所有土地使用权、禁止流通物、受强制措施的财产、破产财产作为担保物。

8. 抵押权人、质权人、留置权人享有优先受偿权，优先于普通债权人受偿。对抵押物、质物、留置物采取强制措施，必须优先满足抵押权人、质权人、留置权人的权利。在抵押人、出质人、被留置人破产时，担保物不属于破产财产。

（二）司法环境存在的主要不足

我国担保法司法实践所存在的不足之处主要可以归纳为三个方面：1. 民事法律责任泛化；2. 司法保守；3. 法律适用上的不稳定。

1. 民事法律责任泛化，所谓民事法律责任泛化指不适当地夸大民事责任的作用和在法律之外创造民事责任类型，在不具备形成民事责任的地方采取民事责任来处理纠纷的现象。法律责任来自法律规定，没有法律规定就没有法律责任，在这一点上，无论是刑事法律责任，还是民事法律责任都是相同的。然而，在民事司法中，目前还存在法官引用某一法律认定当事人承担某种民事责任，但在被援引的法律中却没有规定该种民事责任类型的现象。这就不符合责任法定的原则。落实到担保纠纷案件的审理中，一些法院对无效担保责任的裁判存在泛化民事法律责任的现象，不严格遵循民事责任的构成要件。担保法规定担保无效后担保人有过错的，应当承担相应的民事责任，该责任在理论上属于广义缔约过失责任，无效担保人的责任必须以担保人有过错，且担保人的过错行为与债权人损失之间的因果关系为要件。但一些法院在裁决中忽视因果关系要件，仅以担保人有过错这一要件裁判担保人向债权人承担过错赔偿责任，即便此时债权人也有过错。担保法司法解释第7条、第8条[①]也部分存在此种思路。按照该思路处理无效担保纠纷案件，其后果是债权人将自身过错带来的风险转嫁给了担保人，不适当地加重了担保人的负担，助长了债权人的侥幸心理，也可能导致无法准确区分经济纠纷和经济犯罪。债权人、债务人、担保人三方均有过错的情况中也可能包含三方共同违法的情形，以民事责任来划分三方责任，就可能出现以民事裁判解决刑事责任的问题。例如，双方当事人签订进口汽车零部件合同，实际上约定共同走私汽车，如果第三人在知情的情况下为其中一方提供货款担保，则构成共犯。如果在这种情况下仍然以担保人明知主合同无效而提供担保，裁判担保人向主合同一方当事人承担赔偿责任，就等于以民事责任取代刑事责任。

2. 司法保守，主要体现在对新型担保方式、担保法没有规定的担保方式的拒绝和区分对内担保和对外担保两个主要方面。新型担保方式主要是独立担保。独立担保是国际商会458号《见索即付保函统一规则》（Uniform Rules for Demand Guarantees，URDG）规定的担保方式，也纳入了《独立担保和备付信用证公约》[②]，但司法审判中仅承认独立担保在对外担保和外国银行、机构对国内机

---

① 民法典担保制度司法解释第17条规定："主合同有效而第三人提供的担保合同无效，人民法院应当区分不同情形确定担保人的赔偿责任：（一）债权人与担保人均有过错的，担保人承担的赔偿责任不应超过债务人不能清偿部分的二分之一；（二）担保人有过错而债权人无过错的，担保人对债务人不能清偿的部分承担赔偿责任；（三）债权人有过错而担保人无过错的，担保人不承担赔偿责任。主合同无效导致第三人提供的担保合同无效，担保人无过错的，不承担赔偿责任；担保人有过错的，其承担的赔偿责任不应超过债务人不能清偿部分的三分之一。"

② 该公约于1995年签订，我国尚未参加。

构担保上有效，对于国内企业、银行之间的独立担保采取否定的态度，不承认当事人对独立担保的约定具有法律效力。比如最高人民法院在“某进出口公司、某国际租赁公司与某投资公司代理进口合同案”判决中认为，“担保函中虽然有‘不因委托人的原因导致代理进口协议书无效而失去担保责任’的约定，但在国内民事活动中不应采取此种独立担保方式，因此该约定无效”。[①] 最高人民法院对国内独立担保的不予承认，理由主要是独立担保存在欺诈和滥用权利的弊病，易引起权利失衡。但随着我国加入 WTO 和国内经济与世界经济的一体化，继续对独立担保采取区别对待的态度已经渐趋保守，不符合经济社会发展的需要。而从国际实践来看，独立担保中存在的欺诈和滥用权利并非其独有，可以借助法律的手段加以遏制。

从法律适用的角度看，担保法是对担保行为的规范，也是对担保行为的认可，但并不能得出担保法没有规定的担保方式就是无效担保的结论。但司法审判中普遍存在对担保法没有规定的担保方式持怀疑态度的认识，一些司法者认为担保法没有规定的担保行为，即属于无效担保行为[②]。这一认识的存在虽然主要是因为担保立法的不足，但也有司法保守的问题，不利于非典型担保方式在我国的发展。实际上，担保行为是当事人在实践中选择的债权保障方式，法律有规定的，属于典型担保方式，法律没有规定的，属于非典型担保方式，并不能统统归入无效担保中。肯定非典型担保既符合民法的尊重当事人意思自治的基本原则，又鼓励了制度创新，有利于新型担保方式的尝试和发展，能够在促进金融和经济的繁荣中起到作用。

3. 法律适用上的不稳定，主要反映在对同一法律行为的法律后果未作相同的处理。同一行为的法律后果应作相同处理是法治原则的要求，我国司法界当然不会漠视，但在对复杂担保行为的法律后果的认定上，由于涉及多种因素，就存

---

① 最高人民法院民事判决书经终字第 184 号。见《经济审判指导》第二卷，法律出版社 1999 年版，第 298 页。

② 总结和归纳审判实践，因担保法未明确规定而被法院裁判为无效的担保类型有：证券代保管单质押、账户抵押、汽车合格证抵押、存款抵押、银行开户证实书质押、应收账款抵押、浮动抵押、收费权质押等。

在认定上的不统一。比如，担保法第10条①第1款规定："企业法人的分支机构、职能部门不得为保证人。"按照立法结构和文义解释，该款为法律禁止性规定且为一般原则，在法律无例外规定时，分支机构作保证人的保证合同应认定无效。金融机构性质上仍然属于企业，金融机构的分支机构作保证人与一般企业法人的分支机构作保证人应作相同的认定。但司法实践中，不少法院区别对待金融机构的分支机构与一般企业法人的分支机构，认为前者作保证人不受担保法的限制。这种对法律条文的解释属于目的性限缩的主观解释方法，既不符合担保法的文义，也容易导致第三人成功地通过与分支机构串通而向金融机构转嫁风险②，不利于防范金融风险。③

三、与担保相关的执法环境评论

在担保法颁布后，中央和地方政府也随即制定、发布了一系列与担保法实施相配套的法规、规章，一些行政部门也开始承担起相关的行政义务，为担保法顺利实

① 民法典担保制度司法解释第11条规定："公司的分支机构未经公司股东（大）会或者董事会决议以自己的名义对外提供担保，相对人请求公司或者其分支机构承担担保责任的，人民法院不予支持，但是相对人不知道且不应当知道分支机构对外提供担保未经公司决议程序的除外。金融机构的分支机构在其营业执照记载的经营范围内开立保函，或者经有权从事担保业务的上级机构授权开立保函，金融机构或者其分支机构以违反公司法关于公司对外担保决议程序的规定为由主张不承担担保责任的，人民法院不予支持。金融机构的分支机构未经金融机构授权提供保函之外的担保，金融机构或者其分支机构主张不承担担保责任的，人民法院应予支持，但是相对人不知道且不应当知道分支机构对外提供担保未经金融机构授权的除外。担保公司的分支机构未经担保公司授权对外提供担保，担保公司或者其分支机构主张不承担担保责任的，人民法院应予支持，但是相对人不知道且不应当知道分支机构对外提供担保未经担保公司授权的除外。公司的分支机构对外提供担保，相对人非善意，请求公司承担赔偿责任的，参照本解释第十七条的有关规定处理。"

② 实务中，一些法院不以担保法第10条第1款为一般原则，只要债权人抗辩不知分支机构无法人授权即裁判法人应当对分支机构的行为负责，而忽视债权人在担保法的一般原则下，本身也负有向分支机构索要法人授权的义务。

③ 法律适用上的不稳定，在担保法生效前签订的保证合同的保证期间问题上也有体现。按照担保法司法解释第133条的规定，发生于担保法生效之前的保证合同的保证期间，适用1994年最高人民法院《关于审理经济合同纠纷案件有关保证的若干问题的规定》（已于2021年1月1日失效），不适用担保法关于保证期间的规定。但2002年8月1日最高人民法院发布规范性意见《关于处理担保法生效前发生保证行为的保证期间问题的通知》（法〔2002〕第144号），要求自2002年8月1日起所有发生在担保法生效之前的保证合同均适用六个月的保证期间，债权人如不在自2002年8月1日起的六个月内主张权利的，将丧失对保证人的求偿权。这一法律适用上的变化，使得债权人和保证人难以预测自身行为的法律后果，影响到担保法的可预见性和稳定性。

施创造了条件。比如，原建设部制定了《城市房地产抵押管理办法》，为抵押权人核发《房屋他项权证》，配合开展动产抵押；原国家土地管理局、版权局、专利局、商标局、人民银行、财政部、证监会等部门纷纷颁布规章，开展对土地使用权、著作权、专利权、凭证式国债、股票等财产的抵押、质押的登记管理工作[①]，基本上做到了担保法明文规定的担保方式和担保物均能找到登记部门。公安、检察、海关、工商行政管理部门等执法部门在对担保物采取强制措施时，基本上能够根据担保法的规定，充分尊重担保权人享有的优先受偿权；最高人民法院在司法解释中也明确规定，对担保物采取强制措施的，应当满足担保权人的优先受偿权。[②]

当前，与担保相关的执法环境还存在一些不尽如人意的地方，具体有：

1. 在国有企业建立现代企业制度的关键时期，涉及国有企业兼并、破产、重组的政策措施，直接或间接地影响到担保的执法环境。比如，国有企业按照政策有计划破产的，企业的财产将主要用于安置职工，包括抵押财产，抵押权人的优先受偿权受到影响[③]。这个问题在2006年《中华人民共和国企业破产法》（以下简称企业破产法）颁布之前普遍存在。新企业破产法颁布后，优先于担保物权的职工权益被划定界限，从范围上作了限制，职工权益与担保权益冲突并影响到担保物权实现的问题将逐步得到解决[④]。

2. 执法部门不当处理担保物的情况还没有杜绝，担保物被执法部门强行拍卖、转让的情况还时有发生，还需要通过政府转变职能，提高依法行政的法律意识来加以克服。

3. 登记制度未臻完善，其中有立法上的问题（在前面已提到），也有执法上的原因。比如有的地方拒绝为担保物办理登记，或收取高额登记费，重复登记，增加登记成本等，损害债权人采用抵押、质押担保的积极性。

四、未来担保立法应予关注的问题

通过以上分析，中国的担保法律环境基本是好的，社会对担保行为性质、特

---

① 可参见这些部门颁布的规章，如《专利权质押登记办法》《著作权质权登记办法》《凭证式国债质押贷款办法》《证券公司股票质押贷款管理办法》等。

② 《最高人民法院关于适用〈中华人民共和国民事诉讼法〉的解释》第157条。

③ 《国务院关于在若干城市试行国有企业破产有关问题的通知》（国发〔1994〕第59号）。

④ 企业破产法第132条。

点、效力的认识已经达到一定的成熟度。但在肯定的同时，我们也应注意到其中存在的不足之处，针对这些不足，中国未来的担保立法应当特别予以关注，尽快加以解决。其中，应当特别予以关注的问题有：

1. 在立法的指导思想上要体现鼓励制度创新，增强对担保方式不仅是债权实现的工具，也是金融产品的认识。尽快解决独立担保、对外担保的效力问题；对于收费权质押、账户抵押等非典型担保方式，应尽快予以明确；参照国外立法例和国际公认的准则确认一些新型融资担保方式的法律效力，建立融资担保的备案系统，减少善意第三人与债权人之间的权利冲突；承认浮动担保、财团担保，丰富和完善传统担保的内容；确定较为规范和广泛的可出质权利范围，解决权利质押中质押标的范围不明的问题；完善登记制度，对重要担保物的登记部门进行统一，登记程序（包括登记收费）清晰、简捷，为准物权抵押和收费权质押确定登记部门。

2. 在立法价值取向上兼顾担保转移风险和担保分散风险的价值观，通过立法形成“担保也旨在分散风险”的法律意识，以便于债权人、债务人、担保人构成完整的风险承担体系，避免以一味加重担保人负担的单一方式来实现债权。

3. 增加刑事处罚和国家赔偿方面的立法内容。参考其他国家和地区的立法例，担保法应当规定对因故意灭失、损坏、转移担保物或担保权利，造成债权人重大损失的行为人追究刑事责任（比如对转移抵押物、故意毁坏质物、故意造成已出质权利落空等行为追究刑事责任）；对因登记部门拒绝履行登记义务、故意或重大过失错误登记造成重大损失的债权人实行国家赔偿；对（协助）违法处理担保物致使债权人权利落空的行政、司法部门追究行政责任或（国家）赔偿责任。

第一章

总　则

第一节 担保法的调整对象

一、担保法的调整对象——以典型担保方式为核心

典型担保方式，即当事人依法律行为设定的，在借贷、买卖、货物运输、加工承揽等经济活动中用以担保债权实现的保证、抵押、质押、留置、定金等担保形式。典型担保方式，相对于非典型担保方式而言，其典型性在于：1. 系当事人依法律行为设定，区别于依法取得，后者如法定抵押权；2. 运用于经济活动中，区别于非经济活动的其他民事活动、行政活动、司法活动；3. 担保利益系债权，而非其他民事权利，也非行政权利、诉讼权利等；4. 担保内容以金钱利益的实现为主，但也涵盖一定的非金钱利益。担保法第 2 条①第 1 款规定："在借贷、买卖、货物运输、加工承揽等经济活动中，债权人需要以担保方式保障其债权实现的，可以依照本法规定设定担保。"依据该规定的文义，我国担保法系以典型担保方式为自己的调整对象，即调整当事人在借贷、买卖、货物运输、加工承揽等经济活动中依法设定的、保障债权实现的保证、抵押、质押、留置、定金法律关系，不调整行政活动、司法活动中的担保法律关系，也不调整保证、抵押、质押、留置、定金等法律关系以外的担保关系，比如所有权保留、证券回购等，也不调整其他法律或国际惯例予以调整的担保关系，如保证保险、涉外保函等担保关系。从担保法规定的角度看，典型担保相对于非典型担保具有法律规定明确、法律适用清楚、担保权利义务稳定的特点。

我国担保法的调整对象是典型担保方式，是否意味着在"借贷、买卖、货物运输、加工承揽等经济活动"之外的其他民事活动中的担保一概不调整？针对这

① 民法典担保制度司法解释第 1 条规定："因抵押、质押、留置、保证等担保发生的纠纷，适用本解释。所有权保留买卖、融资租赁、保理等涉及担保功能发生的纠纷，适用本解释的有关规定。"

个问题，担保法司法解释第 1 条[①]规定："当事人对由民事关系产生的债权，在不违反法律、法规强制性规定的情况下，以担保法规定的方式设定担保的，可以认定为有效。"本条是对担保法调整对象的扩大解释，肯定了担保法可以调整其他民事关系中对债权实现设定的担保法律关系，将担保法的调整对象从经济活动扩大到民事活动。民法通则对债的定义：债，是指按照合同的约定或者依照法律的规定，在当事人之间产生的特定权利和义务关系。债主要因合同行为、侵权行为、不当得利和无因管理而产生。《中华人民共和国民法总则》（以下简称民法总则）也对债权作相同规定。担保与债的关系密切，但担保法调整对象却并不能扩展到所有债的范围。为此，担保法采用了"经济活动"来表示担保与特定债权之间的对应关系，担保法司法解释也采用"民事关系"的表述予以限定。具体分析担保法司法解释关于担保法调整对象的解释，包含以下三层意思：一是担保法调整对象扩展于民事担保关系，不仅限于经济活动，但仍然排除国家经济管理行为、行政行为、司法行为中的担保关系对担保法的适用；二是调整民事活动中产生的有债权债务内容的担保关系，但不包括因人格、身份关系产生的债权债务担保关系对担保法的适用；三是调整民事法律行为所产生的债权债务关系。因侵权行为、不当得利、无因管理产生的债权不可能通过设定担保方式加以保障，但因上述行为已经产生的债权，属于普通债权，可以用担保方式来保障偿还。对此，法律并无限制。

经济活动之外的民事关系中的担保关系，如人事担保[②]，属于民事关系，但也具有经济内容。我国司法实践中常见的人事担保主要有：当事人为了亲友就业向企业提供担保，以担保亲友不损坏生产设备，或者担保其不侵占企业财产；当事人为亲属海外劳务输出提供担保，担保该亲属到海外工作于指定的厂家，不跳槽等。此类担保关系按照担保法司法解释第 1 条的规定，可以适用担保法中的相关规定予以调整。但值得注意的是，民事关系中的担保主要是按照意思自治原则确定各方当事人的权利义务，民法、合同法关于合同的一般规定当然适用，担保法不具有优先适用的效力。原则上，当民法、合同法没有规定时，可以参照担保

---

① 法律适用的理念同上条规定。

② 关于人事担保，史尚宽将其定义为"可归责于被雇人之事由，致生损害于雇主时，保证人应负损害赔偿责任之保证"。参见史尚宽：《债法各论》，中国政法大学出版社 2000 年版，第 947 页。

法予以调整。另外，因担保法主要用于调整经济活动中的担保关系，所以当适用担保法的有关规定调整民事担保关系，出现明显扭曲当事人订立担保合同的目的，违背当事人意思自治时，则不能参照担保法。

二、非典型担保形式与法律适用

担保可以运用在经济活动中，也可以运用在民事关系、司法程序中。在经济活动中对担保运用最多的当属融资活动，不仅传统的借贷需要担保，而且新的金融产品中通常都会看到担保的身影，比如保理、福费廷、进出口押汇、信托计划等。我国担保法规定了五种担保方式，分别是保证、抵押、质押、留置、定金，保证中有一般保证和连带保证，抵押中有动产抵押、不动产抵押，质押中有动产质押、权利质押等。保证、抵押、质押可以用于融资活动，留置、定金这两种担保形式在融资中没有用武之地，与实践需要相比，我国担保法规定的担保形式是有限的，因此，实践中各种各样、形形色色的担保形式被创造并运用，担保法之外的担保形式获得了快速发展。以担保法的规定为核心，我们把经济活动中的保证、抵押等五种担保形式称为“典型担保”，把其他形形色色的担保形式称为“非典型担保”。“典型担保”的“典型”指的是成文法有明确规定、法律适用清楚、担保效力易于确定、担保权利义务稳定。“非典型担保”则相反。值得指出的是，这里所使用的“典型”和“非典型”的区分，不是从设定担保方法的角度出发，而是从法律适用的角度出发的，这有别于其他著述中使用的“典型”“非典型”概念。比如在一些著述[①]中，相对于一般抵押方式，最高额抵押、财团抵押则属于“非典型”抵押，与本书的使用不同。

（一）非典型担保形式

实践中，相对于“成文法有明确规定、法律适用清晰、担保效力易于确定、担保权利义务稳定”的典型担保，非典型担保种类远远多于典型担保，以是否存在物的担保内容为标准，我们把实践中的非典型担保形式归纳如下：

1. 有物的担保内容的非典型担保

（1）按揭。按揭是英美法系担保制度中典型的担保形式，近似于大陆法系中的让与担保，后者在大陆法系担保制度中却属于非典型担保形式。按揭，是将

① 参见费安玲主编：《比较担保法》，中国政法大学出版社2004年版。

标的物的权利让与债权人以担保债权实现的担保形式。按揭担保具有多样性，以担保物的性质划分，有不动产按揭和动产按揭；以是否占有担保物划分，有实际占有式按揭（含指示占有）和占有改定式按揭（即约定占有担保物但实际上不占有，相当于债务人代替债权人占有）；以占有形式划分，有占有担保物的按揭（相当于占有质物）和占有担保物的权利证书的按揭。按揭担保在我国主要运用于商品房按揭贷款中，属于“名为按揭，实为不动产抵押”的“中国式按揭”，法律关系复杂，符合非典型担保的特征。

（2）所有权保留。所有权保留的担保形式常见于买卖合同，较为实用，当事人通过合同约定方式即可成立所有权保留担保，无需登记或其他公示手续。我国合同法第134条[①]规定：“当事人可以在买卖合同中约定买受人未履行支付价款或者其他义务的，标的物的所有权属于出卖人。”所有权保留源于当事人的合同约定，不创设物权，起到担保作用的是保留下来的买卖标的物的所有权，出卖人在买受人不履行合同义务时，可以标的物所有权人的身份收回标的物，或者就标的物进行拍卖、变卖，买受人的其他债权人不得对抗出卖人的所有权。因此，所有权保留属于有物的担保内容的担保形式。

（3）附让与担保内容的有价证券回购。有价证券回购作为融资手段，其中用于担保的方法有简单的回购（或叫回赎）和让与担保两种，这里仅指后者。附让与担保内容的有价证券回购，当事人不仅在合同中约定出卖人到期回购有价证券，而且约定在出卖人回购之前，有价证券的所有权让渡于买受人，到期出卖人不如约回购，买受人即可以有价证券所有权人的身份行使权利。在附让与担保内容的有价证券回购关系中，出卖人占有有价证券，买受人拥有有价证券所有权，出卖人继续占有所有权已经转移至买受人的有价证券的合法性，来源于买受人的委托，理论上称为占有改定。用于回购的有价证券一般系债权凭证或者股权凭证，具有物权内容。

（4）进口押汇。申请人将进口货物提单向银行质押获得融资，银行再通过制作信托收据的方式将出质的提单返还给申请人，委托其处理提单项下货物以回笼资金。在此期间，银行根据信托收据的约定仍然享有提单项下货物的一切权

① 民法典第641条规定：“当事人可以在买卖合同中约定买受人未履行支付价款或者其他义务的，标的物的所有权属于出卖人。出卖人对标的物保留的所有权，未经登记，不得对抗善意第三人。”

利，包括提单项下货物的代位物。在英美法中，进口押汇关系因为银行在信托收据中有明确约定，所以返还提单不构成银行（质权人）放弃质权。大陆法系则认为，质权人返还出质物或权利凭证，视为放弃质权。我国担保法对此未作规定，担保法司法解释第 87 条[①]采取了折中态度，规定"出质人代质权人占有质物的，质押合同不生效；质权人将质物返还于出质人后，以其质权对抗第三人的，人民法院不予支持"。这种折中的对抗主义，承认权利人仍然享有质权，但不具有对抗效力，质权的物权效力弱化。进口押汇基本上属于权利质押，但又包含信托关系，不同法系的规定与我国的实践也不相同，只有结合英美法和国际惯例，才能准确定位和认识。

（5）账户质押。对于当事人以账户向银行质押获得融资，我国法律没有规定，《最高人民法院关于审理出口退税托管账户质押贷款案件有关问题的规定》[②]对出口退税专用账户质押作了规定，这是我国目前关于账户质押的唯一法律性文件。按照最高人民法院的司法解释，退税账户质押"是指借款人将出口退税专用账户托管给贷款银行，并承诺以该账户中的退税款作为还款保证的贷款"。按照该解释，退税账户质押的性质是动产质押，适用担保法第 4 章第 1 节的规定。具体而言，动产质权自该动产移交占有之时成立，退税（动产）系未来财产，虽然当事人之间签订了质押合同，但在退税款项到达出质账户之前，质权不成立，依照我国担保法第 64 条[③]的规定，质押合同也不生效。

（6）其他。如金钱质押和不动产收益权质押。担保法司法解释第 85 条[④]规

---

① 无对应内容（与现行相关规定无明确、直接对应关系的原规定，本书一般如此注释，下同）。

② 于 2021 年 1 月 1 日失效。

③ 此种立法思路已被摒弃，故按照民法典相应条款的规定，质押合同依然有效，但质权尚未成立。参见民法典第 427 条的规定："设立质权，当事人应当采用书面形式订立质押合同。质押合同一般包括下列条款：（一）被担保债权的种类和数额；（二）债务人履行债务的期限；（三）质押财产的名称、数量等情况；（四）担保的范围；（五）质押财产交付的时间、方式。"第 429 条规定："质权自出质人交付质押财产时设立。"

④ 民法典担保制度司法解释第 70 条规定："债务人或者第三人为担保债务的履行，设立专门的保证金账户并由债权人实际控制，或者将其资金存入债权人设立的保证金账户，债权人主张就账户内的款项优先受偿的，人民法院应予支持。当事人以保证金账户内的款项浮动为由，主张实际控制该账户的债权人对账户内的款项不享有优先受偿权的，人民法院不予支持。在银行账户下设立的保证金分户，参照前款规定处理。当事人约定的保证金并非为担保债务的履行设立，或者不符合前两款规定的情形，债权人主张就保证金优先受偿的，人民法院不予支持，但是不影响当事人依照法律的规定或者按照当事人的约定主张权利。"

定债务人或者第三人可以将金钱以特户、封金、保证金等形式特定化后，移交债权人占有作为债权的担保；第 97 条①规定公路桥梁、公路隧道或者公路渡口等不动产收益权可以出质，作为权利质押担保。由于金钱属于特别动产，因此金钱质押，包括各类保证金，适用动产质押的规定。公路桥梁、隧道或者渡口等不动产收益权属于未来可实现权利，俗称收费权，应当归入收费权担保范畴。如同账户质押一样，收费权担保在我国担保法中未作规定，但实践的需要催生了最高人民法院上述司法解释，可以视为非典型担保通过实践和法律性文件的承认，在向典型担保转化。

2. 无物的担保内容的合同型非典型担保

（1）有追索权的应收账款转让。债权人作为转让方把应收账款转让给受让人，以及时回笼资金，为了避免受让人因不能回收账款遭受损失，可以约定在一定条件下，受让人有权向转让人追索，相当于转让人回购已转让账款，以担保受让人的权利实现。有追索权的应收账款转让，系以约定的追索权为担保方式，属于非典型的信用担保。联合国《国际贸易中应收账款转让公约》对此作了具体规定。

（2）附买回条款的买卖。出卖人承诺在满足一定条件时买回出卖的标的物，属于担保性质，相当于债权性质的担保。买回担保不仅可以用于物的买卖关系中，也可以用于权利转让关系中，比如票据回购。

（3）收费权担保。当事人以自己享有的专项收费权向债权人出质获得融资，称为收费权担保。该类担保内容丰富，运用范围很广，原则上依法可以转让的合

---

① 民法典担保制度司法解释第 61 条规定：“以现有的应收账款出质，应收账款债务人向质权人确认应收账款的真实性后，又以应收账款不存在或者已经消灭为由主张不承担责任的，人民法院不予支持。以现有的应收账款出质，应收账款债务人未确认应收账款的真实性，质权人以应收账款债务人为被告，请求就应收账款优先受偿，能够举证证明办理出质登记时应收账款真实存在的，人民法院应予支持；质权人不能举证证明办理出质登记时应收账款真实存在，仅以已经办理出质登记为由，请求就应收账款优先受偿的，人民法院不予支持。以现有的应收账款出质，应收账款债务人已经向应收账款债权人履行了债务，质权人请求应收账款债务人履行债务的，人民法院不予支持，但是应收账款债务人接到质权人要求向其履行的通知后，仍然向应收账款债权人履行的除外。以基础设施和公用事业项目收益权、提供服务或者劳务产生的债权以及其他将有的应收账款出质，当事人为应收账款设立特定账户，发生法定或者约定的质权实现事由时，质权人请求就该特定账户内的款项优先受偿的，人民法院应予支持；特定账户内的款项不足以清偿债务或者未设立特定账户，质权人请求折价或者拍卖、变卖项目收益权等将有的应收账款，并以所得的价款优先受偿的，人民法院依法予以支持。”

法收费权均可以用作担保标的。与担保法司法解释第 85 条和第 97 条规定不同，形形色色的收费权担保因为没有法律规定，当事人不能创设物权，担保不具有物权效力。

3. 混合型非典型担保

（1）债权质，如以借条、提货单、合同、保单的出质。债权质兼有物权担保内容（移交权利凭证）和债权担保内容（即当事人的担保承诺），与收费权担保一样，由于没有法律规定而不能创设物权，但由于权利人占有权利凭证（如借条）而具有物权特征的对抗力，并实际具有部分优先效力（如占有保单、提货单、合同原件等）。原则上，可以用于担保的债权必须是依法可以转让的合法权利，不能转让的债权，如养老金请求权，不能用于担保。

（2）融资担保。当事人承诺以融资购入的设备、原材料等标的作为担保物，获得融资方资金支持的，称为融资担保。本质上，融资担保是以资金融出方的财产反担保于其身，但担保物已变为资金的代位物，所有权发生了转移。融资担保多用于小企业贷款担保，以融资方能够实际控制标的物为宜。

（二）非典型担保的法律适用

对于形形色色的非典型担保，我国司法界普遍存在两种认识，一种认识是以非典型担保没有法律规定为由，否定其合法性和有效性，进而否定担保合同的效力；另一种认识是以尊重意思自治为核心，不仅承认担保合同的效力，而且承认具有物权内容的非典型担保的完全物权效力。这两种认识均失之偏颇，前者过分保守，后者又走得太远。正确认识非典型担保应结合债权法和物权法，并兼顾国际惯例，采取区别对待的态度。具体如下：

1. 从适用债权法的核心——合同法的角度出发，当某一非典型担保方式不违反法律、法规的强制性规定时，应当承认当事人之间缔结的非典型担保合同的效力。这不仅符合合同法关于合同效力的规定，也符合合同法的任意法本质，并有利于非典型担保方式在实践中的发展，以满足实践的需要。同时，承认非典型担保合同的效力，也为非典型担保最终上升为法律规定的典型担保创造了实践基础。

2. 准确适用国际惯例。不少非典型担保在国外，甚至在国际上已经成为典型担保，因此当事人在涉外经济交往中选择适用别国法律，或者选择适用国际惯例时，在不违反我国法律法规强制性规定的情况下，应当予以尊重，正确选择准据法。如涉外保函、进口押汇等。对于这些担保方式不能以国内法生搬硬套，扭曲当事人的真实意思表示。

3. 正确适用物权法定原则。承认非典型担保的合同效力，满足了其为债权性担保的条件，但根据“物权法定”原则，并不因此承认其具有物权担保效力，并不意味着此种担保必然产生物权的优先效力、对抗效力，甚至追及效力。除法律、法规或司法解释明确承认外（如担保法司法解释第 97 条关于不动产收益权担保的规定），非典型担保一般应作为债权担保方式，不具有物权效力，比如形形色色的收费权担保。对于占有标的物（包括权利凭证）但又不能创设物权的非典型担保，由于权利人根据合同约定对标的物构成合法占有，虽然不享有物权，但其可凭借合法占有而自力救济，任何人和司法机关不得强迫权利人放弃占有的标的物。比如，对根据合同约定占有提货单、房产证的权利人，司法机关不得判令其交出这些权利凭证，当事人可以凭借对权利凭证的合法占有保障自身权利实现。所以，此种非典型担保中权利人通过合法占有，凭借自力救济，可以实际享有近似于物权担保的优先效力。

值得注意的是，由于非典型担保不能创设物权，所以对于有物权内容的非典型担保，当事人在设定担保的同时要注意通过主动设置条件防止意外风险，不宜将风险防范寄希望于司法机关在法律规定之外承认其具有物权效力。比如，收费权担保中，应当争取将债务人的收费账户置于债权人可控之下，债权人可以凭借占有担保标的物（账户中的存款）对抗其他一般债权人；再如，融资担保中，应当在标的物特定化后补办动产抵押登记手续，以取得动产抵押权。

（三）民法典担保制度司法解释中有关非典型担保规定的适用要点

民法典担保制度司法解释对非典型担保的规定比较谨慎，规定的非典型担保类型较少，仅就主要法律适用问题作了回答，但对法律实践的意义同样不容小觑。读者在学习和实践中应该留意以下问题并准确适用于法律实务中。

1. 保留所有权的买卖、融资租赁等担保，债权人保留的所有权仅具有部分担保功能，相当于不完全物权（参见第三章第五节之五），此种担保除可以对抗普通债权人外，不得对抗善意买受人、善意承租人、查封债权人、破产债权人，其中“善意”的判断标准是买受人、承租人“知道或者应当知道所有权被保留的事实”，举证责任显然是按照“谁主张谁举证”的诉讼法证据规则，由保留了所有权的出卖人、融资租赁出租人负担。

不动产以及按照不动产管理的动产，前者如土地、房屋，后者如船舶、航空器、机动车，所有权人已作所有权登记，并且作保留所有权登记时，上述买受人、承租人、查封债权人、破产债权人均得推定为知悉所有权处于被保留状态，此时保留所有权的担保具有对抗效力，属于完全物权。此即民法典担保制度司法解释第67条所规定的“未经登记不得对抗的‘善意第三人’”的反对解释，与物权法关于物权登记对抗效力的立法思路吻合。

2. 买卖型担保，民法典担保制度司法解释第68条、第69条的规定，不完全等同于让与担保，债权人不能直接以取得的担保物所有权抵销债务人所欠债务，而是要依赖司法机关将担保物变现以优先偿付债权的方式实现被担保债权。按照民法典担保制度司法解释的旨趣，债权人不能行使所有权，而是行使担保物权，如债务人不予配合，债权人势必不能免予争讼，司法机关也不能免予听讼，因此，此种担保的优势何在就值得进一步检讨。同时，司法机关似要考虑增加一个新的案由，比如“名为买卖实为担保物权纠纷”，这对让与担保制度的独立价值似无正面肯定。总之，该条司法解释的用意和实践意义能否气脉相通尚待实践检视。

3. 保证金账户担保，民法典担保制度司法解释第70条的规定，如前所述在性质上按照动产质押对待比较简单易行，理论和实践不易混淆，有见解认为可归入权利质押，但债权人在行使权利时仍然要等待账户中实际存入保证金，相当于动产质押的移交占有，因此从简单易行的角度运用账户质押更加符合工具理性。至于民法典担保制度司法解释中所要求的“专门的保证金账户”和“债权人实际控制”如何理解，可参见本节前面的阐述。值得注意的是，“债权人实际控制”不等于“债权人实际占有”，民法典担保制度司法解释规定得很明确，也很符合实际，这样就为第三人（其他银行等）开设账户作保证金担保提供了操作空间。

三、司法程序中担保的性质与法律适用

担保方式不仅可以运用在经济活动、民事关系中，也可以运用在司法程序中，比如财产保全担保、先予执行担保、强制执行担保等。

（一）司法程序中担保的性质

司法程序中的担保主要有三种，即财产保全担保、先予执行担保、强制执行担保，由民事诉讼法予以调整。如果把包括民事诉讼法在内的程序法作为公法看待，司法程序中的担保行为系公法调整的担保行为；如果把程序法作为和公法、私法相并列的法律看待，则司法程序中的担保行为在性质上则系介于公法行为和私法行为之间的诉讼行为。与经济活动、民事关系中的担保相比，司法程序中的担保既是对诉讼相对人利益的担保，也是对人民法院的民事程序得以顺利进行的担保，其担保目的中含有保障诉讼安全的成分。虽然司法程序中的担保在形式上仍然与担保法所规定的担保行为相同，比如有保证、抵押、质押等形式，但由于它们在性质上的不同而具有和后者不同的特征：

1. 属于单方法律行为。司法程序中的担保系单方法律行为，按照民事诉讼法的规定，由担保人向人民法院提供担保书或保证书，向法院交付担保财产。担保书或保证书在不违反法律法规的情况下，一经出具即发生法律效力，不需要订立担保合同。经济活动和民事关系中的担保系双方法律行为或三方法律行为，属于合同关系，各方当事人必须在担保合同上签字盖章。仅在特别情况下才存在单方法律行为，如银行保函。

2. 向人民法院提供。经济活动、民事关系中的担保是民事行为，由当事人意思自治决定，不能强迫。司法程序中的担保系向法院提供，或者是法院“责令”当事人提供，具有一定程度的强制性，而且法院是担保关系中的参与者，当事人的意思自治不起决定性作用。虽然被担保的诉讼当事人也因担保行为受益，但他们是通过法院带有强制性的“责令担保”间接受益，在“责令提供担保”的情形中，担保受益人并不是担保关系的当事人，与受益人为第三人的保险关系近似。

3. 需法院审查认可。当事人在司法程序中向法院提供担保，必须得到法院的认可，法院对担保的审查认可是担保可得执行的必要条件。担保人向人民法院出具担保书或保证书，属于单方法律行为，其生效无需以法院认可为条件，但法院因主导司法程序而具有审查担保的合法性和有效性的职能，如法院不接受当事人提供的担保，即便受益人同意（如强制执行中的担保），该担保也不能执行，担保目的也不能实现。法院对司法程序中担保的审查，类似于债权人对担保人的审查，但因为法院属于司法机关，其审查行为属于司法性质，区别于后者的民事交易本质。

(二) 司法程序中担保的法律适用

司法程序中的担保根据民事诉讼法的规定操作并运行,在法律适用上,由民事诉讼法这类程序法调整,不适用担保法,也不适用民法。在我国,调整司法程序中担保的法律主要是民事诉讼法和《最高人民法院关于适用〈中华人民共和国民事诉讼法〉的解释》(以下简称民事诉讼法解释),以及其他司法解释中属于程序法性质的相关解释,比如担保法司法解释中的第 132 条。① 由于司法程序中担保的特殊性质和适用法律上的特点,与经济活动中的担保相比,有以下问题值得注意:

1. 在担保关系的成立上,司法程序中担保仅因担保人向法院提供担保书的单方意思表示而成立,系单方法律行为,不需要担保受益人的承诺。经济活动中的担保系合同关系,至少包含担保人提供担保和担保受益人接受担保两个意思表示,担保受益人的承诺生效,担保关系才成立。

司法程序中的保证也可以由本人提供,与经济活动中的保证必须由第三人提供存在区别。对于本人以其信誉提供的保证,由人民法院决定是否接受。比如当事人申请财产保全的,当事人自己可以出具担保书,承诺在发生保全错误时承担赔偿责任。该担保被人民法院接受后,即可成为以后人民法院在财产保全致人损失时,判令财产保全申请人承担赔偿责任的根据。但在司法实践中,人民法院目前只接受银行、资产管理公司等金融机构为自己提供的担保。

2. 在担保关系的生效上,司法程序中的抵押、质押担保的生效不以登记、交付等公示行为为要件,也不需要履行在有关部门办理登记的手续。担保法司法解释第 132 条对此作了规定,即"在案件审理或者执行程序中,当事人提供财产担保的,人民法院应当对该财产的权属证书予以扣押,同时向有关部门发出协助执行通知书,要求其在规定的时间内不予办理担保财产的转移手续"。其中,人民法院向有关部门发出协助执行通知书,要求有关部门在规定的时间内不予办理该财产的转移手续,是以保证财产安全、方便财产执行为目的,与担保关系的生

① 担保法司法解释第 132 条规定:"在案件审理或者执行程序中,当事人提供财产担保的,人民法院应当对该财产的权属证书予以扣押,同时向有关部门发出协助执行通知书,要求其在规定的时间内不予办理担保财产的转移手续。"(无对应内容。)

效无关。在司法程序中，人民法院有义务根据担保财产的性质采取不同的措施，以确保财产安全。比如，对于移交给人民法院占有的财产，人民法院应当妥善保管，没有条件保管的，应当委托仓库保管，费用由担保人支付；对于有财产权利证书的特定财产，人民法院应当对财产的权利证书予以扣押；对于所有权转移需要办理过户手续的财产，人民法院应当向有关部门（比如房管部门、车辆管理部门、土地部门）发出协助执行通知书，要求其在规定的时间内不予办理该财产的转移手续等。

经济活动中的抵押、质押，依照担保法的规定，以设立担保物权的公示行为为生效要件，未履行公示行为的，则不发生物权效力。比如不动产抵押以抵押物登记为抵押权取得要件，存款单质押以出质人交付存单为质权成立要件。

3. 在担保人的抗辩权上，司法程序中的担保因为适用民事诉讼法，不适用担保法，因此担保人不享有担保法规定的各种抗辩权，如保证期间抗辩、诉讼时效抗辩、欺诈抗辩（债权人欺诈保证人、债权人与债务人串通欺诈保证人）等。但是，按照民事诉讼法的规定，担保人可以在担保书中注明抗辩权，比如担保期限，民事诉讼法解释第 467 条规定："人民法院依照民事诉讼法第二百三十八条规定决定暂缓执行的，如果担保是有期限的，暂缓执行的期限应当与担保期限一致，但最长不得超过一年……"其中的"担保是有期限的"，即担保人特别注明的担保期限"抗辩权"，如果暂缓执行超过担保期限，担保人可以此抗辩法院对其财产的强制执行。

4. 在担保权益的实现上，司法程序中的担保可以不通过诉讼程序，直接由法院通过执行程序为受益人实现担保权益。如强制执行中的担保，民事诉讼法第 238 条规定："在执行中，被执行人向人民法院提供担保，并经申请执行人同意的，人民法院可以决定暂缓执行及暂缓执行的期限。被执行人逾期仍不履行的，人民法院有权执行被执行人的担保财产或者担保人的财产。"经济活动中的担保，除动产质押外，均需通过诉讼程序实现担保权益，无论是保证，还是抵押，即便是权利质押，第三义务人（如存单质押中的存款银行）拒绝履行交付财产义务的，质权人仍然需要通过民事诉讼程序实现担保权益。[①]

---

① 物权法对抵押权、质权规定了非诉讼执行程序，部分解决了物权实现过程中的诉累问题，容后另述。

至于财产保全、先予执行中的担保，担保人是否需要通过诉讼程序实现担保权益，由于法律暂无明文规定，存在争议。有学者主张担保受益人需要另行提起诉讼实现担保权益的，主要理由是不经诉讼程序无法确定损失范围，也就无法确定担保人的责任范围；也有学者主张法院可以自行确定损失范围，并进一步确定担保人责任范围，径行执行担保人财产。分析来看，司法程序中所有担保行为均性质相同，民事诉讼法关于强制执行担保可以直接执行担保人财产的规定，也可以类推适用于财产保全、先予执行担保，况且，径行执行担保人财产可以避免增加诉讼成本，降低担保人和担保受益人双方的负担。另外，财产保全、先予执行毕竟是法院的职权行为，此类职权行为造成相对人财产损失时，法院虽无赔偿义务，但也有为相对人确定损失范围的义务，让担保受益人另行提起诉讼似有不公。但为公平起见，法院确定的担保人赔偿范围，应当征询担保人的意见，担保人如有异议的，法院应当给担保人以抗辩机会。比如可以启动听证程序，听取担保人的意见，合理确定损失范围和法院执行的额度。

第二节 担保法在时间上的适用范围

法律在时间上的适用范围解决的是形成于何时的法律关系受该法调整的问题。

担保法于 1995 年 10 月 1 日正式实施，关于该法在时间上的适用范围，在 1995 年 8 月 30 日发布的《最高人民法院关于认真学习、贯彻票据法、担保法的通知》（以下简称《通知》）中规定“对在《票据法》、《担保法》施行前发生的票据行为、担保行为，应当适用该行为发生时的有关规定”，明确了担保法在时间上的适用范围是担保法施行以后形成的担保关系。对担保法施行以前形成的担保关系是否适用担保法，《通知》进一步规定，担保法施行以前发生的担保行为，当时法律没有规定的，可以参照担保法。司法实践中，人民法院审理的担保纠纷案件有的是担保法施行以前发生的，有的是担保法施行以后发生的，还有的担保行为发生在担保法施行以前，但担保纠纷发生在担保法施行以后，情况较为复杂。而且，担保法规定了很多新内容，对担保关系各方权利义务影响很大，什么情况下担保法可以参照，什么情况下不能参照，如果没有明确的界限必然影响法律的可预见性。因此,《通知》虽然明确了担保法在时间上适用于法律施行后形成的担保关系,但并没有彻底解决担保法的时间适用范围问题,担保纠纷案件如何适用法律的问题没有得到彻底解决。为进一步解决担保法在时间上的适用范围问题,2000 年底最高人民法院出台的担保法司法解释第 133 条对担保法适用的时间范围又进行了详细规定,此后,该解释被 2002 年《最高人民法院关于涉及担保纠纷案件的司法解释的适用和保证责任方式认定问题的批复》(法释〔2002〕38 号)[①] 作了进一步的修正。

一、担保法司法解释第 133 条的规定

担保法司法解释第 133 条分为三款,以担保行为发生时间为标准区分了担保法及其司法解释的适用时间效力,可以称为“担保行为说”。具体是:

(一)担保法施行以前发生的担保行为

担保法司法解释第 133 条第 1 款规定:“担保法施行以前发生的担保行为,适用担保行为发生时的法律、法规和有关司法解释。”明确了担保法施行以前发生的担保行为适用“行为发生时的法律”,不适用担保法,也更不适用“本解释”(指担保法司法解释)。基于此,我们进一步认识到:

1. 担保法在时间上的适用范围基本上贯彻“法不溯及既往”原则,这不同于担保法司法解释的适用标准,后者则有条件地“溯及既往”,即司法解释可以适用于担保行为虽发生在司法解释实施前,但纠纷发生在司法解释实施后的法律关系。最高人民法院在法律的适用和司法解释的适用上奉行着两条不同的适用逻辑,长期以来指导着司法实践。

2. 按照担保法司法解释第 133 条,担保法的适用以担保行为的发生时间为标准,而非担保纠纷的发生时间。也就是说,担保行为发生在担保法施行之前,担保纠纷发生在担保法施行之后的,仍然不适用担保法,也不适用担保法司法解释。所谓担保行为发生时间,指担保关系的形成时间,即当事人缔结担保合同关系的时间,既非担保合同的生效时间,也非担保合同的履行时间。(该原则此后被《最高人民法院关于涉及担保纠纷案件的司法解释的适用和保证责任方式认定问题的批复》所修改,后面详述。)

---

① 于 2021 年 1 月 1 日失效。

3. 担保法施行以前发生的担保行为不适用担保法，适用行为发生时的法律法规，这里主要指当时的民法通则、经济合同法等，也包括当时的有关担保关系的司法解释，主要有《最高人民法院关于审理经济合同纠纷案件有关保证的若干问题的规定》（法发〔1994〕8 号）[①]。如上所述，司法解释在适用上有条件地“溯及既往”，主要因为司法解释是对法律的解释，当一个法律关系虽形成于司法解释实施之前，但却形成于该司法解释所解释的“法律”生效之后，符合此种“条件”的，在司法解释实施后发生纠纷诉诸法院，或者是在司法解释实施前已经发生纠纷，但在该解释实施后尚未审结的，司法解释仍然适用。担保法司法解释第 133 条第 3 款具体实践了这种“司法解释的适用逻辑”，此后的《最高人民法院关于涉及担保纠纷案件的司法解释的适用和保证责任方式认定问题的批复》第 1 条也表达了同样的意思。举例如下：

某当事人在 1993 年 10 月 1 日签订担保合同（即担保行为发生在 1993 年 10 月 1 日），在 1994 年 10 月发生纠纷诉诸法院。人民法院审理该案件除适用民法通则、经济合同法，还应当适用《最高人民法院关于审理经济合同纠纷案件有关保证的若干问题的规定》（发布于 1994 年 4 月 15 日），但不适用担保法。以保证期间的计算为例。当事人于 1993 年 10 月 1 日签订的保证合同如果约定有保证期间，保证人在保证期间内承担保证责任；如果没有约定保证期间，应当按照《最高人民法院关于审理经济合同纠纷案件有关保证的若干问题的规定》第 11 条的规定来处理。即只要债务人、保证人还在诉讼时效期间的，保证人不能免除保证责任，而不能适用担保法第 25 条、第 26 条所规定的 6 个月的保证期间。

4. 担保法不再参照适用。如上所述，最高人民法院于 1995 年 8 月 30 日发布的关于学习担保法的通知，允许在“如果行为发生时没有规定的，可以参照《票据法》、《担保法》的规定”。实践中，对于如何“参照担保法”，各地法院掌握起来差别很大，导致对许多案件的审理违背“法不溯及既往”原则，担保法实质上被“溯及既往”。因此，担保法司法解释第 133 条不再规定“可以参照担保法”，而是在担保法司法解释第 134 条[②]规定：“最高人民法院在担保法施行以前作出的有关担保问题的司法解释，与担保法和本解释相抵触的，不再适用。”

---

① 于 2021 年 1 月 1 日失效。

② 现在可参见最高人民法院关于民法典适用时间效力的相关解释。

最高人民法院于1995年8月30日发布的《通知》中的关于“参照担保法”的规定，即与担保法司法解释第133条相抵触，属于“不再适用”之列。

（二）担保法施行以后发生的担保行为

对此，担保法司法解释第133条规定了两款，但内容是针对一个问题。该解释第133条第2款规定：“担保法施行以后因担保行为发生的纠纷案件，在本解释公布施行前已经终审，当事人申请再审或者按审判监督程序决定再审的，不适用本解释。”第3款规定：“担保法施行以后因担保行为发生的纠纷案件，在本解释公布施行后尚在一审或二审阶段的，适用担保法和本解释。”明确了担保法施行以后“因担保行为发生的纠纷”（该担保行为特指发生于担保法施行以后的担保行为）适用担保法，在是否适用担保法司法解释上，则以“因担保行为发生的纠纷案件是否终审”为划分标准。在司法解释施行前已经终审的，当事人申请再审或者按审判监督程序决定再审的担保纠纷案件，不适用“本解释”；在该解释施行后尚在一审或二审阶段，即没有终审的案件，则适用“本解释”，这样就避免了因司法解释的新规定而致使担保纠纷案件改判率上升的问题。然而，如果案件一审已经结束，当事人提起上诉，司法解释于二审阶段发布的，二审法院必须适用“本解释”。如此一来，依据司法解释的新规定改判一审判决将在所难免。这种改判属于法律适用上的变化，不属于一审法院错误适用法律。

（三）关于其他与担保相关的司法解释

最高人民法院在担保法施行以前发布过一些有关担保问题的司法解释，有的是单独发布的，有的是与其他解释合并发布的，有的在合同法生效后已经废止。除已经被最高人民法院明文废止的司法解释外，在担保法司法解释发布后并不一律废止，而是根据其与担保法司法解释是否存在抵触衡量，如果相抵触，则不再适用。这是担保法司法解释第134条的明确规定。

值得注意的是，担保法司法解释所规定的“相抵触”和“不再适用”是以适用担保法司法解释为前提的，是“向后的”不再适用。即担保法施行以前发生的担保行为产生的担保纠纷案件和在担保法司法解释施行以前已经终审的担保纠纷案件，它们适用的是过去的法律法规和司法解释，不适用新的司法解释，所以不需要对照过去的司法解释分析与现在的担保法司法解释是否相抵触。只有在适用新的担保法司法解释审理的担保纠纷案件中，因为过去的司法解释没有全部被废止，还存在“拾遗补阙”适用的可能，所以需要对照分析是否有与新担保法司法解释存在抵触的地方，不相抵触且在担保法司法解释中没有规定的，可以继续适用。

二、《最高人民法院关于涉及担保纠纷案件的司法解释的适用和保证责任方式认定问题的批复》的规定

《最高人民法院关于涉及担保纠纷案件的司法解释的适用和保证责任方式认定问题的批复》（以下简称《批复》），重点解决1994年《最高人民法院关于审理经济合同纠纷案件有关保证的若干问题的规定》的适用问题，意义重大。《批复》第1条规定，“最高人民法院法发〔1994〕8号《关于审理经济合同纠纷案件有关保证的若干问题的规定》，适用于该规定施行后发生的担保纠纷案件和该规定施行前发生的尚未审结的第一审、第二审担保纠纷案件。该规定施行前判决、裁定已经发生法律效力的担保纠纷案件，进行再审的，不适用该《规定》”。但接下来该条又规定，担保法生效后发生的担保行为和担保纠纷，适用担保法和担保法相关司法解释的规定。这就与担保法司法解释第133条的内容出现了“冲突”。依照担保法司法解释第133条的规定，担保法不适用于“在担保法施行以前发生、但在担保法施行以后出现纠纷的担保行为”，但《批复》规定担保法生效后的“担保纠纷适用担保法”，从字面理解就包含了行为虽发生在担保法生效前，但纠纷发生在担保法生效后的“担保纠纷”。这样一来，担保法就被“溯及既往”，其时间上的适用范围被扩大。通过以上分析可以发现，《批复》对担保法及其司法解释的适用问题的解决思路，是以“担保纠纷”为标准的，即担保法生效前的担保纠纷适用当时的法律和司法解释，担保法生效后的担保纠纷适用担保法。对此可以称为“担保纠纷说”。

《批复》成功地解决了1994年《最高人民法院关于审理经济合同纠纷案件有关保证的若干问题的规定》的适用问题，解决的方法仍然遵循了最高人民法院关于司法解释适用上的一般原则，即“有条件的溯及既往”，溯及那些虽然行为发生在司法解释施行以前，但在司法解释施行后仍然未终审的“纠纷”。但《批复》对担保法的适用采用“担保纠纷说”，改变了担保法司法解释第133条规定的“担保行为说”，既与“法不溯及既往”原则相悖，也与最高人民法院关于法

律适用的一般原则不一致。《批复》的优点是简洁，采用“两段论”，简单以“发生在担保法生效前的纠纷”和“担保法生效后的纠纷”来确定适用的法律，担保法司法解释是“三段论”，还要确定“在担保法施行以前发生、但在担保法施行以后出现纠纷的担保行为”如何适用法律问题。但《批复》存在的缺点也是显而易见的，不仅存在上面所提到的与法律适用基本原则不一致，而且对担保关系中当事人权利义务的分配不当的影响，使得遵循担保法生效前的法律法规、司法解释签订担保合同的当事人，不再能够预测自身行为的法律后果，降低了法的可预见性，增加了法律行为的不确定性。举例来说，担保法生效前当事人遵循《最高人民法院关于审理经济合同纠纷案件有关保证的若干问题的规定》签订了保证合同，如果未约定保证方式，可以按照该规定推定为一般保证方式。然而，如果该保证行为在担保法生效后才发生纠纷的话，按照《批复》的规定必须适用担保法，则按照担保法第 19 条①的规定保证方式将被推定为连带责任保证，对保证人极为不利，也不符合当事人的意思自治。

担保法司法解释和《批复》都属于司法解释性质，地位相同，按照“后解释优先适用”的规则，《批复》优于担保法司法解释第 133 条。但是，由于《批复》存在的以上缺点，则其价值仅在于简化了担保法及其司法解释的适用标准，并不能以此得出结论：从《批复》开始，最高人民法院改变了在法律适用上的一般原则，放弃了“法不溯及既往”原则。

第三节 担保法规定的法律责任类型

法律责任来自法律规定，没有法律规定就没有法律责任，民事审判领域应与刑事审判领域一样注重和坚持责任法定的原则，法官根据实体法认定的民事责任类型应当是实体法所明确规定的，不能超出法律的规定判决当事人承担民事责任。基于这一原则，民事法官在研究实体法时要特别注重研究实体法所规定的责任类型，以及各个责任类型的构成要件，只有这样，才能保证所作出的判决有充分的法律依据，论理清楚而有说服力，对承担民事责任的当事人来说也是负责任

① 民法典已作减轻保证人责任的相反规定。民法典第 686 条规定：“保证的方式包括一般保证和连带责任保证。当事人在保证合同中对保证方式没有约定或者约定不明确的，按照一般保证承担保证责任。”

的。相反，如果不坚持责任法定原则，那么法官在判定当事人承担法律责任上就失去约束，裁判权必然滥用。在民事审判中创造法律责任，本质上与刑事审判中违反罪刑法定原则，随意出入人罪没有区别。因此，从责任法定的原则出发，研究担保法必须辨明担保法中所规定的民事责任类型。

担保法规定的民事责任类型主要有两大类，即担保责任和赔偿责任。前者指担保有效时担保人承担的民事责任，后者指担保无效时担保人承担的民事责任。担保责任中又分为履行责任和维持责任。分述如下。

一、担保责任

有效的担保关系产生担保责任。所谓担保责任即担保人允诺在债务未得到清偿时，担保人依其允诺承担代为履行债务或承担赔偿责任的法律责任。比如担保法第 6 条①关于保证的规定是："本法所称保证，是指保证人和债权人约定，当债务人不履行债务时，保证人按照约定履行债务或者承担责任的行为。"由于担保责任产生于担保人对债权人的承诺，担保责任在民法理论上被归入约定责任。约定责任相对于法定责任而言，当事人承担责任的基础和依据是当事人依真实意思表示作出的承诺，不一定需要对价，担保人的承诺直接构成强制执行的基础，债权人对担保人是否给付对价，并不成为担保人是否承担担保责任的条件。担保关系通常建立在当事人之间的信任关系上，一方接受另一方的委托向债权人提供担保，没有相互间的信任关系是难以实现的。实践中，也有依法设立的金融机构、担保公司、保险公司（比如中国出口信用保险公司）的经营范围中包含提供担保业务，被担保的企业需要向担保方交付相应的担保费用。此种担保属于经营性的有偿担保，必须纳入国家特许经营管理范围。

有效的担保关系是担保责任的关键，在理论上和司法实践中都应当避免法律逻辑上的混乱，即应避免将担保无效和担保责任、担保有效和赔偿责任并列，避免在担保无效时认定责任人承担担保有效时的担保责任，或在担保有效时认定责任人承担担保无效时的赔偿责任。

1. 履行责任。担保有效时，担保人在所担保的债权得不到清偿时，应当依照合同的约定代债务人履行债务或承担担保责任（可能是纯粹的金钱债务，也可

① 无对应内容。

能是物上的担保责任)。该责任产生于债务人不履行债务之时，责任内容是履行债务人应当承担的债务或其他法律责任，因此称之为履行责任。履行责任是担保人应当承担的主要责任，其特点是:(1)责任发生在债务履行期届满之后;(2)债务的产生是因为债务人违反自己应当承担的法定义务;(3)担保人承担的责任内容是债务人应履行的债务或与债务同等的责任;(4)责任可以因担保人抗辩权的成立而免除。由于担保责任是约定责任，支付对价不是责任成立的要件，因此法律对担保人也规定了一些保护措施，主要是担保人的抗辩权，担保责任依法或依当事人之间约定的抗辩权得以免除。比如法律规定的担保期间抗辩、债权人欺骗保证人抗辩等。一些国家的立法也赋予担保人撤销权，即规定在债务人财产明显减少时，担保人可以要求撤销担保。我国担保法没有此类规定。履行责任是担保法各责任类型中最为重要的责任类型。当担保责任是物上责任时，担保人以物清偿债务，同时负有协助权利人获得并能够有效行使物权的义务，比如抵押人与抵押权人协商以抵押物折抵债务的，有义务协助抵押权人过户抵押财产。

2. 维持责任。担保关系有效时，担保合同对双方都有约束力，不仅约束担保人，也约束债权人，维持责任既针对担保人也同样针对债权人。所谓维持责任，指为保障债权的实现，担保人和债权人应当承担的维护担保物价值的责任。担保法第51条①、第69条②和物权法第193条③对此有明确规定。担保法第51条第1款规定:“抵押人的行为足以使抵押物价值减少的，抵押权人有权要求抵押人停止其行为。抵押物价值减少时，抵押权人有权要求抵押人恢复抵押物的价值，或者提供与减少的价值相当的担保。”物权法第193条规定:“抵押人的行为足以使抵押财产价值减少的，抵押权人有权要求抵押人停止其行为。抵押财产价值减少的，抵押权人有权要求恢复抵押财产的价值，或者提供与减少的价值相应的担保……”针对的是担保人。担保法第69条规定:“质权人负有妥善保管质物的义务。因保管不善致使质物灭失或者毁损的，质权人应当承担民事责任。质权人不能妥善保管质物可能致使其灭失或者毁损的，出质人可以要求质权人将质物

① 民法典第408条规定:“抵押人的行为足以使抵押财产价值减少的，抵押权人有权请求抵押人停止其行为;抵押财产价值减少的，抵押权人有权请求恢复抵押财产的价值，或者提供与减少的价值相应的担保。抵押人不恢复抵押财产的价值，也不提供担保的，抵押权人有权请求债务人提前清偿债务。”

② 对应民法典第432条，无实质变化。

③ 对应民法典第408条，无实质变化。

提存，或者要求提前清偿债权而返还质物。”针对的是权利人。根据这些规定，义务人在违反法律规定的维持担保物价值的义务时，相对方可以根据法律的规定要求义务人承担相应的民事责任。维持责任是法律规定的民事法律责任。

二、赔偿责任

担保法规定的赔偿责任是指当担保关系无效时，担保人因其过错承担的、对债权人的民事赔偿责任。担保法中的民事赔偿责任从其性质上看仍然属于缔约过失责任的性质，属于广义的缔约过失责任的一种。其特征有：1. 责任发生于担保关系无效或不生效之时；2. 责任的有无、大小与担保人是否存在缔约中的过错相联系，有过错即有责任，无过错即无责任。担保法对担保关系无效时的赔偿责任规定在第 5 条第 2 款①，即“担保合同被确认无效后，债务人、担保人、债权人有过错的，应当根据其过错各自承担相应的民事责任”。实务中，担保人承担无效担保的赔偿责任的情形较为复杂，最高人民法院关于担保法的司法解释为分清担保无效时担保人的责任，做了大量细致而复杂的工作。后面详述。

三、违约责任

依据担保法，当事人因提供担保产生的民事责任是担保责任和赔偿责任，按照责任法定的原则，法官依据担保法只能裁判这两种法律责任形式，不能超越。但这并不意味着与担保行为相关的法律责任只有这两种。从审判实践来看，因提供担保行为产生的民事责任还有合同法规定的违约责任和缔约过失责任。

因担保行为产生的违约责任，通常出现在抵押、质押等设权合同中，该类合同虽被确认有效，但合同所设之权利嗣后不能行使，因设权合同有效，不属于无效情形，担保人不应承担无效赔偿责任，而合同所设之物权又不能行使，只能诉诸合同法所规定的违约责任。试举例说明。

案例一：甲公司向他人短期借款，乙公司以支票作为出质标的向债权人出质，为甲公司借款提供担保。在甲公司到期不能清偿，债权人打算以支票实现债权时，发现该支票属于空头支票，不能兑现。

案例二：甲公司向银行借款，乙公司以土地作为抵押物为甲公司担保。后因

---

① 对应民法典第 388 条第 2 款，无实质变化。

乙公司没有在规定年限内开工建设，土地被政府无偿收回。

以上两个案例是担保人承担违约责任的典型案例。这两个案例的共同特点是：1. 担保人是债务人之外的第三人；2. 担保合同系设权合同，目的是设立担保物权，与一般设立债权债务的债权合同不同；3. 担保人交付了权利凭证或办理了相关手续，担保合同本身符合有效要件，即便担保人有欺诈的意图，主合同也可以撤销但不当然无效；4. 当事人所设立的担保物权因出质权利或抵押的担保物不存在而不能行使；5. 担保物权的标的权利或担保物不能行使均因抵押人或出质人违背诚实信用原则，抵押人、出质人对权利落空或担保物的灭失有过错。在这样的两个案件中，担保合同仍然具有法律效力，但担保物权不能行使或担保物权落空，造成债权人损失，债权人的损失与担保人的过错有直接因果关系，担保人应当承担对债权人的法律责任。该法律责任发生在担保合同有效的前提下，区别于担保合同的无效，因此，担保人的责任在性质上属于违约责任。担保人在承担责任的形式上，可以是直接赔偿，也可以是提供替代担保物，即提供可以行使的真实权利或担保物替代不能行使的担保标的。

违约责任规定在合同法第七章（即民法典第三编），担保法没有规定，因此不属于担保法中的责任类型。民法典担保制度司法解释对此种违约责任作了规定，可以视为对民法典合同编第 8 章、第 13 章的合并解释。

债权人在担保物权落空后追究担保人的违约责任属于无奈之举，物权担保变为债权担保（违反担保合同的违约责任属于债权），不仅担保利益落空，而且如果担保物系债务人自己提供的，则此种违约责任同样落空，债务人即便同时违反主合同和担保合同，也仅承担一份债务，一份违约责任。民法典担保制度司法解释第 46 条第 3 款和第 55 条第 2 款分别对抵押和质押法律关系中的违约责任作了规定，并且规定了此种违约责任的承担上限是担保物权有效设立状态下的担保利益（即合同法理论所谓履行利益），比如抵押物、质物变现时的价值，民法典担保制度司法解释虽然没有指明担保人系第三人时才适用该规定，但规定了违约责任以担保物有效设立时的利益为限，也必然只能适用在第三人提供担保物的情形下，因为债务人承担的违约责任必然不限于担保物的价值，而是全部债务，仅第三人提供担保物才以担保物价值为限承担违约责任。

四、缔约过失责任

因担保行为产生的缔约过失责任通常发生在担保合同不生效的情况下。担保合同不生效，担保人如果对合同不生效有过错，并因此导致债权人损失，担保人也不排除承担民事责任。比如，附生效条件的保证合同，因保证人的原因致使合同生效条件没有成就，合同不生效，保证人因此对债权人承担缔约过失责任；再如，以房屋作为抵押物的抵押人在签订了抵押合同后，无正当理由拒绝与债权人到登记部门办理抵押登记，致使抵押合同不生效，抵押人因此承担对债权人的缔约过失责任。缔约过失责任的产生与担保人的过错直接相关，通常担保人存在违背诚实信用的情形。

担保人承担缔约过失责任的法律依据是合同法第 42 条①。因此，该责任也不属于担保法中的责任类型。

以上违约责任和缔约过失责任因不属于担保法规定的责任类型，故可以归入“因担保行为产生的其他法律责任”类型之中。

第四节　独立担保

一、担保行为的基本特性——从属性和附随性

担保行为的基本特性是从属性与附随性。担保合同是主合同的从合同，担保关系是从属或附随于主合同关系的，没有主合同、主债权，担保合同、担保权利就没有了实现的可能和存在的意义。担保与其所担保的债权之间的从属性与附随性，是各国法律和国际规则的一致内容，没有例外。如《德国民法典》第 765 条、《法国民法典》第 2011 条等。我国担保法第 5 条第 1 款规定“担保合同是主合同的从合同，主合同无效，担保合同无效”，肯定了担保与主债权之间的基本关系是从属关系与附随关系。从属性一般是针对保证而言，保证合同从属于主合同。附随性一般针对担保物权而言，担保物权附随于主债权。无论是从属性还是附随性，均准确表述了担保合同与主合同之间的关系，没有本质区别。

① 对应民法典第 500 条，无实质变化。

担保的从属性、附随性，在内容上一般包括发生上的从属、消灭上的从属、抗辩权上的从属和特定性上的从属。具体是：

1. 发生上的从属，指主债权发生，担保权利随之发生；主债权无效，担保权利随之无效；主债权被撤销，担保权利也溯及既往地无效。

2. 消灭上的从属，指主债权消灭，担保权利消灭，无论是人保还是物保。

3. 抗辩权上的从属，指债务人对债权人的抗辩权，担保人也可以享有，除非担保人自愿放弃抗辩权。一般来说，债权人无权向债务人主张清偿，也不能向担保人主张。

4. 特定性上的从属，指担保权利从属于特定的债权，债权人和债务人未经担保人同意变更主合同的，担保人原则上可以拒绝承担担保责任。根据担保的特定性上的从属，债权人同意债务人转让债务，或者与债务人修改主合同的债权额、履行期限等条款，均构成担保人免责的有效理由。

我国担保法规定的担保合同与主合同之间的从属关系、附随关系是法院判断担保关系当事人之间权利义务的基本点。就当事人而言，从属性、附随性不需要当事人在合同中进行约定，该种关系因法律的规定而当然地成为合同的组成部分，除非法律另有规定，当事人既不能以合同约定的方式排除从属性和附随性，也不能以不知担保具有的特殊性而主张不受制于从属性。值得注意的是，从属性和附随性虽然是担保合同与主合同之间基本的关系，但不排除以下三个方面的合理存在：

1. 担保合同从属于主合同，并非时间上的先后，主债权已经存在并不当然成为担保存在的前提，虽然多数情况下如此。法律允许对未来债权提供担保，担保可以先于债权存在，比如最高额担保，被担保的债权是在最高额担保产生后才发生，并且不特定。

2. 担保从属于主债权，担保人取得的债务人对债权人的抗辩，允许担保人放弃行使，担保人因为放弃抗辩而承担担保责任，该责任也可以被强制执行。比如，主债权的诉讼时效已经届满，债务人因诉讼时效届满产生对债权人的有效抗辩，保证人也可以行使该时效抗辩权，可以据此拒绝向债权人承担担保责任。如果保证人放弃该抗辩权，自愿履行债务，比如保证人以书面形式向债权人承诺愿意承担保证责任的，债权人可以请求法院强制执行。

3. 法律允许时，当事人可以约定排除担保对主债权的从属性，使担保合同与主合同的关系相互独立。这就是通常所谓的独立担保。

二、担保合同与主合同的特殊关系——独立担保

独立担保的出现和被承认是经济社会发展的产物，对传统担保制度有“颠覆”作用。独立担保的产生及其发展，被称为独立担保运动，该运动始于何时并无准确记载，通说认为始于20世纪六七十年代。目前，独立担保已被国际社会和大部分国家所承认，并由成文法所体现。

（一）独立担保的概念以及判断标准

独立担保的概念在不同的国家、不同学者的著作和不同的法律文件中的表述并不一致，有的称之为见单即付的担保、见索即付的担保，有的称之为无条件、不可撤销的担保，有的干脆将之与备用信用证等同。Roy Goode 教授在《ICC 见索即付担保统一规则指南》中定义独立担保为：“一方对另一方负有的在其凭书面请求或规定的单据请求时，向其支付一定数额或不超过一定数额的款项的承诺。”[①] URDG458 号文件和联合国1995年《独立担保和备用信用证公约》也有大致相同的表述。这些表述均反映了独立担保在实践中的独特形态。见索即付保函，属于狭义独立担保，专指国际商会 ICC URDG 中规定的独立保函。由于独立担保是当事人之间意思表示的产物，普通担保相对于主合同具有从属性，既包括效力上的从属，也包括抗辩权上的从属等，独立担保合同的当事人对从属性通过特别意思表示进行排除，其结果就形成了不同情形的独立担保。比如排除担保合同效力上从属于主合同的独立担保、约定担保人抗辩权不从属于主合同的独立担保等。这些独立担保形式为广义的独立担保。因当事人的特别约定，广义独立担保有以下不同的独立效力：

1. 与主债权没有发生上的从属和消灭上的从属，主债权无效或被撤销并不影响担保人向债权人承担担保责任。

2. 与主债权没有抗辩权上的从属，债务人对债权人所拥有的抗辩权，独立担保人不能享有和行使。债务人因抗辩权的有效成立而免予承担清偿责任，并不当然地使担保人受益，担保人在符合独立担保的约定时仍要承担担保责任。

---

① 贺绍奇：《国际金融担保法律理论和实务》，人民法院出版社2001年版，第15页。

3. 与主债权没有债务特定性上的从属，债权人许可债务人转让债务，或债权人与债务人修改主合同，不构成独立担保人免除担保责任的原因，担保人在符合独立担保的约定时仍应承担担保责任。

根据以上对独立担保性质的分析，判断一个担保是否为独立担保的关键就在于该担保是否具有独立性，即是否与主合同、主债权有从属关系、附随关系。实践中，独立担保的表述是多样化的，沈达明教授在《法国/德国担保法》一书中对判断独立担保的方法所作的介绍具有指导性意义。结合我国法院在合同解释方面遵循以合同内容为主的一般原则，以下约定的内容可以构成独立担保：

（1）约定为无条件、不可撤销担保的；

（2）约定为见单即付担保的；

（3）约定为见索即付担保的；

（4）约定为担保人不享有先诉抗辩权和主合同一切抗辩权的。

所谓以合同内容为主的解释方法指当事人在合同中采用的合同名称是解释合同性质的基本依据，当合同约定的内容与合同名称存在不一致时，应当按照合同约定的内容解释合同性质。上述四种约定均有独立担保的合同内容，担保合同的名称与这些约定的内容不一致的，也应按照约定内容来解释合同。

（二）独立担保在世界各国和国际上的现状

据考证，独立担保在德国19世纪就有运用①，但通说认为是从20世纪六七十年代开始逐渐被采用的，世界各主要发达国家和部分发展中国家对独立担保的承认还要更晚。美国和英国这样一些银行业比较发达的国家被认为是最早使用独立担保并承认独立担保的，以后影响到日本和欧洲。德国和法国在70年代还对独立担保怀有敌意，直到70年代末才获得法院的承认。中东、拉丁美洲和东欧国家由于进出口设备的增加，对独立担保逐渐采用并承认。目前，大多数发展中国家支持独立担保制度的制定②。在国际上，独立担保的国际性文件主要是国际商会1992年458号文件——URDG和联合国1995年《独立担保和备用信用证公约》。这些国际性文件反映了各国对独立担保制度的统一和规范的要求，也反映

① 沈达明：《法国/德国担保法》，中国法制出版社2000年版，第61页。

② 贺绍奇：《国际金融担保法律理论和实务》，人民法院出版社2001年版，第106页。

出多数国家已经经过了对独立担保的怀疑、否定的阶段，进入到了研究如何使独立担保制度更趋完善的阶段。

（三）独立担保的严厉性和存在的问题

独立担保，如前所述，是与主债权没有从属关系、附随关系的担保，无论是见索即付、见单即付还是备用信用证形式的担保，担保人均不能享有债务人基于基础合同产生的抗辩权，不能以主债权无效、被撤销、不具有强制执行力，甚至主债权未发生、已过时效作为免除担保责任的理由。独立担保的形式和内容因当事人在担保合同中的约定而有区别，但独立担保具有共同特征——独立性。由于独立担保“颠覆”了担保的根本特征，实践中担保人所承担的责任是非常严厉的。首先，独立担保因其特殊而无法适用传统的担保法，担保法所规定的基于担保的从属性而设置的对担保人的保护条款，不能适用于对独立担保人的保护；其次，独立担保人丧失主合同的抗辩权，主债权无效、被撤销、丧失强制执行力、诉讼时效期间届满等，都不能影响独立担保人承担担保责任；最后，独立担保人不享有担保人特有的抗辩权，如先诉抗辩权。担保人只有对债权人的索付单据进行形式审查的权利，一般情况下，当受益人提出清偿要求时，独立担保人都必须承担替代给付的责任。

独立担保在世界经济交往中被越来越多地使用，独立担保中的问题也越来越多地被人们所关注。有关独立担保的问题，主要集中在两大方面，一是独立担保的有效性，二是如何避免独立担保中的欺诈和滥用权利。由于担保从它诞生之时就带有从属性，排除了从属性的担保还是不是担保，首先就引起人们的怀疑。目前，虽然越来越多的国家承认了独立担保，但独立担保的有效性在不少国家仍是个有争议的问题。独立担保彻底抛弃了担保的从属性，传统的担保法无法对其进行调整，仍然有不少第三世界国家和地区的法院不承认独立担保的有效性。在这些法域中，由于立法和司法固守传统担保制度，因此独立担保所遇到的首要问题是，当事人对独立担保的约定可能不具有法律上的拘束力。此外，独立担保因其严厉性，所带来的副产品就是独立担保的受益人存在滥用权利和进行欺诈的便利。欺诈主要指受益人未履行义务，或提供虚假单据谎称已履行义务，却利用独立担保的独立性向担保人行使付款权；滥用权利主要指受益人的履行行为存在瑕疵，可能与债务人已经发生诉讼，却根据独立担保的特性而要求担保人立即付款。一般独立担保人往往从债务人处取得反担保，或独立担保人多数是银行，可以通过债务人在银行的开户而方便行使追偿权，最终债务人要承担受益人欺诈或滥用权利的后果。国际在承认独立担保的同时，对独立担保中存在的欺诈和滥用权利也给予了高度的重视。国际商会 URDG 允许当事人在不损害担保的独立性的前提下，约定对受益人索付的条件，以减少不公平的恶意索付。联合国 1995 年《独立担保和备用信用证公约》在允许当事人附加索付条件的同时，也明确了担保人所享有的欺诈抗辩权，规定了担保人在受益人提供的单据伪造、不真实，文件不完备，付款请求缺乏可信赖的基础的情况下，有权拒绝付款。法院在接到申请人的诉请时，可以发布阻止受益人取得付款和阻止担保人付款的命令①。

三、独立担保在我国的实践

（一）独立担保在我国的实践现状

独立担保在我国并不陌生，我国银行在国际经济交往中，根据国际交往的需要经常使用独立担保形式为国外的受益人提供担保。各专业银行，如建设银行、农业银行，不仅建立有关于独立担保的内部规章制度，而且制定有独立担保的格式文本。国内企业在贷款中也常常使用有“担保人提供无条件和不可撤销的担保”条款的担保合同。由于当今国际经济交往多使用国际商会 URDG458 号文件，国内银行对此也不陌生，在对外出具独立保函时一般都明确约定选择 URDG458 号文件作为依据。从国内法看，独立担保在我国担保法中有存在的空间。担保法第 5 条第 1 款规定：“担保合同是主合同的从合同，主合同无效，担保合同无效。担保合同另有约定的，按照约定。”该条从文义上看，明确肯定了当事人有权对担保合同是否具有从属性进行意思自治，允许当事人通过意思自治作出选择，为独立担保的存在提供了法律依据。1996 年中国人民银行根据担保法修订的《境内机构对外担保管理办法》② 第 2 条，首次明确将备用信用证作为银行对外提供担保的方式。1998 年国家外汇管理局颁布的《境内机构对外担保管理办法实施细则》③ 第 7 条在对外担保上也规定有“对外担保合同另有约定的，按照约定”

---

① 该公约第 19 条。

② 中国人民银行令 1996 年第 3 号，于 2014 年 6 月 8 日失效。

③ 汇政发字〔1997〕第 10 号，于 2014 年 6 月 1 日失效。

的内容。2016年11月18日发布的《最高人民法院关于审理独立保函纠纷案件若干问题的规定》[①]，对独立保函的使用充分贯彻了意思自治原则，为独立保函在国内（该规定第23条）、国际上的推广使用起到了积极的作用，也为司法实践提供了裁判指南。

（二）我国司法对独立担保的态度

我国法院对独立担保的态度至今尚不明朗，最高人民法院承认独立担保在对外担保和外国银行、机构对国内机构担保上具有法律效力，但对于国内企业、银行之间的独立担保采取保守态度。1998年最高人民法院在“某机械进出口公司、某国际租赁公司与某投资公司代理进口合同案”中裁判认为，担保函中虽然有“不因委托人的原因导致代理进口协议书无效而失去担保责任”的约定，但在国内民事活动中不应采取此种独立担保方式，因此该约定无效。[②] 最高人民法院的理由是，独立担保存在欺诈和滥用权利的弊病，易引起更多的纠纷。在当时的情况下最高人民法院的态度是谨慎的，与我国当时的经济发展状况和人们的意识是相适应的。进入新世纪新阶段，随着我国加入WTO和经济全球化迅猛发展，对待独立担保的态度应当有一些变化。上面提到的最高人民法院关于独立保函的司法解释，就全面肯定了作为独立担保重要形式的独立保函在国际和国内的广泛运用。对于独立担保的副产品——欺诈和滥用权利，可以通过法律赋予担保人特定的抗辩权来加以遏制。比如：

1. 欺诈抗辩。担保人在发现受益人提供的单据伪造、不真实，文件不完备，付款请求缺乏可信赖的基础的情况下，有权拒绝付款。如债务人已经履行了基础合同或者基础合同不能履行是因受益人的过错行为所致以及担保的事由或风险没有发生时，担保人有权拒绝付款。

2. 权利滥用抗辩。担保人在有确切证据认为受益人的履行行为存在瑕疵的情况下，或在受益人与债务人已经发生诉讼尚未终审的情况下，有权拒绝付款。

3. 公序良俗抗辩。基础合同在因违反公序良俗而被法院或仲裁机构宣布无效的情况下，担保人有权拒绝付款。

---

① 法释〔2016〕24号，已于2020年12月29日修正。

② 最高人民法院经终字第184号，《经济审判指导》第二卷，法律出版社1999年版，第298页。

4. 非法债权抗辩。所担保的债权在因违反国家公法构成非法债权的情况下，如走私产生的债权，担保人有权拒绝付款。

我国目前并无限制独立担保存在的法律、法规，相反，担保法第 5 条关于“担保合同是主合同的从合同，主合同无效，担保合同无效。担保合同另有约定的，按照约定”的规定，对效力上独立于主合同的独立担保给予了明确肯定。至于抗辩权上的独立担保和 URDG 中的见索即付保函，我国法律并无涉及。有学者提出，“世界上没有任何一个国家的法律明确排除或禁止 URDG 的整体适用”①。根据合同法关于合同效力的规定，当法律、行政法规对独立担保没有强制性规定时②，从法律的解释适用角度可以得出的合理结论是，我国法律允许独立担保的有效存在，不仅是见索即付保函，而且包括广义的独立担保。

（三）民法典担保制度及其司法解释关于独立担保的态度

独立担保的形式多样，其中除了属于保证合同性质的独立保函外，尚有独立抵押权、独立质权，申言之，提单、仓单以及任何一种依法依规可以证券化的担保权益，在发生初次转让后，受让人都可以引用“无因性原则”主张担保权益具有一定的独立性，这在民法理论上与票据无因性理论相同。

根据民法典第 682 条第 1 款的规定，独立保证、独立抵押权、独立质权均限制了当事人通过意思自治设立，明确承认法律、法规、司法解释规定的独立担保形式，主要有最高额保证、最高额抵押权、最高额质权，民法典担保制度司法解释承认的独立担保形式主要是独立保函。其中，法律适用的重点有二：一是基于对民法典第 682 条第 1 款的反对解释，当事人在担保合同中约定的独立担保意思表示不具有法律效力，但担保合同依然有效；二是法律、法规和司法解释规定的独立担保物权和独立保函，都没有限制运用的领域，并且《最高人民法院关于审理独立保函纠纷案件若干问题的规定》第 23 条明确指明独立保函可以运用于国内经济交往，因此独立担保不因运用于国内、国际不同的经济交往环境而发生效力上的差别对待。赘言之，最高额抵押、最高额质押、独立保函无论运用于国内还是国际经济交往，均为法律、法规和司法解释所承认。

---

① 李燕：《独立担保法律制度》，中国检察出版社 2004 年版，第 189 页。

② 根据合同法第三章的规定，除意思表示有瑕疵或违反公序良俗外，只有违反法律、法规强制性规定的合同才能被认定无效。

四、独立担保案件的裁判方法——尊重当事人的意思自治[①]

意思自治是民法基本原则之一，通过上面分析，我国法律、法规、司法解释对独立担保没有强制性、限制性规范，法官在裁判独立担保案件时，只需遵循意思自治原则，尊重当事人依法成立的合同，按照合同约定裁判即可。具体而言：

1. 担保合同（保函）如明确约定适用国际商会URDG规则，因URDG属于任意性规则，属于国际惯例性质，一经当事人在担保合同中选择适用，即成为合同内容和裁判依据（与国内法不冲突时），除担保合同另有约定外，当事人权利义务按照URDG规则处理。比如，担保受益人请求支付的条件、保函有效期、延期和终止、权利转让、保函适用的法律等。需要强调的是，由于URDG是任意性规则，因此，法官按照URDG规则裁判案件不是基于URDG的约束力，而是基于有效的担保合同的约束力。URDG是担保合同的组成部分。另外，如果当事人对担保合同（保函）适用的法律没有特别选择的话，按照URDG第27条的规定，"适用担保人或指示人（视情形而定）营业地所在国法律……"比如，就我国而言，由于最高人民法院担保法司法解释第6条规定对外担保有"未经国家有关主管部门批准或者登记"等五种情形的，担保合同无效。因此选择适用URDG规则的独立担保合同如果是对外担保，存在违反最高人民法院担保法司法解释规定的五种情形之一的，合同无效。

2. 担保合同仅约定"见索即付"或"无条件与不可撤销"内容，但未明确约定适用URDG规则的，则根据合同解释规则具体确定：

（1）根据交易惯例，对双方当事人来说"见索即付"或"无条件与不可撤销"的约定即指URDG中见索即付保函（狭义的独立担保）的，按照上述1中处理。比如双方当事人在同一行业（如双方都是开展见索即付保函业务的银行），皆熟知独立保函在经济活动中的运用规则。

（2）当事人之间无交易惯例，"见索即付"或"无条件与不可撤销"的约定，仅对一方当事人来说即URDG中见索即付保函的，原则上按照另一方当事人合理理解判断是否构成见索即付独立担保。

---

① 涉及独立保函法律关系的认定与处理，参见《最高人民法院关于审理独立保函纠纷案件若干问题的规定》。

（3）当事人之间虽无交易惯例，“见索即付”或“无条件与不可撤销”的约定仅对一方当事人来说意味着 URDG 中见索即付保函，但根据诚实信用原则可以推定另一方当事人也知悉此种约定本意的，按照上述 1 中处理。比如，企业向银行（两者非同一行业）出具的保函中约定有“见索即付”或“无条件与不可撤销”内容，有证据证明该企业此前接受过银行或者其他企业出具的相同保函，并且保函无争议地适用了 URDG 规则，则应推定该企业知悉“见索即付”或“无条件与不可撤销”约定的本意。

（4）根据合同解释规则不能判断当事人之间的意思表示属于独立担保的，不作为独立担保处理。当事人的权利义务根据合同约定的相关内容，结合缔约背景确定。比如，两家国内企业之间的保证合同约定有“见索即付”或“无条件与不可撤销”内容的，双方从未适用过 URDG，也并不知悉国际商会 URDG 的存在，如担保合同对保证方式没有特别约定，则视为约定不明，按照连带保证合同处理。

3. 当事人约定担保合同的效力独立于主合同的，担保人不能以主合同无效或被撤销为由拒不承担担保责任，主合同即便无效，担保人仍然应当根据约定承担担保责任。

4. 当事人约定担保人不能以主合同产生的抗辩理由来对抗债权人的，担保人只能行使担保合同中的抗辩权，不能行使主合同债务人享有的抗辩权。

5. 关于“无条件与不可撤销”担保中担保人的责任。担保合同约定担保人承担“无条件与不可撤销”担保的情形在我国比较常见，不仅是银行的借款担保合同，企业相互间提供担保时也常约定担保人承担“无条件与不可撤销”担保。如上所述，“无条件与不可撤销”可能构成独立担保，也可能仅是当事人自己习惯用语，需要对其进行合理解释，方能确定当事人的权利义务。

（1）对外担保中“无条件与不可撤销”担保。

从来源上看，国内的“无条件与不可撤销”的担保来源于国际经济交往中的银行保函，国际商会的相关文件也肯定“无条件与不可撤销”的表述的有效性。[①] 在前面独立担保部分，我们已经提到约定为“无条件与不可撤销”的担保属于独立担保，国际通常认为约定有“无条件与不可撤销”条款的担保合同应

① 国际商会 458 号 URDG 规则。

解释为独立担保合同。沈达明先生认为，“无条件与不可撤销”的约定属于独立担保的典型表述之一。[①] 因此在对外担保中，“无条件与不可撤销”的担保原则上应当解释为独立担保，按照国际惯例，主要是根据 URDG 来认定担保人的担保责任。

（2）国内“无条件与不可撤销”担保。

将“无条件与不可撤销”的担保解释为独立担保是国际经济交往中的做法，国内担保不能一概作此解释，尤其是担保合同双方均不认为担保合同属于独立担保的情形。发生纠纷时，法院仍然要通过合同解释方法对“无条件与不可撤销”的担保进行解释。比如，当担保合同双方一致将“无条件与不可撤销”的担保解释为独立担保时，应当遵循合同当事人的真实意思，将担保合同解释为独立担保合同，不需要法院来进一步解释合同。当双方当事人均不主张担保合同是独立担保的，法院不能将合同解释为独立担保。这是当事人意思自治的范围，不需要司法干涉。当双方当事人对约定的解释不一致，一方主张是独立担保，另一方主张是普通担保的，则需要法院进行解释。依照罗马法解释法律行为的古老原则，即“法律行为既可解释为发生效力，又可解释为不发生效力，应采发生效力的解释”[②] 原则，如果我国法院仍然对独立担保采取排斥态度，仍然坚持独立担保在国内无效的话，按照罗马法的原则，法院就不应当将“无条件与不可撤销”担保解释为独立担保，以维持合同内容的法律效力。

至于担保人承担何种担保责任，则需要进一步研究“无条件”和“不可撤销”的法律意义。

a. “无条件”的法律意义。

担保合同约定担保人“无条件”承担担保责任的，该约定如未被解释为独立担保，则应当解释为除法律规定的抗辩权外，担保人不得行使任何其他的抗辩权来对抗债权人。所谓法律规定的抗辩权即因担保的从属性而产生的抗辩权和其他法律直接赋予当事人的抗辩权，比如债务未发生的抗辩、债权丧失强制执行力的抗辩、债权人许可债务人转移债务的抗辩、债权人欺诈担保人的抗辩等。而凡是需要约定才能行使的抗辩权，如宽期限抗辩权，以及专属于担保人的抗辩权，

---

① 参见贺绍奇：《国际金融担保法律理论和实务》，人民法院出版社 2001 年版，第 30 页。

② 周枏：《罗马法原论》下册，商务印书馆 2001 年版，第 614 页。

如先诉抗辩权，因担保人已经承诺“无条件”承担担保责任，担保人均不得用来对抗债权人。因此，约定了“无条件”承担担保责任的担保合同，至少应解释为担保人承担连带责任的担保合同。

b.“不可撤销”的法律意义。

担保合同约定担保“不可撤销”的，该约定应当解释为担保人不得单方面撤销担保，即便在属于承诺函一类需要等待债权人决定是否接受的情形中，担保人在等待债权人承诺、担保合同还未成立的期间，也不能单方面撤销承诺函。另有一种意见更进一步认为，“不可撤销”的约定，还应当解释为在出现法定合同撤销原因时，担保人也不能申请法院撤销担保合同。比如，担保人不得以提供担保属于“重大误解、显失公平”等为由，申请法院撤销担保合同。由于法定合同撤销原因是合同法强制规定的，比如合同法第 54 条[①]规定，因重大误解，显失公平，一方以欺诈、胁迫的手段或者乘人之危，使对方在违背真实意思的情况下订立的合同，受损害方有权请求人民法院或者仲裁机构变更或者撤销合同。当事人约定的“不可撤销”只能排除当事人约定的合同撤销权，只能起到防止当事人反悔的作用，而合同法规定的合同撤销权不属于任意法规范，当事人不能以约定排除适用。因此，约定了“不可撤销”的担保，除了担保人不能以自己的意思撤销担保外，并无其他法律意义。

6. 见索即付保函中受益人和担保人的权利义务。见索即付保函是国际商会 URDG458 号文件规定的独立保函形式，该保函形式因准确反映担保各方当事人的不同利益和担保的现实有效性而被普遍接受。见索即付保函有效地担保了债权的实现，但也被认为对担保人严厉甚至苛刻，在一些场合，因担保人不完全了解 URDG458 号文件的内容而错误承担担保责任，进一步凸显了见索即付保函的严厉性。事实上，综合考察受益人和担保人的权利义务，我们发现虽然 URDG458 号文件对受益人有充分的保护，但并未形成一边倒的偏袒，在强调见索即付保护受益人的同时，也强调受益人的义务和规定担保人的抗辩权。

---

① 民法典第 148 条规定：“一方以欺诈手段，使对方在违背真实意思的情况下实施的民事法律行为，受欺诈方有权请求人民法院或者仲裁机构予以撤销。”第 150 条规定：“一方或者第三人以胁迫手段，使对方在违背真实意思的情况下实施的民事法律行为，受胁迫方有权请求人民法院或者仲裁机构予以撤销。”第 151 条规定：“一方利用对方处于危困状态、缺乏判断能力等情形，致使民事法律行为成立时显失公平的，受损害方有权请求人民法院或者仲裁机构予以撤销。”

（1）受益人的权利与义务。

受益人的权利在URDG458号文件下主要是当基础交易中的义务未获得履行时，可以迅速获得一笔款项，基础交易是否履行在受益人判断范围之内，但不在担保人判断范围之内，担保人不得以任何基础交易的履行情形作为拒绝承担担保责任的抗辩理由。见索即付保函对受益人是有利的，但受益人也必须按一定的要求行使权利，承担必要义务。在URDG458号文件的规定中，受益人行使权利应当承担的义务是：①在保函有效期内提出要求；②在保函约定的到期事由发生前提出要求；③提供保函要求的单据；④必须出具书面付款要求；⑤必须在要求付款时辅之以书面声明，声明被担保人违反了基础合同项下的义务，指明被担保人的违约情形。受益人如违反以上义务，担保人可以拒绝付款。在普通法下，受益人的诚实信用也是当然的法定义务，但由于URDG458号文件突出见索即付保函对受益人的保护，所以基础合同不属于担保人审查内容，因此当受益人违反诚实信用时，被担保人应当立即通知担保人，并按照所在地法律向法院申请止付，否则担保人也必须按照保函要求付款。因此，对于被担保人来说，及时获悉受益人违反诚实信用非常重要。被担保人及时获悉受益人违反诚实信用的途径，在很大程度上依靠担保人的谨慎和善意。这在下面还要谈到。

（2）担保人的权利义务。

担保人在出具见索即付保函后，出于对受益人的保护需要，担保人的义务大于其权利是正常的，但并不意味着担保人没有权利。担保人最大的权利就是审查受益人提供的单据是否与保函要求相符，单据之间表面上是否存在不一致，如果存在不相符或不一致，担保人可以拒绝付款。另外，担保人发现（或在被担保人帮助下发现）受益人违反诚实信用，存在欺诈或滥用权利情形时，可以按照国内法的规定申请法院止付。在URDG458号文件下，担保人的义务主要是：①审查单据是否相符，是否表面一致，但不审查单据的真实性、有效性、是否伪造等；②尽诚实信用（good faith）和合理注意义务（reasonable care）。即在审查单据是否相符和单据是否表面一致时应当忠实履行专业性的注意义务，一般有理性的人不能发现的瑕疵，但按照行业习惯应当发现的，视为没有尽到诚实信用和合理注意义务。担保人应尽的诚实信用和合理注意义务中极为重要的一个内容是URGD458号文件第21条所规定的“担保人应当毫不迟延地向被担保人传递受益人的付款要求及相关单据，或者在有指示方时，向指示方传递，以便其向被担保人传递”。担保人毫不迟延地向被担保人传递付款要求和单据的重要性在于防止受益人利用见索即付保函欺诈被担保人，防止受益人权利滥用。见索即付保函的强大担保作用可以将被担保人和受益人隔离开来，担保人可能被受益人蒙蔽，及时传递受益人的付款要求和单据则可以将受益人和被担保人连接起来，如果受益人欺诈或者滥用权利，被担保人就可以通过该程序及时发现，及时通过司法程序阻止受益人获得付款。因此，担保人如果未尽诚实信用和合理注意义务，比如未收到受益人的书面声明和单据，或者不向被担保人传递受益人的付款要求和相关单据即付款的，则属于有过错，不能向被担保人追偿。

（3）被担保人的权利义务。

被担保人的权利在 URDG458 号文件下非常少，尤其是抗辩权，被担保人不享有基础合同抗辩权和国内法规定的抗辩权，但是被担保人享有受益人欺诈或滥用权利抗辩权，当被担保人发现受益人欺诈或滥用权利的，可以按照国内法的规定申请法院止付见索即付保函。URDG458 号文件第 27 条规定：“除非保函或者反担保函另有规定，否则其适用的法律应当是担保人或者是指示方（视情形而定）营业地的法律……”第 28 条规定：“除非保函或者反担保函另有规定，担保人和受益人之间与保函有关的争议，或者指示方和担保人之间与反担保函有关的争议应当排他地由担保人或者指示方（视情形而定）的营业地国有管辖权的法院解决……”就我国而言，国内法关于见索即付保函没有专门规定，在受益人欺诈或滥用权利时被担保人如何保护自身权利，应当按照我国民法总则、民法通则和合同法关于诚实信用原则的规定并参照《最高人民法院关于审理信用证纠纷案件若干问题的规定》，由被担保人或担保人向人民法院提出止付保函申请，人民法院审理发现受益人确有欺诈、滥用权利等违反诚实信用原则情形的，应当及时裁决止付保函，保护当事人合法权益。由于担保人对受益人提交的单据不负实质审查义务，被担保人不得对担保人行使基础合同抗辩权，所以受益人即便存在欺诈或滥用权利行为，但法院没有司法裁决，没有裁定止付的，担保人仍然承担付款义务，被担保人也仍然要承担对担保人的清偿义务，反担保亦然。

第五节 共同担保

所谓共同担保，指对同一债权提供的两种以上的担保。实践中，债权人为了达到保障债权安全的目的，可以要求债务人为同一债权提供多个、多种担保。各担保人之间因对同一债权提供担保，形成共同担保关系。担保的方式可以是有多个保证人的共同保证，也可以是有多个担保物权的共同抵押、共同质押，也可以是既有保证，又有抵押、质押的混合共同担保。共同担保的特点为：担保方式是多个，债权是一个，担保人为同一债权提供担保，均对债权人负责。共同担保人之间的关系由法律直接规定，也允许共同担保人进行约定，没有约定的，按照法律规定处理。我国担保法对共同担保中的共同保证作了规定，但对共同抵押、共同质押以及混合共同担保未作规定。最高人民法院担保法司法解释根据担保理论的一般原则，对共同担保人之间的关系作了一些补充规定，对司法实践分清共同担保人之间的责任提供了方法和依据。

一、共同保证

共同保证，是指数个保证人对同一债权提供的保证。共同保证的保证人为两人或两人以上，按照保证人之间对各自承担的担保份额是否有约定，共同保证可分为按份共同保证和连带共同保证。按份共同保证是保证人与债权人约定按份额对主债务承担保证义务的共同保证；连带共同保证是各保证人约定均对全部主债务承担连带保证义务或保证人与债权人之间没有约定所承担保证份额的共同保证。后一种连带共同保证是推定的连带，针对保证人与债权人之间未约定按份承担保证义务的情况，各保证人与债权人之间推定为连带关系，有利于保障债权的实现。担保法司法解释第 19 条①对此规定："两个以上保证人对同一债务同时或

---

① 民法典担保制度司法解释第 13 条规定："同一债务有两个以上第三人提供担保，担保人之间约定相互追偿及分担份额，承担了担保责任的担保人请求其他担保人按照约定分担份额的，人民法院应予支持；担保人之间约定承担连带共同担保，或者约定相互追偿但是未约定分担份额的，各担保人按照比例分担向债务人不能追偿的部分。同一债务有两个以上第三人提供担保，担保人之间未对相互追偿作出约定且未约定承担连带共同担保，但是各担保人在同一份合同书上签字、盖章或者按指印，承担了担保责任的担保人请求其他担保人按照比例分担向债务人不能追偿部分的，人民法院应予支持。除前两款规定的情形外，承担了担保责任的担保人请求其他担保人分担向债务人不能追偿部分的，人民法院不予支持。"

者分别提供保证时，各保证人与债权人没有约定保证份额的，应当认定为连带共同保证。连带共同保证的保证人以其相互之间约定各自承担的份额对抗债权人的，人民法院不予支持。”

按份共同保证，各保证人以其与债权人约定的份额承担保证责任，各保证人之间不再有求偿关系。担保法司法解释第 21 条①规定：“按份共同保证的保证人按照保证合同约定的保证份额承担保证责任后，在其履行保证责任的范围内对债务人行使追偿权。”该条进一步明确了各个共同保证人之间没有追偿关系，各保证人在承担了保证责任后，只能向债务人追偿。债务人如无财产，保证人不能从债务人处得到清偿的，也不能向其他共同保证人要求清偿，损失只能自负。

连带共同保证，各个保证人不分履行顺序均有向债权人履行保证债务的义务，任一保证人履行了全部保证责任后，均有权向其他保证人追偿。连带共同保证的保证人之间的追偿关系，担保法司法解释第 20 条②规定：“连带共同保证的债务人在主合同规定的债务履行期届满没有履行债务的，债权人可以要求债务人履行债务，也可以要求任何一个保证人承担全部保证责任。连带共同保证的保证人承担保证责任后，向债务人不能追偿的部分，由各连带保证人按其内部约定的比例分担。没有约定的，平均分担。”依该解释，连带共同保证首先是保证人对债权人全部债务的连带，属于对外的关系，但并不排除连带保证人之间约定各自承担的份额，该份额应视为各连带保证人内部的义务分配。没有约定的，平均分担。因此，无论是通过保证人间的约定还是通过推定，各连带保证人最终所应承担保证的份额都是确定的。其次是履行了全部责任的保证人具有两项追偿权。第一项追偿权是向债务人追偿，第二项追偿权是向其他连带共同保证人追偿。担保法第 12 条③也规定：“……已经承担保证责任的保证人，有权向债务人追偿，或者要求承担连带责任的其他保证人清偿其应当承担的份额。”两项追偿权可择一行使，当行使一项追偿权未获得清偿时，保证人仍可行使另一项追偿权。两项追偿权是否可以同时行使，法律和司法解释没有规定，因此没有予以排斥的理由。通过诉讼程序同时行使两项追偿权的，法院裁判主文中应作两项，第一项是判债

---

① 参见民法典担保制度司法解释第 13 条。

② 参见民法典担保制度司法解释第 13 条。

③ 参见民法典担保制度司法解释第 13 条。

务人对保证人在其承担的保证责任范围内承担全部清偿责任，第二项是判连带保证人在其份额或应承担的平均数额内对履行了保证责任的保证人承担清偿义务。建议在执行中分次序，先执行债务人，后执行连带保证人，以尽量避免连环追偿（指连带保证人又向债务人追偿），但连带保证人并不因此获得执行顺序上的抗辩权。

由于司法解释文义上的局限性，在理解担保法司法解释第19条、第20条时，要注意不能将连带共同保证理解为连带责任保证。连带共同保证中的“连带”是对“共同保证”的修饰，不是对“保证”的修饰，也就是说，在保证人与债权人是连带共同保证关系的情况下，不排除各保证人对债权人承担保证责任的方式不是“连带”方式，而是一般保证的方式。连带共同保证和推定的连带共同保证，其意义在于保证人必须对全部不能清偿的债务承担保证责任，保证人声称的任何份额，只要未得到债权人的同意，均对债权人不发生效力。如果保证人与债权人之间约定为一般保证责任的，保证人也有先诉抗辩权，只有在主债务人不能履行债务，并对其财产强制执行后，债权人才能要求保证人履行。如果共同保证人与债权人之间约定为连带责任保证的，保证人因为没有先诉抗辩权，债权人可对债务人或保证人任何一方提出履行义务的要求，此时成立的连带共同保证具有双重的连带关系：一是各保证人对债权人承担连带责任，即外部的连带；二是各保证人之间相互有追偿权，即内部的连带。

二、共同抵押、质押

共同抵押是指抵押人（可以是两个以上）以各自独立的抵押物为同一债权提供的抵押。共同质押是指出质人（可以是两个以上）以各自独立的质物或权利为同一债权提供的质押。共同抵押、质押的情形比较复杂，因为涉及复数担保物权、复数担保人和复数担保方式，因此对共同抵押、质押的分类也较复杂。以担保物的归属为标准，共同抵押、质押可以区分为担保物同属于一人的共同抵押、质押和担保物分属于多人的共同抵押、质押。担保物同属于一人的共同抵押、质押，即同一抵押人或出质人以自己所有的不同的物为同一债权提供担保，债权人在各个物上成立的担保物权属于共同抵押权或共同质权；担保物分属于多人的共同抵押、质押，即两个以上担保人以各自所有的担保物为同一债权提供担保，担保人不限于债务人，也可以是第三人。前一种共同抵押、质押因为担保人是一人，所以只需要研究债权人与担保人的关系，即债权人如何行使多个担保物权；后一种共同抵押、质押，因为担保人为多人，除了需要研究债权人与共同抵押人、质押人之间的关系，即债权人如何行使担保物权外，还需要研究共同抵押人、质押人之间的关系，即担保人相互之间的权利义务。分述如下。

（一）担保物同属于一人的共同抵押、质押

担保物同属于一人的共同抵押、质押，担保人只有一人，但债权人在各个担保物上成立的担保物权却是复数并各自独立，这区别于将多个财产打包成一体仅成立一个担保物权的财团抵押。债权人在多个担保物上成立有复数担保物权，债权人即称为复数担保物权人。复数担保物权人如何行使其复数担保物权，试举例说明。

案例一：甲公司向银行借贷1000万元，甲公司以其所有的土地向银行抵押600万元，以全套生产线抵押400万元。

案例二：甲公司向银行借贷1000万元，乙公司为甲公司提供担保。乙公司以其所有的土地向银行抵押600万元，以全套生产线抵押400万元。

案例三：甲公司向银行借贷1000万元，甲公司以其所有的土地向银行抵押600万元，以全套生产线抵押300万元，以豪华轿车质押100万元。

案例一中，银行作为复数担保物权人在债务人甲公司的土地和生产线上有两个抵押权；案例二中，银行在第三人乙公司的土地和生产线上有两个抵押权，乙公司通常也称为物上保证人；案例三中，银行在甲公司的土地、生产线上有两个抵押权，在轿车上有一个质权，共三个担保物权。作为复数担保物权人，银行在债务人甲公司到期不偿还债务，行使担保物权时，有权对所有担保物一起行使担保物权，即可以依法拍卖土地、生产线、轿车，并就卖得价金优先受偿。假设某一担保物的价值可以完全清偿债权，银行也可以只对其中一个担保物行使担保物权。或者，银行只对其中一个担保物行使担保物权，以之作为督促债务人履行剩余债务的方法。担保法第53条[①]规定：“债务履行期届满抵押权人未受清偿的，

① 民法典第410条规定：“债务人不履行到期债务或者发生当事人约定的实现抵押权的情形，抵押权人可以与抵押人协议以抵押财产折价或者以拍卖、变卖该抵押财产所得的价款优先受偿。协议损害其他债权人利益的，其他债权人可以请求人民法院撤销该协议。抵押权人与抵押人未就抵押权实现方式达成协议的，抵押权人可以请求人民法院拍卖、变卖抵押财产。抵押财产折价或者变卖的，应当参照市场价格。”

可以与抵押人协议以抵押物折价或者以拍卖、变卖该抵押物所得的价款受偿；协议不成的，抵押权人可以向人民法院提起诉讼。抵押物折价或者拍卖、变卖后，其价款超过债权数额的部分归抵押人所有，不足部分由债务人清偿。”根据担保法的规定，债权人行使复数担保物权与在一般情况下行使单数的担保物权的方法一样，法律没有规定特别的方法，也没有特别的限制。复数担保物权人一并行使复数担保物权还是分别行使，属于担保物权人的权利。

案例二中，乙公司以自己的财产为甲公司担保，乙公司作为第三人，理论上称为物上保证人。银行对乙公司的担保物行使担保物权与对甲公司自己的担保物行使担保物权一样，并无区别。不同的是，乙公司的担保物为甲公司承担债务后，还存在一个向甲公司追偿的问题。担保法第 57 条①规定：“为债务人抵押担保的第三人，在抵押权人实现抵押权后，有权向债务人追偿。”

然而，如果复数担保物权人的同一担保物上成立有次序在后的担保物权的，比如抵押权，复数担保物权人行使其顺位在先的担保物权，因为要考虑顺位在后的抵押权人的利益，所以应有特别的限制要求。根据复数担保物权人行使担保物权的方法，区分以下两种情况：

1. 复数担保物权人同时行使其复数担保物权的

案例：甲公司向 A 银行借贷 3000 万元，甲公司以其所有的土地向 A 银行抵押 3000 万元，以全套生产线抵押 2000 万元。甲公司又向 B 银行借贷 1200 万元，以同一土地抵押 1200 万元，并向 C 银行借贷 800 万元，以同一生产线抵押 800 万元。

A 银行是复数抵押权人，并且其在土地和生产线上的抵押权顺位在先，A 银行在同时行使对土地和生产线的两个抵押权时，就拍卖抵押物所得的价金，应按照抵押物的债权负担比例进行清偿。就所举例而言，如果土地卖得 3000 万元，生产线卖得 2000 万元，共 5000 万元，债务额 3000 万元，两者相比，担保物的债权负担比例为五分之三。土地价值 3000 万元的五分之三是 1800 万元，生产线

---

① 民法典第 392 条规定：“被担保的债权既有物的担保又有人的担保的，债务人不履行到期债务或者发生当事人约定的实现担保物权的情形，债权人应当按照约定实现债权；没有约定或者约定不明确，债务人自己提供物的担保的，债权人应当先就该物的担保实现债权；第三人提供物的担保的，债权人可以就物的担保实现债权，也可以请求保证人承担保证责任。提供担保的第三人承担担保责任后，有权向债务人追偿。”

价值的五分之三是1200万元，A银行应就土地价值3000万元中的1800万元，生产线价值2000万元中的1200万元受偿。B银行和C银行在A银行受偿后，仍然有机会就担保物的剩余价值受偿。此种比例受偿方法用于复数担保物权人同时行使复数担保物权的情形，目的是保护后顺序抵押权人的利益，理论上被称为比例分配主义[①]，或分割说[②]，瑞士民法、德国民法、日本民法皆规定有此种方法。我国担保法对此没有规定，司法实践中遇到此种情况，如果复数担保物权人愿意按照比例分配方法行使担保物权的，为保护后顺序担保物权人的利益，法院应当采取赞同的态度。另外，法院在发现复数担保物权人有违背诚实信用原则，故意损害后顺序担保物权人利益的情况时，有权要求复数担保物权人按担保物的价值与债权的负担比例进行受偿。我国担保法的立法宗旨是保障债权的实现，以债权的实现为基本价值取向，司法如采用各国通行的既能保护复数担保物权人又能保护后顺序担保物权人的方法，则符合担保法的立法宗旨。并且，我国担保法并不限制比例分配主义方法。

2. 复数担保物权人仅对担保物之一行使担保物权的

如果复数担保物权人仅就担保物之一行使担保物权的，担保物权人在受偿后如何保护后顺序的担保物权人，仍然以上面的案例说明。A银行是复数抵押权人，其仅拍卖甲公司抵押之土地，并获得3000万元的全额清偿，B银行在该土地上的1200万元抵押权便全部落空。由于A银行放弃拍卖生产线，C银行在生产线上的800万元抵押权全部实现后，甲公司还有生产线的剩余价值1200万元。这样的结果显然对B银行不公。但由于A银行对如何行使其复数担保物权有自由选择权，且其担保物权顺序在先，法律不能对其进行限制，因此，通常的做法是允许B银行代位行使A银行在生产线上的抵押权。即，按照各抵押物与债权额的比例，生产线上应当负担A银行3000万元债权中的1200万元，A银行没有行使，则该1200万元由B银行行使。B银行在生产线上的抵押权优先于C银行。此种做法被称为求偿主义[③]或优先主义[④]，日本民法、奥地利破产法、德国民法

① ［日］近江幸治：《担保物权法》，法律出版社2001年版，第187页。
② 史尚宽：《物权法论》，中国政法大学出版社2001年版，第320页。
③ 史尚宽：《物权法论》，中国政法大学出版社2001年版，第320页。
④ ［日］近江幸治：《担保物权法》，法律出版社2001年版，第187页。

均有规定。我国物权法、担保法对于这种代位行使抵押权的情况没有规定，并且根据物权法定原则，法院在没有法律规定时也无权通过裁判的方式肯定代位行使抵押权。最高人民法院在担保法的司法解释中也没有涉及此问题，因此解决的方法只能是通过法律的修订进行制度完善。对此，强烈建议当事人在担保实践中通过约定限定各担保物所负担之金额，以避免顺序在先的复数担保物权人因行使权利而损害后顺序担保物权人的利益，这对后顺序担保物权人尤为重要。

（二）担保物分属于多人的共同抵押、质押

担保物分属于多人的共同抵押或质押，除了要分析担保物权人与担保人之间的关系外，因担保物的归属不同，还要研究各担保人之间的关系。另外，担保人可以是债务人，也可以是第三人，即物上保证人，因此还存在一个物上保证人与债务人以及其他担保人之间的关系。

1. 仅有第三人提供物的担保，即仅有物上保证人（两个以上）时

案例：甲公司向银行借贷 1000 万元，乙公司、丙公司为甲公司提供担保。乙公司以其所有的土地向银行抵押 1000 万元，丙公司以其全套生产线抵押 1000 万元。

甲公司是债务人，乙公司和丙公司是第三人，即物上保证人，土地和生产线分属于乙公司和丙公司。银行作为债权人拥有两个抵押权，其行使抵押权可以是同时行使，比如将土地和生产线一起拍卖，也可以是单独行使，比如仅拍卖土地。至于如何行使其复数担保物权，银行有权自由选择，不受限制。这是银行作为债权人与担保人之间的基本权利义务关系。如上所述，如果银行同时行使担保物权，将土地和生产线一起拍卖，则应当按照比例分配方法，土地和生产线各承担二分之一的债务额。法院不应支持既同时拍卖，又仅就担保物之一受偿的做法，以免损害其他权利人的合法权益。

担保人与债务人之间的权利义务关系，通过追偿权解决。无论银行如何行使其担保物权，乙公司和丙公司以担保物为甲公司承担债务后，均有权在承担债务的范围内向甲公司追偿。

担保人相互之间的权利义务关系，因债权人行使担保物权的不同而有区别。如果银行同时行使担保物权，将土地与生产线同时拍卖，并按照比例分配方法受偿，各担保人均承担了担保责任，担保人之间即不再存在任何权利义务。如果银

行仅就担保物之一行使担保物权，比如将乙公司的土地拍卖并获全额受偿，那么，乙公司除了向债务人甲公司追偿外，其与物上保证人丙公司之间还存在何种关系，对此，担保法司法解释和物权法存在区别。担保法司法解释第 75 条[①]规定："……同一债权有两个以上抵押人的，当事人对其提供的抵押财产所担保的债权份额或者顺序没有约定或者约定不明的，抵押权人可以就其中任一或者各个财产行使抵押权。抵押人承担担保责任后，可以向债务人追偿，也可以要求其他抵押人清偿其应当承担的份额。"根据该条规定，抵押人之间有相互追偿的权利。虽然该条没有指出抵押人是第三人，即物上保证人，但因为债务人作抵押人不存在追偿的问题，所以该条应针对第三人作抵押人的情形。司法解释承认抵押人之间有相互追偿的权利，本质上是承认抵押人之间有共同担保上的连带关系，相互间有追偿关系。就案例来说，乙公司以土地承担对银行的债务后，可以向债务人追偿，也可以向另一担保人丙公司追偿。根据比例分配方法，丙公司应当承担 500 万元的份额。物上保证人因对同一债权提供担保，理论上认为担保人之间负有物上连带关系，担保法司法解释将这种物上的连带关系转化为债的连带，规定担保人之间负有分担债务的义务，与连带共同保证本质相同。

然而，物权法颁布后，其第 176 条[②]规定"……提供担保的第三人承担担保责任后，有权向债务人追偿"，立法者解释认为"在当事人没有明确约定承担连带担保责任的情况下，规定各担保人之间相互追偿是不妥的"[③]，主要理由是在理论上讲不通，程序上费时费力，可操作性差，甚至有违公平原则。诚如此，则上述司法解释规定的"抵押人承担担保责任后，可以向债务人追偿，也可以要求其他抵押人清偿其应当承担的份额"的做法，按照物权法立法者的意图，在物权法生效后将不再适用，承担了担保责任的第三人仅能向债务人追偿，对其他担保人不再享有追偿权，除非当事人明确约定承担连带担保责任。

国外立法例一般规定物上保证人之间有担保物权上的代位权，以担保物全额清偿了债务的担保人，可以代位行使债权人对另一担保人的担保物权。就案例而言，乙公司以土地承担对银行的全部债务后，可以代位行使银行对丙公司的抵押

---

① 如无特别约定，抵押人相互之间追偿权已经被弃。

② 对应民法典第 392 条，无实质变化。

③ 胡康生主编：《中华人民共和国物权法释义》，法律出版社 2007 年版，第 381~382 页。

权，行使额度以丙公司应当承担的债务额为限。同样是承认物上担保人之间有连带关系，但国外立法例承认的是物权上的连带，承认担保人可代位行使抵押权。如瑞士民法、德国民法。对此，史尚宽先生在《物权法论》中阐述道："在连带债务债权人，因而对于共同债务人有求偿权者，于其有求偿权之范围，得对于他共同债务之抵押不动产，代位行使债权人之抵押权，但不得有害债权人，即债权人尚未受满足的，其次序应后于执行债权人。"①

2. 既有债务人提供的物的担保，又有物上保证人时

案例：甲公司向银行借贷1000万元，甲公司以其所有的土地抵押1000万元，乙公司为甲公司提供担保，以其所有的全套生产线抵押1000万元。

案例中的甲公司既是债务人，又是抵押人，乙公司是物上保证人，银行在甲公司的土地和乙公司的生产线上有两个抵押权。银行行使抵押权仍然不受限制，既可以同时行使两个抵押权，将土地和生产线一起拍卖，也可以单独行使抵押权，单独拍卖甲公司的土地，或单独拍卖乙公司的生产线。银行如果同时拍卖土地和生产线，其仅在债务人甲公司的土地价金不足以清偿债务的情况下，才能就乙公司的担保物受偿，即债务人的财产应先承担担保责任。因为物上保证人与保证人一样属于第三人，在债务人的抵押财产未承担担保责任之前享有先诉抗辩权，担保法第28条②关于保证人与物的担保的规定，应当类推适用于物上保证人的情形。这是银行作为债权人与担保人之间的基本权利义务关系。

银行仅拍卖乙公司（物上保证人）的生产线，而不行使在甲公司（债务人）的土地上的抵押权，一些国家的立法例对此也不加限制，如日本、韩国。那么，乙公司以担保物为甲公司清偿债务后，除了可以对甲公司行使追偿权外，还能否代位行使银行在甲公司土地上的抵押权？对此，日本《民法》第392条、第500条、第501条，韩国《民法》第368条均承认物上保证人有代位权，可以代位行使债权人在债务人抵押财产上的抵押权。就所举案例而言，乙公司以担保物代甲

---

① 史尚宽：《物权法论》，中国政法大学出版社2001年版，第319页。

② 民法典第392条规定："被担保的债权既有物的担保又有人的担保的，债务人不履行到期债务或者发生当事人约定的实现担保物权的情形，债权人应当按照约定实现债权；没有约定或者约定不明确，债务人自己提供物的担保的，债权人应当先就该物的担保实现债权；第三人提供物的担保的，债权人可以就物的担保实现债权，也可以请求保证人承担保证责任。提供担保的第三人承担担保责任后，有权向债务人追偿。"

公司清偿债务后，银行在甲公司土地上的抵押权并不消灭，乙公司可以向债务人甲公司行使追偿权，同时代位取得银行在甲公司土地上的抵押权。这种代位行使抵押权的做法，既满足了债权人（抵押权人）在行使抵押权上的选择权（行使对债务人抵押物的抵押权或者行使对物上保证人抵押物的抵押权），又满足了对物上保证人的充分保护，不失为一种好方法。

我国担保法对于物上保证人在抵押权上的代位权没有规定，物权法颁布后，结合物权法第 176 条和第 194 条[①]的规定，正确的做法应当是以债务人的担保财产先承担担保责任，债务人的担保财产不足以清偿的，再由物上保证人承担担保责任。理由是：按照物权法第 194 条第 2 款的规定，债务人以自己的财产设定抵押，抵押权人放弃该抵押权……其他担保人在抵押权人丧失优先受偿权益的范围内免除担保责任。言下之意，抵押权人放弃在第三人财产上设定的抵押权益的，其他担保人不能“在抵押权人丧失优先受偿权益的范围内免除担保责任”。该规定将抵押权人放弃第三人财产上的担保权益情形予以排除，即有要求债务人的抵押财产先行清偿被担保债权的意思，因为，只有当债务人的抵押财产必须先行承担担保责任时，抵押权人放弃在债务人财产上的担保权益，其他担保人将失去“屏蔽”成为先顺序担保义务人，利益必然受损，因此需要法律特别给予免责保护。抵押权人放弃在第三人财产上的担保权益，法律对其他担保人不需要给予特别保护，因为抵押权人放弃对第三人财产上的担保权益，不影响其他担保人的利益，物权法第 176 条关于“提供担保的第三人承担担保责任后，有权向债务人追偿”的规定，排除了承担担保责任的第三人（保证人或者物上保证人）向其他担保人的追偿权[②]。此外，债务人担保财产先行承担担保责任，有利于保护物上保证人，也避免出现物上保证人与债务人之间复杂的追偿关系，可以取得较好的法律效果和社会效果。

债权人如与物上保证人约定，在以债务人的担保财产清偿债务之前，债权人可以先行使对物上保证人享有的担保权益的，按照物权法第 176 条规定的精神，从其约定。

如果银行仅拍卖债务人甲公司的土地并全额受偿，而不行使在乙公司生产线

---

① 对应民法典第 409 条，无实质变化。

② 胡康生主编：《中华人民共和国物权法释义》，法律出版社 2007 年版，第 381 页。

上的抵押权，因银行的债权受清偿而消灭，银行在乙公司生产线上的抵押权也消灭，乙公司的担保责任就此免除，乙公司与甲公司之间、与银行之间将不存在任何权利义务关系。

三、混合共同担保

混合共同担保指对同一债权提供的既有保证，又有抵押、质押的共同担保。保证被称为人保，抵押、质押被称为物保，混合共同担保也是人保和物保混合的共同担保。人保和物保的混合担保情况较多，按照从简单到复杂的顺序分述如下。

（一）债权人与担保人约定债权实现方式的

同一债权既有保证又有抵押、质押担保的，债权人享有多个担保权益，在权利行使上存在法定先后次序问题并形成共同担保人之间复杂的追偿关系，可能对债权的实现产生消极影响。为此，物权法第 176 条规定“债权人应当按照约定实现债权”，既明确了债权人可以通过合同约定行使各项担保权益，又明确了当事人约定的权利行使方式优先于法律规定的权利行使次序，可谓一大进步。考虑到混合共同担保关系的复杂性，实务中，建议债权人与各担保人，尤其是享有法定先诉抗辩权的担保人，约定行使各项担保权益的方式、方法，以便顺利实现债权。重点是，债务人提供担保物时（即债务人作为抵押人或者出质人的情形），保证人享有先诉抗辩权，债权人可以与保证人约定由后者放弃先诉抗辩权，以赋予债权人在行使保证权益和担保物权上的选择权，在实现债权上不受保证人先诉抗辩权的影响。

（二）债权人与担保人未约定债权实现方式的

1. 保证人享有先诉抗辩权——既有保证人，又有债务人提供的物的担保

案例： 甲公司向银行借贷 1000 万元，甲公司以其所有的土地抵押 1000 万元，乙公司为甲公司提供 1000 万元范围内的保证。

担保法第 28 条第 1 款规定：“同一债权既有保证又有物的担保的，保证人对物的担保以外的债权承担保证责任。”根据该条规定，在同一债权存在人的担保与物的担保双重担保的情况下，物的担保优先清偿，人的担保在物的担保不足以清偿的时候承担补充清偿责任。债务人是最终的债务承担者，保证人在承担了担

保责任后，对债务人享有追偿权。在债务人自己提供物的担保的情况下，先以担保物清偿债务，可以避免日后出现追偿权的问题。债权人必须先实现担保物权再实现保证权益的做法，理论上称为先行主义。就所举案例而言，债务人甲公司以自己所有的土地提供抵押，第三人乙公司提供保证。按照担保法第 28 条的规定，在清偿时，银行应当首先就债务人提供的土地行使抵押权，仅当抵押物不足以清偿全部债务时，保证人才承担对剩余债务的补充清偿责任。如果撇开抵押物直接要求保证人承担保证责任，保证人有先诉抗辩权。

物权法第 176 条也规定，债权人没有约定（实现债权方式）或者约定不明确，债务人自己提供物的担保的，债权人应当先就该物的担保实现债权，其内容与上述担保法的规定一致，也体现了先行主义的原则。

2. 债权人的选择权——既有保证人，又有第三人提供的物的担保

（1）债权人的选择权

案例：甲公司向银行借贷 1000 万元，乙公司以其所有的土地抵押 1000 万元，丙公司为甲公司提供 1000 万元范围内的保证。

担保法司法解释第 38 条[①]第 1 款规定："同一债权既有保证又有第三人提供物的担保的，债权人可以请求保证人或者物的担保人承担担保责任。当事人对保证担保的范围或者物的担保的范围没有约定或者约定不明的，承担了担保责任的担保人，可以向债务人追偿，也可以要求其他担保人清偿其应当分担的份额。"根据该条的规定，第三人提供物的担保的，第三人作为物上保证人与保证人居于同一清偿顺序，债权人既可以要求保证人承担保证责任，也可以对担保物行使担保物权，拍卖担保物。债权人在此种情形下享有实现担保权益的选择权，理论上称为选择主义。案例中，银行可以要求丙公司承担 1000 万元范围内的保证责任，也可以拍卖乙公司的土地进行清偿。如果银行担心任何一个担保人均不能足额清

① 民法典担保制度司法解释第 13 条规定："同一债务有两个以上第三人提供担保，担保人之间约定相互追偿及分担份额，承担了担保责任的担保人请求其他担保人按照约定分担份额的，人民法院应予支持；担保人之间约定承担连带共同担保，或者约定相互追偿但是未约定分担份额的，各担保人按照比例分担向债务人不能追偿的部分。同一债务有两个以上第三人提供担保，担保人之间未对相互追偿作出约定且未约定承担连带共同担保，但是各担保人在同一份合同书上签字、盖章或者按指印，承担了担保责任的担保人请求其他担保人按照比例分担向债务人不能追偿部分的，人民法院应予支持。除前两款规定的情形外，承担了担保责任的担保人请求其他担保人分担向债务人不能追偿部分的，人民法院不予支持。"

偿全部债权，同时要求乙公司、丙公司承担担保责任的，由于乙公司和丙公司地位平等，法院可以分两项进行裁判：一是裁判乙公司以抵押财产承担 1000 万元的担保责任，二是裁判丙公司承担 1000 万元的保证责任。裁判后，法院执行部门既可以拍卖乙公司的土地清偿债务，也可以执行丙公司（保证人）的责任财产。

担保法第 28 条第 1 款规定的“同一债权既有保证又有物的担保的，保证人对物的担保以外的债权承担保证责任”，包含保证人与债务人提供的物的担保并存的情况和保证人与第三人提供的物的担保并存的情况，实践表明，在后一种情况下区分清偿次序不利于保障债权的实现。实际上，保证人和物上保证人的地位是平等的，清偿次序上并不需要分先后。有见解认为可以将“物权优先于债权”的原则用到“物保优先于人保”上，该见解显然混淆了担保方式和担保权之间的区别。物权优先于债权，主要指当同一财产上既有物权存在也有债权存在（即债权标的物）时，要首先保证物权的实现。至于同一债权上既有担保物权（如抵押权）又有担保债权（如保证）存在时，属于对同一债权采用的两种担保方式，由此产生的担保物权和担保债权并不存在谁优于谁的问题。在债务人提供担保物的情况下，应当首先处理债务人的担保物，是考虑到债务人系最终义务人，避免保证人先清偿而有追偿的拖累，并不是因为“物权优先于债权”。在第三人提供担保物的情况下，第三人与保证人均非最终义务人，地位平等，债权人既然为了充分保障自己的债权而设定了双重担保，那么，在债务人不能履行债务的情况下，就应当允许债权人充分行使担保权利，债权人既可以行使担保物权，又可以行使担保债权，而不应当限定其必须在行使担保物权后，才能向保证人要求其履行保证责任。当然，特别约定的情况是允许的，比如，保证人仅承诺在物上保证人的担保物价值之外承担保证责任，则属于特别约定，按照当事人意思自治原则，应当予以尊重。

物权法第 176 条“第三人提供物的担保的，债权人可以就物的担保实现债权，也可以要求保证人承担保证责任”的规定，肯定了上述担保法司法解释的做法，体现了债权人选择主义原则。

（2）保证人与物上保证人的追偿关系

同一债权既有保证又有第三人提供物的担保的，担保法司法解释第 38 条第 1

款明确规定："……当事人对保证担保的范围或者物的担保的范围没有约定或者约定不明的，承担了担保责任的担保人，可以向债务人追偿，也可以要求其他担保人清偿其应当分担的份额。"司法解释明确肯定了物上保证人和保证人相互间享有追偿权，可以平衡保证人与物上保证人之间的利益关系，符合民法的公平原则。物权法颁布后，基于其第176条的规定和立法意图，保证人和物上保证人之间不具有相互追偿权，两者之间不存在追偿关系，除非保证人与物上保证约定承担连带共同担保责任。由此，债权人如果放弃在第三人提供的担保物上的担保物权的，按照物权法第194条第2款的规定，保证人也不享有在债权人放弃担保物权价值范围内免责的权利。担保法第28条第2款的规定被物权法第194条第2款所取代。

（三）既有保证人，又有债务人提供的物的担保和第三人提供的物的担保

案例：甲公司向银行借贷1000万元，甲公司以其所有的土地抵押1000万元，乙公司为甲公司提供担保，以其所有的生产线抵押1000万元，丙公司为甲公司提供1000万元范围内的保证。

这样的担保属于"三重保险"。银行作为被保证人和复数担保物权人，如何行使其权利，在上面共同保证和共同抵押、质押部分已经作了分析。此处再小结如下：

首先，银行行使担保物权时，必须先行使对甲公司土地的抵押权，不足部分再对乙公司的生产线行使抵押权。其次，银行向保证人丙公司要求其承担保证责任的，应当以甲公司土地价值清偿债权的剩余为限，保证人在银行未行使对土地的抵押权之前，可以拒绝承担保证责任。土地价值不足以清偿全部债务的，保证人不得以债权人未行使对乙公司生产线的抵押权为由，拒绝承担保证责任。保证人在承担责任后，可以向债务人甲公司追偿，不能向乙公司追偿。再次，银行行使对乙公司生产线的抵押权，乙公司可以银行未行使对甲公司土地的抵押权为由，拒绝以担保物承担担保责任。在甲公司土地价值清偿债务的不足部分，乙公司以其抵押的生产线承担担保责任后，可以向债务人甲公司追偿，但不能向丙公司追偿。最后，银行同时要求甲公司、乙公司、丙公司承担担保责任的，法律也不限制，诉讼上可以合并，但法院在裁判各担保人承担担保责任上，应当按照以上次序。

四、民法典担保制度及其司法解释规定的共同担保追偿权

共同担保中主要存在两层法律关系，一是债权人与所有共同担保人的担保权益关系，主要解决债权人如何对所有共同担保人行使权利的问题，这在上面已经分别阐述，民法典及相关司法解释也未作新的进一步规定，本节依据原担保法、物权法与担保法司法解释所分析归纳的方法，在民法典生效后事实上仍然适用。二是共同担保人之间的追偿权关系，主要解决担保人与担保人之间分担担保责任问题，民法典和相关司法解释作了新的规定，归纳起来有以下方面：

1. 民法典原则上不承认共同担保人之间的追偿权。担保法关于共同保证人之间享有追偿权的规定，民法典在保证合同一章未予继受，现有条文未涉及该问题。物权法第176条关于共同担保物权人如何行使追偿权条文被民法典第392条所继受，但依然坚持担保人对债务人的追偿权，不规定共同担保人之间的追偿权。联系立法机关关于原物权法第176条的立法解释（采不承认担保人之间追偿权的立场）和民法典保证合同对共同保证人追偿权不作规定的事实，我们可以比较清楚地看到，立法机关的立法本意是以不承认共同担保人之间的追偿权为原则，以承认共同担保人关于追偿权的约定为例外和补充，其本意依然是避免相互追偿费时费力，避免担保人之间打高成本的消耗战。全国人大法工委在编写的《中华人民共和国民法典释义》中坦承“在此次民法典编纂中曾经尝试在混合共同担保的多个保证人之间引入追偿权，但最终综合考虑后，仍然延续了混合共同担保人之间没有相互追偿权的规则”①。这在笔者看来是一个非常明智的选择。法律实为技术，技术力求简单易用，如果在共同担保中引入追偿权无异于在技术中引入高等数学，能否解决问题姑且不论，仅层层裁判追偿权恐怕就需要律师和法官“写秃笔尖”。笔者曾经在法院处理破产财产追偿与分配中就遇到这种场景，当时的感觉就是一场逻辑循环，无穷无尽。

2. 民法典和民法典担保制度司法解释承认共同担保人之间约定追偿权。共同担保人之间追偿权的基础是连带共同担保，如上所述，这里的“连带”是共同担保的定语，不是担保的定语，源于担保人之间的约定。民法典第700条承认共同保证人之间可以对追偿权进行约定，并建议当事人“可以结合本法第519条

---

① 黄薇主编：《中华人民共和国民法典释义》，法律出版社2020年版，第1325页。

关于多数人之债的规定"[①] 进行约定，没有约定的，则按照第 699 条规定，保证人之间不可相互追偿。民法典担保制度司法解释第 13 条规定了两种约定型的连带共同担保形式和一种推定型的连带共同担保形式，其中，约定的连带共同担保分为担保人之间有约定份额的连带共同担保和未约定份额的连带责任形式的连带共同担保（请读者留意两个"连带"在此处的不同意义）；推定的连带共同担保指"各担保人在同一份担保合同上签字、盖章或者按指印"，即推定各担保人之间属于连带共同担保关系，相互之间有追偿权。该条司法解释第 3 款也同时规定，除了这种约定型和推定型的共同担保关系外，不支持共同担保人之间的追偿权。这与民法典原则上不承认共同担保人之间追偿权的立法旨趣相同。

但细心的读者会发现，在承认共同担保人之间追偿权的规定上，民法典担保制度司法解释的规定比民法典的规定宽，民法典第 700 条承认当事人约定的追偿权仅适用于保证关系，除此之外并无可以适用于共同抵押、共同质押关系的规定，而民法典担保制度司法解释第 13 条针对所有担保关系，从文义上可以清楚地理解既包括共同保证，也包括共同抵押、质押关系等。司法解释超过法律规定进行扩大解释，可以从目的性扩张或类推适用的角度进行分析、理解，但这种司法解释毕竟属于主观解释法律，建议予以明示并作出说明。

五、担保关系中不同类型追偿权的总结

担保关系中的追偿权按照不同标准可以作出不同的划分。首先，按照担保关系是否有效，可以分为有效担保关系中的追偿权和无效担保关系中的追偿权；其次，按照追偿对象的不同，可以分为对债务人的追偿权和对共同担保人的追偿权；最后，按照主债权是否超过诉讼时效，可以分为主债权未过诉讼时效的追偿权和主债权已过诉讼时效的追偿权。依照民法典、民法典担保制度司法解释，参考担保法司法解释，对这些不同类型的追偿权作以下总结。

1. 有效担保关系中的追偿权，是担保人基于清偿原债权对债务人行使的代位求偿权，因此原债权如果已经超过诉讼时效，担保人的追偿权得不到法院支持（民法典担保制度司法解释第 35 条、第 44 条）；无效担保关系中的追偿权是担保人因过错承担向债权人的赔偿责任后向债务人行使的权利，过错责任产生的权利

---

① 黄薇主编：《中华人民共和国民法典释义》，法律出版社 2020 年版，第 1325 页。

不是原主债权，而是新的过错责任（产生的债务），因此该追偿权不受主债权是否超过诉讼时效的影响（详见本章第九节关于担保无效后追偿权的分析）。兼之，无效债权的诉讼时效自裁定无效之日起算，因此主债权是否已过诉讼时效对担保人更加不产生影响。

2. 担保人对债务人的追偿权，根据民法典第 700 条和民法典担保制度司法解释第 18 条的规定，性质上属于法定债权转移，无需当事人在担保合同中约定；共同担保之间的追偿权属于约定的债权转移，如无约定，则无追偿权。这是一个重要区别。再进一步分析，无论是法定转移还是约定转移，担保人在有效担保关系中享有的追偿权都属于债权转移性质，因此在权利的行使上要符合民法典第 3 编第 6 章关于合同的变更和转让中的要求。从积极的一面看，担保人因追偿权而代位行使主债权，可以取得主债权的从权利，比如民法典担保制度司法解释第 18 条规定的可以“行使债权人对债务人享有的担保物权”。共同担保人之间约定了追偿权的，也适用该条的规定，承担了担保责任的共同担保人可以取得其他共同担保人“享有的担保物权”（即反担保）。从消极的一面看，担保人行使主债权的从权利，比如担保物权，如果担保物权系第三人提供，担保人应当依照民法典第 546 条的规定通知第三人，否则第三人可以拒绝承担，此外，第三人依据民法典第 548 条的规定行使“债务人享有的抗辩权”，债务人可以对抗债权人的一切抗辩权，第三人均可以行使这些抗辩权以对抗取得权利的共同担保人。

3. 主债权诉讼时效期间内担保人承担担保责任的，担保人享有追偿权，主债权已过诉讼时效，担保人可以拒绝承担担保责任，因此不发生追偿权的问题；如果担保人知道或者应当知道主债权已过诉讼时效仍然承担担保责任（担保人作为自身权利的守护人，有高度注意义务，原则上视为知道或者应当知道主债权是否已过诉讼时效），则对债务人没有追偿权（民法典担保制度司法解释第 35 条，此条可以类推适用于抵押、质押关系中），因此也不发生追偿权的问题。只有在一种情况下，虽然主债权已过诉讼时效，但由于担保物（系第三人提供时）被债权人占有，比如质物、留置物，债权人自行处置（比如自行委托拍卖、变卖）担保物，出质人、留置物的所有权人（第三人）因被债权人“强行”承担担保责任而发生对债务人的追偿权。在主债权已过诉讼时效的情况下，债权人“强行”处置担保物的做法得到民法典担保制度司法解释第 44 条第 2 款的支持，如果不允许担保人对债务人追偿，担保人又因拿不回担保物而无法自力救济，则对担保人至为不公。参考担保法司法解释第 19 条关于无效担保情况下担保人对债务人追偿权的理念，似应当承认民法典担保制度司法解释第 44 条第 2 款规定的情形下出质人、留置物的所有权人（第三人）对债务人的追偿权，无效担保情况下担保人仍然有追偿权，何况已过诉讼时效的债权仍然有效（详见本章第九节分析），应当“待遇”相同。如同对担保无效时过错责任的认识，担保物被强行处置的担保物所有权人的追偿权也可被认为是新的债权，即因债权人基于占有并处置担保物清偿有效主债权（已过诉讼时效的债权仍然有效，仅丧失胜诉权）而产生的新债权，新债权人是担保物的所有权人，借此可向原债务人行使追偿权。

第六节　对外担保

对外担保是在一国外汇、外债管制制度下形成的担保类别，不属于新的担保方式，其担保内容仍然和其他担保相同。比较常见的对外担保有对外保证、对外抵押、对外质押。

一、何为对外担保——对外担保范围的认定

认定对外担保的范围，主要依据是中国人民银行发布的《境内机构对外担保管理办法》①（以下简称管理办法）。国家外汇管理局发布的《境内机构对外担保管理办法实施细则》（以下简称实施细则）根据管理办法制定，在不违背管理办法的前提下，也构成认定对外担保的依据。管理办法性质上属于部门规章，由中国人民银行根据法定管理职能制定并长期适用，构成我国经济秩序的组成部分，系认定对外担保的唯一有效依据。根据管理办法第 2 条的规定，对外担保是指中国境内机构以保函、备用信用证、本票、汇票等形式出具对外保证，以担保法规定的财产或者权利对外抵押或者质押，受益人是中国境外机构或者境内的外资金融机构。对外担保包括融资担保、融资租赁担保、补偿贸易项下的担保、境外工

① 已失效，中国人民银行发布的部门规章仅供人民法院裁判时参考；在无新的规章出台之前，以前的规章仍然可以作为历史材料用于识别当前的法律关系。

程承包中的担保和其他具有对外债务性质的担保等。管理办法明确排除了以定金和留置形式出具对外担保。按照我国担保法的规定，留置的适用范围仅限于因保管合同、运输合同、行纪合同、加工承揽合同发生的债权；以定金的方式出具对外担保，则可能意味着在国家外汇管理局批准对外担保之前已经履行了部分担保义务（交付定金），与国家对外担保管理存在冲突。

由于实践中存在的一些特殊情况，认定对外担保应注意以下问题：

1. 所谓境内机构，是指中国境内的法人或者其他组织，包括外商投资企业和合资的金融机构。但不包括国外金融机构在我国开设的分支机构，如花旗银行上海分行。

2. 所谓境外机构，不仅指国外的企业、银行，也包括我国香港特别行政区，澳门特别行政区，我国台湾地区的企业、银行。因此，内地企业、银行如果对香港企业、银行，包括香港中资企业、银行提供担保，也必须经国家外汇管理局批准。[①]

3. 对外担保不限于境内机构对境外机构作为债权人提供的担保，也包括对境外机构作为债务人提供的担保。管理办法第 2 条规定："……境内机构……向中国境外机构或者境内的外资金融机构（债权人或者受益人，以下称债权人）承诺，当债务人（以下称被担保人）未按照合同约定偿付债务时，由担保人履行偿付义务……"其中规定的对外担保，境外机构作为债权人或受益人。实施细则第 47 条第 2 项规定"担保人为境外机构向境内债权人提供的担保"适用本细则，规定的是境外机构作为债务人，境内机构是债权人，系境内机构向境内债权人提供的担保。以上两种形式都构成对外担保。

4. 对外担保不等于外汇担保。对外担保有涉外因素，是境内机构对境外机构提供的担保，因此会形成外债；而外汇担保指承诺以外汇作为支付方式的担保，担保人、债务人、债权人如果均为境内机构，不会发生外债，不属于对外担保范畴。对外担保都是以外汇支付的，但以外汇支付的担保并不全是对外担保，应当注意区分。

---

① 有关担保的批准范围，以国家外汇管理局解释为准。本书的表述也是建立在征询国家外汇管理局解释的基础上，最高人民法院判例也反映了国家外汇管理局的意见，读者可自行检索相关判例。

二、对外担保的法律适用

（一）管理办法、实施细则和担保法司法解释的关系

管理办法和实施细则中明确规定了对外担保的形式和种类，并且明确规定属于对外担保但未经国家主管部门批准的，担保无效。由于管理办法和实施细则都属于部门规章，无权对合同效力作出规定，人民法院在审判中不能以此作为认定合同无效的依据，由此产生一个法律适用上的问题。对此，最高人民法院在担保法司法解释中采取了吸收的方式，将上述规章中关于对外担保无效所作的规定吸收进司法解释，作为法院裁判对外担保合同无效的依据。即担保法司法解释第6条①规定："有下列情形之一的，对外担保合同无效：（一）未经国家有关主管部门批准或者登记对外担保的；（二）未经国家有关主管部门批准或者登记，为境外机构向境内债权人提供担保的；（三）为外商投资企业注册资本、外商投资企业中的外方投资部分的对外债务提供担保的；（四）无权经营外汇担保业务的金融机构、无外汇收入的非金融性质的企业法人提供外汇担保的；（五）主合同变更或者债权人将对外担保合同项下的权利转让，未经担保人同意和国家有关主管部门批准的，担保人不再承担担保责任。但法律、法规另有规定的除外。"

中国人民银行发布的管理办法和国家外汇管理局发布的实施细则性质上属于部门规章，不能作为人民法院认定合同无效的依据，而司法解释可以在判决中引用，是人民法院审理案件的依据，因此，通过司法解释的吸收，部门规章的内容成为人民法院裁判的依据。我国民法通则第7条②规定："民事活动应当尊重社会公德，不得损害社会公共利益，扰乱社会经济秩序。"民法总则第8条③也规定："民事主体从事民事活动，不得违反法律，不得违背公序良俗。"该两条内容一般称为公序良俗原则。我国长期以来实行外汇、外债管制，对外担保是产生外债的途径之一，中国人民银行和国家外汇管理局关于对外担保的管理性规定不仅公开且长期稳定，已经构成我国社会经济秩序的一部分，部门规章所体现并维

---

① 无对应内容。

② 对应民法典第8条，无实质变化。

③ 对应民法典第8条，无实质变化。

护的利益，也构成了社会公共利益的一部分。司法解释吸收对外担保方面的规定，既可以认为是吸收了部门规章的内容，也可以认为是为了维护社会经济秩序和保护社会公共利益而作出的、与部门规章内容一致的规定，反映了民事活动遵循公序良俗这一民法基本原则的需要。

（二）关于为外商投资企业注册资本、外商投资企业中的外方投资部分的对外债务提供的担保

担保法司法解释的第6条第3项规定境内机构为外商投资企业注册资本、外商投资企业中的外方投资部分的对外债务提供担保的，担保合同无效。司法解释中的具体考虑是，国内企业为外商投资的股本提供担保，将导致外债风险转移给国内金融机构和企业，加大了中方的筹资成本和风险，直接或者间接地形成了中方债务，也违反民法总则、民法通则所规定的公序良俗原则。外商投资企业的中外双方应当风险共担、盈利共享，外商将境外的借款风险转嫁给国内，使国内保证人成为实际的债务人，外商实际上是不出资，不担风险，却取得股东利益，这与中外合资、中外合作企业法的基本原则相违背。同理，该条第2项规定担保人为境外机构向境内债权人提供担保，未经国家有关主管部门或者外汇管理局批准或者登记的，担保合同无效，也是考虑到担保人为境外的债务人向境内的债权人提供担保，实质上是境外的债务人向境内企业转嫁债务风险的一种方式，应当纳入对外担保管理之列。

（三）关于合同变更和权利转让

担保法司法解释第6条第5项规定，主合同进行变更或者债权人将对外担保合同项下的权利转让，未经担保人同意和外汇管理局批准，担保人不再承担担保责任的，对外担保合同无效。国家外汇管理局在批准一笔对外担保后，如果原对外担保合同或者相关债务合同中某些条款发生变化，按照担保法第24条[①]的规定，一要取得担保人的书面同意，二要重新报外汇管理局审批。这两个条件任何一个不具备的话，担保人将免除担保责任。由于对外担保的特殊性质，主合同进行变更或者债权人将对外担保合同项下的权利转让，未经担保人同意和外汇管理局批准的，不仅担保人免除担保责任，而且担保人不得自愿履行。担保人自愿履

① 无对应内容。

行担保合同的，履行结果不受法律保护，担保人也因为违反外汇管理的规定而应受到外汇管理部门的处罚。主合同的变更指主合同主要条款的变更，包括担保项下的担保委托人、担保受益人、担保人、债务期限、金额等条款。需要说明的是，担保法司法解释最后表述的“但法律、法规另有规定的除外”，是预备性规定，也称为预备性条款。在现行法律背景下，“法律、法规另有规定的”情况还不存在，但不排除未来可能出现“另有规定”的情况。作此规定，以备将来之需，也增强了司法解释适用上的灵活性。

对外担保合同和一般担保合同在主合同变更与担保人责任的关系上适用的原则存在差别，不能简单类推。一般担保合同在主合同变更与担保人责任的关系上存在灵活处理的情形，司法解释在保证的部分作了具体规定。对外担保合同在主合同变更与担保人责任的关系上基本不能灵活处理，司法实践中要注意区别。

三、对外担保批准与登记的区别

对外担保的审批权限在于国家各级外汇管理部门，就其性质而言，审批属于国家机关依法行使的行政许可，审批与否直接影响到对外担保的效力，为此，管理办法第 12 条明确要求，“经外汇局批准后，担保人方能提供对外担保”，第 17 条第 1 款明确规定，“担保人未经批准擅自出具对外担保，其对外出具的担保合同无效”。

对外担保的登记也在国家各级外汇管理部门，但登记的性质属于管理性质，不具有行政许可内容，因此，登记与否不影响对外担保合同的效力，故管理办法中虽明确规定“担保人未经批准擅自出具对外担保，其对外出具的担保合同无效”，但对于未办理登记的对外担保仅规定“根据情节，给予警告、通报批评、暂停或者撤销担保人对外担保业务”（第 17 条第 2 款）。

司法实务中，对于未经批准的对外担保合同，法院或仲裁机关应当依据担保法司法解释第 6 条和管理办法第 17 条，裁判无效；而对于已经外汇局批准但未办理对外担保登记手续的，应当参照管理办法第 12 条、第 17 条的规定，裁判对外担保合同有效，至于对担保人“给予警告、通报批评、暂停或者撤销担保人对外担保业务”，则应当向外汇局提出司法建议，由外汇局进行处理。担保法司法解释第 6 条对批准和登记在对外担保合同效力上的不同影响未予区分，将登记也作为对外担保合同的效力要件，显然与管理办法不符，亦不符合合同法第 44 条的规定，属于解释瑕疵，司法实务不应受此影响。

四、对外担保与标的涉外担保的区别

对外担保的概念与范围均区别于标的涉外的担保，后者指担保标的物具有涉外因素，比如担保物在境外，但担保人和受益人均在境内，系境内机构为境内机构提供的担保。标的涉外的担保不属于对外担保，不在强制性批准和登记的范围之内，当事人约定的标的涉外的担保合同也不以外汇管理局审批为生效要件。实践中，比较多见的标的涉外担保有以境外的不动产设立的不动产抵押担保，以境外公司的股权、知识产权设立的权利质押担保等。标的涉外的担保关系，依据我国《关于贯彻执行〈中华人民共和国民法通则〉若干问题的意见（试行）》（以下简称民法通则意见）[①] 第178条第1款关于"民事关系的标的物在外国领域内的"属于涉外民事关系的规定，其性质应为涉外民事关系。在法律适用上，除法律另有规定外，涉外民事关系的当事人有权选择处理合同争议所适用的法律，没有选择的，按照最密切联系原则确定适用的法律。举例如下：

某进出口公司与某银行签订贷款合同，约定由银行向该公司提供贷款，双方签订质押合同，约定该公司将其在孟加拉国设立的中孟合资公司中所持有的股份质押给银行，作为债务履行的担保，合同中未约定法律适用条款。质押合同签订后，进出口公司将公司股权凭证交付给银行。发生纠纷后，进出口公司主张质押无效，理由是我国担保法第78条[②]第1款的规定："以依法可以转让的股票出质的，出质人与质权人应当订立书面合同，并向证券登记机构办理出质登记。质押合同自登记之日起生效。"担保法司法解释第103条[③]规定："以股份有限公司的股份出质的，适用《中华人民共和国公司法》有关股份转让的规定。以上市公司的股份出质的，质押合同自股份出质向证券登记机构办理出质登记之日起生效。以非上市公司的股份出质的，质押合同自股份出质记载于股东名册之日起生效。"因双方未办理质押登记，根据上述法律和司法解释，质押合同不发生效力。

---

① 于2021年1月1日失效。

② 民法典第443条规定："以基金份额、股权出质的，质权自办理出质登记时设立。基金份额、股权出质后，不得转让，但是出质人与质权人协商同意的除外。出质人转让基金份额、股权所得的价款，应当向质权人提前清偿债务或者提存。"

③ 无对应内容。

分析来看，案例中的质押合同以在孟加拉国注册成立的外国公司的股权为担保标的，系标的涉外的担保，属于涉外民事关系，当事人依法可以选择争议适用的法律。由于当事人未在合同中选择适用的法律，则应当按照最密切联系原则确定所适用的法律。从该案事实看，最密切联系国家的法律，应当是孟加拉国的法律，而非中国的法律。理由是：首先，根据国际私法理论，涉外物权关系的法律适用，“物之所在地法”被公认为是最普遍适用的法律。所谓物之所在地法（lexreisitae），即物权关系的客体（物或其他标的）所在地的法律。作为主债权的合同是担保物权产生的原因，应当适用合同法，而担保物权作为物权的种类之一，则应适用“物之所在地法”。股权质押担保属于权利担保，公认的解决原则是以该权利被执行的地点为准，即以发行股票的公司的注册登记地的法律作为准据法。因此，股权质押合同应当适用股权指向的公司注册登记地的法律——孟加拉国的法律。其次，设定质押的股权指向的公司，其注册登记地为孟加拉国，依照孟加拉国的法律而设立，公司的组织、经营、股权变更等事项，应当适用孟加拉国的法律。本案中，如果担保主债务无法履行，债权人要实现其质权，必然要出售股权并就出售股权的收入优先受偿。由于所涉及的是孟加拉国籍的公司，其股权转让条件、程序、方式、效力等，只能适用孟加拉国的有关法律。从方便管辖、方便判决的承认与执行等角度出发，股权质押也应当适用公司所在地的法律，如果排除适用该国法律，将导致股权质押的成立与实现条件等无法得到该国司法机构的承认，判决无法得到承认和执行①。

通过以上分析，该案中的股权质押合同不适用中国法律，我国担保法关于股权质押合同须经质押登记生效的规定，不适用于该案，质押合同不因未办理股权出质登记而无效，作为出质人的进出口公司的抗辩不成立。从社会效果上看，我国尚无负责外国公司股权出质登记的部门，外国公司的股东名册也不在境内，要求境外公司的股权质押依照中国法进行登记也不具有可操作性②。

---

① 该案分析取自中国人民大学石佳友博士关于同类案件的法律意见，特此注明并致谢。

② 孟加拉国法律关于股权质押的要求不是登记，而是交付股权凭证，只要当事人持有股权凭证，依据该国法律，无论在孟加拉国境内还是在境外，交付凭证即可以成立质押担保关系，比起股权登记要简便、易行，具有较强的可操作性。

五、关于适用外国法和国际惯例

对外担保合同具备涉外因素，因此合同当事人可以在合同中约定适用外国法和选择国外法院管辖。我国关于对外担保合同的批准和登记制度，性质上属于国家经济管理秩序的组成部分，涉及社会公共利益，因此当事人选择适用外国法律不能排除我国关于对外担保的强制性规定。法院在审理对外担保纠纷案件时，需要特别注意的是，在准许当事人选择适用外国法的同时，要兼顾关于对外担保的批准、登记的强制要求，不能因当事人选择适用外国法而排斥国家在对外担保管理上的强制性规定，未经批准的对外担保合同，即使选择适用外国法仍然属于无效合同。

第七节　机关、社会团体、事业单位和其他组织提供的担保①

一、法人分类与我国民法通则关于法人的规定

法人的类型在各国法律规定中不尽相同，而且随着经济社会的快速发展，新类型法人也陆续出现。法人的分类方法较多，一般以法人设立所依据的法律，可以把法人划分为公法法人和私法法人；以设立的目的可以分为公益性法人、营利性法人和非营利性法人；以存在的基础可以划分为财团法人和社团法人等。公法法人是基于公权力的行为，特别是依照一项法律成立的法人，比如依照宪法、自治法、组织法成立的国家、政府、自治组织，或经法律认可作为公共事业的承担者而成立的政府机关和事业单位等。私法法人是根据当事人的法律行为成立的，比如设立公司、捐助成立慈善基金等。财团法人以财产为基础设立，由法律赋予特定财产以法人资格；社团法人以自然人为基础设立，由法律赋予自然人联合体以法人资格。法人以设立目的分为公益性法人、营利性法人和非营利性法人，财团法人一般为公益性法人，社团法人多数是营利性法人。公益性法人和非营利性法人的区别在于，公益性法人系为全体社会成员的利益成立的，不以营利为目的，而非营利性法人虽然不以营利为目的，但仅代表部分人或者集团利益，不代

① 本节在当时进行法人分类与担保能力分析时，即已采用大陆法系通行的法人分类法，目前我国民法典总则编也基本上采用此种分类。故本节内容依然有实践价值。

表全体社会成员的利益。公益性法人和非营利性法人区别于营利性法人的关键之处在于后者以营利为目的，前者不以营利为目的，但前者仍然可以有收入，收入主要用于公益事业或全体社团成员事务。

我国民法通则把法人分为企业法人、机关、事业单位法人和社会团体法人。企业法人对应为国外的营利性社团法人，依照企业法、公司法等经济组织法设立，管理方面要严格于非营利性社团法人。机关基本上对应于国外的公法法人，是狭义的机关，私法法人性质的机关不包括在内。社会团体法人对应为国外的非营利性社团法人，其中也包括公益性的，比如参加人民政治协商会议的政党等。事业单位法人比较特殊，情况各异，与国外法人制度很难对应。

1. 机关法人。机关法人可以分为公法机关法人和私法机关法人。公法机关法人是基于公权力，特别是依照一项法律成立的机关，比如经法律认可作为公共事业的承担者而成立的政府机关，按照村民、居民自治组织法选举产生的村民委员会、居民委员会。在我国，执政党依照党章规定设立的有编制、有独立经费的内设部门也属于公法机关法人，比如中央和地方党委的组织部、宣传部等。私法法人机关指当事人依照法律行为成立的自然人联合体的执行机构，比如业主大会选举产生并经政府管理部门备案的业主委员会。我国民法通则第 50 条规定，有独立经费的机关自成立之日起，具有法人资格。

2. 社会团体法人。社会团体法人是自然人的联合体，经登记取得法人资格。按照我国《社会团体登记管理条例》的规定，社会团体法人分为需经审查同意并登记的社会团体和依法不需要登记的社会团体两种。不需要登记的社会团体主要指参加中国人民政治协商会议的人民团体；由国务院机构编制管理机关核定，并经国务院批准免于登记的团体；机关、团体、企事业单位内部经本单位批准成立、在本单位内部活动的团体。除此之外，其他的社会团体都需要登记。根据《社会团体登记管理条例》的规定，申请成立社会团体法人，必须经其业务主管单位审查同意，由发起人向登记管理机关（一般是民政部门）申请筹备。符合登记条件的，由各地民政部门负责登记。社会团体必须具备法人条件，即必须具备承担民事责任的能力。1998 年以前成立的社会团体未取得法人资格的，均应按照条例规定的条件变更登记为法人。需登记成立的社会团体法人，自登记之时取得法人资格，不需要登记的社会团体法人，自成立之日起取得法人资格。

社会团体法人不得从事营利性经营活动，相当于国外非营利性社团法人，其中也有公益性质的，如政党。

3. 事业单位法人。事业单位法人在我国称为事业单位，是一种较为特殊的法人类型。依照我国《事业单位登记管理暂行条例》的规定，事业单位是指国家为了社会公益目的，由国家机关举办或者其他组织利用国有资产举办的，从事教育、科技、文化、卫生等活动的社会服务组织。从定义来看，事业单位既不是社团，也不是财团，近似于机关，而且是承担社会公益服务职能的机关。按照《事业单位登记管理暂行条例》的规定，事业单位可以依法“举办的营利性经营组织……依照国家有关公司、企业等经营组织的法律、法规登记管理”。事业单位举办营利性经营组织，近似于国家机关办企业的行为。

我国事业单位性质多样。经县级以上各级人民政府及其有关主管部门批准，并依照《事业单位登记管理暂行条例》的规定进行登记或者备案后，事业单位取得法人资格，有自己的名称、组织机构和场所、从业人员、经费来源，能够独立承担民事责任。事业单位中的多数具有国家机关的特征，如政府举办的信用辅导中心、各种风景名胜的管理处等，有的是公益性法人，如学校、医院，有的是非营利性社团法人，如按照事业单位登记的研究会、学会等，还有的是营利性法人，如一些报社、出版社。

4. 企业法人。目前我国的企业法人有公司制企业法人和非公司制企业法人两种。前者依照公司法的规定设立，主要是有限责任公司、股份有限公司、一人公司、国有独资公司；后者多数是未改制的老国有企业和集体企业，包括集体性质的乡镇企业。企业法人相当于国外的营利性社团法人。在公司法颁布实施后依照《中华人民共和国全民所有制工业企业法》设立的全民所有制企业一般是大型国有企业。中外合资企业、中外合作企业、外资企业符合法人条件的，可以登记为企业法人，基本上是有限责任公司的组织形式。

二、民事诉讼法上的其他组织

我国民事诉讼法第 51 条规定的“其他组织”是指合法成立、有一定的组织机构和财产，但又不具备法人资格的组织，是一种介于法人和自然人之间的特殊民事主体，民事诉讼法解释第 52 条规定，“其他组织”包括：（1）依法登记领取营业执照的个人独资企业；（2）依法登记领取营业执照的合伙企业；（3）依法登记领取我国营业执照的中外合作经营企业、外资企业；（4）依法成立的社会团体的分支机构、代表机构；（5）依法设立并领取营业执照的法人的分支机构；（6）依法设立并领取营业执照的商业银行、政策性银行和非银行金融机构的分支机构；（7）经依法登记领取营业执照的乡镇企业、街道企业；（8）其他符合本条规定条件的组织。在 1998 年后，符合条件的社会团体已经全部登记为法人，不再存在无法人资格的社会团体。

结合民事诉讼法和最高人民法院的司法解释分析来看，“合法成立”的“其他组织”表述为“依法成立”更为准确，即成立“其他组织”不仅要合法，而且要有法可依，如果法律没有规定，无具体法律作为依据，则不能有效设立“其他组织”。比如职工持股会，虽然成立并不违法，但因为没有法律依据，职工持股会不属于民事诉讼法承认的其他组织。因此，判断一个组织是否属于民事诉讼法规定的“其他组织”，关键看是否有成立上的法律依据，并非所有介于法人和自然人之间的组织均属于其他组织，即便该组织的成立并不违反法律。民事诉讼法上的“其他组织”具有权利能力和行为能力，但不能独立承担民事责任，虽然可以作民事诉讼当事人，但如果其经营管理的财产不足以承担特定债务的话，必须追加最终责任人参加诉讼，如成立其他组织的自然人、设立分支机构的法人等。

三、无权利能力社团

未经登记的自然人联合体，在国外称为无权利能力社团，具有民法上的合伙性质，无权利能力和行为能力。业主大会、村民会议、居民会议等均属于此类社团组织，还有同学会、老乡会等。这些组织享有名称权，可以选举产生执行机构，即所谓执行机关，享有一定的财产权和承担债务的能力，可以其合法享有的财产承担债务。由于无权利能力社团没有权利能力和行为能力，故也不具有当事人能力，只有在个别情况下具有被诉能力，但不具有起诉能力。如果发生诉讼，全体社团成员可以作为诉讼当事人，也可以推选诉讼代表人。民事诉讼法解释第 76 条规定：“依照民事诉讼法第五十六条规定，当事人一方人数众多在起诉时确定的，可以由全体当事人推选共同的代表人，也可以由部分当事人推选自己的代表人；推选不出代表人的当事人，在必要的共同诉讼中可以自己参加诉讼，在普通的共同诉讼中可以另行起诉。”第 77 条规定：“根据民事诉讼法第五十七条规定，当事人一方人数众多在起诉时不确定的，由当事人推选代表人。当事人推选不出的，可以由人民法院提出人选与当事人协商；协商不成的，也可以由人民法院在起诉的当事人中指定代表人。”

业主委员会、村民委员会、居民委员会属于上述组织选举产生的执行机构，属于自然人联合体的机关，如同公司董事会。按照《物业管理条例》、《中华人民共和国村民委员会组织法》（以下简称村民委员会组织法）、《中华人民共和国城市居民委员会组织法》的规定，此类委员会经过备案或者依法设立后即享有法人资格，享有权利能力和行为能力，并以其合法享有的财产承担民事责任，其成员的个人财产不受牵连。此类委员会也具有当事人能力，可以起诉应诉。

值得强调的是，并非所有无权利能力社团选举产生的机关都享有法人资格，关键看是否有法律依据。实践中，具有无权利能力社团性质的自然人联合体比较常见，它们的设立仅需要一个不拘形式的设立行为和由设立人制定的简单章程。无权利能力社团性质的自然人联合体属于宪法上的公民结社，多数并不违法，比如同学会、职工会、村民小组、居民小组等。本质上，自然人联合体具有民法上的合伙性质，均不具有权利能力、行为能力，也不具有当事人能力。自然人联合体在诉讼中应当表现为各成员的诉讼，如果联合体有字号，即有名称的，可以在诉讼文书中写明。

四、机关、社团法人、事业单位提供的担保

（一）提供保证

我国担保法明文禁止国家机关（但经国务院批准为使用外国政府或者国际经济组织贷款进行转贷的除外）和以公益为目的的事业单位、社会团体（以下简称公益法人）担任保证人。民法通则规定的机关法人属于公法机关法人，主要是国家机关，也包括居民委员会、村民委员会等依自治法成立的机关。因此，国家机关和村民委员会、居民委员会这类自治组织的机关，在理解上都应当被禁止作保证人。依照《事业单位登记管理暂行条例》的规定，我国的事业单位均系为社会公益目的举办的社会服务组织，无论其实际状况如何，按照条例要求只能承担社会公益职能，因此，事业单位作保证人违反担保法的禁止性规定，保证合同无效。社会团体法人一般是非营利性社团法人，其中的公益性社会团体受担保法

关于禁止提供保证的约束，其他的则并不在禁止之列。因此，在我国社会团体作保证人存在有效的情形，即非公益性社会团体可以为他人提供保证，保证合同有效。区分社会团体是否具有公益性质，原则上以登记为准，未明确登记为公益性社团法人的，均应按照非营利性社团法人对待。

担保法司法解释第 3 条①规定："国家机关和以公益为目的的事业单位、社会团体违反法律规定提供担保的，担保合同无效。因此给债权人造成损失的，应当根据担保法第五条第二款的规定处理。"按照司法解释的规定，国家机关和以公益为目的的事业单位、社会团体的保证行为属于无效担保行为，担保无效后，不排除国家机关和公益法人承担对债权人的赔偿责任。根据担保法和担保法司法解释的规定，国家机关和公益单位承担民事责任的构成要件为：

1. 保证合同无效。

2. 保证人对保证合同的无效有过错。由于国家机关和公益法人本身就职能而言不具有担保的资格和能力，所以国家机关和公益法人作保证人一般均按照有过错对待。但值得注意的是，国家机关和公益法人不得作保证人是法律明文规定的，对全社会有约束力，任何人不得以不知法律有规定为由不受法律的约束。债权人在法律有禁止性规定的情况下接受此类主体作担保人，也有转嫁风险嫌疑，债权人自身也存在过错。根据过错相抵的原则，国家机关和公益法人承担的赔偿责任不应过大，应当根据其过错承担部分赔偿责任。按照担保法司法解释第 8 条②的规定，国家机关和公益法人承担的对债权人的赔偿责任应当不超过债务人不能清偿部分的三分之一，在三分之一以下，还可以再减少。事实上，真正贯彻担保法对国家机关和公益法人的禁止性规定，根本的途径是追究国家机关和公益

---

① 民法典担保制度司法解释第 5 条规定："机关法人提供担保的，人民法院应当认定担保合同无效，但是经国务院批准为使用外国政府或者国际经济组织贷款进行转贷的除外。居民委员会、村民委员会提供担保的，人民法院应当认定担保合同无效，但是依法代行村集体经济组织职能的村民委员会，依照村民委员会组织法规定的讨论决定程序对外提供担保的除外。"

② 民法典担保制度司法解释第 17 条规定："主合同有效而第三人提供的担保合同无效，人民法院应当区分不同情形确定担保人的赔偿责任：（一）债权人与担保人均有过错的，担保人承担的赔偿责任不应超过债务人不能清偿部分的二分之一；（二）担保人有过错而债权人无过错的，担保人对债务人不能清偿的部分承担赔偿责任；（三）债权人有过错而担保人无过错的，担保人不承担赔偿责任。主合同无效导致第三人提供的担保合同无效，担保人无过错的，不承担赔偿责任；担保人有过错的，其承担的赔偿责任不应超过债务人不能清偿部分的三分之一。"

法人直接责任人员的行政责任或个人忠诚责任，不实行损害赔偿，债权人损失自负。理由是：法律已经明文禁止此类主体作担保人，任何相对人都应当知道，在明知或应当知道的情况下还要与此类主体签订担保合同，所受损失理应自负。这样一来债权人接受这样的担保不能获得任何益处，可以起到逐渐杜绝此类主体作担保人的作用，另外也可以避免将损失向国家机关、公益法人进行转嫁。对于此类主体违法提供担保的直接责任人员，追究其行政责任或个人承担的法律责任，也便于从人的因素出发制止国家机关、公益法人乱担保的现象。

3. 债权人有损失。债权人的损失必须是受法律保护的损失，非法利益上的损失，不受法律保护，即便担保人有过错，也不在民事责任的范畴内解决。比如债权人明知债务人从事非法行为而出借钱款的，债务人到期不能偿还造成债权人损失，即属于此种情形。另外，债权人的损失必须与担保人的过错之间存在因果关系。如果债权人的损失与担保人的过错无关，并非因担保合同的无效所致，该损失不属于担保人应当赔偿的损失范围。比如，债权人因自身原因受到的损失，不能向债务人要求赔偿的，也不能向无效担保人要求赔偿。

虽然法律规定国家机关应当承担民事赔偿责任，但国家机关的财产不受强制执行，如办公场所、办公设施等，预算内资金也不能强制执行。人民法院的执行以国家机关预算外资金和行政结余为限，不能影响这些部门的正常运行。

（二）提供抵押、质押等物上担保

担保法对国家机关的财产能否作担保物未作规定，但对公益法人的财产抵押作了规定。担保法第 37 条①规定不得抵押的财产有“学校、幼儿园、医院等以公益为目的的事业单位、社会团体的教育设施、医疗卫生设施和其他社会公益设施”，担保法司法解释第 53 条②规定“学校、幼儿园、医院等以公益为目的的事业单位、社会团体，以其教育设施、医疗卫生设施和其他社会公益设施以外的财

① 对应民法典第 399 条，无实质变化。

② 民法典担保制度司法解释第 6 条规定：“以公益为目的的非营利性学校、幼儿园、医疗机构、养老机构等提供担保的，人民法院应当认定担保合同无效，但是有下列情形之一的除外：（一）在购入或者以融资租赁方式承租教育设施、医疗卫生设施、养老服务设施和其他公益设施时，出卖人、出租人为担保价款或者租金实现而在该公益设施上保留所有权；（二）以教育设施、医疗卫生设施、养老服务设施和其他公益设施以外的不动产、动产或者财产权利设立担保物权。登记为营利法人的学校、幼儿园、医疗机构、养老机构等提供担保，当事人以其不具有担保资格为由主张担保合同无效的，人民法院不予支持。”

产为自身债务设定抵押的，人民法院可以认定抵押有效”。分析来看，公益法人的财产区分为公益财产和非公益财产，前者如教育设施、医疗卫生设施等，不能作为抵押物，当然也不得质押；后者如一般交通工具、收费学生公寓等，可以为自身债务设立抵押权、质权。如何看待国家机关财产作担保物的问题？从国家机关和公益法人均承担社会管理和社会服务职能，均为社会公益目的设立的角度看，应当参照担保法和担保法司法解释关于公益法人的规定处理。即原则上国家机关的财产不能作担保物，因为其财产一般是承担社会管理和社会服务职能必需的办公设施。只有在特殊情况下，国家机关如有经营性财产的，经营性财产可以作担保物。比如过去国家机关办企业、办三产时期的经营性财产，可以抵押、质押。此外，国家机关投入所开办企业中的财产，以企业名义提供抵押、质押的，不在禁止之列。

不以公益为目的的社会团体法人的财产，不受担保法及其司法解释的限制。事业单位开办的企业的财产也不在担保法禁止之列。

五、其他组织、无权利能力社团及其执行机构提供的担保

民事诉讼法规定的其他组织分为领取营业执照的独立主体和分支机构两类。前者包括领取营业执照的独资企业、合伙企业、中外合作经营企业、外资企业、乡镇企业等，后者包括金融机构在内的各类企业法人的分支机构。领取营业执照的独资企业、合伙企业、中外合作经营企业、外资企业、乡镇企业等提供的担保不受法律限制，只要符合法律规定的条件即可。比如，《中华人民共和国合伙企业法》（以下简称合伙企业法）规定合伙企业对外提供担保需要以全体合伙人一致同意为要件。企业法人的分支机构不得作保证人，但法人有授权的除外，担保

法第10条[①]对此有明确规定。企业法人享有法人财产所有权，分支机构对其名下财产不享有所有权，故法人分支机构的财产必须经法人同意才能作担保物。因此，企业法人的分支机构无论作保证人，还是以其名下财产作担保物，均应取得法人授权，未经授权提供的担保，应当按照担保法的禁止性规定并兼顾合同法关于无权代理的要求，原则上认定为无效。如果构成表见代理的，可以认定有效（关于表见代理与担保责任容后详述）。

无权利能力社团因为没有权利能力和行为能力，无论是提供保证还是提供抵押、质押，担保行为一律无效。

无权利能力社团选举产生的执行机构，如业主委员会、村民委员会、居民委员会提供担保的，情形较为复杂。无权利能力社团选举产生的执行机构，在性质上至少可以分为两类，一类是由私法调整的执行机构，没有法定管理职能，基本上所有行为都依靠社团授权，如业主委员会；另一类是公法调整的执行机构，具有法定管理职能，有的还具有经济管理职能，如村民委员会、居民委员会。第一类执行机构没有管理职能，自身也没有独立的财产，不具有独立民事责任能力，因此无论是提供保证还是提供抵押、质押，都不具有法律效力。即便此类执行机构取得社团的授权提供担保，担保人也不是执行机构，而是社团全体成员，因此需取得全体社团成员一致同意，现实中的可能性不大。第二类执行机构由公法调整，在是否具有保证人主体资格上，应当类推适用担保法关于国家机关不得作保证人的强制性规定，认定为不具有保证人主体资格。在提供抵押、质押担保上，由于执行机构管理的是社团的财产，因此以社团财产设立抵押权或者质权，需取

① 民法典担保制度司法解释第11条规定："公司的分支机构未经公司股东（大）会或者董事会决议以自己的名义对外提供担保，相对人请求公司或者其分支机构承担担保责任的，人民法院不予支持，但是相对人不知道且不应当知道分支机构对外提供担保未经公司决议程序的除外。金融机构的分支机构在其营业执照记载的经营范围内开立保函，或者经有权从事担保业务的上级机构授权开立保函，金融机构或者其分支机构以违反公司法关于公司对外担保决议程序的规定为由主张不承担担保责任的，人民法院不予支持。金融机构的分支机构未经金融机构授权提供保函之外的担保，金融机构或者其分支机构主张不承担担保责任的，人民法院应予支持，但是相对人不知道且不应当知道分支机构对外提供担保未经金融机构授权的除外。担保公司的分支机构未经担保公司授权对外提供担保，担保公司或者其分支机构主张不承担担保责任的，人民法院应予支持，但是相对人不知道且不应当知道分支机构对外提供担保未经担保公司授权的除外。公司的分支机构对外提供担保，相对人非善意，请求公司承担赔偿责任的，参照本解释第十七条的有关规定处理。"

得社团成员的授权，否则执行机构代理社团签订的抵押合同、质押合同均不具有法律拘束力，担保物权不能设立，除非第三人（债权人）符合物权善意取得的规定。事实上，由于此类执行机构的权限由法律作了限制，第三人的善意被法律规定所排除，物权的善意取得难以成立。

试举一例：某乡村委会以集体林场 500 亩、活立木储积 25000 立方米，为某实业公司向银行贷款提供抵押，未经该村村民会议决定。关于该抵押担保的效力，分析如下：按照《中华人民共和国村民委员会组织法》第 5 条①第 3 款“村民委员会依照法律规定，管理本村属于村农民集体所有的土地和其他财产”的规定和该法第 19 条②所规定的涉及村民利益的法定事项，村委会必须提请村民会议讨论决定，方可办理的精神，该村委会的抵押行为属于无权处分行为。所涉案件现无证据证明该村村委会的抵押行为事后得到了全体村民的追认，因此，按照合同法第 51 条的规定，村委会签订的抵押合同无效。我国法律明确规定村集体财产的所有权属于全体村民集体享有，任何人均应推定知晓法律的规定，包括债权银行，因此村委会在缔约过程中未提供村民会议决议，银行即与其签订抵押合同，不构成民法中的善意，不具有合同法第 49 条、第 50 条规定的抗辩权。分析包括三层内容：首先，村民委员会具有“管理本村属于村农民集体所有的土地和其他财产”的职能，包含法定的经济管理职能；其次，对于涉及村民利益的法定事项，村民委员会必须提请村民会议（包括村民代表会议）讨论决定，以村民集体所有的林地和林木为他人设立抵押的行为，即属于需要村民会议讨论决定的行为，村民委员会无权自行决定，否则违反“民主议定原则”，村民委员会的行为构成无权处分行为；最后，村民委员会擅自在集体财产上设立抵押权的行为属于无权处分行为，依法不具有法律效力，除非事后得到村民会议的追认。因我国村民委员会组织法对村民委员会的职能有明文规定，在此法律背景下第三人（债权银行）的善意被排除，第三人“不具有《中华人民共和国合同法》第 49 条、第 50 条规定的抗辩权”（即表见代理、代表人责任制度中善意第三人的抗辩权），抵押权善意取得的物权法原理不能适用。因此，抵押合同因无村民会议的追认而无效，银行也不构成善意第三人，不能取得林地与林木抵押权。

① 对应 2018 年《中华人民共和国村民委员会组织法》第 8 条。

② 对应 2018 年《中华人民共和国村民委员会组织法》第 24 条。

六、民法典总则规定的民事主体及其各自的担保资格

民法典颁布后，通过总则编对我国社会活动中的所有民事主体进行了分类和规范，建立了具有特色的民事主体制度，我国的民事主体制度得以完善。

民事主体在社会活动中行为的效力，与其权利能力和行为能力相关，判断各类民事主体担保行为的效力，首先要考察其权利能力和行为能力，然后才有进一步考察诸如意思表示是否真实之类问题的必要，因此，正确认识民事主体和准确判断其权利能力和行为能力至关重要。这也可以说是法律工作者的基本功。

（一）自然人及其担保资格

自然人只要有清偿能力，自愿缔结担保合同，法律并不干涉，仅需要考察自然人的行为能力是否与其担保行为相适应。有完全行为能力的自然人以及智力精神与行为本身相适应的限制行为能力自然人，法不禁止的行为即有效。比如，一个自食其力的16岁少年给他人提供担保，担保额度与其支付宝信贷额度相当，则这种担保不应该因其未满18岁而无效。如果一个自然人长期从事担保，可能会被视为非法金融行为，这就超出了民法典规范的范畴，而涉及非法金融行为取缔的行政管制，担保行为存在无效的风险。这就揭示了一条基本准则，自然人的商行为，比如担保，一般没有法律限制，一旦该商行为涉及特许经营，涉及行政法律法规的审批程序，则未经审批的自然人从事的商行为没有法律效力。

未成年人、智识能力不足的残障人、因病判断能力受损的老年人，一般有法定或者意定监护人，监护人作为代理人，享有一定的代理权，代理权又有边界，监护人越界的行为对被代理人不发生法律效力，担保行为也不例外。为方便读者判断监护人行为及其边界，根据民法典总则编的规定，归纳如下：

1. 监护人实施的被监护人纯获利益的行为，与被监护人智力、精神、健康相适应的行为，对被监护人发生法律效力。依照民法典第19条、第22条的规定，限制行为能力的未成年人、成年人独立实施的上述行为都具有法律效力，按照当然解释，监护人实施这些行为当然具有法律效力。

2. 监护人实施的保护被监护人人身权利、财产权利以及其他合法权益的行为，具有法律效力，参见民法典第34条。监护人保护被监护人的合法权益，可以采取民法中的自力救济，比如避险行为，也可以代表被监护人起诉、应诉，参

与仲裁等，监护人实施的这些行为无需取得被监护人的授权。

3. 监护人实施的处分行为，包含为被监护人设定义务，依照民法典第35条的规定，只有在维护被监护人利益的情况下才具有法律效力，而且还要考虑被监护人的意愿。比如，前述提到的监护人如果代表被监护人起诉无需被监护人授权，但监护人在诉讼中放弃权利，包括放弃实体权利和程序权利，都要考察是否符合民法典第35条的规定。至于何为“维护被监护人利益”？原则上是按照善良管理人的标准，以处分行为的对价是否明显有利于被监护人来考量；至于何为“尊重被监护人的真实意愿”？则难有法律标准，笔者认为，基于鼓励监护人积极维护被监护人合法权益的立场，仅需要考察被监护人是否有明显反对意愿，如果没有证据证明被监护人有反对意愿，则推定已经满足民法典第35条的规定。

4. 监护人实施的纯属给被监护人设定负担的行为，不具有法律效力，比如在被监护人财产上设定抵押、质押，以被监护人名义提供保证等。如果此种行为系为了“维护被监护人利益”，则需要按照民法典第35条的规定来进行考量，比如，以被监护人名下房产抵押贷款用于被监护人出国留学的情况。实践中有父母将房产登记在子女名下，又以该房产抵押贷款供子女留学，此种抵押行为应当维护其有效性，如果子女明确反对，依照民法典第35条的规定，该抵押不具有法律效力。申言之，以未成年人名下房产设定抵押，抵押无效的风险比较大。

（二）法人及其担保资格

1. 营利性法人。公司、企业（未改制的全民所有制工业企业、集体企业等）的日常运营行为，纳入公司、企业日常管理中，其行为效力不受主体资格影响；公司、企业的经营行为，即主要行为能力，体现在其经营范围中，仅受特许经营的限制。按照2015年《企业经营范围登记管理规定》，企业可参照《国民经济行业分类》自主选择经营范围。公司、企业经营范围内的行为具有法律效力，超过经营范围的行为，如果不违反属于特许经营需要行政审批要求的，原则上也具有法律效力。

公司、企业的特别行为，即法律规定或公司、企业章程规定的需要特别授权的行为，如投资行为、担保行为，则需要考察授权情况，没有授权的，原则上不具有法律效力。但也有例外，比如虽然没有授权，但公司、企业的法定代表人、曾经的有权代理人实施了特别行为，或者伪造了公司、企业授权的决议，则需要具体问题具体对待。详细内容参见下节。

2. 非营利性法人。

（1）事业单位法人。事业单位，依照民法典第 88 条和《事业单位登记管理暂行条例》的规定，均是为社会公益目的举办的社会服务组织，因此在我国事业单位作保证人均应当按照违反法律的禁止性规定处理，保证合同无效，参见民法典第 683 条。以事业单位财产、财产权抵押、质押的，按照民法典担保制度司法解释第 6 条的规定，仅当抵押、质押的财产或者财产权不属于公益设施性质的，才具有法律效力。

（2）社会团体法人。社会团体多数为非营利性社团法人，只有其中的公益性社会团体才受民法典第 683 条规定的关于禁止提供保证的约束，而大多数的非公益性社会团体可以为他人提供保证。判断社会团体是否具有公益性质，应当以登记为准，凡未明确登记为公益性的，均应按照非公益性社团法人对待。一般而言，我国参加中国人民政治协商会议的人民团体以及由国务院机构编制管理机关核定，并经国务院批准免于登记的团体，属于公益性社会团体，其他的基本上属于一般的非营利性社会团体，不具有公益性。公益性社会团体的财产或者财产权利抵押、质押，适用民法典担保制度司法解释第 6 条的规定。

（3）捐助法人。捐助法人，民法典第 92 条两款的文义不同，解释也不同，第 1 款对基金会、社会服务机构有“为公益目的”的限制性表述，第 2 款对宗教活动场所法人则没有该限制性表述，且第 1 款规定“为公益目的以捐助财产设立的”作为基金会、社会服务机构的定语，而非“仅为公益目的”设立，因此从文义上理解，捐助法人可以为公益目的设立，也可以为非公益目的，比如为非营利性目的设立，尤其是宗教活动场所法人，民法典第 92 条第 2 款并无“为公益目的”的限制性要求。落实到实践中，国外基金会中国代表处、我国数十万家社会服务机构也难以想象只能“为公益目的”设立。基于以上分析，《中华人民共和国民法典释义》中将捐助法人一律解释成“为公益目的”并不符合民法典第 92 条的文义[①]。事实上，公益的要求是比较高的，必须真正为所有人的利益才属

① 黄薇主编：《中华人民共和国民法典释义》，法律出版社 2020 年出版，第 177 页。

于公益，只是为一部分人利益设立的捐助法人，并不符合公益的要求，从未来发展看，似乎也没有必要将捐助法人一律要求为“所有人的利益”设立。但落实到法律适用上，如果捐助法人设立登记为公益性的，则不能作保证人，未登记为公益性的，应当进一步考察捐助协议，如果捐助协议载明为公益目的设立，也不能作保证人。反之，则可以作保证人。公益性捐助法人的财产、财产权抵押、质押的，适用民法典担保制度司法解释第 6 条的规定。

3. 特别法人。

（1）国家机关。国家机关属于公法人，不得从事设立目的以外的行为，尤其是不得经商办企业，不得为他人提供保证（但经国务院批准为使用外国政府或者国际经济组织贷款进行转贷的除外），不得以国家机关的财产设定抵押、质押等。比如，地方政府驻京办将在京办公楼抵押的，抵押无效。参见民法典第 683 条、民法典担保制度司法解释第 5 条。

（2）农村集体经济组织。我国农村集体经济组织具有稳定的宪法地位，与国家一样是土地所有权的权利主体，但在民法上的法人地位要一直等到民法总则的颁布，从 2018 年起，农村集体经济组织才具有民法地位。农村集体经济组织无需登记即拥有主体地位，这是其宪法地位决定的，但登记后才能有社会信用代码，开立银行账户，取得完全的法人资格。农村集体经济组织属于特殊法人，但主要性质还是营利性的经济主体法人，可以从事一切合法的经济行为，包括担保行为。由于农村集体经济组织与村委会多数情况下是混合的，因此农村集体经济组织相当于营利性法人和机关法人（村民选举产生的执行机构法人）的混合体，兼有经济职能和管理职能。按照这个思路，考察农村集体经济组织从事担保行为的资格，应当注意以下原则：

其一，农村集体经济组织可以作保证人，这是其营利性法人的身份所赋予的，其村委会不得作保证人，这是村委会的机关法人身份所不允许的。

其二，农村集体经济组织作保证人或者以集体财产、财产权抵押、质押，要落实村民委员会组织法（第 24 条）规定的民主议定原则，由村民会议或者村民代表会议作出决议。具体做法和效力认定应当参照公司法的要求。详见下节。

其三，为保护农村集体经济组织的财产权益，并考虑到我国宪法、村民委员会组织法的地位，未经民主议定的担保行为一律无效。

（3）城镇农村合作经济组织。城镇农村合作经济组织，存在营利性、非营利性多种类型，其中供销社是全国性的、最大的合作经济组织，截至 2016 年底，共计 3.17 万余家①。总体而言，合作经济组织系非公益性经济型法人，除特别法限制外，可以从事合法的一切行为，包括从事担保行为。合作经济组织的成员权利和代表机构权利的划分，以及对外效力，优先适用合作经济组织特别法的规定，没有规定的，应当参照公司法的相关规定，尤其是在对外提供担保上，应当严格、审慎。详见下节。

（4）基层群众性自治组织。村委会、居委会等基层群众性自治组织属于村民、居民选举产生的执行机构，依照自治组织法和民法典的规定具有特殊法人资格。由于村委会和农村集体经济组织往往分不开，集体经济组织一般拥有一定规模的财产，因此村委会比居委会更容易涉入经济交往中，也因此产生村委会与农村集体经济组织的权利界限问题。依照村民委员会组织法的规定，村委会具有实施权和代表权，前者包括实施村公共管理事务和村公益事务的权力，后者包括代表全体村民处分财产、设定负担（比如担保），以及代表集体经济组织起诉、应诉。依照村民委员会组织法第 24 条的规定，无论是实施行为还是代表行为，凡属于第 24 条涵摄范围内的行为，均需要农村集体经济组织授权。涉及担保领域，村委会以自己名义代表农村集体经济组织签订的担保合同，只要没有村民会议或者村民代表会议作出决议给予授权的，一律无效。理由同上。即便村委会伪造集体经济组织决议而相对人无法分辨的，也不能产生表见代理上的效果，因为集体经济组织决议的重点在于过程而不只是结果，因此相对人列席村民会议或者村民代表会议至关重要。

（三）非法人组织及其担保资格

民法典规定的个人独资企业、合伙企业、专业服务机构系非法人组织，个人独资企业、合伙企业是营利性的，可以作担保人；专业服务机构多数是营利性的，可以分为生产者专业服务和消费者专业服务，具有职业服务的本质属性。具体包括：法律服务；会计、审计和簿记服务；税收服务；咨询服务；管理服务；与计算机相关联的服务；生产技术服务；工程设计服务；集中工程服务；风景建

① 黄薇主编：《中华人民共和国民法典释义》，法律出版社 2020 年出版，第 193 页。

筑服务；城市规划服务；旅游机构服务；公共关系服务；广告设计和媒体代理服务；人才猎头服务；市场调查服务和其他。无论是哪一种专业服务机构，都属于非法人组织，只要未登记为公益性的，均可从事经济交往，包括提供担保。

个人独资企业提供担保需要投资人同意，投资人在担保合同上签字即可成立担保关系，仅有企业盖章，没有投资人同意的，担保无效。虽然根据表见代理的规定，相对人为善意的，担保合同有效，但相对人与个人独资企业打交道，明知投资人是谁，却不找投资人签字，很难证明自己为善意。会计师事务所可以登记为有限责任公司，也可以登记为合伙制的专业服务机构，律师事务所属于合伙制专业服务机构的，都可以作保证人，但合伙制的专业服务机构提供担保，需要所有合伙人同意（有限责任合伙人除外），只要有一个合伙人不签字，担保合同即无效。同样，因为合伙企业法第 31 条的存在，无论是适用还是类推适用该条款，未取得全体合伙人一致同意提供担保的相对人，应当被排除在善意第三人之外。此种思路同样适用于其他非法人组织，比如合伙制的外商投资企业。

第八节 公司担保

2006 年 1 月 1 日施行的公司法（2005 年 10 月 27 日修订，2018 年 10 月 26 日修正），系统总结了 20 世纪最后十年公司制度在我国发展的成果，极大地丰富了我国的公司法律制度体系，意义重大。其中，该法关于公司担保能力的一系列规定，完整勾画了公司从事担保行为的准则，对公司和对以金融机构为主的债权人提出了明确的要求。公司法关于公司担保能力的规定是一个制度性的飞跃，与行政机关、司法机关在此前实践中进行的制度性探索和取得的阶段性成果分不开，尤其与最高人民法院 2001 年 11 月 17 日对×福公司与×福实业公司借款担保案［即“×福实业公司担保案”，最高人民法院民事判决（2000）经终字第 186 号］的裁判分不开。

一、2005 年修订前的公司法关于公司担保的规定与最高人民法院“×福实业公司担保案”的裁判背景

我国担保法和公司法均制定于 20 世纪 90 年代中期，担保法对担保人资格未作强制性要求，仅在第 7 条规定“具有代为清偿债务能力的法人、其他组织或者

公民，可以作保证人”，基本上对保证人资格没有实质性限制。2005 年修订前的公司法（以下简称旧公司法）对公司担保能力也未作专门规定，公司对外提供担保也基本不受限制，公司内部即便对公司担保有所限制，也不具有对抗善意第三人的效力。换言之，在旧公司法背景下，公司只要在担保合同上盖章，合同就生效，法律对公司担保未作限制，公司内部（通过章程）想限制也限制不了。这为公司对外滥用担保提供了法律土壤。旧公司法关于公司担保的唯一规定是第 60 条第 3 款，该款规定“董事、经理不得以公司资产为本公司的股东或者其他个人债务提供担保”。具有讽刺意味的是，恰恰是该款引起了实践中的重大争议，业内各界围绕该款究竟是限制董事、经理的个人行为，还是限制公司的行为展开讨论甚至论战，争议一直延续到新公司法的出台。事实上，在市场经济中，公司为他人提供担保在所难免，但比较市场经济和公司治理更为完善的发达国家和地区，应当承认我国公司法未将担保行为与公司常规经营行为进行区分，公司董事、经理等高管人员随意对外出具担保的现象较为严重。据国家权威机构 2001 年统计，我国 1000 多家上市公司超过 40%为其大股东提供担保。依据 2002 年 11 月 29 日《财经时报》的报道，上市公司为大股东担保可能涉及银行 2700 亿元信贷资产。个案来说，ST×公司的大股东×集团除了长期挪用上市公司数亿元资金外，还以 ST×公司的名义为自己贷款 3.7 亿元，担保 3 亿元，最终把 ST×公司掏空并使自己和 ST×公司一起走到破产的边缘。中×公司在 2000 年到 2001 年的 12 个月内累计为他人提供贷款担保 24 笔，折合人民币 6.4 亿元。另有部分上市公司为逃避监管，采取迂回担保，交叉担保①。面对严峻形势，当时的中国证监会首席顾问呼吁应当“修改公司法，明确规定公司不能以其资产为大股东担保”②。目前，大股东借上市公司为其担保实现占款的规模，尚未权威统计，在 2001 年的“×福实业公司担保案”中，当最高人民法院判决×福实业公司为大股东的×福公司的担保无效后，《财经时报》发出惊叹，如果这样的担保全部无效将“危及银行 2700 亿信贷资产的安全”。2700 亿是一个天文数字！这个数字意味着上市公司要以最好的资产为大股东偿还天文数字的债，对于上市公司的其他股东（尤其是广大中小股东）和其他债权人（除了因担保受益的银行）来说，将意味着

① 载《经济日报》2001 年 11 月 17 日。
② 载《法制日报》2001 年 4 月 25 日。

不同程度的损害。

鉴于公司滥用担保的形势愈趋严峻，中国证券监督管理委员会于 2000 年 6 月 6 日发布《关于上市公司为他人提供担保有关问题的通知》[①]（证监公司字〔2000〕61 号），通知要求“上市公司不得以公司资产为本公司的股东、股东的控股子公司、股东的附属企业或者个人债务提供担保”（第 2 条），“上市公司为他人提供担保必须经董事会或股东大会批准。董事会应当比照公司章程有关董事会投资权限的规定，行使对外担保权。超过公司章程规定权限的，董事会应当提出预案，并报股东大会批准”（第 5 条）。然而，该通知并未得到很好的贯彻。其中一个重要的原因在于，当时我国的公司法和担保法对公司担保能力几乎没有限制性规定，实务界、司法界，包括证券交易所都对通知的法律依据提出疑问，通知的贯彻落实自然大打折扣。

正是在这种实践迫切需要，法律规定又缺位或者模糊的情况下，最高人民法院受理了“×福实业公司担保案”，并通过对该案的裁判明确表达了国家最高司法机关对旧公司法第 60 条第 3 款的理解，有力地支持了行政监管部门的正当执法，对抑制大股东通过上市公司担保占有其优质资产的行为起到了积极作用。

二、“×福实业公司担保案”的裁判思路

1996 年 12 月，×福公司与某银行福州市闽都支行（以下简称闽都支行）的前身某银行福州市分行第二营业部签订两份《人民币短期借款合同》，约定借款金额 4210 万元。贷款到期后，×福公司未能偿还。1998 年 7 月 28 日，营业部与×福公司签订一份《还款协议书》，约定：贷款由×福公司分期归还，并提供×州公司和×福实业公司作为承担连带责任的还款保证人。×州公司和×福实业公司负责人均在协议上签名并加盖单位公章。因×福公司、×州公司和×福实业公司的董事长均为赵某昌一人，所以《还款协议书》上代表债务人×福公司以及两家保证人×州公司和×福实业公司签字的均是赵某昌。×福实业公司属于上市企业，该公司章程第 80 条规定董事“除经公司章程规定或者股东大会在知情的情况下批准，不得同本公司订立合同或者进行交易”“不得以公司资产为本公司的股东或者其他个人债务提供担保”。

---

① 于 2010 年 12 月 16 日失效。

1999年12月，闽都支行提起诉讼，请求判令×福公司偿还所欠贷款本金和利息，×福实业公司和×州公司承担连带责任。最高人民法院于2001年11月17日对该案作出终审判决①。

（一）最高人民法院的终审判词

最高人民法院裁判认为：公司法第60条第3款②对公司董事、经理以本公司财产为股东提供担保进行了禁止性规定，×福实业公司的公司章程也规定公司董事非经公司章程或股东大会批准不得以本公司资产为公司股东提供担保，因此，×福实业公司以赵某昌为首的五名董事通过形成董事会决议的形式代表×福实业公司为大股东×福公司提供连带责任保证的行为，因同时违反法律的强制性规定和×福实业公司章程的授权限制而无效，所签订的保证合同也无效。

公司法第60条第3款已明文禁止公司董事以公司财产为股东提供担保，则董事无权决定以公司财产为股东提供担保。董事会作为公司董事集体行使权力的法人机关，在法律对董事会此项担保有限制性规定，公司章程或股东大会对董事会在此项担保上无授权时，董事会也必然因法律对各个董事的禁止性规定而无权作出以公司财产对股东提供担保的决定。因此，公司法第60条第3款的禁止性规定既针对公司董事，也针对公司董事会。这符合我国公司法规范公司关联交易、限制大股东操纵公司并防止损害中小股东利益的立法宗旨。当法律有禁止性规定时，任何人均不得以不知法律有此规定或宣称对法律有不同理解而免于适用该法律。

（二）"×福实业公司担保案"中最高人民法院的裁判思路

旧公司法第60条第3款对公司担保的限制属于对特定对象——股东或者个人提供担保的限制，公司为其他无关的法人作担保不在限制之列。考察旧公司法第60条第3款的规定可以发现，该法针对公司为股东担保，不涉及公司为非股东法人的担保，反过来看，也不禁止股东为公司的担保。另外，该法针对公司董事、经理以及公司法人机关——董事会（此为最高人民法院的理解），但并未涉及公司的权力机构——股东大会。因此，如果担保经过了股东大会的同意，则不

---

① 最高人民法院（2000）经终字第186号民事判决。

② 此处指旧公司法，下同。

属于法律禁止之列，担保合同应为有效。理由是：1. 法律规定本身未涉及公司股东大会，因此法律未作禁止的不能扩大理解。2. 公司法禁止公司为股东担保的立法本意系维护资本确定原则和保护股东与债权人的利益，因此，股东大会同意提供担保则不违背股东意志，也就无损于（至少在推理上）股东利益。至于是否损害债权人利益，则属于民法撤销权的范畴，不属于公司法调整范围。如果股东借公司担保损害资本维持原则，甚至抽逃出资，则可以援引公司法关于股东抽逃出资或者股东滥用公司法人地位等法律规定，追究股东的法律责任。3. 关联交易在现代公司法中均属于限制而非禁止之列，通常允许在得到股东大会同意时，关联交易具有法律效力。如德国《股份法》第 293 条规定“关联企业合同经股东大会同意方为有效”。公司为股东担保即属于关联交易，如果得到股东大会的同意，应当具有法律效力。当然，在股东大会表决时，被担保的股东应当回避，避免公司股东“一股独大”操纵股东大会表决结果。上述“×福实业公司担保案”中的×福实业公司章程就明确规定了“关联股东无表决权”。

综上，最高人民法院在“×福实业公司担保案”中的裁判思路是：在我国旧公司法第 60 条第 3 款的法律规定的背景下，公司为股东担保受到法律限制，其限制为：公司董事、经理以及公司董事会无权决定以公司财产为股东提供担保，除非公司章程对此有授权或者股东大会同意此项担保。这个思路反映了最高人民法院对公司法条文的文义解释，也反映了最高人民法院运用社会学解释方法对公司法目的解释的结果，即公司法应当保护中小股东和其他债权人的利益，而且这种保护有利于社会正义和效率。

三、现行公司法关于公司担保能力的规定

现行公司法关于公司担保能力的规定集中体现在该法第 16 条，并在第 121 条对上市公司作了特别规定。通观新法的规定，我们可以将其特点形象地总结为“一条原则，两个选择，两类担保，两层决策”。具体是：

（一）一条原则——意思自治原则

如前所述，我国担保法对法人作担保无特别规定和限制，对公司法人也不例外。现行公司法第 16 条第 1 款规定“公司向其他企业投资或者为他人提供担保，依照公司章程的规定，由董事会或者股东会、股东大会决议……”也表明了公司

可以通过制定公司章程，自行决定本公司为他人提供担保的决策机构。因此，公司从事担保行为在我国原则上属于公司意思自治范畴，法律对此不作限制。

（二）两个选择——董事会或者股东会

根据公司法第16条第1款规定的“公司向其他企业投资或者为他人提供担保，依照公司章程的规定，由董事会或者股东会、股东大会决议……”的文义，公司章程在公司为他人担保的决策机构上，只能在董事会或者股东会（含股东大会，以下同）两者之间进行选择，超出法律允许的选择范围，意思自治将归于无效，不具有法律拘束力。例如，某公司章程规定“本公司为他人提供担保由董事长、CEO或总经理决定”，该规定应属无效。这如同我国民事诉讼法虽然规定合同当事人有权通过协议管辖选择解决纠纷的法院，但只能在民事诉讼法第35条规定的“被告住所地、合同履行地、合同签订地、原告住所地、标的物所在地等与争议有实际联系的地点的人民法院”范围内选择，超出该范围的协议管辖条款无效。

（三）两类担保——一般担保与特殊担保

公司法第16条第1款规定：“公司向其他企业投资或者为他人提供担保，依照公司章程的规定，由董事会或者股东会、股东大会决议；公司章程对投资或者担保的总额及单项投资或者担保的数额有限额规定的，不得超过规定的限额。”此乃对公司一般担保的规定。所谓一般担保，系与该条第2款规定的特殊担保相比较而言。该条第2款规定：“公司为公司股东或者实际控制人提供担保的，必须经股东会或者股东大会决议。”该款规定的担保受益人系公司股东或实际控制人，较为特殊，所以称为特殊担保。因此，公司法第16条规定的公司担保从担保受益人上可以分为一般担保和特殊担保。所谓特殊担保，即公司为有投资关系的股东或者有实际控制力的其他主体提供的担保，担保受益人与公司存在利益关系甚至对公司有控制力；所谓一般担保即公司为无投资关系和无实际控制关系的其他法人、经济组织、个人提供的担保。

一般担保的决策权由公司董事会或股东会行使，以公司章程规定为准，而特殊担保的决策权只能由股东会行使，而且，公司法第16条第3款规定：“前款规定的股东或者受前款规定的实际控制人支配的股东，不得参加前款规定事项的表决。该项表决由出席会议的其他股东所持表决权的过半数通过。”从中，我们可以看到最高人民法院对“×福实业公司担保案”裁判的影子。

（四）两层决策——经营层决策与所有者决策

根据公司法第16条的规定，公司为他人提供一般担保可以由公司董事会行使担保决策权，提供特殊担保则必须由公司股东会亲自决策，这就形成了公司担保能力上的两层决策体制。董事会由股东会产生，向股东会负责，是公司最高经营决策机构，因此董事会行使一般担保的决策权从形式上属于公司经营层决策。相比之下，由于股东属于公司的所有者，由股东会行使公司特殊担保的决策权，属于公司所有者阶层集体决策。两者存在区别。本质上，董事会的一般担保决策权也是经由公司章程授权产生的，因公司章程是公司股东集体意思表示的产物，所以董事会的担保决策权也是公司所有者授权公司经营层行使的特殊权利。

四、现行公司法相关规定中值得注意的问题

现行公司法关于公司担保能力的规定，运用到公司实务中难免产生适用上的歧义，公司对他人提供担保也不免产生公司对外责任和公司内部责任等实际问题，需要依据该法的规定加以分析解决。

1. 公司法关于公司担保能力的规定建立在对公司担保行为非常规化的认识之上。由于立法者认识到公司（除银行、担保公司外）应当根据其设立的目的和登记的经营范围从事日常经营活动，为他人提供担保则属于公司非常规的、特殊的经营行为，所以才专门从担保决策权的角度规定了公司为他人提供担保的决策机构，也通过对公司担保决策权的规定，限制了公司的担保能力。因此，在公司常规经营领域，不能类推适用新公司法关于公司担保能力的规定。公司常规化的经营行为，仅需要根据公司内部分工确定经营行为的决策权，否则将不适当地增加公司的经营成本，也将增加市场交易成本。

2. 由于公司为他人提供担保属于公司非常规经营行为，所以法律特别规定该行为的经营权不当然地授予公司经营层行使，原则上由公司所有者行使，即便通过公司章程的规定由公司董事会行使一般担保的决策权，本质上也是公司所有者对公司经营者的特别授权。如果不作授权或者未规定担保决策机构的，一律推定由公司股东会决策，即公司所有者阶层决策。

3. 对于不设董事会或者股东会的一人公司、小公司而言，现行公司法关于公司担保能力的规定无适用的必要，因为不设董事会或者股东会的一人公司或小公司在公司所有权和经营权上未作两权分离，公司经营权也由公司所有者行使，而公司为他人担保的决策权如上所述恰好属于公司所有者的权利。所以现行公司法关于公司担保能力的规定主要适用于大公司，尤其是股份公司，对上市公司的适用意义更大。

4. 公司章程规定一般担保的决策权由公司董事会行使的，董事会不得转授权其他主体行使，因为按照公司法的规定，担保决策权是通过董事会集体决议的方式行使的，不能由其他任何个体行使。公司章程如果规定一般担保决策权由公司股东会行使，公司股东会若愿意一揽子授权董事会行使一般担保的决策权，则应当通过修改公司章程另行规定，否则公司为他人提供担保必须同时提供股东会对董事会授权的决议和董事会对某一担保事项的决议，方为有效。特殊担保的决策权必须由股东会行使，不得转授权。

5. 在现行公司法对公司担保决策权和决策机构作明确规定后，任何接受公司提供的担保（包括人保和物保）的相对人，其注意义务也相应提高。一般担保的相对人，有义务向公司索取公司章程规定的担保决策机构关于同意担保的决议；特殊担保的相对人，有义务向公司索取公司股东会关于同意担保的决议。否则，一旦公司越权提供担保（公司董事会、董事、高级管理人员均可能成为越权实施人），相对人因未尽到必要注意义务而存在过失，就无法获得我国合同法第49条[①]规定的表见代理制度的保护，担保合同归于无效。当然，担保合同无效并不一定免除公司的赔偿责任，如公司承担了赔偿责任，则可以按照现行公司法第148条关于董事、高级管理人员不得“违反公司章程的规定，未经股东会、股东大会或者董事会同意，将公司资金借贷给他人或者以公司财产为他人提供担保”的规定，追究董事、高级管理人员的赔偿责任。

值得注意的是，相对人对索取的公司同意担保的决议，必须严格按照公司法的规定，对决议进行形式审查。董事会决议必须有出席董事会的董事签名，股东会的决议必须有会议主持人、出席会议的董事在会议记录上签名。公司还应备有

① 对应民法典第172条，无实质变化。

股东到会签名册供相对人查询。相对人对决议仅负有形式审查的义务，对决议实质真伪则无审查义务（实际上也无审查的能力）。

6. 现行公司法对上市公司为他人提供担保作的特殊规定，公司必须按照法律规定进行，相对人也必须按照法律规定尽必要注意义务。比如，公司法第121条规定“上市公司在一年内……担保金额超过公司资产总额百分之三十的，应当由股东大会作出决议，并经出席会议的股东所持表决权的三分之二以上通过”，相对人在要求上市公司提供担保时，必须向该上市公司索取其资产负债表，或对照该公司公布的资产总额，进行合理判断。否则，相对人可能因疏于审查而存在过失，不能得到法律的保护。

7. 银行等金融机构的担保能力依照特别法规定，比如商业银行依照《中华人民共和国商业银行法》的规定，特别法没有规定的，参照公司法。担保公司的主营业务就是提供担保，但其也属于公司法规定的公司，因此担保公司的担保决策机构也必须符合公司法的规定。目前我国担保公司一般都设有担保委员会，由担保委员会行使担保决策权，在公司法修订后，担保公司应当将所有公司董事吸收进担保委员会，共同行使担保决策权。如果担保公司为自己的上级单位或者股东提供担保，也应当依照公司法的规定经担保公司开办人、投资人、主管部门同意方能进行。

五、如何看待最高人民法院2006年“×彩集团担保案”

最高人民法院公报2006年第7期刊登了一起“×彩集团担保案”，该案裁判摘要中明确写道：“修订前公司法第六十条第三款关于‘董事、经理不得以公司资产为本公司的股东或者其他个人债务提供担保’的规定，是指公司董事、高级管理人员未经公司批准，不得擅自为公司股东或其他个人债务提供担保。该规定的立法本意是为了防止大股东、控股股东操纵公司与自己进行关联交易，损害中小股东的利益。该规定并非一概禁止公司为股东担保。就有限责任公司而言，当公司债权人与公司股东的利益发生冲突时，应当优先保护公司债权人的利益，对于符合公司章程，经公司股东会、董事会批准，以公司资产为本公司股东或其他个人债务提供担保的，可以认定有效。”这一表述扩大了公司为股东担保的决策机构，不仅股东会有决策权，而且董事会也有决策权，与最高人民法院上述“×福实业公司担保案”存在区别，也与现行公司法第16条不一致。如何看待公报刊登的“×彩集团担保案”，需要我们认真加以分析。

（一）“×彩集团担保案”基本案情

最高人民法院民事判决书（2006）民二终字第49号载明：2001年12月25日，进出口银行与×通集团签订（2001）进出银京（信合）字第11005号《出口卖方信贷借款合同》，合同约定：进出口银行向×通集团提供出口卖方信贷额度1.8亿元，期限13个月，由×彩集团提供还款保证。同日，进出口银行与×彩集团签订（2001）进出银京（信保）字第11005号《保证合同》，约定：×彩集团为×通集团在上述借款合同项下的一切债务提供连带责任保证。×彩集团向进出口银行提交了×彩集团董事会于2001年10月23日作出的为×通集团提供担保的董事会决议，有6人在决议上签字，其中5名董事，1名股东单位代表。×通集团董事长段某基作为×彩集团的董事在该决议上签字。2003年12月26日，进出口银行与×通集团、×彩集团签订《贷款重组协议》，作为对上述（2001）进出银京（信合）字第11005号《出口卖方信贷借款合同》和（2001）进出银京（信保）字第11005号《保证合同》的修改和补充。协议约定：贷款重组金额为1.6亿元，×彩集团对×通集团在重组协议项下的全部债务提供连带责任保证。×彩集团向进出口银行提交了×彩集团董事会于2003年11月3日作出的为×通集团提供担保的董事会决议，有2名董事在决议上签字。×彩集团由11家法人股东出资设立，公司注册资本5亿元。其中×海集团公司出资3.56亿元，出资比例为71.2%；×通集团出资100万元，出资比例为0.2%。×彩集团董事会由11名董事组成，董事由各股东单位委派，大股东×海集团公司董事长卢某强为×彩集团董事长。×彩集团公司章程规定：每次召开董事会会议，应当于会议召开10日以前通知全体董事，并通告会议议程、地点和时间；董事会会议须有2/3以上董事参加方能召开；董事会按出资比例行使表决权；董事会决议须经持有2/3以上股权的董事表决通过方能生效。董事会每次会议决议和纪要，由到会董事签名确认。×彩集团董事会于2001年10月23日作出的为×通集团提供担保的董事会决议上，签字的5名董事（包括董事长卢某强）和1名股东单位代表所代表的股东单位共持有×彩集团93.6%股权；2003年11月3日作出的为×通集团提供担保的董事会决议上，签字的2名董事（包括董事长卢某强）所代表的股东单位共持有×彩集团91.2%股权。

（二）原审法院裁判要旨

原审法院经审理认为：2001 年 12 月 25 日进出口银行与×通集团签订的借款合同，以及 2003 年 12 月 26 日进出口银行与×通集团、×彩集团签订的《贷款重组协议》中关于贷款关系的约定，是进出口银行和×通集团的真实意思表示，且不违反法律法规的强制性规定，故应认定合法有效。×通集团未按《贷款重组协议》约定的还款期限归还贷款，构成违约。×彩集团通过董事会决议的形式作出为股东×通集团提供连带责任保证的决定，并于 2001 年 12 月 25 日与进出口银行签订《保证合同》，于 2003 年 12 月 26 日与进出口银行和×通集团在《贷款重组协议》中约定保证条款。根据 2005 年修订前的公司法第 60 条第 3 款关于“董事、经理不得以公司资产为本公司的股东或者其他个人债务提供担保”的强制性规定，公司为本公司股东提供担保须经股东会同意或章程有特别规定。董事在以公司资产为股东提供担保事项上无决定权，董事会作为公司董事集体行使权力的法人机关，在法律对董事会对外提供担保上无授权性规定，公司章程或股东大会对董事会无授权时，亦因法律对各个董事的禁止性规定而无权作出以公司资产对股东提供担保的决定。2005 年修订前的公司法第 60 条第 3 款的禁止性规定既针对公司董事，也针对公司董事会。因此，×彩集团通过形成董事会决议的形式为股东×通集团提供连带责任保证的行为，因违反修订前公司法的强制性规定而无效，所签订的《保证合同》和《贷款重组协议》中的保证条款亦无效。×彩集团对保证合同无效应当承担过错责任。进出口银行在法律明文禁止董事以公司资产为本公司股东提供担保的情况下，仍接受×彩集团为其股东×通集团提供的担保，对于《保证合同》及保证条款的无效亦有过错。根据担保法司法解释第 7 条的规定，×彩集团应向进出口银行承担×通集团不能清偿债务部分二分之一的赔偿责任。

股东会是公司的权力机构，董事会是公司的经营决策机构，从×彩集团的公司章程上看，二者在职权上有不同的规定。×彩集团于 2003 年 11 月 3 日召开的为×通集团提供连带担保的董事会，参会董事人数未达到×彩集团公司章程规定的可以召开董事会的最低出席比例，存在严重程序瑕疵，从程序上讲，所形成的董事会决议亦应为无效决议。故即使×彩集团董事会与股东会的组成人员有重合，亦不能推定出×彩集团为其股东提供担保系经过股东会的同意，故进出口银行关于董事会决议及保证条款有效的主张不予支持。判决：×通集团偿还进出口银行借款本金1.36亿元及利息；进出口银行与×通集团、×彩集团签订的《贷款重组协议》中的保证条款无效；×彩集团对×通集团不能清偿上述判决第一项债务的部分承担二分之一的赔偿责任。

（三）最高人民法院裁判要旨

2005年修订前的公司法第60条第3款规定“董事、经理不得以公司资产为本公司的股东或者其他个人债务提供担保”。该条规定是对公司董事、高管人员未经公司批准，擅自为公司股东及其他个人债务提供担保的禁止性规定。但该规定并非一概禁止公司为股东担保，对有限责任公司而言，符合公司章程，经过公司股东会、董事会批准，以公司名义进行关联担保，修订前公司法并未明确加以禁止。上述条款的立法目的是限制大股东、控股股东操纵公司与自己进行关联交易，损害中小股东的利益，以维护资本确定原则和保护中小股东权益。对经公司股东会、董事会同意以公司资产为小股东进行担保当不属禁止和限制之列。从价值取向的角度考量，在衡平公司债权人与公司股东利益冲突时，应优先保护公司债权人的利益。

×彩集团公司作为有限责任公司，公司注册资本5亿元，其中×海集团公司出资3.56亿元，出资比例为71.2%；×顺建设有限公司出资1亿元，出资比例为20%；×通集团出资100万元，出资比例为0.2%。其公司章程未规定公司不得为股东进行担保。该章程规定，董事会是该公司法人机关，董事会成员由股东单位委派人员组成，董事会的表决程序采用资本多数决的形式。公司11家股东中10家股东单位委派其法定代表人担任该公司董事，一家为股东单位代表。×彩集团提供的证据表明，在该公司同意为×通集团进行担保的2001年12月25日、2003年12月26日的两次董事会上，分别持有该公司93.6%和91.2%股权的董事同意为×通集团担保，符合公司章程的规定。董事会决议加盖了董事会公章，在《保证合同》及《贷款重组协议》上加盖了×彩集团公章，×彩集团对上述公章的真实性均不持异议。应当认定×彩集团签署上述《保证合同》及《贷款重组协议》是其真实意思表示，不违背占资本绝大多数股东的意志，该保证行为亦不违反法律和行政法规的禁止性规定，应为有效。关于×彩集团提出的根据该公司章程，董事会至少8名董事参加方能召开，而上述两次董事会决议分别只有5名、2名董事签字，故董事会会议召开无效，董事会决议亦无效问题，法院认为：分别有5名、2名董事在董事会决议上签字，并不能证明分别只有5名、2名董事参加董事会会议。×彩集团应对该公司2001年12月25日、2003年12月26日的两次董事会的召开是否符合章程规定的董事出席人数负有举证责任，但该公司始终未提供两次董事会的纪要或原始记录，应承担举证不能的责任。且即使董事会决议有瑕疵，也属其公司内部行为，不能对公司的对外担保行为效力产生影响。故进出口银行关于×彩集团为×通集团提供担保不违反法律的禁止性规定，是有效担保，×彩集团应对×通集团的本案债务承担连带责任的上诉理由成立，法院予以支持。

（四）如何看待“×彩集团担保案”

在具体案情上，“×彩集团担保案”和“×福实业公司担保案”存在一定的区别，比如前者是有限责任公司，后者是上市公司（股份有限公司），但两者所面对的问题是一致的，即公司董事会是否有权决定本公司为股东提供担保？所适用的法律也是一致的，即2005年修订前公司法第60条第3款。“×福实业公司担保案”的裁判明确否定了董事会的权限，“×彩集团担保案”的裁判明确肯定了董事会的权限（尤其在公报裁判摘要部分），因此两个案例在关键问题上的裁判态度是否存在不一致？对此，存在两种不同的看待问题的角度：第一种认识是，最高人民法院的判决存在冲突，或者改变了过去的裁判思路，此案公布后，所有公司为股东担保只要董事会决议即可生效，不再需要股东会决议。因为该案裁判摘要部分明确表示“对于符合公司章程，经公司股东会、董事会批准，以公司资产为本公司股东或其他个人债务提供担保的，可以认定有效”。第二种认识是，最高人民法院在公司为股东担保问题上的裁判思路没有改变，两个案例也不存在矛盾。“×福实业公司担保案”明确了上市公司在“公司法第60条第3款已明文禁止公司董事以公司财产为股东提供担保，则董事无权决定以公司财产为股东提供担保。董事会作为公司董事集体行使权力的法人机关……公司章程或股东大会对董事会在此项担保上无授权时，董事会也必然因法律对各个董事的禁止性规定而无权作出以公司财产对股东提供担保的决定。因此，公司法第60条第3款的禁止性规定既针对公司董事，也针对公司董事会”。而“×彩集团担保案”明确了公司章程如果对董事会有授权时，董事会决定“以公司资产为本公司股东或其他个人债务提供担保的，可以认定有效”。对于这样两种认识，仔细分析两案的案情可以认为，后一种认识是正确的。具体而言：

1. 两案均认为股东大会（股东会）的授权或公司章程的授权是公司董事会决定以公司财产为股东提供担保的效力来源。“×福实业公司担保案”中最高人民法院裁判董事会决议无效是因为该公司章程明确规定“公司董事非经公司章程或股东大会批准不得以本公司资产为公司股东提供担保”，而且事后也没有召开股东大会追认；“×彩集团担保案”中最高人民法院裁判董事会决议有效是因为“对于符合公司章程，经……董事会批准，以公司资产为本公司股东或其他个人债务提供担保的，可以认定有效”，即×彩集团董事会的决议符合公司章程。

2. ×福实业公司董事会严格按照公司法规定的董事一人一票，实行简单多数决原则，符合公司法规定的董事会议事规则。×彩集团公司董事会实行资本多数决原则，要求董事按照投资比例行使表决权，不符合公司法规定的董事会议事规则。但换一个角度看，×彩集团董事会与股东会是重合的，董事会一旦通过决议，股东会一样能够通过决议。所以，与其说“×彩集团担保案”中的担保决议是董事会通过的，不如认为担保决议既是董事会通过的，也是符合股东会意思表示的。正如该案裁判认为“×彩集团签署上述《保证合同》及《贷款重组协议》是其真实意思表示，不违背占资本绝大多数股东的意志”。从这一点来看，“×福实业公司担保案”和“×彩集团担保案”同样肯定了在公司为股东担保问题上公司股东会的最终决策权。

然而，必须指出的是，“×福实业公司担保案”和“×彩集团担保案”还是存在细微的区别。前者明确认为：“公司法第60条第3款已明文禁止公司董事以公司财产为股东提供担保，则董事无权决定以公司财产为股东提供担保。董事会作为公司董事集体行使权力的法人机关，在……公司章程或股东大会对董事会在此项担保上无授权时，董事会也必然因法律对各个董事的禁止性规定而无权作出以公司财产对股东提供担保的决定。因此，公司法第60条第3款的禁止性规定既针对公司董事，也针对公司董事会。”后者认为：“修订前公司法第60条第3款……是对公司董事、高管人员未经公司批准，擅自为公司股东及其他个人债务提供担保的禁止性规定。但该规定并非一概禁止公司为股东担保，对有限责任公司而言，符合公司章程，经过公司股东会、董事会批准，以公司名义进行关联担保，修订前公司法并未明确加以禁止。”在董事会是否受公司法限制的问题上，后者不如前者明确。事实上，在旧公司法背景下，公司为股东担保应当坚持股东大会（股东会）决议或公司章程授权原则，无论是有限责任公司还是股份有限公司（2005 年修订前公司法第 60 条规定在有限责任公司一章），未经股东大会决议，公司章程也无授权的，董事会无权就公司为股东担保作出决议。主要考虑是：

1. 现行公司法已明文规定“公司为公司股东或者实际控制人提供担保的，必须经股东会或者股东大会决议”。而且“前款规定的股东或者受前款规定的实际控制人支配的股东，不得参加前款规定事项的表决。该项表决由出席会议的其他股东所持表决权的过半数通过”。该规定不仅明确了股东会或者股东大会的决策权，而且采用了“必须”一词强调该权利不能转授权。因此，即便对 2005 年修订前公司法在公司为股东担保问题上存在不同意见，但在修订后公司法生效后，再抛开股东大会、股东会，抛开公司章程的授权，单独承认董事会在公司为股东担保上的决定权是不合时宜的。

2. 最高人民法院在公司法修订公布实施后制定的《关于适用〈中华人民共和国公司法〉若干问题的规定（一）》（2006 年公布，2014 年修改；以下简称公司法司法解释一）第 2 条规定：“因公司法实施前有关民事行为或者事件发生纠纷起诉到人民法院的，如当时的法律法规和司法解释没有明确规定时，可参照适用公司法的有关规定。”如上所述，2005 年修订前公司法关于公司担保方面基本没有规定，对公司为股东担保方面规定不明确而存在争议，按照前述“可参照适用公司法的有关规定”，即应当参照公司法第 16 条的规定，公司董事会无权对公司为股东担保作出决议。

综上所述，2005 年修订前公司法在公司为股东担保的规定上存在语意模糊的问题，但在公司法修订后已经得到明确，公司法司法解释一采用“参照适用公司法”的法律适用路径，已经解决了公司为股东担保的法律适用问题。现行公司法第 16 条应当得到很好的贯彻，最高人民法院“×福实业公司担保案”中的裁判要旨应当得到很好的坚持。如果再回到过去争论、分歧、各行其是的老路上，无疑是倒退，将损害法律的稳定性和司法的确定性。①

---

① 公司对外担保的效力问题，最高人民法院自 2012 年以来态度发生变化，并以明确方式回到了全面肯定公司签章即有效的路径上。笔者以一贯的逻辑坚持既有主张。庆幸的是，此次民法典担保制度司法解释又回归到正确的理念和立场，值得称赞。

（五）民法典担保制度司法解释关于公司担保效力规定的理念与应用要点梳理

民法典担保制度司法解释第 7 条至第 11 条对公司担保中存在的具体实践问题进行了解释、归纳，很好地反映了我国公司法对公司治理的基本要求和治理理念。民法典担保制度司法解释中体现出来的理念，既完全、彻底地摈弃了在认定担保合同效力上的“认章不认人”的落后观念，也未采纳要求相对人实质审查公司决议真伪的苛刻做法，维护了我国法治建设在公司治理方面取得的进步，也体现了公平、正义的原则。为读者在实践中便捷运用民法典担保制度司法解释的规定，正确作出判断，特将公司担保效力的认定要点，结合民法典担保制度司法解释的规定，按照“盖章、特殊公司、股东同意、担保决议、披露”各要素，依次归纳如下：

1. 合同盖章即担保有效的情形：无（具体参见本节上述分析）。

2. “合同盖章+特殊公司”担保有效的情形：金融机构、担保公司、母公司为全资子公司提供担保、一人公司，这些特殊公司在认定担保效力上不需要考察公司决议（民法典担保制度司法解释第 8 条、第 10 条）。

3. “合同盖章+股东同意”担保有效的情形：持有公司三分之二股份的股东同意的情况下，认定担保效力不需要考察公司决议（民法典担保制度司法解释第 8 条第 1 款第 3 项）。

4. “合同盖章+公司决议”担保有效的情形：除上市公司外的有限责任公司、股份有限公司（民法典担保制度司法解释第 7 条）。

5. “合同盖章+公司决议+披露”担保有效的情形：上市公司（民法典担保制度司法解释第 9 条）。

以上是对公司担保是否有效的形式审查。

在公司越权担保的问题上，民法典担保制度司法解释设计了多个条文，并且规定了多个要素，均对公司担保效力产生影响，属于对公司担保是否有效的实质审查。对于民法典担保制度司法解释规定的这些实质审查的内容，读者也许会觉得比较复杂。其实，我们在面对复杂问题时，只要抓住了问题本质，复杂的问题就会变得简单。落实到公司越权担保的问题，由于担保是必须明确表示的意思表示，只要我们牢牢把握公司担保意思表示的真实性和相对人的善意两个要素，对所有遇到的问题都能迎刃而解。具体而言：

1. 合同盖章真实，决议真实，推定为有权担保，无需考察相对人的善意，担保合同有效。

2. 合同盖章虚假，决议真实（或有持有公司三分之二股份的股东同意的证明），法人代表或负责人在合同上签字的，无需考察相对人的善意，担保合同有效。

3. 合同盖章虚假，决议真实（或有持有公司三分之二股份的股东同意的证明），其他代理人在合同上签字的，性质上属于公司担保的意思真实，而担保的表示虚假，在公司能够举证证明相对人存在恶意、过失，属于非善意相对人时，担保合同无效。否则，担保合同有效。证明相对人善意与否的举证责任由公司承担。

4. 合同盖章真实，决议虚假，性质上属于公司担保意思表示虚假，而担保表示真实，除公司能够举证证明相对人为非善意的，担保合同有效。此种情形下担保合同是法人代表、公司负责人签字还是其他代理人签字，处理上都是相同的，都是考察公司能否举证证明相对人为非善意，举证责任由公司承担（法人代表、负责人签字的情况下无非公司举证责任更重而已，无其他分别）。

5. 合同盖章真实，无决议，推定相对人为非善意（参见本节上述分析），除民法典担保制度司法解释第 8 条、第 10 条规定的特殊公司外，无论合同上是法人代表、公司负责人签字，还是其他代理人签字，担保合同均无效。

6. 合同盖章真实，无决议，但系民法典担保制度司法解释第 8 条、第 10 条规定的特殊公司，担保合同有效。仅当这些特殊公司能够举证证明担保属于越权性质并能够证明相对人为非善意的，担保合同才无效。值得注意的是，对担保越权和相对人非善意两个事实的证明责任，都由公司承担。

7. 分公司提供的担保，原则上无效。在分公司取得有公司外观授权（即有授权的表象），或者伪造公司同意担保的决议的情况下，当相对人（负举证责任）能够举证证明自己为善意第三人（即民法典担保制度司法解释第 11 条规定的“不知道且不应当知道分支机构对外提供担保未经公司决议”）时，担保合同有效。从举证责任分配和证明对象来看，相对人完成举证必然十分困难。

第九节 无效担保的法律责任

根据担保法第5条[①]第2款的规定，担保人的责任不仅限于担保有效之时，而且扩展到担保无效之时。该条第2款规定："担保合同被确认无效后，债务人、担保人、债权人有过错的，应当根据其过错各自承担相应的民事责任。"通常，实践中将担保无效时的责任称为担保人的赔偿责任，从其性质上看，担保人的赔偿责任仍然属于缔约过失责任的性质，是广义缔约过失责任的一种。我国台湾地区学者王泽鉴先生在论及缔约过失责任的类型时，就将缔约过失责任原则适用的类型列举为：契约不成立、契约无效、契约之际未尽通知义务等。[②] 意大利民法典第1338条也规定："当事人之一方对于契约无效之原因已知或可得而知，而未对相对人为通知者，就其无过失信赖契约有效而受之损害，负赔偿之责任。"具体到担保人所负的缔约过失责任，其特征有：（1）责任发生于担保无效之时。（2）责任的有无、大小与担保人是否存在缔约中的过错相联系，有过错即有责任，无过错即无责任。过错属于抽象事实，既难以证明，也难以衡量，所以在担保无效的情况下，担保人的责任比担保有效时更难确定。（3）担保无效的责任因其性质属于缔约责任，因此其承担责任的最高限额不能超过履行利益，即无效担保人的责任不能超过担保合同有效时担保人应当承担的责任。（4）无效担保责任要遵守因果关系准则，无效担保人的过错和债权人的损失之间要有因果关系，不能把债权人全部损失不加区分都加诸担保人身上，这就是民法典第157条规定的"由此所受到的损失"的立法旨意，担保法司法解释、民法典关于担保无效的规定也有"相应的"文义规定要求。关于担保无效情形下因果关系的考察，主要是考察债权人的信赖和由此造成的损失之间的关联性。目前比较遗憾的是，无论是担保法司法解释还是现在的民法典担保制度司法解释都没有对无效担保人承担的责任与信赖利益、因果关系、履行利益上限的关系作出规定，因此给司法留下了裁判规则空白，实践中明显不公的裁判和裁判不统一的情形仍然存在。综上所述，担保人在现行法律背景下，除需要承担担保有效时的担保责任，还需要承担

---

① 对应民法典第388条第2款，无实质变化。

② 王泽鉴：《民法学说与判例研究》第一卷，中国政法大学出版社1998年版，第90页。

担保无效时的赔偿责任，遂使担保人的法律责任复杂化。担保法司法解释区分了无效担保的各种情况并作了责任范围上的划分，对担保人承担赔偿责任后如何向受益人追偿作了厘定。详述如下。

一、主合同有效而担保合同自身无效，担保人的责任

担保法司法解释第 7 条①规定："主合同有效而担保合同无效，债权人无过错的，担保人与债务人对主合同债权人的经济损失，承担连带赔偿责任；债权人、担保人有过错的，担保人承担民事责任的部分，不应超过债务人不能清偿部分的二分之一。"担保合同无效的原因有多种，其中担保合同因主合同的无效而无效的情况较多，担保合同是主合同的从合同，主合同无效，担保合同也无效。但是担保合同因自身原因而无效的情况也属常见。所谓担保合同因自身原因而无效，指担保合同因欠缺有效要件而归于无效，与主合同的效力状态无关。担保法司法解释第 7 条所针对的就是担保合同无效而主合同有效的情况。对于这种情况，担保法司法解释根据对司法实践的总结，分两种情形作了责任份额上的具体规定。一是主合同有效而担保合同无效，债权人无过错的，担保人与债务人对主合同债权人的经济损失，承担连带赔偿责任；二是主合同有效而担保合同无效，债权人、担保人有过错的，担保人承担民事责任的部分，不应超过债务人不能清偿部分的二分之一。具体如下。

（一）主合同有效而担保合同无效，债权人无过错的，担保人与债务人对主合同债权人的经济损失，承担连带赔偿责任

在此种情况下，作为担保合同缔约相对人的债权人没有过错，指对担保合同的无效既无过错，也不知担保合同存在无效原因，依照缔约过失责任理论，债权人可以要求存在缔约过失的担保人承担赔偿责任。而且，由于债权人无过错，司法解释支持债权人可以获得与担保有效时相当的赔偿。在此种情况下，担保人的

① 民法典担保制度司法解释第 17 条规定："主合同有效而第三人提供的担保合同无效，人民法院应当区分不同情形确定担保人的赔偿责任：（一）债权人与担保人均有过错的，担保人承担的赔偿责任不应超过债务人不能清偿部分的二分之一；（二）担保人有过错而债权人无过错的，担保人对债务人不能清偿的部分承担赔偿责任；（三）债权人有过错而担保人无过错的，担保人不承担赔偿责任。主合同无效导致第三人提供的担保合同无效，担保人无过错的，不承担赔偿责任；担保人有过错的，其承担的赔偿责任不应超过债务人不能清偿部分的三分之一。"

责任较重，其地位与债务人相等，均为债权人的连带债务人，因此也必须严格符合责任的构成要件。司法解释确定的连带责任构成要件有：1. 主合同有效而担保合同因自身原因无效；2. 债权人对担保合同的无效没有过错；3. 担保合同的无效是因担保人或担保人与债务人的过错所致；4. 债权人有实际损失并且损失与担保合同无效之间存在因果关系。举例来说，担保法司法解释第4条规定“董事、经理违反《中华人民共和国公司法》第六十条①的规定，以公司资产为本公司的股东或者其他个人债务提供担保的，担保合同无效。除债权人知道或者应当知道的外，债务人、担保人应对债权人的损失承担连带赔偿责任”。该条即属于担保人、债务人承担连带赔偿责任的情形。在这种情形中，主合同有效而担保合同无效，担保合同无效的原因是违反公司法的禁止性规定。当债权人不知债务人与担保人之间存在的投资关系，也不应当知道的，债务人和担保人应对债权人的损失承担连带赔偿责任。

债务人与担保人承担连带赔偿责任的理论基础与共同侵权相似，但需要区分的是，担保合同因担保人的主体资格不具备而无效，比如国家机关做担保人的，不属于债权人无过错的情况，不能认定担保人与债务人承担连带赔偿责任。因为担保人主体资格的欠缺是显而易见的，在法律禁止某类主体作担保人的背景下，债权人仍然接受这种担保，债权人是明知或应知担保无效而设定担保，债权人应当被认为有过错（故意或者重大过失）。

（二）主合同有效而担保合同无效，债权人、担保人有过错的，担保人承担民事责任的部分，不应超过债务人不能清偿部分的二分之一

此种情形在担保合同无效的时候比较常见，担保人仅承担部分赔偿责任，司法解释为此规定了一个责任的上限。担保人承担部分赔偿责任的构成要件是：1. 主合同有效而担保合同无效；2. 债权人、担保人对担保合同无效有过错；3. 债权人有实际损失。其中，债权人的过错是认定担保人承担责任大小的关键。在债权人无过错的时候，要适用上述关于担保人、债务人连带赔偿责任的规定；在债权人全部过错的时候，担保人不承担任何民事责任（比如债权人欺诈担保人而签订的担保合同被撤销时，担保人免除责任）；在债权人、担保人均有过错的

① 对应2018年公司法第16条。

时候，担保人承担部分赔偿责任。除此之外，还有两点需要明确：一是担保人承担的责任部分，司法解释仅规定了上限，即债务人不能清偿部分的二分之一。作为上限，不要求在所有案件中都按照二分之一判决，只要不超过二分之一，就符合司法解释的精神。在二分之一以下，具体判多少，视担保人与债权人的过错大小定，而过错大小，原则上由审判人员或合议庭在案件事实基础上进行确定。之所以定二分之一为上限，是因为债权人、担保人有过错，应当分担损失，债权人、担保人作为两方，按照均分原则，担保人承担的责任份额为二分之一。二是作为上限的二分之一，是债务人不能清偿部分的二分之一，而不是债权人全部损失的二分之一，合理减轻担保人的负担。所谓“不能清偿部分”指债务人在债务到期后清偿债务的剩余部分，与债务人是否还有清偿能力有关。债务人仍有能力清偿的，仍应先执行债务人的财产。但在民事执行中也无需等到债务人财产全部受执行后才执行担保人的财产，判断“不能清偿”应以债务人方便执行的财产是否受执行为标准，方便执行的财产已经受执行的，债务的剩余部分即为不能清偿的部分。

二、主合同无效导致担保合同无效，担保人的责任

担保法司法解释第8条①规定：“主合同无效而导致担保合同无效，担保人无过错的，担保人不承担民事责任；担保人有过错的，担保人承担民事责任的部分，不应超过债务人不能清偿部分的三分之一。”主合同无效导致担保合同无效的，担保人原则上没有义务为自己不是缔约者的主合同负责，所以担保人应承担的责任以及责任的份额均与担保合同自身无效时存在区别。

（一）主合同无效导致担保合同无效的，担保人应承担的责任份额

担保法第5条第1款规定，担保合同是主合同的从合同，主合同无效的，担保合同也无效。从司法实践看，担保人应承担的责任原则上比担保合同因自身欠缺有效要件而无效时的责任要小，甚至可能不承担民事责任。

1. 担保人不承担民事责任的情况。担保合同因主合同的无效而无效的，如果担保人无过错，则不承担民事责任。因为担保人不是主合同的缔约者，所以主合同的无效并不能够也不需要追究担保人的过错。但担保人如对主合同的无效状

① 参见民法典担保制度司法解释第17条。

态明知或应当知道，并对无效主合同的成立起到了中介、促成作用的话，将视为担保人有过错，该过错是主合同无效的过错向担保人的延伸，是担保人承担赔偿责任的根据。需要注意的是，担保人的过错不是指担保人在主合同无效上的过错，这与一般缔约过失责任中的过错有一定的区别。主合同的当事人是债权人和债务人，担保人不是合同当事人，主合同无效的结果应当由债权人和债务人承担。因此，当担保人对主合同的无效原因不知也不应知，或不存在明知主合同无效仍促成主合同成立或为主合同的签订作中介等的，担保人则免于承担赔偿责任。

举例来说，甲企业与乙企业签订代理进口汽车零部件合同，丙企业为甲企业的进口款项提供担保。货物进口后，在海关被发现是汽车整车，性质属于走私，货物没收。甲企业以乙企业不能交货为由拒绝支付货款，乙企业起诉丙企业，要求丙企业承担担保责任。分析来看，汽车零部件进口合同是以合法形式掩盖非法目的，系违反国家海关法的无效合同，合同被确认无效后，担保合同作为从合同也归于无效。由于主合同无效是甲、乙企业蓄意走私所致，与担保人无关，主合同以合法形式掩盖非法目的，非合同当事人的担保人也无法从主合同内容上获知合同的违法性，故如无相反证据，应当确认担保人对主合同无效为不知也不应知，即担保人无过错，不承担赔偿责任。

2. 担保人承担不超过债务人不能清偿部分的三分之一的情况。在主合同无效导致担保合同无效时，担保人有过错的情况，指担保人明知主合同无效仍为之提供担保或担保人明知主合同无效仍促成主合同成立或为主合同的签订作中介等。司法解释规定担保人有过错时，应当承担民事责任，责任的上限是债务人不能清偿部分的三分之一。仍然需要说明的是：（1）上限定为三分之一是因为主合同无效时，债权人、债务人原则上均有过错，即使债权人或债务人任何一方没有过错，担保人有过错，因担保合同无效是主合同无效所致，担保人的责任原则上不应当超过主合同当事人的责任。对于债权人的损失，债权人、债务人、担保人作为三方，按照均分计算的结果，担保人承担的责任份额定为三分之一。（2）三分之一作为上限，不要求所有案件中都按照三分之一判决，只要不超过三分之一，就符合司法解释的精神。在三分之一以下，具体判多少，视担保人与债权人的过错大小确定，而过错大小，原则上由审判人员或合议庭在案件事实基础上进行确定。(3) 作为上限的三分之一，是债务人不能清偿部分的三分之一，而不是债权人全部损失的三分之一，合理减轻了担保人的负担。

（二）担保人承担责任的范围

司法解释规定担保人承担责任的范围是“债务人不能清偿部分的三分之一”，其中有两个方面需要注意，一是注意对债务人不能清偿部分的理解，二是注意对“不能清偿”的表述。首先，债务人的债务范围是主债权及其利息等应当由债务人清偿的债务，甚至包括实现债权的费用等。司法解释规定担保人对债务人不能清偿的债务部分承担责任，因此，担保人承担的责任范围应当理解为债务人应当承担的主债权、利息等全部“债务不能清偿的部分”，而非仅指主债权之外的利息等损失。其次，应注意对“不能清偿”与“未清偿”作区别。“不能清偿”需要考察债务人的财产状况，债务人的财产已经被执行仍不能偿付的，才能认定为“不能清偿”；而“未清偿”不需要考察债务人的财产状况，只要债务人实际没有偿付债务，这种事实状态即为“未清偿”。考虑到债务人是实际的责任承担者，担保无效时，应尽量减轻担保人的责任，所以司法解释规定以债务人“不能清偿”的部分为担保人承担责任的范围。

另外，还需要特别关注独立担保合同和区分非法合同。

独立担保合同一般指与主合同之间没有从属关系的担保合同。当事人在担保合同中如果约定担保合同与主合同没有从属关系，主合同的无效、被撤销对担保合同不生影响的，主合同无效的，担保合同仍应作有效处理。担保人承担的民事责任是担保责任，而不是民事赔偿责任，也就谈不上债务人“不能清偿”的部分。此外，要区分一般无效合同和非法合同。担保合同无效后，担保人承担民事赔偿责任必须是基于无效主合同产生的损失仍然在法律保护范围之内。如果主合同无效产生的损失已经不受法律的保护，担保人也就不应该再承担任何意义上的民事赔偿责任。主合同如果是非法合同，而非一般无效合同，主合同当事人的损失应当由合同当事人自负，而不是由担保人分担，即便担保人也参与了主合同的签订或履行的过程。区分一般无效合同和非法合同的法律标准是，凡合同无效后产生的损失不受法律保护，人民法院也不作为民事案件受理的，该合同即为非法合同。比如为非法集资提供担保的，非法集资形成的借款合同为非法合同，按照国务院《非法金融机构和非法金融业务活动取缔办法》[①] 的规定，非法集资参与者的损失自行承担，担保人是否承担法律责任也不属于民事诉讼的管辖范围。对于非法合同人民法院不能作为民事案件进行审理，也不能将宝贵的审判力量浪费在对从事非法行为招致损失的当事人的保护上。

三、主合同与担保合同均无效，担保人的责任

当主合同和担保合同均存在无效原因，各自无效的情况，司法解释没有单独规定处理方法，没有规定担保人的责任范围。对于此种情形，应当根据担保人、债权人各自的过错情况确定担保人的责任范围。首先，在主合同和担保合同均被宣布无效的情况下，通常作为缔约者的债权人、债务人、担保人均有过错，按照担保法司法解释的方法，担保人的赔偿责任应当是债务人“不能清偿”部分的某一份额，也就是承担部分赔偿责任。至于是二分之一还是三分之一，司法解释没有规定，应当允许法官自由裁量，遵循担保人承担部分赔偿责任的原则，由法官根据案件当事人的过错进行自由裁量。其次，在主合同和担保合同均被宣布无效的情况下，不排除担保人仍然可能没有过错的情况。没有过错的，担保人就不应当承担赔偿责任。比如，主合同是以合法形式掩盖非法目的的合同，担保人因受骗提供担保，担保人以受欺诈为由申请法院撤销了担保合同，担保合同因被法院撤销而自始无效。这样就形成了主合同、担保合同均无效，而担保人没有过错的局面。依照缔约过失责任的原则要求，担保人在没有缔约过错时，不应当承担任何意义上的缔约过失责任。我国担保法第 30 条[②]也规定，主合同债权人采取欺诈、胁迫等手段，使保证人在违背真实意思的情况下提供保证的，保证人不承担责任。最后，在主合同和担保合同均无效的情况下，也不排除存在债权人无过错的情况。比如，无权处分人将无权处分的标的物卖给债权人，担保人作为无权处分人的子公司为无权处分人提供担保。买卖合同因出卖人无权处分而无效，担保合同因担保人与出卖人有投资关系、违反公司法第 16 条第 2 款而无效。在此种情形下，债权人无过错，按照担保法司法解释第 7 条的精神，债务人和担保人承担对债权人损失的连带赔偿责任。

---

① 于 2021 年 5 月 1 日失效。

② 无对应内容。

四、无效担保人承担责任的前提——对债务人“不能清偿”到期债务的理解

担保法司法解释第131条[①]专门对“不能清偿”这一概念作了规定。“不能清偿”是一般保证人、无效担保人承担责任的前提。

（一）“不能清偿”的法律意义

在债权人与债务人的关系中，债务人可以是承担第一顺序债务的债务人，也可以是有条件的、承担第二顺序债务的债务人，有条件的和承担第二顺序债务构成债务人对债权人的有效抗辩。就第二顺序债务的抗辩而言，情况较多，实践中通常称为补充赔偿责任。在担保领域，担保人承担第二顺序债务的情形主要有一般保证人和无效担保人。在既有人保又有债务人提供的物保时，保证人也承担第二顺序的债务，即以担保物价值先清偿债务。就一般保证和无效担保而言，担保人承担责任的基本条件是债务人“不能清偿”到期债务，“不能清偿”被赋予了相当重要的法律意义，在确定一般保证人和无效担保人的责任之前，必须先确定债务人是否已达到“不能清偿”的地步。

（二）“不能清偿”给司法实践带来的操作困境

担保法肯定“不能清偿”作为担保人承担民事责任前提条件的是担保法第17条[②]，该条规定：“当事人在保证合同中约定，债务人不能履行债务时，由保证人承担保证责任的，为一般保证。一般保证的保证人在主合同纠纷未经审判或者仲裁，并就债务人财产依法强制执行仍不能履行债务前，对债权人可以拒绝承担保证责任……”其中的“债务人不能履行债务”，即所谓“不能清偿”。其他规定“不能清偿”作为担保人承担民事责任条件的，均出自担保法司法解释。比如担保法司法解释第7条规定：“主合同有效而担保合同无效，债权人无过错的，担保人与债务人对主合同债权人的经济损失，承担连带赔偿责任；债权人、

① 无对应内容。

② 民法典第687条规定：“当事人在保证合同中约定，债务人不能履行债务时，由保证人承担保证责任的，为一般保证。一般保证的保证人在主合同纠纷未经审判或者仲裁，并就债务人财产依法强制执行仍不能履行债务前，有权拒绝向债权人承担保证责任，但是有下列情形之一的除外：（一）债务人下落不明，且无财产可供执行；（二）人民法院已经受理债务人破产案件；（三）债权人有证据证明债务人的财产不足以履行全部债务或者丧失履行债务能力；（四）保证人书面表示放弃本款规定的权利。”

担保人有过错的，担保人承担民事责任的部分，不应超过债务人不能清偿部分的二分之一。”第 8 条规定：“主合同无效而导致担保合同无效，担保人无过错的，担保人不承担民事责任；担保人有过错的，担保人承担民事责任的部分，不应超过债务人不能清偿部分的三分之一。”最高人民法院在其他领域的司法解释也经常使用“不能清偿”的表述。比如，《最高人民法院关于审理存单纠纷案件的若干规定》第 6 条规定，以出具存单帮助出资人、用资人实现违法借贷的金融机构，应当在用资人不能偿还出资人款项的范围内承担从全部到部分（20%或40%）的赔偿责任。法律和司法解释以“不能清偿”作为义务人承担民事责任的条件，因司法实践对“不能清偿”的概念的理解存在分歧意见，由此影响到民事审判领域和民事执行领域的具体操作。对“不能清偿”的理解给司法实践带来的困境主要有两个方面：一是由于对“不能清偿”的状态在认定上没有统一标准，所以法院何时可以执行第二顺序债务人的财产认识不一，如果仅因为债务人未自愿清偿到期债务，即认为债务人不能清偿，而直接执行第二顺序债务人的财产，则对第二顺序债务人明显不利；或者只要债务人还有一针一线，第二顺序债务人就可以轻易提出不承担责任的抗辩，实际结果等于第二顺序债务人免责，补充责任成为泡影。二是由于对“不能清偿”的状态没有统一标准，法官如果简单判决第二顺序债务人在债务人“不能清偿”债务时承担清偿责任，就将问题和矛盾交给了民事执行环节，给执行部门带来困难。

（三）对“不能清偿”状态的理解

对“不能清偿”状态的理解主要有四种分歧意见：第一种意见主张“不能清偿”是指债务人经过破产清算后仍不能清偿债务的状态；第二种意见主张“不能清偿”是指债务人实际不能清偿债务的真实状态；第三种意见主张对债务人经过了强制执行的程序仍不能清偿债务的构成“不能清偿”；第四种意见主张就债务人的方便财产经过强制执行后不能偿还债务的构成“不能清偿”。第一种意见将破产清算程序作为认定不能清偿的方法，排除了民事执行环节认定“不能清偿”的权力，在普通民事诉讼中进行破产清算，显然行不通，也不符合司法效率的原则；第二种意见对债务人不能清偿债务的实际状况缺乏判断标准，没有实用性；第三种意见仅以强制执行程序作为判断标准，如果债务人隐匿财产或法院执行力度不够，此时执行第二顺序债务人的财产，显然对第二顺序债务人不利。

故担保法司法解释采用了第四种意见。

担保法司法解释第131条规定："本解释所称'不能清偿'指对债务人的存款、现金、有价证券、成品、半成品、原材料、交通工具等可以执行的动产和其他方便执行的财产执行完毕后，债务仍未能得到清偿的状态。"该条是判断债务人是否已经达到"不能清偿"状态的法律标准。司法解释中所谓方便执行的财产指无需变现或变现容易的财产，一般指司法解释列举的存款、现金、有价证券、成品、半成品、原材料、交通工具等动产，但不限于动产，不排除方便执行的不动产，如国有出让土地、商品房等建筑物。与动产相比，不动产变现困难，变现周期长，一般不属于方便执行的财产，因此对不动产是否属于方便执行的财产，由人民法院根据不动产的实际状态来灵活判断，企业的设备也是如此。债务人的对外债权一般不属于方便执行的财产。如果债务人有方便执行的财产没有被执行，就不属于"不能清偿"的状态，不能执行一般保证人或无效担保人的财产。如果债务人方便执行的财产已经执行完毕，即便债务人还有其他财产没有被执行，仍属于"不能清偿"的状态，可以执行一般保证人或无效担保人等第二顺序债务人的财产。需要强调的是：

1. 债务人"不能清偿"不等于债务人破产，人民法院在执行债务人财产时不必对债务人进行破产清算，要避免在普通民事诉讼中纠缠破产清算程序。实际上，债务人资不抵债的，也可能对某一特定债务仍有清偿能力，而债务人没有到资不抵债地步的，也可能在一定时间内对特定债务"不能清偿"。

2. "不能清偿"不是"未清偿"，"不能清偿"指债务人欠缺清偿能力，而"未清偿"只是债务未受清偿的实际状态，与债务人的清偿能力没有关系。一般保证人或无效担保人承担民事责任的条件均是"不能清偿"，不以债务"未受清偿"为标准。

3. "不能清偿"需要经过强制执行程序，因此，判断"不能清偿"的程序前提是主债务经过裁判和债务人经过强制执行。担保法第17条第2款规定："一般保证的保证人在主合同纠纷未经审判或者仲裁，并就债务人财产依法强制执行仍不能履行债务前，对债权人可以拒绝承担保证责任。"德国民法典第771条也规定有与我国担保法相似的内容。① 既然判断“不能清偿”的程序前提是主债务经过裁判和债务人经过强制执行，那么当事人和法官均不能依主观或自由裁量来判断“不能清偿”状态，而需要由执行部门来判断。执行部门在对债务人方便执行的财产已经执行完毕的，即可以判断债务人是否已经属于“不能清偿”，因此关键是对债务人方便执行的财产范围的确定。担保法司法解释第 131 条对民事审判的意义远没有对民事执行的意义大。然而从司法实践来看，赋予法官判断主债务人是否已经达到“不能清偿”状态的权力也是有必要的，有利于保障债权的实现和提高司法效率，如果均将问题留到执行中，也不利于执行工作的开展。德国民法典第 773 条即规定保证人先诉抗辩权消灭的一种情形就是“认定对主债务人的财产强制执行仍不足以清偿债权人的”。因此，法官应当有权根据事实，在审判中认定主债务人已经属于不能清偿的状态，即便强制执行也不足以清偿债务。如此，则可以启动对一般保证人或者无效担保人财产的执行，有利于债权的实现。

五、担保人承担赔偿责任后的追偿权

担保法司法解释第 9 条②规定：“担保人因无效担保合同向债权人承担赔偿责任后，可以向债务人追偿，或者在承担赔偿责任的范围内，要求有过错的反担保人承担赔偿责任。担保人可以根据承担赔偿责任的事实对债务人或者反担保人另行提起诉讼。”该条肯定了无效担保的担保人在承担了民事赔偿责任后，有权向债务人进行追偿或要求反担保人承担责任。司法解释肯定无效担保人的追偿权，是因为本质上无论是有效担保还是无效担保，债务人均为最终义务人，应当承担最终责任，如有其他责任人，如反担保人的，无效担保人的责任还可以向反担保人追偿。无效担保人承担的赔偿责任，性质上属于缔约过失责任，司法解释肯定了担保人可以向债务人追偿，肯定了过错责任可以向最终义务人追偿的做法。在制定担保法司法解释的过程中，反对这一做法的主要意见是，过错责任是

① 《德国民法典》第 771 条规定：“债权人试图对主债务人的财产进行强制执行但未成功的，保证人可以拒绝向债权人清偿。”

② 民法典担保制度司法解释第 19 条规定：“担保合同无效，承担了赔偿责任的担保人按照反担保合同的约定，在其承担赔偿责任的范围内请求反担保人承担担保责任的，人民法院应予支持。反担保合同无效的，依照本解释第十七条的有关规定处理。当事人仅以担保合同无效为由主张反担保合同无效的，人民法院不予支持。”

当事人因其自身的过错而承担的责任，责任应当由其本人消化，不应再向其他人追偿，只有代为履行、债务代偿，才存在向最终义务人追偿的问题。承认过错责任可以追偿，不符合过错责任的理论。这种主张有一定的价值，但是司法解释的本意是，无效担保人承担的责任是原属于债务人的责任，债务人是最终责任人。担保人因其允诺承担责任，责任与权利相比通常不成比例，即便在担保无效时，无效担保人的责任也很可观。如果不允许担保人向债务人追偿，不符合民法公平原则。作为缔约过失责任的一种，担保人的过错是决定其在担保无效时继续承担责任的根据，这一根据也构成担保人承担一定的代偿责任的基础，担保人承担的无效担保责任仍具有代偿责任的性质，因此在理论上也可以自足。

担保人向债务人的追偿，因为债务人是最终义务人，所以追偿是无条件的。追偿的范围则以担保人已经承担的责任范围为限，因此，无效担保的担保人如何向债务人追偿的问题比较容易解决。至于担保人要求反担保人分担责任的问题，则较为复杂。首先需要确定的是反担保人在什么情况下应当分担担保人的责任，即反担保人责任的构成要件；其次是反担保人分担责任的份额，即反担保人的责任范围。根据担保法司法解释的表述："担保人……在承担赔偿责任的范围内，要求有过错的反担保人承担赔偿责任。"反担保合同是担保合同的从合同，担保合同无效，反担保合同也无效，担保人承担的责任是缔约过失责任，反担保人承担的责任也是缔约过失责任，反担保人也仅在有过错时才有责任。直言之，反担保人如果没有过错，则不承担责任。至于反担保人的过错判断，应当和担保人的过错情形相同，即反担保人明知担保合同无效仍为之提供反担保或反担保人明知担保合同无效仍促使担保合同成立或为担保合同的签订作中介等。

担保人相对于反担保人来说，属于债权人，反担保人应当向担保人负责，如担保人不承担无效担保责任，反担保人也不必承担任何责任。因此，担保人实际承担赔偿责任是反担保人承担责任的前提。至于反担保人的责任范围，司法解释规定以担保人的责任范围为限。在该限度内，反担保人承担的责任视案件的实际情况确定。值得注意的是，担保人承担的责任不能全部由反担保人承担，在无效担保的情况下，担保人和反担保人均因自身过错承担责任，从这个角度出发，反担保人分担担保人所承担的责任比较公平。比如，担保人承担债务人未能清偿部分的三分之一，反担保人则承担担保人所承担的三分之一部分的一半比较适宜。

无论是担保人向债务人追偿，还是担保人向反担保人要求分担责任，在诉讼程序上，司法解释均要求担保人应当“另行提起诉讼”。在债权人、债务人、担保人均参加诉讼的案件中，不解决担保人向债务人或反担保人要求追偿或分担责任的问题，担保人向债务人提出追偿的诉讼请求也不构成反诉。这是司法解释对行使追偿权的程序要求。实践中，一些法院在审理担保纠纷案件时一并解决担保人追偿的问题，以一个判决解决两个诉请，节约了诉讼成本，也值得肯定。

综上，最高人民法院通过司法解释划分无效担保人承担的赔偿责任，具有可操作性，其中不乏创新，但相对于司法实践的复杂性来看，这种划分难免挂一漏万。质言之，担保人的责任性质上属于缔约过失责任，责任的有无与大小由担保人的过错决定，而过错属于抽象事实。司法解释划分责任的份额，难以穷尽所有过错情形，因此通过成文的规定划分抽象的责任难以尽善尽美。但是，对无效担保人承担的责任划分相对统一的类型是客观需要。从发展的眼光看，担保无效后担保人的责任在以后的司法实践中也不排除有缩小的可能性，因为按照缔约过失责任理论，受害人（债权人）因自己的过失误认契约成立或生效的，不能获得赔偿。[①] 那么，在债权人明知法律有禁止规定的时候仍然与担保人缔约，其在主观上对担保的无效结果属于故意，较之因过失而“误以为契约有效”要严重得多。再考虑到担保一般无对价，担保人一般不从债权人处取得财产或利益，要求无效担保人承担过重的赔偿不应得到法院的支持。

第十节 主合同解除与担保人的法律责任

担保有效时，担保人承担担保责任；担保无效时，担保人承担赔偿责任；担保不生效或不成立时，担保人承担缔约过失责任。那么，在主合同解除时，担保人是否承担法律责任以及承担何种法律责任？关于这个问题，目前主要存在两种观点。一种观点认为，主合同被依法解除或被当事人协议解除，担保人承担的担保责任也随之免除，因为担保合同的标的是债务人违约造成的债权人的利益损失，合同因解除而失去法律效力，担保人所担保的风险未出现，担保人应当免

① 王泽鉴：《民法学说与判例研究》第一卷，中国政法大学出版社 1998 年版，第 101 页。

责。另一种观点认为，担保人仍应承担担保责任，只要担保人所担保的主合同债权人的利益没有得到满足，担保人不能免于承担担保责任。以上两种观点均有一定的法理基础，但从担保合同的特点和担保法司法解释关于合同解除的相关规定看，综合考察被担保人（债务人）致使合同解除的行为性质和担保人担保范围等因素，确定担保人在主合同解除后的法律责任则更为稳妥，也更加符合担保法及其司法解释的意图。下面以担保法司法解释第 10 条的规定为核心展开分析。

一、主合同法定解除与担保人的法律责任

担保法司法解释第 10 条①规定："主合同解除后，担保人对债务人应当承担的民事责任仍应承担担保责任。但是，担保合同另有约定的除外。"根据该条规定，主合同解除并不免除担保人的法律责任，而且该法律责任仍然被赋予了担保责任的性质，区别于担保无效的赔偿责任。主合同因解除自始失去法律效力，司法解释规定担保人继续承担担保责任，相当于担保合同在主合同解除后仍然有效，担保合同独立于主合同。

合同解除包括合同的约定解除和法定解除。合同法第 93 条②规定"当事人协商一致，可以解除合同"，第 94 条③规定了合同解除的五项法定原因。合同解除是合同权利义务终止的一种情形，合同被解除后，尚未履行的，终止履行；已经履行的部分，当事人可以根据履行情况和合同的性质要求采取恢复原状或其他补救措施，并有权要求损害赔偿。损害赔偿的范围依通说包括合同不履行的损失和恢复原状的损失，但不包括所失利益损失（又叫预期可得利益损失）。④ 从当今世界各国的立法例来看，解除合同不影响合同当事人要求损害赔偿成为通例，

---

① 主合同解除后担保人承担担保责任的认识已经被放弃，但可以遵循缔约过失责任的路径保护当事人合法权益。这里可以参考民法典担保制度司法解释第 17 条的规定："主合同有效而第三人提供的担保合同无效，人民法院应当区分不同情形确定担保人的赔偿责任：（一）债权人与担保人均有过错的，担保人承担的赔偿责任不应超过债务人不能清偿部分的二分之一；（二）担保人有过错而债权人无过错的，担保人对债务人不能清偿的部分承担赔偿责任；（三）债权人有过错而担保人无过错的，担保人不承担赔偿责任。主合同无效导致第三人提供的担保合同无效，担保人无过错的，不承担赔偿责任；担保人有过错的，其承担的赔偿责任不应超过债务人不能清偿部分的三分之一。"

② 对应民法典第 562 条，无实质变化。

③ 对应民法典第 563 条，无实质变化。

④ 王利明：《合同法研究》第二卷，中国政法大学出版社 2003 年版，第 306~307 页。

我国合同法也不例外，在第 97 条[①]作了明确规定。合同解除后的恢复原状、其他补救与损害赔偿等救济措施，既适用于协议解除合同的情形，也适用于当事人依照法律规定的原因解除合同的情形。

当事人协议解除主合同，如果需要赔偿的话，当事人自然会在协议中对损害赔偿一并进行协商，担保人通常应参与协商过程并在合同解除协议上签字。即便担保人没有参与合同解除协商过程，合同解除协议上没有担保人签字，但只要协议约定的赔偿内容合法合理，被担保人不存在自愿承担额外债务情形的，担保人也应当根据司法解释的规定承担担保责任。协议解除合同可以有效避免各方当事人产生讼争。当事人依照法定原因解除合同的情形则比较复杂，一般要通过法律程序解决合同解除后的救济问题，包括损害赔偿问题。担保法司法解释明确规定主合同的解除不影响担保人继续承担担保责任，肯定了当事人在解除主合同时担保人应继续承担担保责任，具有重要意义。但在主合同依法定原因解除后，担保人承担法律责任的要件和责任的范围，仍需依据司法解释的规定作进一步的分析、细化。

二、担保人在主合同解除后承担担保责任的要件

根据担保法司法解释的规定，担保人承担担保责任的要件是：第一，债务人应当承担民事责任，即债务人作为被担保人的民事责任被依法确定；第二，债务人承担的民事责任在担保人的担保范围之内。这既符合担保债务作为从债务的特点，也相应减轻了担保人的责任。主合同解除后，主合同的债务人如果不需要承担民事责任，担保人作为从债务人也不承担担保责任，换言之，担保人只对债务人应当承担的民事责任承担担保责任。此外，债务人承担的民事责任还应当在担保人的担保范围之内，不属于担保范围的债务，担保人不负有代为清偿之责和担保义务。这是有效担保中的通行原则。实践中有如下情况值得注意：

1. 主合同因债权人一方的原因而解除的，如债权人违约，担保人不承担担保责任。

① 民法典第 566 条规定："合同解除后，尚未履行的，终止履行；已经履行的，根据履行情况和合同性质，当事人可以请求恢复原状或者采取其他补救措施，并有权请求赔偿损失。合同因违约解除的，解除权人可以请求违约方承担违约责任，但是当事人另有约定的除外。主合同解除后，担保人对债务人应当承担的民事责任仍应当承担担保责任，但是担保合同另有约定的除外。"

2. 主合同因解除而未履行，担保范围内的债权未发生的，担保人不承担担保责任。比如，运输合同被解除，对运费承担担保责任的担保人免于承担对未发生的运费的清偿责任。再如，当担保人的担保范围仅是主合同履行后产生的债权和利息，在主合同尚未履行之时，当事人解除合同的，因主合同未履行，担保债权没有发生，担保人可以免除承担担保责任，即便此时债务人仍承担对债权人的其他民事责任。举例来说，贷款人和借款人在借款合同中约定有合同解除条件，并约定有解约定金，当解约条件成就，借款合同解除，借款人应承担双倍返还定金的义务，担保人此时并不承担担保责任。因为担保人为之担保的借款合同未发生主债权和利息债权，而债务人承担的双倍返还定金的责任不在担保人的担保范围之内，担保人对此没有担保义务。因此，在这种情形下，主合同解除，债务人承担法律责任，而担保人不承担法律责任。

3. 主合同因解除，被担保的风险未出现的，担保人不承担担保责任。比如，对卖方瑕疵履行提供担保的担保人，因合同未履行，瑕疵风险未出现而免于承担担保责任。

4. 合同解除后，债务人自愿对债权人承担补偿责任，而该补偿不属于担保人的担保范围的，担保人不承担担保责任。担保人的责任以担保范围为限，债务人自愿承担的债务，不在担保人的担保范围之内，除非担保人也自愿承担。从担保法理论分析，债务人自愿承担额外的责任，可视为债务人放弃对债务范围的抗辩，根据担保法第 20 条①的规定，债务人放弃对债务范围抗辩权的，担保人仍有权抗辩。故除非担保人也放弃抗辩，否则担保人不承担债务人自愿承担的额外补偿责任。

三、合同解除后担保人的责任范围

合同解除后，担保人承担的担保责任的范围，按照担保法司法解释第 10 条的规定，应当“在债务人承担责任的范围内”。依照合同法理论，合同解除后守约方有权要求违约方承担赔偿责任，赔偿范围限于合同不履行造成的损失和恢复原状的损失，但不包括预期可得利益损失。以借款合同为例，因借款人违约导致

① 民法典第 701 条规定：“保证人可以主张债务人对债权人的抗辩。债务人放弃抗辩的，保证人仍有权向债权人主张抗辩。”

贷款人解除合同，借款人应当承担的赔偿范围是：1. 返还借款本金的损失，即恢复原状的损失；2. 承担偿还使用贷款期间的利息损失，即履行利益的损失；3. 违约金，依合同的约定确定。对于合同未全部履行造成的贷款人预期可得的利息损失，则不属于借款人赔偿范围。

合同解除后，担保人应当“在债务人承担责任的范围内”承担担保责任，但不能超过担保合同约定的担保范围，因此担保人承担的法律责任相对于主合同未解除时要小。比如，借款合同因为借款人未按期支付利息，贷款人解除合同。原合同约定贷款 100 万元，合同解除前仅贷出 60 万元，担保人在借款担保合同中承诺对 100 万元借款的本金承担担保责任。借款合同解除后，债务人应当承担偿还 60 万元本金及其利息、逾期利息的责任，而担保人仅须对债务人应当偿还的 60 万元本金承担担保责任。既不能要求担保人承担 100 万元的担保责任（因为 40 万元贷款未发生，不属于债务人的债务），也不能要求担保人承担对 60 万元贷款的利息、逾期利息的清偿责任（因为利息不在担保范围之内，担保人仅对本金提供担保）。

第十一节　越权行为与担保责任

行为人没有代理权、超越代理权（包括法定代表人超越权限）或者代理权终止后以被代理人的名义订立的合同，未经被代理人追认，对被代理人不发生效力，由行为人承担责任。在担保实务中，行为人越权提供担保的情况比较常见，比如公司法定代表人、部门负责人对外出具担保函，或违反单位内部规章制度在担保合同上盖章，而公司董事会对此不予认可的。根据合同法的规定，行为人越权签订的担保合同对被代理人不生效，也不构成行为人和相对人之间的合同关系，因此越权担保合同属于自始不生效合同，不产生担保义务。在这种情况下，相对人要取得法律保护必须求助于民法上的善意保护制度，按照代表人责任或表见代理制度的要求，请求司法救济。详述如下。

一、代表人责任——法定代表人、负责人越权与担保责任

担保法司法解释第 11 条①规定："法人或者其他组织的法定代表人、负责人超越权限订立的担保合同，除相对人知道或者应当知道其超越权限的以外，该代表行为有效。"该条是关于代表人责任的规定。代表人责任制度是民法上对善意相对人设置的特别保护制度，具体体现在我国合同法第 50 条，② 属于民法中的善意保护制度之一。代表人责任指法人或者其他组织（以下简称单位）的法定代表人、负责人超越权限订立合同，单位在一定条件下应当对法定代表人、负责人行为后果承担法律责任的规定。代表人责任是针对具有特殊身份的个人越权而设立的。原则上，法定代表人、负责人由于其身份、地位特殊，一般不发生越权问题，法定代表人、负责人签订的合同效力一般不应受到怀疑。但由于经济生活的复杂性，不排除法定代表人、负责人也有超越权限订立合同的情况出现，对此，法律建立了代表人责任制度予以调整。

（一）担保法司法解释规定代表人责任的依据

在担保领域，也存在代表人责任。法定代表人、负责人对外出具担保书或签订担保合同，单位如否认其代表人、负责人有签订担保合同的权利，担保合同一般不生效，但在符合一定要件时，单位仍然应当承担担保责任。担保法司法解释规定在担保领域可以适用代表人责任，法律依据是我国合同法第 50 条。合同法第 50 条规定："法人或者其他组织的法定代表人、负责人超越权限订立的合同，除相对人知道或者应当知道其超越权限的以外，该代表行为有效。"合同法是担保法的上位阶法，担保合同属于民事合同，合同法关于合同订立中的代表人责任

---

① 民法典担保制度司法解释第 7 条规定："公司的法定代表人违反公司法关于公司对外担保决议程序的规定，超越权限代表公司与相对人订立担保合同，人民法院应当依照民法典第六十一条和第五百零四条等规定处理：（一）相对人善意的，担保合同对公司发生效力；相对人请求公司承担担保责任的，人民法院应予支持。（二）相对人非善意的，担保合同对公司不发生效力；相对人请求公司承担赔偿责任的，参照适用本解释第十七条的有关规定。法定代表人超越权限提供担保造成公司损失，公司请求法定代表人承担赔偿责任的，人民法院应予支持。第一款所称善意，是指相对人在订立担保合同时不知道且不应当知道法定代表人超越权限。相对人有证据证明已对公司决议进行了合理审查，人民法院应当认定其构成善意，但是公司有证据证明相对人知道或者应当知道决议系伪造、变造的除外。"

② 民法典第 504 条规定："法人的法定代表人或者非法人组织的负责人超越权限订立的合同，除相对人知道或者应当知道其超越权限外，该代表行为有效，订立的合同对法人或者非法人组织发生效力。"

的规定，当然适用于担保合同。实践中，法定代表人、负责人超越权限订立担保合同有两种常见情况：一是法定代表人、负责人确实没有订立担保合同的权利，单位在内部权限划分上，对法定代表人、负责人的权限限制得比较清楚。比如，公司章程规定对外担保须经董事会决议。二是单位对法定代表人、负责人的权限没有清晰的划分，对法定代表人、负责人是否可以对外提供担保，单位内部规章制度没有明确规定。出现这两种情况，单位对法定代表人、负责人订立的担保合同不予追认时，单位对其法定代表人或负责人的行为是否需要承担法律责任，需要通过代表人责任制度来解决。

（二）代表人责任的具体适用

担保法领域的代表人责任与合同法领域的代表人责任一样，在单位对其法定代表人、负责人签订的合同不予追认时，当具备以下要件，单位应当对其法定代表人或负责人订立的合同承担法律责任：

1. 合同订立者具有法定代表人或负责人的身份，基于身份的行为构成代表人责任中所需的表见行为要件。所谓表见行为，即足以令相对人产生信赖的外观表现方式，在代表人责任的构成要件中，表见行为是主要要件之一。由于代表人、负责人的特殊身份地位，其行为被当然地视为单位的行为，这种基于身份的行为构成表见行为要件。换言之，如果合同订立者是其他人，如部门经理、职员、一般代理人，则不能仅仅以他们的身份直接认定其行为构成表见行为，还要考虑其他因素。这是表见代理中需要讨论的问题。法定代表人在法人组织中是唯一的，其身份无需讨论，这里所谓负责人，指法定代表人之外、在单位担任重要职务的高管人员，如公司董事、总经理、执行总裁、副总裁等。法定代表人和这些负责人所从事的行为，均适用代表人责任制度。另外，不具有法人资格的经济组织的“法定代表人”，也称为“负责人”，他们在称呼上虽区别于法定代表人，但实质上是单位的代表人，亦适用代表人责任制度。我国民事诉讼法上规定的其他组织中的合伙企业、独资企业、乡镇企业（无法人资格的）的企业负责人即属于此种情形。

2. 法定代表人或负责人超越单位授权订立合同。代表人责任制度适用于代表人、负责人越权订立合同的情形，如果单位对其法定代表人或负责人的授权为全面授权，即全权，则法定代表人、负责人的行为将被直接视为单位的行为，不需要适用代表人责任制度。实践中，单位对代表人、负责人授权范围不清的情况很常见，在这种情况下，由于单位不能以其自身授权范围不清为由作抗辩，更不能在自身授权不清时反而指责相对人明知或应知法定代表人、负责人的行为越权，所以在授权范围不清的情况下，除非有相反证据，代表人、负责人订立合同的行为原则上应作为授权行为对待①，无代表人责任制度适用的必要。

3. 相对人不知法定代表人或负责人超越权限，主观上属于善意（包括轻过失）。相对人指担保合同中的受益人，主要指债权人，债权人与单位的代表人、负责人在签订担保合同时，或在接受担保书时主观上属于善意，既无恶意也无重大过失，代表人、负责人的代表行为才有效，担保合同才生效，单位才承担担保责任。如果债权人明知法定代表人、负责人没有订立担保合同的权限，仍然与之缔结担保合同，债权人主观上属于恶意；如果债权人应当知道代表人、负责人越权签订担保合同而因疏忽大意未觉察，债权人主观上构成重大过失。按照“谁主张谁举证”的诉讼法原理，除法律另有规定外，证明债权人主观构成善意的举证责任在于债权人自己。由于“善意”属于抽象事实，证明负担沉重，为保护债权人，基于代表人、负责人的特殊身份地位，代表人、负责人的行为被推定为单位的行为，债权人与之缔约，推定债权人主观属于善意。易言之，代表人、负责人的身份近似于具有“公信力”，债权人对代表人、负责人的相信、信赖无需证明，主观上被推定为善意，单位对其代表人、负责人的内部授权限制不能对抗债权人。由此，在单位代表人、负责人越权的情形下，因相对人（债权人）被推定为善意，证明相对人主观不构成善意的证明责任由单位承担。单位如能证明债权人主观上为恶意或者存在重大过失的，代表人责任不成立，担保合同无效。

明知属于恶意，应知属于重大过失，均不符合代表人责任构成要件的要求。为此，应当注意以下要点：

（1）善意，在民法上相对于恶意和重大过失而言。恶意包括故意和明知两种情况。前者指明知对方越权反而促成对方订立合同，积极促成合同关系的成立，比如积极提出要约；后者指对越权状态知情但仍然接受合同关系的缔结，比

---

① 梁慧星：《民法总论》，法律出版社1996年版，第229~230页。根据梁教授的观点：“委托书授权不明时，法律为维护相对人利益及经济流转秩序，使该代理行为对被代理人发生效力……因委托书授权不明，无法判断代理行为是授权范围之内或在授权范围之外时，视为在授权范围之内。”

如明知对方越权而承诺，主观上处于消极。过失包括重大过失和轻过失，大陆法上的轻过失又包括抽象轻过失和具体轻过失。过失标准的判断在民法上有不同见解，侵权行为和合同行为中的过失标准也存在区别，在此不加讨论。分析担保关系中的过失标准，应当结合担保实务坚持两个层次：一是以法律规定和商业习惯为标准判断重大过失；二是以自身习惯、谨慎注意义务为标准判断轻过失。具体而言，违反法律规定或商业习惯，包括行业惯例、专门业务知识要求等，应当知道对方越权而没有觉察的，构成重大过失；违反自身经营习惯，包括自己内部规章制度，违反善良管理人的谨慎注意义务，应当觉察到对方越权而没有觉察的，构成轻过失。无过失和轻过失均属于善意，恶意和重大过失则不属于善意，因此对善意的要求较高。以公司担保为例：现行公司法第 16 条规定，公司担保只能由股东会或董事会决议，如果相对人与（未经公司授权的）公司董事长签订担保合同（越权行为），可以认定相对人构成重大过失，不属于善意，因为当事人的行为违反了法律的限制性规定；2005 年修订前的公司法对公司担保未作上述明确规定，则不能认定相对人构成重大过失；如果是上市公司的情形，相对人作为一家上市公司与另一家上市公司的董事长（未经公司授权）签订担保合同（越权行为），即便在公司法 2005 年修订前，也可以认定相对人构成重大过失，即违反上市公司业务习惯和国家对上市公司的监管要求。实践中，如果一方已经将含有担保授权限制内容的公司章程交给相对人，但相对人因没有阅读而未能了解其内容的，构成重大过失；在公司法 2005 年修订前某公司与另一家公司董事长（未经授权）签订担保合同，虽然自己的公司章程明确禁止董事长和所有董事未经股东大会授权对外签订担保合同，但确无合法渠道了解对方公司章程内容的，可以认定仅构成轻过失，主观上属于善意。

（2）“知道”和“应当知道”的表述，在法律和司法解释中很常见。“知道”而故意为之构成恶意，“应当知道”而为之构成重大过失。对于“知道”或“应当知道”，由于属于抽象事实，认定起来比较困难。审判实践中，对抽象事实的认定离不开法官的裁量，采取合议庭审判的，离不开合议庭组成人员的集体裁量。法官裁量是建立在证据基础上的，当事人各自举证后，法官在经验和职业操守的基础上进行合理判断。正因为抽象事实认定没有固定的标准，所以应当充分尊重直接审理案件法官的意见，充分尊重合议庭的多数意见。上级法院对下级法院也应如此，上级法院对抽象事实如果需要重新认定的话，应当很慎重，不宜仅仅以认识上的不同重新认定抽象事实，而应当以经过质证的新证据为依据。没有证据，仅凭观点是不能改变抽象事实认定的。在认定“知道”和“应当知道”时，由于“知道”是确定的，“应当知道”是推定的，所以“知道”的认定必须以直接证据为依据，“应当知道”可以以间接证据为依据。既无直接证据，又无间接证据的，应当认定当事人构成善意，不能搞“有罪推定”。

（3）代表人、负责人越权订立担保合同，相对人属于恶意或重大过失的，担保合同对单位不生效，而且单位对相对人（债权人）的损失不负赔偿之责。对于债权人是否知道或应当知道法人代表、负责人超越权限的判断，应当贯彻“谁主张谁举证”的原则。首先，单位主张其法定代表人、负责人超越权限订立担保合同的，单位应当对其法定代表人、负责人授权范围及其在缔结担保合同上的限制负举证责任；其次，单位主张债权人在与法定代表人、负责人订立担保合同时知道或应当知道法定代表人、负责人无授权的，应当由单位负举证责任。然后，仅当单位举出充分证据证明了上述事实，债权人不予认可的，才由债权人负举证责任。法官则根据双方的举证情况，进行认证和事实认定。

二、表见代理——一般行为人越权与担保责任

表见代理是指无权代理人在其表现出足以让相对人相信其有代理权的外观下所为之代理。表见代理的本质是无权代理，但无权代理的后果要由“外观”显示的被代理人承担。表见代理的法律依据是我国合同法第 49 条①，该条规定：“行为人没有代理权、超越代理权或者代理权终止后以被代理人名义订立合同，相对人有理由相信行为人有代理权的，该代理行为有效。”我国担保法和担保法司法解释对担保行为中的表见代理没有规定，由于担保合同除适用担保法外，还适用合同法的一般规定，所以在担保领域也同样适用合同法关于表见代理的规定。实践中，解决单位的经理、干部、职工等工作人员或其他人员越权订立担保合同，单位是否承担担保责任的问题，必须诉诸表见代理制度来解决。

根据法律关于表见代理的规定，行为人没有代理权、超越代理权或者代理权终止后以被代理人名义订立合同，被代理人原则上不承担合同义务。只有当缔约

---

① 对应民法典第 172 条，无实质变化。

相对人有理由相信行为人有代理权的，被代理人才承担所订立合同的义务。在担保领域也是如此。

（一）表见代理构成要件

表见代理制度与代表人责任制度一样，仅适用于行为人越权的场合，法人、经济组织对行为人授予全权或授权不清的场合，无需适用表见代理制度。[①] 根据我国合同法第 49 条的规定，行为人没有代理权、超越代理权或者代理权终止后，以被代理人名义订立担保合同，在符合以下要件时，被代理人应当承担担保责任：

1. 在订立合同的过程中存在表见行为。表见行为是指行为人表现出的其享有代理权的外观或被代理人表现出的授予行为人代理权的行为或语言。表见行为包括两类，第一类是行为人方面存在的使人误以为其享有代理权的外观，比如行为人确系代理人但超越了代理权限，行为人曾经是代理人但在订立合同时代理权已经终止，行为人持有被代理人的介绍信、公章、合同书等重要证明；第二类是被代理人方面存在的使人误以为授予行为人以代理权的言词或行为，比如公开声明授予行为人代理权，实际上未授予，或者明知行为人以其名义订立合同而不表示反对，使人产生默示授权的误解。

2. 相对人有理由相信行为人有代理权，主观上属于善意。按照合同法第 49 条规定的“相对人有理由相信行为人有代理权的”表述，表见代理对相对人的主观方面有两层要求，一是相对人相信行为人有代理权，二是该相信是有理由的。相对人如果不相信行为人有代理权，比如相对人明知行为人无代理权，不能适用表见代理。相对人虽相信行为人有代理权，但形成信赖的理由不充分、正当，比如相对人应当知道行为人没有代理权，但因自身重大过失而没有觉察的，也不符合表见代理的要求。按照“谁主张谁举证”的原则，相对人对自己的主观善意承担举证责任，并且，由于代理人不具有“代表人、负责人”的特殊身份，合同法第 49 条也明确要求相对人必须“有理由相信行为人有代理权”，因此不适用善意推定方法，相对人实际负担着证明信赖行为人有代理权且信赖是有理由的举证责任。由于“有理由相信”属于抽象事实，判断相对人的举证是否充

① 梁慧星：《民法总论》，法律出版社 1996 年版，第 229~230 页。

分，尤其是对行为人的信赖是否有理由的判断并无固定标准，所以一方面相对人的举证负担沉重，另一方面人民法院对行为人的代理行为是否构成表见代理的司法裁判也缺乏统一的标准，只能在个案中根据实施法律行为的具体情形进行判断。

试以案例说明。

案例一： 甲公司与乙公司在多个领域有合作关系，乙公司也多次为甲公司向丙银行融资提供担保。担保手续均由乙公司办公室主任亲自办理。某日甲公司又向丙银行借款，并向银行表示由乙公司提供担保。丙银行按照惯常做法，将借款担保合同交乙公司办公室主任，由该主任在合同上担保人处盖章。合同盖章后，即交丙银行。后甲公司未能按期偿还借款，银行要求乙公司承担担保责任，乙公司抗辩认为：乙公司办公室主任在盖章前一周已被免职，盖章的当天该主任只是在办公室整理、交接文件，已不能代表乙公司。

案例二： 甲公司为向银行借款，由其副总与乙公司财务部经理商量，要乙公司为其提供担保。该财务部经理未经乙公司领导同意，即在甲公司带来的银行格式借款担保合同的担保人盖章处，盖上乙公司财务章。后甲公司到期未能偿还借款，银行要求乙公司承担担保责任，乙公司抗辩认为：财务部经理对外提供担保未经公司授权，其盖章行为属于利用职务之便。财务章也不能代表公司。

以上两个案例中，案例一的办公室主任因已被免职，一切授权终止，案例二的财务部经理因未经授权，没有代理权，他们在担保合同上盖章的行为均属于无权代理。判断他们所代表的公司是否应当承担担保责任，关键在于他们的行为是否构成表见代理。在案例一中，由于乙公司的办公室主任为甲公司向丙银行借款办理担保手续的代理权终止，乙公司没有通知与公司有着长期业务关系的甲公司和丙银行，使得丙银行有理由相信办公室主任的盖章行为仍然是乙公司的行为，构成表见代理。在该情形中，构成表见代理的关键是作为代理人的办公室主任的代理权终止后，乙公司没有及时通知有经常业务关系的丙银行。在案例二中，由于银行与乙公司没有业务往来，也未与乙公司有关负责人接触协商担保事宜，借款担保合同由甲公司提供给乙公司财务部经理并仅加盖财务章，因此，银行仅凭合同上加盖的财务章不能证明其有理由相信财务部经理有代理权，财务部经理的行为难以构成表见代理。即便将甲公司视为银行的代理人，与乙公司的财务部经理协商担保事宜，因财务部仅为公司的职能部门，甲公司不能证明其有理由相信财务部经理有权决定公司担保事宜，因此也难以构成表见代理。在该情形中，不构成表见代理的关键是银行未与乙公司亲自协商担保事宜，没有资格举证证明是否构成表见代理，而甲公司作为营利性法人应当知道公司的职能部门不具有对外担保的授权，不符合相信行为人有代理权的要求。如果担保合同上加盖的是单位的公章，是否构成表见代理？后面还要具体分析。

（二）构成表见代理的一般情形

结合表见代理的构成要件和司法实践，一般认为下列情形中行为人订立合同的行为构成表见代理：

1. 行为人曾经是代理人并且与相对人发生过订立合同行为，订立的合同上加盖有被代理人公章或合同专用章。

2. 行为人曾经是代理人并且与相对人发生过订立合同行为，在订立合同过程中提供了加盖有被代理人印鉴的介绍信。

3. 行为人持有证明代理权的证书，并且按照一般商业习惯和理性认识无法从证书内容中判定所订立的合同超越了代理权范围。

4. 被代理人曾有授予行为人代理权的表示，按照一般理性判断该表示可以被相信。比如在公开场合声明授予行为人代理权或者有书面公开通知授予行为人代理权，实际上没有授予，相对人难以知晓。

5. 被代理人明知行为人以自己名义订立合同，但不表示反对。

6. 被代理人应当知道行为人以自己名义订立合同，但不表示反对。比如，被代理人将介绍信、公章、合同书交给行为人，或者出借给行为人，即属于应当知道行为人会以自己名义订立合同的情形。另外，当相对人已经将订立的合同提交给被代理人，但因被代理人没有阅读而未向相对人表示反对，也属于“应当知道”的情形。

（三）不构成表见代理的典型情形

根据表见代理的构成要件，下列情形下行为人的行为必须排除在表见代理之外：

1. 违法行为。如果行为人所从事的行为属于违法行为，则相对人无论以何种证据予以证明，行为人均不能构成表见代理。因为，违反法律的行为不能授权，即便法人或单位有授权，也没有法律效力，更何况行为人确属无权代理，没有代理权。

2. 违反交易习惯的行为。如果行为人的行为违反交易习惯，相对人与行为人订立合同违反交易双方的惯常做法的，不构成表见代理。比如，甲、乙两公司章程均规定提供担保必须经董事会决议，两公司也建立有互保关系，而且相互为对方提供过担保，知晓对方公司在担保方面的规定。如果甲公司仅通过乙公司某执行董事，取得其在担保合同上的盖章，该董事未经公司董事会授权，甲公司也违反交易习惯，该董事的行为不能构成表见代理。

3. 已作合理通知后实施的行为。比如，某人代理权终止后，法人已向有业务往来的单位以合理形式，比如传真形式，进行了通知，声明某人代理权终止。有业务往来的单位在收到传真后，不能以传真只有单位领导知道，其他人没有看到为由，主张与该人订立合同的行为构成表见代理。判断通知的方式是否合理，主要依据当事人的约定和习惯，一般情况下向双方约定的部门，比如办公室，发书面通知视为合理通知，对方如能确认更好。如果没有确认，只要通知是按照双方约定的、以符合常识的正常方式发出的，对方否认收到通知，应当由对方负责举证。一般认为，登报不是充分的通知方式，应以其他证据辅助证明。

4. 违反法律规定的特殊授权要求的行为。如果法律明文规定对某一行为必须有特殊授权要求，当行为人实施该行为时，相对人没有要求行为人提供法律规定的授权证明，相对人主观上属于重大过失，不能构成表见代理。比如，我国公司法规定公司为股东担保必须经股东大会决议，股东大会决议通过后才能授权公司签订为股东担保的担保合同。如果相对人未要求经手人（比如公司董事）出示符合形式要求的股东会决议文件，公司董事擅自签订担保合同，其行为不构成表见代理。

（四）表见代理中的举证责任

表见代理中举证责任的分配与代表人责任不尽相同。依照合同法第 49 条关于“相对人有理由相信行为人有代理权”的要求，在涉及表见代理的民事诉讼中，举证责任的分配是：首先，由被代理人承担对行为人确系无权代理的举证责任，比如行为人不是本单位工作人员，公章系盗用或私刻，或者行为人违反公司章程关于授权限制的明确规定等；其次，由相对人承担证明信赖行为人有代理权且信赖是有理由的举证责任，比如行为人所持公章、介绍信、合同书系真实的，或者行为人确曾做过被代理人的代理人等；最后，再由被代理人承担对相对人主观上是否为恶意或在缔约过程中是否存在重大过失的举证责任。举证是递进的，即仅当前一个举证充分后，再递进到下一个举证环节。比如，被代理人如果无法举证证明行为人越权，则不能进行下一个环节的举证，行为人的行为将被认为是授权行为。再如，被代理人举出充分证据证明了行为人越权，则相对人必须举证证明“有理由相信行为人有代理权”，如果举证不充分，则无需进行下一个环节的举证，表见代理被否认。在法院认为“相对人有理由相信行为人有代理权”时，还要允许被代理人进行反驳举证，对相对人主观恶意或重大过失进行证明。通常，相对人为自己“有理由相信行为人有代理权”进行的举证和被代理人的反驳举证是交叉进行的，是一个举证和质证交叉进行的过程，法院则根据双方举证情况综合判断，系统认证。一旦相对人证明了自己“有理由相信行为人有代理权”，则其主观上也就当然属于善意，反之亦然，一旦被代理人证明了相对人主观存在恶意或重大过失，则相对人就“没有理由相信行为人有代理权”，表见代理不成立。

相比代表人责任制度中的举证责任分配，表见代理中相对人的举证义务明显沉重，这也是构成表见代理比成立代表人责任更加困难的关键所在。

（五）盖章与表见代理

司法实践中，对盖章在表见代理构成中的作用，认识上分歧比较大。一种观点认为，盖章是证明表见代理的充分条件，虽然单位没有授权，但只要盖章就当然构成表见代理；另一种观点认为，盖章只是一个重要的证据，不宜作为认定表见代理的充分条件而绝对化，如果有证据证明盖章系行为人盗用单位公章的结果，或有证据证明相对人知道或应知行为人盖章行为越权，仍然可以否定表见代理的构成。从维护交易秩序和注意对单位的保护出发，后一种观点更为妥当，不宜仅仅以单位用人或管理不当为由，轻易裁判单位承担责任。盖章只是意思表示的一种方式，属于意思表示的客观化和外在化，与代理人的签字没有本质区别。法人必须通过自然人表达意思表示，因此只要自然人是无权代理，无论其在合同上签字还是盖（被代理人）章都属于越权行为，相对人对自身权利的保护仍然要诉诸表见代理制度。当然，签字和盖章对相对人信赖程度的影响是不一样的，通常从一般理性出发认为，相对人对盖章合同的信赖程度要高于没盖章的合同，同样，相对人持盖章的合同要求单位承担合同责任，单位欲以合同系越权签订为由否认合同的效力，其举证责任明显要沉重得多。总之，在表见代理的构成上，盖章合同构成表见代理的概率要高于仅签字而没盖章的合同，这是显而易见的。

通过以上分析可知，盖章不是构成表见代理的充分条件，要区分不同情况和结合相关证据，才能判断是否构成表见代理。《最高人民法院关于在审理经济纠纷案件中涉及经济犯罪嫌疑若干问题的规定》① 中，也体现了这种思路。比如，该规定第 5 条第 1 款规定："行为人盗窃、盗用单位的公章、业务介绍信、盖有公章的空白合同书，或者私刻单位的公章签订经济合同，骗取财物归个人占有、使用、处分或者进行其他犯罪活动构成犯罪的，单位对行为人该犯罪行为所造成的经济损失不承担民事责任。"虽然该条没有直接回答签订的"经济合同"是否有效，但从"单位对行为人该犯罪行为所造成的经济损失不承担民事责任"的表述中可以判断出，签订的经济合同对单位作为"被代理人"来说是没有法律拘束力的，不带来民事责任。结合最高人民法院的司法解释和审判实践，行为人在担保合同上盖章的情形有以下两种情况。

1. 构成表见代理的典型情形

（1）单位将业务介绍信、合同专用章或者盖有公章的空白合同书出借给个人，个人以出借单位名义签订的担保合同。但有证据证明相对人明知或应当知道行为人越权的除外。

（2）企业承包、租赁经营合同期满后，原企业承包人、租赁人用原承包、租赁企业的公章、业务介绍信、盖有公章的空白合同书签订的担保合同。但有证据证明企业法人采取了有效防范措施，相对人明知或应当知道行为人越权的除外。

（3）单位聘用的人员利用单位对公章、介绍信、合同书保管不善，擅自使用单位公章、业务介绍信、盖有公章的空白合同书签订的担保合同。但有证据证明相对人明知或应当知道行为人越权的除外。此种情形下强调的是行为人在签订合同时具有单位雇员身份，而单位管理混乱，在重要文件、印鉴、材料的保管上

---

① 法释〔1998〕7 号，最高人民法院 1998 年 4 月 21 日发布，1998 年 4 月 29 日生效。

存在过错。

（4）单位聘用的人员被解聘后，行为人擅自利用保留的原单位公章签订的担保合同。但有证据证明单位履行了合理通知义务，相对人明知或应当知道行为人越权的除外。此种情形下强调的是解聘人员曾经具有代理人的身份，存在“外表授权”的基础。

（5）非本单位人员利用单位管理漏洞，擅自使用单位公章、业务介绍信、盖有公章的空白合同书，在单位场所签订的担保合同。此种情形下强调的是在单位场所，比如办公场所、会议室、会谈室等，足以造成相对人信赖行为人系单位聘用人员。

2. 不构成表见代理的典型情形

（1）非本单位人员盗窃单位的公章、业务介绍信、盖有公章的空白合同书签订的担保合同。

（2）非本单位人员盗用单位的公章、业务介绍信、盖有公章的空白合同书签订的担保合同。

（3）非本单位人员私刻单位的公章签订的担保合同。

（4）本单位聘用人员盗窃、盗用单位的公章、业务介绍信、盖有公章的空白合同书签订的担保合同，且相对人明知或者应当知道行为人没有签订该类合同授权的。比如行为人系单位保安，相对人知悉行为人的身份，就属于此种情形。

第二章

保证

第一节 保证人的资格

保证属于人保，保证人的主体资格既反映法律对保证人的资格限制，又是债权人判断保证人代偿能力的基础，因此，在保证关系中正确判断保证人的主体资格至关重要。

一、保证人的基本资格要求——代为清偿能力

保证人为债务人向债权人提供保证，目的是保证债权能够得到实现，因而具有代为清偿能力是保证人能够替人作保的基本条件，因此，担保法第 7 条[①]规定："具有代为清偿债务能力的法人、其他组织或者公民，可以作保证人。"

代为清偿能力既包括代为清偿金钱债务的能力，也包括代为履行非金钱合同之债的能力，比如供货、运输、加工承揽等。担保法第 6 条[②]规定："本法所称保证，是指保证人和债权人约定，当债务人不履行债务时，保证人按照约定履行债务或者承担责任的行为。"从中可以看出，保证人承担保证责任的形式可以是代为履行和承担责任两种。实际履行与金钱赔偿责任在一定条件下可以转换，如果保证合同明确约定保证人代为履行债务，但债务具有人身性质，标的物为特定物或者不属于保证人经营范围、需要特许经营权等，甚至保证人没有实际履行能力，客观上不能代为履行的，保证人承担的保证责任形式即由代为履行转换为赔偿责任。为此，担保法司法解释第 13 条[③]规定："保证合同中约定保证人代为履行非金钱债务的，如果保证人不能实际代为履行，对债权人因此造成的损失，保证人应当承担赔偿责任。"举例来说，提供外汇担保的保证人一般要求有外汇收入，没有外汇收入的当事人为外汇债务提供担保，因自身没有能力偿还外汇，根

---

① 无对应内容。

② 民法典第 681 条规定："保证合同是为保障债权的实现，保证人和债权人约定，当债务人不履行到期债务或者发生当事人约定的情形时，保证人履行债务或者承担责任的合同。"

③ 无对应内容。

据该司法解释第 13 条的精神，没有外汇收入并不导致保证合同无效，保证人不能承担外汇清偿责任，仍应当承担与外汇等值的本币清偿责任，保证责任不能免除。

担保法第 7 条关于保证人资格的基本要求，性质上属于指导性条款，不具有强制效力，目的是指导债权人和保证人本着保障债权实现的目的来设定保证，在选择保证人的时候注意保证人的清偿能力。如果被选定的保证人不具备代为清偿能力，由于担保法第 7 条不是强制性条款，不能据此认定保证合同不具有法律效力。从保护债权人角度出发，担保法司法解释第 14 条[①]规定："不具有完全代偿能力的法人、其他组织或者自然人，以保证人身份订立保证合同后，又以自己没有代偿能力要求免除保证责任的，人民法院不予支持。"实践中，代为清偿能力比民事行为能力更重要，后者是民事主体独立地以自己的行为承担民事责任的能力，但能力只是标志，有民事行为能力的，并不一定有代为清偿能力。就自然人而言，如果自然人无代为清偿能力的同时也无行为能力的话，则不能从事保证活动，保证合同应当作无效处理。对于限制行为能力人，由于替人作保属于重大行为，会带来额外债务负担，一般不认为与限制行为能力人的认识能力相当，除法定代理人事后追认外，保证合同无效。法人的民事行为能力范围与其民事权利能力范围一致，只要其具备了相应的民事权利能力，也就具备了相应的民事行为能力。因此法人提供的保证，除法律对其保证主体资格有禁止性规定（如国家机关不得作保证人）外，法人提供的保证不因其实际无代为清偿能力而无效。

二、提供保证的合格主体和禁止主体

保证属于人保，以保证人的信用保障债权的实现，故保证又称为信用保，保证人的清偿能力、履约能力是决定债权能否实现的关键。担保法对自然人、法人作保证人的主体资格未作一般性强制要求，仅在第 8 条、第 9 条[②]、

① 无对应内容。

② 民法典第 683 条规定："机关法人不得为保证人，但是经国务院批准为使用外国政府或者国际经济组织贷款进行转贷的除外。以公益为目的的非营利法人、非法人组织不得为保证人。"

第10条[①]以列举的方式规定了一些主体不得作保证人或限制作保证人。分述如下：

（一）合格主体

能够提供保证的合格主体，从法律适用的角度看，可以理解为担保法未作限制的一切主体，分列如下：

1. 具有民事行为能力的自然人；

2. 企业法人；

3. 金融机构；

4. 从事经营活动、非属公益性质的社会团体；

5. 其他经济组织。

根据民法通则的规定，法人包括企业法人、机关法人、事业单位法人和社会团体法人。担保法第9条规定“学校、幼儿园、医院等以公益为目的的事业单位、社会团体不得为保证人”，因为学校、幼儿园、医院等以公益为目的的事业单位、社会团体直接为社会公众服务，如果因担任保证人而最终履行保证责任，势必直接影响社会公共利益。实践中，有一些社会团体并非以社会公益为目的，并非公益性的社会团体，依据国家政策允许从事经营活动的，应当认为其有从事保证活动的能力，可以担任保证人。事业单位作保证人的问题，总则部分有详细阐述，不再赘述。

可以作保证人的“其他组织”，担保法司法解释第15条[②]规定了5种类型，

---

① 民法典担保制度司法解释第11条规定：“公司的分支机构未经公司股东（大）会或者董事会决议以自己的名义对外提供担保，相对人请求公司或者其分支机构承担担保责任的，人民法院不予支持，但是相对人不知道且不应当知道分支机构对外提供担保未经公司决议程序的除外。金融机构的分支机构在其营业执照记载的经营范围内开立保函，或者经有权从事担保业务的上级机构授权开立保函，金融机构或者其分支机构以违反公司法关于公司对外担保决议程序的规定为由主张不承担担保责任的，人民法院不予支持。金融机构的分支机构未经金融机构授权提供保函之外的担保，金融机构或者其分支机构主张不承担担保责任的，人民法院应予支持，但是相对人不知道且不应当知道分支机构对外提供担保未经金融机构授权的除外。担保公司的分支机构未经担保公司授权对外提供担保，担保公司或者其分支机构主张不承担担保责任的，人民法院应予支持，但是相对人不知道且不应当知道分支机构对外提供担保未经担保公司授权的除外。公司的分支机构对外提供担保，相对人非善意，请求公司承担赔偿责任的，参照本解释第十七条的有关规定处理。”

② 无对应内容。

分别是：依法登记领取营业执照的独资企业、合伙企业；依法登记领取营业执照的联营企业；依法登记领取营业执照的中外合作经营企业；经民政部门核准登记的社会团体；经核准登记领取营业执照的乡镇、街道、村办企业。我国的私营企业分为法人型私营企业和依法登记领取营业执照的私营独资企业。法人型私营企业具有法人资格，所发生的民事责任由该企业承担。领取营业执照的私营独资企业不具备法人资格，但依法领取营业执照，可以对外从事各种民事活动。这两种独资企业均可以作保证人。司法解释中规定的联营企业，是指合伙型联营企业，联营实体不具备法人资格，属于担保法第7条所规定的“其他组织”，可以作保证人。依法登记领取营业执照的中外合作经营企业，指领取营业执照的非法人型企业，在承担责任上与合伙型联营相同，该合作经营企业的财产首先对外承担责任，不足的部分由合作各方承担。合作企业内部责任划分依据各方约定，在没有约定的情况下，按照出资比例承担；在没有约定出资比例的情况下，平均分担责任。乡镇、街道、村办企业有的具备法人资格，有的不具备法人资格，只要依法登记领取了营业执照，也属于担保法第7条所规定的“其他组织”，可以自己的名义对外提供保证。

（二）禁止主体

依照担保法的规定，禁止作保证人的主体有：

1. 国家机关，包括党委、人大、政协、政府（含乡镇、街道办事处）、法院、检察院在内，但经国务院批准为使用外国政府、国际经济组织贷款进行转贷提供担保的除外；

2. 以公益为目的的事业单位、社会团体，包括学校、幼儿园、医院、广播电台、电视台等，无论公立还是私营，只要登记为公益性的均包括在内；

3. 企业法人的职能部门；

4. 未经授权的企业法人的分支机构；

5. 对外担保中无外汇收入的企业法人和无外汇担保权的金融机构。

三、分支机构、职能部门、代表处作保证人的情形

（一）分支机构作保证人

担保法第10条规定企业法人的分支机构不得为保证人，但在法人授权的范

围内分支机构可以提供保证。担保法司法解释第17条[①]针对司法实务中的具体情形，对企业法人分支机构提供的保证规定了三种处理方法。企业法人的分支机构属于依法领取营业执照、在法人授权范围内从事独立经营活动的经济组织，如分厂、分店、分行、分公司等，按照担保法及其司法解释的规定，首先，分支机构未经法人书面授权提供保证的，保证合同无效，如事后得到法人追认，保证合同有效；其次，分支机构未经企业法人授权对外提供保证，保证合同无效，但根据担保法第5条第2款[②]和第29条[③]的规定，法人有过错的，对债权人因此受到的损失，承担赔偿责任；最后，分支机构在法人授权范围内提供保证，本质上等同于法人提供的保证，由法人承担保证责任，但分支机构的财产首先要用于承担保证责任。分支机构虽然不具备法人资格，但其经营管理的财产可以对外承担民事责任，当其经营管理的财产不足以承担保证责任或者（保证无效时的）赔偿责任时，由企业法人承担补充责任。

金融机构的分支机构，尤其是银行的分行，对外提供保证也适用担保法的规定。以银行为例，各分行按照总行的授权，在授权的额度和其他要求范围内可以对外提供保证，通常，总行对分行的担保权限授权明确。分行之下的支行一般没有对外担保权，银行从防范风险的角度通常限制支行的权限，尤其是担保权限，因此支行对外提供保证原则上属于无效保证，除非取得分行的授权。

以商业银行为例，具体来说，债权人与非法人的分支机构订立保证合同，因法律对分支机构的担保禁止在先，所以债权人如果要宣称保证合同有效，必须证明分支机构有法人授权或者自己有充分理由相信法人对分支机构有授权。即债权人作为非法人提供的保证合同的受益人，应当具备必要的理性注意。商业银行支行系企业法人的分支机构，债权人在与该支行签订保证合同时明知该支行作为分支机构的不完全民事地位，并且对该支行是否有法人授权处于不知悉的状态，因此，双方签订的保证合同因违反法律禁止性规定而无效，并且各方当事人对签订的保证合同的无效状态在主观上为明知或者应知，均不构成无过错。无论是擅自提供保证的分支机构还是不问有无授权即接受分支机构担保的债权人，均因有过

① 参见民法典担保制度司法解释第11条。

② 对应民法典第388条第2款，无实质变化。

③ 无对应内容。

错，原则上各自承担相应的民事责任。

在分支机构作保证人的场合，有以下两个问题需要特别讨论：

1. 表见代理问题。分支机构对外提供保证虽未经法人授权，但如果构成表见代理，保证合同应认定为有效。关于表见代理的构成要件，在总则部分已有讨论，不再赘述。落实到分支机构作保证人的场合，考虑到担保法对分支机构作保证人开宗明义规定了禁止条款，其次才规定法人授权条款，因此应当在适用表见代理上更加严格。因为，从法律规定的逻辑顺序和分支机构的实际地位上看，不宜在无法人授权时推定分支机构有对外提供保证的授权，“表见”的理由不充分，这样既有利于保护法人及其股东和法人的其他债权人的利益，也有利于法人对分支机构的管理。因此，对于债权人“有理由相信”分支机构有法人授权的举证责任要划分清楚，不能轻易将分支机构越权签订保证合同就认定为表见代理，更不能让法人承担举证责任，以免当事人通过与分支机构串通向法人转嫁债务。严格适用表见代理制度，在金融领域也有利于防范金融风险。

2. 法人承担赔偿责任问题。分支机构签订的保证合同有效时，法人承担保证责任，分支机构签订的保证合同无效时，根据担保法第 29 条的规定：“企业法人的分支机构未经法人书面授权或者超出授权范围与债权人订立保证合同的，该合同无效或者超出授权范围的部分无效，债权人和企业法人有过错的，应当根据其过错各自承担相应的民事责任；债权人无过错的，由企业法人承担民事责任。”分析该条文义，首先，由于分支机构不得作保证人是担保法的明确规定，法人对分支机构的授权必须是书面授权，因此，在分支机构无授权的情况下，债权人仍与之签订保证合同受到损失的，不应无限地向法人要求承担赔偿责任，因为债权人明知保证人系分支机构并对分支机构是否有授权“不知情”，因此难以形成信赖，“信赖上的利益损失”也难以成立。按照法律责任理论，保证合同无效时的赔偿责任性质属于缔约过失责任，受损害者存在“信赖上利益的损失”是获得赔偿的前提。其次，根据缔约过失责任的原则，受损害者有过错的，不能要求相对人赔偿[①]。实务中，债权人对分支机构无法人授权往往明知或者应知，债权人通常有过错。当然，如果分支机构伪造法人授权欺骗债权人，而债权人尽到合理

① 王泽鉴：《民法学说与判例研究》第一卷，中国政法大学出版社 1998 年版，第 99 页。

注意义务仍不能判断授权真假的，债权人应当获得合理的赔偿。综上，通过分析，法人对债权人承担赔偿责任应当限于分支机构有过错而债权人尽到合理注意义务仍不能避免损失发生的情形。

（二）职能部门作保证人

担保法司法解释第 18 条①规定："企业法人的职能部门提供保证的，保证合同无效。债权人知道或者应当知道保证人为企业法人的职能部门的，因此造成的损失由债权人自行承担。债权人不知保证人为企业法人的职能部门，因此造成的损失，可以参照担保法第五条第二款的规定和第二十九条的规定处理。"法人的职能部门是法人设立的内部机构，不具有以自己的名义对外订立保证合同的资格，担保法绝对禁止职能部门作保证人，司法解释则进一步明确企业法人的职能部门对外提供的保证一律无效，并且保证合同无效后，法人一般不承担对债权人的赔偿责任。因为，担保法明确禁止职能部门作保证人，债权人明知缔约方属于职能部门，故不存在"信赖上的利益"，所受之损失应当自行承担。

理论上，不排除债权人无法判断缔约对方是否属于法人的职能部门的情况，但在司法实践中极难发生，因为职能部门在保证合同上以职能部门的名义签字盖章，债权人应当知悉缔约方的性质。职能部门未经法人同意，以法人名义，用法人印章签订保证合同，不属于债权人与职能部门订立保证合同的情形，而是通过无权代理与表见代理制度予以解决。试以国家机关下属非法人机构国债服务部担保责任如何认定为例，加以说明。

担保合同无效后担保人因其过错承担的赔偿责任性质上属于广义的缔约过失责任，相对人主张担保人应当承担该责任，必须证明自身有充分理由相信担保合同为有效。如其对担保合同无效的原因缺乏应有的一般理性认识，则不能要求无效担保的担保人对其承担全部赔偿责任。某市财政局国债服务部系不具备法人资格的民事主体，与该市信用社签订保证合同，信用社在与该服务部签订担保合同时明知或者应当知道其无法人资格，却未就该服务部是否有授权向其法人市财政局征询，因此，该信用社并无充分理由相信该服务部可以提供担保，也就无充分理由相信其与服务部缔结的担保合同为有效合同，信用社作为无效担保合同的相

① 参见民法典担保制度司法解释第 11 条。

对人不属于无过错。国债服务部系财政局的内设职能部门，除承担其职能范围内的职责外，该服务部没有其他对外职能，更无权订立担保合同和承担担保责任，因此该服务部签订的担保合同无效，而且相对人主观存在过错明显，应当承担由此造成的债权损失。

（三）代表处作保证人

代表处的性质，法律上无统一规定，在理解上代表处近似于代理人，比如国外公司、经济组织在我国设立的代表处，即设立在我国的常设代理机构，代表处的权限完全由设立单位授权决定。我国社会生活中的各种驻京办即近似于代表处，驻京办的权限由设立单位决定。就担保而言，基于我国担保法关于分支机构需特别授权才能对外担保的规定精神和一般理性认识，由代理人代表本人向第三人提供担保，应当需要特别授权，因为担保属于额外的债务负担，并非单位的日常活动。以企业为例，企业应当依法在其经营范围内从事经营活动，除担保公司外，如果企业为他人提供担保则应当通过特别程序特别授权。公司法第 16 条关于公司提供担保需经股东会或者董事会集体决议的规定，即体现了上述原则。因此，代表处作保证人的，尤其是企业设立的代表处，应当适用担保法第 10 条关于分支机构作保证人的规定，没有设立单位（企业法人）授权的，保证合同无效，除非代表处的代理行为符合表见代理的要求。试举一例加以说明。

中国某公司与韩国某会社签订保证合同，会社作为保证人，保证合同上加盖会社在中国的代表处的印章。中国公司与韩国会社此前签订有买卖合同，并加盖会社印章。担保合同签订后，会社以担保未经会社授权，属于代表处越权所为为由，请求裁判担保无效。中国公司则以代表处首席代表系会社科长，该科长同意担保为由进行抗辩。

分析该案发现，中国公司对会社印章和代表处印章不通用为明知，担保行为确系代表处实施，因本案中无证据证明会社授权代表处对外担保，中国公司也不能证明会社代表处取得有会社的授权，因此可以认为，代表处的行为构成无权代理，原则上担保无效，进一步需要分析的是，该代表处的行为是否构成表见代理。表见代理中的表见行为依通说有三种情形，即本人以行为或语言使他人误以为对无权代理人有授权、本人授权不清、代理人授权被终止后本人未尽必要之注意义务。现无证据证明会社有上述三种情形，因此关键在于如何看待代表处首席代表的行为。分析来看，首席代表虽系会社科长，但并非会社的法人代表，中国公司对此明知，因此其实施的行为首先应当被视为代表处的行为，仅以其在会社担任职务即认定其行为代表会社，则有些牵强。并且，中国公司一直与代表处所代表的会社从事正常经营，从未与会社有过担保的记录，从商业惯例考量，由代表处盖章提供担保不属于企业正常行为，至少应当如中国公司与会社签订的买卖合同一样加盖会社印章，因此，中国公司不符合善意无过失，表见代理不能成立。基于以上分析，该案例中的担保合同应当属于无效合同，中国公司和韩国会社应当按照各自过错承担相应民事责任。

第二节　保证合同的形式

保证合同的形式多种、多样，除比较典型的主从合同形式外，还有单方承诺形式、混合形式，实践中引起的争议较多。担保法司法解释对司法实践中存在的较为特殊的保证合同形式进行的规定，有助于正确把握保证合同的认定及确定其相应的法律后果。

一、主从合同的形式

保证人与债权人订立单独的保证合同，作为主合同的从合同，主从合同形式的保证合同是最为典型的保证合同形式，担保法第 13 条①规定的保证合同即为此种典型的主从合同形式。

二、主从条款的形式

债权人、债务人与保证人共同订立一个合同，保证合同仅作为保证条款出现在主债权债务合同中，此为主从条款式的保证合同。金融机构的借款担保合同即属于此种主从条款式的保证合同，借款合同和担保合同均表现为合同条款，存在于同一合同中。

三、以保证人身份在合同上承保的形式

保证人在债权人与债务人签订的主合同上，以保证人身份或在“保证人”

① 民法典第 685 条规定：“保证合同可以是单独订立的书面合同，也可以是主债权债务合同中的保证条款。第三人单方以书面形式向债权人作出保证，债权人接收且未提出异议的，保证合同成立。”

栏下签名或者盖章的，即使主合同上没有约定保证人的责任范围、责任方式、保证期间等，也成立保证关系，保证人应当承担保证责任。此种保证合同的成立存在一定的推定成分，需要以当事人有明确的承保的意思表示为前提，如果当事人没有承保的意思表示，则不能成立保证合同。实务中，判断当事人是否有承保的意思表示，一般通过主观和客观两方面来判断。首先，合同文本抬头上如果明确设置了保证人一栏，或者主合同上设置有保证人签字盖章栏目的，当事人在该主合同上签章，即表明当事人有明确的承保的意思表示；其次，当事人作为第三方在主合同上签章，承认有承保的意思表示或者有证据证明是承保的，可以认定该当事人属于保证人。假如，合同抬头只有债权人、债务人两方当事人，合同结尾也只有债权人、债务人签字盖章处，没有第三方当事人签字盖章处，即便当事人在该合同上有真实签章，也不能当然解释为保证。因为，对该签字盖章行为不只有一种解释，比如可以解释为当事人对债权人、债务人签订合同进行的见证，不能当然解释为成立保证合同。

在主合同上承保的保证合同，合同中一般没有关于保证责任的具体约定，保证责任的内容与方式等内容需要根据担保法规定的任意条款进行推定。比如，按照担保法的规定，没有约定保证范围的，推定为对全部债务提供保证；没有约定保证方式的，推定为承担连带责任方式；没有约定保证期间的，推定为自主债务履行期届满之日起六个月。事实上，我国担保法规定的任意条款不仅严厉，而且完整，可以对保证责任的全部内容进行推定，因此只要当事人在主合同上以承保的意思表示签章，将难以避免承担沉重的保证责任。

四、保证人单方面出具的保证承诺书形式——民法典第 685 条的适用问题

保证人制作书面保证承诺书，明确表示为债务人履行债务承担保证义务，并交付保证承诺书给债权人，该承诺书属于保证合同。保证承诺书虽然属于保证人的单方行为，但债权人的接受具有承诺性质，并以此构成保证合同，而非单方法律行为。保证承诺书有保证人直接向债权人出具的，也有通过债务人转交的，商业银行采用的还款担保书、银行保函等即属于保证承诺书的性质。保证承诺书构成保证合同，成立保证责任的关键在于债权人接受保证承诺书，如果债权人不接受，保证合同不成立。

对于债权人接受保证承诺书是否必须以口头或书面意思表示，法律未作规定，从合同要约、承诺的形式多样性角度看，债权人接受保证承诺书除了用语言、文字的方式外，也可以用行为的方式。比如，债权人收到保证承诺书后履行主合同的行为，可以认为是债权人接受保证承诺书的方式。以借款合同为例，贷款银行收到当事人的保证承诺书后，即按照借款合同向借款人发放贷款，应视为银行接受保证承诺书。

民法典第685条规定的第三方单方以书面形式向债权人作出保证，“债权人接收且未提出异议的”，保证合同成立。这一规定也属于以行为方式接受保证承诺书的性质，但因为系不作为的方式，实务中难免会产生异议甚至纠纷。比如，第三人并非应债权人的请求，而是应债务人的请求或者系自行向债权人发出保证，债权人无口头或者书面承诺的“意思表示”，第三人是否可以撤回或者撤销该保证？或者第三人坚持要求债权人予以回复而债权人未置可否等，司法机关如何处理势必存在疑惑。况且，“未提出异议”不等于“无异议”，第三人也可以主张此系债权人虽“接收”而未“接受”，保证合同不成立。笔者以为，在实务中遇到此类情形和纠纷，解决之道还要回到意思表示理论和合同成立的一般原则上去，即在债权人“未提出异议”时，如果第三人在合理期间内明确表示撤销该承诺，不能当然将“第三人”判作“保证人”。这可能也是民法典在本条用“第三人”而未用“保证人”的逻辑所在。在债权人“未提出异议”时，双方当事人对保证合同是否成立存在异议且无证据直接或者间接作佐证时，应当站在坚持合同要有要约与承诺的意思表示立场，更加倾向于保护第三人。

五、口头保证合同

合同法第10条①第2款规定：“法律、行政法规规定采用书面形式的，应当采用书面形式。当事人约定采用书面形式的，应当采用书面形式。”担保法第13条规定：“保证人与债权人应当以书面形式订立保证合同。”根据上述法律规定，保证合同应当采用书面形式订立，以口头形式订立保证合同的，保证合同不成

---

① 民法典第469条规定：“当事人订立合同，可以采用书面形式、口头形式或者其他形式。书面形式是合同书、信件、电报、电传、传真等可以有形地表现所载内容的形式。以电子数据交换、电子邮件等方式能够有形地表现所载内容，并可以随时调取查用的数据电文，视为书面形式。”

立。然而，合同法第36条①规定："法律、行政法规规定或者当事人约定采用书面形式订立合同，当事人未采用书面形式但一方已经履行主要义务，对方接受的，该合同成立。"合同法是担保法的上位阶法，合同法第36条的规定当然适用于保证合同，因此，当保证人自愿履行口头保证合同所约定的保证义务的，口头保证合同成立，保证人嗣后不得再以保证合同未采用书面形式而反悔。

口头合同因为口说无凭，当事人事后如果对口头合同的存在与否发生争执的，口头合同不成立。一般而言，如果当事人对口头合同及其内容均无异议的，口头合同应当成立。但在保证合同场合，如果债权人、保证人对口头保证合同无异议，该口头合同在保证人自愿履行之前，债权人不能申请法院强制执行，因为担保法规定保证合同应当采用书面形式，未采用书面形式的，按照合同法的规定，合同没有法律拘束力，也就没有强制执行的效力，因此，口头保证合同除保证人自愿履行外，没有强制执行效力。

六、安慰函

安慰函（Console Letter），又称为赞助信、安慰信，是指发函人给债权人的一种书面陈述，表明当事人对债务人清偿债务承担道义上的义务，或督促债务人清偿债务等。安慰函不是保证合同，但书面形式的安慰函也有与保证合同相似的情况，在特殊情况下，安慰函因具备保证合同的内容构成保证担保，因此，特殊的安慰函也属于保证合同的一种形式。

（一）安慰函的产生与用途

安慰函的使用据称是20世纪60年代从英美金融界开始的，70年代后在欧洲开始使用②。由于公司承担保证责任，需要反映在公司的负债记录上，影响到公司自身的借款能力，因此公司更愿意采用向债权人出具安慰函的形式，为债务人清偿债务提供道义上的支持。债权人可以凭借安慰函获得对债务人清偿能力的判断，并得到公司道义上的支持，因此在不能获得保证的时候，会选择接受安慰

① 民法典第490条规定："当事人采用合同书形式订立合同的，自当事人均签名、盖章或者按指印时合同成立。在签名、盖章或者按指印之前，当事人一方已经履行主要义务，对方接受时，该合同成立。法律、行政法规规定或者当事人约定合同应当采用书面形式订立，当事人未采用书面形式但是一方已经履行主要义务，对方接受时，该合同成立。"

② 沈达明：《法国/德国担保法》，中国法制出版社1998年版，第84页。

函。从安慰函的产生看，它并不是为了保证，恰恰是为了避免承担保证带来的法律责任，因此安慰函不是保证合同书。

安慰函使用较多的地方通常是金融集团和工业集团，子公司在超过自己的清偿、经营能力借款或从事经营活动时，母公司可以用安慰函的形式向债权人表示将监督子公司的财务，或给予子公司资金支持，不让子公司破产等。母公司以此既对子公司给予了支持，又免于实际承担保证责任，可谓一举两得。债权人因得到集团的支持——而后者轻易不会不顾道义责任——对与子公司的交易产生信心。在我国，集团企业、金融机构为债务人提供安慰函的情况也较为常见，据悉，已破产的广东国际信托投资公司就对将近20多亿元的债务出具过安慰函。

（二）安慰函的效力

安慰函不是保证合同，没有法律拘束力，但安慰函对出具人至少有道义上的约束力。根据安慰函内容的不同措辞，道义义务的内容也不相同。实践中，有的安慰函因其措辞近似于保证，出具人与保证人并无分别，甚至构成连带责任保证。因此，安慰函虽然在正常情况下不会被认定为保证，但也不排除存在构成保证的例外情况。安慰函的效力和效果由内容决定。

西方国家常见的安慰函，因其内容措辞不同有五种情况，各自的效力和效果也不同。分别是：1. 确认债务人现状的安慰函，尤其是母公司对子公司的现状给予确认；2. 承担清偿债务的道义上责任的安慰函；3. 补充清偿的安慰函，即承诺在债务人清偿不足时承担实际清偿责任；4. 连带责任的安慰函，近似于连带保证；5. 承担其他义务的安慰函，比如给予债务人资金支持、确保债务人不破产、监督债务人财务状况等。其中第1、2、5三种安慰函没有法律拘束力，不能被法院强制执行，第3、4两种安慰函属于保证，有法律拘束力，并在安慰函出具人违反承诺时，法院可以强制执行。

我国安慰函的用途和作用与西方国家大体相同，但在实务中，债务人到期不能清偿债务时，债权人与安慰函的出具者对安慰函的意义理解时有冲突，由此引发的纠纷较多。我国实践中对安慰函的实际作用和意义尚未达成共识，未形成交易习惯，使用者和接受者对安慰函的效力、效果的预期相差很远，当然，也不排除当事人故意曲解安慰函的作用，试图获得安慰函以外的经济利益。

（三）对安慰函的认定

对于安慰函，无论是由国内企业出具还是国外企业出具，原则上均应按照安慰函的内容来认定出具人应当承担的法律责任。首先，安慰函的产生和用途区别于保证，因此原则上不应将安慰函视为保证；其次，根据安慰函的内容，出具人的措辞决定其承担的义务；再次，判断安慰函的责任究竟是道义上的还是法律上的，关键看交易习惯，比如，以下措辞属于典型的道义上的措辞："密切关注债务人的财务状况""给予债务人资金上、业务上支持""督促债务人清偿""债务人具有良好资信记录""债务人有较强的清偿能力""债务人属于集团成员企业并将留在集团内"等；最后，如果安慰函有代债务人清偿债务或承担担保义务、保证债务人还款等内容的，该安慰函属于保证性质，出具人承担担保责任。

安慰函因其措辞的模糊不能直接判断其性质的，可以结合安慰函的名称来判断。即文件名称表述为"安慰函""赞助信"的，即便内容措辞模糊，也应当被解释为安慰函，不应被解释为保证，要坚持保证责任不得推定的原则。

（四）民法典担保制度司法解释关于安慰函的规定

安慰函不属于保证合同，这从民法典保证合同一章对安慰函这一形式不作规定即可看出，但是安慰函在实务中常常被当事人所运用，民法典担保制度司法解释第 36 条专门对安慰函作出规定，具有现实意义。该条司法解释对安慰函的认定和处理原则，与本节上述内容是一致的，基本上分两个层次：

一是尊重当事人的意思表示，当事人在安慰函中具有"提供担保的意思表示"或"加入债务或者与债务人共同承担债务等意思表示的"，认定为保证或债务加入。如果认定为保证，按照民法典第 686 条第 2 款的规定，则为一般保证，因为安慰函非保证合同，当事人自然不会在安慰函中约定保证方式；如果认定为债务加入，按照民法典第 552 条的规定，则为连带债务，责任较重。民法典担保制度司法解释第 36 条规定"难以确定是保证还是债务加入的"，认定为保证，笔者理解是出于为减轻当事人承担的责任考虑，体现了"意思不清减其责"的当然解释原则。这与民法典第 686 条第 2 款的规定异曲同工。

二是当事人出具的安慰函中无担保或者债务加入意思表示的，则按照当事人在安慰函的文义来确定应当承担的义务和责任，不认定为保证或者债务加入。

第三节 共同保证

两个以上保证人为同一债权提供的保证，称为共同保证，按照担保法第12条[①]的规定，共同保证分为按份共同保证与连带共同保证。

一、按份共同保证

按份共同保证，指各保证人与债权人约定按照各自确定份额承担保证责任的保证形式。一般而言，按份共同保证的各保证人要先约定好各自的保证份额，然后再与债权人进行意思上的沟通，让债权人明确各保证人承担的担保份额。经过这一协商过程，债权人、各保证人对各自的权利义务“明明白白”，能够大大降低此后产生保证纠纷的概率。

按份共同保证，各保证人以其与债权人约定的份额承担保证责任，各保证人之间不再有追偿关系。担保法司法解释第21条[②]规定：“按份共同保证的保证人按照保证合同约定的保证份额承担保证责任后，在其履行保证责任的范围内对债务人行使追偿权。”按照该条解释的规定，各按份共同保证人之间没有追偿关系，各保证人在履行了各自的保证义务后，仅能向债务人追偿，债务人如无可供执行的财产，保证人只能损失自负。

二、连带共同保证

连带共同保证，指各保证人约定均对全部债务连带承担保证责任的保证形式。与按份共同保证一样，连带共同保证的各保证人之间一般存在意思表示上的

---

① 民法典第699条规定：“同一债务有两个以上保证人的，保证人应当按照保证合同约定的保证份额，承担保证责任；没有约定保证份额的，债权人可以请求任何一个保证人在其保证范围内承担保证责任。”

② 民法典担保制度司法解释第13条规定：“同一债务有两个以上第三人提供担保，担保人之间约定相互追偿及分担份额，承担了担保责任的担保人请求其他担保人按照约定分担份额的，人民法院应予支持；担保人之间约定承担连带共同担保，或者约定相互追偿但是未约定分担份额的，各担保人按照比例分担向债务人不能追偿的部分。同一债务有两个以上第三人提供担保，担保人之间未对相互追偿作出约定且未约定承担连带共同担保，但是各担保人在同一份合同书上签字、盖章或者按指印，承担了担保责任的担保人请求其他担保人按照比例分担向债务人不能追偿部分的，人民法院应予支持。除前两款规定的情形外，承担了担保责任的担保人请求其他担保人分担向债务人不能追偿部分的，人民法院不予支持。”

沟通、联络，以约定各自的权利义务内容，但实务中也存在一种没有意思表示联络的连带共同保证，被称为“推定的连带共同保证”。担保法司法解释第 19 条[①]规定：“两个以上保证人对同一债务同时或者分别提供保证时，各保证人与债权人没有约定保证份额的，应当认定为连带共同保证。连带共同保证的保证人以其相互之间约定各自承担的份额对抗债权人的，人民法院不予支持。”其中，“两个以上保证人对同一债务同时或者分别提供保证”的情形，即“推定的连带共同保证”。通常，连带共同保证的当事人之间可以约定份额，也可以不约定份额而由各保证人等额分担责任。“推定的连带共同保证”不仅各保证人之间没有约定，甚至可能某一保证人在订立保证合同时，并不知道除自己以外还有其他保证人存在。担保法司法解释将此种没有意思表示沟通“自然形成的共同保证”，解释为连带共同保证，规定无论各个保证人之间事先是否有意思上的联络，均按照连带共同保证对待，目的是加大对债权的保护，但也有对当事人意思自治过度干预之嫌，值得以后在司法实践中继续检验和在理论上深入检讨。

连带共同保证关系中，因各个保证人不分履行顺序均向债权人承担全部债务的清偿责任，所以，在任一保证人履行了全部保证责任后，均有权向其他保证人追偿。连带共同保证的保证人之间的追偿关系，担保法司法解释第 20 条[②]规定：“连带共同保证的债务人在主合同规定的债务履行期届满没有履行债务的，债权人可以要求债务人履行债务，也可以要求任何一个保证人承担全部保证责任。连带共同保证的保证人承担保证责任后，向债务人不能追偿的部分，由各连带保证人按其内部约定的比例分担。没有约定的，平均分担。”依该解释，连带共同保证首先是保证人对债权人全部债务的连带，属于对外的关系，但并不排除连带保证人之间约定各自承担的份额，该份额应视为各连带保证人内部的义务分配；没有约定的，平均分担。其次是履行了全部责任的保证人具有两项追偿权：第一项追偿权是向债务人追偿，第二项追偿权是向其他连带共同保证人追偿。担保法第 12 条也规定：“……已经承担保证责任的保证人，有权向债务人追偿，或者要求承担连带责任的其他保证人清偿其应当承担的份额。”这两项追偿权可选择其一行使，当行使一项追偿权未获得清偿时，仍可行使另一项追偿权。如果保证人同

① 参见民法典担保制度司法解释第 13 条。
② 参见民法典担保制度司法解释第 13 条。

时行使两项追偿权，法官在裁判中也应作两项裁判，即主文第一项判债务人对保证人在其承担的保证责任范围内承担全部清偿责任，第二项判连带保证人在其约定份额或应承担的平均数额内对履行了保证责任的保证人承担清偿义务。执行中建议分次序，先执行债务人，后执行连带保证人，以避免连环追偿（指连带保证人又向债务人追偿），但连带保证人并不因此获得执行顺序上的抗辩权。

实务中，应当注意连带共同保证与连带责任保证的区别。连带共同保证中的“连带”是对“共同保证”的修饰，不是对“保证”的修饰，换言之，在各保证人与债权人是连带共同保证关系的情况下，不排除各保证人对债权人承担保证责任的方式不是“连带”方式，而是一般保证的方式。连带共同保证和推定的连带共同保证的主要意义在于保证人必须对全部不能清偿的债务承担保证责任，保证人之间约定的份额，只要未得到债权人的同意，对债权人不产生效力。如果各共同保证人与债权人之间也约定了连带责任保证的，此时成立的连带共同保证具有双重的连带关系，一是各保证人对债权人连带承担责任；二是保证人对债权人承担连带保证责任。

三、保证人的追偿权[①]

担保法第 31 条[②]规定，保证人在承担保证责任后，可以向债务人追偿，称为保证人的追偿权。担保法第 12 条规定，连带共同保证人相互之间也存在追偿关系。如上所述，连带共同保证人既有权对债务人追偿，也有权对其他共同保证人追偿。此外，担保法司法解释将保证人的追偿权同样赋予了承担赔偿责任的无效保证的保证人，开了过错责任可以追偿的先例。担保法司法解释第 42 条[③]第 1 款规定：“人民法院判决保证人承担保证责任或者赔偿责任的，应当在判决书主文中明确保证人享有担保法第三十一条规定的权利。判决书中未予明确追偿权的，保证人只能按照承担责任的事实，另行提起诉讼。”

法院在保证纠纷案件的审理中，可以根据保证人的请求，对保证人或者承担

---

① 关于民法典与民法典担保制度司法解释对共同保证追偿权的规定请参见第 1 章第 5 节共同担保，此处不再修订。

② 民法典第 700 条规定：“保证人承担保证责任后，除当事人另有约定外，有权在其承担保证责任的范围内向债务人追偿，享有债权人对债务人的权利，但是不得损害债权人的利益。”

③ 无对应内容。

无效赔偿责任的保证人的追偿权一并裁判，担保法司法解释第 42 条肯定了此种裁判方法。按照程序规定，债权人有权将债务人和保证人作为共同被告一并起诉，人民法院可以对案件进行合并审理。法院在判决主文中首先应裁判债务人向债权人清偿债务，其次裁判保证人承担保证责任，最后再裁判保证人（或无效保证人）对债务人享有追偿权。此种裁判方法将保证人（或无效保证人）的追偿权一并以判决的形式固定下来，减少了当事人的诉累，符合诉讼效益原则。当然，保证纠纷案件未按照共同诉讼提起，或者保证人未提出追偿权请求的，法院不能采用上述“一并裁判”的做法，保证人在承担了保证责任（或无效赔偿责任）后，须另行提起诉讼解决追偿问题。

担保法司法解释第 35 条①规定：“保证人对已经超过诉讼时效期间的债务承担保证责任或者提供保证的，又以超过诉讼时效为由抗辩的，人民法院不予支持。”依照该条解释，自愿“对已经超过诉讼时效期间的债务承担保证责任或者提供保证”的保证人，债权人有权要求其承担保证责任，保证人不能以被担保债权已过诉讼时效为由进行抗辩。保证人在承担了清偿责任后，为平衡保证人与债务人之间的权益，应当肯定其有权向债务人追偿，债务人以被担保债权已过诉讼时效为由拒绝保证人追偿的，法院不予支持。本章第六节还有进一步分析。

保证人的追偿权属于债权请求权，因此也受诉讼时效的限制。根据担保法司法解释第 42 条第 2 款的规定，保证人对债务人行使追偿权的诉讼时效，自保证人向债权人承担责任之日起开始计算，期间民法通则规定为两年，民法总则延长为三年。保证人追偿权成立不以保证人实际承担保证责任为前提，但保证人行使追偿权须以其实际履行保证责任为条件，与此对应，保证人追偿权的诉讼时效也从其实际履行保证责任之时起算，体现实体权利与时效限制同时产生的原则。

保证人向其他连带共同保证人行使追偿权，不受保证期间的影响，债权人即便未在保证期间内向其他共同保证人主张过权利，保证人在承担了保证责任后也有权向其他共同保证人追偿。对此，最高人民法院专门以司法解释的形式进行了

---

① 民法典担保制度司法解释第 35 条规定：“保证人知道或者应当知道主债权诉讼时效期间届满仍然提供保证或者承担保证责任，又以诉讼时效期间届满为由拒绝承担保证责任或者请求返还财产的，人民法院不予支持；保证人承担保证责任后向债务人追偿的，人民法院不予支持，但是债务人放弃诉讼时效抗辩的除外。”

肯定，即《最高人民法院关于已承担保证责任的保证人向其他保证人行使追偿权问题的批复》[①] 规定："根据《中华人民共和国担保法》第十二条的规定，承担连带责任保证的保证人一人或者数人承担保证责任后，有权要求其他保证人清偿应当承担的份额，不受债权人是否在保证期间内向未承担保证责任的保证人主张过保证责任的影响。"

第四节 特殊保证

对注册资金提供保证和保证监督专款专用，以担保法关于保证方式的规定衡量，不具备典型意义上保证方式的特征。但此类保证形式也产生与保证责任类似的法律责任，因此，担保法司法解释对这两种特殊的保证形式也进行了规定，以确定当事人之间的权利义务。

一、对注册资金提供保证

实务中，银行或者其他企业承诺对设立中企业的注册资金提供担保，此种担保与担保法中所规定的担保存在区别。担保法规定的担保发生在"借贷、买卖、货物运输、加工承揽等经济活动中"，通常担保特定债权，而对注册资金提供的担保，"担保人"的承诺是向工商行政管理机关出具，影响到未来不特定当事人对设立企业的认识，而且注册资金也不属于债务性质，除实行认缴资本制外，发起人的注册资金应当全部到位。因此，对注册资金提供的保证属于特殊的保证类型，考虑到此种担保关系中的当事人也承担代为履行的责任，在企业投资不足时，担保人有责任代投资人补足投资，因此也归入保证关系之中。

1. 投资不到位。当被担保人（企业发起人）实际投资与注册资金不符时，按照担保法司法解释第 27 条[②]的规定，保证人在注册资金不足的范围内承担连带保证责任。这里所谓债务人指企业的发起人，保证人作为第三人对发起人的投资提供担保，实际投资不足时，债务人负补足投资的责任，保证人对此承担连带责任。

---

① 法释〔2002〕37 号，2002 年 11 月 23 日发布，2002 年 12 月 5 日施行，于 2021 年 1 月 1 日失效。

② 无对应内容。

2. 抽逃、转移投资。保证人对债务人的注册资金提供保证的，债务人表面上投资到位但又抽逃、转移注册资金，该条解释也规定保证人在（债务人）抽逃转移注册资金的范围内承担连带保证责任。实务中，与投资不足的情形相比，认定保证人在债务人抽逃、转移出资时的保证责任难度较大，因为抽逃、转移注册资金是投资人的行为，可能发生在企业设立之后，通常与保证人无关，在逻辑上，保证人也不能永远担保该企业注册资金不出问题，因此，如何认定保证人对债务人抽逃、转移注册资金承担法律责任，成为疑问。从过错责任这一民事责任基本归责原则出发，认定保证人承担民事责任应当与保证人过错相结合，保证人有过错的，则应承担责任，反之，则应免除责任。因此，基于该原则，企业设立之时注册资金到位的，此后在经营活动中投资人单方面抽逃、转移注册资金，原则上保证人免于承担担保责任。但投资人在企业设立之后立即抽逃、转移注册资金的，视为投资不到位，保证人应当承担担保责任。保证人如与债务人串通抽逃、转移注册资金，存在意思上的通谋，保证人主观上有过错，应当与债务人承担连带责任。

3. 债权人对保证人行使直接请求权。保证人承担对注册资金不足部分的法律责任，无论是投资人资金不到位还是抽逃、转移资金，被担保企业的债权人能否向保证人直接主张权利，值得探讨。我国司法实践的做法是允许债权人向投资人直接要求在其欠缴的注册资金范围内承担清偿责任，《最高人民法院关于企业开办的其他企业被撤销或者歇业后民事责任承担问题的批复》第 1 条第 2 项即明确规定，企业开办人（即投资人）在投资不足的范围内向债权人直接承担清偿责任[①]。鉴于对注册资金提供担保的保证人与投资人负连带责任，既然债权人可以对投资人直接行使请求权，对保证人也同样可以直接行使。当然，保证人或者投资人仅需承担一次补足责任，不得重复要求其承担。工商行政管理部门也可以对投资不到位的现象进行处罚，责令投资人或者保证人补足投资。投资人或者保证人已经履行了补足投资义务的，法院不得再裁判投资人或者保证人向债权人承担清偿责任。

---

① 法复〔1994〕4 号，1994 年 3 月 30 日施行，于 2021 年 1 月 1 日失效。

二、保证监督专款专用

保证监督专款专用一般是金融机构或企业主管部门对相对人承诺，仅在被监管人符合专款专用条件时才向其发放资金，以保障资金安全。保证监督专款专用不属于担保法所规定的担保，但实务中约定对专款专用进行监督的情况较多，由此引发的纠纷也不少，因此担保法司法解释也对监督专款专用及其民事责任进行了规定。担保法司法解释第26条①规定："第三人向债权人保证监督支付专款专用的，在履行了监督支付专款专用的义务后，不再承担责任。未尽监督义务造成资金流失的，应当对流失的资金承担补充赔偿责任。"

监督专款专用可以用于普通交易关系中，如买卖合同，也可以用于特定交易关系中，如粮食收购，以保证资金安全。履行监督义务的主体一般具有监督管理条件，如银行等金融机构。保证监督专款专用的保证人承担的是赔偿责任，相当于一般保证人，属于第二顺序债务人，保证责任的成立以其在履行监督义务中存在过错为要件。衡量监督专款专用的保证人是否存在过错，以保证人是否尽到监督职责为标准，通常参照银行结算的做法。在银行结算业务中，银行仅对客户提供的单据作形式上的审查，除属于银行签发的单据外，银行对单据不负责实质审查。保证人承诺监督专款专用，也仅承担对当事人所提交的有关单据材料作形式上审查的义务，如果监督人的形式审查符合银行业务规程和商业习惯，不存在过错的，即便资金并未实际专用，保证人也不承担担保责任。如果监督人违反善良管理人义务，对债务人提供的材料审查不严，出现与监督人专业身份不符的错误，则可以认定监督人没有尽到审查义务，应当承担补充赔偿责任。

第五节 最高额保证

最高额保证，指保证人对一定期间内连续发生的不特定债权，在最高限额内承担保证责任的保证方式。最高额保证与普通保证相比具有便捷、经济、高效等特点，因而在实务中被广泛采用。

---

① 无对应内容。

一、最高额保证的特征

担保法第14条[①]规定："保证人与债权人可以就单个主合同分别订立保证合同，也可以协议在最高债权额限度内就一定期间连续发生的借款合同或者某项商品交易合同订立一个保证合同。"依据该条规定，最高额保证具有如下特征：

1. 最高额保证所担保的债权可能已经发生，也可能尚未发生，最高额保证的生效与被担保债权是否发生无直接关联。最高额保证通常为未来发生的债权提供担保。

2. 最高额保证所担保的债权为一定期间内连续发生的债权，所担保的债权不特定。

3. 最高额保证合同约定由保证人承担保证责任的最高限额，在最高额保证担保的债权确定前所发生的债务总额累计可以大于最高限额，但保证人仅在最高限额内承担保证责任。

4. 最高额保证所担保的不是多笔债务的简单累加而是债务整体，各个债务的清偿期仅对债务人有意义，并不影响最高额保证人承担保证责任。最高额保证担保的债权确定后，被担保的不特定债务特定化，最高额保证转化为普通保证，保证人对特定化后的债务承担保证责任。

区分最高额保证与普通保证的关键在于有最高限额的约定与担保债务的不特定。最高额保证如果没有最高限额的约定，则属于连续保证，即保证人对一定期间内发生的债务不限数额连续提供担保的保证形式，为英美法系所采用。最高额保证如果担保特定债务，最高限额的约定也就成为不必要，与普通保证没有区别。最高额保证的决算期不是最高额保证的成立要件，法律规定当事人没有约定决算期的，决算期在最高额保证人书面终止保证合同时届至，保证人对此后发生的债务不再承担保证责任。

---

① 民法典第690条规定："保证人与债权人可以协商订立最高额保证的合同，约定在最高债权额限度内就一定期间连续发生的债权提供保证。最高额保证除适用本章规定外，参照适用本法第二编最高额抵押权的有关规定。"

二、最高额保证的决算期与清偿期

（一）决算期

最高额保证的决算期，又称为债权确定期，最高额保证的保证范围在决算期届至时确定。最高额保证合同可以约定决算期，一般而言，最高额保证合同所约定的被担保债权发生期间的截止日，即为最高额保证的决算期，在该期日之前发生的债务，其余额为最高额保证的保证范围。最高额保证的保证人以约定的最高限额为限，对决算期前的剩余债务承担清偿责任。如果当事人没有约定最高额保证的决算期，则根据担保法第 27 条①的规定："……保证人可以随时书面通知债权人终止保证合同，但保证人对于通知到达债权人前所发生的债权，承担保证责任。"

最高额保证所担保的债务范围，也可以因为债务人违约或者法律的规定而提前确定，即便最高额保证合同约定有固定的决算期，该决算期对债权人依法提前确定债权范围不产生影响。比如，银行因借款人改变贷款用途而解除借款合同，依法提前收贷的，最高额保证所担保的债权范围提前确定。

由于最高额保证人对一定期间内连续发生的不特定债权承担保证责任，在此期间内可能发生多笔债权，累计总额巨大，在确定最高额保证的保证范围时，不应将各笔债权实际发生的累计额作为最高额保证的保证范围，最高额保证的保证范围只是决算期届至之前实际发生的债务余额。实践中，债权人可以向债务人发放任意数额的担保法贷款，因最高额保证人有最高限额的保护，所以保证人的利益不受影响。对此，担保法司法解释第 23 条②规定："最高额保证合同的不特定债权确定后，保证人应当对在最高债权额限度内就一定期间连续发生的债权余额

---

① 民法典担保制度司法解释第 30 条规定："最高额保证合同对保证期间的计算方式、起算时间等有约定的，按照其约定。最高额保证合同对保证期间的计算方式、起算时间等没有约定或者约定不明，被担保债权的履行期限均已届满的，保证期间自债权确定之日起开始计算；被担保债权的履行期限尚未届满的，保证期间自最后到期债权的履行期限届满之日起开始计算。前款所称债权确定之日，依照民法典第四百二十三条的规定认定。"

② 民法典担保制度司法解释第 15 条规定："最高额担保中的最高债权额，是指包括主债权及其利息、违约金、损害赔偿金、保管担保财产的费用、实现债权或者实现担保物权的费用等在内的全部债权，但是当事人另有约定的除外。登记的最高债权额与当事人约定的最高债权额不一致的，人民法院应当依据登记的最高债权额确定债权人优先受偿的范围。"

承担保证责任。”

（二）清偿期

最高额保证所担保的债权为多笔，各个债权的发生和期满时间都不相同，最高额保证的保证人何时承担保证责任由最高额保证的清偿期决定。最高额保证的清偿期是最高额保证合同约定的保证人清偿债务的时间，一般是在最高额保证所担保的债权决算期届至后。在清偿期内，最高额保证人以最高限额为限，开始清偿决算期届至前发生的债务余额。

最高额保证所担保的某一项不特定债权发生债务人违约的，债权人可以不受决算期的限制而提前确定被担保债权，在债权确定后，债权人即可以要求最高额保证人承担保证责任，也不受约定的债务清偿期的限制。换言之，债务清偿期是债权人行使担保权益的期间，当债务人在保证期间内出现违约行为时，不得强迫债权人必须等待清偿期届至再行使权利。

三、最高额保证的保证期间

依照担保法规定，保证合同没有约定保证期间的，保证期间为主债务履行期届满之日起 6 个月。最高额保证因为担保的是多笔债务，各债务的履行期不一致，如果没有约定清偿期，最高额保证的保证期间难以确定。为此，担保法司法解释对最高额保证的保证期间进行了专门规定。按照担保法司法解释第 37 条①的规定：“最高额保证合同对保证期间没有约定或者约定不明的，如最高额保证合同约定有保证人清偿债务期限的，保证期间为清偿期限届满之日起六个月。没有约定债务清偿期限的，保证期间自最高额保证终止之日或自债权人收到保证人终止保证合同的书面通知到达之日起六个月。”

（一）最高额保证合同约定有保证人债务清偿期限的

担保法司法解释第 37 条规定：“最高额保证合同对保证期间没有约定或者约定不明的，如最高额保证合同约定有保证人清偿债务期限的，保证期间为清偿期限届满之日起六个月……”根据该解释，在此情形下最高额保证的保证期间为：

---

① 参见民法典担保制度司法解释第 30 条。

1. 保证期间适用担保法第25条第1款、第26条第1款[①]的规定，即保证期限为6个月；

2. 保证期间从最高额保证合同约定的债务清偿期届满之日起开始起算。比如，最高额保证合同约定，保证人对1999年3月1日起至10月1日止这一期间发生的债务承担保证责任，并自1999年10月1日起1个月内清偿在最高限额内的债务。该合同约定的自1999年10月1日起的1个月即为债务清偿期，保证期间自1999年11月1日起计算6个月。

（二）最高额保证合同没有约定债务清偿期限的

担保法司法解释第37条规定："……没有约定债务清偿期限的，保证期间自最高额保证终止之日或自债权人收到保证人终止保证合同的书面通知到达之日起六个月。"其中，最高额保证的终止日，即最高额保证合同约定的决算期。比如，最高额保证合同约定，最高额保证人对1999年3月1日至10月1日这一期间发生的债务以最高限额为限承担保证责任，其中1999年10月1日即最高额保证的终止之日，保证期间"自最高额保证终止之日"起计算6个月。

以"债权人收到保证人终止保证合同的书面通知到达之日"起算保证期间，适用于最高额保证合同没有约定最高额保证终止日期的情况。担保法第27条规定："保证人依照本法第十四条规定就连续发生的债权作保证，未约定保证期间的，保证人可以随时书面通知债权人终止保证合同，但保证人对于通知到债权人前所发生的债权，承担保证责任。"保证人终止保证合同的通知到达债权人时便发生终止保证合同的效力，所以该终止通知到达之日即为最高额保证的终止之日，保证期间为"债权人收到保证人终止保证合同的书面通知到达之日起六个月"。

（三）民法典担保制度司法解释规定的最高额保证合同的保证期间

关于最高额保证的保证期间，民法典未作规定，但在第690条规定可以参照适用"本法第二编最高额抵押的有关规定"，这个立法指向的是民法典第423条，

① 民法典第692条规定："保证期间是确定保证人承担保证责任的期间，不发生中止、中断和延长。债权人与保证人可以约定保证期间，但是约定的保证期间早于主债务履行期限或者与主债务履行期限同时届满的，视为没有约定；没有约定或者约定不明确的，保证期间为主债务履行期限届满之日起六个月。债权人与债务人对主债务履行期限没有约定或者约定不明确的，保证期间自债权人请求债务人履行债务的宽限期届满之日起计算。"

与确定保证期间的起算相关。民法典担保制度司法解释第 30 条专门就最高额保证的保证期间作了规定，具有重要的法律适用意义。结合民法典第 423 条和民法典担保制度司法解释第 30 条的规定，最高额保证的保证期间，包括起算时点、时长等问题，当事人有约定的从约定，没有约定的，保证期间时长统一按照 6 个月计算，起算时点分两种情况：一是最高额保证担保的所有债权均已到期的，以最高额保证所担保的债权确定日（即上述最高额保证决算期）起算；二是最高额保证担保的各项债权并未都已到期，则以其中最后到期债权的履行期限届满之日起算。分析民法典担保制度司法解释第 30 条的规定，可以发现以下值得注意的地方：

一是最高额保证的保证期间起算时点，在当事人没有约定时，不是以债权确定日为起算点，就是以最后到期债权的履行期限届满之日为起算点，基本上不与被担保的每笔债权的清偿期限挂钩，这与原担保法、担保法司法解释和民法典第 692 条的规定存在差异。因此会出现这样的情形，即被最高额保证所担保的某笔债权已经开始清偿了，但对该笔债权的保证期间还迟迟没有起算，比如，被担保的第一笔债权早已到期而最后一笔债权距离到期时间还很长的情况下，债权人有权请求债务人清偿第一笔债务，要求最高额保证人承担保证责任，但保证期间还未开始起算，这就相当于第一笔被担保债权的保证期间被延长了。

二是债权确定日或者由当事人约定，或者依据民法典第 423 条确定，如果依据后者确定，则不免存在最高额保证人请求债权人确定债权确定日的情形（民法典第 423 条第 2 项），此种情况下，保证期间的起算时点如何确定？其实只要回到担保法司法解释第 37 条（见前引），以“债权人收到保证人终止保证合同的书面通知到达之日”起算保证期间即可。本书在此次修订时保留原有担保法及其司法解释内容的原因正在于此。未吸纳入新法但也未被新法明文废止的旧做法，被证明为是公平、正当的，仍然具有生命力，具有适用价值。

第六节　保证责任与抗辩权

保证责任是保证法律关系的核心内容，保证责任的成立与否对债权的实现至关重要，而保证人享有的抗辩权成立与否又直接影响到保证责任的成立，因此，有必要结合实务，对保证责任与保证人各种抗辩权之间的关系进行系统的归纳、分析。

一、先诉抗辩权与保证责任

（一）先诉抗辩权的法律意义以及在我国的实践

先诉抗辩权系专属于一般保证人的一种实体权利，指一般保证人在债务人以财产清偿债权之前，免于对债权人清偿的抗辩权。先诉抗辩权保障一般保证人仅为第二顺序债务人，债权人在对第一顺序债务人为追索前，不能从一般保证人处获得清偿。先诉抗辩权制度源于罗马法，大陆法系国家，如法国、德国、日本均予以继承，在立法中肯定先诉抗辩权。我国担保法第17条[①]第2款规定："一般保证的保证人在主合同纠纷未经审判或者仲裁，并就债务人财产依法强制执行仍不能履行债务前，对债权人可以拒绝承担保证责任。"该款肯定了一般保证人享有的先诉抗辩权。

先诉抗辩权在不同的立法例中因法律规定的不同而存在程度上的差别。比如，法国民法肯定享有先诉抗辩权的保证人，在债权人向债务人追索前，免于承担履行义务；德国民法不仅要求债权人首先向债务人追索，而且要求通过强制执行的方法追索，否则保证人免于承担履行义务；日本民法规定保证人在能够证明债务人有清偿能力且容易执行前，免于承担履行义务，保证人负有举证义务。比较来看，法国民法对债权人较宽容，只要求债权人先向债务人追索，并不要求通过强制执行进行追索；日本民法要求保证人证明债务人有清偿能力且容易执行，举证责任较为沉重；德国民法的规定较为适中，以强制执行债务人作为一般保证人承担责任的前提。我国担保法的规定与德国民法的规定大体相同。

先诉抗辩权也被称为检索抗辩权，我国司法界对先诉抗辩权并不陌生，一般将先诉抗辩权称为"承担补充赔偿责任"或者"赔偿责任"的抗辩权。1994年发布的《最高人民法院关于审理经济合同纠纷案件有关保证的若干问题的规定》中即规定有先诉抗辩权的内容，但在名称上称为"赔偿责任"。例如，其第7条规定："保证合同没有约定保证人承担何种保证责任，或者约定不明确的，视为保证人承担赔偿责任。当被保证人不履行合同时，债权人应当首先请求被保证人

---

① 民法典第687条规定："当事人在保证合同中约定，债务人不能履行债务时，由保证人承担保证责任的，为一般保证。一般保证的保证人在主合同纠纷未经审判或者仲裁，并就债务人财产依法强制执行仍不能履行债务前，有权拒绝向债权人承担保证责任，但是有下列情形之一的除外：（一）债务人下落不明，且无财产可供执行；（二）人民法院已经受理债务人破产案件；（三）债权人有证据证明债务人的财产不足以履行全部债务或者丧失履行债务能力；（四）保证人书面表示放弃本款规定的权利"

清偿债务。强制执行被保证人的财产仍不足以清偿其债务的，由保证人承担赔偿责任。”该条规定的内容与担保法第 17 条第 2 款的内容基本一致，可以视为先诉抗辩权在保证领域较早的法律体现。实务中，围绕先诉抗辩权是实体权利还是诉讼权利，债权人在起诉债务人之前能否起诉一般保证人的问题，一度争论激烈，争论的起因与“先诉抗辩权”中的“先诉”一词有关。主张先诉抗辩权属于诉讼权利的认为，先诉抗辩权表明一般保证人的权利是对“先被起诉”的抗辩，因此，债权人在起诉债务人之前，不能“先诉”保证人，否则，债权人因没有起诉权，法院应当裁定驳回债权人的起诉，即程序驳回；主张先诉抗辩权属于实体权利的认为，先诉抗辩权由担保法规定，担保法属于实体法，抗辩权是对请求权的抗辩，请求权是实体权利，抗辩权也当然是实体权利。债权人在起诉债务人之前，因与保证人之间有保证合同关系，可以起诉保证人，法院不能以保证人享有实体上的先诉抗辩权而程序上驳回债权人的起诉。保证人的先诉抗辩权如果成立的话，法院可以判决驳回债权人对保证人的诉讼请求，即实体驳回。事实上，先诉抗辩权属于一般保证人享有的实体权利，担保法司法解释也肯定债权人可以将债务人与一般保证人作为共同被告一并起诉，即便债权人仅起诉一般保证人，在诉讼程序上也是成立的。由于一般保证人享有先诉抗辩权，程序和实体处理则应按照第一章共同担保和第七章程序部分的内容进行。

（二）一般保证合同的认定——先诉抗辩权的成立

先诉抗辩权的成立以一般保证合同的有效为前提。当事人承担一般保证责任必须在保证合同中明确约定，保证合同未明确约定的，根据担保法第 19 条①关于“当事人对保证方式没有约定或者约定不明确的，按照连带责任保证承担保证责任”的规定，认定为连带保证合同，保证人的先诉抗辩权不成立。实务中，一般保证合同通常应有以下表述内容：

1. 直接约定保证人承担一般保证责任；
2. 约定保证人承担补充赔偿责任；
3. 约定保证人为第二顺序债务人或承担第二顺序清偿责任；

---

① 民法典第 686 条规定：“保证的方式包括一般保证和连带责任保证。当事人在保证合同中对保证方式没有约定或者约定不明确的，按照一般保证承担保证责任。”

4. 约定保证人享有担保法第 17 条第 2 款规定的权利。

此外，针对实务中存在的对保证合同性质认定上的一些疑问，最高人民法院还通过专门的司法解释予以明确。2002 年 12 月 6 日发布的《最高人民法院关于涉及担保纠纷案件的司法解释的适用和保证责任方式认定问题的批复》第 2 条规定："担保法生效之前订立的保证合同中对保证责任方式没有约定或者约定不明的，应当认定为一般保证。保证合同中明确约定保证人在债务人不能履行债务时始承担保证责任的，视为一般保证。保证合同中明确约定保证人在被保证人不履行债务时承担保证责任，且根据当事人订立合同的本意推定不出为一般保证责任的，视为连带责任保证。"① 分析该批复有三层意思：一是担保法生效之前订立的保证合同，如"保证合同中对保证责任方式没有约定或者约定不明的，应当认定为一般保证"，比较温和；二是担保法生效之后订立的保证合同，"保证合同中明确约定保证人在债务人不能履行债务时始承担保证责任的"，应当认定为一般保证，强调了债务人的履行能力；三是"保证合同中明确约定保证人在被保证人不履行债务时承担保证责任"，没有强调债务人的履行能力，并且按照合同当事人意图推定不出保证人享有先诉抗辩权的，应当认定为连带责任保证，比较严厉。该批复主要适用于当事人没有约定或者约定不明的情形，为司法实务中认定保证方式提供了简明方法，值得肯定。

（三）担保法司法解释规定的一般保证人特殊免责情形

担保法司法解释第 24 条②规定："一般保证的保证人在主债权履行期间届满后，向债权人提供了债务人可供执行财产的真实情况的，债权人放弃或者怠于行使权利致使该财产不能被执行，保证人可以请求人民法院在其提供可供执行财产的实际价值范围内免除保证责任。"从解释的内容看，该条属于司法解释的创造，增加了债权人的义务，有"特事特办"的性质。司法解释的理由是，一般保证具有补充性，保证人享有先诉抗辩权，当债权人未就主债务人的财产先为执行之前，保证人有权拒绝承担担保责任。先诉抗辩权不是免责抗辩权，债权人在对债务人财产强制执行后，仍不能获得全部清偿的，债权人有权要求一般保证人承担保责任。因此，债务到期后，保证人发现债务人有可供执行的财产并向债权人

---

① 法释〔2002〕38 号，2002 年 12 月 6 日起施行，于 2021 年 1 月 1 日失效。

② 对应民法典第 698 条，无实质变化。

提供了真实情况，债权人如果积极行使权利，通过诉讼或者其他途径控制债务人的财产，不仅债权能够得到保障，而且也免除了保证人承担的保证责任。如果债权人放弃或者怠于行使权利致使债务人财产流失，不能被强制执行，势必增加了保证人承担责任的风险。为此，司法解释规定保证人可以进行自我保护，即积极发现债务人的财产并提供给债权人，以减少自身风险。司法解释规定债权人在保证人的配合下应当积极行使权利，如果放弃或怠于行使权利，保证人在其提供的财产价值范围内免除保证责任。在一定意义上，先诉抗辩权转化成部分免责抗辩权，产生了免责的法律后果。司法解释关于一般保证人免责的特殊规定，不能适用于连带责任保证，因为连带保证人与债务人履行顺序相同，即便连带保证人提供了债务人的真实财产情况，债权人也无义务必须先向债务人求偿。

实务中，证明债权人放弃行使或怠于行使权利的举证责任，按照“谁主张谁举证”的诉讼法原则，由保证人承担，保证人仅主张债权人“放弃行使或怠于行使权利”但不能提供证据的，不能免除担保责任。法院在裁判债权人是否构成放弃行使或怠于行使权利时，应当重点判断债权人是否存在放弃行使权利或者怠于行使权利的行为，债权人如因客观原因行使权利受阻，则不能认定债权人放弃行使权利或者怠于行使权利。例如，债务人财产因权属不清、已被采取强制措施、已被执行、属于破产财产的一部分、已设定担保物权等原因，不能被有效执行的，保证人不享有司法解释规定的免责权利。因债权人认识上的原因未及时行使权利的，也不宜认定债权人怠于行使权利。比如，保证人提供的债务人财产（如股票），债权人基于合理的经验判断认为行使权利的时机不成熟而未行使，但最终证明判断失误的，应不属于债权人怠于行使权利。

（四）行使先诉抗辩权的限制

法律对一般保证人行使先诉抗辩权的限制，规定在担保法第 17 条第 3 款和担保法司法解释第 25 条。[①] 根据这两条规定，行使先诉抗辩权的限制有：

---

① 民法典第 687 条规定：“当事人在保证合同中约定，债务人不能履行债务时，由保证人承担保证责任的，为一般保证。一般保证的保证人在主合同纠纷未经审判或者仲裁，并就债务人财产依法强制执行仍不能履行债务前，有权拒绝向债权人承担保证责任，但是有下列情形之一的除外：（一）债务人下落不明，且无财产可供执行；（二）人民法院已经受理债务人破产案件；（三）债权人有证据证明债务人的财产不足以履行全部债务或者丧失履行债务能力；（四）保证人书面表示放弃本款规定的权利。”

1. 债权人要求债务人履行债务发生重大困难

债权人要求债务人履行债务发生重大困难，法律和司法解释规定了债务人住所变更、下落不明、移居境外三种情况，在这三种情况下，债务人必须没有财产可供执行才可以限制一般保证人行使先诉抗辩权。

担保法第 17 条第 3 款第 1 项规定的“住所变更”，指债务人的住所地、主要营业地或者长期居住地的变更，且变更致使债权人对债务人主张权利发生实质困难，仅有债务人的住所地、主要营业地或者长期居住地的变更，还不足以限制先诉抗辩权的行使，关键还要考察变更是否影响债权人对债务人行使权利。担保法司法解释第 25 条对担保法第 17 条第 3 款第 1 项进行了扩大解释，将担保法规定的“住所变更”扩大解释到“债务人下落不明、移居境外，且无财产可供执行”。债务人下落不明和移居境外与住所变更的本质一致，换言之，住所变更包括下落不明和移居境外的情形，因此司法解释符合担保法的本意。下落不明，对自然人而言较易理解，对法人而言，法人的“下落不明”主要指法人歇业、注销或被吊销营业执照，法人的代表人、经理人员下落不明，法人财产去向不明，“人去楼空”等情形。

2. 债务人破产案件被人民法院受理

债务人破产也是信用的破产、清偿能力的破产，一般保证人的先诉抗辩权以债权人未向有清偿能力的债务人要求清偿为条件，如果债务人没有清偿能力，一般保证人的先诉抗辩权失去基础。债务人破产是债务人丧失清偿能力的绝对标志，因此一般保证人行使先诉抗辩权受债务人破产事实的限制。

债务人破产有实体破产和程序破产之分。实体破产指债务人已受法院破产宣告，进入破产清算程序；程序破产指对债务人的破产申请被法院受理，针对债务人的破产程序开始启动，债务人还存在避免实体破产的可能。担保法规定一般保证人行使先诉抗辩权的限制开始于债务人破产案件被法院受理，因此以债务人程序破产作为先诉抗辩权行使的限制。按照企业破产法第 10 条的规定，受理破产申请必须有法院裁定，法院裁定受理破产申请之日，即债务人进入破产程序之时。债务人进入破产程序后，一般保证人转化为连带保证人，此后如债务人与债权人重整、和解而免于破产宣告，保证人只能以债权人身份向债务人行使追偿权，而不能要求已受清偿的债权人返还。

3. 保证人以书面形式放弃先诉抗辩权

先诉抗辩权作为一般保证人享有的民事实体权利，一般保证人有权放弃。为避免证据认定上的困难和当事人反悔，担保法规定保证人放弃先诉抗辩权应当以书面形式。因此，一般保证人口头放弃先诉抗辩权的，依照担保法规定的精神，没有法律效力，一般保证人并不因口头放弃抗辩权而必须承担连带保证责任。

（五）民法典及其担保制度司法解释关于先诉抗辩权消灭的一般规定和特殊规定

一般保证人先诉抗辩权消灭的一般原因，依照民法典第 687 条的规定，是“依法强制执行仍不能履行债务”，其中，“依法强制执行”系人民法院法定程序，容易判断，至于何为“不能履行债务”？则要根据民法典担保制度司法解释第 28 条的规定来进行判断，即，当出现两种情形时可以判断属于“依法强制执行仍不能履行债务”：一是人民法院作出终结执行裁定或者终结本次执行裁定；二是人民法院“收到申请执行书满一年”仍未能执行终结的。结合民法典和民法典担保制度司法解释的规定，一般保证人先诉抗辩权消灭的一般原因也可以直接表述为“人民法院对债务人强制执行不能”，而强制执行的根据可以是判决书、调解书、仲裁裁决书、具有强制执行效力的证明（如公证债权文书），这些并非认定的关键，关键点仍然在于认定“强制执行不能”的三个标志：执行终结、终结本次执行、人民法院收到申请执行书满一年。

一般保证人先诉抗辩权消灭的特殊原因，民法典第 687 条第 2 款规定了四种情形，其中第 1 项、第 2 项、第 4 项与原担保法规定相同，如何认定也可以参考担保法司法解释的相关规定，如上所述。第 3 项属于新规定，以“债权人有证据证明债务人的财产不足以履行全部债务或者丧失履行债务能力”作为判断一般保证人先诉抗辩权消灭的特殊原因，由此也产生了债权人举证责任的新问题。作为消灭先诉抗辩权的特殊原因，此条规定的四种情形都不以强制执行为前提，因此债权人需要在人民法院强制执行之前就举证证明债务人“财产不足或丧失履行能力”，难度系数较大。但从积极一面看，毕竟民法典提供了一条不经过强制执行程序就可以消灭一般保证人先诉抗辩权的途径，为债权人实现债权提供了一条新的途径，具体效果还有待实践检验。从我国司法实践来看，债权人单方面举证证明债务人的偿债能力的难度相当于为债务人提供一次审计，没有债务人的配合实难进行，也缺乏证据效力，债务人如果是公众公司，公开过资产与负债情况，或者债务人有效的审计报告可以被合法获取，或者债务人在另一个强制执行程序中被限制了高消费，债权人才能指望较为轻松地完成举证。

二、债权债务转移、主合同变更与保证责任

保证人基于与债务人之间的信任关系为债务人提供担保，因此，在保证关系上，保证人与债务人属于利益共同体。担保法虽以保障债权实现为目的，但也兼顾担保人的利益，对债权人行使权利规定了必要的限制，从债权安全角度考虑，法律对债权人行使权利的限制恰恰也是对债权人的保护。

（一）债权转移与保证人责任

担保法第 22 条[①]规定："保证期间，债权人依法将主债权转让给第三人的，保证人在原保证担保的范围内继续承担保证责任。保证合同另有约定的，按照约定。"担保法司法解释第 28 条[②]规定："保证期间，债权人依法将主债权转让给第三人的，保证债权同时转让，保证人在原保证担保的范围内对受让人承担保证责任。但是保证人与债权人事先约定仅对特定的债权人承担保证责任或者禁止债权转让的，保证人不再承担保证责任。"担保法和司法解释的上述规定，均肯定了债权转移不影响保证人承担的保证责任。根据我国合同法第 81 条[③]的规定，主债权转移的，从权利随之转移。债权人对保证人享有的保证债权属于主债权的从权利，主债权转移的，保证债权随之转移，保证人仍然承担保证责任。担保法第 22 条和担保法司法解释第 28 条的规定系对合同法第 81 条的具体体现。

保证人因与债务人之间的信任关系而为债务人提供保证，债权人属于相对人，只要债务人没有变化，由谁享有债权对保证人不生影响，其结果对保证人也不生实质损害。因保证合同产生的保证债权与主债权有从属性，主债权转让的，保证债权也同时转让，担保法规定的担保合同与主合同之间的主从关系得到体

---

① 民法典第 696 条规定："债权人转让全部或者部分债权，未通知保证人的，该转让对保证人不发生效力。保证人与债权人约定禁止债权转让，债权人未经保证人书面同意转让债权的，保证人对受让人不再承担保证责任。"

② 参见民法典第 696 条。

③ 民法典第 547 条规定："债权人转让债权的，受让人取得与债权有关的从权利，但是该从权利专属于债权人自身的除外。受让人取得从权利不因该从权利未办理转移登记手续或者未转移占有而受到影响。"

现。保证合同如果约定限制主债权的转让，担保法也支持当事人的约定，司法解释更进一步将此种限制具体化为对债权人的特定化要求和禁止债权转让两种情形，增加了法律的可操作性，并将担保法的抽象规定具体化。保证人如约定仅对特定债权人承担保证责任或禁止债权转让，反映了保证人仅愿意与特定债权人之间发生固定的担保关系，法律应当予以尊重。

保证人与债权人约定禁止债权转让，并不真正发生阻止债权转让的法律效力，债权人依法转让债权的，仍然发生法律效力，保证人或者受让人均不得以债权人与保证人有禁止债权转让的约定而宣称转让无效，但保证人因此获得免除保证责任的抗辩权。

（二）债务转移与保证人责任

担保法第 23 条①规定：“保证期间，债权人许可债务人转让债务的，应当取得保证人书面同意，保证人对未经其同意转让的债务，不再承担保证责任。”保证人与债务人同属一个利益共同体，债权人同意债务转移，不仅意味着保证人与特定债务人之间的信任关系遭到债权人弃置，而且意味着原债务人不再承担债务清偿责任，因此保证人理应免除保证责任。

担保法第 23 条明确规定，保证人同意债务人转让债务要采用书面形式，担保法司法解释也肯定了这一形式，其第 29 条②规定：“保证期间，债权人许可债务人转让部分债务未经保证人书面同意的，保证人对未经其同意转让部分的债务，不再承担保证责任。但是，保证人仍应当对未转让部分的债务承担保证责任。”基于以上规定，保证人口头同意债务人转移债务的，事后可以反悔，即便有充分证据证明保证人曾经同意债务转移，或者保证人自己也承认曾经同意债务转移，但如果未采用书面形式，保证人如反悔不愿履行保证责任，法院不能强制保证人履行。

债务转移既包括全部债务转移，也包括部分债务转移，债权人许可债务人部分转移债务时，原债务人并不完全免除清偿责任，保证人仅对转让出去的债务部分免除保证责任。

---

① 民法典第 697 条规定：“债权人未经保证人书面同意，允许债务人转移全部或者部分债务，保证人对未经其同意转移的债务不再承担保证责任，但是债权人和保证人另有约定的除外。第三人加入债务的，保证人的保证责任不受影响。”

② 参见民法典第 697 条。

债务发生法定转移的，比如债务因继承发生转移、从属性债务随同主债务一并转移的，不适用上述规定，即便没有保证人的书面同意，保证人也并不免除保证责任。值得探讨的是，因企业合并发生的债务转移，依照公司法第 173 条的规定，公司合并的，债权人可以在法定期间内“要求公司清偿债务或者提供相应的担保”，否则视为接受公司合并，债务由合并后存续的公司或者新设的公司承继。一般认为，公司合并会对债务人的清偿能力产生实质性影响，因此公司法赋予债权人在公司发生合并时有权“要求公司清偿债务或者提供相应的担保”，从这一角度看，保证人如果因公司合并利益受损，也应得到法律的保护。由于公司合并发生债务转移区别于债权人许可债务人转移债务，因此不能直接适用担保法第 23 条的规定，公司合并导致债务转移虽然未经保证人书面同意，保证人也不能当然免责。但公司发生合并时债权人如未依法“要求公司清偿债务或者提供相应的担保”，合并后新债务人（存续公司或者新设公司）清偿能力实质性下降，已经发生清偿不足的，保证人应当有权要求减少相应的保证责任，法院可基于我国民法规定的公平原则，支持保证人的合理要求。

（三）主合同变更与保证人责任

主合同变更对保证人责任的影响，担保法第 24 条[①]作了相应的规定，担保法司法解释第 30 条则规定了更加详细的解决方法。担保法第 24 条规定：“债权人与债务人协议变更主合同的，应当取得保证人书面同意，未经保证人书面同意的，保证人不再承担保证责任。保证合同另有约定的，按照约定。”担保法司法解释第 30 条[②]规定：“保证期间，债权人与债务人对主合同数量、价款、币种、利率等内容作了变动，未经保证人同意的，如果减轻债务人的债务的，保证人仍应当对变更后的合同承担保证责任；如果加重债务人的债务的，保证人对加重的部分不承担保证责任。债权人与债务人对主合同履行期限作了变动，未经保证人书面同意的，保证期间为原合同约定的或者法律规定的期间。债权人与债务人协议变动主合同内容，但并未实际履行的，保证人仍应当承担保证责任。”对比担

① 民法典第 695 条规定：“债权人和债务人未经保证人书面同意，协商变更主债权债务合同内容，减轻债务的，保证人仍对变更后的债务承担保证责任；加重债务的，保证人对加重的部分不承担保证责任。债权人和债务人变更主债权债务合同的履行期限，未经保证人书面同意的，保证期间不受影响。”

② 参见民法典第 695 条。

保法与司法解释的规定，两者之间存在一定的区别，值得关注。

主合同直接决定着债务人所承担的义务，也决定着保证人所承担的担保义务，鉴于债权人与债务人协商变更主合同内容直接影响到保证人的利益，因此担保法规定主合同变更应当征得保证人的书面同意是适当的。从司法实践来看，担保法第 24 条的规定还有失详备，未将主合同变更的情形具体化，为此，担保法司法解释第 30 条具体规定了主合同变更的各种情形与法律后果，成为担保法第 24 条的重要补充。

合同法理论认为，合同条款可以分为合同必要条款和非必要条款。合同必要条款指确定合同当事人主要权利义务的条款，如合同标的、数量、履行期限、价款等，非必要条款指对当事人主要权利义务不发生影响的条款，如通知方式、运输方式等。司法解释规定的主合同变更，主要集中在对主合同数量、价款、履行期限、币种、利率的变更，是针对合同必要条款的变更。从逻辑上看，对主合同非必要条款的变更一般不影响保证人的利益，无须适用担保法关于主合同变更须征得保证人书面同意的规定。分析担保法司法解释第 30 条的规定，具体内容有：

1. 保证期间内，债权人与债务人协商变更主合同数量、价款、币种、利率、履行方式，应以变更结果对保证人是否产生影响为标准，判断保证人应当承担的保证责任。如果变更结果减轻了债务人的债务，保证人在减轻后的债务范围内承担保证责任；如果变更加重了债务人的债务，保证人对加重的部分免于承担保证责任，但原保证范围内的保证责任不能免除。

2. 主合同标的的变更，必须征得保证人的同意，否则保证人不承担保证责任。合同标的是合同内容的核心，标的变更属于重大变更，该条列举了“主合同数量、价款、币种、利率、履行方式”，不包括合同标的，反映了合同标的变更与上述列举的合同内容变更不同，对保证人影响甚巨，必须适用担保法第 24 条的规定，如无保证人书面同意的，保证人一律免除保证责任。合同标的用途的变更也可能影响保证人的利益，但与标的变更不能画等号，仍然应结合变更结果是否对保证人产生影响加以判断。例如，保证人对借款人购买机器设备所贷款项提供担保，此后银行与借款人协商改变借款用途，比如将借款用于高风险投资。此种变更极大增加了贷款风险，应当按照担保法第 24 条的规定，未征得保证人书面同意的，保证人免除保证责任。借款人单方面改变贷款用途的，不属于当事人双方协商变更主合同，保证人不能免除保证责任。假如合同明确约定银行承担监督专款专用责任的，如银行未尽到职责，致使借款人改变借款用途造成资金损失的，保证人应免于承担保证责任。

合同的其他变更对保证人没有影响或者影响不大，则可以参照担保法司法解释第30条的规定，以变更结果对保证人的实际影响为标准，判断保证人应当承担的保证责任范围。

3. 主合同双方当事人协商延长主合同履行期，未经保证人书面同意的，保证期间的计算不受影响，仍以原合同约定或者法律规定的标准计算。依照担保法第25条、第26条[①]的规定，保证期间起算于债务履行期届满之日，主合同双方当事人如协商延长主合同履行期，等于将保证期间的起算时间推后，无异于延长了保证期间，从而增加了保证人的风险。因此，司法解释规定保证期间的起算以及期间长短均不受主合同当事人协商对债务履行期变更的影响。

4. 债权人与债务人协议变更主合同，但未实际发生变更主合同法律后果的，保证人仍应承担保证责任。比如，主合同双方当事人虽然协商对主合同的内容进行变更，但是双方并没有按照变更后的内容实际履行，虽然未经保证人书面同意，保证人仍应承担保证责任。

三、保证期间与保证责任

在担保纠纷案件的审理中，保证期间的法律适用较为复杂，而且存在不确定性，厘清保证期间在保证责任上的实质性影响，对于债权人合理预期其债权实现风险意义重大。

（一）保证期间概念的采用

在我国现有的法律性文件中，1994年发布的《最高人民法院关于审理经济

---

① 民法典第692条规定："保证期间是确定保证人承担保证责任的期间，不发生中止、中断和延长。债权人与保证人可以约定保证期间，但是约定的保证期间早于主债务履行期限或者与主债务履行期限同时届满的，视为没有约定；没有约定或者约定不明确的，保证期间为主债务履行期限届满之日起六个月。债权人与债务人对主债务履行期限没有约定或者约定不明确的，保证期间自债权人请求债务人履行债务的宽限期届满之日起计算。"第693条规定："一般保证的债权人未在保证期间对债务人提起诉讼或者申请仲裁的，保证人不再承担保证责任。连带责任保证的债权人未在保证期间请求保证人承担保证责任的，保证人不再承担保证责任。"

合同纠纷案件有关保证的若干问题的规定》首次使用了保证期间的概念。该规定第10条规定："保证合同中约定有保证责任期限的，保证人在约定的保证责任期限内承担保证责任。债权人在保证责任期限内未向保证人主张权利的，保证人不再承担保证责任。"第11条又规定："保证合同中没有约定保证责任期限或者约定不明确的，保证人应当在被保证人承担责任的期限内承担保证责任……"法律中正式采用保证期间概念的是担保法，担保法规定无论是一般保证还是连带责任保证，当事人"未约定保证期间的，保证期间为主债务履行期届满之日起六个月"，债权人未在保证期间内按照法定方式向保证人主张权利的，保证人免除保证责任。至此，保证期间成为保证人的重要免责抗辩理由。

保证期间在最高人民法院的司法解释中属于约定期间，不具有法定性质，即当事人约定保证期间的，保证期间产生相应法律后果，当事人未约定保证期间的，并不强行要求保证合同必须有保证期间的内容。在担保法中，保证期间成为法定期间，无论当事人是否约定保证期间，是否需要保证期间，担保法均强行要求保证合同必须有保证期间的内容，当事人"未约定保证期间的，保证期间为主债务履行期届满之日起六个月"。

（二）保证期间的性质

保证期间的性质问题，实务界和理论界有三种分歧意见：第一种意见认为，保证期间属于诉讼时效，担保法第25条明确规定保证期间"适用诉讼时效中断的规定"；第二种意见认为，保证期间属于除斥期间，因为期间届满后保证人免除保证责任；第三种意见认为，保证期间属于特殊除斥期间，因为保证期间具有除斥期间的主要特点，但担保法又规定保证期间可以"适用诉讼时效中断"的规定，较为特殊。分析来看，上述三种意见均有合理之处，担保法司法解释采纳了保证期间属于除斥期间的主张，并针对引起争议的担保法第25条的规定，在担保法司法解释第31条①明确规定："保证期间不因任何事由发生中断、中止、延长的法律后果。"

司法解释采纳保证期间为除斥期间而非诉讼时效的意见，主要理由是：除斥期间是法律规定的权利存续期间，当期间届满时权利消灭，根据担保法第25条

---

① 参见民法典第692条。

第 2 款、第 26 条第 2 款的规定，在保证期间内债权人不行使权利，保证人即免除保证责任，这近似于除斥期间而区别于诉讼时效，后者并不能消灭权利本身，仅能消灭债权的胜诉权。对于担保法规定的保证期间适用诉讼时效中断的规定，立法本意模糊，所追求的法律效果不清晰。从保证期间可以消灭保证债权的角度看，债权人行使权利的期间应当是固定的，不应当发生中断、中止或延长，否则保证人承担责任将处于不确定状态。

在担保法施行 20 多年后，通过进一步思考保证期间的概念和特征后发现，担保法司法解释当时之于保证期间性质的认识似存在复杂化的倾向，甚至有误读除斥期间之嫌。按照担保法的明确规定，保证期间届满仅发生保证人的免责抗辩权，与欺诈抗辩权、先诉抗辩权、债务转移抗辩权一样，保证期间届满使得保证人可以享有免责抗辩权并以此对抗债权人的请求权。保证期间届满，仅产生保证人的免责抗辩权，不产生权利消灭的法律效果，既谈不上消灭债权的胜诉权（诉讼时效），也谈不上消灭任何的形成权（除斥期间），因此非要将保证期间归入诉讼时效、除斥期间等消灭时效的行列，不仅有失牵强，也违背担保法的立法文义。至于担保法规定“保证期间适用诉讼时效中断的规定”，无非是承认保证期间为可变期间，并非不变期间。此种规定虽不常见且有失简便（如保证期间中断后存在重新计算的问题），但并不存在明显违反法理的地方，可视为我国担保法的“中国特色”，未必一定要通过司法解释规定“保证期间不因任何事由发生中断、中止、延长的法律后果”加以改变。事实上，司法解释将保证期间解释为除斥期间反而并不确切，因为民法理论上公认除斥期间针对形成权且通常为不变期间。债权人对于保证人享有的是请求权而非形成权，应无疑问，将保证期间视为除斥期间显与债权人与保证人权利义务关系的事实不符。保证期间既然不针对任何形成权，而且“适用诉讼时效中断的规定”，因而从任何角度看保证期间都难以归入除斥期间。当前，对保证期间性质进行再思考，不仅有助于我们准确认识保证期间的本质并在司法实践中正确适用，进一步完善司法解释，而且也启示我们解释法律概念时应避免先“划线”再归类，实事求是地分析往往最能贴近问题的本质。

（三）保证期间的起算

1. 担保法明确规定保证期间自主债务履行期届满之日起算，无论是一般保证还是连带责任保证，起算点一致。对于没有约定主债务履行期的，或对主债务履行期约定不明的，担保法司法解释第33条[①]规定："主合同对主债务履行期限没有约定或者约定不明的，保证期间自债权人要求债务人履行义务的宽限期届满之日起计算。"该条的依据是民法通则第88条[②]和合同法第62条[③]关于如何确定债务履行期限的规定。根据这两部法律的规定，合同履行期限不明确的，债务人可以随时向债权人履行义务，债权人也可以随时要求债务人履行义务，但是应当给对方必要的准备时间，必要的准备时间即履行债务的"宽限期"。债权人设定合理的宽限期使得主债务履行期得以确定，从而也使得保证期间的起算点得以确定。

2. 分期履行的债务，保证期间自最后一笔债务到期日起算，而非按照分期债务各笔到期日分别起算。此种起算方法为最高人民法院所主张。20世纪八九十年代，针对购销合同货款分期履行的诉讼时效起算问题，最高人民法院即出于保护债权人的需要采用了上述方法，此后该方法被广泛适用于其他分期履行的合同，尤其是借款合同。当前，随着经济的快速发展，超长期限的分期履行合同广泛出现，此种方法也有了进一步改进的必要。比如，20年长期按揭贷款合同，以20年贷款期满最后一个月的月供到期之日才开始起算20年间任何一个月供的诉讼时效不可想象，以此种方法起算保证期间也同样没有可操作性。因此，对于分期履行的债务，保证期间的起算应当允许当事人通过合同进行约定，与担保法允许当事人约定保证期间的长短一样，如果当事人没有约定，则应当按照权利产生即权利受限的原则，既然债权人在某一分期债务未受清偿时有权要求债务人清偿（即产生请求权），则该请求权即应当受保证期间的限制，保证期间应自该分

---

① 参见民法典第692条。

② 民法典第511条规定："当事人就有关合同内容约定不明确，依据前条规定仍不能确定的，适用下列规定：（一）质量要求不明确的，按照强制性国家标准履行；没有强制性国家标准的，按照推荐性国家标准履行；没有推荐性国家标准的，按照行业标准履行；没有国家标准、行业标准的，按照通常标准或者符合合同目的的特定标准履行。（二）价款或者报酬不明确的，按照订立合同时履行地的市场价格履行；依法应当执行政府定价或者政府指导价的，依照规定履行。（三）履行地点不明确，给付货币的，在接受货币一方所在地履行；交付不动产的，在不动产所在地履行；其他标的，在履行义务一方所在地履行。（四）履行期限不明确的，债务人可以随时履行，债权人也可以随时请求履行，但是应当给对方必要的准备时间。（五）履行方式不明确的，按照有利于实现合同目的的方式履行。（六）履行费用的负担不明确的，由履行义务一方负担；因债权人原因增加的履行费用，由债权人负担。"

③ 参见民法典第511条。

期债务到期之日起算。

3. 保证合同无效的情况下，保证期间是否仍然具有法律效力并发挥作用，实践中意见分歧较大。一种主张认为，保证合同约定的或法律规定的保证期间仍然具有法律意义，债权人在保证期间内未向保证人主张权利的，保证人不承担无效保证的过错赔偿责任；另一种主张认为，保证关系无效时，保证期间失去应有的法律效果。据悉，前一种主张在担保法司法解释制定过程中得到过多数起草者的认同，但未见于司法解释条文。该主张的理由是，在保证合同无效的情况下债权人所获得的利益不应当超过保证合同有效时可能获得的利益，保证合同有效时债权人未在保证期间内向保证人主张权利，保证人免除保证责任，则保证合同无效时也应当一样。此外，债权人与保证人在订立保证合同时并不一定能预见保证合同无效，因此保证合同中双方约定的保证期间是双方对各自权利义务的一个合理认识期间，以该期间确定双方的利益也符合双方的缔约本意。因此，保证期间届满的法律后果是，保证合同有效时免除保证人的保证责任，保证合同无效时免除保证人的赔偿责任。

然而，从无效民事法律责任基础看，第二种主张较为有力。理由是，依照担保法的规定，保证期间在保证关系具有法律效力时才产生保证人的免责抗辩权，当保证关系无效时，保证期间应失去其法律效力，不应与保证关系有效时相同。保证人在保证关系无效时承担过错赔偿责任，责任基础在于保证人的过错，与债权人是否在保证期间内行使权利无关，保证人承担的过错责任本质上区别于保证责任，因此即便出现保证合同无效时债权人所获得的利益超过保证合同有效时的情况，两者因基础不同也不能作简单类比。此外，该主张符合人们关于无效合同的普遍认识，如果承认保证合同无效时保证期间仍然有效并继续发生作用，将难以被社会所接受，恐难取得良好的社会效果。

（四）保证期限

担保法允许当事人在保证合同中约定保证期间的长短，即约定保证期限，而且未规定上下限。担保法关于保证期限的规定也与除斥期间不同，后者由法律直接规定期限，并不允许当事人更改，以便于所有的利害关系人对权利进行合理预期，比如票据的追索权行使期限、产品质量的异议期等。实务中，当事人基于保护自身权利的需要，约定保证期限的情形较为多样，担保法司法解释有针对性地对部分情形进行了规定。

1. 保证合同约定的保证期间早于或者等于主债务履行期限的，视为没有约定，保证期间为主债务履行期届满之日起六个月。当事人在保证合同中约定的保证期间早于主债务履行期限的，在主债务履行期未届满前，债务人尚无履行义务，保证人的保证责任也不能发生；当事人在保证合同中约定的保证期间等于主债务履行期限的，主债务履行期届至时保证期间即已结束，保证期间不能有效发挥作用。鉴于这两种情况下当事人所约定的保证期间形同虚设，担保法司法解释第 32 条[①]第 1 款基于担保法第 25 条第 1 款、第 26 条第 1 款的规定，将这两种情况下的保证合同的保证期间解释为自“主债务履行期届满之日起六个月”。

2. 保证合同约定保证人承担保证责任直至主债务本息还清时为止等类似内容的，视为约定不明，保证期间为主债务履行期届满之日起二年。当事人在保证合同中约定，保证责任直至主合同项下的债务本息全部还清时为止的情况较多，特别是在银行借款担保合同中。对于此类情况，如果适用担保法规定的六个月来计算保证期限，对债权人有所不公；如果无限期地允许债权人对保证人追偿，对保证人也有所不公。鉴于当事人在保证合同中对于保证期间已有约定，只是无具体的时限，结合我国民法通则关于普通诉讼时效的规定，担保法司法解释第 32 条第 2 款规定：“保证合同约定保证人承担保证责任直至主债务本息还清时为止等类似内容的，视为约定不明，保证期间为主债务履行期届满之日起二年。”[②]

3. 保证合同约定的保证期间短于六个月或长于二年的，原则上从其约定，但以不违背诚实信用、公序良俗原则为限。司法实践中，当事人约定保证期间短于六个月或长于二年的情况比较常见，既然担保法允许当事人可以在保证期间上进行意思自治，担保法司法解释对该问题也无规定，因此应当尊重当事人的约定。比如，保证合同约定保证期间为二个月、三个月或三年、五年的，原则上从其约定。如果当事人的意思自治违反诚实信用、公序良俗等原则，违背常理，对一方当事人极度不公，则该约定不能获得法律的保护，应当按照担保法的规定确定保证期限。比如，将保证期间约定为几日或几十年的，对债权人或保证人极度

---

① 参见民法典第 692 条。

② 民法典担保制度司法解释第 32 条规定：“保证合同约定保证人承担保证责任直至主债务本息还清时为止等类似内容的，视为约定不明，保证期间为主债务履行期限届满之日起六个月。”

不公，法律不应予以保护。

（五）担保法生效前保证期间的适用

担保法生效之前，保证期间不是保证合同的必要内容，保证人与债权人可以不约定保证期间，法律也不强制推定保证期间为“六个月”。根据担保法以及担保法司法解释关于担保法法律适用上的规定，担保法仅适用于担保法生效以后发生的担保行为，也即适用于1995年10月1日以后签订的担保合同，此前发生的担保行为，适用担保行为发生时的法律法规或司法解释。涉及保证期间的法律法规和司法解释，主要有1994年发布的《最高人民法院关于审理经济合同纠纷案件有关保证的若干问题的规定》。依照该规定第10条、第11条的规定，保证合同约定保证期间的，债权人应当在保证期间内向保证人主张权利，否则保证人免除保证责任；如果保证合同没有约定保证期间或者约定不明的，保证人在被保证人承担责任的期限内承担保证责任。被保证人即债务人，债务人承担责任的期间也就是债务的诉讼时效期间，因此，债务人的诉讼时效期间未完成的，保证人不能免除保证责任。

（六）担保法生效后保证期间的适用

担保法生效后保证期间成为法定期间，无论保证合同是否约定保证期间，债权人如未在约定或者法定的保证期间内依法向保证人主张权利的，保证人一律免除保证责任。根据保证方式的不同，债权人向一般保证人主张权利必须通过向债务人提起诉讼或仲裁的方式；向连带责任保证人主张权利的，由债权人向连带责任保证人直接主张，不限于诉讼或仲裁方式，任何合法方式均可。债权人对保证人仅需主张一次权利，保证期间即不再发生作用。

（七）《最高人民法院关于处理担保法生效前发生保证行为的保证期间问题的通知》（法〔2002〕144号）规定的6个月特别保证期间

司法实践中，也有法院对担保法生效之前的担保行为适用两年的保证期间，裁判债权人在两年的保证期间内未向保证人主张权利的，保证人免责。在法律适用上，此种裁决方法违反了担保法及其司法解释规定的法律适用原则，有违“法不溯及既往”，对债权人保护不利。为此，最高人民法院在2002年8月1日以法〔2002〕144号通知，要求对在担保法生效之前签订的保证合同，当事人没有约定保证期间的，自 2002 年 8 月 1 日起再给债权人 6 个月的特别期间向保证人主张权利，并明确该特别期间不适用在通知下发之前已经终结的诉讼。该通知的内容总结起来是：保证合同签订在担保法生效之前（即 1995 年 10 月 1 日之前）并且没有约定保证期间的，债权人如果一直未向保证人主张过权利，可以在自 2002 年 8 月 1 日起到 2003 年 2 月 1 日止 6 个月内向保证人主张权利。在 2002 年 8 月 1 日之前对保证人提起诉讼，因保证期间原因已经败诉的债权人，则不能享受通知所给予的特别期间的保护，不能以此提起对案件的审判监督程序。

（八）保证期间的结束与诉讼时效的开始

债权人在保证期间内根据担保法规定的方式向保证人主张权利的，债权人对保证人的保证债权从此要受诉讼时效的制约，即保证期间作用结束，诉讼时效作用开始。换言之，保证人享有两次法定期间的保护，一次是保证期间，一次是诉讼时效。如果债权人未在保证期间内向保证人主张权利，保证人免除保证责任；如果债权人向保证人主张了权利，但在此后诉讼时效的两年内未向保证人要求其承担保证责任，诉讼时效完成，保证人因时效的完成而实际上不再承担保证责任。担保法司法解释第 34 条[①]对保证期间的结束与诉讼时效的开始给予了明确规定，即"一般保证的债权人在保证期间届满前对债务人提起诉讼或者申请仲裁的，从判决或者仲裁裁决生效之日起，开始计算保证合同的诉讼时效。连带责任保证的债权人在保证期间届满前要求保证人承担保证责任的，从债权人要求保证人承担保证责任之日起，开始计算保证合同的诉讼时效。"

（九）保证期间届满后的法律后果

1. 保证期间届满的法律后果——保证人产生免责抗辩权

担保法明确规定，债权人未在保证期间内按照法定方式主张权利，"保证人

① 民法典担保制度司法解释第 28 条规定："一般保证中，债权人依据生效法律文书对债务人的财产依法申请强制执行，保证债务诉讼时效的起算时间按照下列规则确定：（一）人民法院作出终结本次执行程序裁定，或者依照民事诉讼法第二百五十七条第三项、第五项的规定作出终结执行裁定的，自裁定送达债权人之日起开始计算；（二）人民法院自收到申请执行书之日起一年内未作出前项裁定的，自人民法院收到申请执行书满一年之日起开始计算，但是保证人有证据证明债务人仍有财产可供执行的除外。一般保证的债权人在保证期间届满前对债务人提起诉讼或者申请仲裁，债权人举证证明存在民法典第六百八十七条第二款但书规定情形的，保证债务的诉讼时效自债权人知道或者应当知道该情形之日起开始计算。"其中"民事诉讼法第二百五十七条"对应现行民事诉讼法第 264 条。

不再承担保证责任”，因此保证期间届满的法律后果是保证人产生免责抗辩权，以此对抗债权人的请求权。如前所述，保证期间不是消灭时效，不产生权利消灭的法律后果。作为债权人，在保证期间内必须至少向保证人行使一次权利，否则“保证期间之钟”将不会停止，保证人将因保证期间届满而免于承担保证责任；作为保证人，保证期间对其保护是一次性的，保证期间内债权人向其主张了权利，保证期间的使命随即完成，保证人即应承担保证责任。

2. 保证期间届满后保证人放弃抗辩权

保证期间届满，保证人产生免责抗辩权，由于该抗辩权属于保证人享有的权利，保证人有权进行处分，比如放弃该抗辩权。诉讼时效期间届满后，也有见解认为债务人产生“免于被强制执行的抗辩权”，基于该见解，保证期间与诉讼时效有着相似之处。诉讼时效完成，债权人丧失胜诉权，当债务人放弃诉讼时效所带来的利益时，债权人的债权恢复强制执行效力。比如，《德国民法典》第222条规定，时效完成后，“义务人以合同予以承认或提供担保的，义务人不得拒绝给付”[①]。保证期间届满后，保证人享有免责抗辩权，该抗辩权保证人也可以放弃，法律不予以干涉，但要注意放弃的方式。一般而言，债务人放弃诉讼时效届满产生的抗辩权的方式，公认有自愿履行债务、为债务提供新的担保以及以书面方式承诺放弃三种。至于保证人放弃保证期间届满产生的抗辩权的方式，尚未形成通说，可以借鉴债务人放弃诉讼时效抗辩权的方式。对此，《最高人民法院关于人民法院应当如何认定保证人在保证期间届满后又在催款通知书上签字问题的批复》[②]，对保证人放弃抗辩权的一种方式作了规定。

《最高人民法院关于人民法院应当如何认定保证人在保证期间届满后又在催款通知书上签字问题的批复》规定：“根据《中华人民共和国担保法》的规定，保证期间届满债权人未依法向保证人主张保证责任的，保证责任消灭。保证责任消灭后，债权人书面通知保证人要求承担保证责任或者清偿债务，保证人在催款通知书上签字的，人民法院不得认定保证人继续承担保证责任。但是，该催款通知书内容符合合同法和担保法有关担保合同成立的规定，并经保证人签字认可，能够认定成立新的保证合同的，人民法院应当认定保证人按照新保证合同承担责

---

① 《德国民法典》，郑冲、贾红梅译，法律出版社 1999 年版，第 44 页。

② 最高人民法院法释〔2004〕4 号，2004 年 4 月 14 日发布，于 2021 年 1 月 1 日失效。

任。”该批复包含两部分内容：一是保证期间届满“保证责任消灭”，即保证人免除保证责任，保证人仅“在催款通知书上签字的，人民法院不得认定保证人继续承担保证责任”，否定了保证人在催款通知书上签字作为保证人放弃抗辩权的方式；二是保证期间届满后保证人也可能承担保证责任，只要“该催款通知书内容符合合同法和担保法有关担保合同成立的规定……能够认定成立新的保证合同”。结合实务分析来看，认定保证人放弃抗辩权应当要求以“明示方式”放弃，不能搞“推定放弃”或者“默示放弃”，批复的内容支持了该原则；催款通知书一般只有债权人主张债权、催促债务人履行债务的意思表示，通常不包含“符合合同法和担保法有关担保合同成立的”内容，因此在催款通知书上签字能够“成立新的保证合同的”情况极难出现。因此，综合以上分析，具体适用最高人民法院批复可以形成以下认识：

（1）保证期间届满后保证人在催款通知书上签字原则上不承担担保责任。

（2）债权人的催款通知书内容符合合同法和担保法有关担保合同成立的规定，明确提出了新的担保要约，保证人签字的，成立新的保证合同，保证人按照新的保证合同承担保证责任。

（3）债权人的催款通知书中明确要求保证人放弃保证期间届满后的免责抗辩权，保证人签字的，保证人符合以书面形式“明示放弃”抗辩权，保证人不得反悔并应承担保证责任。

四、诉讼时效与保证责任

诉讼时效届满，债权人丧失胜诉权，债务人因诉讼时效届满产生的利益，保证人也同样享有。即便债权人已在诉讼时效期间向债务人主张过权利，但未向保证人主张的，保证人也依法享有诉讼时效届满产生的抗辩权。

（一）保证债务诉讼时效的起算

1. 一般保证债务诉讼时效的起算

根据担保法第 25 条的规定，债权人在保证期间内向债务人提起诉讼或者申请仲裁，一般保证人的保证期间中断；在诉讼或者仲裁过程中，主债务不计算诉讼时效，“诉讼时效之钟”停摆，一般保证债务自然也不计算诉讼时效。在诉讼或者仲裁终结后，债权人对债务人的请求权已经得到裁判，诉讼时效不再计算，但一般保证债务尚未裁判，对此，担保法司法解释第 34 条第 1 款规定，一般保证合同的诉讼时效从判决或者仲裁机构的裁决生效之日起，重新开始计算。

如果债权人在起诉债务人时将保证人一并起诉，根据担保法司法解释第 125 条[①]的规定，人民法院可以将债务人和一般保证人列为共同被告。以债务人和一般保证人为共同被告的诉讼终结后，债权人对主债务人和一般保证人的请求权已经得到裁判，则主债务的诉讼时效和一般保证债务的诉讼时效均不再需要计算，更无需“重新开始计算”。

在民法理论上，诉讼时效可以因债务人有权拒绝给付而中止计算，但先诉抗辩权除外。比如，德国民法典第 202 条规定：“时效因给付迟延或者义务人由于其他原因暂时有权拒绝给付而中止，但不适用于留置权、合同不履行、担保欠缺、先诉抗辩权……”[②] 先诉抗辩权不能阻止诉讼时效的起算，故一般保证债务的诉讼时效与主债务的诉讼时效同时起算，同时中断，担保法司法解释第 36 条[③]第 1 款关于“一般保证中，主债务诉讼时效中断，保证债务诉讼时效中断”的规定，即符合上述原则。总结来看，以担保法司法解释第 34 条第 1 款和第 36 条的规定为依据，一般保证债务的诉讼时效的起算和中断有如下要点：

（1）一般保证债务的诉讼时效与主债务诉讼时效同时起算，主债务诉讼时效自主债务到期之日起算，保证债务的诉讼时效也在此时同时起算。

（2）在保证期间内，债权人对债务人提起诉讼或者申请仲裁，主债务诉讼时效中断，保证债务诉讼时效也中断，一般保证人也不再受保证期间的保护，不再享有保证期间届满产生的免责抗辩权，可谓“一举三得”。

（3）主债务经裁判、仲裁确定后，主债务诉讼时效不再计算，但保证债务如果未经裁判或者仲裁，诉讼时效仍然发生作用，应当重新开始计算。

（4）按照权利发生、时效发生的原则，一般保证债务的诉讼时效因债权人对债务人提起诉讼或者申请仲裁而中断后，应当自担保法第 17 条规定的“债务人财产依法强制执行仍不能履行债务”时重新开始计算，因为仅在此时债权人才能对一般保证人行使权利。基于此，担保法司法解释第 34 条第 1 款规定一般保

---

① 无对应内容。

② 《德国民法典》，郑冲、贾红梅译，法律出版社 1999 年版，第 44 页。

③ 无对应内容。

证债务的诉讼时效“从判决或者仲裁裁决生效之日起”重新开始计算不妥，因为在“判决或者仲裁裁决生效之日”，一般保证人仍然享有先诉抗辩权，法院不得在此时就对一般保证人的财产进行强制执行。因此，前述担保法司法解释第34条第1款宜修改为：“一般保证的债权人在保证期间届满前对债务人提起诉讼或者申请仲裁的，从依法强制执行债务人财产仍不能履行债务时，重新开始计算保证合同的诉讼时效。”司法实务中，正确判断“依法强制执行债务人财产仍不能履行债务”，应当以法院因债务人无可供执行的财产而裁定中止对债务人的执行或者终结执行为标准。

2. 连带保证债务诉讼时效的起算

按照担保法第26条规定，连带保证的债权人须在保证期间内要求保证人承担保证责任，债权人未在保证期间内向保证人主张权利的，保证人免除保证责任。因此，在保证期间内，连带保证的债权人直接向保证人主张权利的，连带保证债务的诉讼时效应当从债权人要求保证人承担保证责任时起算。担保法司法解释第34条第2款对此有明确规定。

（二）诉讼时效的中断、中止

保证合同是主合同的从合同，保证债务是主债务的从债务，大陆法系国家通常规定保证债务的诉讼时效从属于主债务的诉讼时效，主债务的诉讼时效完成的，保证债务的诉讼时效也完成。比如，《德国民法典》第224条规定：“从属于主请求权的从给付的请求权，其特定时效即使未消灭，仍应随主请求权的消灭而同时消灭。”① 我国担保法对主合同与保证合同之间的从属关系进行了规定，但对于两者之间诉讼时效的关系未具明文。担保法司法解释对一般保证和连带保证情形分别作了不同的规定，对一般保证的诉讼时效适用于主债务诉讼时效的从属原则，对连带保证的诉讼时效适用于主债务诉讼时效的独立原则。分述如下：

1. 关于诉讼时效的中断

在一般保证情形下，根据担保法第17条的规定，债权人必须向债务人提起诉讼或者申请仲裁，一般保证人才不因保证期间的届满而免除保证责任。债权人提起诉讼或申请仲裁的，主债务诉讼时效中断，保证债务诉讼时效也中断。担保

---

① 《德国民法典》，郑冲、贯红梅译，法律出版社1999年版，第45页。

法司法解释第 36 条第 1 款对此有明确规定。

在连带保证情形下，债权人可以直接要求保证人履行保证责任。债权人在保证期间内向保证人主张权利的，保证人将不因保证期间的届满而免责，保证债务的诉讼时效也开始起算，并与主债务诉讼时效各自独立。按照担保法司法解释第 36 条第 1 款的规定："……连带责任保证中，主债务诉讼时效中断，保证债务诉讼时效不中断。"

2. 关于诉讼时效的中止

根据民法通则和民法总则的规定，诉讼时效的中止系因当事人不能控制的客观原因而发生，如因不可抗力导致权利行使发生不可克服的障碍等。不能控制的客观原因导致诉讼时效中止，并不因保证合同系一般保证还是连带责任保证而有分别，因此担保法司法解释第 36 条第 2 款规定："一般保证和连带责任保证中，主债务诉讼时效中止的，保证债务的诉讼时效同时中止。"

（三）诉讼时效的法律意义以及对时效利益的放弃

民法总则规定当事人向人民法院要求保护其民事权利的诉讼时效期间为三年，法律另有规定的除外。诉讼时效可以中断、中止和延长。民法理论认为，民事权利在诉讼时效期间届满后丧失胜诉权，法院不能以公权力保护已丧失胜诉权的民事权利。由于诉讼时效并不消灭民事权利本身，所以，债务人放弃诉讼时效利益的，债权人仍然可以胜诉，权利得以"起死回生"。债务人放弃时效利益的方式公认有三种：一是义务人自愿履行，履行后不得再以时效完成为由反悔；二是书面承诺履行义务，该承诺可以由法院强制执行；三是为时效届满的债务提供担保。

债务人和保证人放弃诉讼时效完成所带来的利益，本质上系债务人、保证人放弃因诉讼时效完成产生的对债权人的抗辩权，债权人的请求权在债务人、保证人放弃抗辩权后得以恢复其原来效力。

1. 债务人放弃诉讼时效利益的情况

根据"诉讼时效完成债权人丧失胜诉权"的理论，债权人因诉讼时效完成丧失胜诉权，意味着债务人由此产生对债权人请求权的抗辩权，如果债务人放弃该抗辩权，债权人的债权又可以恢复其强制效力。但主债务人放弃时效利益的，该放弃行为对从债务人不发生影响，从债务人仍然可以行使主债务人已放弃的抗辩权。担保法第 20 条[①]第 1 款规定："一般保证和连带责任保证的保证人享有债务人的抗辩权。债务人放弃对债务的抗辩权的，保证人仍有权抗辩。"

债务人放弃时效利益的方式，《最高人民法院关于超过诉讼时效期间当事人达成的还款协议是否应当受法律保护问题的批复》（法复〔1997〕4 号）[②] 和《最高人民法院关于超过诉讼时效期间借款人在催款通知单上签字或者盖章的法律效力问题的批复》（法释〔1999〕7 号），对其中的两种作了规定：

（1）法复〔1997〕4 号批复规定："超过诉讼时效期间，当事人双方就原债务达成的还款协议，属于新的债权、债务关系。根据《中华人民共和国民法通则》第九十条规定的精神，该还款协议应受法律保护。"分析该批复，债权人与债务人在诉讼时效期间届满后达成的还款协议，性质上属于债务人以书面方式承诺放弃诉讼时效的抗辩权，该批复对保证人也适用。比如，保证人在主债权诉讼时效期间届满后又与债权人达成还款协议的，按照该批复的精神，视为保证人以书面方式放弃诉讼时效利益，债权人对保证人的担保权益仍然受法律保护。

（2）法释〔1999〕7 号批复规定："根据《中华人民共和国民法通则》第四条、第九十条规定的精神，对于超过诉讼时效期间，信用社向借款人发出催收到期贷款通知单，债务人在该通知单上签字或者盖章的，应当视为对原债务的重新确认，该债权债务关系应受法律保护。"分析该批复，"债务人在该通知单上签字或者盖章的，应当视为对原债务的重新确认"，重新确认的应当是"债务人放弃因诉讼时效期间届满而产生的抗辩权"，也属于以书面形式放弃诉讼时效利益。债务人在债权人的催收通知单上签字或者盖章的，仅意味着债务人放弃因诉讼时效期间届满而产生的抗辩权，对保证人不生影响。保证人如在债权人的催收通知单上签字或者盖章，才发生保证人放弃因诉讼时效期间届满而产生的抗辩权的法律后果。

2. 保证人放弃诉讼时效利益的情况

保证人放弃诉讼时效利益，一是保证人放弃主债务时效期间届满产生的利益，二是保证人放弃保证债务时效期间届满产生的利益。

---

① 民法典第 701 条规定："保证人可以主张债务人对债权人的抗辩。债务人放弃抗辩的，保证人仍有权向债权人主张抗辩。"

② 于 2021 年 1 月 1 日失效。

一般保证中，主债务诉讼时效中断、中止的，根据担保法司法解释第36条的规定，保证债务诉讼时效中断、中止；反之，保证债务诉讼时效中断、中止的，依照《关于贯彻执行〈中华人民共和国民法通则〉若干问题的意见（试行）》（以下简称民法通则意见）第173条[①]第2款规定的“权利人向债务保证人……主张权利的，可以认定诉讼时效中断”的精神，主债务诉讼时效也应当认定中断、中止。因此，主债务与保证债务在诉讼时效届满上完全同步。当主债务或者保证债务诉讼时效届满时，一般保证人同时取得两个抗辩权，即主债务诉讼时效届满产生的抗辩权和保证债务诉讼时效届满产生的抗辩权。根据以上分析，一般保证人放弃诉讼时效届满产生的抗辩权，无论以何种方式，均要符合“明示放弃”的要求，而且既要“明示放弃”主债务诉讼时效届满产生的抗辩权，又要“明示放弃”保证债务诉讼时效届满产生的抗辩权。保证人仅明确放弃其中一个抗辩权，未明确放弃另一个抗辩权或者意思表示不明确的，不能推定保证人放弃，保证人仍然可以行使剩下的一个抗辩权。

连带责任保证中，根据担保法司法解释第36条的规定，主债务诉讼时效中断的，保证债务诉讼时效不中断，但主债务诉讼时效中止的，保证债务诉讼时效同时中止；反之，保证债务诉讼时效中断、中止的，同样依照民法通则意见第173条第2款规定的精神，主债务诉讼时效也应当认定中断、中止。因此，在连带责任保证中，主债务与保证债务在诉讼时效届满上不完全同步，保证人可能享有主债务诉讼时效和保证债务诉讼时效届满产生的两个抗辩权，也可能仅享有一个抗辩权。连带责任保证人放弃诉讼时效届满产生的抗辩权，与一般保证的要求一样，除连带责任保证人只享有一个抗辩权外，连带责任保证人既要“明示放弃”主债务诉讼时效届满产生的抗辩权，又要“明示放弃”保证债务诉讼时效届满产生的抗辩权，如果连带保证人仅明确放弃其中一个抗辩权的，同样不能推定保证人放弃另一个抗辩权。

债务到期，债权人于保证期间内依照法定方式向保证人或者债务人主张权利后，保证人转化为债务人，性质上属于次债务人，法律和司法解释（包括上述两个批复）规定的债务人放弃诉讼时效利益的方式，作为次债务人的保证人同样可

① 无对应内容。

以运用，不再赘述。

（四）对诉讼时效届满的债务承担保证责任或提供担保

保证人放弃诉讼时效届满产生的抗辩权的具体方式，还有担保法司法解释第35条[①]规定的“保证人对已经超过诉讼时效期间的债务承担保证责任或者提供保证”两种方式。保证人对已超过诉讼时效期间的债务承担保证责任或者提供保证，不仅视为保证人放弃诉讼时效届满产生的抗辩权，而且因其对已过诉讼时效的主债务承担保证责任，应当视为保证人同时放弃主债务和保证债务诉讼时效届满产生的两个抗辩权，保证人应当承担保证责任。保证人“又以超过诉讼时效为由抗辩的，人民法院不予支持”。

保证人对时效届满的债务承担保证责任后，能否向债务人追偿成为疑问。如果允许保证人向债务人追偿，则债务人本可以享受的因主债务时效届满而产生的抗辩权，却因保证人的“多管闲事”而丧失；如果不允许保证人向债务人追偿，则打击了保证人清偿债务的积极性。因此，宜区分不同情况区别对待。

1. 保证人对诉讼时效届满的债务承担保证责任的，属于保证人对原来担保的债务在诉讼时效届满后自愿履行清偿义务，依据担保法第31条[②]的规定，保证人向债务人追偿的条件即保证人承担保证责任，法律对主债务是否超过诉讼时效没有要求，因此，应当从鼓励诚信角度出发，肯定保证人享有对债务人的追偿权。换个角度看，保证人的追偿权与原债务并不具有同一性，因追偿权产生的保证人对债务人的债权可以视为新的债权，担保法司法解释第42条第2款规定的“保证人对债务人行使追偿权的诉讼时效，自保证人向债权人承担责任之日起开始计算”，也有将追偿债权作为新的债权对待的意思。

2. 第三人对诉讼时效届满的债务提供保证，同样视为以书面方式承诺放弃时效利益，保证人在实际清偿债务后，应当享有对债务人的追偿权。理由同上。保证人以口头形式承诺放弃时效利益的，法院不能据此强制保证人履行保证责

① 民法典担保制度司法解释第35条规定：“保证人知道或者应当知道主债权诉讼时效期间届满仍然提供保证或者承担保证责任，又以诉讼时效期间届满为由拒绝承担保证责任或者请求返还财产的，人民法院不予支持；保证人承担保证责任后向债务人追偿的，人民法院不予支持，但是债务人放弃诉讼时效抗辩的除外。”

② 民法典第700条规定：“保证人承担保证责任后，除当事人另有约定外，有权在其承担保证责任的范围内向债务人追偿，享有债权人对债务人的权利，但是不得损害债权人的利益。”

任，口头承诺不能被强制执行。

3. 新出现的，与债务人之间无意思表示上联络的第三人，为超过诉讼时效的债务提供保证的，该保证人在承担清偿义务后，对债务人没有追偿权。因为，该第三人系单方面为债务人提供保证，与债务人之间无信任关系，其行为具有“慈善”性质，对债务人的追偿权失去基础。从实践看，否认在这种情况下保证人享有对债务人的追偿权，可以避免债权人通过单方面为债务人找保证人的方式来规避诉讼时效的制约。比如，债权人在发现对债务人的债务已经过了诉讼时效的情况下，为了使债务人清偿债务，债权人可以自己为债务人找一个保证人，由保证人清偿债务，然后再由保证人对债务人追偿，以此规避诉讼时效对债权效力的限制。

（五）民法典及民法典担保制度司法解释关于保证债务诉讼时效与放弃时效利益的规定与适用

民法典第 692 条的规定明确了保证期间具有除斥期间的性质，不能中断、中止和延长，因此债权人在保证期间内依法向保证人行使权利后，保证债务的诉讼时效随即开始起算。债权人对保证人的诉讼时效是普通时效性质，按照民法典的规定是三年时间，连带保证债务自债权人在保证期间内请求保证人承担保证责任之日起计算三年时效，一般保证债务自保证人先诉抗辩权消灭之日起计算三年时效。按前述归纳的情形，一般保证债务诉讼时效起算时点一般情形下分三种，即执行终结、终结本次执行、人民法院收到执行申请书满一年；特殊情形下分四种，即债务人下落不明且无财产可供执行、债务人破产程序开始、债权人有证据证明债务人清偿能力不足或丧失清偿能力、保证人书面放弃先诉抗辩权。

保证期间和诉讼时效是保证人可以免于承担保证责任的两个不同期间，本质上对保证人有利，对债权人不利，理想中的保证期间和诉讼时效就好像“两座时钟”，一个“停钟”时，另一个再开始“起钟”，这样债权人才不会因为“超钟”而丧失权利。事实并不尽然，往往立法为保护债权方设置的条款，却意外地帮助了债务方。以一般保证为例，民法典第 687 条第 2 款的四项规定都是为了债权人行使权利的便利而限制一般保证人的先诉抗辩权的，但事实上却可能起到反作用。举例来说：(1) 关于一般保证的保证期间的规定，民法典第 693 条规定“债权人未在保证期间对债务人提起诉讼或者申请仲裁的，保证人不再承担保证责任。”却未同时规定例外情形，比如没有规定“保证人书面放弃先诉抗辩权时不适用第693条的规定”。(2) 关于一般保证的诉讼时效起算，民法典第694条第1款规定“从保证人拒绝承担保证责任的权利消灭之日起，开始计算保证债务的诉讼时效”（一般保证）。因此，当以上（1）和（2）同时出现，债权人未在保证期间内对债务人起诉或者申请仲裁，却拿到了保证人书面放弃先诉抗辩权的材料，保证人拒绝承担保证责任的权利即消灭，保证债务的诉讼时效即开始起算，与此同时，按照第693条的规定，保证期间仍然也在计算中，这就意味着保证期间和诉讼时效两座时钟可能在同时运行。这样的疑问同样可以出现在民法典第687条第2款第1项、第3项规定的情形中，司法实践对此应当予以高度注意。希望在今后担保制度司法解释中进一步明确，当出现民法典第687条第2款规定的四种情形时，民法典第693条第1款的规定不再适用。

保证人放弃诉讼时效利益的方式，民法典担保制度司法解释和担保法司法解释的规定相同，即对已过时效的债权提供保证或者承担担保责任两种，但民法典担保制度司法解释规定的前提是“保证人知道或者应当知道主债权诉讼时效期间届满”。与此同时，民法典担保制度司法解释还规定，保证人承担担保责任后不享有对债务人的追偿权（第35条）。实践中，担保关系多数是经济关系，试想之，保证人既然知道或者有条件知道主债权已过诉讼时效，又知道民法典担保制度司法解释规定此时保证人如果承担了责任对债务人却没有追偿权，保证人仍然提供保证或者承担担保责任，这种可能性很小。如果保证人宁愿作此选择，性质上就属于慈善行为了，而且不是对债务人的慈善，是对债权人的慈善，债务人不必领情。落实到司法实践中，预计更有可能出现的情况是，主债权诉讼时效届满后，债权人起诉保证人承担保证责任，或者保证人请求债权人返还财产，债权人、保证人双方将围绕着“保证人知道或者应当知道主债权诉讼时效期间届满”唇枪舌剑，举证质证，无论个案如何不同，但有一点是相同的，即证明保证人明知或者应知主债权诉讼时效期间届满的举证责任在债权人，而非保证人。

五、债权人放弃物的担保与保证责任

债权人放弃物的担保的，担保法第28条第2款规定“保证人在债权人放弃权利的范围内免除保证责任”，其中未区分担保物是由债务人提供，还是由第三人提供。物权法第194条[1]第2款规定："债务人以自己的财产设定抵押，抵押权人放弃该抵押权……其他担保人在抵押权人丧失优先受偿权益的范围内免除担保责任……"第218条[2]规定："……债务人以自己的财产出质，质权人放弃该质权的，其他担保人在质权人丧失优先受偿权益的范围内免除担保责任……"两条规定均明确了仅当债权人放弃债务人提供的担保财产上的担保物权时，其他担保人，包括保证人，才在债权人放弃权利的范围内免除责任。依照物权法第178条规定的法律适用条款，当担保法与物权法不一致时，物权法优先适用，因此，债权人放弃抵押权和质权的，适用物权法第194条第2款和第218条的规定，担保法第28条第2款不再适用。

（一）放弃物的担保的认定

债权人放弃物的担保的方式有作为和不作为两种。作为的方式通常有债权人抛弃担保物权的意思表示，有登记的，还要向登记部门申请注销登记。债权人明确放弃担保物权次序上的利益，放弃顺序在先的担保物权的行为，属于以作为的方式放弃担保物权。以不作为的方式放弃担保物权比较隐蔽，在认定上较为困难，实务中有以下情形可以视为权利人以不作为的方式放弃担保物权：

1. 怠于行使担保物权，致使权利消灭。比如，拒绝领取提存财产致使财产被上缴国库的。

2. 因债权人的行为致使该权利的实现变得困难或致使担保物的实际价值减少。比如，债权人对担保物负有妥善保管的义务，因债权人故意或过失致担保物灭失或者毁损致使价值降低。担保法司法解释第38条[3]第3款关于"债权人在主合同履行期届满后怠于行使担保物权，致使担保物的价值减少或者毁损、灭失的，视为债权人放弃部分或者全部物的担保。保证人在债权人放弃权利的范围内减轻或者免除保证责任"的规定，即是对以不作为方式放弃物的担保的特殊规定。

认定债权人以不作为方式放弃物的担保不能绝对化、简单化，不能把债权人

① 对应民法典第409条，无实质变化。

② 对应民法典第435条，无实质变化。

③ 在债权人放弃担保物权的情形下，保证人免除保证责任已无法律上的直接依据，应当根据当事人在共同担保关系中的约定进行处理。

未行使担保物权简单认定为放弃担保物权。担保物权的存续时间一般比较长，债权人未行使物权与放弃物权之间不能简单画等号。另外，在人的保证与物的担保并存的情况下，债权人未行使担保物权而径行向保证人主张权利的，也不能简单认定为债权人放弃担保物权，因为债权人可能享有在行使人保或者物保上的选择权；即便债权人无此选择权，其向保证人主张权利的结果仅是得不到法律的保护，债权人承担败诉的风险而已，不能以此推定债权人放弃了物的担保。

物的担保合同被确认无效或者被撤销的，担保物权视为自始未设立，也就谈不上债权人放弃物的担保，因此，保证人不能在担保物价值范围内免除保证责任。对此，担保法司法解释第 38 条第 2 款明确规定："同一债权既有保证又有物的担保的，物的担保合同被确认无效或者被撤销，或者担保物因不可抗力的原因灭失而没有代位物的，保证人仍应当按合同的约定或者法律的规定承担保证责任。"

担保物因不可抗力而发生灭失的，按照担保法司法解释第 38 条第 2 款的规定，如果产生代位物的，如保险金、赔偿金等，则保证人在代位物价值范围内免除保证责任。

（二）物的担保价值范围的确定

债权人放弃的担保物的价值范围，也是保证人免责的范围。担保物价值范围的确定有两种方法：一是评估方法；二是变现方法。评估方法是债权人、担保人在签订担保合同时对担保物的价值进行评估，并将评估价值作为担保物的价值；变现方法是以担保物的市场交易价格作为担保物的价值。债权人行使担保物权，按照担保法、物权法的规定，应以担保物拍卖、变卖为主要方式，担保物的变价款为担保物的现实价值，评估价值与变现价值不同时，则以变现价值为准。债权人放弃担保物权时，因权利被放弃而不发生担保物的变价，鉴于担保物的评估价值曾得到双方的共同认可，也是债权人、担保人对担保物价值的合理预期，故在有评估价值时，担保物的价值应当按照评估价值确定；在没有评估价值时，则以债权人放弃担保物的时间为准评估确定。之所以选择债权人放弃担保物的时间作为评估时间，因为担保物未来是升值还是贬值，债权人、保证人均难以预见，以债权人放弃担保物的时间作为确定担保物价值的时间，较为妥当。

六、保证人死亡与保证责任

保证人是自然人的，如果保证人死亡，其遗产是否应当承担保证责任，我国法律没有规定，担保法司法解释也未涉及。实践中，针对该问题有以下三种观点：

第一种观点认为，保证人的遗产应免于承担保证责任。因为保证是人保，人在信用在，人死信用灭，建立在信用上的保证，自然要承担保证人死亡的风险，这也是保证与抵押、质押所不同的地方。

第二种观点认为，保证人死亡不等于信用破灭，保证人的信用与保证人的清偿能力直接相关，保证人死亡但仍有遗产可供清偿的，尤其有巨额遗产的，遗产应当用来承担保证责任。

第三种观点认为，应当区分两种情况，如果债务到期后保证人死亡的，遗产应当用来承担保证责任；如果债务未到期保证人即死亡的，由于保证人的保证责任尚未发生，遗产不用来承担保证责任。

上述三种观点均有其合理之处，正确认识保证人死亡后的法律责任问题，必须准确把握保证义务和保证责任之间的辩证关系。保证义务是债权人和保证人通过订立保证合同为保证人设定的民事义务，保证义务自保证合同有效成立之时产生，并在条件成就时转化为保证责任，因此被称为保证人的或有负债。保证责任是债务人到期未清偿债务，保证人依照法律规定所承担的民事责任，属于保证人真实的债务负担。保证义务是保证责任的前提，保证责任是保证义务的转化。根据法理学关于义务与责任的理论，法律责任是当事人违反义务的结果。保证义务和保证责任也是如此。基于保证义务和保证责任的辩证关系，上述第三种意见最为合理。因为，债务若尚未到期，保证人仅有保证义务，没有保证责任，此时保证人死亡的，如果以保证人的遗产承担尚未发生的保证责任，于理不合；如果债务已经到期并且未得到清偿，保证人所承担的保证义务已经转化为保证责任，或有负债已经转为实有负债，此时保证人死亡的，其遗产应当承担已经发生的保证责任，合乎情理。

所谓职务保证，指保证人对被担保人在履行职务期间造成的损失承担保证责任的保证方式，如果被担保人的行为产生损害，保证人应当承担责任。职务保证合同成立时，损害赔偿之债尚未发生，我国台湾地区有法院认为：“职务保证原有专属性，除有特约或特殊情形外，保证人之责任因其死亡而消灭。盖此种保证于保证契约成立时，被保人尚未有具体的赔偿之债务，必待被保人有亏损之情事后，其赔偿之责任始能具体确定，而遗产继承人应以继承开始时被继承人的权利义务状态为准，如继承开始时被保人尚未发生具体而确定之赔偿义务，则此种保证契约不在继承的范围之内。"① 虽然职务保证与经济活动中以金钱为履行标的的保证存在区别，但在保证义务与保证责任的发生上，两者并不存在差异，我国台湾地区审判中的经验可资借鉴。

第七节 保证关系中的欺诈

依照我国合同法第 52 条②、第 54 条③的规定，当事人采取欺诈、胁迫的手段致使对方在违背真实意思的情况下订立的合同，属于可撤销合同，同时又损害国家利益的，合同无效。保证关系中，保证人因受欺诈、胁迫订立保证合同的，担保法第 30 条④和担保法司法解释第 40 条⑤规定保证人不承担保证责任，赋予保证人以免责抗辩权。如果保证人与债务人串通欺骗债权人的，按照担保法司法解释第 41 条⑥的规定，保证人则与债务人一起承担连带赔偿责任。欺诈和胁迫两者之间存在巨大差异，前者比较隐蔽，重在掩盖真相或扭曲事实，致使他人产生错误判断；后者"明目张胆"，凭借强力扭曲他人意思，手段激烈。经济活动中保证关系的当事人以法人、经济组织居多，胁迫手段难以奏效，因此债权人、债

---

① 林纪东、郑玉波、蔡墩铭等：《新编六法全书》，我国台湾地区五南图书出版公司 1986 年版，第 175 页。

② 民法典第 153 条规定："违反法律、行政法规的强制性规定的民事法律行为无效。但是，该强制性规定不导致该民事法律行为无效的除外。违背公序良俗的民事法律行为无效。"第 154 条规定："行为人与相对人恶意串通，损害他人合法权益的民事法律行为无效。"

③ 民法典第 148 条规定："一方以欺诈手段，使对方在违背真实意思的情况下实施的民事法律行为，受欺诈方有权请求人民法院或者仲裁机构予以撤销。"第 150 条规定："一方或者第三人以胁迫手段，使对方在违背真实意思的情况下实施的民事法律行为，受胁迫方有权请求人民法院或者仲裁机构予以撤销。"第 151 条规定："一方利用对方处于危困状态、缺乏判断能力等情形，致使民事法律行为成立时显失公平的，受损害方有权请求人民法院或者仲裁机构予以撤销。"

④ 无对应内容。

⑤ 无对应内容。

⑥ 无对应内容。

务人胁迫保证人提供担保的情形极为少见，担保法和担保法司法解释关于胁迫的规定适用概率不高，案例很少。但欺诈情形在保证关系中较为多见，由此引发的纠纷也较多。为准确把握保证关系中各种欺诈情形的构成要件和法律适用，保护债权人和保证人的合法权益，本节集中对保证关系中的欺诈情形进行必要的分析、归纳。

一、债权人欺诈保证人

担保法第 30 条第 2 项规定，主合同债权人采取欺诈、胁迫等手段，使保证人在违背真实意思的情况下提供保证的，保证人不承担保证责任。根据担保法的规定，结合民事欺诈理论，认定债权人欺诈保证人需要具备以下要件：

1. 债权人有欺诈行为，比如不当陈述、故意隐瞒、歪曲事实等。

2. 致使保证人受骗，即保证人有理由相信债权人的陈述。如果保证人对真实情况了解，主观上未受骗，则不构成欺诈。比如在以贷还贷中，保证人对银行与债务人以贷还贷的做法是明知的，不构成欺诈，保证人不享有免责抗辩权。

3. 保证人提供保证的行为与债权人的欺诈行为之间存在因果关系，债权人的欺诈行为是保证人签订保证合同的主要原因。如果保证人与债权人订立保证合同是出于其他的考虑，不构成欺诈。

债权人欺诈保证人，致使保证人违背真实意思的情况，往往和债权人与债务人恶意串通，骗取保证人提供保证的情况相互交叉。比如，主合同双方当事人签订汽车零部件进口合同以掩盖汽车走私的真实目的，保证人在不知情的情况下为卖方按时支付货款提供担保，既构成债权人欺诈保证人，又构成债权人与债务人串通欺骗保证人。债权人欺诈保证人可以适用担保法第 30 条第 2 项进行处理，债权人与债务人恶意串通欺诈保证人，不仅可以适用担保法第 30 条第 2 项，而且还可以适用该条第 1 项，构成法条适用竞合，法院可以选择适用任何一项进行裁判。

证明债权人欺诈保证人的举证责任由保证人承担。保证人在保证合同上签字盖章，或向债权人出具保证承诺书，保证合同成立，已成立的保证合同也成为证明保证人为债权人提供担保的有效证据，保证人欲推翻这一证据，必须自行举证。鉴于举证责任的沉重负担，保证人处于被动地位，因此企业或个人为他人提供保证时应当非常谨慎，如果因相信债权人所谓“在保证合同上盖章只是履行手续，不会真正承担责任”的陈述而提供担保的，事后想要推翻则证据难寻。

二、债务人欺诈保证人

我国担保法对债务人欺诈保证人的情况未作规定，立法上考虑的是保证合同的当事人是债权人和保证人，债务人不是必要的当事人，在债权人、债务人、保证人均参与签订的合同中，债务人也不是保证合同的当事人，而是主合同的当事人。因此，保证人受债权人的欺诈，属于受合同一方当事人的欺诈，保证人可以免责，而受债务人的欺诈则属于受合同之外的第三人的欺诈，一般不能成为免责的理由。担保法的规定与合同相对性原则相吻合。

担保法司法解释第 40 条增加规定了债务人欺诈保证人时，保证人不承担保证责任的情形，适度突破了合同的相对性。该条规定："主合同债务人采取欺诈、胁迫等手段，使保证人在违背真实意思的情况下提供保证的，债权人知道或者应当知道欺诈、胁迫事实的，按照担保法第三十条的规定处理。"从该条规定的内容看，因为针对的是债务人欺诈保证人的情形，完全区别于担保法第 30 条的内容，因此不是对担保法第 30 条文义的解释，而是对担保法的扩大解释。该条丰富了保证关系中欺诈的情形，也在一定程度上突破了合同相对性原则，使债务人欺诈保证人成为保证人免责的理由，因此需要给予适度限制。担保法司法解释规定，"债权人知道或者应当知道欺诈、胁迫事实"的，保证人才因债务人的欺诈、胁迫而不承担保证责任，在举证责任分配上，证明"债权人知道或者应当知道欺诈、胁迫事实"的举证责任仍然由保证人承担。可以说，保证人承担证明"债权人知道或者应当知道欺诈、胁迫事实"的举证责任，是司法解释对突破合同相对性原则，承认保证人可以因债务人的欺诈、胁迫而免责设置的一个技术上的限制。

司法解释对担保法的扩大解释，目的是保护保证人的权益。实务中，债务人单独出面采取欺诈手段致使保证人违背真实意思表示提供保证，债权人可能也在幕后参与，如果一概不考虑对保证人予以保护，在利益衡量上有所不公。由于证明债权人与债务人串通欺诈保证人比较困难，所以司法解释规定保证人如果能够证明债权人对债务人欺诈的行为是"明知或应知"的，保证人则不承担保证责任，适当降低了保证人举证上的难度。

三、债权人、债务人恶意串通欺骗保证人

担保法第 30 条第 1 项规定，主合同当事人双方串通，骗取保证人提供保证

的，保证人不承担保证责任。

债权人与债务人构成恶意串通，需要以债权人与债务人的意思联络为要件。证明主合同当事人双方串通，证明双方意思上的联络，可以从考察主合同的合同目的入手，能够证明主合同的目的是双方当事人的共同目的的，即可以证明主合同双方当事人存在意思上的联络。共同目的代表当事人的共同利益，只有意思上的联络才会有目的上的共同。比如，以贷还贷关系中，银行和借款人只有意思表示达成一致才会有以贷还贷的安排，任何一方单方面的以贷还贷，都不是真正的以贷还贷。再如，以合法形式掩盖非法目的的合同，合同的目的只能由合同双方来共同商定，任何一方的主观意思未得到对方的同意的，均不能构成合同的目的，充其量只是当事人的动机。比如以进口汽车零部件为合法形式掩盖走私汽车的非法目的的合同，走私汽车是合同目的，进口汽车零部件是合法形式，合同双方当事人必然有共同的目的，才能从事共同的行为。

四、债务人、保证人共同欺诈债权人

债务人、保证人以欺诈手段与债权人订立的主合同和保证合同，除损害国家利益外，属于可撤销合同。担保法司法解释第 41 条规定：“债务人与保证人共同欺骗债权人，订立主合同和保证合同的，债权人可以请求人民法院予以撤销。因此给债权人造成损失的，由保证人与债务人承担连带赔偿责任。”债权人享有的撤销权性质上属于形成权，由债权人根据实际情况选择使用。

（一）债权人放弃对主合同和保证合同的撤销权

债务人、保证人欺骗债权人订立的主合同和保证合同，债权人对主合同和保证合同有撤销权。债权人为了自身的利益考虑，可以选择不撤销主合同和保证合同。按照主从合同原则，债权人撤销主合同的，作为从合同的保证合同也归于无效，相当于主合同与保证合同一并撤销。债权人不行使撤销权以维持主合同的效力，进而维持保证合同的效力，有利于保护债权人的合法权益。除主合同和保证合同损害国家利益外，债权人放弃合同撤销权的，主合同和保证合同具有法律效力。

（二）主合同因损害国家利益或债权人行使撤销权而无效

因欺诈成立的主合同和保证合同如果损害国家利益，根据合同法第 52 条的规定属于当然无效合同。如果债权人行使撤销权，主合同和保证合同也因被撤销而无效，债务人应当承担对债权人的损害赔偿责任。对保证人来说，如果保证人未参与对债权人的欺骗，保证人免于承担民事责任，担保法司法解释第 8 条[①]对此有明确规定。如果保证人与债务人共同欺骗债权人，担保法司法解释第 41 条规定“保证人与债务人承担连带赔偿责任”，保证人承担的法律责任可能较之保证合同有效时更加沉重。担保法司法解释的规定采用了共同侵权理论，认为债务人与保证人共同欺骗债权人的行为，符合共同侵权的构成要件。共同侵权的构成需要以当事人的共同侵权行为、侵权人主观上的共同意思联络以及侵权行为与侵权结果之间的因果关系为要件，基本上与债务人、保证人共同欺骗债权人订立主合同和保证合同的情形相对应。主合同与保证合同因撤销而无效，债务人与保证人承担连带赔偿责任，体现了合同责任与侵权责任的融合，使合同责任理论有了一定的发展。

适用担保法司法解释第 41 条需要与其第 8 条相协调。担保法司法解释第 41 条规定的情形也是其第 8 条规定的情形，第 8 条后半段规定“担保人有过错的，担保人承担民事责任的部分，不应超过债务人不能清偿部分的三分之一”，与第 41 条规定的“连带赔偿责任”之间存在较大区别，在法律适用上，可以按照特别与一般的关系来处理。即，在债务人、保证人共同欺骗债权人导致主合同、保证合同无效的情况下，优先适用第 41 条；主合同无效，担保合同也无效，但没有证据证明存在“债务人与保证人共同欺骗债权人”事实的，则适用第 8 条，保证人依其过错承担赔偿责任，最高不超过“债务人不能清偿部分的三分之一”。

下面试以信用证开证担保案件为例，作进一步分析。

简要案情：债务人虚构出口贸易事实向银行申请开立信用证，目的是套取银行资金。为取得银行的信任，债务人与保证人进行协商，由保证人向银行提供开立信用证的担保。银行基于对债务人和保证人的信任，开出信用证并遭受重大损失，由此引发纠纷。在诉讼中，信用证开证合同被法院以损害国家利益为由认定

① 民法典担保制度司法解释第 17 条规定：“主合同有效而第三人提供的担保合同无效，人民法院应当区分不同情形确定担保人的赔偿责任：（一）债权人与担保人均有过错的，担保人承担的赔偿责任不应超过债务人不能清偿部分的二分之一；（二）担保人有过错而债权人无过错的，担保人对债务人不能清偿的部分承担赔偿责任；（三）债权人有过错而担保人无过错的，担保人不承担赔偿责任。主合同无效导致第三人提供的担保合同无效，担保人无过错的，不承担赔偿责任；担保人有过错的，其承担的赔偿责任不应超过债务人不能清偿部分的三分之一。”

为无效。

分析来看，首先，如果有证据证明保证人明知债务人开立信用证的目的是套取银行资金，债务人、保证人有共同欺骗债权人的意思联络，保证人与债务人应当承担“连带赔偿责任”；其次，如果没有证据证明保证人明知或者应知债务人没有贸易背景，保证人与债权人一样受债务人的欺骗，依据担保法司法解释第8条的规定，保证人不承担民事责任；最后，如果保证人与债务人共同欺诈证据不足，但保证人有过错的，同样依据担保法司法解释第8条的规定，保证人承担“不应超过债务人不能清偿部分的三分之一”的赔偿责任。

五、以贷还贷

以贷还贷，指银行在债务人旧贷款未归还的情况下，与债务人签订新贷款合同，以新贷出的款项清偿旧贷款的行为。以贷还贷现象在实践中较为普遍。

（一）以贷还贷的认定

以贷还贷基本上发生在金融机构和借款人之间，性质上属于民事行为，认定金融机构与借款人之间是否存在以贷还贷行为，不仅要查明借款人客观上是否存在将新贷偿还旧贷的行为，而且还要查明金融机构与借款人之间主观上是否存在以贷还贷的共同意思表示或者意思联络，两者缺一不可。实务中，借款人以新贷偿还旧贷的行为容易查明，但证明金融机构与借款人之间主观上有以贷还贷的共同意思表示，难度较大，因为意思表示的形式多样，可以不立文字。如果金融机构与借款人在贷款合同上写明贷款用途为偿还旧贷的，意思表示清楚，认定不成问题；如果没有直接证据予以证明的，根据实务中具体情况也可以推定存在以贷还贷的共同意思。例如：

1. 新贷款项根本没有贷出，银行只是更换贷款凭证；
2. 新贷款项在极短时间即归还，如上午贷出，下午即归还；
3. 新贷款恰好是旧贷款本息相加之和，借款人又在较短的时间内归还旧贷款。

总之，金融机构与借款人之间存在以贷还贷的共同意思表示是以贷还贷成立的要件，因此应当避免将借款人单方面决定以新贷偿还旧贷以及金融机构单方面决定扣收借款人新贷的做法，简单认定为以贷还贷。如果无法查明金融机构与借款人之间存在以贷还贷的共同意思表示，又无推定可能的，不能作以贷还贷处理。

（二）以贷还贷的效力

以贷还贷行为的效力不仅影响到以贷还贷主合同的效力，还影响到以贷还贷担保合同的效力。对以贷还贷效力的认定，司法实践中存在两种不同意见。一种意见认为，我国现行法律、行政法规对以贷还贷行为没有限制，目前也没有事实证明以贷还贷存在社会危害性，应当认定为有效。此外，以贷还贷现象普遍存在，若作无效认定，影响面广，社会效果不好。另一种意见认为，以贷还贷不是真实的贷款，其规避了国家关于金融机构贷款规模的限制，与我国《贷款通则》相违背，应当认定为无效。

当前，关于以贷还贷行为的效力，我国金融主管部门尚无明确意见。从我国法律关于无效民事行为的规定看，目前也未明文加以禁止，在实际效果上，债务人借新贷还旧贷，对债务人有利，对债权人也没有明显不利，考虑到以贷还贷属于当事人的真实意思表示且具有普遍性，法律、行政法规也无禁止性规定，将以贷还贷行为认定为无效依据不足。担保法司法解释第 39 条①第 1 款规定："主合同当事人双方协议以新贷偿还旧贷，除保证人知道或者应当知道的外，保证人不承担民事责任。"其中，也未将保证人承担的责任直接表述为"无效民事责任"或"赔偿责任"，可见对主合同（以贷还贷合同）显然未作无效处理。

（三）以贷还贷对保证人的影响

以贷还贷属于债权人与债务人的真实意思表示，该意思表示应当让保证人知悉。旧贷可能已经系呆坏账，保证人担保的新贷如果用于偿还旧贷，等同于保证人为旧贷提供担保，对保证人极为不利。因此，主合同当事人以贷还贷不应对保证人隐瞒，否则构成对保证人的欺骗。为此，担保法司法解释第 39 条明确规定："主合同当事人双方协议以新贷偿还旧贷，除保证人知道或者应当知道的外，保证人不承担民事责任。新贷与旧贷系同一保证人的，不适用前款的规定。"

---

① 民法典担保制度司法解释第 16 条规定："主合同当事人协议以新贷偿还旧贷，债权人请求旧贷的担保人承担担保责任的，人民法院不予支持；债权人请求新贷的担保人承担担保责任的，按照下列情形处理：（一）新贷与旧贷的担保人相同的，人民法院应予支持；（二）新贷与旧贷的担保人不同，或者旧贷无担保新贷有担保的，人民法院不予支持，但是债权人有证据证明新贷的担保人提供担保时对以新贷偿还旧贷的事实知道或者应当知道的除外。主合同当事人协议以新贷偿还旧贷，旧贷的物的担保人在登记尚未注销的情形下同意继续为新贷提供担保，在订立新的贷款合同前又以该担保财产为其他债权人设立担保物权，其他债权人主张其担保物权顺位优先于新贷债权人的，人民法院不予支持。"

1. 在旧贷没有担保或旧贷与新贷的保证人不是同一人的情况下，新贷的保证人如果不知道主合同双方当事人以贷还贷的，应当按照担保法第30条第1项的规定，免除保证人的保证责任。

2. 在旧贷与新贷均有保证人，且保证人为同一人的情况下，保证人不能免除保证责任。理由是，在旧贷和新贷是同一个保证人的情况下，由于债务人用新贷偿还了旧贷，从而免除了保证人对旧贷的保证责任，保证人承担的风险和责任并未因此加大，因此保证人无论是否知悉债权人与债务人之间存在以贷还贷行为，均应承担保证责任。

3. 如果主合同写明是以贷还贷，或者金融机构、债务人能够提供证据证明保证人知道以贷还贷的，保证人承担保证责任。在举证中，如果主合同没有载明以贷还贷，比如主合同载明借款用途是购买原材料、流动资金，则保证人证明自己不知有以贷还贷事实存在的，只需以主合同为证据；金融机构或债务人主张保证人知悉以贷还贷事实的，应当由金融机构或债务人举证；金融机构或债务人举证不能的，应当认定保证人不知主合同当事人之间有以贷还贷的事实，依法免除其保证责任。

第八节 企业破产与保证责任

依照2006年颁布的企业破产法的规定，企业法人可以适用企业破产法规定的破产重整、清算、和解程序偿还债务或者重整再生。保证关系中的债权人、债务人、保证人以企业法人居多，其中任一当事人进入破产程序，对其余当事人都将产生影响，尤其以保证人破产对债权人影响为甚。担保法及其司法解释对保证关系中当事人破产涉及的部分问题作了规定，最高人民法院在司法实务中也通过批复形式对个别引起社会关注的法律适用问题进行了解释。结合企业破产法的规定，本节着重分析、研究保证关系中当事人破产与保证责任的问题。

一、债权人破产

债权人破产不影响保证人承担保证责任，债权人的破产管理人代表已破产的债权人行使权利，包括向保证人行使权利。保证人承担保证责任的方式与内容，都不因债权人破产而发生任何变化。

债权人破产之时债权尚未到期的，参照《最高人民法院关于审理企业破产案件若干问题的规定》（法释〔2002〕23 号）第 70 条的规定[①]，在债权人被宣告破产时视为债权已到期，破产管理人可以提前要求债务人清偿。这不仅意味着债务人不再享有期限上的利益和期限上的抗辩权，而且意味着作为从债务人的保证人也由此要提前履行保证义务，丧失期限上的利益。法院受理对债权人的破产申请后，债权人还存在因破产原因不足或和解、重整而免于破产宣告的可能性。债权人被宣告破产后，债务人则必须提前履行债务。债权因破产宣告提前到期的，必须扣除未到期的利息。

二、债务人破产

（一）债权人申报债权和向保证人主张权利

债务人进入破产程序后，债权人可以依照企业破产法的规定申报债权，参加破产程序。与此同时，债权人也可以向保证人主张权利。担保法第 17 条[②]第 3 款第 2 项规定债务人进入破产程序后，一般保证人丧失“先诉抗辩权”，转化为连带责任保证人；第 18 条[③]第 2 款规定债权人既可以要求债务人清偿债务，也可以要求连带保证人承担保证责任。这两条规定意味着无论保证人承担何种保证责任，债权人均可以同时向债务人和保证人主张权利，不受债务人破产的影响。担保法司法解释第 44 条[④]第 1 款明确规定：“保证期间，人民法院受理债务人破产案件的，债权人既可以向人民法院申报债权，也可以向保证人主张权利。”

---

① 2006 年企业破产法对该问题没有规定，我国 1986 年企业破产法（试行）第 31 条与最高人民法院上述司法解释规定相同，可资借鉴，但以参照为宜。

② 民法典第 687 条规定：“当事人在保证合同中约定，债务人不能履行债务时，由保证人承担保证责任的，为一般保证。一般保证的保证人在主合同纠纷未经审判或者仲裁，并就债务人财产依法强制执行仍不能履行债务前，有权拒绝向债权人承担保证责任，但是有下列情形之一的除外：（一）债务人下落不明，且无财产可供执行；（二）人民法院已经受理债务人破产案件；（三）债权人有证据证明债务人的财产不足以履行全部债务或者丧失履行债务能力；（四）保证人书面表示放弃本款规定的权利。”

③ 民法典第 688 条规定：“当事人在保证合同中约定保证人和债务人对债务承担连带责任的，为连带责任保证。连带责任保证的债务人不履行到期债务或者发生当事人约定的情形时，债权人可以请求债务人履行债务，也可以请求保证人在其保证范围内承担保证责任。”

④ 民法典担保制度司法解释第 22 条规定：“人民法院受理债务人破产案件后，债权人请求担保人承担担保责任，担保人主张担保债务自人民法院受理破产申请之日起停止计息的，人民法院对担保人的主张应予支持。”

债权人同时向法院申报债权和向保证人行使权利的，债权人在破产程序中可能得到的破产财产分配额，无需预先在保证人应当承担的保证责任中减扣，法院可以全额裁判。然而，债权人如果已经得到破产财产分配，应及时向法院说明，以便于法院在对保证人的判决中予以扣减；已经裁判完毕的，则在执行中扣减，避免债权人超额受偿。债权人向法院说明已获得的破产财产分配属于其应当承担的义务，债权人未履行该义务造成超额受偿的，法院可以对债权人进行民事制裁。

在债务人、担保人均破产的情况下，债权人可以同时向债务人和担保人全额申报债权，并在两个破产程序中受偿。通常，即便债权人参加两个破产程序，所受清偿也不会达到100%，或者超过债权总额。假如，在极为特殊的情况下两个破产程序的清偿率相加超过100%，比如两个破产程序的清偿率均为60%，则债权人有义务向两个破产程序中的破产管理人声明，并按相同比率在两边扣减。

（二）保证人预先行使追偿权

债务人破产对保证人影响较大，原来承担一般保证责任的保证人，在债务人破产案件被法院受理后，转化为连带责任保证人，不再享有先诉抗辩权。

在债务人破产案件被法院受理后，保证人可以预先行使追偿权，有权在实际承担保证责任之前向债务人追偿。一般情况下，保证人行使追偿权必须以实际承担保证责任为前提，在债务人进入破产程序后，为了保护保证人的权利，法律特别规定保证人可以预先行使追偿权。保证人预先行使追偿权，有权申报债权，参加债务人破产程序，但以债权人不申报债权，不参加破产程序为前提。在程序上，保证人预先行使追偿权的方式是以债权人的身份向法院申报债权，保证人的债权被法院登记后，保证人成为破产债权人。债权人已经申报债权的，法院不再接受保证人的申报；保证人先申报债权的，法院不能以债权人未明确放弃申报为由，拒绝登记，但此后债权人又申报的，法院应当通知保证人不再享有破产债权人的身份。在共同保证中，按份共同保证的保证人可以各自应当承担的保证责任的份额为限，向法院申报债权；连带共同保证的保证人可以单独或共同向法院申报全部债权。如果各连带共同保证人单独申报债权的，法院仅将各保证人重复申报的债权额作为一个债权额，表决权也只有一份，但各保证人均享有破产债权人的身份。为简化程序考虑，担保法司法解释第 46 条[①]规定："人民法院受理债务人破产案件后，债权人未申报债权的，各连带共同保证的保证人应当作为一个主体申报债权，预先行使追偿权。"担保法司法解释的规定可以避免连带共同保证各保证人向法院申报债权形成相互之间的冲突，有利于提高债权登记工作的效率。但该解释应当灵活适用，当保证人无法推举代表时，法院应当接受各保证人的申报。

（三）债权人的通知义务

债务人进入破产程序后，法院根据企业破产法第 14 条的规定应当通知已知债权人并予以公告，债权人应当知悉债务人破产的事实。因此，债权人如果决定不参加破产程序，则应及时通知保证人，以便于保证人预先行使追偿权。为此，担保法司法解释第 45 条[②]规定："债权人知道或者应当知道债务人破产，既未申报债权也未通知保证人，致使保证人不能预先行使追偿权的，保证人在该债权在破产程序中可能受偿的范围内免除保证责任。"司法解释的规定反映了平衡债权人与保证人权益的需要，存在一定的合理性。但值得探讨的是，保证人与债务人的关系通常比保证人与债权人的关系近，保证人在为债务人提供担保后应当关注债务人的情况，对于债务人破产的事实，保证人通常也知道或者应当知道。如果保证人知道或者应当知道债务人破产的事实，而且有证据证明保证人知悉债权人不打算申报债权的，比如债权人已经书面通知保证人全额履行保证责任或已经对保证人起诉的，债权人未通知保证人申报债权不应成为保证人免除保证责任的理由。担保法司法解释第 45 条的规定应当仅适用善意的保证人。

在债权人起诉保证人的案件中，如果法院认为债权人未尽通知义务，应当适用担保法司法解释第 45 条的规定免除保证人部分保证责任的，当债务人的破产程序尚未终结或者债务人是否被宣告破产尚不确定时，法院可能无法确定保证人免责的数额。在此种情形下，法院可以中止案件的审理，待债务人破产程序终结后再恢复审理。

---

① 民法典担保制度司法解释第 24 条规定："债权人知道或者应当知道债务人破产，既未申报债权也未通知担保人，致使担保人不能预先行使追偿权的，担保人就该债权在破产程序中可能受偿的范围内免除担保责任，但是担保人因自身过错未行使追偿权的除外。"

② 参见民法典担保制度司法解释第 24 条。

（四）债权人在债务人破产程序终结后向保证人主张权利

债务人破产的，债权人可以选择先申报债权参加债务人破产程序，待债务人破产程序终结后，再向保证人主张权利。担保法司法解释第 44 条第 2 款规定："……债权人要求保证人承担保证责任的，应当在破产程序终结后六个月内提出。"

实务中，针对上述司法解释中所规定的"六个月"的性质存在分歧意见，有主张该期间属于除权期的，也有主张该期间属于督促期的。主张除权期的认为，六个月期间届满可以消灭债权人对保证人享有的权利，保证人由此不再承担保证责任；主张督促期的认为，六个月仅有督促债权人行使权利的作用，不发生除权效果，只要债权人在保证期间内主张权利，即便超过了六个月，保证人也不免除保证责任。

笔者认为，担保法司法解释第 44 条第 2 款所规定的 6 个月"不能发生取代保证期间的作用"，在债务人破产程序终结后，债权人对保证人的保证期间尚未届满的，债权人应当在保证期间内向保证人主张权利。如果债权人未主张权利的，保证人不再承担保证责任。另外，肯定了该 6 个月具有延长保证期间的作用。在债务人破产之时保证期间尚未届满，而在债权人申报债权参加破产程序期间保证期间届满的，债权人在债务人破产终结后仍然享有 6 个月的保证期间，在此期间内债权人向保证人主张权利的，债权仍然受法律保护，保证人不能免除保证责任。该 6 个月相当于延长了保证期间，有利于对债权人的保护。

（五）民法典担保制度司法解释关于债务人破产的有关规定与重申债务人破产后保证人停止计息的现实意义

民法典第 3 编第 13 章保证合同部分对债务人破产情形下保证人如何承担保证责任未作规定，民法典担保制度司法解释第 22 条至第 24 条结合我国企业破产法的有关规定，参考担保法司法解释，对一些司法实践中的具体问题进行了解释。民法典担保制度司法解释的内容并无实质上的更改，不超出本节所述各项内容，读者如果觉得现在的司法解释条文少，比较抽象，可以参阅本节各部分。原则上，除担保法司法解释第 44 条有关限制当事人权利期限的内容外，其他内容完全适用现在的法律环境。此外，对于民法典担保制度司法解释没有涉及，但在司法实践中仍然存在的问题，读者也可以借鉴本节的内容作出恰当的判断和抉择。

此次民法典担保制度司法解释的主要现实意义在于其第22条规定，保证债务作为从债务在主债务人破产申请被人民法院受理之日起停止计息，以司法解释明确表态的方式终止了一段时间内混乱的司法实践。在笔者看来，近来个别法院在处理债务人破产后保证债务是否停止计息问题上的混乱，属于司法部门适用法律错误，反映出个别法官对法律解释学缺乏重视。坚持保证债务继续计息的认识违背基本的体系解释方法，导致企业破产法、担保法在相同问题的处理上产生体系冲突，其结果既对保证人不公，也不能反映出担保作为风险分担的意义高于风险转嫁的立法理念，既无理论价值也无实践价值。正是在这种意义上，民法典担保制度司法解释第22条的规定才具有特别的法解释学上的意义，值得称赞。

三、保证人破产

破产债权可以是实然的债权，也可以是或然的债权。所谓或然债权是指在发生上尚未确定的债权，需待条件成熟后，或然债权才转化为实然的现实债权。债权人对保证人享有的保证债权即属于典型的或然债权。保证人破产的，债权人可以凭或然债权进行申报。

申报程序上，因破产管理人在进行债权登记时仅对申报的债权作形式审查，所以，无论债权人是实然的债权人还是或然的债权人，均应登记在册。在债权确认和处理上，应当掌握以下原则：

1. 如果保证人进入破产程序前，债权人对保证人的保证债权已经被生效法律文书所确认，应当直接确认为破产债权。《最高人民法院关于审理企业破产案件若干问题的规定》第55条第1款第10项对此作了明确规定。

2. 债权人对债务人、保证人的诉讼在破产程序开始前已经发生，但尚未终结的，对债权人申报的债权额确定为临时破产债权，待诉讼终结后依裁判结果作相应处理。诉讼终结前已经开始破产财产分配的，由破产管理人予以预留。

3. 尚未发生诉讼的，债权人申报债权后，由破产管理人对申报的债权予以审查确认。债权人对破产管理人的审查确认结果有异议的，可以依照企业破产法第58条的规定，向受理破产案件的法院提起诉讼，通过司法程序进行债权确认。诉讼终结前已经开始破产财产分配的，由破产管理人予以预留。

4. 被担保债权在保证人破产程序开始时尚未到期的，债权人申报的债权确认为临时破产债权，待债权到期后视债务人履行债务情况再行确认。债权到期前已经开始破产财产分配的，由破产管理人予以预留，待债权到期后予以分配。

值得注意的是，《最高人民法院关于审理企业破产案件若干问题的规定》第55条第1款第10项关于“债务人为保证人的，在破产宣告前已经被生效的法律文书确定承担的保证责任”的规定，是对已经被人民法院裁判确认的保证债权处理方法的规定，该条并不排斥其他情形的保证债权被确认为破产债权。

第九节 企业出售、改制、分立、合并与保证责任

企业出售、改制或者发生分立、合并等股权变动或者组织形式上的变化，一般不影响保证人承担保证责任，但对保证人代偿风险将产生实质性的影响，值得研究。

一、债务人发生企业出售、改制、分立、合并情况

债务人发生企业出售、改制、分立、合并情况的，属于债务人组织形式上发生变化，可能不发生债务转移的后果，比如企业出售，但也有可能发生债务转移的情况，比如企业合并、分立。债务人发生出售、改制、分立、合并但未发生债务转移的，不影响保证人承担保证责任；发生债务转移的，虽不能直接适用担保法第23条[①]的规定以免除保证人的保证责任，但应当给保证人以适当的救济。本章第6节关于债务转移与保证责任部分已有探讨，其要义是：企业产权转让属于企业股东行为，不属于企业本身行为，仅发生企业股权归属上的变动，不影响企业的债权债务及企业的财产所有权。我国法律并无债务人股权变动须征得保证人同意的规定，而且股权变动不发生债权债务的转移，对企业责任财产也无影响，对保证人并无不利，不需征得保证人同意，因此，担保人不能要求免除其担保责任。

---

① 民法典第697条规定：“债权人未经保证人书面同意，允许债务人转移全部或者部分债务，保证人对未经其同意转移的债务不再承担保证责任，但是债权人和保证人另有约定的除外。第三人加入债务的，保证人的保证责任不受影响。”

二、保证人发生企业出售、改制、分立、合并情况

（一）企业出售

企业出售指企业股东将企业整体转让，企业的主体资格和企业的财产不发生变化。企业出售属于企业产权交易的性质，与出售企业财产不同，不导致企业主体资格的变化，因此不影响保证人承担保证责任。如果企业所有者出售企业时隐瞒、遗漏保证债务，企业原所有者应当与企业一起承担连带责任。因为，企业原所有者隐瞒、遗漏债务将因此获得不当利益，而企业购买者要承担额外的债务负担，原所有者与企业承担连带责任可以实现两者利益上的平衡。企业在承担保证责任后，有权向企业原所有者追偿。国外立法例中也有规定在企业出售的情况下，企业原所有者与企业承担连带责任的例子。比如《俄罗斯联邦民法典》第562条第4项规定："在企业移转给买受人后，出卖人对于未经债权人同意而移转给买受人的企业债务负连带责任。"①

企业出售后，购买者注销了企业主体资格的，注销之前应当由购买者（即股东）对企业的债权债务进行清算，没有清算即注销企业的，负有清算责任的主体应当承担企业债务的清偿责任，包括保证债务在内。

（二）企业分立与合并

企业分立、合并无需征得债权人同意，保证人分立、合并也不例外。保证人合并的，无论是新设合并还是吸收合并，保证人承担的保证债务都将随保证人资产一起移转。如果企业仅移转有效资产而不接受债务，比如不接受保证债务，没有债权人的同意，对债权人没有法律效力，合并后的企业无条件承担保证责任。合同法第90条②明确规定，"当事人订立合同后合并的，由合并后的法人或者其他组织行使合同权利，履行合同义务……"

保证人分立的，依照合同法第90条关于"除债权人和债务人另有约定的以外，由分立的法人或者其他组织对合同的权利和义务享有连带债权，承担连带债

---

① 《俄罗斯联邦民法典》，黄道秀等译，中国大百科全书出版社1999年版，第243页。

② 民法典第67条规定："法人合并的，其权利和义务由合并后的法人享有和承担。法人分立的，其权利和义务由分立后的法人享有连带债权，承担连带债务，但是债权人和债务人另有约定的除外。"

务”的规定，由保证人分立后形成的法人或其他组织连带承担保证责任。保证人分立后形成的法人或者其他组织之间构成共同保证关系，而且属于连带的共同保证关系。

（三）企业改制

企业改制较为复杂，存在不同的改制形式，比如职工参股、租股结合、公司化改造等，无论是哪种形式的企业改制，被改制企业的投资主体都将多元化，企业资产来源也将多样化，企业的组织机构和经营方式以及企业名称都将发生变化。企业改制形式不同，原企业债务的承担也有不同。分述如下：

1. 企业进行公司化改造，企业的投资人没有变化，资产和负债也没有变化，企业改造不影响改制后的企业承担保证责任。

2. 企业进行股份合作制改造的，企业投资主体多元化，企业资产、名称、经营也发生变化。企业股份合作制改造不影响企业承担保证责任。如果股份合作制改造过程中，企业有遗漏债务（包括故意隐瞒债务）行为，比如遗漏保证债务的，改制前企业的股东（出资人、投资人、开办单位等）应当与改制后的企业一起，对遗漏的保证债务承担连带清偿责任。遗漏债务意味着股份的定价高于实际资产，新加入的股东要承担额外的债务负担，对其存在不公，新加入的股东有权要求减价。我国法律对此尚无明文规定，国外立法例中，如《俄罗斯联邦民法典》第565条第3项规定：“出卖人移转给买受人的企业财产中存在债务，该债务在企业出卖合同和文件中没有注明，如果出卖人不能证明买受人在企业出卖合同签订时知道该债务的存在的，买受人有权要求减少购买价格。”①

改制后企业承担了保证责任后，有权向企业原股东追偿，因为原股东是遗漏债务真正的受益人。但企业原股东承担责任应以其在改制后企业中实际拥有的股份和已经取得的获利为限，而不是承担无限责任。企业原股东实际拥有的股份指其在改制后企业中占有的股份；所谓获利指改制企业在实现投资主体多元化时，原股东出卖部分股份给新股东获得的收益。在职工入股进行股份制改造的情况中，应当特别注意对职工合法权益的保护，如果发生债务遗漏，必须严格落实企业的原投资者（出资人）应当承担的民事责任。

---

① 《俄罗斯联邦民法典》，黄道秀等译，中国大百科全书出版社1999年版，第243页。

第十节 保证保险

关于保证保险的性质和法律适用，司法实践中存在不同的认识，最高人民法院的判决和答复也并不一致。准确认识保证保险的性质是正确适用法律和准确界定当事人权利义务的前提。

一、最高人民法院关于保证保险的裁判和答复

（一）某银行与某保险公司保证保险案①

案情：甲公司向某银行提交《不可撤销的跟单信用证申请书》，申请开立总金额为 510 万美元的不可撤销跟单信用证。甲公司向某保险公司提交了《进口付汇履约保证保险单投保单》，申请某保险公司为甲公司提供以开证行（某银行）为受益人，金额不超过 510 万美元或等值人民币及按银行利率计算的相应利息之和的《进口付汇履约保证保险单》。某保险公司向甲公司签发了以开证行（某银行）为受益人，金额不超过 510 万美元或等值人民币及按银行利率计算的相应利息之和的《进口付汇履约保证保险单》。某保险公司保证：被保证人（甲公司）将按照开证行的规定按时交纳对外付汇资金，如被保证人未能在规定时间内支付上述款项，某保险公司保证向开证行偿还上述款项。此后，某银行与甲公司签订《进口开证授信额度协议》，为甲公司开出以乙公司为受益人，总金额为 510 万美元的不可撤销跟单信用证，并对外承兑。后因甲公司和某保险公司均未向某银行支付资金，发生诉讼。

一审法院判词：某银行与甲公司达成的《进口开证授信额度协议》和某银行为甲公司开出的总金额为 510 万美元的不可撤销跟单信用证是双方真实意思表示，应认定合法有效。甲公司未在信用证付款期届满前交付付汇资金致使某银行垫付信用证项下款项 510 万美元，已构成违约，甲公司应向某银行偿还信用证垫款 510 万美元及利息。某银行在保险合同中被列为受益人与我国保险法中只有在人身保险合同中才存在受益人的规定相悖，其约定无效。某银行不是保险合同的

① 最高人民法院（1998）经终字第 291 号民事判决书。转引自《从法律关系的多样性看保证保险》，载《人民法院报》2005 年 8 月 24 日。

当事人，其行为也不应受保险合同的约束。某保险公司在保险合同中承诺当甲公司不能向某银行按时交纳信用证项下款项时，某保险公司保证代甲公司向某银行偿还，其承诺有效。某保险公司应代甲公司向某银行承担连带清偿责任，某银行要求甲公司偿还510万美元信用证垫付款及利息，某保险公司承担连带保证责任的主张应予支持。裁判某保险公司对甲公司的上述债务负连带清偿责任。

最高人民法院判词：某保险公司提供保证保险是根据中国人民银行银复〔1997〕48号“关于‘保证保险’业务的批复”开展的业务。该批复认为，鉴于“保证保险”业务是信用保险业务的门类之一，根据《中华人民共和国保险法》第91条[①]关于财产保险业务包括信用保险的规定，同意中国人民保险（集团）公司所属中保财产保险有限责任公司开办“保证保险”业务，但具体险种的条款及费率应报人民银行批准。从某保险公司开展此项业务的依据看，其是将保证保险作为一个险种来对待的。在保证保险中，义务人是投保人。义务人以保险公司为保证人，为自己的信用担保，在其信用产生危机的时候，由保险人来代为履行义务。保险公司是以保险的方式来完成这种保证的，义务人为此要缴纳保险费。保险人有代位求偿权，即在赔偿权利人的损失后，有权要求权利人转让并取得向义务人追偿的权利，并可在缔约时，从投保人处取得反担保。由于这种保证保险不同于普通的财产保险，其受益人并非投保人，正如上诉人在上诉状中所主张的，通常只有人身保险的受益人可以为第三人，因此，基于该险种的特殊性，以普通财产保险的法律规定不能调整该险种所涉及的三方当事人之间所形成的法律关系。所以，从其所形成的民事法律关系来看，更符合保证的法律特质，即某保险公司为某银行与甲公司之间的债权债务关系提供保证。因此，应当认定某保险公司为保证人，与某银行之间形成了保证关系。对这一关系应适用担保法及相关的司法解释。

（二）某汽车公司与某保险公司保险合同纠纷管辖案[②]

案情：某汽车公司与某保险公司签订《分期付款购车保险协议》，后双方在履行过程中发生纠纷诉诸法院，并形成管辖权异议。某汽车公司认为：《分期付

---

① 对应2015年《中华人民共和国保险法》第95条。

② 最高人民法院（2000）经终字第295号民事裁定书。转引自《从法律关系的多样性看保证保险》，载《人民法院报》2005年8月24日。

款购车保险协议》系保证保险合同，属担保的范畴。该协议属于《分期付款购车合同》的从合同，具有从属性，它以主合同的存在为成立的前提，其管辖应从属于主合同的约定。某保险公司答辩称：本案当事人签订的《分期付款购车保险协议》是信用保险合同，不是担保。该合同在形式、内容和法律性质上均系保险法律范畴。保险与买卖分属不同法律关系，管辖问题应遵从保险法和合同法的不同管辖规定和当事人的约定来处理。

最高人民法院判词：某保险公司与某汽车公司签订的《分期付款购车保险协议》，是双方当事人依据《中华人民共和国保险法》的规定而成立的保险合同，某汽车公司是投保人，某保险公司是保险人。在保险合同法律关系中，其他民事合同的权利义务虽是保险人确定承保条件的基础，但其不能改变两个合同在实体与程序上的法律独立性，其他民事合同与保险合同之间不存在主从关系。

（三）甲银行与甲保险公司合同纠纷案①

甲银行与甲保险公司签订有保证保险合同，后在履行中发生纠纷诉诸法院。就保证保险合同的性质，受理案件的法院向最高人民法院请示。

最高人民法院答复认为：保证保险是由保险人为投保人向被保险人（即债权人）提供担保的保险，当投保人不能履行与被保险人签订合同所规定的义务，给被保险人造成经济损失时，由保险人按照其对投保人的承诺向被保险人承担代为补偿的责任。因此，保证保险虽是保险人开办的一个险种，其实质是保险人对债权人的一种担保行为。在企业借款保证保险合同中，因企业破产或倒闭，银行向保险公司主张权利的，应按借款保证合同纠纷处理，适用有关担保的法律。

二、最高人民法院对保证保险性质的不同认识

1. 保证说。最高人民法院在某银行与某保险公司信用保证保险案中认为："由于这种保证保险不同于普通的财产保险，其受益人并非投保人……通常只有人身保险的受益人可以为第三人，因此，基于该险种的特殊性，以普通财产保险的法律规定不能调整该险种所涉及的三方当事人之间所形成的法律关系。所以，从其所形成的民事法律关系来看，更符合保证的法律特质，即某保险公司为某银

---

① 最高人民法院（1999）经监字第 266 号复函。转引自《从法律关系的多样性看保证保险》，载《人民法院报》2005 年 8 月 24 日。

行与甲公司之间的债权债务关系提供保证……对这一关系应适用《中华人民共和国担保法》及相关的司法解释予以调整。”

2. 保险说。最高人民法院在某汽车公司与某保险公司保险合同纠纷管辖权案中认为：“某保险公司与某汽车公司签订的《分期付款购车保险协议》，是双方当事人依据《中华人民共和国保险法》的规定而成立的保险合同，某汽车公司是投保人，某保险公司是保险人。在保险合同法律关系中，其他民事合同的权利义务虽是保险人确定承保条件的基础，但其不能改变两个合同在实体与程序上的法律独立性，其他民事合同与保险合同之间不存在主从关系。”

3. 混合说。最高人民法院在甲银行与甲保险公司保证保险合同纠纷案中认为：“保证保险是由保险人为投保人向被保险人（即债权人）提供担保的保险，当投保人不能履行与被保险人签订合同所规定的义务，给被保险人造成经济损失时，由保险人按照其对投保人的承诺向被保险人承担代为补偿的责任。因此，保证保险虽是保险人开办的一个险种，其实质是保险人对债权人的一种担保行为……应按借款保证合同纠纷处理，适用有关担保的法律。”由于该复函将保证保险既视为保险，又视为保证，主张适用担保法处理保证保险，故称为“混合说”。

三、保证保险的性质——信用保险

（一）保险和保证具有相同的约定责任本质

在法律责任理论中，以法律责任的来源为标准，可以区分为约定责任和法定责任。前者指法律责任源于当事人的承诺，后者指法律责任源于法律的规定。保证责任和保险责任同属于约定责任，保证人和保险人因自愿参加债务的履行而产生法律责任。正因为保证和保险在民事责任性质上的相同，保证保险就更加具有迷惑性，属于“四不像”，最高人民法院上述判决也将两者混合，认为“保证保险虽是保险人开办的一个险种，其实质是保险人对债权人的一种担保行为”。然而，保证和保险虽然具有相同的法律本质，但无论在立法上还是在司法中，两者都是各自独立的，并由各自的法律调整。

（二）保险关系的多样性

保险品种具有多样性。保险品种的多样性决定了保险关系的多样性，应当从保险品种出发分析认识具有多样性的保险关系。比如，财产保险的受益人往往是投保人，但不能借此认为受益人是第三人的保险就不是财产保险，并由此认为保证关系的受益人是第三人，所以保证保险属于保证关系。从性质上分类，保险品种分为人身保险、财产保险以及混合保险（如投资连接险），财产保险通常又分为财产损失保险、责任保险和信用保险。既是投保人同时也是受益人的财产保险，在财产损失险中比较常见，在其他财产保险中，受益人系第三人的情况则更为常见，比如产品责任险，该保险品种的受益人系不特定的消费者，只要消费了该产品并遭受因产品缺陷带来损失的消费者，均为受益人。产品责任险的受益人不仅是第三人，而且是潜在的、不特定的第三人，并且排除了投保人自身。保证保险属于财产保险品种中的信用保险，受益人不是投保人，而是第三人——债权人，虽然投保人、债权人、保险人三者之间的关系与债务人、债权人、保证人三者之间的关系相似，但由于保证保险系财产保险，适用保险法，因而区别于经济活动中的保证关系。

保险品种的多样性决定了保险关系的多样性，不能因为保证保险不是财产损失险，就将其排除在财产保险之外。保证保险的当事人在保险法的框架下向特许经营保险业的保险机构投保，因保险的范围是债权的实现，因而该保险属于财产保险中的信用保险。

（三）保证方式的多样性决定担保法调整范围的局限性

将保证保险误解为保证的原因，除了对财产保险存在认识上的误区外，还有对保证关系认识上的不足。保证关系也具有多样性，担保法中关于保证的规定也不能处理所有的保证关系，更遑论保证保险关系。保证属于信用担保，实践中，有经济活动中的保证关系，也有民事活动中的保证关系（如人事保证），还有司法程序中的保证关系（如对财产保全的保证），各自适用不同的法律。民事活动、司法程序中的保证关系，主要适用民法、合同法和民事诉讼法，担保法原则上适用于经济活动中的保证关系。经济活动之外的保证关系，担保法或者不能调整，比如司法程序中的保证；或者基本不能调整，比如民事活动中的人事保证①，因此，即便一个民事关系被定性为保证，也未必在担保法的调整范围之

① 与经济活动近似的民事活动中设定的保证关系，如民间借贷中的保证，可以适用担保法。担保法司法解释第1条作了规定，但前提是必须按照担保法来设定担保关系。

内。此外，由于我国担保法内容上的局限性，一些典型经济活动中的保证关系，担保法也无法完全调整，比如涉外保函、履约担保性质的工程担保、进口押汇、福费廷等。

保证关系的多样性反映了社会生活对担保方式需求旺盛，我国担保法在内容上的单薄，决定了它在调整保证关系上具有一定的局限性。如果对保证保险关系强行适用担保法调整，不仅不能解决问题，而且会扭曲当事人的意思表示，可能有损公平、公正。

四、审理保证保险案件值得注意的问题

审理保证保险案件值得注意的问题，总结起来有：保证保险合同与债权合同的关系，诉讼当事人、当事人的抗辩权，保险人的权利性质等。基于以上对保证保险的性质和适用法律的分析，因保证保险属于财产保险品种中的信用保险，适用保险法，不适用担保法，因此，保证保险合同系独立的合同，与债权合同之间无主从关系，两个合同各成体系。债权合同无效或者被撤销，并不影响保险合同的效力，只是影响保险人的理赔义务。比如，因被保险的债权无效，保险人可以按照保险合同的约定，以理赔条件未成就而拒绝理赔。在诉讼程序中，基于保证保险合同的独立性，保证保险纠纷案件可以独立成诉，法院无需在当事人未提出申请的情况下追加投保人参加诉讼。在保证保险关系中，当事人之间的权利义务按照保险合同的约定确定，没有约定的，按照保险法的规定予以确定。担保法关于保证关系的规定不能套用。比如，在抗辩权上，担保法规定的物保优先于人保的“检索抗辩权”、保证期间的抗辩权等，均不能适用于保证保险关系中。根据保险法的明确规定，保险人承担保险责任后，取得对被保险人的代位求偿权，保险人不仅取得债权，而且取得债权的从属性权利，比如担保权。债权人不得拒绝移交债权凭证和从属性权利，也不得放弃担保权益。相比之下，担保法未规定保证人享有代位求偿权，故保证人不能取得债权人享有的从权利，如抵押权、质权，其地位不如承担了保险责任的保险人。

第三章

抵押

第一节 抵押合同

一、抵押合同的生效

抵押权的设立，是当事人依法律在特定物上设定担保物权的行为，抵押合同是当事人之间在特定物上设立抵押权达成的协议，法律（担保法和物权法）明确规定，当事人之间设立抵押权必须签订书面抵押合同。抵押合同，一般包含被担保主债权的种类、数额、债务履行期限，抵押物的名称、数量、质量、状况、所在地、所有权权属或使用权权属，抵押担保的范围等内容，属于当事人之间的意思自治，根据合同法第 44 条①和物权法第 15 条②的规定，除法律另有规定或当事人另有约定外，抵押合同自合同成立时生效。

（一）以不动产、动产、权利为抵押标的之抵押合同的生效

不动产抵押合同，当事人应采取书面形式订立，依照物权法第 15 条的规定，“当事人之间订立有关设立、变更、转让和消灭不动产物权的合同，除法律另有规定或者合同另有约定外，自合同成立时生效……”依此规定，不动产抵押合同以当事人意思表示达成一致为生效判断标准，承诺生效时，合同成立，合同依法成立的同时即发生法律效力，无需其他特别生效条件。因此，在物权法生效后，从 1995 年开始的我国担保法第 41 条规定的不动产抵押合同自抵押物“登记之日起生效”的规定得到改变，学者所批判的担保法“混淆抵押合同的生效与依据

---

① 民法典第 502 条规定：“依法成立的合同，自成立时生效，但是法律另有规定或者当事人另有约定的除外。依照法律、行政法规的规定，合同应当办理批准等手续的，依照其规定。未办理批准等手续影响合同生效的，不影响合同中履行报批等义务条款以及相关条款的效力。应当办理申请批准等手续的当事人未履行义务的，对方可以请求其承担违反该义务的责任。依照法律、行政法规的规定，合同的变更、转让、解除等情形应当办理批准等手续的，适用前款规定。”

② 对应民法典第 215 条，无实质变化。

抵押合同所发生的物权变动”[①] 的局面，也就此画上了句号。

抵押合同依法应当采用书面形式，书面抵押合同自当事人在合同上签章之时，合同成立；口头抵押合同因不符合法律规定要求的书面形式，原则上合同不成立，也不发生法律效力。假设当事人仅凭口头抵押合同就办理了抵押物登记，按照合同法第 36 条[②]的规定，可以认定当事人已经“履行主要义务”，可以推定当事人之间存在口头抵押约定并认可该约定的效力。但在实践中，没有书面抵押合同，登记部门一般不办理抵押物登记。对此可不作深入探讨。

不动产抵押合同的生效，物权法第 15 条肯定了两种特殊情形：一是当事人在抵押合同中另行约定合同生效条件的，合同自当事人约定的生效条件成就时生效。约定合同生效条件属于当事人的意思自治，法律不予干涉。比如，实践中有的当事人在抵押合同中约定“抵押合同经公证后生效”，因此公证成为该抵押合同生效的“特别”条件。二是法律对抵押合同的生效另有规定的，依其规定。比如，以国有划拨土地使用权设定抵押权的，按照《中华人民共和国城镇国有土地使用权出让和转让暂行条例》[③] 第 45 条的规定，必须经市、县人民政府土地管理部门和房产管理部门（针对有地上建筑物的情况）批准，因此，批准程序是以国有划拨土地使用权为抵押物的抵押合同生效的“特殊”条件，未经批准的划拨土地使用权抵押合同不发生法律效力。如果当事人没有履行批准手续，但已经在上述管理部门办理了抵押登记的，按照 2004 年原国土资源部通知的精神，可以视同履行了审批手续[④]。按照通知要求，2003 年后划拨土地使用权抵押合同的生效条件和设立划拨土地使用权抵押的公示行为合二为一。

动产抵押合同，法律也要求以书面形式订立，按照物权法的规定，其成立与生效也与不动产抵押合同相同。担保法对于动产抵押合同的生效，除船舶、航空

---

① 梁慧星主编：《中国物权法草案建议稿》，社会科学文献出版社 2000 年版，第 612 页。

② 民法典第 490 条规定：“当事人采用合同书形式订立合同的，自当事人均签名、盖章或者按指印时合同成立。在签名、盖章或者按指印之前，当事人一方已经履行主要义务，对方接受时，该合同成立。法律、行政法规规定或者当事人约定合同应当采用书面形式订立，当事人未采用书面形式但是一方已经履行主要义务，对方接受时，该合同成立。”

③ 1990 年 5 月 19 日中华人民共和国国务院令第 55 号发布，于 2020 年 11 月 29 日修订。

④ 《国土资源部关于国有划拨土地使用权抵押登记有关问题的通知》（国土资发〔2004〕9 号，于 2016 年 5 月 27 日失效）。

器、车辆、企业设备等价值较大的动产外（这部分动产抵押合同的生效，担保法规定按照不动产抵押合同处理），也规定以当事人意思表示达成一致为判断标准，合同依法成立即发生法律效力。这与物权法在动产抵押合同生效方面的规定基本一致。但物权法进一步规定了所有动产和不动产抵押合同，均在合同依法成立时生效，完全解决了担保法所存在的因抵押物不同而影响抵押合同生效时间和“混淆抵押合同的生效与依据抵押合同所发生的物权变动”的问题，实乃一大进步。

以权利（以土地使用权为主要内容的用益物权和准物权）为抵押财产的抵押合同，其成立与生效法律未另行规定，应与不动产、动产抵押合同作相同处理，不再赘述。至于可以作为抵押标的的权利种类、抵押手续、法律限制等，情形比较复杂，后面还要专门研究。

（二）不动产、权利抵押合同的违约救济

以不动产和权利为抵押标的的抵押合同，虽然除当事人另有约定或法律另有规定外，抵押合同自当事人意思表示达成一致时合同成立并生效，但抵押权的取得却需要办理抵押登记，因此，在抵押合同成立并生效后，抵押人如果不配合债权人办理抵押登记手续，债权人如何有效救济，成为问题。这涉及我国合同法第107条①规定的违约责任和第110条②规定的合同实际履行的法律适用。下面以不动产抵押为例进行分析。

1. 实际履行。在物权法颁布前，担保法规定不动产抵押合同自办理抵押登记时生效，因此，没有办理抵押登记的不动产抵押合同不发生法律效力，也就不存在实际履行问题，债权人无权凭一纸未生效的抵押合同要求抵押人履行。在物权法生效后，不动产抵押合同的效力不受登记的影响，在登记前即已生效，因此，抵押人不履行生效抵押合同，拒绝办理抵押登记的，债权人可凭已生效的抵押合同，诉请人民法院要求抵押人实际履行，配合办理抵押登记。从合同履行标的来说，抵押合同系设权合同，性质上属于非金钱债务合同，合同法第110条规定当事人一方不履行非金钱债务，对方可以要求履行。该条规定，给抵押合同当事人（债权人）要求抵押人履行抵押合同提供了法律依据。抵押合同生效后，

① 对应民法典第577条，无实质变化。
② 对应民法典第580条，无实质变化。

抵押人即负有帮助债权人取得抵押权的合同义务，义务的主要内容即是配合、帮助债权人完成抵押登记，取得他项权证书，如果需要，还应当向债权人交付抵押物的权利证书。如果抵押人不履行合同义务，债权人即可以根据合同法第110条诉请法院要求抵押人实际履行。

不适于实际履行的非金钱债务，合同法第110条规定了三种情形，即法律上或事实上不能履行、债务的标的不适于强制履行或者履行费用过高、债权人在合理期限内未要求履行。具体到不动产抵押合同的实际履行来看，如果出现如下情形，债权人要求法院强制抵押人实际履行抵押合同将不符合合同法的上述规定，法院不予支持：抵押标的需要经批准而未获批准的、抵押标的毁损或灭失的、抵押标的违法的、抵押人对抵押标的无处分权的、抵押标的已被转让的、债权人在合理期限内未要求抵押人履行的等。其中，所谓债权人要求抵押人履行的合理期限，应由法官按照一般有理性人的认识水平，根据案件事实，合理判定，没有确定的标准。但从逻辑上分析，从抵押合同签订到债权实际形成之前这段时间，应当视为合理期限的极限，超过这个期间，应当视为超过了合理期限。比如，借款合同和抵押合同签订于2016年3月1日，贷款发放于3月15日，3月16日债权人才要求抵押人办理抵押登记，应当视为超过了合理期限。

2. 违约赔偿。抵押人违反抵押合同不履行合同义务，债权人如果因为法律限制不能要求抵押人实际履行，或者不要求抵押人实际履行的，也可以按照合同法第107条的规定，要求抵押人承担违约赔偿责任。赔偿额的计算，合同法第113条①规定的是"损失赔偿额应当相当于因违约所造成的损失，包括合同履行后可以获得的利益，但不得超过违反合同一方订立合同时预见到或者应当预见到的因违反合同可能造成的损失"。比如，银行作为债权人，因为抵押人不履行抵押合同，银行取得不了抵押权，由此造成贷款不能发放，虽然贷款本身没有损失，但预期贷款利息的损失则属于"合同履行后可以获得的利益"，抵押人应当予以赔偿。如果银行在未取得抵押权的情况下就发放贷款，贷款到期不能收回的损失，应当根据具体情况确定是否属于抵押人赔偿范围。一般而言，抵押合同不是保证合同，其合同本身不具有担保功能，具有担保功能的是抵押权，因此在未

① 对应民法典第584条，无实质变化。

取得抵押权之前债权人即发放贷款，贷款损失不能完全归咎于抵押人不履行抵押合同上，债权人自身风险防范意识不够也应予考虑。如果当事人约定先办理抵押手续后贷款，或者抵押人已经明确以言词、行为告知债权人不会履行抵押合同，债权人在此种情况下仍然发放贷款，贷款损失应当属于因债权人自身原因扩大的损失，不应由抵押人承担赔偿责任。如果债权人确实信赖抵押人会自觉履行抵押合同，并在此基础上发放贷款，贷款损失应当酌情判令由抵押人赔偿，就赔偿范围而言，考虑到债权人也存在自身风险防范意识不够的问题，抵押人承担的赔偿责任不应是全部贷款损失，应根据案情确定抵押人承担部分赔偿责任。

（三）抵押合同、质押合同不具有担保功能——对民法典担保制度司法解释第 46 条第 3 款、第 55 条第 2 款的检讨

抵押合同、质押合同是设权合同，是设立抵押权、质权的原因行为，依据抵押合同、质押合同设立的抵押权、质权才具有担保债权实现的功能，抵押合同、质押合同本身并不具有担保功能，与保证合同不同，后者约定了保证之债，保证合同本身就具有担保功能，这是法律人应当清晰的基本法律逻辑。因抵押人、出质人的原因，抵押合同、质押合同有效订立后，抵押权、质权未能有效设立，抵押人、出质人应当承担违约责任，如上所述，承担违约责任的方式可以是实际履行，也可以是赔偿损失，不再赘述。民法典担保制度司法解释第 46 条第 3 款和第 55 条第 2 款的规定承认了赔偿损失，并且规定赔偿损失的最高限是履行利益，即抵押权、质权有效设立状态下义务人应当承担的责任，简言之，即担保物的变现价值。民法典担保制度司法解释如此规定具有司法实务上的意义。但揆度两款解释的用语都有债权人请求担保人在“约定的担保范围内承担责任”的相关表述，在语义上似有把设权合同等同于保证合同的意味，再兼解释中未涉及债权人应当承担的风险责任，如果不加以检讨，可能此后司法实践中有直接将抵押合同、质押合同当保证合同对待的粗糙操作。有鉴于此，笔者再次强调三点：

1. 抵押合同、质押合同不是保证合同，因抵押人、出质人的原因导致抵押权、质权不能有效设立，抵押人、出质人承担的不是保证责任，而是违约责任，该违约责任不是抵押合同、质押合同约定的，而是法律规定的法定责任。保证合同产生的保证责任是约定责任，抵押合同、质押合同产生的违约责任是法定责任，基本法律逻辑不能混淆，除非抵押人、出质人在合同中特别约定“当抵押权、质权因

抵押人、出质人原因不能设立时，抵押人、出质人愿意承担保证责任”。

2. 抵押合同、质押合同订立后，债权人明知或者应当知道抵押权、质权不能有效设立（无论何种原因），仍然任凭债权不当发生或者不当扩大的，对不当发生或者扩大部分的债权损失，抵押人、出质人不承担赔偿责任（民法典第591条）。

3. 抵押合同、质押合同订立后，债权人因自身原因（风险防范意识不强等）对债权损失有过错的，应当相应减少抵押人、出质人的赔偿责任（民法典第592条第2款）。

以上三点都是以违约责任为出发点和落脚点进行的当然分析，读者从中能够品出与保证责任的区别和差异，这是检讨和弥补上述担保制度司法解释的关键所在。

二、抵押合同的无效

抵押合同是主债权债务合同的从合同，主债权债务合同无效的，抵押合同也无效。物权法第172条[①]对此有明确规定。除此之外，抵押合同也可以因自身存在无效原因而自始不具有法律效力，比如抵押物不合法、抵押人对抵押物无处分权等。抵押合同无效的法律后果，物权法和担保法的规定一致，均以债务人、抵押人、债权人的过错确定各自应当承担的民事责任。具体处理上，按照个案法律事实构成，主要是各方当事人的过错情况，以担保法司法解释第7条、第8条[②]、第9条[③]的规定为依据，划分各方民事责任。不再赘述。

动产抵押权自抵押合同生效时取得，抵押合同无效，动产抵押权当然不能有

---

① 对应民法典第388条，无实质变化。

② 民法典担保制度司法解释第17条规定：“主合同有效而第三人提供的担保合同无效，人民法院应当区分不同情形确定担保人的赔偿责任：（一）债权人与担保人均有过错的，担保人承担的赔偿责任不应超过债务人不能清偿部分的二分之一；（二）担保人有过错而债权人无过错的，担保人对债务人不能清偿的部分承担赔偿责任；（三）债权人有过错而担保人无过错的，担保人不承担赔偿责任。主合同无效导致第三人提供的担保合同无效，担保人无过错的，不承担赔偿责任；担保人有过错的，其承担的赔偿责任不应超过债务人不能清偿部分的三分之一。”

③ 民法典担保制度司法解释第18条规定：“承担了担保责任或者赔偿责任的担保人，在其承担责任的范围内向债务人追偿的，人民法院应予支持。同一债权既有债务人自己提供的物的担保，又有第三人提供的担保，承担了担保责任或者赔偿责任的第三人，主张行使债权人对债务人享有的担保物权的，人民法院应予支持。”

效设立，相对人亦不能取得抵押权，应无疑义。然而，不动产抵押权和权利抵押权并非取自抵押合同，而是自抵押登记时取得，抵押合同无效后，依据抵押合同进行的抵押登记如何处理？抵押权是否视为自始未设立？回答这些问题涉及对物权行为独立性和无因性的认识，各国立法例和理论见解上存在一定的差异。

物权行为，系相对于债权行为而言，指以物权变动为目的的行为，而债权行为则以债权的发生为目的，对于在债权行为之外是否存在独立的物权行为，当今大陆法系国家存在三种不同的立法模式：一是法国法主义，采用物权变动的意思主义，否定物权行为的独立性；二是德国法主义，采用物权变动的形式主义，承认物权行为的独立性；三是瑞士法主义，采用原因行为和登记主义相结合的折中主义，不强为债权行为和物权行为之分[①]。物权行为的无因性是物权行为独立性的延伸。持物权行为无因性立场的，主张物权的得丧变更以独立的物权行为为生效要件，不当然受原因关系的影响，原因关系无效或者被撤销，物权并不当然消灭；反之，否认物权行为无因性的，则认为物权得丧变更由原因关系左右，原因关系无效或者被撤销，物权当然不能取得。在当今大陆法系各主要国家的立法中，以德国法为代表，既承认物权行为的独立性，又承认物权行为的无因性，但“最近德国判例及学者中亦有主张舍弃无因主义，故相对的无因说，渐为有力”[②]；以瑞士法为代表，相对承认物权行为的独立性，否定物权行为的无因性；以法国法为代表，既不承认物权行为的独立性，又不承认物权行为的无因性。因此，在当今大陆法系各主要国家的立法例中，完全承认物权行为无因性的，应属少数。

我国合同法在立法意图上不承认物权行为的独立性[③]，物权法则承认物权的变动须以履行不动产登记、动产交付这样的物权行为为生效要件[④]，承认物权行为的独立性。合同法和物权法均为我国民事基本法律的重要组成部分，综合两法来看，可以得出这样的结论，即我国民法相对承认物权行为的独立性。然而，对于物权行为的无因性，不仅在立法上至今未予承认，理论界的主流认识对此也持

① 史尚宽：《物权法论》，中国政法大学出版社 2000 年版，第 23 页。
② 史尚宽：《物权法论》，中国政法大学出版社 2000 年版，第 25 页。
③ 崔建远：《无权处分辨》，载《法学研究》2003 年第 1 期。
④ 物权法第 9 条、第 23 条。

否定态度[①]，基本难以被社会认同。因此，在我国，判断物权得丧变更和原因关系的基本思路，应当是物权行为的有因性。

基于物权行为的有因性，以不动产和不动产权利准物权为抵押标的的抵押合同无效后，基于抵押合同所作之抵押登记也无效，相对人自始未取得抵押权，已经进行的抵押登记应当予以涂销。从程序上来说，涂销抵押登记与设立抵押登记一样，需要根据当事人的申请启动，登记部门不能自行涂销。当事人申请涂销抵押登记的，必须向登记部门提供生效的（裁判抵押合同无效或者撤销的）司法判决或仲裁裁决作为依据。

三、抵押合同不成立与不生效

（一）抵押合同不成立

抵押合同是合同的一种，合同法规定的合同成立要件对抵押合同也同样适用。合同不成立一般指缔约当事人的意思表示未达成一致，个别情况下，合同不具备法律规定的形式也构成合同不成立，抵押合同即如此。担保法第 38 条[②]和物权法第 185 条[③]均规定抵押合同应当采用书面形式，因此未采用书面形式的抵押合同不成立。

抵押合同如果对被担保的主债权种类、抵押财产没有约定或者约定不明，担保法司法解释第 56 条[④]规定，当事人可以根据主合同和抵押合同相关内容对抵押合同进行补正或者合理推定，当根据主合同和抵押合同对主债权种类、抵押财产不能补正（一般表现为当事人之间发生纠纷而不合作）或者无法推定（指没有合理的推定方法）时，抵押合同不成立。这是抵押合同不成立的特别情形，司法解释的规定反映了抵押权的特定性要求。抵押权的特定性指抵押权所担保的债权和抵押物必须特定，物权法、担保法均规定抵押合同的必备条款包括被担保的主债权种类、抵押物的名称等内容，这是抵押权特定性要求在法律上的体现。抵押合同不符合特定性要求的，当事人可以补正或合理推定，法律也为抵押权的特定

① 关于物权行为无因性，国内主要民法学者梁慧星、王利明、崔建远均持否定态度，因此可以认为我国理论界主流认识不承认物权行为的无因性。

② 无对应内容。

③ 对应民法典第 400 条，无实质变化。

④ 无对应内容。

性设置了个别推定条款。比如担保法第46条[①]规定，抵押合同没有约定担保范围的，推定“抵押担保的范围包括主债权及利息、违约金、损害赔偿金和实现抵押权的费用”。然而，并非所有的内容都可以推定，抵押担保的主债权种类和抵押物不能特定的情况下，则不能进行推定，抵押合同应当按照不成立处理。

抵押合同不成立，抵押权不能有效设立。债务人提供抵押的，债权人仅能对债务人行使债权请求权；第三人提供抵押的，债权人对抵押人的财产不享有抵押权，债权人因此遭受到损失，抵押人一般也不承担对债权人的赔偿责任。特别情形下，抵押人如有违背诚实信用原则的行为，如欺诈、不当陈述，构成缔约过失的，要承担对债权人的缔约过失赔偿责任。合同法第42条[②]对此有明确规定。但在司法实践中，认定抵押人在抵押合同不成立时的“缔约过失责任”比较困难，因为当抵押合同不成立时，债权人作为合同一方当事人很难形成对抵押担保的“信赖”，难以形成“信赖上利益”。换言之，债权人在抵押合同不成立时就不应该对抵押合同产生依赖，如果产生依赖，一般也是债权人“一厢情愿”，不能就此追究抵押人的缔约过失。基于此，抵押合同不成立，抵押权既不能有效设立，抵押人也不承担民事责任的法律后果，应当成为常态。

（二）抵押合同不生效

物权法生效之前，抵押合同不生效通常是因担保法混淆“抵押合同的生效与抵押权的设立”所致。

担保法第41条[③]规定以不动产等财产为抵押物的抵押合同须“登记生效”，遗留下来的问题之一就是，这样的抵押合同在订立后未进行登记的，按照担保法的规定，抵押合同不生效。抵押人如果违背抵押合同的约定，不构成违约，不产生违约责任，也不产生无效合同责任。因此，在担保法第41条的背景下，司法实践中遇到的现实困境是，第三人提供抵押的，如果抵押人与债务人以提供抵押为幌子，骗取债权人的信任，在债权人履行主合同后，抵押人又拒绝办理抵押登记，故意使抵押合同不生效，此时追究抵押人的责任缺乏法律上的依据。为了解

① 无对应内容。

② 对应民法典第500条，无实质变化。

③ 无对应内容。

决这个问题，担保法司法解释第 56 条第 2 款特别规定，“……抵押人违背诚实信用原则拒绝办理抵押登记致使债权人受到损失的，抵押人应当承担赔偿责任”。司法解释所规定的“抵押人应当承担赔偿责任”性质上属于缔约过失责任，以我国合同法第 42 条为依据，但具体到抵押人应当承担的责任份额，司法解释未作进一步规定，司法实践标准不一。一般来说，由于抵押人承担的是缔约过失责任，所以，抵押人承担的仅是债权人“信赖上利益”的损失部分，最多不能超过履行利益，也即抵押人承担的缔约过失赔偿责任应以抵押合同中设定的抵押物的价值为限，赔偿责任不能超过抵押物的价值范围。

物权法生效后，抵押登记对抵押合同的生效不再发生影响，因此抵押合同不生效的情形将大大减少，即便存在不生效的情形，一般也和其他合同一样，因欠缺合同生效要件所致，比如，抵押合同不符合法律规定或者当事人约定的合同生效条件等。此前关于抵押合同的生效部分对此已经作了探讨，不再赘述。

四、关于独立抵押合同

担保合同属于主债权债务合同的从合同，主合同无效，担保合同也无效，而没有从属性的担保合同，被称为独立担保合同，前面已有专门研究。抵押合同作为担保合同的一种，能否通过当事人约定独立于主合同，对此，担保法和物权法有着不同的态度。担保法第 5 条[①]规定，当事人可以约定担保合同独立于主合同，允许当事人通过意思自治改变担保合同与主合同之间的主从关系。这一规定是在担保法的总则部分，因此适用于保证合同、抵押合同、质押合同等所有担保合同。而物权法第 172 条规定“主债权债务合同无效，担保合同无效，但法律另有规定的除外”，从法条文义可以明确得出“担保物权合同的独立性只能由法律规定、不能由当事人约定”的结论，当事人的意思自治受到限制[②]。因此，按照“担保法与物权法规定不一致的，适用物权法的原则”，在物权法生效后，抵押合同、质押合同等设定担保物权的合同，不允许当事人约定独立于主合同，设定担保物权的合同必须是主合同的从合同，除非“法律另有规定”。当然，物权法

① 对应民法典第 388 条，无实质变化。

② 我国到目前为止还不存在物权法第 172 条规定的“法律另有规定”中的法律，因此，在物权法生效后，实践中将不存在有效的独立抵押合同等独立的设定担保物权的合同。

不调整保证合同关系，保证合同当事人仍然可以按照担保法总则部分的规定，通过意思自治的方式约定保证合同独立于主合同，自不待言。

第二节 抵押物

抵押权是存在于抵押物上的他物权，抵押物以其交换价值发挥着担保债权实现的功能。设定抵押权，抵押物是重点考察对象，抵押物的适法性和良好的变现能力，应当是债权人高度关注的因素。在抵押关系中，抵押人的主体资格一般不是重点考察的因素，与保证不同，后者因属于信用担保，保证人的主体资格直接影响到保证合同的效力和保证人的清偿能力。但在特殊情况下，抵押人的主体资格也影响到抵押的效力，后面将专门研究。本节以抵押物为核心，着重分析、归纳各类财产作为抵押标的物的适法性。

一、房地产项目抵押与预售房屋抵押（未来财产的抵押）

未来财产的抵押是指以抵押当时不存在、抵押设立后才存在的财产作抵押物设立的抵押担保，即抵押行为发生在抵押物存在之前。房地产项目抵押和预售房屋抵押均属于未来财产的抵押[①]。以未来财产设定抵押，要求未来的财产必须是依通常情形可以判断未来将真实存在的物，不能真实存在的物不得抵押。比如，房地产项目抵押中，抵押人已经取得了建设用地使用权，取得了建设项目的规划许可和开工许可，依通常情形判断，如无意外因素项目应当可以如期完成，因此房地产项目属于未来能够成为真实不动产的财产，在实际完成前可以抵押。关于未来财产抵押的生效时间，大陆法系各国的规定通常是，未来财产的抵押自财产存在时抵押权登记方有效，近似于“附生效时间的抵押权”。如《意大利民法典》第2823条规定：“仅自未来物存在时起，对该未来物的抵押权登记方有效。”[②]

---

① 房地产项目抵押的财产中包括建设用地使用权，在抵押时并不属于未来财产，项目抵押的核心是房地产而非土地使用权，这里强调的是其未来财产抵押的特点。预售房屋在完成建设之前属于未来财产，在建成之后，已属于现实财产，因此预售房屋作为未来财产对待限于完成建设前的状态。

② 《意大利民法典》，费安玲、丁玫译，中国政法大学出版社1997年版，第742页。

我国物权法、担保法对未来财产抵押未作特别规定，担保法司法解释第47条[①]规定："以依法获准尚未建造的或者正在建造中的房屋或者其他建筑物抵押的，当事人办理了抵押物登记，人民法院可以认定抵押有效。"其中的"依法获准尚未建造的"建筑抵押即属于房地产项目抵押，也称为待建建筑抵押；以"正在建造中的房屋"抵押的，则属于预售房屋抵押，这两种形式都属于以未来财产设定的抵押。依照司法解释的要求，房地产开发商以建设项目设定抵押，购房人以预售商品房设定抵押，权利人能否取得抵押权都取决于抵押登记的有效办理。我国《城市房地产抵押管理办法》对购房人抵押预售商品房规定了登记机关和登记程序、方法，但对待建建筑这样的项目抵押没有作相应的规定，因此在实践中待建建筑抵押可以在各地房地产管理部门办理抵押登记，依照物权法第20条的规定，此种抵押登记具有"预告登记"性质，有物权对抗效力[②]；预售房屋抵押不能有效办理抵押登记，当事人不能有效取得抵押权，项目抵押仅处于抵押合同阶段，根据物权法关于不动产合同效力的规定，此时项目抵押合同具有法律效力。因此，权利人在实践中面对房地产项目抵押不能办理抵押登记的现实，必须在签订项目抵押合同后，按照项目的建设进度，适时签订在建工程抵押合同，按照《城市房地产抵押管理办法》的规定，依法办理在建工程抵押登记。[③]

二、建筑物与在建工程抵押

建筑物与在建工程抵押是我国不动产抵押的核心，这是由我国土地所有权实

---

① 无对应内容。

② 物权法第20条第1款规定："当事人签订买卖房屋或者其他不动产物权的协议，为保障将来实现物权，按照约定可以向登记机构申请预告登记。预告登记后，未经预告登记的权利人同意，处分该不动产的，不发生物权效力。"（对应民法典第221条，无实质变化。）《城市房地产抵押管理办法》第34条第2款规定："以预售商品房或者在建工程抵押的，登记机关应当在抵押合同上作记载。抵押的房地产在抵押期间竣工的，当事人应当在抵押人领取房地产权属证书后，重新办理房地产抵押登记。"因此，以预售房屋抵押的，当事人应持预售房屋抵押合同到房地产管理部门，由后者在抵押合同上作抵押记载，记载的性质即属于物权法规定的预告登记，享有对抗第三人的物权效力，未经抵押权人同意，第三人不能取得抵押房屋的所有权。

③ 《城市房地产抵押管理办法》规定在建工程可以在房地产管理部门办理抵押登记。实践中，一些地方也开展了房地产项目抵押的登记，应当给予鼓励，抵押登记应当作有效对待。办理了项目抵押登记后，抵押权人即取得对建设用地使用权的抵押权，待未来的建筑物变为现实财产后，抵押权人也取得抵押权。

行国家和集体所有、土地不得作为抵押物的法律制度决定的。另外，我国桥梁、隧道、公路等地上建筑物也属于国家所有，依法取得特许经营权的单位仅享有一定期限的收费经营权，因此桥梁、隧道、公路等建筑物也不得作为抵押物，这就决定了房屋（包括在建中的）成为建筑物抵押的核心。物权法和担保法均规定建筑物可以作为抵押物，既包括取得了产权证的建筑物，也包括在建建筑物。有产权证的建筑物抵押的，由房地产管理部门办理他项权登记并向抵押权人颁发他项权证书；未取得产权证的建筑物抵押的，属于在建工程抵押，由房地产管理部门办理在建工程抵押登记。

担保法司法解释第 47 条规定："以依法获准尚未建造的或者正在建造中的房屋或者其他建筑物抵押的，当事人办理了抵押物登记，人民法院可以认定抵押有效。"这是司法解释对在建工程抵押效力所作的具体规定。在建工程抵押是指抵押人为取得在建工程继续建造资金的贷款，以其合法方式取得的土地使用权，连同在建工程的投入资产，抵押给银行作为偿还贷款的担保。以在建工程抵押，抵押人必须具有土地使用权证、建设用地规划许可证、建设工程规划许可证等。在建工程抵押应当依法办理抵押登记，因所有权人未取得所有权凭证，因此在建工程抵押登记属于预告登记性质，以登记机关在"抵押合同上作记载"[①] 的方式进行登记。《城市房地产抵押管理办法》对在建工程抵押登记规定了具体程序和要求，物权法规定了预告登记的法律效力，在建工程抵押的法律制度渐趋完善。但也有一些地方因缺乏登记机关而无法进行登记，司法解释对此规定了相应的补救措施，容后详述。

三、建设用地使用权抵押和集体土地使用权抵押

建设用地使用权和集体土地使用权属于不动产用益物权，依照法律规定的条件和程序可以作为抵押标的。建设用地使用权的取得分出让和划拨两种方式，以出让方式取得的建设用地使用权抵押的，权利人可自行决定，无需取得土地管理部门的许可；以划拨方式取得的建设用地使用权抵押的，需经县级以上人民政府土地管理部门许可，通过履行批准手续（2003 年后依法向土地管理部门进行抵押登记等同于批准）设立抵押权。以划拨方式取得的建设用地使用权在实现抵押

---

① 参见《城市房地产抵押管理办法》第 34 条。

权时，需要依法补交土地出让金后，土地价值剩余部分才能用来清偿债权，因此以划拨方式取得的建设用地使用权抵押价值不宜高估。

依法可以抵押的集体土地使用权仅限于荒地使用权和乡镇、村企业集体土地使用权，前者指荒山、荒滩、荒沟、荒丘集体土地使用权，后者指乡镇、村企业占用的集体所有的建设用地（非农用地）使用权。荒地使用权也被称为荒地承包经营权，因荒地属于农业用地，不能用于非农建设，拍卖、变卖荒地使用权实现抵押权时不能改变其土地用途，因而交换价值不高，只能用于对小额债权的担保。关于荒地使用权抵押的条件，担保法第34条[①]第1款第5项规定须“经发包方同意”，物权法第180条[②]第1款第3项则简化为“取得的荒地等土地承包经营权”，《中华人民共和国农村土地承包法》（2009年修正，以下简称农村土地承包法）[③] 第49条也规定“通过招标、拍卖、公开协商等方式承包农村土地，经依法登记取得土地承包经营权证或者林权证等证书的，其土地承包经营权可以依法采取转让、出租、入股、抵押或者其他方式流转”，强调“依法登记”和“取得土地承包经营权证或者林权证等证书”，不再强调“经发包方同意”。因此，根据后法优先于前法的原则，荒地使用权抵押的条件应当是物权法和农村土地承包法规定的经依法登记取得土地承包经营权证，不再适用担保法第34条的规定。未取得权利凭证的荒地使用权，不得作为抵押标的。

四、林木、林地使用权抵押与草地使用权、农作物抵押

林木在我国可以作为抵押物，担保法规定林木抵押由县级以上林业主管部门办理抵押登记，至于林木抵押的范围，原国家林业局2004年发布的《森林资源资产抵押登记办法（试行）》[④]（以下简称森林登记办法）第8条规定为“用材林、经济林、薪炭林”，而且规定“森林或林木资产抵押时，其林地使用权须同时抵押，但不得改变林地的属性和用途”。在我国林木抵押无需前置条件，只要

---

① 无对应内容。

② 民法典第395条规定：“债务人或者第三人有权处分的下列财产可以抵押：（一）建筑物和其他土地附着物；（二）建设用地使用权；（三）海域使用权；（四）生产设备、原材料、半成品、产品；（五）正在建造的建筑物、船舶、航空器；（六）交通运输工具；（七）法律、行政法规未禁止抵押的其他财产。抵押人可以将前款所列财产一并抵押。”

③ 该法已于2018年12月29日修正，参见该法第53条的规定。

④ 在没有替代的法律资源时，已失效的规章仍然可以参考（该文件于2016年4月25日失效）。

是“用材林、经济林、薪炭林”就可以作为抵押物，而生态公益林、国防林、名胜古迹、革命纪念地和自然保护区的森林、林木，特种用途林中的母树林、实验林、环境保护林、风景林等森林资源，则排除在抵押财产范围之外。由于林木生长于土地之上时属于不动产，林木抵押的，林地使用权依法应当同时抵押。依法可以抵押的林地使用权，除物权法和担保法规定的属于荒地性质的林地使用权外，按照森林登记办法第 8 条的规定，还包括“用材林、经济林、薪炭林的林地使用权”和“用材林、经济林、薪炭林的采伐迹地、火烧迹地的林地使用权”，而不得抵押的林地使用权按照森林登记办法第 9 条的规定是“未经依法办理林权登记而取得林权证的森林、林木和林地使用权（农村居民在其宅基地、自留山种植的林木除外）”和“以家庭承包形式取得的集体林地使用权”。林木和林地使用权的抵押，均应当在县级以上林业主管部门办理抵押登记，未办理登记的，不能取得抵押权。

草地使用权的抵押，物权法和担保法未作规定，根据农村土地承包法第 49 条规定的“通过招标、拍卖、公开协商等方式承包农村土地，经依法登记取得土地承包经营权证或者林权证等证书的，其土地承包经营权可以依法采取……抵押或者其他方式流转”的精神，“通过招标、拍卖、公开协商等方式”承包的农村草地，并经依法登记取得土地承包经营权证的，可以作为抵押标的。如果草地本身属于荒地，物权法和担保法直接规定其可以作为抵押标的，不属于荒地的草地和属于国家和集体所有的草原资源是否可以抵押，法律未作明确规定。从法律适用的逻辑分析，我国法律对不得抵押的财产进行了列举式的立法，然后再由物权法第 184 条第 6 项规定不得抵押的财产还包括“法律、行政法规规定不得抵押的其他财产”。既然物权法和担保法没有列举草原使用权为不得抵押的财产，我国现有其他法律、法规也没有规定草原使用权“不得抵押”，因此草原使用权应当可以作为抵押标的。由于草原使用权属于不动产用益物权，权利人经草原主管部门登记取得草原使用权证后才能进行草原使用权的抵押，抵押权的取得也应当依登记取得。

关于农作物的抵押，我国法律没有具体规定，实践中较为常见的农作物抵押是农户或种植人以特种经济作物进行担保以获得生产资金。由于耕地不得抵押，因此担保法司法解释第 52 条[①]规定："当事人以农作物和与其尚未分离的土地使用权同时抵押的，土地使用权部分的抵押无效。"这就表明了农作物的抵押虽属于不动产抵押，但在处理上是按照动产抵押处理的，不涉及农作物所种植的土地。农作物抵押合同自当事人签字盖章之日起生效，抵押权自抵押合同生效之日取得。但值得一提的是，如果农作物种植于荒地之上，按照上述荒地使用权抵押的规定，农作物与荒地使用权可以一并抵押，权利人在登记部门进行荒地使用权抵押登记后，方能取得对荒地使用权的抵押权。担保法司法解释所规定的"土地使用权部分的抵押无效"，不包括荒地使用权的情形。

五、准物权——海域使用权与探矿权抵押

在我国可以作为抵押财产的权利，主要是土地使用权，其次是可让与的准物权。物权法第 122 条[②]和第 123 条[③]规定的海域使用权、探矿权、采矿权、取水权、养殖权、捕捞权等，在物权法上被称为准物权，系"一组性质有别的权利的总称"[④]。准物权的抵押问题，物权法没有明文规定，按照物权法规定的"法律、行政法规规定不得抵押的其他财产"不得作为抵押标的的立法思路，判断准物权是否可以抵押必须查询对这些准物权作具体规定的"法律、行政法规"，才能进行判断。由于抵押财产必须具有可让与性，不具有可让与性的财产，不得作为抵押标的，准物权抵押亦然。结合相关具体法律、行政法规的规定，我国现行法律背景下可以抵押的准物权主要有海域使用权和探矿权。

物权法规定海域属于国家所有，《中华人民共和国海域使用管理法》（以下简称海域使用管理法）规定国务院代表国家行使海域所有权，单位和个人使用海域，必须依法取得海域使用权。海域使用管理法第 19 条还规定，"海域使用申请经依法批准后，国务院批准用海的，由国务院海洋行政主管部门登记造册，向海域使用申请人颁发海域使用权证书；地方人民政府批准用海的，由地方人民政府登记造册，向海域使用申请人颁发海域使用权证书。海域使用申请人自领取海域使用权证书之日起，取得海域使用权"。海域使用权属于行政许可取得的权利，

① 无对应内容。
② 对应民法典第 328 条，无实质变化。
③ 对应民法典第 329 条，无实质变化。
④ 崔建远：《准物权研究》，法律出版社 2003 年版，第 20 页。

海域使用管理法第 27 条特别规定“海域使用权可以依法转让”，因此按照物权法的抵押财产必须具有可让与性的原则，海域使用权依法可以抵押。海域使用权抵押的，须签订书面抵押合同并向海洋行政主管部门办理抵押登记。

矿藏属于国家所有，探矿权属于行政许可取得的权利，一般不得转让和抵押，但根据《中华人民共和国矿产资源法》（以下简称矿产资源法）第 6 条第 1 款第 1 项的规定，“……探矿权人在完成规定的最低勘查投入后，经依法批准，可以将探矿权转让他人”。因此，探矿权在满足法律规定的条件时，可以转让，也就可以作为抵押财产。按照矿产资源法的规定，探矿权转让的条件是“完成规定的最低勘查投入后，经依法批准”，以探矿权作为抵押财产的，也必须以此规定为条件。具有“依法批准”权限的机关是政府地质矿产行政管理部门，当事人在履行了批准手续后还必须进行抵押登记，方能取得抵押权。

六、车辆、船舶、航空器抵押

物权法和担保法均规定车辆、船舶、航空器可以抵押，《中华人民共和国海商法》（以下简称海商法）和《中华人民共和国民用航空法》（以下简称民用航空法）也分别对船舶和航空器抵押作了规定。担保法规定车辆、船舶、航空器抵押必须以办理抵押登记为生效条件，海商法第 13 条和民用航空法第 16 条均规定船舶、航空器的抵押登记仅为对抗要件。物权法采取了后一种立法模式，规定车辆、船舶、航空器抵押“未经登记，不得对抗善意第三人”。但值得注意的是，物权法规定登记对抗的是“善意第三人”，海商法和民用航空器法规定登记对抗的是“第三人”，范围存在区别。

七、一般动产抵押

动产指不动产以外的一切财产，除车辆、船舶、航空器等价值较大的动产外，一般动产均可以作为抵押财产。动产抵押是抵押制度在现代发展的产物，传统民法中，动产仅作为质权的标的物，不利于充分发挥动产的价值，动产抵押弥补了这个缺点。我国物权法规定动产抵押不以登记为抵押权设立要件，抵押登记仅为对抗要件。日本民法中的工厂抵押法、汽车抵押法、抵押证券法也是当今世界动产抵押制度的重要参照。动产抵押权制度的发展适应了现代经济发展的要求，丰富了抵押制度的内容，扩大了抵押担保的适用范围。随着经济的发展，市场的繁荣，动产抵押物的范围将不断扩大。然而，因为动产具有良好的流动性，加之我国物权法和担保法没有赋予抵押权在抵押物转让后的追及效力，动产抵押的风险比不动产抵押大。在抵押人转让抵押物的情况下，抵押权人如果不能证明受让人为非“善意第三人”的话，抵押权将随第三人善意取得动产所有权而消灭。

以我国国有企业的关键设备、成套设备等动产抵押，《全民所有制工业企业转换经营机制条例》第15条第2款规定需“经政府主管部门批准”，因此未经“政府主管部门批准”的国有企业“关键设备、成套设备”的抵押不具有法律效力。但随着社会发展，国有企业对自身财产的经营管理权日渐明晰，在不造成国有资产流失的前提下，对“关键设备、成套设备”从国有企业经营管理的财产中区分出来加以限制的做法，逐渐失去了支撑，甚至影响到债权人对国有企业责任财产的判断，不利于国有企业增强融资能力。为此，2002年发布的《最高人民法院关于国有工业企业以机器设备等财产为抵押物与债权人签订的抵押合同的效力问题的批复》（法释〔2002〕14号）[①] 规定：“根据《中华人民共和国担保法》第三十四条和《最高人民法院关于适用〈中华人民共和国合同法〉若干问题的解释（一）》第九条规定的精神，国有工业企业以机器设备、厂房等财产与债权人签订的抵押合同，如无其它法定的无效情形，不应当仅以未经政府主管部门批准为由认定抵押合同无效。”该批复适用于国有企业所有机器设备，包括关键设备和成套设备，根据批复要求，政府主管部门的批准不再成为关键设备和成套设备这些“特别动产”抵押的生效条件。

八、共有财产抵押

共有财产的抵押存在一些复杂的情形，此处特单列加以讨论。担保法司法解释对共有财产抵押作了专门的规定，其第54条[②]规定：“按份共有人以其共有财产中享有的份额设定抵押的，抵押有效。共同共有人以其共有财产设定抵押，未经其他共有人的同意，抵押无效。但是，其他共有人知道或者应当知道而未提出异议的视为同意，抵押有效。”

---

① 于2021年1月1日失效。

② 无对应内容。

按份共有，也称分别共有，共有的主体为二人以上，共有人所享有的所有权只是一个，数个共有人对一个物共同享有一个所有权，各按份共有人有权依其应有份额，对共有物的全部行使权利。如房屋等地上建筑物、土地使用权的按份共有人，按照其可以行使的不动产物权的应有份额，对房屋等地上建筑物、土地使用权的全部行使权利或者设定抵押权。因为不动产的应有部分具有独立交换的价值，按份共有人对其应有部分享有独立的使用、收益和处分的权利，可以与其他共有人所享有的份额相分离而独立存在，因此共有财产的份额可以作为抵押标的物，单独设定抵押权。如瑞士民法典规定："土地为分别共有时，各所有人可以对自己应有部分设定担保。"① 按份共有人在共有财产的份额上设定抵押权的，无须征得其他共有人的同意。

共同共有财产的抵押情形较为复杂。共同共有关系的成立：一是基于法律的规定，即法律直接规定为共同共有关系，例如夫妻关系、亲子关系或者继承关系等；二是基于合同约定，例如合伙关系。因为共同共有财产是不可分的，其中一个共有人设定抵押权，对其他共有人都产生影响，所以司法解释要求以共同共有物设定抵押的，须经全体共有人同意。但出于保护债权人的需要，司法解释也规定了"默示推定"，即其他共有人知道或者应当知道共有人在共同共有物上设定抵押而未提出异议的，视为同意，共有人的抵押行为有效。"默示推定"在夫妻共有、家庭共有关系的场合对善意债权人可以提供有力保护。比如，配偶以家庭财产设定抵押的，另一方如果知道而不向抵押权人表示异议的，此后因家庭纠纷等原因否认抵押行为的效力，根据司法解释的规定，人民法院可以对另一方的意思表示加以推定。实践中，以按揭形式贷款购房的场合，购房人将所购房屋抵押给银行取得贷款，抵押的房屋属于家庭共同共有财产，通常要求夫妻双方均在抵押合同上签字。如果只有一方签字，另一方事后否定按揭房屋抵押效力的，人民法院可以运用"默示推定"方法推定另一方属于"默示同意"，因为一般有理性的人均知道按揭贷款的核心就是以所购房屋进行抵押贷款，没有抵押就不存在按揭，因此在按揭关系中人民法院至少可以推定家庭关系主要成员"应当知道"抵押关系的存在，未提出异议的，则推定为同意。

---

① 《瑞士民法典》，殷生根、王燕译，中国政法大学出版社 1999 年版，第 178 页。

九、限制流通财产的抵押

限制流通的财产系根据法律、法规规定只能在特定主体间流通或需经特别程序流通的财产，比如我国的外汇、一定级别的文物等。限制流通的财产也具有可让与性，原则上可以作为抵押财产，但由于限制流通的财产在转让方面存在特殊的限制，因此抵押也受限。物权法对限制流通物的抵押未作具体规定，担保法司法解释第5条①第2款规定，“以法律、法规限制流通的财产设定担保的，在实现债权时，人民法院应当按照有关法律、法规的规定对该财产进行处理”。根据担保法司法解释的表述，在限制流通的财产上设定抵押担保，担保的效力不成问题，但在实现债权时，担保物应按照法律、法规对限制流通物的规定进行处理。比如，限制流通的一定级别的文物应由国家文物管理部门收购，以收购价金清偿被担保的债权。

十、即将取得的财产抵押

即将取得的财产抵押指抵押权的设定人不是物的所有权人，是在将要取得所有权的财产上设定抵押权，与未来财产的抵押有相似的地方。按照我国法律的规定，在即将取得的财产上设定抵押，抵押合同有效，但抵押权须在抵押设定人取得物的所有权之后方能取得。抵押如果进行了登记，抵押登记自抵押人取得抵押物的所有权后才能生效。在即将取得的财产上设定的抵押权也可以视为“附生效条件的抵押权”。比如，买受人以在途货物抵押，以在海上运输途中的货物抵押，即属于以即将取得的财产抵押。以即将取得的财产抵押不同于抵押设定人恶意以他人之物设定抵押权，后者指抵押人不告知债权人其对抵押物无所有权，其本意是通过欺骗的方式获取债权人的信任。以他人财产设定抵押权的，抵押行为无效，抵押人应当承担对债权人的赔偿责任。比如，租赁人将租赁物抵押，保管人以保管物抵押的情形，即属于以无权处分的他人之物设定抵押的情况。

---

① 无对应内容，参照民法典担保制度司法解释第37条规定：“当事人以所有权、使用权不明或者有争议的财产抵押，经审查构成无权处分的，人民法院应当依照民法典第三百一十一条的规定处理。当事人以依法被查封或者扣押的财产抵押，抵押权人请求行使抵押权，经审查查封或者扣押措施已经解除的，人民法院应予支持。抵押人以抵押权设立时财产被查封或者扣押为由主张抵押合同无效的，人民法院不予支持。以依法被监管的财产抵押的，适用前款规定。”在限制流通的财产上可以设定担保物权，不存在当然无效的情况。

小企业以即将取得的财产进行抵押贷款比较常见。小企业一般缺乏有价值的担保物，提供贷款担保比较困难，因此银行对于有较好成长性的小企业提供贷款支持时，可以约定好贷款用途，比如购买机器设备，然后再签订抵押合同，把即将购买的机器设备作为抵押物，担保贷款的清偿。在签订抵押合同的时候，企业还没有取得作为抵押物的机器设备的所有权，这个时候的抵押就属于以即将取得的财产进行的抵押。抵押合同自当事人签字盖章之日生效，抵押权自抵押人取得对抵押物的所有权之日设立。这种抵押方式给中小企业贷款提供了现实可行的途径，为多数国家所倡导，以促进中小企业的顺利发展。①

十一、不得抵押的财产

（一）土地所有权

土地作为不动产，在我国属于禁止流通物，依法由国家和集体享有所有权。国家所有的土地，任何单位和个人不能取得所有权，仅国有土地的使用权可以通过有偿转让或无偿划拨的方式给单位或个人使用；集体所有的土地，单位和个人也不能取得所有权，仅在符合社会公共利益需要的情况下，国家可以通过依法征收取得集体土地的所有权。总之，土地所有权在我国除了发生国家征收外，基本上不流通，不具有可让与性，因而属于不得抵押的财产。这也决定了我国不动产抵押所具有的重要特点——作为不动产基础的土地不能成为抵押物。

（二）耕地、宅基地、自留地、自留山等集体所有的土地使用权

与国有土地使用权不同，集体土地使用权除法律另有规定外，基本上不得抵押，物权法和担保法对此均有规定。比较物权法和担保法可以发现，担保法对集体土地使用权可以抵押的例外情况作了直接规定，而物权法则概括性规定“法律规定可以抵押的除外”，范围比担保法宽，不限于物权法本身的规定。物权法本身规定可以抵押的集体土地使用权，见于物权法第 180 条第 1 款第 3 项和第 183 条，② 其内容基本上与担保法的直接规定相同，即“荒山、荒沟、荒丘、荒滩等

① 国外也把这种担保方式称为融资担保，特指以融资购买的标的物担保所融之资。在这个过程中，银行需控制贷款的使用，防止贷款人不当使用资金，产生风险。

② 对应民法典第 398 条，无实质变化。

荒地的土地使用权”和“乡镇、村厂房等建筑物占用范围内的集体建设用地使用权”。

物权法和担保法均规定宅基地不得抵押，因此农民以宅基地上的房屋进行抵押的，将遇到法律障碍。比较而言，过去担保法虽规定了“地随房走”的原则，但并未规定其他强制性的内容，因此农民以其宅基地上房屋抵押的，抵押物并不违法，只是宅基地不能用来清偿债务，债权人不能对宅基地行使抵押权，抵押物只能是宅基地之上的房屋。债权人在实现抵押权的时候，按照担保法第 55 条①规定的“不得改变土地集体所有和土地用途”要求，仅对地上房屋进行转让，宅基地使用权仍然属于原来的主人。物权法不仅规定了“地随房走”的原则，而且规定违反“地随房走”原则未将建筑物与土地一并抵押的，“未抵押的财产视为一并抵押”。这是物权法解决建筑物与土地使用权被人为分割分别抵押难题的一个措施，因此农民以宅基地上的房屋抵押的，宅基地视为一并抵押，因宅基地依法属于不得抵押的财产，抵押无效，按照房地不分原则，宅基地上的房屋抵押也应当作为无效处理。②

（三）学校、幼儿园、医院等以公益为目的的事业单位、社会团体的教育设施、医疗卫生设施和其他公益设施

物权法第 184 条③第 3 项和担保法第 37 条④第 3 项均规定，学校、幼儿园、医院等以公益为目的的事业单位、社会团体的教育设施、医疗卫生设施和其他公益设施不得抵押。正确理解和准确适用物权法和担保法的规定，首要任务是厘清“以公益为目的的事业单位、社会团体”的范围。

1. 事业单位法人。事业单位在我国属于一种非常特殊的法人类型。依照我国《事业单位登记管理暂行条例》的规定，事业单位是指国家为了社会公益目的，由国家机关举办或者其他组织利用国有资产举办的，从事教育、科技、文化、卫生等活动的社会服务组织。从定义来看，事业单位必须是“为了社会公益

① 无对应内容。

② 随着国家对集体土地使用管理上的逐步放松，农村宅基地转让（允许城里人进村买房居住）也逐渐被承认，在这样的发展进程中，宅基地使用权抵押也必将逐步被允许，宅基地上房屋抵押的有效性应当不再成为争论的对象和焦点。何况，宅基地上房屋的转让也不当然地改变宅基地使用权的性质和用途。

③ 对应民法典第 399 条，无实质变化。

④ 对应民法典第 399 条，无实质变化。

目的”而设，必须具有“公益性”；从其设立过程来看，事业单位既不是社团（人合），也不是财团（资合），其中一部分近似于国家机关，而且是承担社会公益服务职能的机关，其他的近似于非营利性企业法人。按照《事业单位登记管理暂行条例》的要求，举办事业单位必须“为了社会公益目的”，但实践中事业单位性质多样。经县级以上各级人民政府及其有关主管部门批准，并依照《事业单位登记管理暂行条例》的规定进行登记或者备案后，事业单位即取得法人资格，能够独立承担民事责任。事业单位中的多数承担着社会服务职能，如政府举办的中小企业信用辅导中心、国家级风景名胜的管理处等。多数事业单位的公益性无可置疑，如公办学校、医院，但也不排除一些事业单位具有明显的营利性特征，如报社、出版社、电视台和民办学校、医院等。

界定事业单位是否具有“公益性”，主要方法是一看登记、二看职能、三看社会共识。首先，以公益为目的的事业单位在登记时即已注明了“公益性”身份，对于登记为公益性的事业单位，无论其实际运行中是否完全遵循公益性的要求，均应作为公益性事业单位对待。其次，登记虽未注明为“公益性”的事业单位，但只要其承担的是教育、科技、文化、卫生等社会服务职能，也应作为公益性事业单位对待，包括民办学校。《中华人民共和国民办教育促进法》第 3 条第 1 款规定，“民办教育事业属于公益性事业，是社会主义教育事业的组成部分”。最后，对于一些特殊的事业单位，登记时没有注明为“公益性”，职能上也不承担社会公益服务，则应当以社会共识为标准，加以判断。比如，一个事业单位从事的基本上是营利性的经营活动，社会普遍认为其不具有公益性，则不应按照公益性事业单位对待。对于这种判断方法，担保法司法解释第 16 条[①]在界定哪些事业单位、社会团体不得作保证人时，已有反映，即规定“从事经营活动的事业单位、社会团体为保证人的……其所签订的保证合同应当认定为有效”。

2. 社会团体法人。社会团体法人是自然人的联合体，经登记取得法人资格。按照我国《社会团体登记管理条例》的规定，社会团体法人分为需经审查同意并登记的社会团体和依法不需要登记的社会团体两种。后者包括参加中国人民政治协商会议的人民团体，由国务院机构编制管理机关核定并经国务院批准免于登

① 无对应内容。

记的团体，机关、团体、企事业单位内部经本单位批准成立、在本单位内部活动的团体。根据《社会团体登记管理条例》第 3 条第 2 款的规定，社会团体应当具备法人条件，即必须具备承担民事责任的能力。1998 年以前成立的社会团体未取得法人资格的，均应按照条例规定的条件变更登记为法人。必须登记成立的社会团体法人，自登记之日取得法人资格；不需要登记的社会团体法人，自成立之日取得法人资格。

社会团体法人不得从事营利性经营活动，基本上相当于国外的非营利性社团法人，大多数不是因公益目的而设立，但其中不乏公益性质的社团法人，如一些政党。界定社会团体法人是否具有公益性的方法，主要是看登记，社会团体法人除登记为公益性质外，普遍是非营利性质的，必须注意不要把非营利性与公益性等同起来。一般而言，我国参加中国人民政治协商会议的人民团体以及由国务院机构编制管理机关核定，并经国务院批准免于登记的团体、机关，属于公益性社会团体，其他的基本上都属于非营利性社会团体，不具有公益性。

物权法和担保法规定不得抵押的是“教育设施、医疗卫生设施和其他公益设施”，重点放在标的物上，因此，即便属于公益性事业单位和社会团体，如果抵押标的物不是教育设施、医疗卫生设施等公益设施，抵押权仍然不受影响。比如，医院的救护车不得作抵押物，但医院用于接送职工的客车可以作抵押物；学校教学楼不能抵押，但学生公寓楼可以抵押。值得一提的是，担保法司法解释第 53 条[①]规定：“学校、幼儿园、医院等以公益为目的的事业单位、社会团体，以其教育设施、医疗卫生设施和其他社会公益设施以外的财产为自身债务设定抵押的，人民法院可以认定抵押有效。”按照该司法解释的要求，只有当同时满足“公益设施以外的财产”和“为自身债务设定抵押”两个条件时，抵押才可以认定为有效。对于“为自身债务设定抵押”这一额外条件，物权法没有予以肯定，因此可以认为，在物权法实施后，担保法司法解释对以公益为目的的事业单位、

① 民法典担保制度司法解释第 6 条规定：“以公益为目的的非营利性学校、幼儿园、医疗机构、养老机构等提供担保的，人民法院应当认定担保合同无效，但是有下列情形之一的除外：（一）在购入或者以融资租赁方式承租教育设施、医疗卫生设施、养老服务设施和其他公益设施时，出卖人、出租人为担保价款或者租金实现而在该公益设施上保留所有权；（二）以教育设施、医疗卫生设施、养老服务设施和其他公益设施以外的不动产、动产或者财产权利设立担保物权。登记为营利法人的学校、幼儿园、医疗机构、养老机构等提供担保，当事人以其不具有担保资格为由主张担保合同无效的，人民法院不予支持。”

社会团体规定的必须“为自身债务设定抵押”的额外要求，应当不再适用。

（四）所有权、使用权不明或有争议的财产

物权法、担保法均规定所有权、使用权不明或有争议的财产不得抵押，目的是从设定抵押的源头上防止出现因抵押财产归属不明引发的抵押权争执，起到预防矛盾纠纷的作用。实践中，不动产的权利归属以登记为准，动产的所有权依占有判断，物权法理论也承认抵押权的善意取得，因此法律仅规定“所有权、使用权不明或有争议的财产”不得抵押，客观上只能起到宣示、倡导的作用，对其在司法裁判中的实际意义不能高估。但是，从对物权法制度完善的角度看，该项规定仍然存在至少两方面的意义：一是可以作为认定诉讼中的标的物不得抵押的直接依据；二是可以作为不动产抵押权善意取得制度的基础。具体而言，如果一方当事人背着法院和对方当事人，将诉讼中争议的标的——标的物如果没有被采取强制措施——在诉讼过程中设定抵押，对于此种抵押行为，法院可以直接裁判抵押合同无效，第三人不能取得抵押权，法律依据就是物权法关于“所有权、使用权不明或有争议的财产不得抵押”的规定。显然，诉讼争执中的标的物无疑属于有争议的财产，即便第三人不知有诉讼事实的存在，因该抵押行为违反了法律的强制性规定，抵押合同无效，第三人也不能取得抵押权。不动产抵押权善意取得制度是物权法中的重要内容，物权法关于“所有权、使用权不明或有争议的财产不得抵押”的规定，可以作为该制度的法律基础。对此，后面设有专项讨论，此处不再置评。

（五）依法被查封、扣押、监管的财产

被查封、扣押、监管的财产因为失去了“可让与性”，权利人不能处分该财产，因而不得成为抵押物。但被查封、扣押、监管的财产不得抵押只是相对的，具有期限特征，在查封、扣押、监管期满后，标的物仍然可以作为抵押物，应无疑问。

标的物在查封、扣押、监管期间，任何单位、个人均不能就该标的物取得抵押权，但当事人在此期间签订的抵押合同究竟属于无效合同还是效力待定合同，抑或完全有效合同？实践中存在一定的争议。由于权利人在标的物被查封、扣押、监管期间处分权受限，不能行使对标的物的处分权，因此权利人在标的物上设定抵押的行为因属于无权处分行为而不具有法律效力。至于对在标的物查封、扣押、监管期间签订的抵押合同效力的认识，理论界存在三种主张——有效说、无效说、效力待定说，各主张主要的分歧点在于是否承认物权行为，是否承认物权行为的结果，即是否区分处分行为和设定负担行为。主张有效说的认为，签订抵押合同属于设定负担行为，尚未涉及真正的处分，虽然处分权受限，但不影响设定负担行为的效力，因此，以被查封、扣押、监管的财产为标的签订抵押合同的，抵押权虽然不能有效设立，但抵押合同仍然是有效合同；持无效说的不赞成将合同行为区分为设定负担和处分两种行为，主张无权处分人签订的合同，除权利人追认或当事人事后取得处分权外，合同应当无效；效力待定说与有效说近似，认为在权利人追认或当事人事后取得处分权之前，处分行为的效力应当处于待定状态，所签订的合同效力也处于待定状态。理论上看，三种主张均有一定的合理性，难分轩轾，因此，司法实践中宜从法律强制性、禁止性规定对合同效力影响的角度来理解抵押合同的效力，避免陷入对无权处分行为理论的争执之中。即物权法、担保法关于依法被查封、扣押、监管的财产不得抵押的规定，系法律的强制性、禁止性规定，以“被查封、扣押、监管的财产”为标的的抵押合同，属于“违反法律、行政法规的强制性规定”的合同，依照合同法第 52 条[①]第 5 项的规定，合同无效。

（六）禁止流通的财产

物权法、担保法均规定不得抵押的财产，包括“法律、行政法规规定不得抵押的其他财产”，这属于法律规定的“兜底条款”，要准确把握“兜底条款”的运用，离不开对相关“法律、行政法规”的了解。由于“法律、行政法规”是分散的，不易掌握，为方便实践中正确适用法律，总结出一些基本原则是非常必要的。最高人民法院司法解释为此做了有益的贡献。

能够设定担保物权的财产，原则上应当是可以转让、流通的财产，当今各主要国家的物权法对此都不乏原则性规定，比如法国、德国、瑞士等。我国物权法、担保法对此没有明确规定，担保法司法解释第 5 条第 1 款关于“以法律、法

① 民法典第 153 条规定：“违反法律、行政法规的强制性规定的民事法律行为无效。但是，该强制性规定不导致该民事法律行为无效的除外。违背公序良俗的民事法律行为无效。”

规禁止流通的财产或者不可转让的财产设定担保的，担保合同无效”的规定，可以视为弥补了担保法的不足。禁止流通的财产指法律、法规规定不得流通、不得自由买卖的财产，如枪支、弹药、毒品等。以禁止流通财产设定抵押的，抵押合同因标的违法而无效，而且合同本身也属于非法合同。非法合同不受法律保护，当事人没有民事诉权，人民法院不受理因非法合同产生的纠纷。当事人的行为涉嫌犯罪的，应通过刑事司法程序确认其应当承担的刑事法律责任。

（七）国家机关的财产

担保法司法解释第 3 条[①]规定：“国家机关和以公益为目的的事业单位、社会团体违反法律规定提供担保的，担保合同无效。因此给债权人造成损失的，应当根据担保法第五条第二款的规定处理。”国家机关担任保证人，被担保法明确禁止，至于国家机关能否用自己的财产为自己或他人提供抵押或质押，担保法没有规定，而担保法司法解释直接采取了否定的态度。按照担保法司法解释的规定，以国家机关的财产进行抵押或质押的行为是无效行为，行为无效后，不排除国家机关承担相应的民事责任。比如，地方政府驻京办将在京办公楼抵押的，抵押无效，抵押权不能有效设立，但该驻京办应当承担相应的民事赔偿责任。

担保法司法解释规定国家机关在自己拥有的财产上设定抵押权或质权的行为无效，是以担保法第 8 条[②]的立法本意为依据的。担保法第 8 条属于强制性条款，规定：“国家机关不得为保证人，但经国务院批准为使用外国政府或者国际经济组织贷款进行转贷的除外。”该条的立法本意是保障国家机关的财产安全，并保障其发挥国家机关的职能作用，以免国家机关因为负担额外的担保债务而无法发挥自身职能。另外，从国家机关的职能看，国家机关为债务提供担保也超越了自身职能。担保行为多数发生在经济活动中，即便一般民事活动中运用担保，也通常具有经济的内容，而国家机关不能从事经济活动，尤其是为债务人提供担保，国家机关超越职能权限所作的行为，在法律上应作无效处理。

---

① 民法典担保制度司法解释第 5 条规定：“机关法人提供担保的，人民法院应当认定担保合同无效，但是经国务院批准为使用外国政府或者国际经济组织贷款进行转贷的除外。居民委员会、村民委员会提供担保的，人民法院应当认定担保合同无效，但是依法代行村集体经济组织职能的村民委员会，依照村民委员会组织法规定的讨论决定程序对外提供担保的除外。”

② 民法典第 683 条规定：“机关法人不得为保证人，但是经国务院批准为使用外国政府或者国际经济组织贷款进行转贷的除外。以公益为目的的非营利法人、非法人组织不得为保证人。”

（八）违法、违章的建筑物

物权法、担保法规定建筑物在不同阶段均可以作为抵押物，但依照法定程序被认定为违法、违章建筑的，担保法司法解释第 48 条[①]规定：“以法定程序确认为违法、违章的建筑物抵押的，抵押无效。”

违法、违章建筑物虽然也有所有人，但此种建筑物被禁止流通，所有人不得转让建筑物，因此此种建筑物属于依法不得抵押的财产。由于建筑物是否违法、违章不是由人民法院确定，因此，人民法院在认定违法、违章建筑的抵押无效时，要以对建筑物有权作出违法、违章认定的管理部门的终局认定为条件。由于建筑物在完成产权登记前即可以作预抵押和在建建筑抵押，嗣后如果建筑物被认定为违法、违章建筑，此前已作之抵押失去效力，抵押人依法承担相应的赔偿责任；已经进行了产权登记、取得产权证的建筑物，在设立抵押权后又被管理部门认定为违法、违章建筑，导致权利人不能行使抵押权的，登记部门应当承担赔偿责任。在抵押权诉讼过程中，建筑物未被确认为违法、违章建筑的，法院可以认定抵押有效，即便此后该建筑物被认定为违法、违章建筑，法院的裁决仍不受影响，但因抵押物不能转让，抵押权人不能实现抵押权，抵押人为此应当承担相应的赔偿责任。

（九）不具有可让与性的准物权

不得抵押的准物权种类，物权法没有明文规定，由于抵押财产必须具有可让与性，前面已经作了阐述，不具有可让与性的财产，不得作为抵押标的，准物权亦然。因此，判断准物权是否可以抵押，必须结合对准物权转让进行具体规定的“法律、行政法规”来加以判断。

1. 采矿权。根据《中华人民共和国矿产资源法》（以下简称矿产资源法）第 6 条第 1 款规定，探矿权、采矿权不得转让，除按下列规定可以转让外，“（一）……探矿权人在完成规定的最低勘查投入后，经依法批准，可以将探矿权转让他人。（二）已取得采矿权的矿山企业，因企业合并、分立，与他人合资、合作经营，

① 民法典担保制度司法解释第 49 条规定：“以违法的建筑物抵押的，抵押合同无效，但是一审法庭辩论终结前已经办理合法手续的除外。抵押合同无效的法律后果，依照本解释第十七条的有关规定处理。当事人以建设用地使用权依法设立抵押，抵押人以土地上存在违法的建筑物为由主张抵押合同无效的，人民法院不予支持。”

或者因企业资产出售以及有其他变更企业资产产权的情形而需要变更采矿权主体的，经依法批准可以将采矿权转让他人采矿”。从规定内容看，探矿权在完成最低勘查投入后，经依法批准可以转让，因此探矿权在符合法律规定的条件时，可以转让，也当然可以成为抵押标的。但值得注意的是，既然“依法批准”是探矿权转让的生效条件，那么“依法批准”也就成为探矿权抵押的生效条件。按照法律规定，采矿权除了发生“产权变更”的情况可以变更采矿权主体外，不得单独转让，因此采矿权不具备单独的可转让性，也就属于“法律规定不得抵押的财产”，不得作为抵押标的。

2. 捕捞权。根据《中华人民共和国渔业法》（以下简称渔业法）第 23 条规定，“国家对捕捞业实行捕捞许可证制度……捕捞许可证不得买卖、出租和以其他形式转让，不得涂改、伪造、变造……”捕捞许可证是单位和个人拥有捕捞权的权利凭证，系通过行政许可程序取得，渔业法既然规定捕捞许可证不得转让，捕捞权自然也就不得转让，因此，以捕捞权设定抵押的，为法律所禁止，应属无效。

3. 养殖权。渔业法第 11 条第 1 款规定：“国家对水域利用进行统一规划……单位和个人使用国家规划确定用于养殖业的全民所有的水域、滩涂的，使用者应当向县级以上地方人民政府渔业行政主管部门提出申请，由本级人民政府核发养殖证，许可其使用该水域、滩涂从事养殖生产……”可见，我国对利用水域进行水产养殖实行许可证管理，单位和个人必须通过行政许可才能获得养殖权。与捕捞权不同，渔业法对养殖许可证是否可以转让未作明确规定，因此解决这个问题必须结合《中华人民共和国行政许可法》（以下简称行政许可法）进行判断。行政许可法第 9 条规定：“依法取得的行政许可，除法律、法规规定依照法定条件和程序可以转让的外，不得转让。”养殖权系依法取得的“行政许可”，渔业法没有规定养殖权转让的“法定条件和程序”，按照法律适用规则，渔业法作为特别法没有规定的，判断养殖权是否具有可让与性就应当适用作为一般法的行政许可法，既然养殖权因渔业法没有规定转让方面的条件和程序，并且属于依法取得的行政许可，故养殖权不具有可让与性，因而也不得成为抵押财产。

4. 取水权。《中华人民共和国水法》第 48 条规定，直接从江河、湖泊或者地下取用水资源的单位和个人，应当按照国家取水许可制度和水资源有偿使用制度的规定，向水行政主管部门或者流域管理机构申请领取取水许可证，并缴纳水资源费，取得取水权。依照该法规定，取水权在我国属于依法取得的行政许可，关于取水权的转让，1993 年国务院颁布的《取水许可制度实施办法》明确予以禁止，但其已被 2006 年颁布的《取水许可和水资源费征收管理条例》予以废止，而后者对此没有涉及。因此，按照前述对养殖权的分析方法，水法作为特别法对取水权的转让没有规定，判断取水权是否具有可让与性应当适用作为一般法的行政许可法第 9 条，即取水权因水法没有规定其转让方面的特别内容而依法属于不得转让的行政许可。与养殖权一样，取水权不具有可让与性，因而也不得成为抵押财产。

（十）民法典第 399 条第 5 项与民法典担保制度司法解释第 37 条第 2 款、第 3 款的冲突与化解——关于被查封、扣押、监管财产的抵押

民法典第 399 条第 5 项继承了担保法、物权法的相同规定，将“依法被查封、扣押、监管的财产”列入不得抵押的范围。抵押，包括签订抵押合同、办理抵押登记，民法典规定被查封、扣押、监管的财产不得抵押，当事人即应当遵从法律的规定，不就被查封、扣押、监管的财产缔结抵押合同、不申请办理抵押登记，登记部门也不得受理该类财产的抵押登记申请，这才是法律之治的理想状态。然而，民法典担保制度司法解释第 37 条第 2 款、第 3 款规定就被查封、扣押、监管的财产签订的抵押合同有效，如果抵押物系动产的话，有效抵押合同即可产生抵押权，则当事人不仅可以就被查封、扣押、监管的财产设立有效抵押合同，还可以取得有效抵押权，如此民法典第 399 条第 5 项的规定在实践中可能会面临适用上的问题。因此，从尊崇法治的价值观出发，解决立法与司法解释冲突的途径应当是完善司法解释，统一规定“民法典规定不得抵押的财产，当事人以该类财产订立抵押合同，登记部门为该类财产办理抵押登记的，人民法院不予支持”。这样清晰的司法解释将合同行为与物权行为依法一并禁止，并不与法理上的区分原则相龃龉，大众易于理解，法律适用稳定。当然，还有另一种思路，即修改民法典，把被查封、扣押、监管的财产从不得抵押的规定中去掉，单独规定该类财产可以抵押，但“在查封、扣押、监管期间不得行使抵押权”。

第三节　抵押权的取得

抵押权属于他物权，在取得抵押权的方式上，当今各国的立法例大致可分为

登记成立要件主义、登记对抗要件主义和混合要件主义三种。登记成立要件主义的立法以登记为抵押权成立的要件，未经登记不发生设立抵押权的法律效果，德国民法为其典型；登记对抗要件主义的立法不以登记为取得抵押权的要件，抵押权因当事人的合意设立，但未经登记不得对抗第三人，法国民法、日本民法为其典型；混合要件主义则根据抵押物的不同性质采取不同的方式，有的抵押物采登记成立要件主义，如不动产，有的抵押物采登记对抗要件主义，如动产，我国物权法、担保法为其典型。根据我国物权法和担保法的规定，当事人通过法律行为取得的抵押权，可以区分为需登记取得的抵押权和无需登记（仅凭抵押合同）取得的抵押权。

一、依登记取得抵押权

（一）依登记取得的抵押权和登记机构①

依担保法规定，需登记取得的抵押权主要是不动产抵押权，但也包括部分动产抵押权，而物权法规定仅不动产抵押权和在用益物权、准物权上设定的抵押权需登记取得，动产抵押权无需登记，仅凭抵押合同即可取得。根据物权法的规定，需登记取得的抵押权有如下类型：

1. 建筑物抵押权。建筑物抵押权属于不动产抵押权，根据担保法规定的“地随房走”和“房随地走”的原则，建筑物占用范围内的土地使用权同时抵押。建筑物抵押的登记机构是县级以上地方人民政府规定的部门，多数地方政府规定由房产管理部门办理登记，或由房产管理部门和土地管理部门分别办理登记，少数发达地区规定在房地产交易市场办理登记。个别地方规定的登记机构较乱，有的规定在工商行政管理部门办理登记，有的规定在公证部门办理登记。登记机构的杂乱，给我国抵押担保活动带来很多变数，实践中遇到的难题也很多。比如：有的地方对建筑物抵押的登记机构没有规定或规定得不清楚，导致有的当事人在房产管理部门办理登记，有的当事人在土地管理部门办理登记，在财产重复抵押的情况下，当事人无法对抵押物的实际价值和自己抵押权的次序进行合理

---

① 物权法第10条第2款规定：“国家对不动产实行统一登记制度。统一登记的范围、登记机构和登记办法，由法律、行政法规规定。”（对应民法典第210条，无实质变化）因此，在统一登记制度建立之前，不动产及其用益物权的抵押登记，还必须按照担保法的规定进行。

预期和判断。为解决这个问题，担保法司法解释第60条[①]规定：“以担保法第四十二条第（二）项规定的不动产抵押的，县级以上地方人民政府对登记部门未作规定，当事人在土地管理部门或者房产管理部门办理了抵押物登记手续，人民法院可以确认其登记的效力。”

实践中抵押登记的种类大体分为实体权利登记和程序权利登记。实体权利登记是指对当事人所享有的实体权利的登记，比如根据《中华人民共和国土地管理法》，应当登记的不动产物权为国有土地使用权、集体土地使用权、他项权利等；根据《中华人民共和国房地产管理法》，应当登记的不动产物权为房屋所有权、房屋抵押权等。程序权利登记，即顺序登记。不动产上负担性质不同的数个不动产物权，例如在土地上同时设定用益物权、以管线架设为目的的地役权、以担保债权设定的数个抵押权等，权利人能否实现其权利，取决于他们权利的顺序，权利顺序则取决于登记的顺序。建筑物抵押登记既包含实体权利的登记，也包含程序权利的登记。建筑物抵押登记因登记机构的不统一而无法确定抵押权次序时，司法解释规定的方法是各登记机构的登记均为有效登记，抵押权的顺序按照各个不同机构的抵押权登记时间顺序确定。司法解释认定抵押权顺序的方法虽然不能彻底解决当事人对抵押权顺序的预期问题，但在不动产统一登记制度建立之前，对抵押人在土地管理部门、房产管理部门的登记均作有效认定，总体效果上比排除其中任何一个登记机构的登记效力（其实排除哪一个也不合适）显得更加公平、公允。

此外，也有一些地方政府要求建筑物抵押必须同时在两个机构办理登记，建筑物在房产管理部门办理登记，土地使用权到土地管理部门办理登记，这样的双重登记会发生各自登记时间上的不一致问题，究竟以哪一个登记为权利顺序标准成为问题。担保法司法解释没有涉及该问题，对此，考虑到担保法授权地方政府规定登记的部门，那么任何一个登记机构经政府许可实施的登记都应当有法律效力，所作的双重登记应当以最先登记的时间作为认定抵押权次序的基础。例如，在房产管理部门登记后再到土地管理部门登记的，抵押权的次序应以在房产管理部门登记的时间确定。由此带来的另外一个问题是，当事人仅在其中一处办理了

---

① 无对应内容。

抵押登记，能否实际取得抵押权？对于这个问题，根据担保法第 42 条[①]第 1 项、第 2 项的规定，既然有权制定规则的地方政府规定建筑物抵押必须在两个部门办理登记，当事人仅在一处办理登记的，该抵押权登记应视为不完全登记，当事人不能取得建筑物及其土地使用权上的完整的抵押权，但可以补全登记，当事人再到另一处补办登记的，可以取得完整的抵押权。如果没有补办登记或者无法补办的，则按照担保法司法解释第 61 条[②]规定的“抵押物登记记载的内容与抵押合同约定的内容不一致的，以登记记载的内容为准”的精神处理。即当事人在土地管理部门登记的，则取得土地使用权上的抵押权；在房产管理部门登记的，则取得建筑物上的抵押权。在实现抵押权时，建筑物和土地使用权可以一并拍卖，但两部分要分开核算价值，各自清偿。

需登记取得的建筑物抵押权包括在建建筑物抵押权（包括预售商品房抵押）和建设项目抵押权。在建建筑物抵押登记和项目抵押登记属于预告登记性质，按照物权法第 20 条和《城市房地产抵押管理办法》第 34 条的规定，由房地产管理部门在抵押合同上作抵押记载，待取得产权证书后，再办理他项权证书。

2. 土地使用权抵押权。在土地使用权上设立的抵押权属于不动产用益物权抵押权，以国有土地使用权、集体荒地使用权、乡镇村企业建筑物占用范围内的土地使用权抵押的，办理抵押登记的机构均为核发土地使用权证书的土地管理部门，未经抵押登记的，不能设立抵押权。

3. 林木和林地使用权抵押权。以林木抵押的，林木占用范围内的林地必须同时抵押，抵押登记机构为县级以上林木主管部门。以林木与林地使用权同时抵押的，属于不动产抵押，需登记取得抵押权；如果仅以砍伐后的林木抵押的，则属于动产抵押，无需进行抵押登记。

4. 草地使用权抵押权。“通过招标、拍卖、公开协商等方式”承包的农村草地，并经依法登记取得土地承包经营权证的，可以作为抵押标的，在土地管理部门办理抵押登记后取得抵押权。以法律未禁止抵押的草原使用权作为抵押标的

---

① 无对应内容。

② 民法典担保制度司法解释第 47 条规定：“不动产登记簿就抵押财产、被担保的债权范围等所作的记载与抵押合同约定不一致的，人民法院应当根据登记簿的记载确定抵押财产、被担保的债权范围等事项。”

的，由于草原使用权属于不动产用益物权，抵押人必须取得草原使用权证后，经草原主管部门进行抵押登记方能设立抵押权。

5. 准物权抵押权。我国现行法律背景下可以抵押的准物权主要有海域使用权和探矿权，前面已有分析。以海域使用权抵押的，须签订书面抵押合同并向海洋行政主管部门办理抵押登记。探矿权属于行政许可取得的权利，一般不得转让和抵押，但按照矿产资源法的规定，“完成规定的最低勘查投入后，经依法批准”的探矿权可以作为抵押财产。探矿权的抵押须经政府地质矿产行政管理部门批准，然后进行抵押登记方能取得抵押权。

（二）登记取得抵押权的特殊例外：关于担保法司法解释第49条和第59条

1. 担保法司法解释第49条[①]的特殊规定

担保法司法解释第49条规定：“以尚未办理权属证书的财产抵押的，在第一审法庭辩论终结前能够提供权利证书或者补办登记手续的，可以认定抵押有效。当事人未办理抵押物登记手续的，不得对抗第三人。”该条虽规定于物权法之前，但在物权法生效后仍然适用。适用该条的条件，一是抵押财产未办理权属证书，但抵押人实际已取得对财产的占有或依法可以取得对财产的所有权，如买卖关系已经生效，所有权正在移转之中；二是在法庭一审法庭辩论结束前抵押权人或抵押人提供了权属证书或当事人补办了抵押登记。当事人已经具备办理抵押登记的条件（如已经取得产权证），无正当理由而不办理抵押登记的，不适用该条。如果当事人在一审法庭辩论结束前补办了登记的，依照司法解释的精神，可以认定抵押权成立，但该抵押权的次序以其登记时间确定。向法庭提交权利证书和补办登记的效力是不同的，前者虽然依照司法解释的特殊规定可以取得抵押权，但该抵押权属于不完全抵押权，依照司法解释的规定，“不得对抗第三人”；后者因补办了登记，该抵押权属于完全抵押权，有对抗第三人的效力。因此，从分析可以看出，担保法司法解释第49条第2款的内容，仅针对“提供权利证书”的情况而言。

担保法司法解释毕竟制定于2000年底，主要针对当时的实际情况，结合物权法第20条[②]关于预告登记的新规定，在物权法生效后，只要登记部门在抵押财

① 无对应内容。

② 对应民法典第221条，无实质变化。

产所在地开展了不动产抵押的预告登记，则以担保法司法解释中规定的“尚未办理权属证书的财产抵押的”，如果属于不动产抵押而当事人没有办理抵押预告登记的，就不能取得抵押权，担保法司法解释中所承认的“不得对抗第三人”的抵押权将不再被认可。

2. 担保法司法解释第59条[①]的特殊规定

担保法司法解释第59条规定：“当事人办理抵押物登记手续时，因登记部门的原因致使其无法办理抵押物登记，抵押人向债权人交付权利凭证的，可以认定债权人对该财产有优先受偿权。但是，未办理抵押物登记的，不得对抗第三人。”该条是对因登记部门的原因致使当事人无法办理抵押登记的抵押权如何认定其效力的特殊规定。该条适用的条件：一是当事人确已办理过抵押登记，如果属于从未办理抵押登记的，不能适用该条，对此当事人应当负举证责任；二是未办成抵押登记系出于登记部门的原因，因当事人自身原因未办成抵押登记的，不能适用；三是抵押财产的权利凭证已向债权人交付，权利凭证主要是房产证、土地使用权证等，没有权利凭证的，不能适用。该条司法解释主要针对抵押登记的现实情况，担保法实施后，由于我国登记制度不健全，实践中存在法定登记部门不办理抵押登记业务、登记部门擅自规定登记期限或者不合理的收费标准等现象，妨碍了抵押担保行为的开展，因此担保法司法解释规定，当事人如果有充分的证据证明进行了抵押登记，因登记部门的原因致使当事人无法办理抵押物登记的，应当认定抵押有效，抵押权人可以取得抵押权。但由于该抵押权未办理登记，无登记公示，因此该抵押权不得对抗第三人，不具有优先受偿效力。

物权法生效后，根据物权法优先于担保法的法律适用原则，该条司法解释将不再适用。因为，物权法第9条[②]对不动产物权的变动规定了登记要件主义，未经登记不发生效力，因此，如果是不动产抵押，必须登记取得抵押权，仅交付权利凭证不能取得抵押权；如果是动产抵押，则物权法规定一律凭抵押合同取得抵押权，不需要登记，该条司法解释对于动产抵押也失去了适用的必要。再者，在最高人民法院制定担保法司法解释时抵押登记部门存在的问题，经过登记部门多年的改进也得到实际的改善，司法解释也不再需要继续适用。

---

① 无对应内容。

② 对应民法典第209条，无实质变化。

二、依抵押合同取得抵押权

（一）依抵押合同取得的抵押权范围——动产抵押权

无须办理抵押登记，仅凭当事人达成的抵押合同即可以取得的抵押权，称为依抵押合同取得的抵押权。依照物权法的规定，除上述需登记取得的不动产、准不动产抵押权外，以动产设定的抵押权均属于依抵押合同取得的抵押权，因此，这一类抵押权的抵押标的范围非常广，所有可以转让的、有交换价值的有体财产，比如企业产品、半成品、原材料、机器设备，收割后的农作物、砍伐后的林木，价值较大的车辆、船舶、航空器，个人所有的家具、电器、手表、相机、字画等财产，都可以成为动产抵押权的标的。值得一提的是，以车辆、船舶、航空器抵押的，担保法第 41 条①和第 42 条规定抵押登记为抵押权取得要件，未经登记的，抵押合同不生效，抵押权不能设立。物权法则规定车辆、船舶、航空器抵押均依抵押合同取得抵押权，抵押登记仅产生对抗效力。

浮动动产抵押权，依照物权法第 189 条②“抵押权自抵押合同生效时设立”的规定，无需进行抵押登记。由此，集合动产抵押（也被称为财团抵押），即当事人（企业、个体工商户、农业生产经营者、个人等）将生产设备、原材料、半成品、产品、车辆、家庭财产等动产登记造册固定后（不能浮动）作为抵押标的进行抵押的，应当适用物权法第 189 条的规定，当事人在抵押合同生效后即取得抵押权。

依抵押合同取得的抵押权，抵押权自抵押合同生效时设立，抵押合同生效的时间，依照合同法第 44 条③的规定，原则上自合同依法成立时生效，而合同依法

---

① 民法典第 402 条规定：“以本法第三百九十五条第一款第一项至第三项规定的财产或者第五项规定的正在建造的建筑物抵押的，应当办理抵押登记。抵押权自登记时设立。”

② 民法典第 403 条规定：“以动产抵押的，抵押权自抵押合同生效时设立；未经登记，不得对抗善意第三人。”第 404 条规定：“以动产抵押的，不得对抗正常经营活动中已经支付合理价款并取得抵押财产的买受人。”

③ 民法典第 502 条规定：“依法成立的合同，自成立时生效，但是法律另有规定或者当事人另有约定的除外。依照法律、行政法规的规定，合同应当办理批准等手续的，依照其规定。未办理批准等手续影响合同生效的，不影响合同中履行报批等义务条款以及相关条款的效力。应当办理申请批准等手续的当事人未履行义务的，对方可以请求其承担违反该义务的责任。依照法律、行政法规的规定，合同的变更、转让、解除等情形应当办理批准等手续的，适用前款规定。”

成立的时间即当事人承诺生效的时间。简言之，除法律另有规定和当事人另有约定外，抵押合同自当事人签字盖章之日起生效，抵押权人自抵押合同签字盖章之日取得抵押权。

（二）依抵押合同取得的抵押权的登记

依抵押合同取得的抵押权，当事人也可以办理抵押登记，该抵押登记对抵押权的设立虽无直接影响，但对抵押权的效力有重要意义。物权法第 188 条[①]和第 189 条规定，依抵押合同取得的特殊动产抵押权，“未经登记，不得对抗善意第三人”，反之，办理了抵押登记的动产抵押权，则可以对抗善意第三人。按照“举轻明重”的原则，办理了抵押登记的特殊动产抵押权既然能够对抗善意第三人，非善意的第三人当然也在可以对抗之列。此后还要详述。

动产抵押的登记部门，物权法未作系统规定，基本上依担保法第 42 条第 3 项、第 4 项、第 5 项和第 43 条[②]的规定确定，浮动动产抵押的登记部门，则按照物权法第 189 条的规定确定。具体如下：

以一般动产（包括个人所有的生活资料、家庭财产，个体工商户、家庭承包经营户的生产资料）抵押的，登记机构为抵押人所在地的公证部门，即抵押人所在区、市（县级市）、县的公证处。

以企业设备和其他动产抵押的，登记部门是财产所在地工商行政管理部门。企业财产所在地一般是企业营业所在地，也是企业注册地，在企业注册地工商行政管理部门登记，易于查询。但企业财产因出租、运输等原因不在企业注册地的，按照担保法第 42 条第 5 项的规定，应当在财产所在地工商行政管理部门登记。比如某市东城区企业的设备被西城区某企业承租，以该设备抵押的应当在西城区工商行政管理部门登记。因此，从实际效果来看，企业动产在财产所在地工商行政管理部门办理抵押登记存在登记部门不统一、不固定，不易查询的问题。在物权法生效后，建议类推适用物权法第 189 条的规定，统一由抵押人住所地的工商行政管理部门办理抵押登记，避免出现上述问题。

以企业浮动动产抵押的，物权法第 189 条规定登记部门是抵押人住所地的工

① 民法典第 403 条规定：“以动产抵押的，抵押权自抵押合同生效时设立；未经登记，不得对抗善意第三人。”

② 无对应内容。

商行政管理部门。企业住所地一般是企业主要营业所在地，无固定营业地的，依企业注册地确定企业住所地。

以个体工商户、农业生产经营者的浮动动产抵押的，登记部门也是抵押人住所地的工商行政管理部门。个体工商户、农业生产经营者均属于自然人，依户籍所在地确定其住所地。

以车辆、船舶、航空器抵押的，包括在建的船舶、航空器，抵押登记部门是该运输工具的管理部门。机动车抵押的，在发放车牌的当地车辆管理部门（车管所）办理登记；船舶抵押的，在船籍所在地的港务监督机构（港监局）办理登记；航空器抵押的，在民用航空主管部门（民用航空局）办理登记。物权法颁布前，在建的船舶、航空器不能作为抵押物，因此相关管理部门也不开展抵押登记，现物权法已明文规定在建船舶、航空器可以抵押，而且抵押登记具有对抗效力，因此船舶、航空器的登记管理部门应当适时开展在建船舶、航空器的抵押登记，以配合物权法的顺利实施。

三、依法律规定取得抵押权

基于法律规定取得的抵押权，称为法定抵押权。关于法定抵押权，德国民法、法国民法、瑞士民法均有规定，日本民法规定的特别先取特权也与之相似。我国合同法第286条[①]规定，建设承包合同中承包人对其所承建之建筑物享有法定抵押权，发包人未按照约定支付价款的，承包人可以“与发包人协议将该工程折价，也可以申请人民法院将该工程依法拍卖。建设工程的价款就该工程折价或者拍卖的价款优先受偿”。

法定抵押权旨在保护特定法律关系当中的债权人，体现法律对公共利益（如法国民法规定国家、公共团体对收款人及会计人员财产的法定抵押权）或者社会正义（比如我国合同法规定的法定抵押权主要保护劳动者获得劳动所形成的承包款）的特别关怀，因此，法定抵押权的取得不需要当事人签订抵押合同，通常也不需要办理抵押登记[②]，因此其被称为非依法律行为取得的抵押权。不需要登记

---

① 对应民法典第807条，无实质变化。

② 法定抵押权一般不需要登记，但也有国家规定某些种类的法定抵押权需要登记，比如瑞士民法规定依私法取得的法定抵押权必须登记，依公法取得的法定抵押权无需登记。法定抵押权的登记与否仅依各国法律而定，其本质并无不同。

的法定抵押权，权利人自规定该法定抵押权的法律生效时即取得抵押权。比如，我国合同法第286条规定的承包人法定抵押权，在合同法生效之时——1999年10月1日，只要承包人工程价款未获清偿的，承包人自然取得对所建工程的抵押权，至于工程何时建造、何时竣工、工程款给付何时到期，均在所不问。法定抵押权与其他物权或优先权发生竞合时，由法律规定各权利的先后次序。容后另述。

四、依继承、遗赠取得抵押权

抵押权非专属性财产权，可以继承、受遗赠。在继承、遗赠事实（被继承人死亡）出现时，继承人、受遗赠人即取得抵押权，无需登记；但继承人、受遗赠人处分（比如随同债权转让）抵押权时，如果被转让的抵押权属于登记取得的抵押权，必须先进行抵押权变更登记，然后再转让，否则不发生物权效力，受让人不能取得抵押权。

五、依转让取得抵押权

物权法第192条[①]规定，抵押权不得单独转让，不具有转让上的独立性，当事人转让主债权的，除法律另有规定（如物权法第204条[②]关于最高额抵押权转让的规定）或者当事人另有约定外，抵押权同时转让。债权转让，抵押权随之转让，无需当事人特别约定，反之，当事人可以约定仅转让债权而不转让抵押权，即约定保留抵押权。物权法第192条的规定为抵押权与主债权的适度分离提供了法律依据，有利于抵押权的证券化。

抵押权随同债权一并转让，如果该抵押权系动产抵押权，受让人取得债权的同时即取得抵押权，与抵押登记无涉。原动产抵押如办理了抵押登记，按照权利同一性原则，受让后的动产抵押权仍然具有对抗效力。如果系登记取得的抵押权，如不动产抵押权，是否必须变更抵押登记受让人方能取得抵押权，值得讨论。物权法颁布前，担保法对抵押权的转让登记没有具体规定，因此在转让抵押权是否需要变更登记的问题上，最高人民法院针对国有银行不良资产政策转让的特殊情况采取了简明处理措施，通过司法解释规定国有政策性资产管理公司受让

---

① 对应民法典第407条，无实质变化。

② 对应民法典第421条，无实质变化。

国有银行不良资产涉及抵押权转让的，无需变更登记，原抵押登记继续有效。但该解释仅适用于资产管理公司和国有银行这样的政策性转让债权和抵押权的情况[①]。物权法颁布后，法律明文规定依法律行为发生的不动产物权变动一律登记生效，继承、裁判、征收等非依法律行为发生的物权变动无需登记，但再行处分该不动产物权仍然以登记为生效要件。根据物权法的规定，在物权法生效后，转让不动产抵押权应当采取无需办理变更登记即发生物权效力的思路，最高人民法院关于资产管理公司的司法解释应普遍适用于所有受让抵押权的情形。理由是，物权法规定的不动产物权（含不动产抵押权）变动依登记生效，仅指设立该不动产物权，适用于不动产物权的原始取得，而随同债权取得的不动产抵押权属于继受取得，应当类推适用物权法关于继承取得不动产物权的规定，其生效不以变更登记为要件。再者，变更登记与抵押权设立登记的作用不同，变更登记仅有公示新抵押权人之作用，而设立登记具有物权公示效力，公示的是抵押权本身，可以起到警示第三人、防止第三人利益受损的作用。换言之，抵押权的设立登记已起到公示作用，不因是否变更登记而影响其公示效用，抵押登记的对外效力仍然存在。另外，担保法、物权法均规定"债权转让的，抵押权一并转让"，因此"债权让与时，其抵押权原则上伴随而往……不待登记即生效力。唯有如此解释，方不致发生债权让与后，抵押权未办理移转登记前，发生无担保债权存在之情形，与抵押权的从属性有违"[②]。当然，受让人再转让债权与抵押权的，应当依照物权法第 31 条[③]的规定，先办理抵押权变更登记再进行转让，转让才发生物权效力。

抵押权具有不可分性，抵押权所担保的债权被分割或者部分转让的，对抵押权不生影响。债权分割后的各债权人可以就其享有的债权份额对抵押物整体行使抵押权，其中一个债权人行使权利，拍卖、变卖抵押物的，应当通知其他债权人参加分配；各债权人同时行使抵押权的，抵押物折价后的价款由各债权人按比例分配。债权的一部分因清偿、抵销、混同、转让等原因消灭时，剩余债权仍然可

---

① 《最高人民法院关于审理涉及金融资产管理公司收购、管理、处置国有银行不良贷款形成的资产的案件适用法律若干问题的规定》（法释〔2001〕12 号，于 2021 年 1 月 1 日失效）第 9 条规定："金融资产管理公司受让有抵押担保的债权后，可以依法取得对债权的抵押权，原抵押权登记继续有效。"

② 谢在全：《民法物权论》，中国政法大学出版社 1999 年版，第 624 页。

③ 对应民法典第 232 条，无实质变化。

以对抵押物行使抵押权，抵押权不受影响。对此，担保法司法解释第 72 条[①]第 1 款规定："主债权被分割或者部分转让的，各债权人可以就其享有的债权份额行使抵押权。"

主债务被分割或者部分转让的，抵押权不受影响，抵押物仍然作为分割或者转让后形成的数个债务履行担保责任。但是，在抵押物由第三人提供的时候，债权人如果许可债务人转让债务未经第三人（抵押人）书面同意的，第三人（抵押人）对未经其同意转让的债务，不再承担担保责任。担保法司法解释第 72 条第 2 款对此作了规定。理解上，债权人许可债务人转让债务的，抵押权因债务转让未取得抵押人的书面同意而消灭，可视为抵押权消灭的特殊原因。未经第三人同意转让部分债务的，抵押权不消灭，仅抵押物所担保的债权数额相应缩减，转让出去的债务数额不在抵押担保的范围之内。

六、抵押权的善意取得

物权善意取得制度系民法上善意第三人保护制度的重要制度组成，各国法律多有专门规定。物权中的自物权——所有权善意取得制度公认适用于动产，但也有一些国家的立法例承认不动产所有权善意取得，如瑞士。我国物权法第 106 条[②]规定的所有权善意取得制度，在条文文义和立法意图上，都既适用于动产，又适用于不动产[③]，这是我国物权法规定的所有权善意取得制度的特点之一。物权中的他物权，比如抵押权能否和所有权一样由第三人善意取得，目前，在大陆法系各主要国家的立法例中，无论是对物权变动采用形式主义立法的德国法系，还是采用意思主义立法的法国法系，都鲜有明确规定，仅有个别国家，如瑞士[④]，对包括不动产所有权在内的其他不动产物权，包含他物权，规定了善意取得，但对动产所有权之外的其他动产物权的善意取得没有涉及。我国物权法颁布

---

① 民法典担保制度司法解释第 39 条规定："主债权被分割或者部分转让，各债权人主张就其享有的债权份额行使担保物权的，人民法院应予支持，但是法律另有规定或者当事人另有约定的除外。主债务被分割或者部分转移，债务人自己提供物的担保，债权人请求以该担保财产担保全部债务履行的，人民法院应予支持；第三人提供物的担保，主张对未经其书面同意转移的债务不再承担担保责任的，人民法院应予支持。"

② 对应民法典第 311 条，无实质变化。

③ 胡康生主编：《中华人民共和国物权法释义》，法律出版社 2007 年版，第 240 页。

④ 史尚宽：《物权法论》，中国政法大学出版社 2000 年版，第 44~45 页。

前，法律法规对所有权的善意取得没有完整的规定，更遑论抵押权这类他物权的善意取得，理论界对此也未形成通说。最高人民法院在担保法司法解释中也未涉及他物权的善意取得问题，仅起草者在司法解释的释义中主张抵押权可以善意取得[①]，但未详细言明理由。物权法颁布后，其第106条对所有权善意取得作了明确规定，构建了我国关于所有权善意取得制度的基本内容，同时该条也规定“当事人善意取得其他物权的，参照前两款规定”，将所有权善意取得的制度安排明确扩展到他物权。物权的善意取得制度包含较为丰富的制度内容和操作细节，物权法虽然对物权的善意取得作了明确规定，但条文极少，内容宽泛，仍然需要我们结合物权法的规定，及时分析和确定物权在我国现行法律背景下如何善意取得的制度细节和实践操作。当前，我国司法实践中因当事人无权处分产生的抵押权取得方面的纠纷案件逐渐增多，法院裁判困难，为此，本节以抵押权为核心，对物权法关于物权善意取得的制度内容和操作细节进行具体分析，以此为落脚点，对法律在物权善意取得方面的制度选择作一简要的检讨。

（一）善意取得与无权处分的关系——处分权在设立抵押权中的作用

善意取得与无权处分关系密切。在无权处分制度下，法律的价值取向是保护权利状态的稳定，保护真实权利人，因此，除权利人追认或者无权处分人事后取得处分权外，无权处分人签订的合同无效，第三人不能自无权处分人处取得权利。然而，当第三人为善意时，法律对真实权利人的保护遇到了善意第三人的挑战，为维护交易秩序的稳定，善意取得制度被创造出来，以保护善意的第三人不受无权处分导致的合同无效影响。适用善意取得制度，善意第三人照样取得标的物所有权或者其他物权，“善意取得不以合同是否有效为前提”[②]。无权处分制度旨在保护权利人，因而对第三人要求很高；善意取得制度旨在保护善意第三人，因而对权利人影响甚巨。就法律实践而言，因有无权处分制度的存在，才有对善意取得制度的需要，所有权的转让和他物权的设立均受此影响。因此，研究抵押权的善意取得，必须先研究无权处分对设立抵押权的影响，解决处分权在设立抵押权中的作用，并以此充分认识抵押权善意取得制度存在的重要性和必要性。对

① 李国光等：《关于适用〈中华人民共和国担保法〉若干问题的解释的理解与适用》，吉林人民出版社2000年版，第210页。

② 参见崔建远：《无权处分辨》，载《法学研究》2003年第1期。

此，可以从合同法和物权法两个角度加以分析、研究。

首先，关于无权处分行为人所签合同的效力，我国合同法第51条关于无权处分的规定是直接的法律调整依据。合同法第51条[①]规定：“无处分权的人处分他人财产，经权利人追认或者无处分权的人订立合同后取得处分权的，该合同有效。”对于此条的解释，目前占主流地位的认识是主张从解释论的角度，将该条解释为“此处所谓‘处分’，应从广义，包括负担行为在内”，“既然合同法在立法意图上不承认物权行为，那么该法第51条规定的无权处分的合同效力待定，指的就是买卖、互易等合同的效力取决于真正权利人对此是否追认或者履行期届满前处分人是否取得该标的物的所有权。若追认或者已取得标的物的所有权，该买卖等合同有效；反之，该买卖等合同无效”[②]。当前，关于无权处分与合同效力的关系，其他国家和国际经济体的立法例虽有不同的选择，我国学界对此也有不同的认识，但我国立法者和学界主要认识是基本一致的，应当妥为遵循以指导法律实践，而不应“随心所欲……以有助于法律的妥当适用”[③]。基于此，依据我国合同法第51条的规定，无权处分人订立的合同，包括设定负担的合同，真实权利人事后不予追认或无权处分人事后未取得处分权的，合同无效，而非一些学者所主张的合同有效，仅处分行为无效。就设立抵押权而言，订立书面抵押合同是法律的明文规定，无权处分人在自己无权处分的标的物上设立抵押权所签订的抵押合同，按照上述主流认识，仅在真正权利人追认或者无权处分人事后取得处分权时，才具有法律效力，反之则抵押合同无效。即使将设立抵押权的行为视为设定负担行为（即不认为签订抵押合同属于处分行为），其结果也应如此。抵押合同无效的，抵押登记亦无效，当事人不能取得抵押权，前面已有阐述。

其次，处分权作为设立抵押权的必要条件，物权法也有重要规定。物权法第180条[④]规定债务人或者第三人有权处分的财产可以抵押，明确把处分权作为债

① 无对应内容。

② 参见崔建远：《无权处分辨》，载《法学研究》2003年第1期。

③ 参见崔建远：《无权处分辨》，载《法学研究》2003年第1期。

④ 民法典第395条规定：“债务人或者第三人有权处分的下列财产可以抵押：（一）建筑物和其他土地附着物；（二）建设用地使用权；（三）海域使用权；（四）生产设备、原材料、半成品、产品；（五）正在建造的建筑物、船舶、航空器；（六）交通运输工具；（七）法律、行政法规未禁止抵押的其他财产。抵押人可以将前款所列财产一并抵押。”

务人和第三人在抵押财产上设立抵押权的确切要求；第 184 条[①]规定所有权、使用权不明或者有争议的财产不得抵押，因处分权是所有权的重要核心权能，所有权不明或者有争议，即处分权处于不确定或者争议状态，可进一步理解为处分权处于不确定或争议状态的标的物不得抵押。因此，按照物权法第 180 条、第 184 条的要求，债务人或者第三人在无权处分的标的物上设立抵押权的行为，违反物权法的禁止性规定，不具有法律效力。

综上，依据合同法和物权法，处分权均为当事人有效设立抵押权的重要条件，除真实权利人事后追认或无权处分人事后取得处分权外，无权处分人在无权处分的标的物上设立抵押权的抵押合同属于无效合同，抵押标的物也违反物权法的禁止性规定，第三人当然不能取得抵押权。在此种法律背景下，无权处分制度和物权法的规定对权利人给予了充分保护，如欲保护善意第三人和交易秩序的安全与稳定，抵押权的善意取得制度成为法律的当然选择。

（二）关于不动产抵押权的善意取得

不动产物权的善意取得，无论是不动产所有权还是不动产抵押权，均与不动产公示的性质和效力密切相关，研究不动产物权的善意取得问题，必须先厘清不动产公示的性质和所具有的法律效力。

1. 不动产公示的性质与效力

（1）不动产公示的性质。不动产权利的取得是否以公示为要件，当今大陆法系各国的选择主要是两种，一种以德国、瑞士、奥地利等国为代表，包括我国在内，选择以不动产公示——登记为不动产权利取得要件，未经登记之公示不能取得不动产上的权利；另一种以法国、日本、意大利、西班牙、荷兰等国为代表，选择仅凭当事人意思表示一致取得不动产权利，不以登记公示为要件。在物权法理论上，前者被称为形式主义或方式主义[②]，后者被称为意思主义。

在采用意思主义立法的国家，不动产公示虽然不是不动产权利取得的要件，当事人不被要求必须进行公示，但公示仍然存在并有法律意义。法国法、日本法均规定当事人可以登记其不动产上的权利，且登记具有对抗第三人的效力。因

---

① 对应民法典第 399 条，无实质变化。

② ［日］三潴信三：《物权法提要》，中国政法大学出版社 2005 年版，第 21 页。

此，就不动产公示而言，当今大陆法系各国也存在两种不同性质的公示，一种是德国模式，把不动产登记公示作为不动产物权变动的成立或者生效要件，一般称之为公示要件主义，又称为实质的登记主义；另一种是法国模式，把不动产登记公示作为物权变动的对抗要件，一般称之为公示对抗主义，又称为形式的登记主义。有学者将这两种不同的不动产公示的本质简化为：登记要件主义的公示，公示的是物权本身；登记对抗主义的公示，公示的仅是法律行为（即物权变动的原因）①。这一表述基本厘清了两种公示的本质区别。

（2）不动产公示的效力。两种不同性质的不动产公示，其法律效力也存在不同。登记要件主义的公示属于实质登记，公示的是物权本身，物权变动也以公示为要件，因此，这种公示具有公信力的效力。而登记对抗主义的公示属于形式登记，公示的是法律行为，物权变动不以登记为要件，因此，这种公示仅具有对抗效力。

不动产实质登记所具有的公信力，各种理论著述均有详细介绍②，这里不再赘述。事实上，公信力并非源于物权法理论对不动产实质登记所具效力的主张，而是源于法律的直接规定，没有法律规定，公信力也就无从产生。从这个意义上说，公信力与物权种类一样具有法定性，法律没有赋予登记以公信力的，仅有理论主张不足以产生登记上的公信效力。当今，凡是采用实质登记主义的国家和地区，其民法对不动产登记所具有的公信力都有明确规定，如德国、瑞士等。我国物权法是采用不动产实质登记主义的立法，对不动产登记所具有的公信力规定明确。物权法第 16 条③规定不动产登记簿是物权归属和内容的根据，第 17 条④规定："不动产权属证书是权利人享有该不动产物权的证明。不动产权属证书记载的事项，应当与不动产登记簿一致；记载不一致的，除有证据证明不动产登记簿确有错误外，以不动产登记簿为准。"针对物权法第 16 条和第 17 条的内容，立法机关在其出版的《中华人民共和国物权法释义》中明确解释为："本条第一款

① 尹田：《法国不动产公示制度概述》，载北京大学法学院编：《民事责任与民法典体系》，法律出版社 2002 年版，第 38 页。

② 不动产实质登记的公信力，史尚宽、谢在全、姚瑞光、梁慧星、王利明、［日］近江幸治、［德］曼弗雷德·沃尔夫等所著物权法著述中均有详尽介绍，见解一致，并无差别。

③ 对应民法典第 216 条，无实质变化。

④ 对应民法典第 217 条，无实质变化。

的规定，在民法学上一般称为权利正确性推定原则，即在不动产登记簿上记载某人享有某项物权时，推定该人享有该项权利，其权利内容以不动产登记簿上的记载为准……法律规定物权的归属和内容以不动产登记簿为根据，目的就是从国家公信力的角度对物权相对人的利益进行保护……这也是物权公示原则的价值和要求。"[①] 众所周知，权利正确性推定原则正是公信力的核心内容，物权法的条文内容和立法机关的明确解释，成为我们正确认识我国不动产公示所具公信力的重要基础。

不动产形式登记所具有的对抗效力，也基于法律的直接规定，堪称代表性的法国民法、日本民法均是如此。法国不动产公示的主要意义在于使公示的行为和权利对第三人产生对抗效力，其作用"仅在于对抗从同一出让人处取得同一权利的第三人……非如德国法那样系对权利的'确认'，因此，登记员并不审核有关法律行为的适当性，其所作不动产公示并不意味着可以以之推定权利的真实性，故这一保障被认为仅具纯粹形式上的意义"[②]。日本不动产公示的目的在于"绝对贯彻意思主义，亦将损害第三人之利益……在交易上，有不安全之虞。此采用意思主义之法国法系民法，所以因物权之变动，以定（登记公示）对抗第三人之要件也。日本民法亦然"[③]。日本不动产物权的变动，"亦采登记对抗主义，对于登记并未赋予公信力，学者亦采否定说"[④]。由于形式登记"并不意味着可以以之推定权利的真实性"，不具有权利正确性推定效力，而权利正确性推定效力正是公信力的核心，因此，仅具有对抗效力的形式登记公示不具有公信力的效力[⑤]。历史地看，法国民法和日本民法没有选择具有公信力的实质登记主义，主要是法律传统使然[⑥]，我国台湾地区学者谢在全对此解释为："法、日民法基于各社会乃至于法律制度，以及当时登记制度是否已完备等各方面考虑，就不动产

① 胡康生主编：《中华人民共和国物权法释义》，法律出版社2007年版，第53~54页。

② 尹田：《法国不动产公示制度概述》，载北京大学法学院编：《民事责任与民法典体系》，法律出版社2002年版，第38页、第51页。

③ ［日］三潴信三：《物权法提要》，中国政法大学出版社2005年版，第24页。

④ 王泽鉴：《民法学说与判例研究》第一卷，中国政法大学出版社1998年版，第249页。

⑤ 也有学者认为对抗效力的公示也具有权利正确性推定效力，即具有公信力（孙宪忠：《论不动产物权登记》，载《中国法学》1996年第5期）。此见解显与对抗力公示性质不合。

⑥ 参见尹田：《法国不动产公示制度概述》，载北京大学法学院编：《民事责任与民法典体系》，法律出版社2002年版。

物权即未采取公信原则，要非无因。”①

2. 不同立法主义下不动产抵押权的善意取得

如前所述，抵押人在无权处分的标的物上设立抵押权的抵押合同属于无效合同，相对人不能取得抵押权，因此在无权处分的情况下，善意第三人要保护自身权益，只有诉诸抵押权的善意取得制度。不动产抵押权的善意取得与不动产权利取得方式和公示的性质有着密切的联系，采用形式主义或方式主义取得不动产权利并承认登记公信力国家的民法，多数也承认不动产抵押权的善意取得，在民法中规定不动产抵押权的善意取得制度，或者在理论上承认该制度的存在；采用意思主义取得不动产权利并规定公示对抗主义国家的民法，一般对不动产抵押权的善意取得不作规定，理论上对该问题也无定论。分述如下。

（1）形式主义立法与登记公信力下的不动产抵押权的善意取得。

形式主义立法要求不动产权利的取得以登记为准，未经登记不能取得不动产权利，因此当事人仅有签订的不动产转让合同等文件材料而无登记的，不动产抵押权的善意取得难以成立。例如，甲的不动产拟转让给乙，与乙签订不动产转让合同，但未办理过户登记，乙未取得不动产所有权。此时乙如果在甲的不动产上设立抵押权，与第三人丙签订抵押合同，乙的行为属于无权处分，抵押合同无效，丙仅凭甲与乙之间的不动产转让合同不足以产生对乙享有处分权的信赖，不能形成善意，因此丙也不能善意取得在甲的不动产上的抵押权，应无疑义。易言之，在形式主义立法下，无登记公示的不动产无适用善意取得制度的余地。然而，如果不动产因故意、错误、疏忽等原因，不当登记在非真实权利人的名下，形成“名实不符”的情形，非真实权利人在该不动产上设立抵押权，依据登记公信力原则，第三人在设立抵押权时主观上如果为善意，即便抵押合同因属于无权处分而无效，第三人也可以取得该不动产上的抵押权。这种不动产抵押权的取得方式即不动产抵押权的善意取得。

第三人善意取得不动产的抵押权，其要件有三：一是无权处分人具有不动产登记簿记载的权利人身份；二是第三人在取得不动产抵押权时善意相信登记记载的正确性；三是已经进行不动产抵押权登记公示。就要件一而言，真实权利人的

---

① 谢在全：《民法物权论》，中国政法大学出版社 1999 年版，第 61 页。

不动产不当登记在无权处分人名下，登记虽为不当，但不动产登记簿记载明确，无异议登记等明显权利疑问的存在，构成第三人善意的基础。换言之，如果无权处分人不是登记簿记载的权利人，第三人相信无权处分人便失去基础；如果登记簿上有异议登记，第三人的善意相信便失去条件。要件二则强调第三人的主观为善意。虽然形式主义立法中的不动产登记具有公信力，第三人可以根据登记簿的记载“推定权利的正确性”，但如果有证据证明第三人在取得抵押权时为非善意，第三人仍然不能取得抵押权。此乃登记的公信力区别于形式的法律效力主义之处，后者承认“登记有形式的法律效力，对于第三人不问其为善意与否，登记有绝对效力”①；前者只有权利正确性推定效力，仅保护主观上为善意的第三人。要件三则强调必须履行取得不动产抵押权的生效要件。遵循形式主义立法的要求，不动产权利的取得均以登记为生效要件，不动产抵押权也不例外，因此在第三人善意相信登记簿的记载但仅签订抵押合同而未作不动产抵押登记的情况下，第三人不能取得抵押权。

在不动产物权的善意取得制度方面，采用形式主义立法并承认不动产登记公信力的德国、瑞士均承认不动产所有权的善意取得。例如，德国民法规定土地登记簿之内容视为正当，纵“土地登记簿之内容，虽为不正当，为善意受让人之利益，视为正当与完全。从而真正所有人甲未登记，而乙登记为所有人，其由乙受让所有权者，有效取得所有权”②。瑞士民法规定“因善意信任土地登记簿之登记，取得所有权或其他物权者，其取得应受保护”③，不仅明确承认不动产所有权的善意取得，而且明文规定其他不动产物权的善意取得，其中当然包括不动产抵押权。

（2）意思主义立法与登记对抗力下的不动产抵押权的善意取得。

意思主义立法不要求不动产物权变动必须公示，权利人也不必公示证明自己的权利，而且，即便对不动产进行了登记公示，此种公示仅具有对抗效力，“并不意味着可以以之推定权利的真实性”，即不具有公信力，因此，在此种立法背景下，不动产物权的善意取得制度失去存在基础。不动产因其本质属性不适宜交

① 史尚宽：《物权法论》，中国政法大学出版社2000年版，第43页。
② 史尚宽：《物权法论》，中国政法大学出版社2000年版，第44页。
③ 史尚宽：《物权法论》，中国政法大学出版社2000年版，第45页。

付占有，占有不动产不产生公信力；不动产权利证书，无论是在意思主义立法的国家还是在形式主义立法的国家，都不被承认具有权利正确性推定效力，不具有公信力；对抗力性质的不动产登记公示，也不具有公信力，因此，第三人的主观善意失去了法律条件。纵使第三人事实上存在善意，也不为法律所承认，第三人的利益无法对抗权利人的真实权利。

意思主义立法的上述特征，决定了不动产物权的善意取得制度不被此种立法所承认，不动产抵押权的善意取得也无从谈起，具有代表性的法国法、日本法均是如此。在法国法、日本法中，难以发现不动产物权善意取得制度的踪迹，即便是理论著述也鲜有对不动产物权善意取得的讨论。无不动产物权的善意取得制度，对善意第三人保护明显不足，故在日本实务上，“常运用禁反言之原理或登记之推动力，以补救登记无公信力之不足”①。所谓“无公信力之不足”，是以促进交易之迅速，保障交易之安全，第三人不能从外部认识不动产变动与变动时间，法律关系不能明确化，归根结底，在意思主义立法和无公信力的不动产公示上，不能建立起不动产物权的善意取得制度，致使法律保障权利人和善意第三人的完整价值链被割裂，善意第三人的权利未得到足够的体现。但也正是此种立法避免了损害真正权利人的利益，权利的“静的安全”被充分保护，故在日本实务中为了在不动产交易中避税，不动产物权交易中不登记者很多，却并未出现我国学者所担心的日本“不动产物权风险较大”② 的情况。

意思主义立法中的不动产公示具有对抗第三人的效力，如果抵押权人履行了不动产抵押登记公示，可凭借公示的对抗效力获得法律的保护。以法国法为例，不动产公示对抗第三人的效力指“对抗从同一出让人处取得同一权利的第三人”③。比如，甲的不动产抵押给乙并作了不动产抵押权登记，后甲将不动产转让给丙，因乙的抵押权具有对抗效力，乙对丙所取得的甲之不动产所有权产生限

---

① ［日］柚木馨：《判例物权法总论》，转引自谢在全：《民法物权论》，中国政法大学出版社 1999 年版，第 61 页。

② 孙宪忠：《论不动产物权登记》，载《中国法学》1996 年第 5 期。

③ 尹田：《法国不动产公示制度概述》，载北京大学法学院编：《民事责任与民法典体系》，法律出版社 2002 年版，第 38 页。严格地说，作者此处表述不够准确，“同一权利”的提法过于狭窄，因为不同的当事人自同一权利人处取得的可能不是“同一权利”，比如一个取得抵押权，一个取得所有权。宜表述为“从同一出让人处合法取得存在冲突权利的第三人”。

制力——即对该不动产享有抵押权所包含的抵押物的折价力和优先效力。再如，甲的不动产抵押给乙并履行了不动产抵押权登记，后甲复将不动产抵押给丙，无论丙是否已作抵押登记，乙的抵押权均优先于丙的抵押权。

（3）我国物权法中的不动产抵押权善意取得。

我国物权法属于形式主义立法，规定不动产变动采用实质登记主义，并明文赋予不动产登记以公信力，因此不动产所有权和其他不动产物权的善意取得制度成为我国物权法的当然选择。我国不动产物权的善意取得制度规定在物权法第106条，该条第1款规定无权处分人将不动产转让给受让人，所有权人有权追回，但符合以下三个条件的，受让人取得不动产的所有权：“（一）受让人受让该不动产……是善意的；（二）以合理的价格转让；（三）转让的不动产……依照法律规定应当登记的已经登记……”随之，该条第3款规定：“当事人善意取得其他物权的，参照前两款规定。”分析来看，该法第106条第1款规定的是不动产所有权的善意取得，第3款规定的是不动产用益物权和担保物权的善意取得，包括不动产抵押权的善意取得，按照“参照前两款规定”的要求，不动产抵押权善意取得的要件是：（1）债权人是善意的；（2）已经进行不动产抵押权登记。与不动产所有权善意取得相比，由于抵押权的设立不以相对人是否有对价为要件，所以，对善意取得不动产抵押权的要求少了一个“合理价格”的内容。试举例说明。

举例：大连某银行与甲公司、乙公司借款合同抵押担保纠纷案。

基本案情：乙公司自有一栋22层大厦，因无力改造，遂与甲公司协商由甲公司出资进行改造，改造完成后自15层以上所有权移交给甲公司所有。协议签订后顺利履行，大厦完成改造后甲公司实际获得大厦15层以上使用权，但一直没有办理过户手续。后乙公司因借款将大厦全部抵押给大连某银行，并办理了抵押登记。甲公司获悉后，提起诉讼要求确认对大厦15层以上的产权，诉讼中因乙公司无异议，法院调解结案对甲公司产权予以确认。房产管理部门根据法院调解书发放新产权证，分割大厦为甲、乙公司分别所有，并对旧产权证予以撤销。银行在获知以上事实、担心抵押权受影响的情况下，遂提起诉讼，请求法院确认其对全部大厦享有合法抵押权。

分析意见：以物权法第106条为依据，分析上述意见我们发现，该意见符合不动产抵押权善意取得制度的要求。首先，乙公司在甲公司所有的大厦15层以上部分设立抵押权，属于无权处分，依照我国合同法第 51 条关于无权处分的规定，乙公司与银行签订的抵押合同属于部分无效合同（即涉及大厦 15 层以上部分无效，15 层以下部分有效），涉及 15 层以上部分的抵押登记也无效，银行不能取得抵押权；参照物权法第 106 条第 1 款的规定，所有权人有权追回。其次，由于大厦全部产权登记在乙公司名下，不动产登记具有公信力，即具有权利正确性推定效力，因此不动产抵押权的善意取得应当得到承认。最后，债权人（银行）取得不动产抵押权必须以善意为要件，即债权人在接受抵押时“既不明知也不应知”大厦 15 层以上部分的真实产权与登记不符，明确了善意的标准是“既不明知也不应知”。另外，由于“善意”属于事实问题，而且属于抽象事实，举证责任的分配对当事人至关重要。按照“谁主张谁举证”的诉讼法原理，除法律另有规定外，证明债权人主观构成善意的举证责任在于债权人自己。“善意”属于抽象事实，证明负担沉重，但由于不动产登记具有公信力，债权人对不动产登记的相信、信赖无需证明，可以被推定为善意，即适用“善意推定”方法，因此，在不动产真实权利与不动产登记不一致的情况下，因为有不动产登记公信力的存在，证明债权人主观上不构成善意的证明责任实际上转移由真实的权利人承担。

无权处分人在不动产上设立抵押权，如果构成不动产抵押权的善意取得，债权人取得不动产抵押权，权利人因此受到损失（抵押物被处理用以承担担保责任），“有权向无处分权人请求赔偿损失”①；如果不符合善意取得的条件，抵押合同无效，无权处分人根据其在合同无效中的过错承担相应的法律责任。

（4）不动产抵押权善意取得的例外。

善意取得制度旨在保护无权处分情况下善意第三人的权利，主要针对无权处分人处分他人财产的情形，但也适用于在财产共有情况下，共有人未经允许处分其他共有人财产的情形。例如，夫妻共有的房屋登记在丈夫名下，登记簿上无共有人情况记载，未经妻子同意，丈夫在房屋上设立抵押权，抵押行为无效。但房屋登记具有公信力，第三人信赖登记簿的记载并且无证据证明其为非善意的，即便抵押合同无效，第三人仍善意取得在该共有财产上的抵押权。妻子因此受到的损失有权向丈夫要求赔偿。登记不具有公信力的，不适用善意取得，如上述对抗

---

① 物权法第 106 条第 2 款。

效力的登记。另外，善意取得制度也受法律强制性规定的限制，在有法律强制性规定时，无适用善意取得的余地，如抵押物不合法、抵押物被查封时，均不能适用善意取得；破产财产，包括在破产宣告前已经置于破产管理人控制下的债务人财产，不适用善意取得。债务人在此类财产上设立抵押权，纵使第三人确属善意，也不能取得抵押权。

（三）动产抵押权的善意取得

1. 动产所有权和质权的善意取得

动产物权的变动在大陆法系各国也有意思主义和形式主义之分，法国法、日本法选择动产物权依当事人意思发生变动，德国法、瑞士法选择动产物权依交付变动，后一行为被视为物权行为。由于动产具有在物理上的可移动性、同类动产相互间的可替代性以及动产的同一性鉴定困难等特点，无论是意思主义立法还是形式主义立法，均承认动产占有具有公示公信效力，承认动产所有权的善意取得[①]。法国民法规定："对于动产，自主占有具有与权利证书相等的效力。"[②] 德国民法典第 932 条，瑞士民法典第 714 条、第 933 条、第 1153 条，日本民法典第 192 条，均明文规定动产所有权的善意取得[③]。我国物权法第 106 条规定的善意取得制度，既适用于不动产，也适用于动产。按照该条规定，无权处分人将动产转让给受让人，所有权人有权追回，但符合以下三个条件的，受让人取得动产的所有权：一是受让人受让动产时是善意的；二是以合理的价格转让；三是转让的动产已经交付给受让人。从善意取得成立要件上看，我国物权法规定的动产善意取得与大陆法系各国的规定基本一致。

依法律行为设立的动产担保物权主要有动产抵押权和动产质权。与动产所有权一样，动产质权的善意取得在理论和实务上均无障碍。基于占有的公信力，再兼动产质权的取得与动产所有权的取得均以交付为生效要件，承认动产所有权善意取得的立法必然承认动产质权的善意取得。瑞士民法典第 933 条、我国担保法司法解释第 84 条[④]均明文规定了动产质权的善意取得，善意取得的要件与动产所

① 史尚宽：《物权法论》，中国政法大学出版社 2000 年版，第 49 页。

② 尹田：《法国物权法》，法律出版社 1998 年版，第 199 页。

③ 参见胡康生主编：《中华人民共和国物权法释义》，法律出版社 2007 年版，第 240 页。

④ 可参照民法典第 311 条关于物权善意取得的对应条文处理。

有权善意取得完全相同。

2. 动产抵押权的善意取得

与动产所有权和质权的善意取得相比，对于动产抵押权的善意取得，大陆法系各国法律鲜有明文规定，理论上也鲜有讨论，纵有讨论也见解不同，难以形成通说[①]。究其原因，主要是动产抵押权在取得上不以交付为要件，与动产所有权和动产质权的取得要件不同。否定动产抵押权可以被善意取得的观点认为，从法律适用的角度看，如果一国法律对动产抵押权的善意取得无明文规定，动产抵押权又不占有动产，与动产所有权和动产质权取得要件不同，故不能类推适用动产所有权或者动产质权善意取得的规定，因此善意取得动产抵押权没有法律根据。我国物权法第106条规定的物权善意取得制度既适用于不动产，又适用于动产，并且该条第3款明文规定“当事人善意取得其他物权的，参照前两款规定”，因此，由于动产抵押权是我国物权法明文承认的物权之一，属于“其他物权”，故依照我国物权法第106条第3款的规定，动产抵押权在我国可以善意取得，从物权法第106条中可以得出我国存在动产抵押权善意取得的法律根据。

物权法第106条对所有权的善意取得虽然规定了三个要件，但是因为抵押权的设立不以支付对价为要件，因此抵押权的善意取得只需要两个要件，即受让人是善意的，以及依照法律规定应当登记的已经登记，不需要登记的已经交付给受让人。再落实到动产抵押权上，由于物权法规定设立动产抵押权既不需要登记，又不需要交付，因此动产抵押权的善意取得仅剩下一个要件，即“权利人在取得动产上的抵押权时是善意的”。易言之，动产抵押权因取自抵押合同，不依赖抵押物的登记和交付，所以善意取得动产抵押权的要件即权利人在签订动产抵押合同时是善意的。要件极为简单。

动产抵押权善意取得的基础，在于无权处分人占有标的物的事实，因此无占有之事实，即无占有之公信力，不存在推定的权利正确性，善意取得失去基础。至于动产抵押权不以占有为要件，系我国物权法的明文规定，因此在动产物权的

① 当前已有的物权法著述中，基本没有关于动产抵押权善意取得的讨论，史尚宽、郑玉波、谢在全、尹田、近江幸治等物权法著述均如此，王泽鉴教授在“动产担保交易法上登记之对抗力、公信力与善意取得”中收集了对动产抵押权善意取得的不同见解，载《民法学说与判例研究》第一卷，中国政法大学出版社1998年版。

善意取得制度中属于特例，即不需要独立之物权行为。对此，我国台湾地区学者王泽鉴认为，“在动产抵押，法律既明定不以受让占有为必要，则在决定善意取得能否成立，即不应以受让占有为要件，始能保护善意设定动产抵押权人之利益，维护交易安全”[①]。

无权处分人在占有的动产上设立抵押权，债权人仅凭善意即取得动产抵押权，对动产权利人影响甚巨，因此应有严格限制。如前所述，无权处分人无占有动产的外观事实，无善意取得的适用；抵押的动产标的物违法，不具有可流通性，或者被查封、扣押、受破产宣告（包括置于破产管理人控制之下），亦不得适用善意取得。对于无权处分人恶意占有的动产，如盗、抢物是否适用善意取得，我国物权法无明文规定，依善意取得制度的一般法理要求，善意取得应当以无权处分人合法占有动产为条件，恶意占有不适用善意取得。遗失物适用善意取得，依照物权法第 107 条[②]的规定，以权利人自知道或者应当知道受让人受让标的物之日起两年内不行使返还请求权为限，权利人在两年内行使返还请求权的，排除善意取得，动产抵押权的善意取得也应受此限制。此外，依物权法规定物权变动须办理登记才能对抗第三人的动产，且已办理登记的，如车辆、船舶、航空器等[③]，不能仅凭占有即推定第三人善意，如果登记簿记载了真实权利人，纵使无权处分人合法占有动产，亦无适用善意取得的余地，无论是取得动产的所有权还是抵押权。因为“动产物权人既已依法办理登记，第三人亦可自登记簿中认知其实质权利也，是以，均无善意取得之适用”。[④]

（四）物权法善意取得制度的检讨

物权法颁布后，物权的善意取得制度得以在我国建立，上面以抵押权为例所作的分析，系从解释论的角度服务于正确适用法律的需要，然而，为便于从宏观的视角观察物权善意取得制度，使读者形成更加直观的印象，下面拟从立法论的角度对我国物权法善意取得制度作一简要的检讨。

---

① 王泽鉴：《动产担保交易法上登记之对抗力、公信力与善意取得》，载《民法学说与判例研究》第一卷，中国政法大学出版社 1998 年版，第 252 页。

② 对应民法典第 312 条，无实质变化。

③ 物权法第 24 条（对应民法典第 225 条，无实质变化）。

④ 谢在全：《物权法论》，中国政法大学出版社 1999 年版，第 222 页。

1. 在制度构建上具有初创之功。物权法作为篇幅可观的成文法，确立了我国完整的物权法律制度体系，其中的物权善意取得制度的构建，具有法制建设上的创始之功。在物权法之前，我国物权的善意取得规定散见于规章制度、司法解释和理论著述，效力不高，查找困难；在物权法之后，则形成了我国法律规范明确、体系框架完备的物权善意取得制度，可谓我国物权法制建设中的创举。

2. 在制度选择上具有开放性。我国物权法颁布于21世纪初，有条件借鉴世界各国物权法制在20世纪形成的一系列优秀成果。从物权法在善意取得制度构建上的开放性，可以看到我国的起草者们坚持以开放、开明的态度对待世界各国的法制成果，对没有争议的方面诸如动产物权善意取得，全部采纳，对存在争议的方面诸如他物权善意取得，全盘承认，无论是动产还是不动产，无论是自物权还是他物权，在我国物权法中均能找到善意取得的制度依据，因而形成了我国具有开放性特点的物权善意取得制度。

3. 在本权人与第三人利益保护上未具备均衡性。善意取得制度系为保护善意第三人设立的，是对本权人权利的剥夺，也可视为对本权人行使权利的限制，属于民法在现代发展的产物。我国物权法在物权善意取得制度规定上具有广阔性，必然带来对本权人的巨大影响，甚至冲击到所有权的安定性，这在动产抵押权的善意取得上表现得最为严厉。换言之，首先，从动产抵押权的取得来看，取得动产抵押权可以不经登记，仅凭签订抵押合同就可取得动产抵押权，因此对保护一般债权人极为不利。比如，动产抵押权人不占有抵押物，也不需要对抵押物进行登记公示，债务人为对抗一般债权人，临时与第三人签订抵押合同，甚至倒签抵押合同日期，将全部财产作为抵押物，致使一般债权人无法执行债务人财产的情况难以避免。虽然债务人的行为属于虚假行为，但一般债权人以及法院均难有证据证明债务人虚假抵押行为以及行为发生的真实时间，一般债权人难以得到保护。其次，如果动产抵押人不是本权人，而系无权处分人，承认动产抵押权的善意取得则进而影响到本权人的权利，对保护本权人极为不利。如何平衡善意取得动产抵押权的第三人和具有真实物权的本权人之间的利益关系，值得研究。简单来看，可建议在解释适用物权法时[①]，限缩解释无登记的动产抵押权的优先效

① 2016年3月1日施行的《最高人民法院关于适用〈中华人民共和国物权法〉若干问题的解释（一）》第15~17条部分体现了作者的主张，但尚无突破，该解释于2021年1月1日失效。

力，取消其对抗查封债权人和本权人的效力，还原无登记的动产抵押权实际所具有的“债权化”本质。其实，现行物权法也已经注意到了无登记的动产抵押权所具有的“债权化”本质，比如第199条[①]第3项规定“抵押权未登记的，按照债权比例清偿”，即明确否定了未公示的抵押权的顺位效力，而顺位效力是物权优先效力的核心内容，即顺位在先的抵押权优先于顺位在后的抵押权。物权法否定了未登记的动产抵押权的顺位效力，实际上否定了其完全物权的效力，只能“按照债权比例清偿”。依此观之，无权处分人在他人动产上设定抵押权，纵然抵押权人是善意的，但因其未进行登记，不具有对抗善意第三人的效力，而本权人享有真实物权，具有物权对抗效力，其权利应当优于善意取得的动产抵押权，以此保护本权人物权的安定性。

第四节　抵押登记的效力

一、不动产抵押登记的效力

（一）不动产抵押登记的效力——公信力

不动产抵押登记是不动产抵押权的取得要件，未经登记，不能设立不动产抵押权。如前所述，包括德国民法和瑞士民法在内的、对不动产物权变动采用形式主义的立法，均肯定不动产抵押登记有公信力；法国民法和日本民法对不动产物权变动采用意思主义，承认抵押登记属于形式登记，登记仅具有对抗效力，不具有公信力。我国担保法对不动产抵押登记的公信力未作规定，物权法第16条[②]规定不动产登记簿是物权归属和内容的根据，第17条[③]规定：“不动产权属证书是权利人享有该不动产物权的证明。不动产权属证书记载的事项，应当与不动产登记簿一致；记载不一致的，除有证据证明不动产登记簿确有错误外，以不动产登记簿为准。”如前所述，立法机关明确承认这两条规定“在民法学上一般称为权利正确性推定原则，即在不动产登记簿上记载某人享有某项物权时，推定该人享

① 对应民法典第414条，无实质变化。
② 对应民法典第216条，无实质变化。
③ 对应民法典第217条，无实质变化。

有该项权利，其权利内容以不动产登记簿上的记载为准……法律规定物权的归属和内容以不动产登记簿为根据，目的就是从国家公信力的角度对物权相对人的利益进行保护……这也是物权公示原则的价值和要求。”① 权利正确性推定原则是公信力的核心内容，因此，我国不动产抵押登记依法具有公信效力。

不动产登记簿是国家档案，以国家信誉为基础。不动产抵押登记公示，是法律为第三人的交易提供的保障措施，避免因抵押权的物权效力而造成第三人交易的风险。设定不动产抵押权应当进行登记公示，目的在于提示他人防范权利风险，谨慎选择与标的物的所有人发生法律关系。登记的公信力，主要是排除第三人因事实上的权利、身份法上的权利或者订立在先的合同权利等对抗信赖登记内容的权利人。因此，登记制度必须健全，登记机关必须谨慎和尽责，登记错误属于国家赔偿范畴。

（二）不动产抵押登记公信力对实务的影响

不动产抵押登记公信力可以作为权利正确性推定依据，具有强大的效力，在实务中发挥着重要作用。首先，在登记记载的抵押权未被涂销时，即便债权本身已经消灭，抵押权仍然具有形式上的效力，所有人不得设定同一次序的抵押权。在德国民法中，由于抵押权可以独立转让，在债权不成立、无效或者已经消灭但抵押登记尚未被涂销时，善意第三人可以取得该抵押权②。其次，如果抵押权因错误、遗漏误被涂销，第三人依登记之记载可以取得对抵押物无负担的所有权，或取得先于该抵押权次序的抵押权。最后，无抵押权而登记为抵押权者，善意第三人自登记的抵押权人处受让抵押权的，善意第三人取得该抵押权。即便抵押权无效或者被撤销，善意第三人取得的权利也不受影响。比如，甲银行贷款给乙公司，由丙公司提供房产抵押担保，并办理了不动产抵押登记。后该贷款由甲银行转让给丁金融资产管理公司。在丁金融资产管理公司向乙公司主张债权并向丙公司行使抵押权时，丙公司以抵押合同签名不真实为由拒绝配合，并向法院提起诉讼要求确认抵押合同无效，撤销抵押登记。由于丁金融资产管理公司在受让抵押权时对抵押登记存在善意信赖，如果丙公司不能提供证据证明丁金融资产管理公

---

① 胡康生主编：《中华人民共和国物权法释义》，法律出版社2007年版，第53~54页。

② 史尚宽：《物权法论》，中国政法大学出版社2000年版，第275页。

司主观不构成善意的话，无论丙公司的诉讼请求是否被法院支持，均不能影响到丁公司所取得的抵押权。由于不动产抵押登记具有公信力，信赖该登记的善意第三人可以取得不动产抵押权。

二、动产抵押登记的效力

（一）动产抵押登记的效力——对抗力

动产抵押权自抵押合同生效时取得，抵押登记仅具有对抗效力，担保法、物权法对此作了明确规定。具有对抗效力的动产抵押登记属于形式登记，区别于实质登记，因此不具有公信力。抵押权善意取得一节对此已有分析，不再赘述。

动产抵押登记不具有公信力，则基于公信力所产生的效力将不复存在。比如，抵押登记误被涂销时，第三人取得的抵押物上的抵押权仍然存在，仅该抵押权不能对抗第三人，当抵押物被第三人善意取得且第三人对抵押权的存在既不“明知”，又不“应知”时，抵押权才消灭①。再如，无抵押权而登记为抵押权者，善意第三人自登记的抵押权人处受让该抵押权，并不能善意取得该抵押权，因为抵押登记无公信力，不具有“权利正确性推定效力”。

（二）担保法司法解释第61条的意义

担保法司法解释第61条②规定：“抵押物登记记载的内容与抵押合同约定的内容不一致的，以登记记载的内容为准。”在物权法生效后，如何看待担保法司法解释第61条的规定，值得研究。在物权法颁布前，也有意见认为担保法司法解释第61条是关于抵押登记公信力的规定。如上所述，我国物权法规定动产抵押登记仅具有对抗效力，显然担保法司法解释第61条即便是关于抵押登记公信力的规定，也不包括动产抵押登记，仅限于不动产抵押登记。物权法生效后，不动产登记的公信力已经由物权法明文规定，无需引用司法解释的规定。然而，在物权法生效后，司法解释的规定仍然具有证据法上的意义，即在司法实务中可以作为法院裁判“抵押物登记记载的内容与抵押合同约定的内容不一致”时的方法。即抵押登记与抵押合同都属于证据，当登记记载的内容与抵押合同约定的内

---

① 物权法第108条（对应民法典第313条，无实质变化）。

② 民法典担保制度司法解释第47条规定：“不动产登记簿就抵押财产、被担保的债权范围等所作的记载与抵押合同约定不一致的，人民法院应当根据登记簿的记载确定抵押财产、被担保的债权范围等事项。”

容不一致时，证明抵押权的具体内容出现两个不同的证据。鉴于登记记载的内容具有公示效力，不容易被更改、伪造，在证据效力上更为可信，因此，判断抵押权的内容应当“以登记记载的内容为准”。比如，抵押合同记载的抵押物是螺纹钢，抵押登记记载的抵押物是工字钢，则应当按照抵押登记认定抵押物是工字钢。当然，抵押登记的证据效力并不是绝对的，当抵押登记与事实不符，而且登记内容依一般的谨慎注意即可判明是错误的，抵押合同的记载或者有证据证明的抵押事实具有判断抵押权内容的效力。大陆法系国家中，日本民法规定抵押登记具有对抗效力，也承认登记记载的内容有证据上的效力，当登记内容与实际不一致时，“以登记事项为标准产生对抗力”。但是日本判例也进一步认为在登记记载事项“容易判明是误记时，事实上具有效力”①，抵押登记不具有绝对效力。

三、不动产抵押预告登记的效力

不动产抵押预告登记的效力，依照民法典第 221 条的规定，可以阻止对不动产的处分，即预告登记具有对抗效力，但该条未规定预告登记的变价效力和优先受偿效力等其他物权效力，结合该条第 2 款要求预告登记人在条件成就时应当“申请登记”的规定，可以看出民法典规定的“预告登记”和“不动产本登记”存在区别。按照该条法律逻辑推论，区别在于除了“对抗效力”外，本登记中的其他效力，预告登记都不具备。这一点，在房屋抵押预告登记（最典型的当属商品房按揭中的预售商品房抵押登记）中表现得最为明显，因为房屋抵押权不仅需要对抗效力，还需要变价效力和优先受偿效力，方能构成完整的抵押物权。结合民法典、民法典担保制度司法解释第 52 条、《最高人民法院关于人民法院办理执行异议和复议案件若干问题的规定》第 30 条的规定，为便于实践中作出正确判断，特归纳如下：

1. 不动产抵押预告登记具有对抗效力，可以对抗该不动产的后顺序买受人、承租人、抵押权人、继承人、受赠人、用益物权人，只要预告登记有效，该对抗效力是无条件的，后续各权利人不能取得该不动产的所有权、使用权或其他物权（民法典第 221 条第 1 款）。

2. 不动产抵押预告登记不具有变价效力和优先受偿效力（民法典担保制度

---

① ［日］近江幸治：《担保物权法》，法律出版社 2000 年版，第 110 页。

司法解释第 52 条第 1 款）。

3. 在不动产抵押预告登记有效的情况下，不动产被列入破产财产进行破产处置时，该预告登记具有优先受偿效力（民法典担保制度司法解释第 52 条第 2 款）。

4. 在不动产抵押预告登记有效的情况下，不动产被查封进入执行程序时，该预告登记具有对抗执行的效力，其本质是具有对抗查封债权人的效力（《最高人民法院关于人民法院办理执行异议和复议案件若干问题的规定》第 30 条规定："金钱债权执行中，对被查封的办理了受让物权预告登记的不动产，受让人提出停止处分异议的，人民法院应予支持；符合物权登记条件，受让人提出排除执行异议的，应予支持。"）。考虑到即便办理了不动产抵押权登记的抵押财产也不影响转让（即不阻止执行程序，参见民法典第 406 条），再参考民法典担保制度司法解释第 52 条第 2 款关于承认预告登记对破产财产的优先受偿效力的规定，笔者主张不必等到预告登记办理了本登记再重启执行程序并承认预告登记权利人（此时已变为本登记的权利人）的优先受偿权，因为程序靡费而毫无现实价值，而可以径直承认未办理本登记但预告登记有效的权利人的优先受偿权，以取得其同意继续执行的承诺，不影响对不动产有序、合理、高效的处置。

申言之，商品房购房人在房地产管理部门办理了房屋买卖预告登记，但未办理产权证，虽可以阻止一房两卖（含不能出租），但自己也不能处分该房屋，当房屋被查封或者被列入破产财产需要拍卖、变卖时，购房人可以优先受偿，理由同上。但如果房屋已经被购房人占有、使用、收益的，购房人基于取得所有权的意思表示而事实占有、使用、收益，则购房人有权阻止拍卖、变卖该房屋，该权利不是来源于预告登记，而是来源于占有、使用、收益这些所有权的权能，可以视为购房人取得事实所有权。

第五节　抵押权的效力

一、抵押权所涉抵押标的物的范围

抵押权属于以抵押物的交换价值发挥担保作用的"价值保"，抵押权所涉抵押标的物的范围直接影响到抵押权人的利益，根据物权法与物权法理确定抵押标的物的范围至关重要。

抵押权的效力范围一般包括两个方面，一是抵押权所担保的债权范围，二是抵押权所涉的抵押标的物范围。物权法第 173 条①、担保法第 46 条②对抵押权所担保的债权范围均规定了任意条款，作为当事人未约定担保范围时的推定方法。即抵押合同未约定担保范围的，抵押担保的范围包括主债权、利息、违约金、损害赔偿金和实现抵押权的费用。但对于抵押权所涉的抵押标的物范围，两部法律均未规定可供推定抵押物的任意条款。原则上，抵押标的物的范围属于当事人意思自治内容，法律不加干涉，由当事人通过抵押合同约定，如抵押合同无详备约定，则按照物权法原理予以确定，比如抵押主物的，从物、附属物一并抵押等。详述如下。

（一）从物——建筑物之于土地使用权的关系

从物指不属于主物而辅助主物发挥效用的独立之物，动产有主从关系，如球拍与拍套；不动产也有主从关系，如土地与建筑物、住房与车库等。抵押主物的，抵押权的效力及于从物，但当事人另有约定的除外。我国物权法虽未明确规定抵押主物的抵押权效力及于从物，但第 115 条③规定了“主物转让的，从物随主物转让，但当事人另有约定的除外”，在理解上可以当然解释为该条也适用于抵押权的设立。除此之外，担保法司法解释第 63 条④关于“抵押权设定前为抵押物的从物的，抵押权的效力及于抵押物的从物”的规定，在物权法生效后仍然有适用上的价值。

关于土地使用权抵押与地上建筑物的关系，物权法第 182 条⑤明确规定“以建设用地使用权抵押的，该土地上的建筑物一并抵押”。该条贯彻了主物与从物一并转让、一并抵押的物权法理，即将地上建筑物作为土地使用权之从物，随主

① 对应民法典第 389 条，无实质变化。

② 参见民法典第 389 条。

③ 对应民法典第 320 条，无实质变化。

④ 民法典担保制度司法解释第 40 条规定：“从物产生于抵押权依法设立前，抵押权人主张抵押权的效力及于从物的，人民法院应予支持，但是当事人另有约定的除外。从物产生于抵押权依法设立后，抵押权人主张抵押权的效力及于从物的，人民法院不予支持，但是在抵押权实现时可以一并处分。”

⑤ 对应民法典第 397 条，无实质变化。

物一并抵押[①]。并且，物权法第 182 条第 2 款还明确规定“抵押人未依照前款规定一并抵押的，未抵押的财产视为一并抵押”，禁止当事人通过特别约定对土地与建筑物一并抵押的关系加以改变，当事人的意思自治被限制，物权法第 115 条规定的“但书”内容在此处不适用。司法实务中，以物权法生效时间为界限，要分两种不同情况分别处理：当事人在物权法生效前约定建筑物不随土地使用权一并抵押的，该约定根据担保法第 36 条[②]的规定，具有法律效力。在理解上，担保法第 36 条规定建筑物与土地使用权同时抵押，也属于从物随主物一并抵押，但担保法并不禁止当事人通过意思自治加以改变。当事人“另有约定”从物不随主物一并抵押的，符合物权法理论；物权法生效后，当事人如果约定建筑物不随土地使用权一并抵押的，根据物权法第 182 条第 2 款的规定，该约定不具有法律效力，在土地使用权上设立的抵押权的效力当然及于地上之建筑物，抵押权人对建筑物的变现价值也有优先受偿权。

在物权法规定的我国不动产统一登记制度建立之前，土地与建筑物分别在不同部门登记的状况还将继续存在，物权法生效后，建筑物随土地使用权一并抵押且不允许当事人约定主从物分离式的“分别抵押”，因此在土地管理部门或者房产管理部门的抵押登记，其效力都既及于土地使用权，又及于建筑物，当事人在设立抵押权之前应当到以上两个登记部门进行查询，以避免出现风险。比如，甲明确约定将房产抵押给 A 银行，A 银行仅在房产管理部门查询未发现房产上有抵押登记，如果甲此前已经将土地使用权抵押给 B 银行，并已在土地管理部门办理了土地使用权抵押登记，B 银行不仅取得土地使用权之抵押权，还取得房产之抵押权，A 银行在房产上的抵押权顺序在 B 银行之后，只能在 B 银行之后受偿。

物权法颁布后，也有意见主张土地使用权与建筑物仍然可以“分别抵押”[③]。此一见解主要出于尊重当事人意思自治，以免造成“一方（土地使用权抵押权人）受益、一方（建筑物抵押权人）受损”的失衡，并考虑到抵押物实际上可

---

① 由于我国土地制度禁止企业、个人拥有土地所有权，土地也不能自由流转，仅土地使用权可以依法流转，因此笔者建议对土地使用权和地上建筑物采灵活的互为主从关系，即以土地使用权为主物的，建筑物为从物，此时土地使用权视同不动产本身；以建筑物为主物的，土地使用权为从权利，此时土地使用权为不动产用益物权。

② 无对应内容。

③ 参见王闯：《规则冲突与制度创新》，载《人民法院报》2007 年 6 月 20 日。

以分割处理，不影响“房地不分”原则的落实。此见解有其合理之处，但不合于物权法的立法主张。立法者认为，“甚至有的人将房屋所有权和建设用地使用权分别抵押给不同的人，从而引发抵押权实现的困境，使债权人的利益受到损害……针对这一问题，本条第二款规定‘抵押人未依照前款规定一并抵押的，未抵押的财产视为一并抵押’。也就是说，即使抵押人只办理了房屋所有权抵押登记，没有办理建设用地使用权抵押登记，实现房屋抵押权时，建设用地使用权也一并作为抵押财产。同样，只办理了建设用地使用权抵押登记，没有办理房屋所有权抵押登记，实现建设用地使用权的抵押时，房屋所有权也一并作为抵押财产”①。现阶段，立法者明确反对“分别抵押”有其现实意义，在我国特殊的土地制度下，土地不能抵押，而土地使用权作为不动产用益物权——地上权，事实上也不能与建筑物分割，立法者通过物权法这一民事基本法重申并加强担保法规定的不动产抵押中“房地不分”原则，其立法目的在于防止“引发抵押权实现的困境，使债权人的利益受到损害”。从合同效力上分析，物权法生效后，当事人关于房地分离“分别抵押”的约定因违反物权法将不再具有法律效力，无论是抵押人还是抵押权人对此都应当明了，即便抵押合同明确约定抵押标的仅限于土地使用权，因法律已明示建筑物一并抵押，所谓当事人以为抵押标的不包括建筑物的“合理预期”将不再被承认，抵押权人如果因此受到损失（比如上例中的 A 银行），该损失也因自身过错所致，不能适用善意第三人保护制度。有观点认为，仅在土地管理部门办理抵押登记的土地使用权抵押权，建筑物部分没有登记，因此按照登记的抵押权优先于未登记抵押权的物权法原则，办理了建筑物抵押登记的建筑物抵押权人优先受偿②。分析此见解，似是将土地使用权与建筑物作为两个抵押权，前一个抵押权因为有登记公示可以优先受偿，后一个抵押权因为无登记公示而不能优先于有登记的抵押权。然在法理与实务上，土地使用权与建筑物一并抵押难以作两个抵押权对待，对此无需深入讨论，作为一个抵押权而言，抵押权的不可分性决定了抵押标的物的分割对抵押权不生影响，何况标的物是主从关系，抵押权对抵押标的物各组成部分均生效力，“从物无论在抵押权登

---

① 胡康生主编：《中华人民共和国物权法释义》，法律出版社 2007 年版，第 400 页。

② 王闯：《规则冲突与制度创新》，载《人民法院报》2007 年 6 月 20 日。

记时是否一并予以登记，均为抵押权效力所及”①，此在物权法上并无争议。当然，在比较法上，关于抵押标的物未公示部分的效力，有日本学者认为未公示的抵押标的不具有对抗效力，如约定从物不属于抵押物但登记未予排除的，对拍定人无对抗效力，拍定人可以要求抵押人交付从物②。日本学者的见解在理论上是成立的，但在我国司法实务中无用武之地。我国物权法规定登记公示的抵押权均有对抗效力，动产抵押权如此，不动产抵押权更是如此，而未登记公示的动产抵押权虽不具有对抗效力，但依物权法的规定，未登记公示的动产抵押权不能对抗的只是善意第三人，对非善意第三人仍得对抗。既然物权法第 182 条明确规定了“房地不分”原则，土地使用权抵押权人因法律的规定取得建筑物抵押权，故第三人不因不知法律有规定而被认定为善意，即所有第三人将因物权法的明文规定被排除在善意第三人之外，则从物（建筑物）虽未登记仍然具有对抗（非善意的）第三人的效力，在物权法的规定下，未登记公示的动产抵押权事实上取得了对抗效力，可以对抗非善意第三人。

要之，物权法生效后，房地“分别抵押”将不被承认，当事人抵押合同关于房地“分别抵押”给不同权利人的约定不具有法律效力，土地使用权之抵押权效力及于地上建筑物，优先于在土地使用权抵押之后接受建筑物抵押的后顺序抵押权人，而后者因有物权法第 182 条之规定不享有善意第三人地位，未登记公示的建筑物（从物）抵押权仍然具有对抗效力。

抵押权效力是否及于抵押权设立后出现的从物，理论上见解不一，有否定说、肯定说、折衷说③，尚未形成通说。从强化抵押权效力，保障债权人利益以及维持主从物相结合以提高其经济效益角度出发，折衷说似最为妥当，可资

---

① 谢在全：《物权法论》，中国政法大学出版社 1998 年版，第 582 页。关于从物不必一起登记，王泽鉴也采同样见解。参见王泽鉴：《不动产抵押权与从物》，载《民法学说与判例研究》第三卷，中国政法大学出版社 1998 年版，第 370 页。

② 谢在全：《物权法论》，中国政法大学出版社 1998 年版，第 581 页。

③ 即动产为从物的，抵押权效力及于抵押权设立后出现的从物；不动产为从物的则不及于；或者，原则上及于抵押权设立后出现的从物，但以不得损害一般债权人利益为限，否则抵押权对从物仅有折价效力，无优先受偿效力。参见王泽鉴：《不动产抵押权与从物》，载《民法学说与判例研究》第三卷，中国政法大学出版社 1998 年版，第 366 页以下。

采用。此外，涉及土地与地上建筑物的关系，担保法第 55 条[①]、物权法第 200 条[②]均规定在建设用地使用权抵押后，土地上新增的建筑物不属于抵押财产，但在行使抵押权时，可以将新增建筑物一并处分，抵押权人对新增建筑物变现价款无优先受偿权。担保法和物权法的规定基本上属于折衷说的思路，可以作为我国物权法、担保法对折衷说的支持和运用。

抵押权效力及于从物，以从物与主物同属一人为限，此在物权法理论上并无争议，比如楫乃船的从物，如果船主借用他人之楫，以船设立抵押权，其效力不及于楫。担保法司法解释第 63 条对此明确规定“抵押物与其从物为两个以上的人分别所有时，抵押权的效力不及于抵押物的从物”。例如，以土地使用权为抵押标的物的，如果地上建筑物部分属于他人所有，抵押权的效力不及于他人享有所有权部分的建筑物。举例来说，甲的土地使用权上所建大厦共 20 层，甲拥有 1 层至 10 层，乙拥有 11 层至 20 层，甲以其土地使用权设立抵押权，抵押权效力仅及于大厦中甲拥有的 1 层至 10 层，对乙拥有的 11 层至 20 层不生效力。实务中也存在较为极端的情况：甲拥有的土地使用权完全被地上建筑物所占用，而建筑物完全属于乙所有，甲以土地使用权设立抵押权，效力不及于乙拥有的建筑物，实际上形成“房地分离”的局面。由于此时抵押权的效力不及于地上乙之建筑物，在甲的土地使用权上设立的抵押权无法单独折价变现，抵押权的基本效力——折价力不存在，抵押权不能行使，抵押权人的担保权益从一开始就处于落空状态。对于此种抵押权，宜依据物权法第 182 条的规定，从不具备抵押权基本特性和抵押权自始不能履行角度否定其效力，以免误导债权人，并“引发抵押权实现困境”。

（二）附合、混合、加工形成的添附物

民法关于物的添附规定有三种情形，即物的附合、混合、加工。附合指物与物因结合而不能分离或毁损其价值才能分离的情形，物与物仍然可以区分其形

---

① 民法典第 417 条规定：“建设用地使用权抵押后，该土地上新增的建筑物不属于抵押财产。该建设用地使用权实现抵押权时，应当将该土地上新增的建筑物与建设用地使用权一并处分。但是，新增建筑物所得的价款，抵押权人无权优先受偿。”第 418 条规定：“以集体所有土地的使用权依法抵押的，实现抵押权后，未经法定程序，不得改变土地所有权的性质和土地用途。”

② 对应民法典第 417 条，无实质变化。

状、色彩、质地等，但被附合物丧失其独立性，如装修材料附合于建筑物之上。附合有动产与不动产的附合和动产与动产的附合。混合指物与物因结合而不能识别或识别花费太大，如谷物与谷物混合。混合只能是动产与动产的混合。加工指在他人之物上加以工作或改造，使之成为新物，加工物的价值较之原物有所增加，如将岫玉雕琢成玉器。加工的标的物限于动产。

因添附而由抵押人取得对他物的所有权的，抵押物的存在或价值未发生变化，抵押权不受影响，抵押权效力及于添附之物。担保法司法解释第 62 条①明确规定，“抵押物所有人为附合物、混合物或者加工物的所有人的，抵押权的效力及于附合物、混合物或者加工物”。比如，以楼房设立抵押权，第三人在该楼房上增建一层，无独立门户及使用上的独立性，则增建楼层属于附合物，抵押权效力及于该附合物。如第三人对增建部分取得独立的所有权，办理了独立产权登记，则增建部分不属于附合物，不属于抵押权效力所及。

如果第三人与抵押物所有人因物的添附而成为附合物、混合物或者加工物的共有人的，抵押权的效力及于抵押人对共有物享有的份额；如果因附合、混合或者加工，抵押物的所有权为第三人所有时，抵押权的效力及于第三人对抵押人的补偿金。即因添附而消灭抵押人对抵押物的所有权的，依照抵押权的物上代位性，与抵押物的毁损、灭失相同，抵押权人仅能对抵押物的补偿金行使抵押权。担保法司法解释第 62 条对此有明文规定。

（三）附属物

附属物系原建筑物之外、由同一人所建、辅助建筑物发挥效用的非独立建筑，如依建筑物建造的厨房、浴室、地窖等。附属物与附合物均属于非独立物，但后者系第三人所建。以建筑物设立的抵押权，效力是否及于附属物，在见解上存在差异：有主张以登记公示范围为限，后建之建筑不在抵押权公示范围之内，抵押权效力不及于附属物；有主张附属物不具有独立性和独立所有权，应当属于

---

① 民法典担保制度司法解释第 41 条规定：“抵押权依法设立后，抵押财产被添附，添附物归第三人所有，抵押权人主张抵押权效力及于补偿金的，人民法院应予支持。抵押权依法设立后，抵押财产被添附，抵押人对添附物享有所有权，抵押权人主张抵押权的效力及于添附物的，人民法院应予支持，但是添附导致抵押财产价值增加的，抵押权的效力不及于增加的价值部分。抵押权依法设立后，抵押人与第三人因添附成为添附物的共有人，抵押权人主张抵押权的效力及于抵押人对共有物享有的份额的，人民法院应予支持。本条所称添附，包括附合、混合与加工。”

建筑物所有权效力所及，故也为抵押权效力所及[①]。我国物权法对此无明文规定，建议结合上述两种见解，从所有权的角度加以划分：附属物如已由抵押人取得独立所有权的，不属于抵押权效力范围；抵押人未取得附属物的独立所有权的，则属于抵押权效力范围。比如抵押人所建车库已由登记部门发给独立产权凭证，则不属于抵押权标的物范围，反之，则属于抵押权标的物范围。

（四）天然孳息与法定孳息

天然孳息指果实、农作物、动物所产幼崽等出产物；法定孳息指利息、租金等因法律关系所得收益。天然孳息仅在抵押物因抵押权人行使抵押权而被查封、扣押后，方属于抵押权效力所及。物权法第197条[②]对此规定明确。另外，依照物权法的规定，抵押权人收取法定孳息，需要通知法定孳息的清偿义务人，否则抵押权对法定孳息的清偿义务人不生效力。实务中，义务人在收到通知前已经将法定孳息向抵押人清偿的，对抵押权人同样生效。反之，义务人在收到通知后仍然向抵押人清偿的，对抵押权人不生效力，抵押权人仍然有权要求义务人另行支付。通知义务人并非抵押权人对法定孳息享有优先受偿权的要件，因此，抵押权人虽未通知，但在义务人尚未向抵押人清偿前，抵押权人已经对义务人请求给付法定孳息的，该请求也具有通知效力，义务人不得以未收到通知为由拒绝履行义务。

实务中，也有抵押物被其他债权人查封、扣押的情况，此时应当由查封法院通知抵押权人参与分配，抵押权人也可自行申请参与分配。抵押权人对抵押物的折价力没有优先性，其他债权人也可以申请法院对抵押物及其孳息进行扣押并折价（变卖、拍卖），但抵押权人对抵押物及孳息（不以是否通知孳息的清偿义务人为条件）享有优先受偿权。除抵押权人放弃优先受偿权外，无抵押权人参与的抵押物及其孳息的分配属于无效分配，如系法院主导下的分配并致抵押财产出现不可挽回损失的，法院应当依法承担赔偿之责。

（五）从权利

从权利是指辅助主权利发挥效力的权利，以主权利为抵押标的物的，抵押权效力及于从权利。比如，以需役地之地上权为抵押标的，地役权为从权利，与地

---

① 参见姚瑞光：《物权法》，五南图书出版公司1988年版，第216页以下。

② 对应民法典第412条，无实质变化。

上权一并抵押。再如，地上权与建筑物不能分离，以建筑物抵押时，抵押权效力及于地上权。

物权法第 182 条第 1 款规定以建筑物抵押的，该建筑物占用范围内的建设用地使用权一并抵押。此时，建筑物为核心抵押物，土地使用权属于建筑物的从权利，建筑物抵押权的效力及于从权利——土地使用权。该法第 182 条第 2 款规定，“抵押人未依照前款规定一并抵押的，未抵押的财产视为一并抵押”，系对抵押财产范围的法定扩展，因此，当事人约定的建筑物抵押不包括土地使用权的，该约定无效，建筑物抵押权人对建筑物占用范围的土地使用权也取得抵押权。建筑物进行了抵押登记公示，土地使用权未进行抵押登记公示的，不影响建筑物抵押权人的权利，抵押在先的建筑物抵押权人可以对抗抵押在后的土地使用权抵押权人。建筑物所有权人和土地使用权人不是同一人时，建筑物抵押权人仍然取得对土地使用权的抵押权，因为土地使用权属于地上权，区别于土地本身，合法建造建筑物并取得建筑物所有权的所有权人，因契约或者其他合法、有效的法律关系使用土地，土地使用权人必须容忍建筑物所有权人使用该土地，土地使用权已属于建筑物的从权利，或者已经被建筑物“吞并”，必须也只能随建筑物转让而转让，随建筑物抵押而抵押。

（六）代位物

物权具有物上代位性，抵押权也不例外。物上代位性是指物权标的发生毁损、灭失后产生的代替物仍然属于物权标的，物权效力及于该代替物。物权标的发生毁损、灭失后产生的代替物被称为代位物，如抵押物发生毁损、灭失后产生的赔偿金、补偿金、保险金等，抵押权的效力及于这些代位物，抵押权人对这些代位物享有优先受偿权。担保法第 58 条①规定：“抵押权因抵押物灭失而消灭。因灭失所得的赔偿金，应当作为抵押财产。”担保法司法解释第 80 条②规定：

---

① 民法典担保制度司法解释第 42 条规定：“抵押权依法设立后，抵押财产毁损、灭失或者被征收等，抵押权人请求按照原抵押权的顺位就保险金、赔偿金或者补偿金等优先受偿的，人民法院应予支持。给付义务人已经向抵押人给付了保险金、赔偿金或者补偿金，抵押权人请求给付义务人向其给付保险金、赔偿金或者补偿金的，人民法院不予支持，但是给付义务人接到抵押权人要求向其给付的通知后仍然向抵押人给付的除外。抵押权人请求给付义务人向其给付保险金、赔偿金或者补偿金的，人民法院可以通知抵押人作为第三人参加诉讼。”

② 参见民法典担保制度司法解释第 42 条。

"在抵押物灭失、毁损或者被征用的情况下，抵押权人可以就该抵押物的保险金、赔偿金或者补偿金优先受偿。抵押物灭失、毁损或者被征用的情况下，抵押权所担保的债权未届清偿期的，抵押权人可以请求人民法院对保险金、赔偿金或补偿金等采取保全措施。"物权法第 174 条①规定："担保期间，担保财产毁损、灭失或者被征收等，担保物权人可以就获得的保险金、赔偿金或者补偿金等优先受偿……"这些规定都是对抵押权所具有的物上代位性的承认。

抵押物的灭失分为绝对灭失和相对灭失，前者是指抵押物形态一部分或全部不存在而转变为完全不同的价值，即毁损、灭失；后者是指抵押物的形态依然存在，仅价值上发生代替，比如抵押物的转让、出租。意大利民法仅承认标的物绝对灭失时发生物上代位；德国民法、日本民法规定，无论标的物是绝对灭失还是相对灭失，均可以发生物上代位。我国法律规定在担保财产毁损、灭失或者被征用的情况下，担保物权人可以就担保物的保险金、赔偿金或者补偿金优先受偿，由此可见，抵押权等担保物权仅在抵押物等担保物发生绝对灭失时，始发生物上代位。

抵押物灭失或者毁损的，抵押人可以另行提供担保。抵押人未提供担保的，抵押权人可以在抵押物的保险金、赔偿金或者补偿金上行使抵押权，此时抵押权并不消灭。也有立法例规定抵押权代位于赔偿金、保险金、补偿金的请求权上，比如德国民法、瑞士民法，性质上属于对赔偿金、保险金、补偿金的请求权设定法定债权质权。我国法律明确规定在抵押物灭失、毁损或者被征用的情况下，抵押权人可以就该抵押物的保险金、赔偿金或者补偿金优先受偿，由此可见，我国法律承认的抵押权物上代位性是代位于保险金、赔偿金或者补偿金上，而非代位于请求权上。考虑到保险金、赔偿金、补偿金一经支付，则无法特定且容易转移，抵押权人应有权请求法院对保险金、赔偿金或者补偿金等代位物采取保全措施。

德国民法、瑞士民法规定抵押权物上代位于抵押物的赔偿金、保险金、补偿金的请求权上，有利于在抵押物已投保的场合保障抵押权人的权利。为此，法律还规定了一些配套措施，防止抵押人侵害抵押权人的利益。比如，德国民法规定，"建筑物提交保险者，在保险人或者被保险人将发生的损害情况通知抵押权

① 对应民法典第 390 条，无实质变化。

人，并自受领通知之时起经过一个月时间，保险人始得向被保险人支付保险金额，其效力及于抵押权人。抵押权人得在期限届至前向保险人对支付提出异议"，"抵押权人向保险人申报其抵押权者，保险人在抵押权人以书面同意支付时，向被保险人支付，其效力及于抵押权人"。[①] 然而，在赔偿金、补偿金的场合，由于抵押人也可以行使对赔偿金、补偿金的请求权，一旦抵押人行使了请求权，抵押权人的权利就不能重复行使，反而对保障抵押权不利。我国法律规定抵押权代位于赔偿金、保险金、补偿金上，将金钱作为担保物来对待，对保障抵押权较为有利。如果赔偿金、保险金、补偿金已经进入抵押人的普通账户，抵押权人可以对抵押人账户中的特定份额行使抵押权，即将抵押人账户中的一定数额的款项视为代位物，由抵押权人优先受偿。美国商法上的"十日规则"认为，债务人账户中的、自受领收益之日起十日内的收益，属于担保权可以行使的对象，担保权人在这些收益上有优先受偿权。"十日规则"与英美法的信托制度相关联，即将债务人账户中的收益在特定情况下视为信托占有，不属于债务人可以支配的财产。该规则可资借鉴。此外，在建筑物等价值较大的抵押物上设定抵押权时，抵押权人可以要求将保险受益人记载为抵押权人，以保障在抵押物毁损、灭失时抵押权不受损害。

担保法、物权法规定赔偿金、保险金、补偿金为代位物，以金钱作为代位物的核心，但在理解上不应据此认为代位物仅以金钱为限。补偿金、保险金、赔偿金虽然以金钱为表现形式，补偿、赔偿却不以金钱为唯一形态，抵押物毁损、灭失后虽未产生金钱赔偿、补偿，但有其他赔偿物、补偿物的，也属于代位物，抵押权效力及于赔偿物、补偿物[②]。比如以房屋作为抵押物的，房屋被拆迁后，抵押人因房屋拆迁所得补偿金属于代位物；如拆迁所得不是金钱补偿，而是拆迁还房，所还之房屋亦属于代位物，抵押权的效力及于拆迁所还之房屋。

二、抵押权对一般债权人的效力——优先受偿效力

抵押权属于物权，按照物权优先于债权原则，抵押权对一般债权人有优先受

① 《德国民法典》第 1128 条，郑冲、贾红梅译，法律出版社 1999 年版。

② 关于实物形态的赔偿物、补偿物，法律虽未具明文，但从实物也系抵押物毁损、灭失后之代位物考虑，为满足抵押权的担保作用，应类推适用关于金钱作为代位物的规定。实物与原抵押物并非同一物，金钱亦是如此，因此不具同一性不是否定实物作为代位物的理由。我国台湾地区学者谢在全对此也持相同见解。参见谢在全：《民法物权论》，中国政法大学出版社 1999 年版，第 597 页。

偿效力，担保法、物权法对此均有明确规定，即便一般债权已经进入司法执行程序，抵押权的优先受偿效力仍然不受影响。为加以明确，担保法司法解释第55条①规定："已经设定抵押的财产被采取查封、扣押等财产保全或者执行措施的，不影响抵押权的效力。"根据该条规定，抵押财产被查封、扣押并强制执行（如拍卖）的，抵押权人有权对受查封的抵押物变现后的价款优先受偿，清偿后有剩余的，再用以清偿一般债权。

物权优先于债权的基础在于物权的特定性和公示性，就抵押权而言，抵押权设立于特定财产上，除动产抵押权外，必须进行登记公示，以对抗第三人；而债权不针对特定财产，不要求公示，因此不具有对抗第三人的效力。动产抵押权既不需要占有抵押物，也不需要对抵押物进行登记公示，因此其物权性受到质疑，一些国家至今不承认动产抵押权，或者对动产抵押进行限制。比如日本民法不承认一般的动产抵押，动产抵押仅限于特别法，而且限于机动车、飞机、建设机械等价值较大的动产②。我国担保法、物权法承认一般动产抵押权，并且豁免了动产抵押权的登记公示，对于未登记公示的动产抵押权虽规定不得对抗善意第三人，但也赋予其优先效力，并且可以对抗非善意第三人。权利的优先效力来自权利的对抗效力，从这一角度看，不具有对抗效力的物权应当不具有优先效力，我国法律对动产抵押的全面承认和放开，实践中对保护一般债权人非常不利。司法实务中，债务人为对抗一般债权人，临时签订抵押合同，甚至倒签日期，将全部财产作为抵押物，致使债权人无法执行债务人财产的情况时有发生。虽然债务人的行为属于虚假行为，但由于动产抵押不需要登记，债权人以及法院均难有证据证明债务人的抵押行为虚假以及行为发生的真实时间。对此，建议修订物权法时应当限制无登记的动产抵押权的优先效力，取消其对抗一般债权人的效力，还原无登记的动产抵押权实际所具有的"债权化"本质。其实，现行物权法也已经

---

① 民法典担保制度司法解释第37条规定："当事人以所有权、使用权不明或者有争议的财产抵押，经审查构成无权处分的，人民法院应当依照民法典第三百一十一条的规定处理。当事人以依法被查封或者扣押的财产抵押，抵押权人请求行使抵押权，经审查查封或者扣押措施已经解除的，人民法院应予支持。抵押人以抵押权设立时财产被查封或者扣押为由主张抵押合同无效的，人民法院不予支持。以依法被监管的财产抵押的，适用前款规定。"

② ［日］近江幸治：《担保物权法》，法律出版社2000年版，第221页以下。

注意到了无登记的动产抵押权所具有的“债权化”本质，比如物权法第199条[①]第3项规定“抵押权未登记的，按照债权比例清偿”，即明确否定了未公示的抵押权的顺位效力，而顺位效力是物权优先效力的核心内容，顺位在先的抵押权优先于顺位在后的抵押权。物权法否定了未登记的动产抵押权的顺位效力，实际上部分否定了其优先效力，各动产抵押权只能“按照债权比例清偿”。

三、抵押权对第三人的效力——对抗效力（含追及效力）

民法理论中，物权是对世权，债权是对人权，物权的对世效力即物权具有的对抗第三人的效力，抵押权作为物权也具有对抗效力。所谓抵押权的对抗效力，即抵押权人有排除第三人干扰并对抵押物优先受偿的效力，所有抵押关系之外的人都属于第三人，但仅对抵押权的实现产生实质影响的第三人才属于抵押权有必要对抗的对象。有学者将第三人描述为“从同一出让人处取得同一权利的第三人”[②]，严格地说，该表述尚未周延，“同一权利”的提法过于狭窄，因为不同的当事人自同一权利人处取得的可能不是“同一权利”，比如一个取得抵押权，一个取得所有权。有鉴于此，抵押权所对抗的第三人宜表述为“从同一出让人处合法取得存在冲突权利的第三人”。

（一）抵押物的承租人

抵押人将抵押财产出租的，如果抵押权办理了抵押登记，抵押权可以对抗租赁权，物权法第190条[③]、担保法司法解释第66条[④]均有规定。无论是物权法，

---

① 民法典第414条规定：“同一财产向两个以上债权人抵押的，拍卖、变卖抵押财产所得的价款依照下列规定清偿：（一）抵押权已经登记的，按照登记的时间先后确定清偿顺序；（二）抵押权已经登记的先于未登记的受偿；（三）抵押权未登记的，按照债权比例清偿。其他可以登记的担保物权，清偿顺序参照适用前款规定。”

② 尹田：《法国不动产公示制度概述》，载北京大学法学院编：《民事责任与民法典体系》，法律出版社2002年版，第38页。

③ 民法典第405条规定：“抵押权设立前，抵押财产已经出租并转移占有的，原租赁关系不受该抵押权的影响。”

④ 民法典担保制度司法解释第54条规定：“动产抵押合同订立后未办理抵押登记，动产抵押权的效力按照下列情形分别处理：（一）抵押人转让抵押财产，受让人占有抵押财产后，抵押权人向受让人请求行使抵押权的，人民法院不予支持，但是抵押权人能够举证证明受让人知道或者应当知道已经订立抵押合同的除外；（二）抵押人将抵押财产出租给他人并移转占有，抵押权人行使抵押权的，租赁关系不受影响，但是抵押权人能够举证证明承租人知道或者应当知道已经订立抵押合同的除外；（三）抵押人的其他债权人向人民法院申请保全或者执行抵押财产，人民法院已经作出财产保全裁定或者采取执行措施，抵押权人主张对抵押财产优先受偿的，人民法院不予支持；（四）抵押人破产，抵押权人主张对抵押财产优先受偿的，人民法院不予支持。”

还是担保法司法解释，对承租人享有的租赁权都赋予了“物权化”的特征，承认租赁权与抵押权之间存在权利顺位关系。物权法第190条规定：“订立抵押合同前抵押财产已出租的，原租赁关系不受该抵押权的影响。抵押权设立后抵押财产出租的，该租赁关系不得对抗已登记的抵押权。”

分析物权法第190条发现，该条对租赁权与抵押权的顺位采取了“双重标准”：依照该条前半句，租赁权“优先”于抵押权（即租赁权不受抵押权影响）是以抵押合同签订时间为标准；依照该条后半句，抵押权优先于租赁权（即租赁关系不得对抗已登记抵押权）是以抵押权设立时间为标准。动产抵押权的设立时间与抵押合同订立时间一般来说为同一时间，尚无明显冲突，但不动产（包括准物权）抵押权的设立时间与抵押合同订立时间往往不同，因此，实务中必然存在一个疑问：在抵押合同订立之后至抵押登记之前承租不动产的承租人，是否可以对抗抵押权人？另外，动产抵押权的对抗效力来自抵押登记，那么，虽然动产抵押权设立（即抵押合同签订并生效）在租赁权（即以抵押财产出租）之前但未办理抵押登记的，是否可以对抗租赁权人？实务中，究竟以该条前半句为准，抑或以后半句为准，势必存在认识分歧。

物权法第190条的立法文义所形成的“双重标准”，显系立法瑕疵，应当在此后物权法修订中予以调整修改。在修改之前，实务中适用该条时应当以抵押登记时间为准，以确定抵押权与租赁权的顺位，即原则上适用该条后半句的“抵押权设立”时间为标准。因为，既然物权法已经承认租赁权的“物权化”，承认租赁权与抵押权的顺位关系，租赁权人与抵押权人的权利顺位应当以权利发生顺序为准。就不动产抵押权而言，不动产抵押权的设立时间即抵押登记时间，不动产抵押权的生效和对抗效力均自抵押登记之时产生，因此第190条后半句“抵押权设立后抵押财产出租的，该租赁关系不得对抗已登记的抵押权”中规定的“抵押权设立”的时间，在抵押物系不动产时即不动产抵押登记时间，以登记时间为标准确定租赁权与抵押权的顺位，符合该条后半句的文义，也符合物权法关于不动产物权变动依登记生效的法理。但就动产抵押权而言，物权法明文规定未登记的动产抵押权（无论设立时间先后）不得对抗租赁权，那么，根据物权公示产生对抗效力的基本原则，动产抵押权在抵押合同生效后虽已设立，但未经登记不得对抗善意第三人，无对抗效力，因此即便租赁关系成立于动产抵押合同订立之后，即动产在抵押后出租的，租赁权也可以对抗动产抵押权人，由此，第190条前半句适用于动产抵押权时，则与后半句直接抵触，而且不符合物权法关于动产抵押权未经登记不得对抗善意第三人的规定。申言之，动产抵押权也应当以抵押登记时间确定与租赁权的顺位：登记在先，租赁在后的，抵押权优先；登记在后，租赁在先的，租赁权优先。适用此原则，不仅符合物权法关于动产抵押权依登记产生对抗效力的法理，而且可以防止损害社会正义情形的出现。比如，动产（如机器设备、车辆等）被出租后，当事人通过订立抵押合同并倒签合同的订立时间以试图解除租赁合同的，若适用第190条前半句，租赁权人因很难证明抵押合同的实际签订时间而可能遭受损失，有损社会正义，但以抵押登记时间为标准，则当事人的企图难以实现。

因抵押权的行使致使承租人遭受损失的，担保法司法解释第66条第2款规定，如果抵押人未书面告知承租人该财产已抵押的，抵押人对出租抵押物造成承租人的损失承担赔偿责任；如果抵押人已书面告知承租人该财产已抵押的，抵押权实现造成承租人损失的，由承租人自行承担。实务中，抵押人对告知承租人出租财产已设定抵押权负举证责任，举证不能的，抵押人要承担举证不能的后果。为防止举证困难并使社会正义受损，司法解释专门规定抵押人应当采用“书面形式”告知承租人。对于用其他证据能够证明抵押人确已在出租抵押物之前告知了承租人租赁物被设定抵押权的，则不应当拘泥于“书面”的形式，应当视为承租人知悉租赁物上有抵押权而自愿承受抵押权实现的风险，抵押人（即出租人）可免于承担民事责任。但告知承租人租赁物上有抵押权，必须在出租之前或出租之时，在承租人承租后告知的，不符合司法解释所规定的“告知”要求，出租人不能免于承担民事责任。

承租人以租赁物上有抵押权为由解除租赁合同，是否应予支持？应当结合合同法关于合同目的在合同解除中的作用，根据抵押权对承租合同的目的实现是否有重大影响来判断。即，如果租赁物上存在的抵押权对租赁合同目的的实现无影响的，承租人不能以不知租赁物上有抵押权而解除租赁合同；反之，如果抵押权对租赁合同的目的实现影响甚巨，则应当允许承租人解除租赁合同。我国合同法第94条[①]规定，一方当事人根本违约的，另一方当事人有法定合同解除权，根本

① 对应民法典第563条，无实质变化。

违约则以合同目的不能实现为标准。例如，抵押权所担保的债权需待三年之后到期，租赁合同租期一年，在抵押权行使之前即已到期的，抵押权实现对租赁合同目的无必然影响，承租人无权以不知租赁物上有抵押权为由解除合同；反之，若租赁合同是五年，合同签订后承租人得知房屋上存在一年后即到期的抵押权，则抵押权行使对承租人能否继续租赁影响甚巨，比如承租人可能要投入大量资金装修，如果因抵押权人行使抵押权解除租赁关系，租赁合同目的不能实现，承租人损失也将不可避免，此种情况下应当支持承租人解除合同。

（二）抵押物的受让人

大陆法系民法通常承认抵押人有转让抵押物的权利，甚至德国民法还禁止抵押权人与抵押人约定不得转让抵押物。我国法律并不禁止抵押人转让抵押物，但转让行为受到法律限制。担保法第 49 条[①]第 1 款规定抵押人转让抵押物应“通知抵押权人并告知受让人”，违反规定程序的，转让抵押物的行为无效，受让人不能取得抵押物的所有权。物权法第 191 条[②]第 2 款规定：“抵押期间，抵押人未经抵押权人同意，不得转让抵押财产，但受让人代为清偿债务消灭抵押权的除外。”

1. 抵押权人的否认权与追及权

在法律适用上，物权法优于担保法，在物权法生效后，依据物权法第 191 条第 2 款并结合第 195 条[③]的规定，抵押物被转让的情况下，抵押权人有以下权利：

---

① 民法典担保制度司法解释第 43 条规定：“当事人约定禁止或者限制转让抵押财产但是未将约定登记，抵押人违反约定转让抵押财产，抵押权人请求确认转让合同无效的，人民法院不予支持；抵押财产已经交付或者登记，抵押权人请求确认转让不发生物权效力的，人民法院不予支持，但是抵押权人有证据证明受让人知道的除外；抵押权人请求抵押人承担违约责任的，人民法院依法予以支持。当事人约定禁止或者限制转让抵押财产且已经将约定登记，抵押人违反约定转让抵押财产，抵押权人请求确认转让合同无效的，人民法院不予支持；抵押财产已经交付或者登记，抵押权人主张转让不发生物权效力的，人民法院应予支持，但是因受让人代替债务人清偿债务导致抵押权消灭的除外。”

② 民法典第 406 条规定：“抵押期间，抵押人可以转让抵押财产。当事人另有约定的，按照其约定。抵押财产转让的，抵押权不受影响。抵押人转让抵押财产的，应当及时通知抵押权人。抵押权人能够证明抵押财产转让可能损害抵押权的，可以请求抵押人将转让所得的价款向抵押权人提前清偿债务或者提存。转让的价款超过债权数额的部分归抵押人所有，不足部分由债务人清偿。”

③ 民法典第 410 条规定：“债务人不履行到期债务或者发生当事人约定的实现抵押权的情形，抵押权人可以与抵押人协议以抵押财产折价或者以拍卖、变卖该抵押财产所得的价款优先受偿。协议损害其他债权人利益的，其他债权人可以请求人民法院撤销该协议。抵押权人与抵押人未就抵押权实现方式达成协议的，抵押权人可以请求人民法院拍卖、变卖抵押财产。抵押财产折价或者变卖的，应当参照市场价格。”

（1）抵押权人可以行使否认权，请求法院裁判转让抵押物行为无效。根据物权法第191条第2款的规定，抵押人未经抵押权人同意，对抵押物无处分权，抵押人擅自处分抵押物的，处分行为无效，受让人不能取得抵押物的所有权①。借此，抵押权人可以请求法院裁判确认转让抵押物的行为无效，否认抵押人与受让人之间法律行为的效力。

抵押权的对抗效力来自抵押登记公示，不动产物权实行统一登记，而动产物权无需登记，即便登记（如动产抵押权和船舶、航空器、机动车所有权登记）也仅属形式登记，因此在对抗第三人方面应当存在差别。具体而言：不动产所有权和抵押权均在同一部门登记，受让人在办理不动产过户过程中有条件知悉不动产上存在抵押权，因此对转让人无处分权为明知或者应知，不属于善意第三人，物权法第106条②的善意取得制度在此种情形下不能适用，受让人不能获得善意取得制度的保护。易言之，对于不动产抵押权登记，受让人纵然事实上不知，也推定为应知，不动产抵押登记事实上排斥了对不动产（抵押物）所有权的善意取得，不动产抵押权人可以无障碍地行使否认权，请求法院裁判转让抵押物行为无效。动产所有权无需登记，动产抵押登记也仅属于形式登记，登记部门不一，社会经济交往中要求所有动产（含生产性的设备、原材料、产成品和消费性的家具、电器、柴米油盐等）的买受人查询动产是否有抵押登记也不现实，不具可操作性，因此动产抵押登记不能当然排斥对动产（抵押物）所有权的善意取得。然而，我国物权法第191条第2款的规定未区5分不动产抵押与动产抵押，也没有突出抵押登记的作用（担保法第49条强调仅登记的抵押权有限制抵押物转让的效力），并且物权法第188条③规定动产抵押登记可以对抗包括善意第三人在内的所有第三人，因此依据我国物权法的规定，无论是不动产抵押权人还是动产抵押权人（仅指办理登记的）均有权行使否认权，请求法院裁判确认转让抵押物的行为无效。

（2）抵押权人可以直接行使抵押权，追及抵押物进行拍卖、变卖。物权法

---

① 参见本章“抵押权的取得”一节中关于抵押权的善意取得论述，此处不再赘论。

② 对应民法典第311条，无实质变化。

③ 民法典第403条规定：“以动产抵押的，抵押权自抵押合同生效时设立；未经登记，不得对抗善意第三人。”

第195条第2款规定抵押权人与抵押人未就抵押权实现方式达成协议的，抵押权人有权直接请求法院拍卖、变卖抵押财产。抵押权人向法院申请拍卖、变卖抵押财产时，抵押人或者受让人如果提出抵押物已经被转让的抗辩，因物权法规定未经抵押权人同意转让抵押物的行为无效，抵押人擅自转让抵押物，受让人不能取得抵押物的所有权，因此抗辩不成立，法院可以径行拍卖、变卖抵押财产。其实际结果相当于抵押权人行使抵押权的物上追及效力，不管抵押物的占有人是谁，只要该占有人未取得对抵押物的所有权，抵押权人均可以针对抵押物行使抵押权，抵押权的行使“对物不对人”。

抵押权的追及效力指抵押权人在抵押物被抵押人转让后，可以追及抵押物行使抵押权。抵押权的追及效力是抵押权极为重要的效力之一，但在我国担保物权制度中一直是个“谜”，1995年颁布的担保法和2007年颁布的物权法均既未明文肯定，也未明文否定，实务中和理论界对此争议较大。担保法对于抵押人转让抵押物未设实质性限制，在抵押物被抵押人转让、转让价款又被恣意处置的情况下，抵押权人受损严重，对此，为部分弥补担保法的缺陷，担保法司法解释第67条[①]规定“抵押权存续期间，抵押人转让抵押物未通知抵押权人或者未告知受让人的，如果抵押物已经登记的，抵押权人仍可以行使抵押权”。该规定含有两层意思：一是对于“抵押人转让抵押物未通知抵押权人或者未告知受让人”时，可以不作无效处理，受让人可以取得所有权；二是承认抵押权的追及效力，规定当“抵押物已经登记”的，“抵押权人仍可以行使抵押权”，行使抵押权的对象是受让人，“对物不对人”。但抵押物未经登记的，因抵押权不具有对抗效力，不能对抗受让人，抵押权对抵押物无追及效力。司法解释的规定部分弥补了担保法的不足，对解决实践中转让抵押物发生的侵害抵押权现象有较好的抑制作用，但终难在担保法中寻找到依据。物权法颁布后，在限制抵押物转让上较之担保法有显著进步，但对抵押权的追及效力仍未具明文，在此法律背景下，抵押权人维护自身权利则需通过诉诸抵押权的对抗效力，依赖抵押登记的公示作用，以对抗抵押物的受让人。抵押权人维护自身权利的方法如上所述，在实际操作上存在追及效力的身影，因此依据物权法不宜一概否定抵押权的追及效力。

---

① 无对应内容。

抵押权的不可分性是抵押权对抗效力的延伸。抵押权具有不可分性，当债权仅获得部分清偿时，抵押权人仍可以就剩余债权对抵押物的整体主张抵押权；抵押物被分割或者部分转让、灭失的，对抵押权不生影响。比如，抵押物因合伙解散、企业分立等原因分割转让为第三人所有的，抵押权人仍然可以就全部债权，对全部抵押物行使权利。对此，担保法司法解释第 71 条有明确规定，即“主债权未受全部清偿的，抵押权人可以就抵押物的全部行使其抵押权。抵押物被分割或者部分转让的，抵押权人可以就分割或者转让后的抵押物行使抵押权”。

2. 受让人的善意取得与替代清偿

物权法第 108 条①规定：“善意受让人取得动产后，该动产上的原有权利消灭，但善意受让人在受让时知道或者应当知道该权利的除外。”结合物权法关于登记的动产抵押权具有对抗效力的规定，仅在抵押物为动产且未办理抵押登记时，因未经登记的动产抵押权不具有对抗效力，善意受让人方能取得抵押物的所有权。而且，受让人既然属于善意，根据物权法第 108 条的规定其不仅取得动产所有权，该动产上的原有权利——动产抵押权也消灭，抵押权人不得向受让人行使抵押权。

如前所述，不动产抵押权与登记的动产抵押权具有对抗效力，登记的公示作用实际上排除了善意取得的适用，抵押权人的权利得到了充分保护。就不动产而言，由于不动产所有权与不动产抵押权必须登记，而且登记部门同一，受让人在办理不动产过户过程中知悉或者应当知悉不动产抵押权的存在，因此排除受让人为善意第三人应无疑问且不失公允；但动产所有权不需要登记，而动产抵押的登记部门又不统一，社会经济交往中要求所有动产（生产性的设备、原材料、产成品和消费性的家具、电器、柴米油盐等）的受让人查询动产是否有抵押登记，既不现实，也无可操作性，因此物权法的规定虽充分保护了动产抵押权人，但对动产受让人极为不利，也有害交易的稳定和安全，建议在今后修订中加以完善。

为了平衡抵押权人与受让人的利益，物权法也规定了替代清偿制度，以便于受让人取得对抵押物无负担的所有权。在物权法颁布之前，担保法关于受让人的替代清偿未作规定，担保法司法解释第 67 条第 1 款为弥补担保法的不足，规定

① 对应民法典第 313 条，无实质变化。

了受让人有通过替代清偿消灭抵押权的权利。物权法颁布后，其第 191 条第 2 款明确规定了受让人的替代清偿权利，承认受让人可以通过代替抵押人（或债务人）向抵押权人清偿，以消灭抵押权。对于受让人来说，替代清偿必须清偿抵押权所担保的全部债权；对于抵押权人来说，受让人提出替代清偿消灭抵押权的，抵押权人不得拒绝。因此，替代清偿可以视为受让人的权利，对抵押权人与受让人来说不失为一种公允的方法。在各国物权法实践中，除替代清偿之外，还有一种消灭抵押权的方式——抵押权的涤除，即受让人单方面确定抵押物的价值并以此价值清偿债权，抵押权人如果拒绝受让人提出的价款，则承担增价拍卖等法律责任。抵押权的涤除制度存在一定的缺陷，未被我国物权法所采纳。[①]

3. 民法典规定的抵押权的追及效力与阻断

民法典颁布后，抵押权的追及效力终于结束了不被承认的历史，民法典第 406 条明确规定抵押物的转让不影响抵押权的效力，抵押权的效力包括最重要的变价权、优先权以及对抗效力都将不因抵押物有了新的主人而受到减损。一方面，抵押物的转让得到了无条件的承认，既不需要“通知谁”（按原担保法的要求），也不需要“取得谁的同意”（按原物权法的要求）；另一方面，抵押物的新主人要认认真真、诚诚恳恳地继受抵押义务，配合抵押权人实现其抵押权，否则将承担侵害抵押权的法律责任。落实到法律实践中，不管抵押物被转了几手，抵押权人都可以对物不对人地行使抵押权，抵押权的追及效力方显其重要作用，抵押权成为真正完全的物权。

抵押物的新主人（受让人）如果想阻断抵押权人的追及，依照民法典第 313 条的规定，必须满足两个条件，一是抵押物是动产，二是受让人系善意第三人。对于善意第三人的认定，依照民法典第 313 条、第 403 条、第 404 条以及民法典担保制度司法解释第 56 条的规定，属于善意第三人的有：（1）抵押物未办理抵押登记，受让人既不知道也不应当知道受让的动产系抵押物（民法典第 313 条），此种情形下证明受让人非善意的证明责任由抵押权人承担，因为此类动产抵押权没有对抗效力（民法典第 403 条）；（2）抵押物办理了抵押登记，但买受人系在正常经营活动中已经支付合理价款并取得了抵押物的所有权（民法典第 404 条）。

---

① 许明月：《抵押权制度研究》，法律出版社 1998 年版，第 406 页以下。

在第二种情形下，买受人如果被证明为非善意第三人，抵押权人仍然可以对抗买受人，行使抵押权的追及权。此种情形下证明受让人系善意第三人的证明责任由买受人承担，因为此类动产抵押权具有对抗效力，可以推定买受人知道或者应当知道标的物系抵押物，买受人根据民法典第 404 条的规定取得提出反证的机会，承担举证责任提出证据证明自己的“善意”。为便于判断买受人是否属于善意，民法典担保制度司法解释第 56 条规定了五种情形，属于这五种情形的，可以直接认定买受人系非善意第三人，从而维护抵押权的追及效力。①

不动产抵押权不存在上述复杂问题，凡是不动产抵押权一律有追及效力，至于不动产受让人是否知悉该不动产系抵押物则在所不问，也不存在善意第三人的问题。因此，为避免意外损失，不动产受让人必须查询、了解不动产上的权利状况，尤其是抵押权情况，不动产抵押权不因抵押物的转让而消失。

民法典第 406 条无条件承认抵押物可以转让，但总有抵押权人不放心，试图阻止抵押物转让，因此就出现抵押权人与抵押人约定不得转让抵押物的情况。对于此种情况，民法典担保制度司法解释分两种情形作了规定，出发点是解决实务中的问题，但相关规定实际效果如何还有待检验。比如，民法典担保制度司法解释第 56 条的规定很难对抗民法典第 313 条、第 403 条、第 404 条，即便当事人禁止或者限制抵押物转让的约定办理了登记，如果抵押物是动产，遇到受让人系在正常经营活动中已经支付合理价款并取得了抵押物的所有权（民法典第 404 条），人民法院很难按照民法典担保制度司法解释的规定否定受让人取得抵押物的所有权。对此，读者可参考《中华人民共和国民法典释义》② 关于对民法典第 404 条动产抵押权对抗效力限制的相关解释。

（三）抵押物的继承人和受赠人

抵押物因继承和赠与改变所有人的，抵押权人仍然可以对抵押物行使抵押

---

① 该条司法解释对抵押权的追及效力扩张到所有权保留和融资租赁中，实属体系解释之大忌，读者如果不具备完整、清晰的民法学知识，则非常容易混淆。姑且不论所有权保留买卖的出卖人和融资租赁的出租人是否属于“担保物权人”（该条司法解释语），但我们知道，没有任何理论和法条支持上述两种人对所有权保留标的物和融资租赁标的物有追及权，否定还是承认买受人的权利，应当回到民法框架下进行分析，比如民法典第 146 条关于共同虚伪意思表示的规定。

② 详见该书第 718~782 页。

权，这可以视为抵押权追及效力的又一体现。对此，担保法司法解释第 68 条①明确规定："抵押物依法被继承或者赠与的，抵押权不受影响。"

在抵押关系存续期间，抵押物被抵押人的继承人取得，抵押物所有权虽然发生转移，但抵押权仍然存在于抵押物上，原抵押登记也继续有效。理论上，抵押物因抵押人死亡发生的转移属于抵押物的法定转移。

抵押物的赠与属于抵押人依意思表示移转抵押物，因担保法对于抵押人赠与抵押物未作规定，司法解释作为重要补充规定了在抵押物被赠与时"抵押权不受影响"，肯定了抵押权人对抵押物的追及效力。按照司法解释的规定，抵押物发生继承或赠与情况下抵押权的追及效力不以抵押登记为限，未经登记的抵押权也有追及效力。在利益衡量上，由于继承和赠与属于无偿转让行为，抵押权人追及行使抵押权不至令受让人利益严重受损，因此抵押权是否登记可在所不问。

物权法生效后，其第 191 条第 2 款规定抵押物的转让需取得抵押权人的同意，否则转让行为无效。赠与也属于转让，物权法并未明文排除赠与受第 191 条第 2 款的限制，因此赠与抵押物也需取得抵押权人的同意，否则赠与行为无效。

（四）不动产用益物权人

我国物权法中的不动产用益物权指地上权（建设用地使用权与土地承包经营权）与地役权，不动产抵押权设立在先，用益物权设立在后的，抵押权人行使抵押权时，抵押物上的用益物权失去效力；抵押人在不动产上设立用益物权如果影响抵押物的价值的，抵押权人可以根据物权法第 193 条②的规定，请求法院裁判抵押人与用益物权人设立用益物权的行为无效，并要求抵押人增加担保或者提前清偿。

四、抵押权对侵害抵押物行为的效力

抵押物在抵押人占有状态下发生价值减少或者其他损害情形的，抵押权人有权按照物权法的规定采取保护措施，这也是抵押权效力的重要内容。抵押物被侵害的情形，依侵害主体分为抵押物被抵押人侵害和被第三人侵害两种，物权法对前一种规定了明确的保护措施，对后一种没有涉及，需要根据物权法理论作具体

---

① 无对应内容。

② 对应民法典第 408 条，无实质变化。

分析以确定抵押权人的权利。

（一）抵押权对抵押人侵害抵押物的效力

抵押人侵害抵押物时，物权法第193条规定："抵押人的行为足以使抵押财产价值减少的，抵押权人有权要求抵押人停止其行为。抵押财产价值减少的，抵押权人有权要求恢复抵押财产的价值，或者提供与减少的价值相应的担保。抵押人不恢复抵押财产的价值也不提供担保的，抵押权人有权要求债务人提前清偿债务。"通说认为，抵押人因为占有抵押物而承担对抵押财产价值的维持义务，抵押权人对抵押人的权利来自抵押人对该义务的违反。

1. 抵押人侵害抵押物的行为与侵害标准

抵押人侵害抵押物的行为主要是积极行为，但也包括消极行为，前者如拆毁抵押房屋、砍伐抵押林木、分离附属物与从物等，后者如不按时维修抵押物、对有保险的抵押物不再续保等。设立抵押权不得妨碍抵押物使用价值的发挥，因此抵押人正常使用抵押物并受益不构成侵害抵押物的行为，如使用抵押物、出租抵押物、部分更换抵押物的组成部分等。

判断抵押人侵害抵押物的标准，理论上有不同见解，归纳起来有实质损害债权说、恶意侵害说、客观减少说等。实质损害债权说以抵押物价值减少到低于被担保债权为标准；恶意侵害说以抵押人故意或者过失侵害抵押物为标准；客观减少说以抵押物价值绝对减少为标准。实质损害债权说要求抵押权人举证证明抵押物价值减少到已经"低于被担保债权"，这在抵押物实际变现前难以做到，因此对抵押权人来说较为苛刻，遂被逐渐放弃；恶意侵害说不要求抵押物价值减少到实际低于被担保债权，较实质损害债权说有所进步，在日本民法中被采纳为判断标准[①]；客观减少说对抵押权人最为有利且判断简单易行，既不需要计算抵押物价值减少到是否低于被担保债权，又不需要证明抵押人是否存在主观恶意，因此被多数国家和地区所采用，如瑞士。我国物权法明确规定以"抵押人的行为足以使抵押财产价值减少"为标准，采用了客观减少说，判断标准直观、简洁，且在理解上，"足以使抵押财产价值减少"的行为不仅包括已经发生的行为，而且包括正在发生或者尚未发生但有减少抵押物价值的现实危险的行为。比如，抵押人

---

① ［日］近江幸治：《担保物权法》，法律出版社2000年版，第144页。

已经取得伐木许可证但尚未砍伐抵押林木的行为。瑞士民法典第 809 条即有如此规定[①]。

2. 抵押权人的权利

抵押人的行为足以使抵押财产价值减少的，抵押权人有权要求抵押人停止侵害、恢复抵押财产价值、提供与减少价值相应的担保等，权利内容基本上属于物上请求权，抵押权人的实际地位基本等同于抵押物的实质“所有权人”。其中，提供与减少价值相应的担保又被称为“增担保请求权”，主要用于抵押物的损害已经发生而且不能恢复抵押财产价值的情形，抵押权人通过要求抵押人增加抵押标的物、升进原抵押权的次序、设定新的质权或者提供第三人保证等方式，保障抵押权益总体不变。抵押人消极侵害抵押物的，抵押权人有权自行或者委托第三人维护抵押物，如修缮抵押物，所支出费用由抵押人负清偿之责。

抵押人不恢复抵押财产的价值也不提供担保的，无论抵押物系债务人提供还是第三人提供，抵押权人均有权要求债务人提前清偿债务，债权加速到期，债务人因此丧失期限利益。

（二）非因归责于抵押人的原因侵害抵押物

非因归责于抵押人的原因侵害抵押物，致抵押物价值减少的，担保法第 51 条[②]第 2 款规定“抵押权人只能在抵押人因损害而得到的赔偿范围内要求提供担保”。对此，物权法未作规定，立法者的解释是：“要求抵押人在因损害而得到的损害赔偿范围内向抵押权人设定一个担保，比较麻烦……赋予抵押权人对因担保财产毁损而获得的保险金、赔偿金等享有直接优先受偿或者提存的权利，简化了处理程序，能够更有效地保护抵押权人的利益。”[③] 诚然，立法者的考虑是有其理由的，非因归责于抵押人的原因侵害抵押物，如果有赔偿金、保险金等代位物，抵押权人对代位物享有优先受偿权，物权法第 174 条对此所作的规定足以解决对抵押权人的保护问题。然而，从法律适用上分析，物权法第 178 条[④]规定：“担保法与本法的规定不一致的，适用本法。”上引担保法第 51 条的内容既然在

① 史尚宽：《物权法论》，中国政法大学出版社 2000 年版，第 287 页。
② 无对应内容。
③ 胡康生主编：《中华人民共和国物权法释义》，法律出版社 2007 年版，第 422 页。
④ 无对应内容。

物权法中未曾体现，则难以认为该条与物权法的规定不一致，因此，在物权法生效后担保法上引条文的内容仍然可以适用，不能直接予以排除，抵押权人如果不行使对代位物的优先受偿权而要求抵押人“增担保”的，依照担保法的规定应予准许。此在实务上也为抵押权人提供了另一个选择，并非毫无益处。

（三）抵押权对第三人侵害抵押物的效力

抵押权对第三人侵害抵押物的效力，即抵押权人对第三人可以行使的权利，物权法未作规定，依通说，抵押权人可以代位行使抵押人对第三人的物上请求权[①]。既然抵押权人可以行使抵押人对第三人的物上请求权，因此，抵押权人对第三人主张停止侵害、恢复原状、返还原物、损害赔偿等请求权，等同于抵押人对第三人主张权利，因此，抵押权是否已经符合行使条件（如被担保债权是否到期）、第三人侵害行为是否造成抵押物价值已低于被担保债权等均在所不问，抵押权人可以径行对第三人行使物上请求权。

抵押物被抵押人转让给第三人，抵押权人可以对第三人行使返还请求权，但如转让行为符合物权法第 106 条规定的善意取得，第三人已善意取得对抵押物的所有权的，抵押权人无权要求第三人返还抵押物。此种情形下，抵押权人可以根据物权法第 191 条第 1 款的规定，要求抵押人以转让价款清偿被担保债权，也可以对抵押人主张损害赔偿（当抵押人为第三人时具有实际意义），损害赔偿额以被担保债权未受清偿部分为限。抵押权人向抵押人行使损害赔偿请求权，无需等待抵押权行使条件成就，只要发生侵害抵押权行为，抵押权人即可以向抵押人请求损害赔偿。

五、未办理抵押登记的动产抵押权的效力

未办理登记的动产抵押权，依照物权法的规定，该抵押权不具有对抗效力，不得对抗善意第三人。有见解认为此种动产抵押权既不属于物权，也不属于债权，应作为不完全物权对待。此见解不失为认识未经登记的动产抵押权本质的重要途径。关于未经登记的动产抵押权不得对抗的第三人的范围，有的主张指一切第三人，包括一般债权人；也有的主张不包括一般债权人和恶意第三人；还有的主张不包括一般债权人，但包括查封债权人、破产债权人。结合前述关于抵押权对第三人的效力部分的分析可以发现：首先，一般债权人应排除在第三人范围之

---

① 史尚宽：《物权法论》，中国政法大学出版社 2000 年版，第 290 页。

外，否则动产抵押权就失去了意义，如同我国台湾地区学者王泽鉴教授在阐述第三人的范围时所主张的“动产抵押权既属于物权，应优先于一般债权，实为当然之理，登记与否，并不影响其优先受偿效力，否则动产抵押权是否具有物权性，将因有无登记而不同，势将混淆法律体系”[1]；其次，第三人的范围局限于善意第三人，非善意的第三人也被排除在外（善意的认定参见“表见代理”一节，不再赘述）。因此，未经登记的动产抵押权不得对抗的第三人应当是：

1. 抵押物的善意受让人，即因买卖关系取得抵押物的所有权人，不包括因赠与、继承等未支付相应对价而取得抵押物所有权的受让人。

2. 质权人，无论质权成立在抵押权设立之前还是之后，质权人因对质物实际占有而优先于无对抗效力的动产抵押权。

3. 登记的动产抵押权人，同一动产设立多个抵押权，其中一个抵押权办理了抵押登记，将属于不完全物权性质的抵押权进行了“完全化”，“完全化”了的动产抵押权可以对抗不完全物权的动产抵押权。

4. 租赁权人，无论租赁权成立于抵押权设立之前还是之后，因租赁权具有准物权效力，物权法第 190 条明确规定租赁权可以对抗未登记的动产抵押权。

未登记的动产抵押权是否可以对抗查封债权人（即不知标的物乃抵押物而已申请法院对标的物予以查封的债权人）、破产债权人，理解上存在分歧，从未登记的动产抵押权所具有的不完全物权特性和防止社会正义受损（前已分析）的角度看，否定未登记的动产抵押权对查封债权人和破产债权人的对抗效力，极具积极意义。尤其在破产程序中，未登记公示的动产抵押权人如果可以单独受偿，对破产债权人影响极大，再兼我国物权法承认企业财产的浮动抵押和集合抵押，如果债务人与第三人伪造抵押合同，将全部企业设备、原材料、产成品等动产作为抵押物，又无证据予以揭穿的话，破产债权人将面临零清偿率的结局，社会正义必将严重受损，不利于司法裁判的社会效果。有鉴于此，建议在物权法第 188 条[2]、第 189 条[3]的解释上将查封债权人和破产债权人包含在未经登记的动产抵押权不

---

① 王泽鉴：《民法学说与判例研究》第一卷，中国政法大学出版社 1998 年版，第 243 页。

② 民法典第 403 条规定：“以动产抵押的，抵押权自抵押合同生效时设立；未经登记，不得对抗善意第三人。”

③ 民法典第 404 条规定：“以动产抵押的，不得对抗正常经营活动中已经支付合理价款并取得抵押财产的买受人。”

得对抗的第三人之列，既能部分弥补物权法的不足，又能起到防止社会正义受损的作用，意义可谓重大。

实务中，未登记的动产抵押权可以对抗的第三人还包括违背诚实信用的第三人，如冒用登记、虚假登记的无效登记人；取得物权的原因行为无效、被撤销而未取得权利的人；恶意占有者（因侵权行为而占有）和不法占有者。所有权移转请求权人（如抵押物的买受人）在取得抵押物的所有权之前仍然属于债权人，也在动产抵押权可以对抗之列。

第六节　抵押权的次序

同一物上设立有数个物权或准物权的，构成物权竞合，各权利之间的次序直接影响权利的价值，一般由法律确定各竞合物权之间的优先顺序。狭义的抵押权次序指同一抵押物上数个抵押权之间的顺序；广义的抵押权次序则指同一抵押物上数个物权（含优先权）之间的顺序。本节分析的是广义的抵押权次序。凡是物权均有次序上的利益，抵押权亦是如此，次序在先的抵押权在清偿顺序上优先于次序在后的抵押权，权利的次序关涉权利的价值，至关重要。根据物权法、担保法及其司法解释的规定，抵押权与其他物权、准物权之间的次序有如下内容。

一、抵押权与留置权

大陆法系国家和地区均承认留置权优先于一切担保物权，比如德国民法和日本民法，我国担保法司法解释第79条①第2款规定“同一财产抵押权与留置权并存时，留置权人优先于抵押权人受偿”，物权法第239条②更进一步明确“同一动产上已设立抵押权或者质权，该动产又被留置的，留置权人优先受偿”。国外立法例，如德国民法，也有仅承认善意留置权具有优先效力的，如果留置权人知道留置物上存在其他权利的，留置权不具有优先效力。担保法司法解释和物权法在留置权与抵押权、质权的次序上没有区分留置权人的善意和非善意，因此在我国法律背景下，留置权人不分善意与否均优先于抵押权人和质权人受偿。依物权

---

① 无对应内容。

② 对应民法典第456条，无实质变化。

法第239条的文义，抵押权、质权即便设立在先，留置权成立在后的，留置权也具有优先效力。在理解上，留置权为法定担保物权，抵押权、质权为约定担保物权，法定担保物权优先于约定担保物权为物权法的一般原则，我国合同法第286条①规定的建设工程承包人的法定优先受偿权，最高人民法院司法解释认为“人民法院在审理房地产纠纷案件和办理执行案件中，应当……认定建筑工程的承包人的优先受偿权优于抵押权和其他债权”②；海商法第25条规定的船舶抵押权“后于船舶留置权受偿”，也体现了留置权优先的原则，至于留置权成立时间的先后则在所不问。

当事人恶意串通成立留置权以排除动产上存在的抵押权、质权的，属于违背诚实信用原则成立的虚假留置权，不仅该“留置权”不能优先于抵押权，而且该“留置权”视为自始不成立。

二、抵押权与质权

同一动产上抵押权与质权并存时，因抵押权和质权均系依法律行为设立的担保物权，原则上除法律另有规定外，以抵押权和质权设定的先后顺序确定次序，顺序相同的，按照各自担保的债权比例清偿。抵押权的公示方式是抵押登记，动产质权的公示方式是对质物的占有，因此，确定抵押权与质权的次序的方法即为对比动产抵押登记时间与出质动产交付时间，以此确定孰先孰后。未经登记的抵押权因无对抗效力，即便设立于质权之前，也不能对抗质权，质权享有优先次序。

物权法颁布之前，担保法司法解释第79条第1款规定“同一财产法定登记的抵押权与质权并存时，抵押权人优先于质权人受偿”，由此创造了一项新的原则——无论质权成立于何时，法定登记的抵押权永远优先于质权。司法解释中所谓的“法定登记抵押权”，即担保法第41条③、第42条④规定的需登记生效的车辆、企业设备等动产抵押权，不包括其他动产抵押权。虽然司法解释的规定在物权法理论上并无支持，但也有积极意义，主要是考虑到抵押权的登记时间容易确

---

① 对应民法典第807条，无实质变化。

② 《最高人民法院关于建设工程价款优先受偿权问题的批复》（法释〔2002〕16号），2002年6月20日发布，于2021年1月1日失效。

③ 无对应内容。

④ 无对应内容。

定，而质权的设立时间不易确定，当事人可以在设定抵押后与第三人恶意串通更改质权的设定时间以对抗抵押权人。但司法解释也考虑到动产的广泛性、流动性特点，在规定中进一步采取了限制，仅承认登记生效的动产抵押权具有优先于质权的效力。物权法生效后，担保法所规定的需登记生效的动产抵押权已经被物权法所抛弃，所有的动产抵押权均依抵押合同生效取得，因此司法解释关于“法定登记的抵押权优先于质权”的规定失去了存在的基础，在物权法生效后不应继续适用。

我国物权法原则上不承认抵押权的追及效力，同一动产上既设立抵押权又设立质权的，权利人必须按照两个权利的次序行使权利，任何一个权利人行使权利致担保物被第三人取得所有权的，另一个权利人均无权向第三人主张权利。因此，权利人为避免因次序在先的权利人行使权利致其利益受损，应当在设定权利时查明担保财产的状况：抵押权人在设立抵押权时，应当对抵押物是否处于抵押人占有之下的状况进行查明，必要时进行公证，防止抵押物上存在先设质权；质权人在接受质物时，应当查询质物是否有抵押登记，以避免质物上存在先设（已经登记的）抵押权。

三、抵押权与租赁权

同一财产上抵押权和租赁权并存的，原则上也按照各权利的成立时间确定两者之间的权利次序。由于抵押权针对抵押物的交换价值，租赁权针对租赁物的使用价值，两者没有清偿顺序上的冲突，因此两者之间的权利次序主要体现为两者之间的对抗关系。上节对此已有详论，不再赘述。

四、抵押权与抵押权

同一抵押物上成立多个抵押权的，各个抵押权之间的清偿次序，按照担保法第 54 条①、担保法司法解释第 76 条②和物权法第 199 条③的规定，依法确定为：

1. 已登记的抵押权优先于未登记的抵押权；

---

① 民法典第 414 条规定：“同一财产向两个以上债权人抵押的，拍卖、变卖抵押财产所得的价款依照下列规定清偿：（一）抵押权已经登记的，按照登记的时间先后确定清偿顺序；（二）抵押权已经登记的先于未登记的受偿；（三）抵押权未登记的，按照债权比例清偿。其他可以登记的担保物权，清偿顺序参照适用前款规定。”

② 无对应内容。

③ 参见民法典第 414 条。

2. 抵押权已登记的，登记在先的抵押权优先于登记在后的抵押权，顺序相同的，按照债权比例清偿；

3. 抵押权未登记的，不分次序，按照债权比例清偿。

其中第3项“抵押权未登记的，不分次序，按照债权比例清偿”的原则，最早见于担保法司法解释第76条，基本考虑是未经登记的抵押权不具有对抗效力，因此各抵押权之间按照担保的债权比例清偿，体现相互之间的平等地位。司法解释的规定与担保法第54条第2项直接抵触，虽然在解释的逻辑上和物权法理论上均能成立，但终究属于司法解释对法律的“修改”，存在效力上的不足。物权法颁布后，其第199条第3项完全采纳了司法解释的内容，既解决了司法解释在效力上的不足，也还原了未经登记的动产抵押权所具有的“不完全物权”特征。

次序在先的抵押权消灭，次序在后的抵押权是否升进，当今大陆法系各国、各地区立法例有两种模式，即抵押权次序升进主义和次序固定主义。前者指次序在先的抵押权消灭后，次序在后的抵押权依次升进，如日本的规定；后者指抵押权次序固定，次序在先的抵押权消灭后，次序在后的抵押权并不能当然升进，如德国、瑞士的法律。物权法、担保法对抵押权次序是采升进主义还是固定主义未作规定，分析物权法、担保法的现有内容并结合担保法司法解释第77条①关于“所有权人可以以其抵押权对抗顺序在后的抵押权”的规定，可以认为我国是采抵押权次序升进主义的。因为，在次序固定主义的立法中，比如德国民法、瑞士民法，不仅规定抵押物的所有权与抵押权发生混同时，所有权人可以取得抵押权，而且规定所有权人可以为自己设定抵押权，或者将先次序抵押权空位，留待以后设定次序在先的抵押权。这些做法在我国法律中均无体现，于司法实务也难以想象。担保法司法解释第77条仅规定当“同一财产向两个以上债权人抵押的，顺序在先的抵押权与该财产的所有权归属一人时，该财产的所有权人可以以其抵押权对抗顺序在后的抵押权”，承认仅在抵押物的所有权与顺序在先的抵押权归属一人时，所有权人可以取得抵押权，此种情形下的后顺序抵押权次序不能升进是一种例外。反观之，在其他情形下抵押权的次序应当能够升进，所有权人为自己设定抵押权、保留先顺序抵押权或者将抵押权空位等做法不被承认。

---

① 无对应内容。

担保法司法解释第77条规定的所有权人抵押权，指所有权人在自己的财产上享有的抵押权，是一种特殊的抵押权。所有权人抵押分为设定的所有权人抵押和法定的所有权人抵押。设定的所有权人抵押，指所有权人在自己的财产上为自己设定抵押权，或者为未成立的债权设定抵押权，其抵押权自始属于所有权人。法定的所有权人抵押，指在抵押权成立后，因混同或者其他原因而发生的所有权人抵押。担保法司法解释规定的所有权人抵押权属于法定的所有权人抵押权。该抵押权的意义在于，抵押物上存在数个抵押权，次序在先的抵押权与抵押物的所有权发生混同时，如果次序在后的抵押权顺序升进，将会损害因混同而成为抵押物所有权人的、次序在先的抵押权人的利益，有失公平。因此，为保护次序在先的抵押权人的利益，阻止次序在后的抵押权次序升进，司法解释规定了所有权人抵押权，规定在次序在先的抵押权与抵押物所有权混同时，次序在后的抵押权不能依次升进。比如，抵押权人兼并抵押人，抵押物为抵押权人所有，则抵押权人在自己的抵押物上仍然存在抵押权，该抵押物上次序在后的抵押权的次序不能升进。

五、抵押权与优先权

优先权和抵押权并存于同一标的物上，其次序也由法律规定。关于优先权的性质，有主张是物权或者准物权，也有主张是特别债权，存在认识上的分歧，但对于优先权的法定性不存在争议，凡是优先权均由法律规定，当事人自行创设的优先权不具有对抗效力。在我国现行法律背景下，有的优先权优先于抵押权，有的优先权劣后于抵押权，需要具体分析确定，尚未形成统一原则。例如，海商法第25条规定船舶优先权优先于船舶留置权受偿，而后者又优先于船舶抵押权，因此船舶优先权当然优先于船舶抵押权；企业破产法中的职工权益优先权，该法第132条规定2006年8月27日以前产生的职工权益优先权优先于抵押权，但此后产生的职工权益优先权不能优先于抵押权，采取了差别对待的处理方法。《中华人民共和国税收征收管理法》第45条规定的税收优先权，按照其与抵押权产生的时间顺序确定先后次序，企业欠税在先，企业财产抵押在后的，税收优先于抵押权；反之，抵押权优先于税收优先权。该原则也适用于破产程序，在破产财产的分配上，也按此原则确定财产担保的债权与税收之间的次序。

六、抵押权与非典型担保

非典型担保形式多样，有让与担保、所有权保留、假登记担保、账户质押、代理受领、回赎，等等。在我国现行法律背景下，所有权保留为合同法所承认，让与担保在商品房的按揭中已有使用，其他的非典型担保方式在法律上尚未体现。

（一）抵押权与让与担保权

抵押权与让与担保权的次序问题，因标的物系不动产或动产存在区别。不动产让与担保由于存在不动产的真实过户，让与担保权人对不动产拥有真实所有权，不动产登记公示产生对抗效力；动产让与担保的占有改定不属于公示方式，动产让与担保不具有对抗效力，难以按照权利产生的顺序确定让与担保权之间以及让与担保权与其他担保权之间的次序。[①] 分述如下：

1. 标的物是不动产，不动产所有权人先设立不动产抵押权再设立让与担保权的，不动产抵押权的登记公示产生对抗效力，不动产抵押权优先于让与担保权。依照我国物权法第 191 条[②]第 2 款的规定，不动产抵押权设立之后，让与担保人再转移不动产所有权须经抵押权人同意，因此未经抵押权人同意设立的不动产让与担保权不具有法律效力；设立让与担保权之后，不动产原所有权人再设立不动产抵押权的，属于无权处分行为，不动产过户登记具有排除第三人善意的作用，第三人无论事实上是否构成善意均不能取得不动产抵押权。

让与担保权人在不动产过户、实际取得不动产所有权后，在不动产上设立抵押权，第三人可以取得抵押权，且该抵押权系让与担保权人自己设立，当然优先于让与担保权人享有的让与担保权。也有见解认为，第三人仅在善意时才取得抵押权，否则让与担保人可以向法院请求裁判抵押权无效[③]。因我国物权法采用不动产登记公信力，该见解在我国物权法的背景下难以成立，第三人无论对让与担

---

① ［日］近江幸治：《担保物权法》，法律出版社 2000 年版，第 265 页。

② 民法典第 406 条规定："抵押期间，抵押人可以转让抵押财产。当事人另有约定的，按照其约定。抵押财产转让的，抵押权不受影响。抵押人转让抵押财产的，应当及时通知抵押权人。抵押权人能够证明抵押财产转让可能损害抵押权的，可以请求抵押人将转让所得的价款向抵押权人提前清偿债务或者提存。转让的价款超过债权数额的部分归抵押人所有，不足部分由债务人清偿。"

③ ［日］近江幸治：《担保物权法》，法律出版社 2000 年版，第 258 页。

保关系是否知悉或者应当知悉，均不影响其取得不动产抵押权。

2. 标的物是动产，首先要解决让与担保权人是否因占有改定真实取得对“担保物”的所有权，对此持肯定或否定的态度，直接影响到对两种权利次序的认识。现站在肯定说的立场，对抵押权与让与担保权的关系分析如下：

（1）担保物的所有权人设定抵押权后又设定让与担保权的，登记的抵押权优先于让与担保权，未经登记的抵押权与让与担保权因均无对抗效力而次序相同；如果所有权人设定让与担保权后又为他人设定抵押权的，由于设定人对占有物已经没有所有权，除符合抵押权的善意取得外，在设定让与担保权后再设定的抵押权无效，因此也就不存在次序问题。第三人如果善意取得抵押权且办理了抵押登记，则优先于让与担保权，否则按照相同次序受偿。

（2）让与担保权人基于“占有改定”取得对担保物的所有权后，在其“所有物”上设定抵押权，理论上因让与担保权人享有所有权，设立抵押权的行为有效，因抵押权是让与担保权人在自己的“所有物”上设定的抵押权，故抵押权优先于让与担保权。

（二）抵押权与所有权保留

出卖人保留买卖标的物的所有权是保障买卖价款实现的一种担保形式，与让与担保一样，如果肯定在所有权保留买卖中出卖人根据约定取得的所有权是真实所有权，抵押权与所有权保留的关系是：

1. 在出卖人方面，出卖人在标的物上设定抵押权的，由于出卖人是在自己的所有物上设定的抵押权，抵押权当然优先于出卖人的所有权保留权益。对于买受人，如果抵押权设定在先并经过登记而有对抗效力，抵押权人可以对标的物行使抵押权；如果抵押权未经登记无对抗效力，抵押权人不能对处于买受人占有下的标的物行使抵押权；如果在买受人占有标的物之后出卖人再设定抵押权，属于出卖人“双重处分”，仅在抵押权人属于善意并经过抵押权登记的情况下，抵押权人对标的物才可以行使抵押权。因抵押权人行使抵押权致使买受人权利受损的，由出卖人负责赔偿。也有观点认为出卖人保留的所有权是“权利虚像”，非真实所有权，所以，出卖人在出卖标的物后设定的抵押权为无效抵押权。

2. 在买受人方面，买受人在出卖人保留所有权的标的物上设定抵押权的，因买受人对标的物无所有权，除符合抵押权的善意取得外，其设定的抵押权无效。如第三人善意取得动产抵押权，抵押权居于优先地位，应无疑问。

第七节 无效抵押与部分无效的抵押

抵押权的效力与抵押合同的生效、抵押物的合法性以及抵押设立行为的有效性等密切相关，分析、研究导致抵押权无效的各种情形，可以起到引导行为人设立合法、有效抵押权的作用。除此之外，法律对当事人设立抵押权也规定了一些限制，这些限制将导致抵押合同的部分无效，需要一并分析、归纳。

一、抵押权因主债权无效、被撤销而无效

抵押合同是主债权债务合同的从合同，抵押权是主债权的从权利，抵押权具有从属性，对此，无论是采取物权行为无因性、独立性的立法例，还是否定物权行为理论的立法例，对抵押权与被担保债权之间的从属性均不持否定态度，仅在程度上存在一定的差异。以德国民法为代表的物权行为无因性、独立性的立法例承认抵押权与主债权之间有“相对从属性”，承认抵押权在消灭上与债权之间有从属性，但在抵押权的产生上不认为抵押权与债权之间有从属性，主张抵押权可以为将来债权设定，也可以设定所有权人抵押权；以日本民法为代表的物权行为从属性的立法例认为抵押权与主债权之间是“根本的从属性”，不承认可以为不存在的债权设定抵押权，仅在抵押权与所有权混同时才承认所有权人抵押权。对于抵押权与无效、被撤销债权关系的问题，两种立法例也不尽相同。前者认为债权的无效、被撤销对抵押权不生影响，抵押权仍然存在；后者认为债权无效、被撤销，抵押权也无效。随着现代民法的发展，两种立法例在抵押权与主债权的关系上有逐渐趋同的现象，主要是在从属性问题上，不承认物权行为无因性、独立性的立法例也在抵押权与被担保债权之间的关系上有限地承认了从属性的相对性。比如：承认为将来债权设定的抵押权；债权无效时抵押权可以相对有效；当无效债权仍然有不当得利请求权时，承认抵押权的效力等。

我国物权法、担保法均规定抵押权与主债权之间具有从属性，债权消灭的，抵押权也消灭。关于物权行为无因性、独立性的问题，学界虽然见解不一，但是现行立法尚无关于物权行为无因性的规定。正如本章第一节所述，在抵押权与主债权的关系上，物权行为无因性理论基本上得不到认可，抵押合同如果无效或者

被撤销的，抵押权也自始不成立。担保法司法解释第 77 条[①]规定："同一财产向两个以上债权人抵押的，顺序在先的抵押权与该财产的所有权归属一人时，该财产的所有权人可以以其抵押权对抗顺序在后的抵押权。"该条承认所有权人抵押权，旨在平衡抵押权人之间的利益关系，可视为司法领域对抵押权与主债权之间"相对从属性"的运用。

根据民法通则、物权法、担保法及其司法解释的规定，抵押权与主债权之间的从属性是确定抵押权与主债权之间关系的基本点，主债权无效或者被撤销的，债权人不能取得抵押权，债权人要求行使抵押权的，无论是债务人提供的抵押还是第三人提供的抵押，法院均不予支持。但有下列情形的，应予以特别处理：

1. 债务人提供抵押的情况下，债权人已经行使抵押权后，受让人取得了抵押财产，债务人再以主债权无效或被撤销为由要求受让人返还抵押物的，如果主债权无效或被撤销系债务人自身过错所致，债务人以自身过错为由要求受让人返还抵押物，债务人的请求违背诚实信用原则，法院不应予以支持。如果债权人折价取得抵押物，亦同。此种处理的主要理由是债务人违背诚实信用原则，"出尔反尔"。除此之外，另一个重要理由是，主债权虽无效或被撤销但债权仍然受法律保护，债权人仍得基于债权请求权要求债务人清偿债务，抵押物属于债务人的责任财产，债权人基于债权对作为责任财产的"抵押物"行使"抵押权"，债务人同意并履行的，本质上也是以自己所有的责任财产偿还债务，因此不得"出尔反尔"要求返还抵押物[②]。比如企业与企业之间的借贷被认定为无效，债务人以房产作抵押的，此时主债权虽然无效，但借款的企业仍然应向出借款项的企业返还借款，该债权仍然在法律保护范围之内。如果债务人已经同意债权人对抵押房产行使抵押权，债务人再以主债权无效为由要求抵押物的受让人或折价取得抵押物的债权企业返还抵押房产的，法院不应予以支持。

2. 第三人提供抵押的，如果第三人（抵押人）不知主债权有无效或者可撤销的原因，债权人折价取得抵押物的，第三人（抵押人）可以请求人民法院裁

---

① 无对应内容。

② 该主张在担保法司法解释制定过程中得到高度认可并一度写入司法解释草案中，后来因故未被最后采纳，但此种认识仍然具有现实意义。

判债权人返还抵押物，因为债权人行使抵押权无合法根据。但是，如果第三人（抵押人）明知主债权有无效或可撤销原因还提供抵押担保的，第三人（抵押人）不得请求债权人返还抵押物，因为第三人（抵押人）的“出尔反尔”也违背诚实信用原则。如果抵押物因变卖、拍卖被受让人合法取得，无论第三人（抵押人）对主债权无效或可撤销的原因是否知悉，因受让人受善意取得制度的保护，第三人（抵押人）无权要求受让人返还抵押物。第三人（抵押人）只能向债务人行使追偿权，或者依据抵押权无效理由向债权人要求返还转让抵押物所得价款。

二、抵押权因抵押人主体资格原因而无效

抵押人的主体资格对抵押的效力一般不生影响，但在特别情况下，抵押人的主体资格也影响到抵押权的有效性。根据担保法和相关法律的规定，下列主体不具有抵押人资格，签订的抵押合同属于无效合同：

1. 国家机关和依公法设立的法人不得成为抵押人。前面已有详细讨论，不再赘述。

2. 公司的董事、经理不得成为抵押人。此处并非指董事、经理以个人财产设立抵押的情形，而是指董事、经理在公司财产上设立的抵押无效。董事、经理的行为属于越权行为，公司法第 16 条对此有明文规定，相对人不受善意保护制度的保护。

3. 破产人和进入破产程序前一年的债务人。破产人指受破产宣告的债务人；进入破产程序前一年的债务人指债务人尚未受破产宣告，但对其破产程序已经开始，自破产程序开始（破产申请受理）之日前一年内的债务人。在此期间，破产人、债务人不得作为抵押人。

三、抵押权因抵押财产原因无效

抵押权因抵押财产原因无效，物权法、担保法以及相关法律有明文规定，详见本章第二节的分析，不再赘述。

四、抵押权因抵押人属于无权处分人而无效

无权处分行为设立的抵押权，除符合抵押权的善意取得外，抵押合同无效，债权人不能取得抵押权，此前已有详论。在无权处分的情形下，抵押人通常采取

虚假陈述等方式使债权人误以为抵押财产属于抵押人所有，比如替人保管财产的保管人声称自己是保管物的所有权人。抵押人在没有处分权的财产上设立抵押权，此后抵押人取得对抵押物的处分权的，抵押合同有效，抵押权可以有效设立；已进行抵押登记的，抵押登记自抵押人取得抵押物处分权时生效。如意大利民法典第2822条规定："如果抵押权的设定人不是物的所有权人，仅在物被设定人取得的情况下登记有效。"[①] 无权代理人设立的抵押权亦同。

五、抵押权因抵押行为未经共有人同意而无效

物权法第97条[②]规定"处分共有的不动产或者动产……应当经占份额三分之二以上的按份共有人或者全体共同共有人同意，但共有人之间另有约定的除外"；第101条[③]规定"按份共有人可以转让其享有的共有的不动产或者动产份额。其他共有人在同等条件下享有优先购买的权利"；担保法司法解释第54条[④]规定"按份共有人以其共有财产中享有的份额设定抵押的，抵押有效。共同共有人以其共有财产设定抵押，未经其他共有人的同意，抵押无效。但是，其他共有人知道或者应当知道而未提出异议的视为同意，抵押有效"。根据上述规定，按份共有人和共同共有人在设定抵押权上有如下情形：

1. 按份共有的，共有人可以在对共有物享有的份额上设定抵押权，设定行为不受限制，比如，房屋是按份共有财产的，按份共有人依各自份额享有所有权，其中一个共有人在自己的份额上设定抵押权，不导致房屋所有权的变动，也不产生受让人（在取得抵押份额后）对房屋要求分割的权利，因此无需征得其他共有人的同意。在共有物的份额上设立抵押权，抵押权人行使份额抵押权，对份额进行转让变现，其他共有人有优先购买权。份额抵押区别于分割共有物，因此物权法第99条[⑤]关于"共有人约定不得分割共有的不动产或者动产……应当按照约定"的规定，对共有人在共有物的份额上设立抵押权不生限制。

按份共有人对共有物整体设定抵押权的，属于"处分共有的不动产或者动

① 《意大利民法典》，费安玲、丁玫译，中国政法大学出版社1997年版，第742页。

② 对应民法典第301条，无实质变化。

③ 对应民法典第305条，无实质变化。

④ 无对应内容。

⑤ 对应民法典第303条，无实质变化。

产”的行为，必须“经占份额三分之二以上的按份共有人”同意，否则抵押无效。至于把设立抵押权的行为归入抵押物“处分行为”的理由，此前已有分析，不再赘述。

2. 共同共有的，共有人对共有物不享有份额，因此不能设立共有物份额上的抵押权。共同共有人在共有物上设定抵押权，性质上属于整体处分共有物，按照物权法和担保法司法解释的规定，须经“全体共同共有人同意”，否则抵押无效。担保法司法解释关于“其他共有人知道或者应当知道而未提出异议的视为同意”（共有人之一设定抵押权）的规定，旨在保护善意相对人。共同共有关系一般根植于近亲属关系，易形成利益共同体，相对人往往处于不利地位，因此对善意相对人给予特殊保护是必要的。司法解释的规定采取了“默示推定”原则，即根据共同共有人相互间有知悉共有物权利变动（包括设权）的便利及信任关系，如果共有人“知道或者应当知道而未提出异议的”（共有人之一设定抵押权），推定为“默示”同意，善意相对人的利益受到保护。比如，相对人询问其他共有人是否同意抵押而后者不置可否，或者共有人实际享受到共有物抵押的益处而未表示反对等，均可以推定共有人有同意抵押的意思表示。例如，实务中夫妻共同按揭买房、仅其中一人在按揭抵押合同上签字的情形，基本上可以适用司法解释规定的“默示推定”，即未签字的一方对家庭财产状况不能足额一次性支付房价、购房必须按揭应当知悉，对此“未提出异议”则构成“默示”，应当推定为同意。

在共同共有的不动产和动产上设立抵押权，也适用抵押权的善意取得制度。比如，夫妻共有的房屋登记在丈夫名下，共有人一栏无记载，丈夫未经妻子同意在房屋上设立抵押权，如果第三人属于善意，既不知也不应知房屋属于共有物，则依抵押权的善意取得制度，第三人可以取得抵押权，妻子由此遭受的损失，由丈夫承担赔偿责任。

六、抵押物未能现实存在导致抵押权不生效力

按照大陆法系的一般规定，抵押权可以设定在未来物上，但抵押权的登记和抵押权均在未来物存在后生效。比如意大利民法典第 2823 条规定“仅自未来物存在时起，对该未来物的抵押权登记方有效”。因此，当抵押物自始不存在或因故嗣后不能存在的，在抵押物上设定的抵押无效，抵押权不成立。在不存在的抵

押物上设定抵押权一般出于抵押人的恶意，抵押人通过在不存在的物上设定抵押权，骗取债权人的给付利益，比如，在不存在的名画、古董上设定抵押。抵押物本可以存在但因故未存在的，比如在待建建筑上设定抵押，后工程因故停工；在产成品上设定抵押，后生产停止的，抵押权也不能有效成立。

七、因恶意抵押导致抵押权无效

担保法司法解释第69条①规定："债务人有多个普通债权人的，在清偿债务时，债务人与其中一个债权人恶意串通，将其全部或者部分财产抵押给该债权人，因此丧失了履行其他债务的能力，损害了其他债权人的合法权益，受损害的其他债权人可以请求人民法院撤销该抵押行为。"债务人有多个债权人而且其财产不足以清偿全部到期债务，在破产法理论上视为该债务人处于破产状态，其行为应当受到限制，比如不得放弃自己的财产、债权，不得为无担保债务设立担保等。司法解释规定所指的债务人为债权人设立的抵押权，属于为无担保债权设立担保，当债务人已经处于破产状态之下，该行为当然损害其他债权人的利益，其他债权人有权申请法院撤销该抵押行为。抵押行为被撤销的，抵押权自始不成立。司法解释的规定也体现了民法通则规定的诚实信用原则和禁止权利滥用原则，债务人为债权人之一设定抵押的行为属于违背诚实信用行为，取得新设抵押权的债权人借行使抵押权之便损害其他债权人的利益构成权利滥用，因而，债权人、债务人的行为不受法律保护。

根据司法解释的规定内容，适用该条规定撤销恶意设立的抵押权的要件是：

1. 债务人有多个普通债权人；

2. 债务人将其全部或者部分财产抵押给其中一个债权人；

3. 债务人将其全部或者部分财产抵押给一个债权人发生在清偿债务时，即多个债权履行期均届满，债务人对多个债权均有清偿义务时；

4. 债务人与债权人之一有恶意串通行为；

5. 债务人因设定抵押丧失了履行其他债务的能力。

在担保法司法解释之前，1994年3月26日最高人民法院发布了《关于债务

---

① 无对应内容。

人有多个债权人而将其全部财产抵押给其中一个债权人是否有效问题的批复》[①]（法复〔1994〕2号），该批复认为，“在债务人有多个债权人的情况下，债务人将其全部财产抵押给其中一个债权人，因而使该债务人丧失了履行其他债务的能力……应当认定该抵押协议无效”。批复仅针对全部财产的抵押，而且没有将债务人与债权人“恶意串通”作为要件。从范围来说，批复因针对全部财产的抵押，范围要小于司法解释，但在限制的力度上，批复因不要求以“恶意串通”为要件，所以不似司法解释条件苛刻。司法解释要求以“债务人与债权人恶意串通”为要件，在判断恶意抵押上更加谨慎和合理。根据司法解释的文义和司法实务具体情况，“恶意串通”指债务人有多个债权人、自身已经处于破产状态，而债权人知悉债务人已陷入支付危机，在此种情形下，债权人与债务人订立抵押合同构成主观上的恶意和客观上的串通。“恶意串通”的构成有两个要件：一是债务人陷入支付危机，二是债权人知悉债务人陷入支付危机。通常，在债务人将全部财产为债权人之一设定事后的抵押，可以推定债务人与债权人之间存在“恶意串通”，不需要另行提供证据予以证明。

基于上述分析，实践中应注意不能将以下情形认定为“恶意串通”并撤销当事人设立的抵押权：

1. 债务人在被担保债权发生之初即为该债权设定抵押权，而非事后设定抵押权；

2. 债务人将部分财产在事后为债权人设定抵押，但仍有能力清偿其他债务；

3. 债务人为债权人之一设定部分财产抵押之时，其他债务未到期，债务人尚未处于不能清偿到期债务状况。

为避免司法解释关于恶意抵押的规定产生负面效果，英美法上的“债权人间谨慎竞赛”[②] 规则值得借鉴。“债权人间谨慎竞赛”规则，指在有多个债权人时，各债权人均可以为自己的债权实现寻求保障，最先获得保障的债权人最先获利。比如，在债权人均无担保的情况下，债权人之一最先获得债务人的担保的，该债权人优先于其他债权人受偿；再如，对同一抵押物设定抵押权的债权人，最先办

---

① 于2019年7月20日失效。

② 中国人民大学法学院主编：《判解研究》第二卷，人民法院出版社2000年版，第34页。

理抵押权登记的（属于完善抵押权，将不完全物权的抵押权变成完全物权的抵押权）最先受偿。“债权人间谨慎竞赛”规则不要求债权人以不知有其他债权人或不知抵押物上存在其他抵押权为条件，即债权人是否属于善意在所不问。该规则的思路可以为避免司法解释“打击面”过大提供方法，即将符合“债权人谨慎”的情形从恶意的抵押中排除出来，令其有效。

八、流质抵押无效

物权法第 186 条、担保法第 40 条[①]均规定，订立抵押合同时，抵押权人和抵押人在合同中不得约定在债务履行期届满抵押权人未受清偿时，抵押物的所有权转移为债权人所有。担保法司法解释第 57 条[②]第 1 款规定：“当事人在抵押合同中约定，债务履行期届满抵押权人未受清偿时，抵押物的所有权转移为债权人所有的内容无效。该内容的无效不影响抵押合同其他部分内容的效力。”物权法第 186 条、担保法第 40 条的规定被称为流质抵押条款的禁止，司法解释的规定进一步明确订立流质抵押条款的抵押合同，仅流质抵押条款无效，抵押合同的其他内容仍然有效，此种抵押合同属于部分无效的抵押合同，不影响抵押权的成立。

流质抵押，是指当事人在签订抵押合同时或者债权清偿期届满前约定，在债务履行期届满抵押权人未受清偿时，抵押物的所有权转移为债权人所有。法律禁止流质抵押条款的原因主要是防止债务人为经济所迫，以价值较高的抵押物担保小额债权而利益受损；从债权人的角度看，抵押权设定后，抵押物价值下降，债权人直接取得抵押物所有权也可能不利。因此，禁止流质抵押条款既是为了保护抵押人的利益，也是为了保护债权人的利益。实务中，当事人在签订抵押合同时约定“债务履行期届满抵押权人未受清偿的，抵押权人有权直接委托拍卖机构拍卖抵押物”，该约定不属于流质契约，不在法律禁止之列。如果当事人约定“债务履行期届满抵押权人未受清偿的，抵押权人有权直接依照双方已约定的折价率或者价格直接取得抵押物所有权”，该约定具有流质抵押性质，属于法律禁止之列。

---

① 民法典第 401 条规定：“抵押权人在债务履行期限届满前，与抵押人约定债务人不履行到期债务时抵押财产归债权人所有的，只能依法就抵押财产优先受偿。”

② 参见民法典第 401 条。

九、抵押期间的约定无效

担保法司法解释第12条[①]第1款规定："当事人约定的或者登记部门要求登记的担保期间，对担保物权的存续不具有法律约束力。"基于该条的规定，抵押合同约定的抵押期间不具有法律效力，但抵押合同的其他内容不受影响，属于抵押合同的部分无效。本章抵押权的消灭一节还有进一步阐述。

第八节　抵押权的实现

抵押权的实现是抵押权人行使抵押权的基本方式，物权法和担保法对此均有明确规定。担保法制定于20世纪90年代中期，在实现抵押权的制度设计方面较之物权法有重大不足，而后者本着便利抵押权实现的原则，在抵押权实现条件、方式、程序等方面增加了不少新的内容，基本替代担保法成为实现抵押权的基本法律规则。

一、实现抵押权的条件

物权法第195条[②]第1款规定："债务人不履行到期债务或者发生当事人约定的实现抵押权的情形，抵押权人可以与抵押人协议以抵押财产折价或者以拍卖、变卖该抵押财产所得的价款优先受偿……"依照该款规定，抵押权人实现抵押权的条件分为"债务人不履行到期债务"和"发生当事人约定的实现抵押权的情形"两种，符合其中任何一种的，抵押权人都有权实现抵押权。

---

① 民法典担保制度司法解释第44条规定："主债权诉讼时效期间届满后，抵押权人主张行使抵押权的，人民法院不予支持；抵押人以主债权诉讼时效期间届满为由，主张不承担担保责任的，人民法院应予支持。主债权诉讼时效期间届满前，债权人仅对债务人提起诉讼，经人民法院判决或者调解后未在民事诉讼法规定的申请执行时效期间内对债务人申请强制执行，其向抵押人主张行使抵押权的，人民法院不予支持。主债权诉讼时效期间届满后，财产被留置的债务人或者对留置财产享有所有权的第三人请求债权人返还留置财产的，人民法院不予支持；债务人或者第三人请求拍卖、变卖留置财产并以所得价款清偿债务的，人民法院应予支持。主债权诉讼时效期间届满的法律后果，以登记作为公示方式的权利质权，参照适用第一款的规定；动产质权、以交付权利凭证作为公示方式的权利质权，参照适用第二款的规定。"

② 民法典第410条规定："债务人不履行到期债务或者发生当事人约定的实现抵押权的情形，抵押权人可以与抵押人协议以抵押财产折价或者以拍卖、变卖该抵押财产所得的价款优先受偿。协议损害其他债权人利益的，其他债权人可以请求人民法院撤销该协议。抵押权人与抵押人未就抵押权实现方式达成协议的，抵押权人可以请求人民法院拍卖、变卖抵押财产。抵押财产折价或者变卖的，应当参照市场价格。"

债务到期，既包括合同约定的债务履行期届至，也包括债务的提前到期。债务提前到期的条件一般由当事人约定，也可以由法律直接规定。前者如当事人约定债务人不按期支付利息时债务提前到期；后者如合同法第203条[①]规定的“借款人未按照约定的借款用途使用借款的，贷款人可以……提前收回借款……”债务到期是抵押权人实现抵押权的法定当然条件，无需当事人通过合同约定。

当事人约定的实现抵押权的情形，属于债务到期这一抵押权实现的法定当然条件的例外，由当事人通过意思自治自行决定。物权法规定当事人可以约定实现抵押权的情形，为抵押权人灵活实现抵押权提供了便利。从立法意图上看，物权法允许当事人约定实现抵押权的情形，目的是防止抵押人“非正常经营行为或者恶意的行为……造成抵押财产大量减少”[②]，因此，实务中抵押权人为维护自身担保权益的顺利实现，可以运用物权法的规定，与抵押人预先约定实现抵押权的特别情形，以争取主动。例如，可以约定当抵押人的行为造成抵押财产减少或者抵押人分离抵押物、转让抵押物时，抵押权人有权实现抵押权；也可以与抵押人约定，当债务人发生违约（如停止支付利息、改变借款用途）时，抵押权人有权实现抵押权等。

二、实现抵押权的程序

实现抵押权的程序，法理上有所谓自救主义和司法保护主义，前者允许抵押人和抵押权人协商实现抵押权，国家不干预；后者不允许抵押人和抵押权人自行实现抵押权，抵押权人须有法院或其他国家机关的裁判或决定方能实现抵押权。我国物权法规定的抵押权实现程序，既允许抵押人与抵押权人协商实现抵押权，又允许在协商失败时求助于司法程序，可称之为“两步走”，本质上属于自救主义，但也有折衷主义的内涵，有学者称之为“彻底的自救主义”[③]。就抵押权实现的实践看，由于抵押人不配合，以彻底自救主义方法行使抵押权比较困难，多数情况下抵押权人不得不求助于司法程序。另外，在我国现有法律背景下实现抵押权的配套制度和措施还有待完善，抵押权人实现抵押权面临制度障碍，如抵押

① 对应民法典第673条，无实质变化。

② 胡康生主编：《中华人民共和国物权法释义》，法律出版社2007年版，第425页。

③ 许明月：《抵押权制度研究》，法律出版社1998年版，第328页。

登记机构不统一等。有鉴于此，我国抵押权的实现程序应当属于“司法保护下的自救主义”。

(一) 抵押权人与抵押人协商实现抵押权

抵押关系当事人通过意思自治就实现抵押权协商一致后，可以对抵押物进行折价，或拍卖、变卖抵押物。当事人协商将抵押物拍卖的，应按照《中华人民共和国拍卖法》(以下简称拍卖法)的规定进行。但当事人在订立抵押合同时约定有流质抵押条款的，该约定无效。

(二) 抵押权人向法院请求实现抵押权

1. 向法院请求实现抵押权程序的性质

抵押权人请求法院实现抵押权的程序属于司法程序，担保法第53条[①]规定抵押权人与抵押人“协议不成的，抵押权人可以向人民法院提起诉讼”，明确了抵押权人必须通过诉讼程序实现抵押权。物权法立法者认为，“向人民法院提起诉讼以实现抵押权的规定使得抵押权的实现程序变得复杂而且漫长”，因此“为了简便抵押权的实现程序……抵押权人可以直接请求人民法院拍卖、变卖抵押财产”[②]。显然，物权法第195条的规定明确排除了以诉讼方式实现抵押权，按照立法者的解释，抵押权人“可以请求人民法院拍卖、变卖抵押财产”。基于此，抵押权人向法院请求实现抵押权的程序性质上属于非诉讼的执行程序，应无疑问。比较而言，诉讼实现抵押权要经历冗长而琐细的起诉、应诉、开庭、答辩等诉讼全过程，甚至有上诉审、再审，抵押权实现成本高，效率低；通过非诉讼执行程序实现抵押权，法院仅需对抵押权证明材料等证据进行审查，即可裁定实现抵押权，成本低，效率高。从立法角度看，物权法关于非诉讼执行程序实现抵押权的规定，不失为一大进步。

2. 抵押权人向法院请求实现抵押权的条件

物权法第195条第2款规定，“抵押权人与抵押人未就抵押权实现方式达成协议的”，抵押权人可以向法院请求实现抵押权，显然，抵押权人申请启动非诉讼执行程序的条件是“抵押权人与抵押人未就抵押权实现方式达成协议”。结合

① 参见民法典第410条。

② 胡康生主编：《中华人民共和国物权法释义》，法律出版社2007年版，第428页。

该条第1款分析，在抵押权实现条件成就（如债务到期）后，如果抵押合同中没有预先约定抵押权的实现方式，抵押权人和抵押人则有义务先进行协商，协商不成的，抵押权人才能向法院请求实现抵押权，抵押权人不与抵押人协商即向法院请求实现抵押权的，法院依法不予受理。此外，由于抵押权人实现抵押权必须取得抵押人的配合，因此，抵押合同预先约定了抵押权实现方式或者债务到期后抵押权人与抵押人就抵押权实现方式已经达成协议，但抵押人不予配合的，实际上等同于抵押权人与抵押人未达成协议，应当允许抵押权人向法院请求实现抵押权。

抵押权人请求法院实现抵押权以物权法第195条第1款的规定为前提条件，因此抵押权人启动司法程序实现抵押权的权利属于附条件的权利。从权利与义务对等的角度看，抵押权人与抵押人就实现抵押权的方式达成协议的，抵押权人不得“出尔反尔”抛弃协议而向法院请求实现抵押权，除非该协议存在法定可撤销原因。协议如果损害其他债权人利益，其他债权人依照物权法第195条第1款的规定，“可以在知道或者应当知道撤销事由之日起一年内请求人民法院撤销该协议”。

据立法者解释，抵押权人向法院请求实现抵押权的条件限于“抵押权人与抵押人未就抵押权实现方式达成协议”，如果“双方在债务是否已经履行以及抵押权本身问题上存在争议，如双方对抵押合同的有关条款或者抵押权的效力问题存在争议……实际上是抵押权实现的前提条件发生争议……抵押权人仍应当采取向人民法院提起诉讼的方式解决”①。该解释的本意是区分“抵押权实现方式上的争议”与“抵押权实现前提条件的争议”，避免由非诉讼执行程序越俎代庖处理诉讼纠纷，具有一定的积极意义。但在实务中，如果把抵押人提出的所有异议不加区分均视为与抵押权人之间存在“债务是否已经履行以及抵押权本身问题上存在争议”，均要求“抵押权人仍应当采取向人民法院提起诉讼的方式解决”，则物权法关于非诉讼执行程序实现抵押权的规定将被架空，难以实际应用。因为，在抵押权实现条件成就（如债务到期）后，即便抵押人没有事实依据和法律理由对主债权与抵押权提出真正的异议，但也可恶意提出主债权或者抵押权效力等

① 胡康生主编：《中华人民共和国物权法释义》，法律出版社2007年版，第428页。

异议，以表明其与抵押权人之间存在的不是“抵押权实现方式上的争议”，而是“抵押权实现的前提条件上的争议”，并以此阻止抵押权人向法院请求实现抵押权，迫使抵押权人提起抵押权诉讼，其结果必将使物权法规定的实现抵押权的非诉讼执行程序难以启动，物权法在实现抵押权上的重大进步被束之高阁。为此，对于抵押人提出的所谓主债权、抵押权等“抵押权实现前提条件的争议”，应当加以区分，合理的选择是，抵押权人与抵押人协商实现抵押权的方式，而抵押人提出“抵押权实现前提条件的争议”的，应当由抵押人向法院提起诉讼解决，而非要求抵押权人向法院提起诉讼。如抵押人提起诉讼，抵押权人不得启动非诉讼执行程序实现抵押权；如抵押人仅提出上述异议而不愿提起诉讼，该异议不属于“抵押权实现的前提条件上的争议”，应当允许抵押权人请求法院实现其抵押权。此种方法既可以避免抵押人恶意阻止抵押权人向法院请求实现抵押权，陷抵押权人于成本高、效率低的诉讼程序，又可以有力地配合物权法规定的实现抵押权的非诉讼执行程序的实行。

3. 非诉讼执行程序的步骤与要点

（1）申请。抵押权人向法院请求实现抵押权，按照非诉讼执行程序的要求，应当由抵押权人向法院提交书面申请，申请目的注明为实现抵押权，被申请人即抵押人，如果抵押财产实际占有人系第三人，第三人也为被申请人。第三人包括未经抵押权人同意转让抵押物的受让人。抵押权人提交申请应当附主债权与抵押权证明材料，有抵押登记的，也应提供登记证明材料。

（2）管辖。一般而言，实现抵押权的非诉讼执行程序应当在抵押财产所在地的法院管辖，以方便抵押财产的拍卖、变卖，而且非诉讼执行程序依例应当由基层法院管辖。对此，最高人民法院应当通过司法解释尽早予以确定。

（3）受理。抵押权人的申请由法院立案部门受理，后者负责对申请进行初步审查，仅审查申请内容是否符合要求、目的是否明确、有无相关证明材料等，然后将申请移交法院执行部门。作为非诉讼执行程序，无需由审判庭对申请进行实质审查。

（4）审查与裁定。法院执行部门对申请所附主债权与抵押权证明材料等进行形式审查后，即可裁定对抵押财产进行拍卖或者变卖，法院的裁定是据以强制执行抵押财产的依据。抵押人如果提出主债权或者抵押权真实性、合法性等实体抗辩的，由法院书面通知抵押人于限定时日内向有管辖权的法院提起诉讼解决。抵押人于限定时日内不提起诉讼的，法院执行部门仍得继续对抵押物进行拍卖、变卖，以实现抵押权；抵押人如果提起诉讼的，法院应裁定中止非诉讼执行程序，以待抵押权诉讼裁判结束后，依裁判结果分别处理：抵押权人胜诉的，法院裁定恢复非诉讼执行程序，诉讼期间抵押权人发生的损失，如利息损失，抵押人依法承担赔偿责任，在抵押财产变现后一并优先受偿；抵押人胜诉的，法院裁定终结非诉讼执行程序。

（5）查封与公告。法院裁定许可实现抵押权后，应当查封抵押财产并进行公告。公告的内容，一是抵押财产被查封的事实；二是抵押财产的拍卖、变卖事宜，包括时间、地点、方式等，以便于该抵押财产上的其他权利人申报权利、参加分配。对抵押财产进行查封的目的是防止抵押财产被恶意处分或者出现其他影响法院执行程序顺利进行的情形。在抵押财产被查封后，抵押人任何处分抵押财产的行为都不具有法律效力和对抗效力。

（6）拍卖、变卖。抵押财产原则上应当拍卖，不能拍卖、拍卖不成或者拍卖对权利人不利的，可以变卖。拍卖、变卖后，法院应当裁定认可买受人取得抵押财产的所有权，以确定买受人取得抵押财产所有权的时间，避免产生其他争执。例如，抵押人在抵押权实现期间破产，抵押财产是否属于破产财产取决于法院裁定的时间，裁定在先、抵押人破产程序启动在后的，抵押财产不属于破产财产；反之，则属于破产财产。

（7）分配。抵押财产变现后，扣除变现费用与税收等支出，按照抵押财产上存在的各权利先后次序进行分配，有剩余的，交付给抵押人。一般债权人的债权未经司法、仲裁确权的，不得要求参加对抵押财产的分配。

4. 次序在后抵押权人请求实现抵押权的限制

物权法、担保法对次序在后抵押权人实现抵押权未设限制，事实上，次序在后抵押权人与抵押人协商实现抵押权，从技术角度看也难以限制，但次序在后抵押权人通过非诉讼执行程序实现抵押权，如果不加以任何限制，当抵押财产的价值明显不足以支付次序在先的抵押权和其他优先权以及变现费用时，可能损害次序在先的抵押权人的权益，也难以收到良好的法律效果与社会效果。物权法颁布之前，司法实务中因为对次序在后的抵押权人实现抵押权不设限制，致使次序在先的抵押权人利益受损的情形时有发生，当抵押财产价值不足以支付次序在先的抵押担保债权时，申请法院拍卖抵押财产的后顺序抵押权人难免产生独享抵押财产变现价金的冲动，如法院此时未尽充分通知职责并保护次序在先抵押权人的权益，后者难免遭受损失并不可挽回。因此，对后顺序抵押权人实现抵押权进行一定的限制具有现实意义。在利益驱动上，要求后顺序抵押权人明知抵押财产变现价金不足仍然愿意“为人作嫁”，自己费时费力申请拍卖却将拍得价金拱手送人（次序在先抵押权人）极不现实，一般债权人申请拍卖抵押财产也一样，实难要求一般债权人“毫不利己，专门利人”。

我国物权法、担保法虽未对次序在后抵押权人实现抵押权设限，但也未明文规定次序在后抵押权人可以不受限制地申请法院启动司法程序实现抵押权[1]，为保护次序在先抵押权人的权益，应当对次序在后的抵押权人申请法院启动非诉讼执行程序实现抵押权设置一定的限制。比如，要求以“拍卖抵押物所得价金足以清偿次序在前之抵押债权、其他优先权及债务人所负担之费用额为限”，否则“对于申请执行之债权人不仅无实益，且有损害先次序抵押权人权益之虞”[2]。依此方法，如果次序在后的抵押权人申请法院以非诉讼执行程序实现抵押权，法院在查明抵押财产变现价金不足以支付次序在先的抵押担保债权、其他优先权及变现费用时，应当驳回申请。一般债权人向法院申请拍卖、变卖抵押财产，也受此限制。

5. 民法典、民事诉讼法担保物权实现程序关于实现抵押权规定的评价

物权法第 195 条规定了以非诉方式实现抵押权，相对于担保法第 53 条的规定是一个重大进步。民事诉讼法第 15 章规定的担保物权实现程序未能完全兑现物权法规定的非诉方式实现抵押权的进步，基本上将诉累加诸抵押权人身上，不利于改善和优化营商环境。民法典第 410 条完全继受了物权法第 195 条，对第 195 条未进一步明晰化。民法典担保制度司法解释第 45 条仅就当事人约定了仲裁条款时如何平衡抵押权诉讼和仲裁两种程序作了区分，但就抵押权的实现程序未

---

① 担保法司法解释第 78 条关于“同一财产向两个以上债权人抵押的，顺序在后的抵押权所担保的债权先到期的，抵押权人只能就抵押物价值超出顺序在先的抵押担保债权的部分受偿。顺序在先的抵押权所担保的债权先到期的，抵押权实现后的剩余价款应予提存，留待清偿顺序在后的抵押担保债权”的规定，并未承认顺序在后的抵押权人可以无限制地通过司法程序实现抵押权，因此不足以成为后顺序抵押权人不受限制启动司法程序实现抵押权的依据。

② 谢在全：《担保物权论》，中国政法大学出版社 1999 年版，第 643 页。

作改动。因此，我国目前在抵押权实现方面的理解没有根本性改变，即只要抵押人对抵押权提出异议，抵押权人就只能通过诉讼方式实现抵押权。这也是民事诉讼法规定的担保物权实现特别程序长期空转的法律原因。正如本节所设计和阐述的，只有将以诉讼方式实现抵押权的诉累从抵押权人身上转移至抵押人身上，抵押人滥用异议的情况才能得到逐步限制，抵押权的实现才能更加便捷，营商环境才能得到实质性改善。

三、实现抵押权的方式

（一）折价方式

抵押权人可以与抵押人协商以抵押物折价方式实现抵押权，原则上，抵押权人与抵押人协商就抵押物折价不受特别限制。物权法第 191 条[①]第 2 款关于“抵押人未经抵押权人同意，不得转让抵押财产”的规定，对折价实现抵押权导致的抵押财产的转让不适用。理由是，第 191 条第 2 款的规定针对的是抵押人为取得抵押财产的对价自行将抵押财产转让给第三人，而折价实现抵押权属于法定抵押权的实现方式，区别于抵押人自行转让抵押财产。抵押权人也不是第三人，抵押人也不取得抵押财产的对价。从法律适用角度看，物权法第 195 条第 1 款相对于第 191 条第 2 款属于特别条款，优先适用。但抵押财产折价协议如果损害其他债权人的权益，其他债权人可依照物权法第 195 条第 1 款“可以在知道或者应当知道撤销事由之日起一年内请求人民法院撤销该协议”的规定。

抵押物上存在其他抵押权、质权、优先权等权利的，抵押权人实现抵押权难免涉及其他权利人的利益，尤其以对抵押物折价方式实现抵押权对其他权利人影响最大。对于该问题，大陆法系国家的立法例通常有两种处理方法：一是规定抵押物被实现抵押权后，抵押物上的其他权利消灭，抵押物的价值由所有权利人按照各自权利的次序进行分配，该方法被称为涂销主义。二是抵押物上的其他权利不消灭，抵押物的取得人要负担抵押物上的其他权利，其他权利人根据自身权利

① 民法典第 406 条规定：“抵押期间，抵押人可以转让抵押财产。当事人另有约定的，按照其约定。抵押财产转让的，抵押权不受影响。抵押人转让抵押财产的，应当及时通知抵押权人。抵押权人能够证明抵押财产转让可能损害抵押权的，可以请求抵押人将转让所得的价款向抵押权人提前清偿债务或者提存。转让的价款超过债权数额的部分归抵押人所有，不足部分由债务人清偿。”

的次序行使权利，该方法被称为承受主义。我国法律和司法解释对此未作规定，宜结合两种主义的长处妥善处理。具体方法可以是：对于抵押权人与抵押人协商折价取得抵押物的所有权的，应当采用承受主义方法，抵押权人取得的抵押物上的其他权利不因抵押权的实现而消灭。如果其他权利次序先于已实现的抵押权，次序在先的权利人可以向抵押权人行使其在原抵押物上的权利。在利益衡量上，已实现的抵押权次序在后，其他权利人的权利在先，折价取得抵押物的抵押权人对此应当有合理预期，采取承受主义对其并无不公；如果其他权利次序在后，其他权利人仅得以抵押物折价的剩余部分（已返还给抵押人的）为限向抵押权人主张权利。根据担保法司法解释第 77 条①的规定，次序在先的抵押权人享有"所有权人抵押权"，可以"以其抵押权对抗顺序在后的抵押权"，采用承受主义，次序在先的抵押权人也不会受到损害。同时，采用承受主义方法也可避免抵押权人恶意行使抵押权，致使次序在先的其他权利人利益受损。比如，抵押权人以不合理的低价折价取得抵押物的，采用承受主义，抵押物上的其他权利不因抵押物折价而消灭，次序在先的权利人仍有权对抵押物行使权利。

在法院的非诉讼执行程序中，抵押权人是否可以要求对抵押物进行折价取得所有权，依照物权法第 195 条第 2 款规定的"抵押权人与抵押人未就抵押权实现方式达成协议的，抵押权人可以请求人民法院拍卖、变卖抵押财产"的文义，并对照该条第 1 款可以认为，抵押权人只能与抵押人协商对抵押财产折价，而无权要求法院折价处理抵押财产，在非诉讼执行程序中抵押财产只能通过拍卖、变卖予以变现。对抵押物进行折价抵偿被担保的债权，属于抵押权人与抵押人协商实现抵押权，属于"自救主义"范畴，协商不成表明当事人自行实现抵押权的"自救主义"失败，进入司法执行程序后，只能对抵押物进行拍卖或者变卖，抵押权人要求法院折价处理抵押财产的，法院不予支持。这不仅在逻辑上成立，而且公平、公正，不易留下后患。同理，既然抵押权人与抵押人未达成协议，法院在非诉讼执行程序中也不能依职权对抵押物折价并裁定以抵押物抵偿被担保的债权，否则不仅违反当事人意思自治原则，也与物权法的规定不相吻合。当然，如果抵押物无法变现且抵押权人与抵押人均同意对抵押物折价的，法院可以对抵押

① 无对应内容。

财产进行折价处理。此种折价基于当事人的意思表示，法院出于尊重当事人在司法程序中的处分权，与物权法并不抵触。

（二）拍卖方式

拍卖是指以公开竞价的形式，将特定物品或者财产权利转让给最高应价者或拍卖规则确定的应价者的买卖方式。拍卖方式是抵押权人实现抵押权的重要方式，无论是抵押权人与抵押人协商拍卖抵押财产，还是在法院非诉讼执行程序中拍卖抵押财产，拍卖活动均应当遵守法律、法规，遵循公开、公平、公正、诚实信用的原则。

1. 拍卖的性质

拍卖行为的性质，有所谓公法行为说和私法行为说之分。抵押关系当事人协议实施的拍卖属于私法行为应无疑问，而法院司法程序中进行的拍卖，有观点认为属于公法行为，系“因公法上之行为而发生私权得丧之结果”①。我国拍卖法对拍卖行为的性质未作区分，而拍卖法具有私法性质，因此拍卖行为在我国应当属于私法行为，不具有公法性，无论是当事人拍卖，还是司法、执法程序中的拍卖，均需依照拍卖法的规定进行。

2. 拍卖的效力

（1）拍定人取得标的物权利。抵押权效力范围之内的权利和物，如从权利、从物、附属物等，均由拍定人取得。以建筑物或者土地使用权设立抵押权的，无论抵押权效力范围如何（比如土地使用权抵押之后新建的建筑物不在抵押权效力范围之内），建筑物与土地使用权均一并拍卖，拍定人取得土地使用权及地上建筑物。

依据物权法第106条②规定的物权善意取得制度，拍定人取得的标的物权利不因主债权或者抵押权的效力而受影响，除非拍定人主观上属于非善意，对主债权或者抵押权无效等情形为明知或者应知的。标的物拍定后，抵押人或者第三人不得以主债权无效、抵押权无效或已消灭等为由主张拍卖无效，以取消拍定人取得的标的物权利。

---

① 史尚宽：《物权法论》，中国政法大学出版社2000年版，第296页。

② 对应民法典第311条，无实质变化。

（2）风险转移。拍卖标的物的风险，按照合同法第142条[①]与物权法第9条[②]、第28条[③]的规定，动产自交付占有时转移至拍定人，不动产自登记过户后转移至拍定人，非诉讼执行程序中则以法院裁定生效时发生转移。

（3）瑕疵担保请求权。抵押财产上的瑕疵，包括物的瑕疵与权利瑕疵，拍定人均享有瑕疵担保请求权。大陆法系国家的立法例中，有的绝对不承认拍定人的瑕疵担保请求权，如德国民法，以利于稳定交易关系；有的仅承认拍定人有权利的瑕疵担保请求权，无物的瑕疵担保请求权[④]，理由是拍定人对物的瑕疵应当自行核实。我国法律对拍卖关系中的瑕疵担保责任无特别规定，因此，适用合同法关于瑕疵担保责任的一般规定，拍定人有瑕疵担保请求权。拍卖标的物上存在物的（品质）瑕疵或者权利瑕疵，致使拍定人利益受损的，拍定人可以向抵押人请求损害赔偿。抵押人不是债务人（即第三人提供抵押）的，拍定人则应向债务人请求损害赔偿。但依拍卖法第61条“拍卖人、委托人在拍卖前声明不能保证拍卖标的的真伪或者品质的，不承担瑕疵担保责任”的规定，符合该条规定的情形的，拍定人不享有物的瑕疵担保请求权。然因拍卖标的存在缺陷造成人身、财产损害，即产生加害给付情形的，拍定人虽不享有物的瑕疵担保请求权，但仍然享有损害赔偿请求权。

（4）消灭抵押财产上的其他权利。通过拍卖实现抵押权的，无论是当事人协商拍卖还是通过非诉讼执行程序拍卖，抵押财产上的其他权利，包括其他抵押权、质权、优先权，在抵押财产拍卖后全部归于消灭，拍定人取得对抵押财产无负担的所有权，被消灭权利的权利人就拍得的价款，按权利次序进行分配。此种方法在理论上被称为涂销主义。在抵押物变现时，无论抵押物所担保的债权是否到期，各抵押权人均可以参加分配，所有抵押权所担保的债权在抵押物被行使抵押权时，均视为到期。为保障抵押财产上其他权利人的权利，抵押财产拍卖之前进行拍卖公告至关重要。我国拍卖法第45条规定“拍卖人应当于拍卖日七日前发布拍卖公告”，拍卖公告必须在报纸或其他新闻媒体上刊登。拍卖法还对公告内容规定

---

① 对应民法典第604条，无实质变化。
② 对应民法典第209条，无实质变化。
③ 对应民法典第229条，无实质变化。
④ 史尚宽：《物权法论》，中国政法大学出版社2000年版，第302页。

了具体要求，其目的是便于其他权利人知悉拍卖事宜并及时行使权利。

（三）变卖方式

以变卖方式实现抵押权即以普通买卖方式转让抵押财产，并以转让价金清偿被担保的债权。抵押财产变现以拍卖为主，变卖抵押财产一般以拍卖不能或拍卖不利为前提，经济欠发达地区无拍卖机构或者拍卖费用过高时，变卖往往可以发挥重要作用。抵押权人向法院申请非诉讼执行程序变卖抵押财产，程序效力与拍卖基本相同，不再赘述。

四、恶意实现抵押权

抵押权人无视抵押物上其他权利或以不合理低价折价、变卖、拍卖抵押物，损害其他权利人权益的，构成恶意实现抵押权。对于将抵押物以不合理的低价折价的，按照承受主义，抵押物上的其他权利不消灭，仍然以各自顺序对原抵押物行使抵押权。此外，其他债权人也可以依据物权法的规定提起撤销权诉讼。

对于将抵押物以不合理的低价拍卖、变卖或私分抵押物变现款的，其他权利人除可以按照物权法、合同法的规定提起撤销权诉讼外，还可以申请人民法院宣告私分抵押物价金的行为无效，并裁判有过错的当事人承担赔偿责任。

五、抵押权人对债务人其他财产的求偿

在债务人提供抵押物的情况下，抵押权人是否可以不行使抵押权，而在债务人到期不清偿债务时，要求债务人以抵押物之外的财产清偿债权？针对该问题，理论上有所谓先行主义和选择主义之分。先行主义主张，抵押权人必须先对抵押物行使抵押权，在抵押物不足以清偿抵押担保的债权时，抵押权人对债务人其他财产才有求偿权；选择主义主张，抵押权人对行使抵押权或者对债务人其他财产进行求偿有选择权，债务人其他财产不足以清偿的，抵押权人还可以对抵押物优先受偿。先行主义源于罗马法与日耳曼法，现代各国予以继承的不多。德国采纳选择主义；日本民法采取有限制的选择主义，即对抵押权人的选择权限制在抵押物价值不足以清偿债权的剩余部分之内，表面上看是“余额选择”，实质上是“价值先行”，即抵押物必须先估价确定不足清偿部分，于此部分抵押权人方可对债务人其他财产求偿。

我国物权法、担保法对此无明文规定，但分析担保法第 53 条第 2 款的内容，

似乎有“先行主义”的味道。该条规定“抵押物折价或者拍卖、变卖后……不足部分由债务人清偿”，强调的是抵押物先变现，然后再由债务人清偿不足部分。担保法司法解释第73条[①]规定：“抵押物折价或者拍卖、变卖该抵押物的价款低于抵押权设定时约定价值的，应当按照抵押物实现的价值进行清偿。不足清偿的剩余部分，由债务人清偿。”先行主义的意味更浓。但客观分析，抵押权仅意味着抵押权人对特定的抵押物有优先受偿权，抵押权人同时也是债权人，在债务人到期不履行债务时，债权人有权要求债务人清偿债务，债务人无权以债权人（即抵押权人）享有担保物权而拒绝履行债务。史尚宽先生也认为“负人的责任的债务人，不得以抵押债权人应先就抵押物受清偿为抗辩”[②]。因此，在我国现有法律背景下，应当承认抵押权人有选择权，债权如以抵押财产之外的财产清偿，抵押权消灭后，抵押财产成为债务人的责任财产，由其他债权人分享，对其他债权人也不生损害。不过，当债务人破产时，应当加以限制，在债务人破产程序中抵押权人对抵押物享有优先受偿权，如果允许抵押权人以全部债权额先行参加破产分配，不够时再处理抵押物，则不利于平等保护全体破产债权人的权益。

第九节 抵押权的消灭

物权的消灭与设立均具有法定性，消灭原因一般由法律规定，当事人约定的物权消灭原因也需获得法律的支持，否则不发生消灭物权的效力。物权法、担保法及其司法解释对抵押权的消灭原因作了具体规定，因法律制定时间不同，个别规定存在差异，需要适当加以归纳、分析。

一、抵押权因所担保的债权消灭而消灭

抵押权与其担保的主债权同时存在，主债权消灭，抵押权也消灭。物权法第177条[③]第1项、担保法第52条[④]对此规定明确。主债权消灭指主债权全部消灭，

① 无对应内容。

② 史尚宽：《物权法论》，中国政法大学出版社2000年版，第294页。

③ 对应民法典第393条，无实质变化。

④ 民法典第393条规定：“有下列情形之一的，担保物权消灭：（一）主债权消灭；（二）担保物权实现；（三）债权人放弃担保物权；（四）法律规定担保物权消灭的其他情形。”

主债权部分消灭的，抵押权并不消灭，这是由抵押权的不可分性所决定的。最高额抵押权和所有权人抵押权并不因主债权的消灭而消灭，前者相对于主债权具有一定的独立性，此后还要详述；后者出于保护次序在先的抵押权人的需要，担保法司法解释第 77 条[①]有具体规定。

二、抵押权因抵押物的灭失而消灭

抵押物全部灭失时，抵押权消灭，部分灭失的，抵押权仍存在于抵押物的剩余部分。抵押物的灭失包括法律上的灭失与事实上的灭失，前者如土地使用权附有期限的，因期限届满而消灭（如我国住宅土地使用权以 70 年为期，期限届满如无续期事由，则土地使用权消灭，土地使用权上的抵押权也消灭）；后者如抵押物因毁损而灭失。抵押物灭失后出现代位物的，抵押权移转至代位物上继续存在。

实践中因抵押物被政府收回、征收发生法律上的灭失，致使抵押权消灭的情况较为常见。比如《中华人民共和国土地管理法》规定，土地闲置长达两年的，政府有权收回土地使用权，如果开发商因资金等原因未及时开发利用土地，致使土地被政府无偿收回，则该宗土地上设定的抵押权消灭。政府收回土地退给开发商的土地出让金不属于补偿金、赔偿金，不具有代位物性质，但可以视为土地使用权的对价，参照物权法第 191 条[②]第 1 款的规定，由抵押权人优先受偿。

三、抵押权因司法保护期届满而实际消灭

物权法第 202 条[③]规定："抵押权人应当在主债权诉讼时效期间行使抵押权；未行使的，人民法院不予保护。"该条是对抵押权人行使抵押权的期限的规定，因为该条以人民法院的保护为落脚点，规定的是抵押权的司法保护期，而非抵押权的存续期间，该期间届满后，"抵押权人丧失的是抵押权受人民法院保护的权利即胜诉权，而抵押权本身并没有消灭"[④]。应当指出的是，《中华人民共和国物

---

① 无对应内容。

② 民法典第 406 条规定："抵押期间，抵押人可以转让抵押财产。当事人另有约定的，按照其约定。抵押财产转让的，抵押权不受影响。抵押人转让抵押财产的，应当及时通知抵押权人。抵押权人能够证明抵押财产转让可能损害抵押权的，可以请求抵押人将转让所得的价款向抵押权人提前清偿债务或者提存。转让的价款超过债权数额的部分归抵押人所有，不足部分由债务人清偿。"

③ 对应民法典第 419 条，无实质变化。

④ 胡康生主编：《中华人民共和国物权法释义》，法律出版社 2007 年版，第 441 页。

权法释义》认为该条是关于抵押权存续期间的规定，该认识不妥。因为物权存续期间具有权利消灭时效的本质，期间届满，物权即告消灭，而且期间一般固定不变。而物权法第202条规定的期间不具有消灭抵押权的效果，释义的编者也承认抵押权人丧失的只是胜诉权，而且该期间随诉讼时效的变化而变化，并非固定不变。

物权法第202条虽未规定抵押权在司法保护期届满后消灭，但如果抵押人对于抵押权人要求实现抵押权不予配合，抵押权人诉诸法院又不受保护，则抵押权无法实现，从结果上看等同于抵押权实际消灭，因此从实际效果考虑将该条规定的内容纳入“抵押权消灭”一节。由于该条未规定抵押权在“主债权诉讼时效期间”届满后消灭，所以抵押人愿意配合抵押权人行使抵押权，抵押权实现后，抵押人又以抵押权已过司法保护期为由反悔的，法院不予支持。从法律效果考量，物权法规定的抵押权司法保护期近似于抵押权的“诉讼时效”，因为与诉讼时效的法律效果一样，该司法保护期届满后抵押权并不消灭，“抵押权人丧失的是抵押权受人民法院保护的权利即胜诉权”，而且司法保护期的期间长短取决于主债权诉讼时效，主债权诉讼时效中断、中止、延长的，司法保护期也一样中断、中止、延长。主债权经法院裁判后不再计算诉讼时效，抵押权的司法保护期也不再继续计算，抵押权将一直受法律保护。

大陆法系各国、各地区对抵押权的存续一般均规定有存续期间，即抵押权的消灭期间。瑞士民法和德国民法均规定抵押权所担保的债权不明经过十年的，抵押权经法院除权判决而消灭，消灭条件较苛；日本民法规定抵押权自被担保债权时效届满后满三年的，抵押权消灭。在物权法颁布之前，鉴于担保法对抵押权等物权没有规定存续期间，担保法司法解释仿照日本的立法例，在第12条[①]第2款规定“担保物权所担保的债权的诉讼时效结束后，担保权人在诉讼时效结束后的

---

① 民法典担保制度司法解释第44条规定：“主债权诉讼时效期间届满后，抵押权人主张行使抵押权的，人民法院不予支持；抵押人以主债权诉讼时效期间届满为由，主张不承担担保责任的，人民法院应予支持。主债权诉讼时效期间届满前，债权人仅对债务人提起诉讼，经人民法院判决或者调解后未在民事诉讼法规定的申请执行时效期间内对债务人申请强制执行，其向抵押人主张行使抵押权的，人民法院不予支持。主债权诉讼时效期间届满后，财产被留置的债务人或者对留置财产享有所有权的第三人请求债权人返还留置财产的，人民法院不予支持；债务人或者第三人请求拍卖、变卖留置财产并以所得价款清偿债务的，人民法院应予支持。主债权诉讼时效期间届满的法律后果，以登记作为公示方式的权利质权，参照适用第一款的规定；动产质权、以交付权利凭证作为公示方式的权利质权，参照适用第二款的规定。”

二年内行使担保物权的，人民法院应当予以支持”，规定抵押权的存续期间为被担保债权时效届满后的二年。当时，司法解释的规定针对实践中当事人以及登记机关对担保物权约定或者要求登记担保期间，尤其是抵押登记机关在办理抵押物登记中，强制性登记抵押期间一般要求从办理抵押登记之日起算满六个月的，必须重新登记，否则抵押权消灭。这些担保期间能否影响担保物权的存续，理论界和实务界分歧很大，因此需要司法解释作出相应回答。司法解释规定担保期间“对担保物权的存续不具有法律约束力”，否定了当事人和登记机关可以在法律规定的方式之外消灭物权，坚持了物权法定原则，而且有利于保护债权，降低交易成本。

物权法生效后，因有第 202 条规定的抵押权司法保护期，因此担保法司法解释第 12 条第 2 款的规定对抵押权不再适用。该款对于其他担保物权，如质权、留置权是否仍得适用，从物权法第 219 条[①]特别规定的质权实现方式和第 240 条[②]规定的留置权特别消灭事由看，亦不应再继续适用。然担保法司法解释第 12 条第 1 款的规定系对物权法定原则的具体化，与物权法不相抵触，在物权法生效后仍得继续适用，应无疑问。

值得注意的是，抵押权人的司法保护期也是对法院非诉讼执行程序的限制，在主债权诉讼时效届满后，抵押权人请求法院启动非诉讼执行程序的，法院不得裁定准许。因此，抵押权人如果就抵押权的实现与抵押人无法达成协议，在司法保护期内即应当向法院请求实现抵押权。如果抵押权人在司法保护期内与抵押人有过协商，在司法保护期届满后才请求法院启动司法程序，法院不因抵押权人在司法保护期内向抵押人主张过权利而放宽限制，抵押权仍然不受法院保护。

四、抵押权因实现而消灭

抵押权人对抵押物行使抵押权，对抵押物折价或者拍卖、变卖，以抵押物价值或其变现价金优先受偿的，抵押权得以实现，无论债权是否全部获得清偿，抵押权均归于消灭。

---

① 对应民法典第 436 条，无实质变化。

② 对应民法典第 457 条，无实质变化。

五、抵押权因放弃而消灭

物权法第 177 条第 3 项、担保法第 28 条[①]第 2 款均规定抵押权人可以放弃抵押权，抵押权因放弃而消灭。放弃抵押权的方式有作为和不作为两种，抵押权人有抛弃抵押权的明确意思表示，或者向登记部门申请涂销登记属于作为方式，抵押权人明确放弃抵押权次序上的利益，放弃顺序在先的抵押权的次序，也属于以作为的方式放弃抵押权。但此种情况下抵押权并不消灭，而是变为后顺序抵押权。以不作为的方式放弃抵押权的情形有：1. 怠于行使抵押权，致使权利消灭，比如拒绝领取提存抵押财产变现价金致使被上交国库的；2. 因抵押权人的行为致使该权利的实现较为困难或使抵押物的实际价值减少的，比如抵押权人承租抵押物，因疏于维护致使抵押物价值减少。

但在承认物权行为无因性和所有权人抵押权的国家，抵押权人放弃抵押权，抵押权并不消灭，而是由抵押物的所有人取得。如德国民法典第 1168 条规定"债权人放弃抵押权的，由所有人取得"[②]。

抵押权人放弃抵押权，包括放弃抵押权的顺位或者变更抵押担保的债权范围，致使抵押权人丧失担保权益或者部分丧失（比如降低担保数额）担保权益的，对其他担保人必然产生不利影响。物权法第 194 条[③]第 2 款规定，"债务人以自己的财产设定抵押……其他担保人在抵押权人丧失优先受偿权益的范围内免除担保责任，但其他担保人承诺仍然提供担保的除外"。值得注意的是，物权法的规定以"债务人以自己的财产设定抵押"为条件，言外之意即抵押权人放弃在第三人财产上设定的抵押权益的，其他担保人不享有"在抵押权人丧失优先受偿权益的范围内免除担保责任"的权利。仔细分析该规定，应当包含两层含义：

1. 该规定将抵押权人放弃债务人财产上的担保权益作为其他担保人免责的理由，有要求债务人的抵押财产先行清偿被担保债权的意味，因为，只有当债务

---

① 民法典第 392 条规定："被担保的债权既有物的担保又有人的担保的，债务人不履行到期债务或者发生当事人约定的实现担保物权的情形，债权人应当按照约定实现债权；没有约定或者约定不明确，债务人自己提供物的担保的，债权人应当先就该物的担保实现债权；第三人提供物的担保的，债权人可以就物的担保实现债权，也可以请求保证人承担保证责任。提供担保的第三人承担担保责任后，有权向债务人追偿。"

② 《德国民法典》，郑冲、贾红梅译，法律出版社 1999 年版，第 268 页。

③ 对应民法典第 409 条，无实质变化。

人的抵押财产必须先行清偿时，抵押权人放弃在债务人财产上的担保权益，其他担保人才将失去“屏蔽”成为先顺序担保义务人，再兼我国物权法没有规定抵押权的物上代位权，因此其他担保人利益必然受损，需要法律特别给予免责保护。

2. 抵押权人放弃在第三人财产上的担保权益不需要对其他担保人给予特别保护，因为债权人面对所有第三人身份的担保人（包括保证人和物上保证人）时享有选择权，物权法规定保证人或者物上保证人承担担保责任后，仅有权向债务人追偿，对其他担保人无追偿权，抵押权人放弃其中一个担保权益，不影响其他担保人的利益。否则，如果抵押权人放弃第三人财产上的担保权益，也实质性影响其他担保人的利益，物权法不给予其他担保人以保护的，将损害共同担保人之间的利益平衡，也有违公平原则。对此，物权法第 176 条[①]关于“提供担保的第三人承担担保责任后，有权向债务人追偿”的规定，排除了承担担保责任的第三人（保证人或者物上保证人）向其他担保人的追偿权[②]，实务中应特别予以关注。

六、抵押权因债权人未经抵押人同意转让债务而消灭

在抵押物是第三人提供的场合，债权人许可债务人转让债务未经抵押人书面同意的，抵押人对未经其同意转让的债务，不再承担担保责任。物权法第 175 条[③]、担保法司法解释第 72 条[④]第 2 款对此有明确规定。

第十节 非典型抵押

典型抵押系物权法、担保法规定的普通抵押，无论抵押物是动产还是不动

---

① 对应民法典第 392 条，无实质变化。

② 胡康生主编：《中华人民共和国物权法释义》，法律出版社 2007 年版，第 381 页。

③ 对应民法典第 391 条，无实质变化。

④ 民法典担保制度司法解释第 39 条规定：“主债权被分割或者部分转让，各债权人主张就其享有的债权份额行使担保物权的，人民法院应予支持，但是法律另有规定或者当事人另有约定的除外。主债务被分割或者部分转移，债务人自己提供物的担保，债权人请求以该担保财产担保全部债务履行的，人民法院应予支持；第三人提供物的担保，主张对未经其书面同意转移的债务不再承担担保责任的，人民法院应予支持。”

产，均设立于特定财产上、担保特定债权、不转移抵押物的占有。非典型抵押与典型抵押不同，有的可能设立于不特定财产上（如浮动抵押），有的可能担保不特定债权（如最高额抵押），有的则需要转移占有（如英美法的按揭）。非典型抵押中当事人的权利义务以及对外效力，值得认真分析研究。

一、财团抵押

以集合财产为债权提供抵押担保，有英美法系的浮动担保和大陆法系的财团抵押。前者于19世纪后半叶在英国逐渐形成和发展，即英美法系中的floating charge，后者起源于德国铁道统一体抵押制度[①]。日本法中的工厂抵押权与德国法中的财团抵押相同，而日本的企业担保权则以英国的浮动担保为基础，并于1958年制定了《企业担保法》[②]。我国物权法第180条[③]、担保法第34条[④]规定的以不动产、机器设备、交通运输工具和企业其他财产一并抵押的，属于在集合财产上设定抵押权，性质属于财团抵押。

财团抵押权是抵押人以其所有的不动产、动产和知识产权等各种不同种类的财产和财产权利的全部或其中一部分为担保标的设定的抵押权，抵押财产包括企业无形财产权，如专利权、注册商标专用权。财团抵押将企业财产作为一个集合体，可以充分发挥企业财产的总体经济效用和融通资金功能，因此，财团抵押成为现代经济交往中重要的担保方式。财团抵押设定后，抵押财产清单所列的财产不得单独转让。

我国物权法第180条第2款、担保法第34条第2款规定的“抵押人可以将前款所列财产一并抵押”的抵押方式，可称为集合抵押方式。集合抵押属于财团抵押，但后者的抵押标的包括无形财产权，而前者因我国法律限制只能是有体财产。设立集合财产抵押，当事人可以在企业住所地的工商行政管理部门办理登记，其中不动产还应当到不动产统一登记机构办理抵押登记（在不动产统一登记

---

① 费安玲主编：《比较担保法》，中国政法大学出版社2004年版，第247页。

② ［日］近江幸治：《担保物权法》，法律出版社2000年版，第217页。

③ 民法典第395条规定：“债务人或者第三人有权处分的下列财产可以抵押：（一）建筑物和其他土地附着物；（二）建设用地使用权；（三）海域使用权；（四）生产设备、原材料、半成品、产品；（五）正在建造的建筑物、船舶、航空器；（六）交通运输工具；（七）法律、行政法规未禁止抵押的其他财产。抵押人可以将前款所列财产一并抵押。”

④ 参见民法典第395条。

制度建立之前，建筑物和土地使用权仍然在县级以上政府指定的部门和土地管理部门分别登记）。如果当事人设立的集合抵押权的标的中包含企业的无形财产权，虽物权法、担保法无明文禁止，但物权法、担保法均规定权利仅得为质押标的，不得为抵押标的（除不动产用益物权和准物权外），因此，以无形财产权为抵押标的的，不具有法律效力。当事人可以选择在企业有体财产上设立集合抵押权，在无形财产权上设立质权，以共同担保债权的实现。

二、浮动抵押

浮动担保制度起源于英美法系，后逐渐为大陆法系有条件吸收，我国物权法吸收了浮动抵押制度，而其他的浮动担保方式未纳入立法视野。依照物权法第181条[①]的规定，企业、个体工商户、农村生产经营者可以设立浮动抵押权。浮动抵押权是指企业、个体工商户、农村生产经营者以其全部动产（包括现在的和将来可以取得的全部动产）为标的设定的抵押权。

（一）我国物权法规定的浮动抵押制度的特点

1. 浮动抵押标的物仅限于动产，主要是生产设备、原材料、半成品、产品，不包括不动产（厂房、土地使用权）、应收账款和专利权、商标权等无形财产权。

2. 企业、个体工商户、农村生产经营者可以成为浮动抵押人，自然人、其他经济组织不得设立浮动抵押担保。

3. 抵押人对抵押标的物享有自由处分权，取得浮动抵押标的物所有权的买受人，即使知道浮动抵押权的存在，仍取得完全的所有权，浮动抵押权人对买受人无对抗效力。

（二）浮动抵押权的设立

当事人设立浮动抵押权必须订立书面抵押合同，合同名称应当以“浮动抵押合同”明示，以免产生解释上的分歧。如果合同名称未注明为“浮动抵押合同”，合同内容中则应当明确抵押标的的“浮动性”，即抵押物为不特定物。如果合同“名与实不符”的，以合同实际内容为准。由于浮动抵押的标的物不需要特定，因此浮动抵押所附的抵押清单不需要明细化，清单仅需列明抵押物的种

---

① 对应民法典第396条，无实质变化。

类、名称、数量（也可不列）等，不必指明特定的财产。抵押清单的简化主要为减少制作清单的手续和费用考虑，实务中当事人可以进行意思自治，如果权利人需要详细清单的，可以协商确定。

浮动抵押权自当事人订立的浮动抵押合同生效时设立。

（三）浮动抵押权的登记

浮动抵押权的登记为自愿登记，登记与否不影响浮动抵押权的设立，当事人自愿登记的，按照物权法第189条[①]“应当向抵押人住所地的工商行政管理部门办理登记”的规定。

（四）浮动抵押财产的确定

浮动抵押标的物在确定前属于不特定物，抵押人将来取得的动产属于浮动抵押标的物，抵押人已有的动产也允许抵押人自行出让，因此实现浮动抵押权时必须对抵押标的物进行特定化，以确定抵押权效力所及的财产范围。英美法中对浮动担保标的物的确定称为“结晶”（crystallization），“结晶”的目的是使担保标的特定化，使浮动担保转化为固定财产上的担保。我国物权法第196条[②]规定了四种确定浮动抵押财产范围的情形，分别是：债务履行期届满债权未实现、抵押人被宣告破产或者被撤销、当事人约定的实现抵押权的情形、严重影响债权实现的其他情形。其中，抵押人被宣告破产或者被撤销仅指企业作为抵押人而言，企业被吊销营业执照相当于被撤销；“严重影响债权实现的其他情形”既包括抵押人、债务人“严重影响债权实现”的作为和不作为，也包括第三人原因、意外事件、不可抗力等非归责于抵押人、债务人的“严重影响债权实现”的情形。为避免实务中因认识分歧产生纠纷，对于“严重影响债权实现的其他情形”由当事人在抵押合同中约定为宜。

（五）浮动抵押权的效力

浮动抵押权的效力在抵押标的物确定前和确定后存在不同。

1. 浮动抵押标的物确定前，浮动抵押权人对未特定化的标的物无控制力和

---

① 民法典第403条规定：“以动产抵押的，抵押权自抵押合同生效时设立；未经登记，不得对抗善意第三人。”

② 对应民法典第411条，无实质变化。

支配力，因此浮动抵押权仅具有合同效力，仅对抵押人有效，即为抵押人预设了一个将在未来特定化的抵押负担，而对于包括一般债权人在内的第三人均无对抗效力。一般债权人查封企业财产并以之受偿，浮动抵押权人不得以企业财产已设定浮动抵押权为由对抗财产执行。在企业财产上设立的抵押标的“固定化”的普通抵押权、质权以及其他标的物固定的优先权，均优先于浮动抵押权。

2. 浮动抵押标的物确定后，浮动抵押权转化为固定标的物的普通（集合）抵押权，对一般债权人有优先受偿效力。未办理抵押登记的浮动抵押权，不得对抗善意第三人；已办理抵押登记的浮动抵押权，在抵押标的物确定后对第三人有对抗效力。关于第三人的范围，与本章抵押权的效力一节内容相同，不再赘述。

企业设立浮动抵押权，如果企业破产并拖欠职工的工资、社会保险、劳动补偿等职工权益，并符合企业破产法第 132 条规定的，职工权益优先于担保物权，包括抵押标的物确定后的浮动抵押权。

3. 按照物权法第 189 条第 2 款的规定，浮动抵押权不得对抗“正常经营活动中已支付合理价款并取得抵押财产的买受人”，因此，即便浮动抵押权已办理抵押登记，也不能对抗买受人。在抵押标的物确定前，只要买受人支付了合理对价，无论买受人是否知悉出卖人在其财产上设立有浮动抵押权，浮动抵押权均不得对抗买受人；在抵押标的物确定后，浮动抵押权转化为固定标的物的抵押权，可以对抗在抵押标的物确定后的买受人。但买受人如果属于善意的，浮动抵押权仍然不得对抗。对此，英美法系认为，“浮动担保结晶后，标的固定化，便具有了一种确实的支配效力，一般优先于后设的担保权益。但前提是，后发的买受人和担保权人获得了结晶通知，否则浮动担保权不得追回已出售给善意第三人的财产”①。其中，所谓的“结晶通知”的作用即为了排除买受人的善意第三人地位，如果买受人未受“结晶通知”则主观上推定为善意，除抵押权人有证据证明买受人为非善意的外，浮动抵押权不得与之对抗。

（六）评价

起源于英美法系的浮动担保制度灵活、简便，操作成本低，为企业融资提供了重要担保方式。浮动担保权因标的物不特定，担保权人对担保标的无控制力，

---

① 费安玲主编：《比较担保法》，中国政法大学出版社 2004 年版，第 250 页。

担保权的对抗效力低，因此设立浮动担保的风险较高。在日本，仅有信用相当高的企业才能设立浮动担保权，即企业担保权；英国法律也规定浮动担保的设定人只能是股份有限公司，个人或者合伙企业不能设立浮动担保。我国物权法关于浮动抵押的规定属于新内容，尚无丰富的实践经验支持，鉴于浮动担保存在较高风险，债权人应当慎重选择以浮动抵押权作为债权实现的担保，或选择信用较高的企业、个体工商户、农村生产经营户为浮动抵押人。

三、“中国式按揭”

按揭（mortgage），起源于英美法系，与大陆法系的让与担保近似，系将标的物的权利让与债权人以担保债权实现的担保形式。比如，债务人将自己房屋的所有权过户到债权人名下，担保其按期偿还债务。如果债务人违约，债权人即可凭借登记在其名下的房屋所有权行使“房屋主人”的权利，以保障自身债权的实现。按揭担保形式本身呈现出多样性，以担保物的性质划分，有不动产按揭和动产按揭；以是否占有担保物划分，有实际占有式按揭（含指示占有）和占有改定式按揭（即约定占有担保物但实际上不占有，相当于债务人代替债权人占有）；以占有形式划分，有占有担保物的按揭（相当于占有质）和占有担保物的权利证书的按揭。按揭担保与英美法特有的判例法特点和英国复杂的土地制度密切相关，比较复杂，因此英国 1925 年发布的财产法和一系列法律对之进行了改革和简化，淡化了权利让与的特点，使之具有了大陆法系让与担保和抵押的特征。①

按揭担保在我国主要运用于商品房按揭贷款，购房人在商品房买卖中以按揭作为付款方式的比较多。我国商品房买卖按揭涉及购房人、开发商、银行三方，本质上，这种按揭属于“名为按揭，实为不动产抵押”的担保形式，区别于英美法系的按揭，“与英美法系的按揭并无多少血缘关系”②，也不同于大陆法系的让与担保，可称之为“中国式按揭”。“中国式按揭”具有非典型抵押的特征：一是“中国式按揭”与英美法系中的权利证书占有式按揭近似，银行不满足于购房人以其所购房屋抵押作为担保，还要占有购房人购房合同正本以及此后办理

① 费安玲主编：《比较担保法》，中国政法大学出版社 2004 年版，第 229 页。
② 费安玲主编：《比较担保法》，中国政法大学出版社 2004 年版，第 232 页。

的产权证，形成对权利证书的“占有质”；二是我国没有法律直接规定按揭关系，按揭涉及买卖合同、借款合同、抵押合同等多个法律关系，当事人权利义务较之典型抵押担保关系复杂。

由于“中国式按揭”性质上虽然是抵押，但又具有英美法系按揭的特征，所以有必要具体分析其中涉及的主要法律关系。

（一）按揭房屋买卖合同和借款合同之间的关系

购房人选择按揭付款方式后，必须按照开发商的要求与指定的按揭银行签订借款合同，由按揭银行向购房人发放贷款并应购房人的委托直接将贷款划转给开发商。由于按揭银行是与开发商存在约定的特定银行，购房人不能与其他银行做按揭贷款，借款的目的就是支付购房款，开发商和按揭银行之间存在一对一的销售和融资合作关系。在这种背景下，借款合同成为买卖合同的附属合同，两个合同之间形成高度关联性。按照诚实信用、交易惯例等合同解释方法来解释，借款合同是为进一步明确买卖合同中的付款方式而签订的、附属于买卖合同的子合同，是买卖合同的付款合同。因此，当买卖合同无效、被撤销或解除时，借款合同也随之无效、被撤销或解除。比如，因开发商违约不能按期交房或交付房屋不符合质量要求，房屋买卖合同被依法解除的，借款合同也随之解除，购房人不再支付月供。

“中国式按揭”不同于英美法国家和其他西方国家的房屋按揭关系。在后者的房屋按揭关系中，“涉及的是两方当事人——银行（债权人）和购房人（债务人即房屋所有权人）”①，出售房屋的卖方和按揭贷款的银行之间没有关系，购房人看中某处房屋后可以自由选择某一银行做按揭贷款，房屋买卖合同和按揭贷款合同之间无任何牵连关系，更谈不上附属关系，两者之间各自独立。这近似于信用证开证合同或承兑汇票合同与买卖合同之间的关系：付款方独自选定开证行或承兑行，银行按照合同约定开出信用证或承兑汇票，与买卖合同不直接关联，信用证和承兑汇票也成为独立于买卖合同的商业有价证券，具有独立性和无因性，法律效力不受买卖合同效力影响。

司法实践中，也有法院以主从合同理论为裁判理由判决房屋买卖合同无效或解除时，借款合同也无效或解除。银行对此提出异议，主张借款合同和买卖合同

---

① 费安玲主编：《比较担保法》，中国政法大学出版社2004年版，第232页。

之间并非主从合同，不能“一损俱损，一荣俱荣”。法院上述裁判的结果符合“中国式按揭”的本质，照顾到了社会效果，不足之处是主从合同理论没有法律依据。合同与合同之间形成主从关系，除有当事人关于合同从属性关系的特别约定外，必须有法律的直接规定。实践中，购买房屋的买卖合同和按揭借款合同中并无主从性的约定，法律也无相关规定，裁判两个合同之间系主从关系依据不足。因此，应当按照诚实信用、交易惯例、意思自治等合同解释方法，将“中国式按揭”中的借款合同解释为系明确买卖合同中的付款方式而签订的、附属于买卖合同的子合同，以解决借款合同的效力与买卖合同效力之间的关系问题。

（二）按揭借款合同与房屋抵押合同之间的关系

“中国式按揭”的实质是抵押贷款，购房人在与银行签订按揭借款合同的同时，还须与银行签订抵押合同，以所购房屋为抵押物。抵押合同与借款合同之间的关系属于担保法规定的主从合同关系，抵押合同是借款合同的从合同，借款合同无效、被撤销、解除的，抵押合同也随之无效、被撤销、解除。因借款合同解除导致抵押合同解除的，依照担保法司法解释第 10 条[①]关于“主合同解除后，担保人对债务人应当承担的民事责任仍应承担担保责任”的规定，抵押人并不当然免除法律责任。值得注意的是：1. 房屋抵押权的成立以办理房屋抵押登记为生效要件，由于借款合同和抵押合同可能签订在期房阶段，也可能签订在现房阶段，购房人作为抵押人在抵押时可能尚未占有房屋，或者未取得房屋的产权证，因此，按揭贷款中的抵押登记性质上属于物权法第 20 条[②]规定的抵押预告登记。待可以办理产权证后，抵押权人再进行房屋他项权登记。2. 如不履行预告登记手续，不向房管部门办理抵押合同登记，抵押权不成立，银行以其控制的购房人买卖合同或房产证，要求享有优先受偿权的，没有法律依据，法院不予支持。

---

① 民法典担保制度司法解释第 17 条规定：“主合同有效而第三人提供的担保合同无效，人民法院应当区分不同情形确定担保人的赔偿责任：（一）债权人与担保人均有过错的，担保人承担的赔偿责任不应超过债务人不能清偿部分的二分之一；（二）担保人有过错而债权人无过错的，担保人对债务人不能清偿的部分承担赔偿责任；（三）债权人有过错而担保人无过错的，担保人不承担赔偿责任。主合同无效导致第三人提供的担保合同无效，担保人无过错的，不承担赔偿责任；担保人有过错的，其承担的赔偿责任不应超过债务人不能清偿部分的三分之一。”

② 对应民法典第 221 条，无实质变化。

（三）财产保险合同与抵押合同的关系

购房人向银行抵押房屋时，应银行的要求须向保险公司投保，以防备房屋在按揭期间出现毁损、灭失造成损失。抵押权具有代物性，抵押权的效力及于抵押物的代位物，如补偿金、保险金，所以对抵押物投保的做法符合抵押权的特性，也属于交易习惯①。由于保险标的是抵押物，防范的风险也是抵押物在抵押期间的风险，因此如果抵押权不存在，抵押房屋不再成为担保物，保险关系便失去存在基础。从保险合同与抵押合同的关系看，保险合同具有附生效条件合同的特点，即它的生效以抵押合同的生效为条件，抵押合同不发生法律效力，保险合同也不能单独生效。实践中，在遇到抵押关系不生效的情形下，保险公司虽已按照保险合同收取了购房人的保费，通常也会予以退还，该做法不仅合情合理，也符合保险合同系附生效条件合同的法理，值得肯定。

四、最高额抵押

最高额抵押是当事人设定最高担保限额于特定财产、以担保将来一定期间内连续发生的不特定债权的担保方式。最高额抵押担保方式对连续发生的债权和特定交易关系中的债权具有强大的保障功能，物权法、担保法对最高额抵押均有规定。

（一）最高额抵押权的特点

最高额抵押属于非典型抵押担保方式，由此设立的最高额抵押权也具有如下特点：

1. 最高额抵押权系为将来发生的债权提供的担保，对于已经发生的债权，经当事人特别约定可以转入最高额抵押担保范围；

2. 最高额抵押权系为连续发生的债权提供的担保；

3. 最高额抵押权系为不特定债权提供的担保；

4. 最高额抵押权在债权确定前与被担保债权无从属关系，不随主债权的转让而转让，也不随主债权的消灭而消灭；

5. 须有最高限额的约定，不动产最高额抵押权还需登记最高限额，无最高限额约定的，不构成最高额抵押担保；

---

① 目前，按揭贷款中多数银行已不再要求借款人投保，是否投保由借款人自行选择，更加符合意思自治原则的要求。

6. 最高额抵押担保的债权确定后，最高额抵押权转化为普通抵押权，失去以上特点。

（二）最高额抵押权的独立性

与普通抵押权相比，最高额抵押权具有独立性，物权法第172条[①]第1款所规定的“但书”主要即针对最高额抵押权的情形。

1. 最高额抵押权与被担保债权不具有发生上的从属性。除当事人另有约定外，最高额抵押权主要为担保将来发生的债权，先于主债权而存在，在权利的发生上与被担保债权不具有从属性。物权法第203条[②]第2款关于“最高额抵押权设立前已经存在的债权，经当事人同意，可以转入最高额抵押担保的债权范围”的规定属于特例，仅在此种情况下，主债权发生于最高额抵押权之前。

2. 最高额抵押权与被担保债权不具有转让上的从属性。除当事人另有约定外，在债权确定前，最高额抵押权不随被担保债权的转让（包括全部转让）而转让，在转让上与被担保债权之间无从属性。

3. 最高额抵押权与被担保债权不具有消灭上的从属性。在债权确定前，最高额抵押权不随被担保债权的消灭而消灭，即便债权全部消灭，如债务人偿还了全部债务，最高额抵押权仍然存在。在被担保的债权确定后，债权消灭的，最高额抵押权消灭。

最高额抵押权的独立性决定了其具有普通抵押权所不可代替的特殊价值。在市场经济条件下，商品生产经营者所需要的资金主要是通过银行借贷获取，最高额抵押权在企业连续性融通资金中发挥着重要作用。市场交易关系中，经销商与制造商、消费者与经销商、批发商与零售商之间的连续性交易合同较为常见，同一性质的交易行为反复发生，每次交易分别设定普通抵押权成本较高，最高额抵押权可以有效避免普通抵押权设立上的烦琐，不仅简化了手续，同时也满足了连续性交易的特殊需要，保证了交易的安全、便捷。

（三）最高额抵押权所担保债权的确定

最高额抵押权所担保债权的确定，指对最高额抵押所担保的债权范围进行定

---

① 对应民法典第388条，无实质变化。

② 对应民法典第420条，无实质变化。

额化的事由出现后，对最高额抵押所担保的债权额进行的固定化。

1. 债权确定的意义

最高额抵押权所担保债权的确定不仅意味着被担保债权数额的确定，也通常意味着最高额抵押权人开始行使抵押权。在债权确定后，最高额抵押权转化为普通抵押权，与确定后的主债权具有从属关系。

最高额抵押权所担保债权的确定不仅决定着抵押权人优先受偿权的范围，而且影响其他利害关系人的权益，原则上债权确定事由出现之后产生的债权不在最高额抵押权担保范围之内。最高额抵押权所担保债权的确定原因，主要是抵押合同中当事人约定的债权确定期间届满，如果出现当事人约定或者法律规定的其他情形的，最高额抵押权所担保的债权范围也可以提前确定。

2. 债权确定事由

依照物权法第 206 条①的规定，结合物权法理论，最高额抵押权所担保债权的确定事由有：

（1）抵押合同约定的债权确定期间届满。

最高额抵押担保的债权确定期间是最高额抵押合同的一个重要内容，是确定最高额抵押权所担保的债权范围的主要事由。因最高额抵押担保的债权确定期间届满而确定被担保债权范围，也意味着即将开始以抵押物价值清偿被担保债权，即最高额抵押权人开始实现抵押权。然而，并非最高额抵押权人必须等到债权确定期间届满才有权实现抵押权。抵押权人可以在被担保范围内的某项债权履行期届满、未得到清偿时行使抵押权，因为“不特定债权既各别发生，清偿期是否届至，自应按个个债权而论……除当事人约定以最高限额抵押权之决算期或者存续期限（即我国物权法规定的债权确定期间）为债权之清偿外，唯因担保债权清偿期届至而未受清偿时，抵押权人常即实行抵押权，此即构成该抵押权之确定原因，因而使决算期或者存续期限提前届满”②。

（2）抵押权人、抵押人请求确定。

最高额抵押合同未约定债权确定期间或者约定不明确的，抵押权人或者抵押人可以请求确定被担保债权的范围，物权法第 206 条第 2 项规定请求确定债权须

① 对应民法典第 423 条，无实质变化。

② 谢在全：《民法物权论》，中国政法大学出版社 1999 年版，第 735~736 页。

待“自最高额抵押权设立之日起满二年后”，目的是“可以使最高额抵押权的地位因法定期间的存在而较为安稳，抵押权人不必时时顾虑抵押人行使确定请求权”①，有利于保障债权实现。

请求确定债权的方式与时间点，我国物权法没有规定，国外立法例，如日本民法，规定应以书面请求方式，自请求到达相对人两周后债权确定。为此，参考国外立法例的经验和我国担保法第 27 条②关于最高额保证债权确定的规定，抵押权人或者抵押人请求确定债权的方式，应由抵押权人或者抵押人自行向对方发出书面请求确定债权通知，通知自到达后生效，债权范围随即确定，在通知到达之前发生的债权，如无特殊约定，均属于最高额抵押担保的债权范围，抵押权人有优先受偿权。抵押权人或者抵押人请求确定债权不需要通过司法程序，但启动司法程序请求确定债权并不受法律禁止，当事人可以按照民事诉讼法规定的诉讼程序提起确认之诉请求法院确定债权，法院应予受理。

（3）新的债权不可能发生。

最高额抵押权所担保的债权不再发生，构成最高额抵押权确定的事由，如主合同解除，连续交易中的债务人停产、停业、被关闭或者连续交易合同约定的结束日期届至等。即便最高额抵押合同约定的债权确定期间尚未届至，新的债权已不可能再发生的，抵押权人或抵押人也可以对债权进行确定。比如，对借款合同设立最高额抵押担保，借款人发生违约致使银行依照合同约定或法律规定解除借款合同的，构成债权确定事由。

（4）抵押物被查封、扣押。

最高额抵押权存续期间，抵押财产被查封、扣押构成被担保债权确定事由。实务中，抵押财产可能因抵押人的其他债权人的申请而被查封、扣押，抵押权人并不知情，在抵押财产被查封、扣押之后新产生的债权是否属于抵押权所担保的范围，在见解上存在分歧，有肯定说与否定说。日本民法第 398 条之 20 规定

① 胡康生主编：《中华人民共和国物权法释义》，法律出版社 2007 年版，第 449 页。

② 民法典担保制度司法解释第 30 条规定：“最高额保证合同对保证期间的计算方式、起算时间等有约定的，按照其约定。最高额保证合同对保证期间的计算方式、起算时间等没有约定或者约定不明，被担保债权的履行期限均已届满的，保证期间自债权确定之日起开始计算；被担保债权的履行期限尚未届满的，保证期间自最后到期债权的履行期限届满之日起开始计算。前款所称债权确定之日，依照民法典第四百二十三条的规定认定。”

"最高额抵押权人就抵押不动产申请拍卖时，最高额抵押权应担保的原本确定，但以已有拍卖程序开始时为限；最高额抵押权人自知对抵押不动产的拍卖程序开始时起，经过两个星期时，最高额抵押权应担保的原本确定"①，明确以抵押权人知道抵押财产被查封、扣押后的两周为时间界限，此后新产生的债权（通常不会发生）不在抵押担保的范围。我国物权法、担保法对此未作规定，为兼顾抵押权人与执行债权人双方的权益，应当以抵押权人知道或者应当知道抵押财产被查封、扣押时为时间点，确定被担保债权的范围。为避免抵押权人、执行债权人在抵押权人是否知道或者应当知道抵押财产被查封、扣押问题上的争执，实施查封、扣押的法院宜在查封、扣押抵押财产后通知抵押权人，并以通知时间确定最高额抵押权所担保的债权范围，以收到良好的法律效果与社会效果。

抵押财产被解除查封、扣押后，债权确定事由消灭，被担保债权范围视为未确定，最高额抵押权恢复原来效力。日本民法第 398 条之 20 第 2 项规定的"拍卖程序开始、扣押或……破产宣告的效力消灭时，应担保的原本视为未确定"②，即贯彻了上述原则。例如，第三人查封最高额抵押财产，债务人已作清偿或者抵押权人愿意替代清偿第三人的债务，使法院解除对抵押财产查封的，最高额抵押权恢复原来效力，可以继续发挥对不特定债权的担保作用。

（5）债务人、抵押人被宣告破产或者被撤销。

债务人、抵押人被宣告破产或者被撤销，最高额抵押担保的债权确定，即便抵押合同约定的债权确定期间尚未届满。在我国法律背景下，债务人、抵押人属于企业法人的才可能发生被宣告破产或者被撤销的情形，依照企业破产法的规定，企业被宣告破产后不可逆转，企业将因此进入破产清算程序，同样，企业被撤销的也难以再逆转。因此，国外立法例所规定的破产宣告效力消灭（比如破产宣告被撤销）后，债权视为未确定③，在我国法律背景下难以发生。

（6）抵押权人行使抵押权。

最高额抵押权人行使抵押权时，债权确定。虽然抵押合同约定的债权确定期间尚未届至，但最高额抵押权担保的某项债权未按期获得清偿时，抵押权人已具

---

① 《日本民法典》，王书江译，中国人民公安大学出版社 1999 年版，第 73 页。
② 《日本民法典》，王书江译，中国人民公安大学出版社 1999 年版，第 73 页。
③ 《日本民法典》，王书江译，中国人民公安大学出版社 1999 年版，第 73 页。

有实现抵押权的条件，抵押权人可以行使抵押权，包括向法院请求启动司法程序拍卖、变卖抵押财产，至此，最高额抵押权所担保的债权提前确定。抵押权人因与债务人和解或债务得到清偿等原因撤回实现抵押权的申请，法院准许的，最高额抵押权恢复原来效力，债权视为未确定，新发生的债权仍然在最高额抵押权担保的范围之内。

（7）抵押财产被拍卖、变卖。

抵押财产被拍卖、变卖，无论是因为第三人申请还是因为抵押权人申请，最高额抵押权所担保的债权均确定。如系抵押权人申请拍卖、变卖抵押财产，债权自抵押权人提出申请之时确定；如系第三人申请拍卖、变卖抵押财产，自拍卖、变卖通知到达抵押权人时债权确定；如未通知抵押权人但有拍卖公告的，公告时间为债权确定时间。

（四）最高额抵押担保债权的范围

最高额抵押权担保的债权确定前，被担保债权额可以变更增减，债权确定后，被担保债权由不特定债权转变为特定债权，最高额抵押权转变为普通抵押权。最高额抵押权担保的债权范围由当事人订立的抵押合同约定，一般包括本金、利息、违约金、损害赔偿等，未到期的债权也在担保范围。债权确定前已发生的利息、迟延利息、违约金等与本金合计未超过最高限额的，属于被担保范围，债权确定后产生的利息、违约金、损害赔偿金，如未超过最高限额的，也属于抵押担保的范围。如德国民法规定，债权附有利息者，利息应计入最高额。再如日本民法规定，最高额抵押权人可就已确定的原本、利息及其他定期金以及因债务不履行而产生的损害赔偿的全部，以最高额为限度，行使其最高额抵押权。

确定后的债权范围超过最高限额的，原则上不在抵押权担保范围，抵押权人无优先受偿权。仅当抵押物属于债务人所有且抵押物上无次序在后的抵押权和一般债权人的，抵押权人可以对超过最高限额的抵押物价值余额部分请求受偿①，但“抵押权人如欲对余额请求强制执行，仍须另行取得执行名义始得为之，抵押

① 此在日本存在肯定说与否定说，肯定说得到支持且无程序限制。但如不从程序上加以限制则与最高额抵押的特点不符，难以被实务接受。参见［日］近江幸治：《担保物权法》，法律出版社2000年版，第196~197页。

权人当无从径行请求执行法院将余额交付其受偿”[①]。

（五）最高额抵押的变更

最高额抵押的变更是指对最高额抵押关系中的被担保债权范围、最高限额、债权确定期间和债务人的变更。物权法第205条[②]和担保法司法解释第82条[③]对此有明确规定。

最高额抵押合同订立后，当事人有权协商变更合同。国外立法例一般对最高额抵押当事人变更最高额抵押担保的债权范围、债务人、债权确定期间不予限制，仅对变更最高限额设置限制。如日本民法规定最高限额之变更非经有利害关系人之承诺，不得为之。变更增加最高限额时，利害关系人是后顺序抵押权人和查封债权人；变更减低最高限额时，利害关系人是转抵押权人。我国物权法规定抵押权人与抵押人可以通过协议变更债权范围、债权确定期间以及最高债权额，“但变更的内容不得对其他抵押权人产生不利影响”，否则对其他抵押权人不生效力。对于一般债权人而言，因其与抵押财产之间不享有特定受偿关系，因此一般债权人无权对抗抵押关系的上述变更。但抵押财产如已因一般债权人的申请予以查封，最高限额的变更将直接影响到查封债权人的利益，因此，从平衡抵押权人与查封债权人的权益出发，变更内容应“不得对查封债权人产生不利影响”，否则对查封债权人不生效力。

（六）最高额抵押权的实现条件

最高额抵押权人实现抵押权的条件，适用物权法第195条[④]的规定，债务人不履行到期债务或者发生当事人约定的实现抵押权的情形的，抵押权人可以行使最高额抵押权。最高额抵押权人行使抵押权不受约定的债权确定期间的影响，在约定期间到来之前，抵押权人可以因被担保债权之一未受清偿为由提前确定被担

① 谢在全：《民法物权论》，中国政法大学出版社1999年版，第725页。

② 对应民法典第422条，无实质变化。

③ 无对应内容。

④ 民法典第410条规定：“债务人不履行到期债务或者发生当事人约定的实现抵押权的情形，抵押权人可以与抵押人协议以抵押财产折价或者以拍卖、变卖该抵押财产所得的价款优先受偿。协议损害其他债权人利益的，其他债权人可以请求人民法院撤销该协议。抵押权人与抵押人未就抵押权实现方式达成协议的，抵押权人可以请求人民法院拍卖、变卖抵押财产。抵押财产折价或者变卖的，应当参照市场价格。”

保债权，提前行使抵押权。抵押权人与抵押人也可以约定债务清偿期，以债务清偿期届满为抵押权人实现抵押权的条件。当事人未约定债务清偿期，各被担保债权也无履行期限约定的，抵押权人可以随时要求债务人履行，不受约定的债权确定期间影响。

（七）主债权的转让与最高额抵押权的转让

最高额抵押权所担保的债权的转让，物权法不再进行限制，在物权法生效后，担保法第 61 条[①]关于“最高额抵押的主合同债权不得转让”的规定失去效力。依照物权法第 204 条[②]的规定，在最高额抵押权担保的债权确定前，部分债权转让的，最高额抵押权不得转让，但当事人另有约定的除外。事实上，依最高额抵押权的独立性，即便全部债权转让的，最高额抵押权也不转让，除非当事人“另有约定”。在债权确定后，最高额抵押权转化为一般抵押权，债权转让的，抵押权转让，但按照物权法第 192 条[③]的规定，当事人约定仅转让债权、不转让抵押权的，从其约定。

① 无对应内容。

② 对应民法典第 421 条，无实质变化。

③ 对应民法典第 407 条，无实质变化。

第四章

质 押

第一节　质押合同

一、质押合同的生效

依法律行为设立质权需要签订书面质押合同。根据担保法第65条[①]和物权法第210条[②]的规定，质押合同一般包括被担保债权的种类、数额、债务履行期限、质物或出质权利的名称、数量、质量、状况、动产所在地、权利归属等内容。质押合同是当事人依法律行为设立质权的原因行为，但质押合同并不能直接产生质权，质权的设立须有独立的出质公示。

担保法和物权法均要求质押合同必须以书面形式订立，故质押合同属于要式合同，不符合书面形式要求的口头质押合同不生效力。关于质押合同的生效要件，担保法和物权法存在不同的规定。依照担保法第64条[③]、第76条[④]、第78条[⑤]、第79条[⑥]的规定，质押合同自交付出质标的或者办理出质登记之日起生效。担保法上述规定被认为"将质押合同的生效与质权的设立混为一谈"[⑦]，为

① 对应民法典第427条，无实质变化。

② 对应民法典第427条，无实质变化。

③ 民法典第427条规定："设立质权，当事人应当采用书面形式订立质押合同。质押合同一般包括下列条款：（一）被担保债权的种类和数额；（二）债务人履行债务的期限；（三）质押财产的名称、数量等情况；（四）担保的范围；（五）质押财产交付的时间、方式。"

④ 民法典第441条规定："以汇票、本票、支票、债券、存款单、仓单、提单出质的，质权自权利凭证交付质权人时设立；没有权利凭证的，质权自办理出质登记时设立。法律另有规定的，依照其规定。"

⑤ 民法典第443条规定："以基金份额、股权出质的，质权自办理出质登记时设立。基金份额、股权出质后，不得转让，但是出质人与质权人协商同意的除外。出质人转让基金份额、股权所得的价款，应当向质权人提前清偿债务或者提存。"

⑥ 民法典第444条规定："以注册商标专用权、专利权、著作权等知识产权中的财产权出质的，质权自办理出质登记时设立。知识产权中的财产权出质后，出质人不得转让或者许可他人使用，但是出质人与质权人协商同意的除外。出质人转让或者许可他人使用出质的知识产权中的财产权所得的价款，应当向质权人提前清偿债务或者提存。"

⑦ 梁慧星主编：《中国物权法建议草案》，社会科学文献出版社2000年版，第707页。

理论界所诟病。事实上，质押合同虽然属于设权合同，但仍然系合同的一种，其成立和生效均受合同法调整。物权法颁布后，其第 17 章“质权”部分不再保留担保法的上述规定内容，并且该章明确将质押合同的生效与质权的设立进行区分。因此，物权法生效后，质押合同自当事人意思表示达成一致（通常是签字盖章）时成立，依法成立的质押合同自成立时生效。担保法关于以交付出质标的与办理出质登记作为质押合同生效要件的规定不再适用，出质公示对质押合同的生效不再发生影响。

二、质押合同不成立、不生效

质押合同不成立是指缔约当事人的意思表示未达成一致。由于担保法、物权法规定质押合同应当采用书面形式，因此未采用书面形式的质押合同既不成立也不生效。质押合同不成立，质权不能设立，出质人原则上不承担民事责任。债务人提供质押的，债权人仅能对债务人行使债权请求权；第三人提供质押的，债权人对第三人的财产不享有质权，第三人也不承担对债权人的赔偿责任。在质押合同不成立时，债权人作为质押合同的一方当事人难以产生“信赖上利益”的损失，与本书第三章所讨论的抵押合同不成立一样，出质人的缔约过失责任很难成立。

质押合同虽成立但欠缺生效要件的，比如质押标的违法、当事人不具备主体资格等，质押合同依法不发生法律效力。原担保法将设立质权的出质公示作为质押合同生效要件，“混淆质押合同的生效与质权的设立”，使得实务中存在因出质人不交付出质标的或不进行出质权利登记而致质押合同无效的情况。担保法司法解释第 86 条[①]专门规定“债务人或者第三人未按质押合同约定的时间移交质物的，因此给质权人造成损失的，出质人应当根据其过错承担赔偿责任”，以弥补担保法存在的立法缺陷。理论上，司法解释所规定的出质人的赔偿责任属于缔约过失责任，主要适用于债务人与出质人串通欺骗债权人，无故拒绝交付出质标的或者拒绝办理出质权利登记，故意造成质押合同不生效的情况。物权法生效后，质押合同不再因出质人未履行出质公示而不发生法律效力，出质人无故拒绝交付出质标的或者拒绝办理出质权利登记的，债权人可以按照合同法所规定的违

---

① 无对应内容。

约责任保护自身权益。物权法生效后，担保法司法解释第 86 条的适用价值必然降低。然而，该解释的文义与物权法并无冲突，仍然可以继续适用。

三、质押合同的无效

质押合同是主债权债务合同的从合同，主债权债务合同无效的，质押合同也无效，物权法第 172 条[①]对此有明确规定。除此之外，质押合同也可以因自身存在无效原因而自始不具有法律效力，比如质物不合法、出质人对质物无处分权等。质押合同无效或者被撤销的法律后果，物权法和担保法的规定一致，均以债务人、出质人、债权人的过错确定各自应当承担的民事责任。具体处理上，按照个案法律事实构成，主要是各方当事人的过错情况，以担保法司法解释第 7 条、第 8 条[②]、第 9 条[③]的规定为依据，划分各方民事责任。不再赘述。

质押合同无效或者被撤销后，质权视为自始未设立，质物或者出质权利凭证的占有人应当返还质物或者权利凭证，已经办理的出质登记应予撤销。我国立法上不承认物权行为的无因性理论，具体可参见本书第三章抵押部分的论述。

四、对出质人不履行出质义务的违约救济

在物权法颁布前，依照担保法的规定，质押合同自交付出质标的或者办理出质登记之日起生效，因此，没有履行上述出质义务的质押合同不发生法律效力，也就不存在出质人的违约问题。物权法生效后，质押合同的效力不受出质公示的影响，出质人如果违反质押合同的约定，拒绝交付出质标的或者拒绝办理出质登

① 对应民法典第 388 条，无实质变化。

② 民法典担保制度司法解释第 17 条规定："主合同有效而第三人提供的担保合同无效，人民法院应当区分不同情形确定担保人的赔偿责任：（一）债权人与担保人均有过错的，担保人承担的赔偿责任不应超过债务人不能清偿部分的二分之一；（二）担保人有过错而债权人无过错的，担保人对债务人不能清偿的部分承担赔偿责任；（三）债权人有过错而担保人无过错的，担保人不承担赔偿责任。主合同无效导致第三人提供的担保合同无效，担保人无过错的，不承担赔偿责任；担保人有过错的，其承担的赔偿责任不应超过债务人不能清偿部分的三分之一。"

③ 民法典担保制度司法解释第 18 条规定："承担了担保责任或者赔偿责任的担保人，在其承担责任的范围内向债务人追偿的，人民法院应予支持。同一债权既有债务人自己提供的物的担保，又有第三人提供的担保，承担了担保责任或者赔偿责任的第三人，主张行使债权人对债务人享有的担保物权的，人民法院应予支持。"民法典担保制度司法解释第 19 条规定："担保合同无效，承担了赔偿责任的担保人按照反担保合同的约定，在其承担赔偿责任的范围内请求反担保人承担担保责任的，人民法院应予支持。反担保合同无效的，依照本解释第十七条的有关规定处理。当事人仅以担保合同无效为由主张反担保合同无效的，人民法院不予支持。"

记的，债权人可凭已生效的质押合同追究出质人的违约责任。

（一）要求出质人实际履行质押合同

出质人如果违反质押合同的约定，拒绝交付出质标的或者拒绝办理出质权利登记的，债权人可以诉请人民法院要求出质人实际履行质押合同，交付出质标的或者办理出质权利登记。根据生效的质押合同，出质人负有帮助债权人取得质权的合同义务，质押合同的标的系非金钱债务，合同法第 110 条[①]规定“当事人一方不履行非金钱债务……对方可以要求履行”，故债权人要求出质人实际履行质押合同所约定的出质义务符合合同法的规定。

合同法第 110 条规定了三种不适于实际履行的非金钱债务，分别是法律上或事实上不能履行、债务的标的不适于强制履行或者履行费用过高、债权人在合理期限内未要求履行。具体到质押合同来说，如有以下情形，债权人要求法院强制出质人实际履行出质义务将不被支持：质押标的需要经批准而未获批准的、质押标的灭失的、质押标的违法的、出质人对质押标的无处分权的、质押标的已被第三人合法取得所有权的、债权人在合理期限内未要求出质人实际履行的。其中，最后一种情形中所谓的“合理期限”，应由法官按照一般有理性人的认识水平，根据案件事实，合理判定。但从逻辑上分析，从质押合同签订到债权实际形成之前这段时间，应当视为合理期限的极限，超过这个期间应视为超过了合理期限。比如，借款合同和质押合同签订于 2007 年 6 月 1 日，贷款已于 6 月 15 日发放，6 月 16 日银行才要求出质人交付出质标的或者办理出质权利登记的，应当视为超过了合理期限。

（二）要求出质人承担违约赔偿责任

出质人违反质押合同不履行出质义务，债权人如因法律限制不能要求出质人实际履行，则可以按照合同法第 107 条[②]的规定，要求出质人承担违约赔偿责任。违约赔偿额的计算，按照合同法第 113 条[③]的规定是“相当于因违约所造成的损失，包括合同履行后可以获得的利益，但不得超过违反合同一方订立合同时预见

① 对应民法典第 580 条，无实质变化。

② 对应民法典第 577 条，无实质变化。

③ 对应民法典第 584 条，无实质变化。

到或者应当预见到的因违反合同可能造成的损失”。比如，银行作为债权人，因为出质人不履行质押合同，银行不能取得质权，由此造成贷款不能发放，虽然贷款本身没有损失，但贷款利息的损失则属于“合同履行后可以获得的利益”，出质人应当予以赔偿。如果银行在未取得质权的情况下就发放贷款，贷款到期不能收回的损失，应当根据具体情况确定是否属于出质人赔偿范围。一般而言，质押合同不是保证合同，其合同本身不具有担保功能，具有担保功能的是质权，因此在未取得质权之前债权人即发放贷款，贷款损失不能完全归咎于出质人不履行质押合同，债权人也存在自身风险意识不强的问题。如果当事人约定先办质押手续后贷款，或者出质人已经明确以言词、行为告知债权人不会履行质押合同，债权人在此种情况下仍然发放贷款的，贷款损失应当属于因债权人自身原因扩大的损失，不应由出质人承担赔偿责任。如果债权人信赖出质人会自觉履行质押合同，并在此基础上发放贷款，贷款损失应当酌情判令由出质人赔偿。就赔偿范围而言，考虑到也存在债权人自身风险防范意识不强的因素，出质人承担的赔偿责任不应是全部贷款损失，应根据案情合理确定赔偿范围。

第二节 质物与动产质权的取得

一、质物的范围

动产质押产生动产质权，质权原则上存在于动产之上，不动产质权、权利质权属于例外。国外立法例中有沿袭罗马法的做法，允许在不动产上设定质权，比如法国民法、日本民法。但日本民法不承认航空器、船舶等大型动产的质押。我国物权法、担保法规定可以出质的质物仅限于动产，既包括价值较高的航空器、船舶、机动车，也包括价值一般的机器设备、生产资料、生活资料等，范围较广，但不动产及其权利（如用益物权、担保物权）不得成为质押标的，具有准物权性质的探矿权、采矿权、捕捞权等也不得质押。

大陆法系各国均规定质押标的必须依法可以转让，即质物须有“可让与性”，我国物权法第 209 条[①]也明确规定“法律、行政法规禁止转让的动产不得

---

① 对应民法典第 426 条，无实质变化。

出质”。不得转让的动产主要是禁止流通物，担保法司法解释第 5 条[①]第 1 款规定：“以法律、法规禁止流通的财产或者不可转让的财产设定担保的，担保合同无效。”但限制流通的动产，比如文物，可以作为出质财产，在实现质权时，应当按照法律规定的方法和程序进行，比如文物由国家有关部门收购。

担保法第 37 条[②]和物权法第 184 条[③]规定的不得抵押的财产也不得质押，比如学校、幼儿园、医院等以公益为目的的事业单位、社会团体的教育设施、医疗卫生设施和其他公益设施以及国家机关承担公共管理和公共服务职能的动产等。从立法目的上考量，法律规定禁止抵押的财产同样禁止质押，系对立法目的的一以贯之，以免因担保方式的简单变化突破法律的限制，割裂立法的价值取向。为此，担保法司法解释第 3 条[④]明确规定：“国家机关和以公益为目的的事业单位、社会团体违反法律规定提供担保的，担保合同无效。因此给债权人造成损失的，应当根据担保法第五条第二款的规定处理。”

船舶、航空器具有准不动产的性质，体积、价值均较大，用于质押不仅增加债权人维护、管理上的困难，而且易形成资产严重贬值，因此应当以抵押为宜。日本民法即禁止船舶、航空器的质押[⑤]，以防止影响出质人的正常生活和生产经营活动。我国担保法和物权法虽不禁止船舶、航空器的质押，但也宜依照我国海商法和民用航空法的规定设定抵押权，以避免上述缺点。车辆属于一般动产，作为质物应无疑问，但车辆也可以抵押，因此以车辆出质的，质权人应当慎重要求出质人同时交付车辆的权利凭证，以免出质人在车辆上重复设定抵押权，造成不必要的麻烦。

---

① 民法典担保制度司法解释第 37 条规定：“当事人以所有权、使用权不明或者有争议的财产抵押，经审查构成无权处分的，人民法院应当依照民法典第三百一十一条的规定处理。当事人以依法被查封或者扣押的财产抵押，抵押权人请求行使抵押权，经审查查封或者扣押措施已经解除的，人民法院应予支持。抵押人以抵押权设立时财产被查封或者扣押为由主张抵押合同无效的，人民法院不予支持。以依法被监管的财产抵押的，适用前款规定。”

② 参见民法典担保制度司法解释第 37 条。

③ 对应民法典第 399 条，无实质变化。

④ 民法典担保制度司法解释第 5 条规定：“机关法人提供担保的，人民法院应当认定担保合同无效，但是经国务院批准为使用外国政府或者国际经济组织贷款进行转贷的除外。居民委员会、村民委员会提供担保的，人民法院应当认定担保合同无效，但是依法代行村集体经济组织职能的村民委员会，依照村民委员会组织法规定的讨论决定程序对外提供担保的除外。”

⑤ ［日］近江幸治：《担保物权论》，法律出版社 2000 年版，第 67 页。

二、依法律行为设定动产质权

当事人取得动产质权的主要方式是通过订立质押合同并进行出质公示设定质权，称之为依法律行为取得质权。质押合同必须以书面形式订立，质权取得必须经出质公示。担保法、物权法均规定取得动产质权的公示方式是转移质物的占有，物权法第 212 条①规定："质权自出质人交付质押财产时设立。"

实践中，也有当事人无书面质押合同，但将动产直接交付给他人占有的情形存在。在此种情况下，如果双方当事人对出质的意思表示无异议，并存在合法有效债权的，占有动产的债权人可以取得质权。然而，如果当事人的意思表示不明，甚至存在重大分歧，他人对动产的占有可以作多种理解的，比如可理解为保管、承租、借用等，占有人不能取得质权。当然，债权人如果拥有对债务人合法有效的债权并占有债务人的动产，双方对债权人占有动产虽有不同解释，但不妨碍债权人依照物权法第 231 条②的规定取得民事留置权或者商事留置权。

依法律行为设定质权也包括质权人在质物上设定转质权的情形。下面还要专项讨论。

依法律行为设立动产质权必须进行出质公示，即交付质物的占有。动产质权的公示不依赖登记簿的记载，而是直接表现为质权人对质物的占有，即实际控制，故对于设立动产质权的出质公示必须进行严格要求。民法上所谓交付分为现实交付、简易交付、指示交付和占有改定。作为出质公示的交付必须是现实交付、简易交付和指示交付，方符合质权人对质物实际控制的要求，占有改定则排除在外。所谓占有改定，即当事人不转移物的占有而通过约定拟制对标的物的占有，也被称为假交付。占有改定在让与担保中发挥着重要作用，但因不产生对质物的实际控制力，不符合质权的占有公示要求。

针对实务中在交付质物上存在的一些问题，担保法司法解释有针对性地作了规定，具体有：

（一）由出质人代质权人占有质物的问题

出质人或者出质人的代理人代替债权人占有质物，不符合动产质权公示的要

---

① 对应民法典第 429 条，无实质变化。

② 对应民法典第 448 条，无实质变化。

求，质权不成立。担保法司法解释第 87 条①第 1 款规定的“出质人代质权人占有质物的，质押合同不生效”，系对担保法第 64 条②第 2 款关于“质押合同自质物移交于质权人占有时生效”规定的补充，在物权法生效后，上述两款规定均不再适用。但司法解释第 87 条第 1 款否定出质人代质权人占有质物的精神仍然是正确的，值得肯定。

实践中，有质权人租用出质人的场地、仓库存放质物的，只要符合交付的要求，仍然可以成立质权。值得注意的是，衡量是否符合交付的要求，应以质权人能否实际控制质物为标准，如果仅为出质人象征性地交付，则不符合交付的要求，质权不能设立。比如，质物与出质人其他动产一起存放，无法区分；质权人租用的仓库完全置于出质人控制之下，出质人有处置质物的便利；质权人虽与出质人签订租用仓库、场地的协议但不支付租金或者支付象征性租金（所谓 1 元租金）等，皆属于未交付或者象征性交付，不符合交付的要求。实务中，为避免产生不必要的麻烦，质权人如果租用出质人场地、仓库存放质物，建议派专人看管并从技术上控制和隔离质物，比如给质物打上特殊、醒目的标记，拉警戒线，并由专人看守或者使用专用仓库（仅质权人可以打开）等。同一个仓库有双重门锁，债权人保有其中一把钥匙，出质人保有另一把，两把钥匙同时使用才能打开仓库的，符合交付的要求③。在日本，林木作为担保物的，以在每棵树上削去小块树皮打上印记，与其他未设定担保的树木进行区分。此种做法可以将质物与其他财产进行区分，对善意第三人能够起到警示作用，可资借鉴。

（二）以第三人占有的财产出质的问题

出质人以第三人占有的财产出质，交付方式一般采用指示交付，即出质人向占有质物的第三人发出通知，告知第三人标的物已经被出质给质权人。第三人在接到通知后，未经质权人的同意，不得向出质人交付质物，否则构成侵权。比如出质人以存放在仓储公司的货物出质的，自出质人的出质通知到达仓储公司处，

---

① 无对应内容。

② 无对应内容。

③ 此种方法被称为直接的共同占有，可以成立质权。参见史尚宽：《物权法论》，中国政法大学出版社 2000 年版，第 349 页。

完成交付，质权成立。担保法司法解释第88条[①]规定："出质人以间接占有的财产出质的，质押合同自书面通知送达占有人时视为移交。占有人收到出质通知后，仍接受出质人的指示处分出质财产的，该行为无效。"解释中所谓的"间接占有"即第三人占有质物的情形，依据该解释，第三人在收到出质通知后仍接受出质人的指示处分出质财产的，处分行为无效，质权人可以行使物上请求权追回质物。但符合物权法第106条[②]所规定的所有权善意取得的除外。

出质人按照质权人的指示向指定的第三人交付质物，比如出质人向质权人租用的第三人的仓库或者仓储公司交付质物的，符合交付的要求。

（三）交付的质物与质押合同约定的质物不一致的问题

动产占有具有公信力，可以对抗第三人，故实际占有质物比合同约定更重要。当质权人实际占有的质物与质押合同的约定不一致时，应当以质权人实际占有的质物为准来判断质权的效力范围。为此，担保法司法解释第89条[③]规定："质押合同中对质押的财产约定不明，或者约定的出质财产与实际移交的财产不一致的，以实际交付占有的财产为准。"

实务中，存在一种近似于浮动抵押的"浮动质押"，即出质人与质权人约定质物可以"浮动"，出质人可以使用质物和更换质物，债务到期后以质权人实际占有的质物确定质押标的物的范围。此种"浮动质押"并无法律限制，只要质物处于质权人的实际控制之下，符合交付的要求，也可以成立质权。质押标的物的范围，则按照担保法司法解释第89条的规定，在债务到期时以质权人实际占有的财产为准。与浮动抵押不同的是，质物虽然可以"浮动"，但交付的质物一直处于质权人实际控制之下，符合担保物特定化的要求，质权人因占有特定的质物而可以对抗第三人。浮动抵押权在抵押物特定化之前不具有对抗效力。

（四）质权的效力是否及于从物的问题

担保物权的效力及于担保物的从物，质权也不例外。但出质人仅交付主物而未交付从物的，质权的效力是否及于从物，存在不同见解。一种意见认为质权效

---

① 无对应内容。

② 对应民法典第311条，无实质变化。

③ 无对应内容。

力当然及于从物，不以从物是否随主物一并移交而改变；另一种意见认为质权效力仅及于随主物一并移交的从物，未移交的从物不属于质押范围。我国物权法第115条[①]规定，主物转让的，从物随主物转让。依据该规定，处分主物的效力及于从物。然而，质权的成立以质物的移转占有为要件，故只有从物需随主物移转占有，质权的效力才及于从物。担保法司法解释采纳了上述第二种意见，在第91条[②]规定："动产质权的效力及于质物的从物。但是，从物未随同质物移交质权人占有的，质权的效力不及于从物。"

三、继受取得质权

质权因让与和继承，可以被继受取得。我国法律不允许质权与债权分离而单独转让或者继承，债权转让的，质权一并转让（当事人另有约定的除外）；债权被继承的，质权也一并被继承。质权随债权转让或者继承，性质上属于质权的法定转移，区别于意定转移，受让人取得质权不以占有质物为要件，债权转让或者继承的事实发生后，受让人即取得质权，理由在本书第三章关于抵押权的法定转移中已有讨论，不再赘述。物权法第29条[③]规定："因继承或者受遗赠取得物权的，自继承或者受遗赠开始时发生效力。"该条是继承取得质权无需以占有质物为要件的法律基础，继承人"自继承或者受遗赠开始时"取得质权。该条规定可以类推适用于质权随债权转让而发生的法定转让的情形，法理上应无疑问。

四、质权的善意取得

动产质权的善意取得，指出质人在无权处分的他人动产上设定质权，第三人不知道也不应知道出质人对质物无处分权的，第三人取得在他人财产上的质权。大陆法系各国、各地区立法均承认动产所有权的善意取得，基于动产占有的公信力，再兼动产质权的取得与动产所有权的取得均以交付为生效要件，故承认动产所有权善意取得的国家也承认动产质权的善意取得。瑞士民法典第933条规定："质物的善意取得人，即使出质人无处分该质物的权利，仍取得质权。但第三人

---

① 对应民法典第320条，无实质变化。

② 无对应内容。

③ 民法典第230条规定："因继承取得物权的，自继承开始时发生效力。"

因更早的占有而享有权利的，不在此限。”我国担保法司法解释第 84 条[①]规定：“出质人以其不具有所有权但合法占有的动产出质的，不知出质人无处分权的质权人行使质权后，因此给动产所有人造成损失的，由出质人承担赔偿责任。”物权法颁布后，在第 106 条规定了物权的善意取得制度，其中包括担保物权的善意取得，担保法司法解释第 84 条的规定与物权法第 106 条的规定相吻合，在物权法生效后，该条解释仍然可以作为动产质权善意取得的直接法律依据。

依据物权法第 106 条和担保法司法解释第 84 条的规定，动产质权善意取得的要件有：

1. 标的物须为动产。

2. 出质人合法占有质物，如出质人系质物的保管人、租赁人、借用人等。出质人以恶意占有的质物，比如以盗窃、抢劫之物出质的，不适用质权的善意取得。

3. 当事人订立有质押合同，明确有出质的意思表示。

4. 质物已经交付给质权人。

5. 质权人须为善意。

在上述各要件中，质权人的善意至关重要。在举证责任上，由于动产占有具有公信力，出质人占有动产的，质权人被推定为善意，因此证明质权人不构成善意的举证责任则由质物的权利人承担。有权利凭证并有权利登记机关的动产，例如航空器、船舶、车辆，则不能以出质人占有质物简单推定质权人构成善意，还需考察质物的权利登记。当出质人登记为质物的权利人的，推定质权人构成善意，举证责任则由出质人或质物的权利人承担；反之，登记记载的权利人非出质人时，质权人需对自身构成善意负举证责任。

第三节 特殊动产质押

一、金钱质押

金钱属于特别动产，与一般动产不同，金钱的所有权随占有的转移而转移，

① 适用民法典善意取得制度。

除进行技术上处理外，金钱无法特定化并被保留所有权，而一般动产则可以保留所有权或者约定占有改定。金钱作为特别动产，是否可以设定质权存在争论，有多种理论见解，如不规则质说、附解除条件债权说、债权质说、信托说等[①]。罗马法中即存在以金钱设定质权的内容，日本民法也承认金钱质押，但局限于特定化的金钱。我国物权法和担保法对金钱质押未作规定，但也无限制，担保法司法解释第85条[②]规定："债务人或者第三人将其金钱以特户、封金、保证金等形式特定化后，移交债权人占有作为债权的担保，债务人不履行债务时，债权人可以以该金钱优先受偿。"该解释既涉及以金钱特户、封金这样在技术上可以特定化的金钱作为债权的担保，也涉及以保证金这种无法特定化的金钱作为债权的担保，内容较广。金钱作为担保物在我国被广泛运用于各种经济活动中，如信用证开证保证金、承兑汇票的开票保证金、股民保证金、定金、订金、押金等，对于这些金钱担保物的性质，需要根据情况具体分析。

（一）金钱质权

担保法司法解释第85条在内容上涉及多种金钱担保形式，但因该条在体系上位于对担保法动产质押的解释部分，显系对金钱质押的规定。动产作为质权的标的必须交付占有，但所有权并不转移，仍然由出质人享有。金钱作为一般等价物，其所有权随占有转移，因此在金钱上设定质权，必须对金钱进行特定化，以保证交付的金钱与质权人的财产相区分。司法解释列举的特户和封金即符合金钱特定化的要求，以特户中的金钱和封金作为债权担保的，属于质押担保形式，成立金钱质权。其中，特户是金融机构为出质金钱所开设的专用账户，该账户被特定化以区别于普通账户。特户一般须开在质权人处才符合交付的要求，如果开在第三人处，须有债权人与出质人的约定以明确特户的担保性质，并由出质人向第

---

① 谢在全：《民法物权论》，中国政法大学出版社1999年版，第762页。

② 民法典担保制度司法解释第70条规定："债务人或者第三人为担保债务的履行，设立专门的保证金账户并由债权人实际控制，或者将其资金存入债权人设立的保证金账户，债权人主张就账户内的款项优先受偿的，人民法院应予支持。当事人以保证金账户内的款项浮动为由，主张实际控制该账户的债权人对账户内的款项不享有优先受偿权的，人民法院不予支持。在银行账户下设立的保证金分户，参照前款规定处理。当事人约定的保证金并非为担保债务的履行设立，或者不符合前两款规定的情形，债权人主张就保证金优先受偿的，人民法院不予支持，但是不影响当事人依照法律的规定或者按照当事人的约定主张权利。"

三人发出书面通知，第三人收到通知后未经债权人同意不得处置特户中的金钱；封金系对金钱进行包封打上印记或者确定了面值和号码的货币，作为特定财产移交给债权人作为质物，在债务得到清偿后，债权人应当归还封金。承认特户、封金等特定化后的金钱作为质押标的，突破了一般等价物这种不特定物的质押限制，因此属于特殊动产质押，理论上近似于“不规则质说”。

保证金作为担保物交付给债权人后，如果符合特户的要求，也可以成立金钱质权。担保法司法解释第 85 条对保证金特定化后作为质物也作了规定。实务中，金融机构对信用证开证保证金、承兑汇票的开票保证金、股民保证金即按照特户管理，可以成立质权。但也有保证金被混同于一般资金账户，未按照特户管理的，不成立质权。

（二）信托的所有权让与

金钱交付给债权人后，除在技术上作特定化处理外，债权人必然取得对金钱的所有权，因此保证金、订金、定金、押金等作为担保物交付给债权人后，即属于债权人的财产，无法成为质押标的，不能成立质权。理论上对于以不特定的金钱移交给债权人作为债权担保，有不规则质说、债权质说、信托的所有权让与说等多种认识，其中，信托的所有权让与说得到的赞成居多①。依该见解，金钱交付给债权人后，债权人对金钱取得所有权，可以自由处分，但债权人负有附条件的返还义务，当债务获得清偿后，债权人有义务返还相同数目的金钱（而非相同的金钱）。金钱的所有权随交付而被债权人取得，因而不得因交付人的其他负债而受强制执行。② 债权人对他人负债的，交付的金钱成为债权人的责任财产，可以因债权人的负债而受强制执行。

二、账户质押

（一）一般账户质押

账户质押指账户的权利人以账户向银行出质，承诺将账户中的资金作为偿还

① 参见史尚宽：《物权法论》，中国政法大学出版社 2000 年版，第 358 页。谢在全：《民法物权论》，中国政法大学出版社 1999 年版，第 762 页。

② 法院不得强制执行保证金、定金、押金等的根本原因就是执行对象错误，债权人不是保证金、定金、押金等的保管人，而是所有权人。司法实务应特别注意。

贷款担保的融资方式。比如甲企业向乙银行贷款，并将开在乙银行的账户质押给乙银行，承诺在到期不能清偿贷款时，乙银行可以直接在出质的账户中扣划存款获得清偿。实践中，也有债务人将账户向开户行以外的债权人质押，并由债务人向开户行发出书面通知，开户行在收到通知后，未经债权人许可不得处置账户中的资金。账户质押是实务中新近发展起来的一种新型担保方式。

由于账户本身没有交换价值，不能变现，故账户质押的本质是以账户中的资金作为担保财产，构成金钱质押。担保法司法解释第 85 条关于特户形式的金钱质押的规定，系账户质押在法律上的直接依据。账户质押在实务中存在不同情形，需要具体加以分析。

1. 债务人以账户向开户行质押，账户符合担保法司法解释第 85 条规定的特户要求的，开户行在账户里的资金上成立质权。质押账户必须符合“特定化”的要求，账户出质后不能再由出质人自由使用，资金在账户出质后处于冻结状态，作为债权人的开户行取得对账户的实际控制权。

2. 债务人以账户向开户行质押，如果账户不符合“特定化”的要求，债务人仍然可以使用出质后的账户，账户中的资金也处于“浮动”状况的，根据担保法司法解释第 85 条的规定，此种账户质押不符合动产质权的成立要件，不能成立质权。但开户行作为债权人仍然可以行使抵销权，即可以用出质账户中的资金（属于银行的负债）抵销债务人的贷款（属于银行的债权）。然而，抵销权属于债权的权能，不具有对抗第三人的效力，比如不能对抗查封债权人、破产债权人、存单质权人等，但银行抵销权可以对抗债务人的一般债权人。

3. 债务人以账户向开户行以外的第三人质押，第三人不实际占有和控制账户，债务人向开户行发出书面通知，开户行收到通知后向第三人承诺，未经第三人许可不得动用账户中的资金。此种账户质押符合担保法司法解释第 85 条关于“特定化”的要求，可以成立质权。在此种质押关系中，第三人取得开户行的承诺至关重要，因为限制出质人使用账户依靠开户行的配合，当开户行对出质人也有合法债权时，开户行的承诺也起到排除开户行自己行使抵销权的作用，即开户行不得扣划质押账户中的资金以清偿出质人对开户行的欠债。

（二）退税账户质押

退税账户质押是最高人民法院通过司法解释专门规定的账户质押形式，性质上也属于金钱质押。物权法生效后，退税账户质押应当纳入应收账款质押中，债权人可以按照物权法关于应收账款质押的规定办理出质登记，取得应收账款质权。

根据国际贸易惯例，为了增强本国出口贸易的竞争力，各国实行出口货物零税率政策。2005 年，国家税务总局制定了《出口货物退（免）税管理办法（试行）》，对出口货物的增值税和消费税的退还和免征作了规定。退税额度由财政部根据年度财政状况确定，税务总局据此分配各个出口企业的退税额度。由于国家财政的原因，退税款一般不能及时兑现，再加上退税程序的时间较长，影响到出口企业的资金运转。实践中，出口企业基于国家出口退税政策，与银行商定，利用未来的退税款作担保进行托管账户贷款，即将退税专用账户交由银行管理，银行以该账户内的退税款作为偿还贷款的担保。

2001 年 8 月，中国人民银行、对外贸易经济合作部（后改为商务部）、国家税务总局联合下发了《关于办理出口退税账户托管贷款业务的通知》（银发〔2001〕276 号）。该通知规定，出口退税账户托管贷款是指商业银行为解决出口企业出口退税款未能及时到账而出现短期资金困难，在对企业出口退税账户进行托管的前提下，向出口企业提供的以出口退税应收款作为还款保证的短期流动资金贷款。各级税务部门要确保贷款企业出口退税专用账户的唯一性，保证退税款退入该专户，不得转移。在出口退税账户托管贷款全部偿还之前，未经贷款银行同意，不得为出口企业办理出口退税专用账户转移手续。该通知发布后，一些商业银行与出口企业扩展了出口退税专户托管贷款业务，有力地缓解了出口企业的资金困难。

然而，由于银行仅对企业出口退税账户进行托管，不拥有退税账户的所有权，也无法取得有效的质押凭证，商业银行无法有效对抗第三人。按照《关于办理出口退税账户托管贷款业务的通知》要求，各级税务部门应当确保贷款企业出口退税专用账户的唯一性，保证退税款退入该专户，不得转移。在出口退税账户托管贷款全部偿还之前，未经贷款银行同意，不得为出口企业办理出口退税专用账户转移手续。因此，退税专户符合特户要求。但贷款银行在控制了退税账户后并不同时占有退税款项，需待国家财政实际将退税转入专户后才实际占有款项，相当于以未来财产进行的质押担保。退税进入专用账户后，贷款银行对退税账户内的退税款享有优先受偿权，法院不得对已出质的退税专用账户采取财产保全措施或者先予执行、强制执行。借款企业如果进入破产程序，贷款银行对已经被出质的退税专用账户内款项享有优先受偿权。

三、营业质押

营业质押指专门营业机构与当事人之间形成的特殊质押关系。营业质押产生营业质权。所谓营业质权，指营业机构（如典当行）依交易关系在他人典当财产上设立的质权。营业质权有其独特的担保作用，也有其存在的必要，为我国法律所承认。典当业属于特殊行业，其与当事人依营业产生的质押关系产生动产质权，但此种质押关系依照商业习惯允许出质人与典当行约定流质条款，即绝押，在出典人到期未履行债务时，典当行有权按照约定直接取得质物的所有权。

四、最高额质押

最高额质押是当事人在特定财产上设定最高限额、以担保将来一定期间内连续发生的不特定债权的担保方式。最高额质押与最高额抵押一样，对连续发生的债权和特定交易关系中的债权具有强大的担保功能。物权法第 222 条①肯定了最高额质押担保方式，并规定最高额质押参照物权法第 16 章第 2 节关于最高额抵押的规定。

（一）最高额质权的特点

最高额质押属于非典型质押方式，由此设立的最高额质权具有如下特点：

1. 最高额质权系为将来发生的债权提供的担保，对于已经发生的债权，经当事人特别约定可以转入最高额质押担保范围；

2. 最高额质权系为连续发生的债权提供的担保；

3. 最高额质权系为不特定债权提供的担保；

4. 最高额质权在债权确定前与被担保债权无从属关系，不随主债权的转让而转让，也不随主债权的消灭而消灭；

5. 须有最高限额的约定；

6. 最高额质押担保的债权确定后，最高额质权转化为普通质权，失去以上特点。

---

① 对应民法典第 439 条，无实质变化。

（二）最高额质权的独立性

与普通质权相比，最高额质权具有独立性，物权法第 172 条[①]第 1 款所规定的“但书”除针对最高额抵押权外，也针对最高额质权的情形。

1. 最高额质权与被担保债权不具有发生上的从属。除当事人另有约定外，最高额质权主要为担保将来发生的债权，先于主债权而存在，在权利的发生上与被担保债权不具有从属性。

2. 最高额质权与被担保债权不具有转让上的从属。除当事人另有约定外，在债权确定前，最高额质权不随被担保债权的转让（包括全部转让）而转让，在转让上与被担保债权之间无从属性。

3. 最高额质权与被担保债权不具有消灭上的从属。在债权确定前，最高额质权不随被担保债权的消灭而消灭，即便债权全部消灭，如债务人偿还了全部债务，最高额质权仍然存在。在被担保的债权确定后，债权消灭的，最高额质权消灭。

最高额质权可以有效避免普通质权设立上的烦琐，简化手续，满足连续性交易快捷与安全的需要。

（三）最高额质权所担保债权的确定

最高额质权所担保的债权的确定，是指对最高额质押所担保的债权范围进行定额化的事由出现后，对最高额质押所担保的债权额进行的固定化。最高额质权所担保债权的确定不仅意味着被担保债权数额的确定，也意味着最高额质权人将开始行使质权。在债权确定后，最高额质权转化为普通质权，与确定后的主债权具有从属关系。最高额质押所担保债权的确定不仅决定着质权人优先受偿的权利范围，而且影响到其他利害关系人的权益，原则上，债权确定事由出现之后产生的债权不在最高额质权担保范围之内。最高额质权所担保债权的确定原因，主要是质押合同中当事人约定的债权确定期间届满，当出现当事人约定或者法律规定的特殊情形时，最高额质押所担保的债权范围也可以提前确定。至于最高额质权担保的债权确定事由，可以参照物权法第 206 条[②]的规定和第三章最高额抵押部分的论述，此处不再赘述。

---

① 对应民法典第 388 条，无实质变化。

② 对应民法典第 423 条，无实质变化。

第四节 动产出质人与质权人的权利义务

一、出质人的权利

（一）依约定继续享有质物的收益权

出质人在质物上设定质权后，质物移交给质权人占有，出质人不能使用质物，也不能收取质物收益。但出质人可以和质权人约定，由出质人继续享有对质物的收益权，如收取质物产生的孳息。物权法第 213 条①第 1 款规定："质权人有权收取质押财产的孳息，但合同另有约定的除外。"原则上，孳息属于质权的效力范围，如无约定，自当由质权人收取，但出质人与质权人另有约定的，从其约定。

（二）对质物行使法律上的处分权（含重复质押）

质权设定后，出质人并未丧失对质物的所有权，故对质物法律上的处分权仍然由出质人享有，如出质人可以订立买卖合同转让质物（包括以质物抵债）、在质物上再设定质权或者抵押权。因质物处于质权人占有之下，出质人无法交付质物，即对质物不能进行事实上的处分，故出质人订立的买卖合同、后顺序质押合同无法实际履行，相对人不能取得质物的所有权或者质权，更不能对抗质权人。动产抵押权的设立既不需要抵押登记，又不需要转移动产的占有，出质人与第三人订立抵押合同后，第三人可以取得抵押权。但先成立的质权享有优先次序，不受抵押权的影响。

我国物权法对出质人转让质物的权利未作限制，故出质人转让质物或者在质物上设立担保的行为不构成无权处分，出质人与相对人订立的以质物为标的的买卖合同、质押合同、抵押合同等，无需质权人追认，即具有法律效力。但是，依照我国物权法第 23 条②的规定，除动产抵押权外，动产物权的设立和转让自交付时发生效力，质物被质权人占有后，出质人再将质物转让或者出质给第三人，买卖合同、质押合同虽然生效，但出质人不能交付标的物，因此不发生物权效力，

① 对应民法典第 430 条，无实质变化。

② 对应民法典第 224 条，无实质变化。

第三人不能取得动产物权。依据生效的买卖合同、质押合同，质物的买受人、后顺序“质权人”仅享有合同上的请求权，需待质权人的权利依法消灭后（如质权人获得清偿），方能行使。比如，以质物再出质给第三人的，出质人向质权人发出通知，要求质权人在债权获得清偿后将质物移交给第三人，第三人对出质人和质权人仅享有附条件的移交质物的请求权，在所附条件——质权人获得清偿——成就后，第三人方能行使移交质物的请求权，并在实际占有质物后获得质权，成为质权人。

在大陆法系国家和地区中，也有立法例承认依指示交付可以成立多个质权，甚至可以成立同一次序的多个质权，如德国民法。例如，出质人指示质权人为后顺序质权人占有质物，两个质权均成立，各质权人按照质权成立次序对质物行使权利；或者，质物由第三人占有，出质人指示第三人为两个质权人同时代为占有质物，两个质权同时成立，不分次序。指示交付也属于民法上的交付方式，与我国物权法规定的动产物权依交付生效的原则不矛盾，因此依指示交付成立的质权可以并存在同一质物上。但为保护质权人的利益，无论是现实交付还是指示交付（也包括简易交付），均应以交付时间作为质权成立时间，并以此确定质权的次序。

（三）损害赔偿请求权

质物交付给质权人占有后，质权人负有妥善保管之责，因质权人保管不善、擅自使用、处分质物或者转质，造成出质人损失的，出质人有权要求质权人承担赔偿责任。物权法第 214 条①、第 215 条②和第 217 条③对此有明确规定。

（四）追偿权

第三人作为出质人为债权提供质押担保的，第三人以质物清偿债务后，对债务人享有追偿权。依照物权法第 176 条④的规定，“提供担保的第三人承担担保责任后，有权向债务人追偿”，而不能向其他担保人追偿，如保证人与其他物上保证人（其他抵押人、出质人）。

---

① 对应民法典第 431 条，无实质变化。
② 对应民法典第 432 条，无实质变化。
③ 对应民法典第 434 条，无实质变化。
④ 对应民法典第 392 条，无实质变化。

二、出质人的义务

（一）维持义务

维持义务，指出质人负有的维持质物价值的义务，属于出质人承担的法定义务。担保法第 70 条①规定："质物有损坏或者价值明显减少的可能，足以危害质权人权利的，质权人可以要求出质人提供相应的担保。出质人不提供的，质权人可以拍卖或者变卖质物，并与出质人协议将拍卖或者变卖所得的价款用于提前清偿所担保的债权或者向与出质人约定的第三人提存。"物权法第 216 条②规定："因不能归责于质权人的事由可能使质押财产毁损或者价值明显减少，足以危害质权人权利的，质权人有权要求出质人提供相应的担保；出质人不提供的，质权人可以拍卖、变卖质押财产，并与出质人通过协议将拍卖、变卖所得的价款提前清偿债务或者提存。"物权法的规定基本上沿袭了担保法。

出质人维持义务的内容主要是，当质物有损毁或者价值减少的可能，足以危害质权人的权利时，出质人有义务提供相应的担保。出质人既可以提供新质物以代替旧质物，也可以提供抵押或者保证担保，具体担保形式由当事人协商确定。当出质人不愿意提供担保时，质权人仅能取得对质物提前变现的权利，但无权要求法院强制出质人提供担保。质物变现后所得价款，由出质人与质权人协商提前清偿债务或者提存。

（二）瑕疵担保义务

质物如果存在隐蔽瑕疵给质权人造成损害的，由出质人承担瑕疵赔偿义务。所谓隐蔽瑕疵，指质物依其物理特征而无法从表面发现的瑕疵。质物虽存在瑕疵，但不属于隐蔽瑕疵，质权人在接受质物时明知或者应当知道瑕疵存在的，出质人不承担赔偿责任③。担保法、物权法对出质人的瑕疵担保义务未作规定，担保法司法解释第 90 条④规定："质物有隐蔽瑕疵造成质权人其他财产损害的，应

---

① 对应民法典第 433 条，无实质变化。

② 对应民法典第 433 条，无实质变化。

③ 关于该问题在见解上尚存在分歧，有上述否定说，也有肯定说，肯定说主张非隐蔽瑕疵造成的损失，出质人也应承担赔偿责任。鉴于担保法司法解释明确采纳否定说，故本节以否定说为准。

④ 可参考瑕疵担保责任理论。

由出质人承担赔偿责任。但是，质权人在质物移交时明知质物有瑕疵而予以接受的除外。”出质人的瑕疵担保义务与买卖合同出卖人的物的瑕疵担保义务性质相同。质物隐蔽瑕疵造成质权人的损失属于质权所担保的债权范围，债权人在质物的变现价值上享有优先受偿权；出卖物的瑕疵造成买受人的损失属于普通债权，由出卖人向买受人负民事赔偿责任。质物隐蔽瑕疵造成的损失超过了质物的价值，对于超过的部分，质权人作为一般债权人向出质人行使债权请求权。

三、质权人的权利

（一）质物的留置权

质权人对质物的合法占有产生对质物的留置效力，物权法理论称之为质权人的留置权。我国物权法第 19 章关于占有的规定，系质权人行使留置权的合法依据。质权人的留置权可以对抗出质人及其他第三人，比如质物的买受人、后顺序抵押权人等，但质权人丧失对质物的占有并且不能请求返还质物的，质权人丧失对质物的留置权。出质人的一般债权人请求法院对质物进行查封的，因无损于质权人的留置权，无需取得质权人的同意；如果一般债权人请求对质物进行扣押或者强制执行（如拍卖质物）的，必将损害质权人的留置权，故应以质权人的同意为前提。质权可以对抗一般债权人的扣押和强制执行，此与抵押权不同，后者因不享有对抵押物的留置权，所以不能排除第三人的扣押和强制执行。最高人民法院 1992 年制定的《关于适用〈中华人民共和国民事诉讼法〉若干问题的意见》（法发〔1992〕22 号）[①] 第 102 条关于“人民法院对抵押物、留置物可以采取财产保全措施”的规定，以及 2015 年民事诉讼法解释第 157 条的规定，将抵押物与质物、留置物一并对待，未加区分，显有不妥之处。物权法生效后，根据物权法关于占有保护的规定，正确的处理方法是：对于抵押物可以采取查封、扣押等保全措施；但对于质物、留置物只能采取查封措施，未经质权人、留置权人同意的，不得扣押质物或者留置物，剥夺质权人、留置权人的合法占有。

（二）优先受偿权

质权人对质物享有优先受偿权，可以对抗出质人的一般债权人。同一质物上

① 于 2015 年 2 月 4 日失效。

存在其他优先权或者其他担保物权的，顺序在先的质权具有对抗效力，但法律另有规定的除外（如物权法第 239 条[①]规定的留置权绝对优先原则）。一般债权人申请拍卖质物，质权人因拥有对质物的留置权，可以对抗法院的扣押和强制执行，也当然可以对抗质物的拍卖。质权人同意拍卖质物的，质物变现价款应优先偿还质物所担保的债权。同一质物上存在其他优先权或者其他担保物权的，实现权利应当以拍卖形式，质权人根据其权利顺序就质物价款优先受偿。出质人破产的，质权人仍然得以留置质物，享有破产别除权。

（三）收取孳息权

质权人占有质物期间，有收取质物孳息的权利。质权人收取质物的孳息是质权的效力所及，无需特别约定，但质权人可以与出质人约定，由出质人收取孳息。物权法第 213 条对此有明确规定。质权人对天然孳息可以直接收取，天然孳息的价值由出质人与质权人协商估价以确定，估价不成的，通过拍卖确定其价值；法定孳息须经出质人同意质权人才得以收取，如经出质人同意将质物出租取得租金。质权人收取的孳息首先用于抵偿收取孳息的费用，其次抵偿利息，最后抵偿主债权。

（四）转质的权利

转质的性质、方式与法律后果，在大陆法系国家、地区的物权法理论和立法例中均存在或多或少的差异，较为复杂。大陆法系的转质分为承诺转质和责任转质。承诺转质指质权人经出质人同意（承诺）所作的转质；责任转质指质权人不经出质人同意、以自己承担责任的方式所作的转质。质权人是否享有转质的权利，不同国家和地区的立法例态度不同。德国民法、法国民法对转质未作规定；瑞士民法规定了承诺转质，不承认责任转质；而日本民法规定有责任转质，对承诺转质未具明文规定。

质权人隐瞒质物的真实所有权，致使相对人以为质权人对质物有所有权而设定的质权，属于质权的善意取得制度应予解决的问题，区别于转质，后者系当事人以转质的意思表示在质物上设立转质权的行为。质权的善意取得以物权法第 106 条和担保法司法解释第 84 条为重要法律依据。

---

① 对应民法典第 456 条，无实质变化。

1. 我国物权法关于转质的规定

我国担保法对转质未作规定，担保法司法解释第 94 条[①]第 1 款规定：“质权人在质权存续期间，为担保自己的债务，经出质人同意，以其所占有的质物为第三人设定质权的，应当在原质权所担保的债权范围之内，超过的部分不具有优先受偿的效力。转质权的效力优于原质权。”该条第 2 款规定：“质权人在质权存续期间，未经出质人同意，为担保自己的债务，在其所占有的质物上为第三人设定质权的无效。质权人对因转质而发生的损害承担赔偿责任。”第 1 款是对承诺转质的肯定，第 2 款是对责任转质的否定。

我国物权法关于转质的规定仅限于第 217 条，[②] 该条规定：“质权人在质权存续期间，未经出质人同意转质，造成质押财产毁损、灭失的，应当向出质人承担赔偿责任。”立法者解释为：“物权法不提倡转质，也没有禁止转质。为了保护出质人的权益，本条规定的原则是，未经出质人同意不允许转质，质权人转质的要承担赔偿责任。”[③] 立法者的解释明确指出我国物权法不禁止转质，但“未经出质人同意不允许转质”，与担保法司法解释第 94 条的规定一致，肯定承诺转质，排斥责任转质。然而，考察物权法第 217 条的文义，该条恰恰是对责任转质的规定，而且并未否定责任转质的效力。该条规定的“未经出质人同意转质”即属于责任转质，与承诺转质的核心区别在于承担责任方面，责任转质“造成质押财产毁损、灭失的，应当向出质人[④]承担赔偿责任”，通说包括因不可抗力造成的损失；而承诺转质“造成质押财产毁损、灭失的”，依合同法风险随占有转移的原则，由转质权人承担赔偿责任，通说不包括因不可抗力造成的损失。立法者既已承认我国物权法“没有禁止转质”的意思，则责任转质也当包括在内，第 217 条又恰恰规定了责任转质，因此认为物权法有“未经出质人同意不允许转质”的意思，该结论不免有失牵强。此外，立法者认为不允许责任转质的目的是“为了保护出质人的权益”，如果仅从这一角度看，责任转质并不比承诺转质更加损害出质人的权益，因为责任转质必须在原质权担保的范围和期间内，转质权

---

① 无对应内容。

② 对应民法典第 434 条，无实质变化。

③ 胡康生主编：《中华人民共和国物权法释义》，法律出版社 2007 年版，第 467 页。

④ 由质权人。

人必须待质权所担保的债权和自身债权均到期后才能行使转质权，而且未通知出质人的，对出质人不生效力，所以在一定程度上责任转质可能对出质人的权益影响更小，与“保护出质人权益”并无冲突。

综上，基于物权法第 217 条的文义和立法者关于我国物权法“没有禁止转质”的解释，再结合责任转质所具有的特点，可以得出的结论是：我国物权法既承认承诺转质，也未否认责任转质，责任转质也具有法律效力。担保法司法解释第 94 条第 2 款的规定，在物权法生效后应予以修改，或者不再适用。

2. 转质的性质

对转质的性质存在多种认识，以附条件质权让与说、质权出质说、债权与质权共同出质说、质物再度出质说为主要见解。其中，以债权与质权共同出质说最能“符合当事人的意思，且其构成最平直明白，又能调节当事人间的利害关系……也不违反质权处分上的从属性”①。

我国物权法、担保法均不允许抵押权、质权与债权分离单独转让，也不允许抵押权、质权作为担保物权的标的，因此质权让与说、质权出质说在我国法律背景下均不被承认。如上所述，质物的再度出质说与质权人在债权到期前不得处分质物的原则相违背，不符合我国合同法第 51 条②的规定，亦难以得到认可。由此，债权与质权共同出质说应予采纳。依该见解，转质的性质系质权人将债权与质权共同出质给转质权人，债权出质性质上属于应收账款质押。转质权人取得在债权上设立的质权，并根据质权的从属性一并取得债权人享有的质权。

3. 承诺转质与责任转质的区别

转质权与质权一样，须当事人签订书面质押合同并交付质物，方能成立。承诺转质与责任转质，依通说，两者有以下区别：

（1）承诺转质经出质人同意设立，包含有出质人与质权人双重意思表示；责任转质仅依质权人的自由意志设立。

（2）承诺转质经过出质人的同意，不因转质行为加重质权人的责任，质物如果因转质权人保管不善或因不可抗力发生毁损、灭失，质权人不承担赔偿责任；责任转质未经出质人同意，质权人的责任因此加重，质物发生毁损、灭失，

① 谢在全：《民法物权论》，中国政法大学出版社 1999 年版，第 781 页。

② 即原合同法关于无权处分的规定。

无论因转质权人的责任还是因不可抗力，质权人均承担赔偿责任。如因归责于转质权人的原因致质物毁损、灭失的，质权人与转质权人承担不真正连带赔偿责任。然而，不可抗力造成的质物损失不因责任转质而有不同的，质权人免于承担赔偿责任。比如，地震造成质权人存放质物的仓库与转质权人存放质物的仓库一并毁损的，质权人不承担质物因不可抗力造成的损失。

（3）承诺转质因为有出质人的同意，转质权所担保的债权范围和担保期限，依出质人与质权人协商一致，可以超出原质权担保的范围和期限；责任转质因无出质人的同意，因此转质权所担保的债权范围和担保期限仅限于原质权所担保的债权范围和期限，转质权超出原质权所担保的部分，转质权人不具有优先受偿权。担保法司法解释第 94 条第 1 款规定的虽是承诺转质，但又要求转质权“应当在原质权所担保的债权范围之内，超过的部分不具有优先受偿的效力”。该规定与通说不合，也与日本和瑞士关于转质的立法例不同，似可考虑在物权法生效后予以调整完善。

（4）承诺转质因有出质人的承诺，故无论质权人的债权是否已届清偿期，转质权人均可以实现其质权；责任转质因无出质人的同意，须待质权人的债权和转质权人的债权均届清偿期后，转质权人才能实现其质权。

（5）承诺转质因有出质人的承诺，在质物转质期间，出质人不能向质权人清偿债务以消灭质权，否则对转质权人不生效力，质权人也不得接受出质人的清偿；责任转质因无出质人的同意，出质人在收到转质通知后不得对质权人清偿，否则对转质权人不生效力。责任转质中，质权人已经将债权与质权一并出质，故质权人也无权接受出质人的清偿。责任转质的出质人（质权人）如果未将转质的事实通知原出质人，原出质人向质权人清偿，质权人接受的，质权人的债权与质权消灭，转质权也因此消灭，原出质人有权要求转质权人返还质物。

（五）费用偿还请求权

质权人对质物支出的费用，如保管费、修缮费、饲养费，质权人有权请求出质人偿还。对质物支出的有益费用，如为增加质物的功能、修饰质物支出的费用，如系出质人同意支出的，质权人有权要求出质人偿还，反之，由质权人自行承担。

（六）保护质权的权利

动产质权属于物权的一种，质权人对质物为合法占有。对于侵害质物的行为，质权人可以行使物权法关于占有保护的规定，要求侵害人停止侵害、排除妨害、恢复原状，亦可依民法关于侵权责任的规定，要求侵害人负损害赔偿责任。

四、质权人的义务

（一）保管质物的义务

担保法第 69 条[①]第 1 款规定："质权人负有妥善保管质物的义务。因保管不善致使质物灭失或者毁损的，质权人应当承担民事责任。"物权法第 215 条[②]第 1 款对此有相同规定。质权人不能妥善保管质物可能致使质物毁损、灭失的，出质人可以要求质权人将质物提存，或者要求提前清偿债务而取回质物。

质权人在保管质物上应尽善良管理人的义务。质权人在不能对质物妥善保管时，可以委托保管人保管，发生的保管费由质权人承担，但质权人因保管质物支出的必要费用由出质人承担。保管费用是因为质权人不能尽妥善保管质物的义务而发生的额外费用，应由质权人承担，但当事人另有约定的除外。必要费用指维持质物价值必须支出的费用，如质物的定期保养费、修缮费、动物饲养费等，应由出质人承担。

质权人不能尽到妥善保管义务时，出质人可以要求质权人对质物进行提存，按照担保法司法解释第 92 条[③]的规定，质物提存费用由质权人负担。此外，出质人也可以提前清偿债务，取回质物，质权人不得拒绝。出质人提前清偿债务的，允许出质人扣除债权未到期部分的利息，担保法司法解释第 92 条对此给予了明确。

（二）不以质物为使用、收益、处分的义务

动产质权为担保物权而非用益物权，质权人没有对质物的使用、收益权，更不能处分质物。如前所述，对质物的天然孳息，质权人有权收取，但质权人若收取法定孳息，如以质物出租收取租金，须经出质人同意。根据质押合同的约定或

---

① 对应民法典第 432 条，无实质变化。
② 对应民法典第 432 条，无实质变化。
③ 无对应内容。

者经出质人同意，质权人可以使用、出租、处分质物，并以取得的利益清偿被担保的债权。质权人未经出质人同意使用、出租、处分质物造成出质人损失的，由质权人承担赔偿责任。担保法司法解释第93条[①]规定："质权人在质权存续期间，未经出质人同意，擅自使用、出租、处分质物，因此给出质人造成损失的，由质权人承担赔偿责任。"质权人根据对质物保管的需要有限度地使用质物，不属于擅自使用质物的情形，无需取得出质人的同意。

（三）及时行使质权的义务

担保法司法解释第95条[②]第2款规定："债务履行期届满，出质人请求质权人及时行使权利，而质权人怠于行使权利致使质物价格下跌的，由此造成的损失，质权人应当承担赔偿责任。"基于该条的特别规定，质权人由此产生及时行使质权的义务，并将因怠于行使质权承担特殊的赔偿责任。

非因质权人的原因发生的质物价值减损，质权人不承担赔偿责任，日本民法、瑞士民法均有规定。质物因市场价格的变化而发生价值减损，属于不可归责于质权人的原因出现的质物价值减损，不仅质权人不承担赔偿责任，而且因出质人负有维持义务，质权人可以要求出质人提供相应的担保，或者允许质权人提前行使质权。担保法司法解释第95条的规定增加了质权人在质物价格下跌时的赔偿风险，适用该条应特别注意以质权人"怠于行使权利"为要件，否则将增加质权人的负担。由于物权法对质权人行使权利的期间未作规定，所以判断质权人"怠于行使权利"难有确定标准，故担保法司法解释规定了以"出质人请求质权人及时行使权利"为确定质权人怠于行使质权的前提，出质人未要求质权人行使质权的，一般不能认定质权人"怠于行使权利"。物权法第220条[③]第2款吸收了司法解释的规定，明确规定"出质人请求质权人及时行使质权，因质权人怠于行使权利造成损害的，由质权人承担赔偿责任"。

（四）返还质物的义务

质权消灭后，质权人负有返还质物的义务。如质权因清偿、无效、被撤销而

---

① 无对应内容。

② 无对应内容。

③ 对应民法典第437条，无实质变化。

消灭的，质权人应当返还占有的质物。担保法第 71 条[1]和物权法第 219 条[2]对此有明确规定。

第五节 动产质权的实现与消灭

一、动产质权的实现

（一）动产质权的实现条件

物权法第 219 条第 2 款规定："债务人不履行到期债务或者发生当事人约定的实现质权的情形，质权人可以与出质人协议以质押财产折价，也可以就拍卖、变卖质押财产所得的价款优先受偿。"依照该款规定，质权人实现质权的条件分为"债务人不履行到期债务"和"发生当事人约定的实现质权的情形"两种，符合其中任何一种的，质权人都有权实现质权。

债务到期，既包括合同约定的债务履行期届至，也包括债务的提前到期。债务提前到期的条件一般由当事人约定，也可以由法律直接规定，前者如当事人约定债务人不按期支付利息时债务提前到期；后者如合同法第 203 条[3]规定的"借款人未按照约定的借款用途使用借款的，贷款人可以……提前收回借款……"债务到期是质权人实现质权的法定当然条件，无需当事人通过合同约定。

当事人约定的实现质权的情形，属于以债务到期作为实现质权的法定条件的例外，由当事人通过意思自治自行决定。物权法规定当事人可以约定实现质权的情形，为质权人灵活实现质权提供了便利。因此，实务中质权人为维护自身担保权益顺利实现，可以运用物权法的规定，与出质人预先约定实现质权的特别情形，以防止被动，争取主动。例如，可以约定当出质人转让质物、以质物再设定担保物权时，质权人有权实现质权；也可以约定当债务人发生违约（如停止支付

---

① 民法典第 436 条规定："债务人履行债务或者出质人提前清偿所担保的债权的，质权人应当返还质押财产。债务人不履行到期债务或者发生当事人约定的实现质权的情形，质权人可以与出质人协议以质押财产折价，也可以就拍卖、变卖质押财产所得的价款优先受偿。质押财产折价或者变卖的，应当参照市场价格。"

② 对应民法典第 436 条，无实质变化。

③ 对应民法典第 673 条，无实质变化。

利息、改变借款用途）时，质权人有权提前实现质权等。

（二）质权人实现质权的程序与方式

质权人实现质权的程序、方式，基本上是自力救济的程序与方式，无须通过司法程序，但不排除质权人通过司法程序实现质权。

1. 质权人与出质人协议以质物折价抵偿债权。质权人与出质人协议以质物抵债的，不得损害质物上其他担保物权人和其他优先权人的权益，否则对其他权利人不生效力。

2. 质权人可以依法拍卖、变卖质物，以质物变现价款优先受偿。就拍卖程序而言，质权人因占有质物可以自行组织拍卖，拍卖程序依照拍卖法的规定进行；质权人也可以申请法院拍卖质物，与抵押权人申请法院拍卖、变卖抵押物一样，按照非诉讼执行程序进行。抵押物、质物、留置物的司法拍卖、变卖程序，均属于非诉讼执行程序。

质物折价或者拍卖、变卖后，其价值超过债权的部分，归出质人所有。值得注意的是，依照物权法的规定，质权人拍卖、变卖质物不必以先与出质人协商为前提，只要质权行使条件成就，质权人即可拍卖、变卖质物，出质人不得妨碍质权人行使权利。质权人提前行使质权给出质人造成损失的，由质权人承担民事赔偿责任。

（三）出质人请求质权人行使质权的程序与方式

质权作为担保物权，通说不适用诉讼时效的规定，我国物权法也未规定质权的存续期间，故质权可以长期存在，除质权担保的债权消灭或者质物灭失（且无代位物）外，质权人可以一直占有质物。质物在质权人占有期间不能被用于使用、收益，对出质人和质权人均无益处，因此，为鼓励、督促质权人及时行使质权，物权法第 220 条第 1 款规定："出质人可以请求质权人在债务履行期届满后及时行使质权；质权人不行使的，出质人可以请求人民法院拍卖、变卖质押财产。"

1. 出质人的督促权。依照物权法的规定，出质人享有对质权人行使质权的督促权，该权利以质权人行使质权的条件成就为前提，即债务清偿期间届满。出质人行使督促权的方式是直接请求质权人行使质权。"请求"的方式法律未作规定，出质人可以自行选择，发函、传真、电话、电子邮件等方式均可。鉴于物权法第220条的文义，含有将出质人请求质权人行使质权作为出质人“请求人民法院拍卖、变卖质押财产”的前提的意思，故出质人“请求”的方式以能够被证明为宜。然而，即便质权人以出质人未先行行使督促权为由对法院依出质人的请求拍卖、变卖质押财产提出异议的，并不能实际发生阻止拍卖、变卖的作用，法院如果认为质权人异议成立，可以暂停拍卖、变卖程序，给质权人和出质人一个合理的协商期，双方协商不成的，拍卖、变卖程序继续进行。

2. 出质人请求法院拍卖、变卖质物的申请权。当出质人请求质权人及时行使质权而质权人不行使的，为实现质物的价值，物权法赋予出质人启动司法程序拍卖、变卖质物的权利，该权利在性质上属于出质人享有的请求法院启动非诉讼执行程序的申请权。法院收到出质人的申请后，按照非诉讼执行程序予以处理，其步骤和内容与抵押权人请求法院实现抵押权的程序相同，不再赘述。

二、动产质权的消灭

（一）因质权实现而消灭

质权人与出质人协议以质押财产折价抵偿被担保债权，或者就拍卖、变卖质押财产所得的价款优先受偿，质权因实现而消灭。

（二）因质权人丧失对质物的占有而消灭

质权人丧失对质物的占有，并且不能依返还请求权恢复对质物的占有时，质权消灭。质权人不能依返还质物请求权恢复对质物占有的情形，一般有质物被第三人善意取得、质物被第三人善意留置等。质物被不法占有，比如质物被盗窃、抢夺或者因欺诈被出质人、第三人占有的，质权不消灭，质权人可以依据物权法第19章关于占有保护的规定，向质物的不法占有人行使返还请求权。担保法司法解释第87条①第2款规定：“因不可归责于质权人的事由而丧失对质物的占有，质权人可以向不当占有人请求停止侵害、恢复原状、返还质物。”质权人重新占有质物后，原质权恢复效力。

质权人返还质物也属于丧失对质物占有的情形，但法律后果不同。有的国家

---

① 无对应内容。

和地区的立法例认为质权人返还质物视为默示抛弃质权，质权消灭，如德国民法；也有立法例认为返还质物后质权人不享有对抗效力，但质权不消灭，如日本民法。我国担保法、物权法对返还质物的法律后果未作规定，担保法司法解释第87条第1款规定“质权人将质物返还于出质人后，以其质权对抗第三人的，人民法院不予支持”。司法解释的规定与日本民法第352条规定的“动产质权人非继续占有质物，不得以其质权对抗第三人”[①] 的内容基本相同。因此，依照司法解释的规定，质权人返还质物于出质人的，质权不消灭，仅产生“不得对抗第三人”的法律后果。不得对抗的第三人的范围，参照本书第三章关于动产抵押权部分的分析，一般包括质物所有权的善意取得人、新质权人（出质人以质物再出质后形成的质权人）、经登记的动产抵押权人、承租人、查封债权人、破产债权人等。但质权人返还质物仍然可以对抗出质人的一般债权人，因为既然司法解释承认质权人返还质物的占有时质权不消灭，质权对一般债权人的对抗效力即不应被否定，否则返还质物的法律后果与质权消灭将完全相同，司法解释失去意义。值得注意的是，担保法司法解释第87条也适用于质权人将质物交付给出质人指定的第三人的情形，如质权人将质物交付给后顺序质权人，质权人“以其质权对抗第三人[②]的，人民法院不予支持”。

质权人将质物出租、出质、出借、委托第三人保管，属于质权人间接占有质物，质权不消灭，但上述行为未经出质人同意的，由此造成出质人的损失，由质权人承担赔偿责任。

（三）质权因质物灭失而消灭

质物灭失且无代位物的，质权消灭。质物灭失后产生赔偿金、保险金等代位物的，质权移转到代位物上继续存在。质物仅发生部分灭失的，质权不消灭。

出质人因质物的附合、混合、加工而丧失所有权的，质权移转到对质物的补偿金上；如果出质人因质物附合、混合、加工而取得对他物的所有权的，质权对新的标的物整体有效；如果出质人因质物附合、混合、加工与他人成为标的物的

---

① 《日本民法典》，王书江译，中国人民公安大学出版社1999年版，第60页。

② 即后顺序质权人。

共有人的，质权移转到出质人对质物的应有部分。依照担保法司法解释第96条①规定的准用条款，担保法司法解释第62条②关于抵押物的附合、混合、加工的规定，可以适用于质押关系，即“抵押物因附合、混合或者加工使抵押物的所有权为第三人所有的，抵押权的效力及于补偿金；抵押物所有人为附合物、混合物或者加工物的所有人的，抵押权的效力及于附合物、混合物或者加工物；第三人与抵押物所有人为附合物、混合物或者加工物的共有人的，抵押权的效力及于抵押人对共有物享有的份额”。

（四）质权因被担保债权的消灭而消灭

依照担保法第74条③的规定，“质权与其担保的债权同时存在，债权消灭的，质权也消灭”。债权的消灭必须是全部消灭，债权仅部分消灭的，质权并不消灭，质权仍然担保剩下的债权。

（五）质权因抛弃而消灭

质权人抛弃质权，质权消灭。对质权的抛弃有默示抛弃，即返还质物于出质人；也有明示抛弃，即明确表示抛弃质权。担保法司法解释第87条规定返还质物时质权不消灭，所以在我国抛弃质权应以明示抛弃的方式，质权人须有抛弃质权的明确表示，并返还质物于出质人。仅有质权人返还质物的事实，而无抛弃表示的，质权并不当然消灭。

质权人抛弃质权必然损害转质权人的利益，因此未经转质权人同意，质权人不得抛弃质权，否则抛弃质权对转质权人不生效力。债务人提供质物的，质权人抛弃质权，其他担保人在抛弃的质物价值范围内免除担保责任，但其他担保人另

---

① 民法典担保制度司法解释第38条规定：“主债权未受全部清偿，担保物权人主张就担保财产的全部行使担保物权的，人民法院应予支持，但是留置权人行使留置权的，应当依照民法典第四百五十条的规定处理。担保财产被分割或者部分转让，担保物权人主张就分割或者转让后的担保财产行使担保物权的，人民法院应予支持，但是法律或者司法解释另有规定的除外。”

② 民法典担保制度司法解释第41条规定：“抵押权依法设立后，抵押财产被添附，添附物归第三人所有，抵押权人主张抵押权效力及于补偿金的，人民法院应予支持。抵押权依法设立后，抵押财产被添附，抵押人对添附物享有所有权，抵押权人主张抵押权的效力及于添附物的，人民法院应予支持，但是添附导致抵押财产价值增加的，抵押权的效力不及于增加的价值部分。抵押权依法设立后，抵押人与第三人因添附成为添附物的共有人，抵押权人主张抵押权的效力及于抵押人对共有物享有的份额的，人民法院应予支持。本条所称添附，包括附合、混合与加工。”

③ 无对应内容。

有承诺的除外。物权法第 218 条①对此规定明确。

通说认为，物权不受诉讼时效的限制，质权作为担保物权的一种也不例外。担保法、物权法均未规定质权的存续期间，故质权应与被担保债权“同生同灭”。在物权法生效前，担保法司法解释第 12 条②第 2 款规定：“担保物权所担保的债权的诉讼时效结束后，担保权人在诉讼时效结束后的二年内行使担保物权的，人民法院应当予以支持。”该款在当时普遍适用于抵押权、质权、留置权，并认为系司法解释对担保物权所规定的存续期间。依据该款的规定，质权如果在被担保债权的诉讼时效结束后的 2 年内不行使的，质权消灭。前已述及，物权法生效后，抵押权因有物权法第 202 条③规定的司法保护期间，担保法司法解释第 12 条第 2 款对抵押权不再适用。对于质权和留置权，物权法均赋予了出质人和债务人的督促权和请求法院拍卖、变卖担保物的申请权，从立法技术上已经克服了质权人、留置权人怠于行使权利的问题，而且立法者在对留置权一章解释时明确表示，“留置权为物权，其不受所担保的债权的诉讼时效的限制”④，物权法第 237 条⑤即为解决“留置权长期不灭，其行使无时间限制，不符合‘物尽其用’原则的问题”⑥ 而制定。立法者的解释对质权也同样适用。因此，在物权法生效后，因为有第 220 条和第 237 条的规定，担保法司法解释第 12 条第 2 款也不再适用于质权和留置权。

但值得肯定的是，担保法司法解释第 12 条第 1 款仍然有适用价值，依照该款的规定，当事人约定的质押期间不具有消灭质权的法律效力。

---

① 对应民法典第 435 条，无实质变化。

② 民法典担保制度司法解释第 44 条规定：“主债权诉讼时效期间届满后，抵押权人主张行使抵押权的，人民法院不予支持；抵押人以主债权诉讼时效期间届满为由，主张不承担担保责任的，人民法院应予支持。主债权诉讼时效期间届满前，债权人仅对债务人提起诉讼，经人民法院判决或者调解后未在民事诉讼法规定的申请执行时效期间内对债务人申请强制执行，其向抵押人主张行使抵押权的，人民法院不予支持。主债权诉讼时效期间届满后，财产被留置的债务人或者对留置财产享有所有权的第三人请求债权人返还留置财产的，人民法院不予支持；债务人或者第三人请求拍卖、变卖留置财产并以所得价款清偿债务的，人民法院应予支持。主债权诉讼时效期间届满的法律后果，以登记作为公示方式的权利质权，参照适用第一款的规定；动产质权、以交付权利凭证作为公示方式的权利质权，参照适用第二款的规定。”

③ 对应民法典第 419 条，无实质变化。

④ 胡康生主编：《中华人民共和国物权法释义》，法律出版社 2007 年版，第 506 页。

⑤ 对应民法典第 454 条，无实质变化。

⑥ 胡康生主编：《中华人民共和国物权法释义》，法律出版社 2007 年版，第 506 页。

第六节　权利质权

物权的客体主要是动产与不动产，权利作为物权客体的，依照物权法第 2 条[①]第 2 款的规定，必须由法律直接规定，不允许当事人通过意思自治约定，权利质权也不例外。担保法第 75 条[②]和物权法第 223 条[③]对可以成为质权客体的权利作了规定。

一、可出质权利的性质与种类

（一）可出质权利的性质

权利类型多样，有公法上的权利，如选举权与被选举权；也有私法上的权利，如财产权、人格权。依权利是否包含有财产内容划分，私法上的权利可以分为财产权和非财产权。依照担保法第 75 条和物权法第 223 条的规定，可以作为质权客体的权利必须是财产权并应具有以下性质：

1. 必须是私法上的财产权。私法上的财产权有物权、债权、股权、知识产权等，均包含有财产内容。生命权、名誉权等人格权以及与身份有关的亲属权、继承权等不属于财产权，不能成为质权标的。

2. 必须是可让与的财产权。质权系以质物或者出质权利的价值担保债权的实现，如果出质的权利不能转让，则无法变现，质权将不能发挥担保作用，故可出质的权利必须具有可让与性。民法上所谓不得转让的权利，有依权利性质不得转让、依法不得转让和依当事人约定不得转让三种。第一种权利因自身性质不得转让，如养老金请求权、抚恤金领受权、退休金领取权以及基于当事人之间委任关系成立的权利等；第二种权利因法律规定不得转让，如公司发起人的股份、依行政许可取得的特许经营权等；第三种权利因当事人的约定不得转让，如票据上记载有不得转让限制的票据权利等。

3. 必须是法律规定适于出质的财产权。权利作为质权标的必须适于出质，

---

① 民法典第 205 条规定：“本编调整因物的归属和利用产生的民事关系。”

② 对应民法典第 440 条，无实质变化。

③ 对应民法典第 440 条，无实质变化。

适于出质的权利一般有权利凭证和较好的流通性，而且，依照我国物权法第223条的规定，只有法律规定可以出质的权利才能成为质权标的。根据我国担保法和物权法的规定，不动产用益物权，如建设用地使用权、土地承包经营权、地役权，不得成为质权客体；准物权，如采矿权、捕捞权等，不得成为质权客体；担保物权不能与被担保债权分离单独转让，故抵押权、质权、留置权等担保物权本身不能成为质权标的。但担保物权可以与被担保债权一起成为质权的标的，如转质权。

（二）可出质权利的种类

我国法律对可出质权利的种类规定严格，担保法第75条规定依法可以出质的权利才可以成为质权标的，物权法第223条则更进一步规定质权标的必须是法律、行政法规规定可以出质的财产权利。依照物权法第223条的规定，在我国可出质权利的种类有：

1. 仓单、提单等物权凭证所指向的动产物权；
2. 存款单、票据、债券等债权凭证所指向的债权；
3. 可以转让的基金份额、股权；
4. 可以转让的注册商标专用权、专利权以及著作权中的财产权；
5. 可以转让的应收账款；
6. 法律、行政法规规定可以转让的其他财产权。

同样，基于以上关于可出质权利性质的分析，依照物权法第223条和其他相关法律的规定，不得作为质权客体的权利大体有：

1. 不动产用益物权，如建设用地使用权、土地承包经营权、地役权等；
2. 准物权，如采矿权、探矿权、海域使用权等；
3. 性质上不具有可让与性的财产权利，如养老金请求权、抚恤金受领权、退休金领取权等；
4. 依法不得转让的权利，如公司成立之后一定期间内的发起人股份；
5. 当事人约定不得转让且相对人知悉该约定的权利，如注明不得转让的票据；
6. 抵押权、质权、留置权等担保物权；
7. 已受查封、冻结的权利，如已被冻结账户的存款单；

8. 法律、行政法规禁止转让的其他权利，如不得转让的生猪屠宰权、烟草专卖权、特许经营权等。但法律规定依照特定程序和方式可以转让的除外。

二、权利质权的取得

权利质权的取得分为原始取得和继受取得（继承、转让、遗赠取得），依法律行为设定权利质权属于原始取得，是取得权利质权的主要方式。设定权利质权必须由当事人订立书面质押合同，质押合同自当事人意思表示达成一致时成立并依法生效，但权利质权的取得须以当事人履行权利出质公示为要件。根据各类可出质权利的不同特点，质权人取得质权的公示方式也不尽相同。分述如下。

（一）依交付权利凭证取得权利质权

权利质权依交付权利凭证取得，主要适用于权利的行使与权利凭证的持有不可分离的权利，质权人因占有权利凭证而符合对权利的占有公示，并以此对抗第三人；出质人因丧失对权利凭证的占有而失去行使权利的资格。依照物权法第224条[①]的规定，以仓单、提单等动产物权和票据（汇票、本票、支票）、存款单、债券等债权作为出质权利的，“质权自权利凭证交付质权人时设立”。其中，权利的行使与权利凭证的持有结合最紧密的是票据和提单，权利与权利凭证不得分离，质权人占有票据、提单基本上可以实现对出质权利的完全控制。但仓单、存款单等权利的行使与权利凭证的持有可以适当分离，最为典型的是存款单的挂失支付，权利人行使存款兑付权利不以持有存款单为必要条件。在后一种情况下，出质人或者质权人将出质事实通知第三义务人（又称辅助人，如仓储公司、存款银行），是保障质权安全的重要方式。

（二）依权利出质登记取得权利质权

登记取得权利质权，主要适用于无权利凭证或者虽有权利凭证但质押关系必须纳入国家管理的权利。权利人因不持有权利凭证，不能依交付设立质权，或者虽有权利凭证但必须通过登记纳入国家管理以保障交易安全和防止损害第三人的

---

① 民法典第441条规定：“以汇票、本票、支票、债券、存款单、仓单、提单出质的，质权自权利凭证交付质权人时设立；没有权利凭证的，质权自办理出质登记时设立。法律另有规定的，依照其规定。”

合法权益，因此依登记取得权利质权成为合理选择。依照物权法第 226 条[①]、第 227 条[②]、第 228 条[③]的规定，以基金份额、股权、知识产权、应收账款作为出质权利的，质权自相关登记部门办理出质登记时设立。没有权利凭证的债券，如记账式国债、上市交易的企业债券，质权人也必须依登记取得质权。

（三）通知第三义务人的意义

第三义务人即出质权利的债务人，如出质存款单的存款银行、出质仓单的仓储公司、票据的付款人等。依交付权利凭证取得质权的，第三义务人可能因不知权利已经出质的事实而向原权利人履行义务，出质权利因第三义务人的履行而消灭，质权也随之消灭，质权人的权益将严重受损。因此，出质人或者质权人将权利出质的事实通知第三义务人，对保障债权安全具有重要意义。权利出质后，出质人不再享有受领的权利，第三义务人在收到通知后，知悉出质人已经丧失了受领的权利，仍然向出质人履行义务的，对质权人不生效力。

三、出质人的权利义务

权利质权与动产质权同属于质权性质，依照物权法第 229 条[④]的规定，权利质权准用动产质权的规定，故除法律另有规定外，动产出质人的权利义务与权利出质人的权利义务大体相同。比如，出质人在质权消灭后享有返还出质权利的请求权、通过约定可以保留对出质权利孳息的收取权、以权利供他人出质并已承担担保责任的出质人对债务人的追偿权以及出质人的权利瑕疵担保责任等。然权利毕竟与动产存在区别，权利被出质后，出质人对权利的处分、利用以及权利瑕疵担保责任与动产出质后存在较大不同。

---

① 民法典第 443 条规定："以基金份额、股权出质的，质权自办理出质登记时设立。基金份额、股权出质后，不得转让，但是出质人与质权人协商同意的除外。出质人转让基金份额、股权所得的价款，应当向质权人提前清偿债务或者提存。"

② 民法典第 444 条规定："以注册商标专用权、专利权、著作权等知识产权中的财产权出质的，质权自办理出质登记时设立。知识产权中的财产权出质后，出质人不得转让或者许可他人使用，但是出质人与质权人协商同意的除外。出质人转让或者许可他人使用出质的知识产权中的财产权所得的价款，应当向质权人提前清偿债务或者提存。"

③ 民法典第 445 条规定："以应收账款出质的，质权自办理出质登记时设立。应收账款出质后，不得转让，但是出质人与质权人协商同意的除外。出质人转让应收账款所得的价款，应当向质权人提前清偿债务或者提存。"

④ 对应民法典第 446 条，无实质变化。

（一）出质人对出质权利的处分权

如前所述，动产在出质后，出质人对质物仍然享有法律上的处分权，但事实上的处分权不被承认；以权利出质的，出质人法律上的处分权也同样存在，出质人可以转让权利或者以权利再设定质权，但对质权人的权利不生影响。大陆法系国家和地区的立法例均禁止出质人依法律行为消灭或者变更已出质权利（变更增加权利内容的不在此限），以保障质权人的权益，如德国民法、瑞士民法、意大利民法等。

我国物权法第 226 条、第 227 条、第 228 条规定股份、基金份额、知识产权、应收账款出质后，除质权人同意外，出质人不得转让上述权利，对出质人的转让权进行了限制。对比来看，我国物权法对出质人依法律行为消灭或者变更已出质权利未作限制，但限制出质人转让权利，与德国等大陆法系国家的立法例存在不同，后者明文禁止出质人依法律行为消灭或者变更已出质权利，但不限制出质人转让权利。然而，从法律适用上分析，我国物权法虽未明文禁止出质人依法律行为消灭或者变更已出质权利，但第 229 条规定权利质权准用动产质权的规定，第 216 条①关于动产出质人维持义务的规定对权利出质人也当然适用，出质人如果通过法律行为消灭、变更权利，显然违反其承担的维持义务，为物权法所不允，对质权人也不生效力。

我国物权法限制出质人转让权利，其立法意图是防止因转让权利“损害质权人的利益，不利于担保债权的实现”②，因此，根据物权法的规定，权利被出质后，出质人未经质权人同意转让已出质权利的行为，属于无权处分行为，不具有法律效力，受让人不能取得权利。转让行为经质权人同意的，始发生法律效力，受让人取得标的权利，但权利上的质权仍然存在，受让人取得有质权负担的权利。同样，根据依法不得转让的权利不得设质的物权法原则，未经质权人的同意，出质人也不得在已出质权利上再设定质权，否则质押合同无效，第三人不能取得质权，已经进行出质权利登记的，登记也无效。经质权人同意的，出质人可以在出质权利上为第三人设立次序在后的质权，次序在先的质权不受影响。

---

① 对应民法典第 433 条，无实质变化。

② 胡康生主编：《中华人民共和国物权法释义》，法律出版社 2007 年版，第 486 页。

我国物权法限制出质权利的转让，与大陆法系国家和地区的立法例存在一定的区别，如德国和瑞士等。德国等国家和地区的法律不限制出质权利的转让，系因质权人有对抗效力和对出质权利的追及效力，出质权利的受让人和后顺序质权人不得对抗质权人，“质权不受影响，故不在限制之列”①。我国物权法限制出质权利的转让，自然也限制以出质权利再出质，这有利于保障质权的安定，同时，准许出质人在经质权人同意后转让出质权利，也存在一定的灵活度。从实务来看，担保财产的转让和再设定担保不仅会形成担保权利人之间的冲突（尤其在后成立的质权先到期的情况下），而且对第三人的权益也有影响，在一定条件下限制出质人转让出质权利确有必要。故限制出质人转让出质权利不失为我国物权法的一个特色。

对于以仓单、提单、存款单、票据、债券等权利出质的，物权法未明文规定未经质权人同意出质人不得转让上述权利。但以仓单、提单、存款单、票据、债券等权利出质，与以股份、基金份额、知识产权、应收账款等权利出质性质相同，从物权法体系的一致性角度看，应与股份、基金份额、知识产权、应收账款在出质后不得转让作同一理解。故以仓单、提单、存款单、票据、债权等动产物权和债权出质，未经质权人同意，出质人转让上述权利的行为亦无效，以上述权利再设定质权的，对已成立的质权不生影响。分析来看，物权法未明文规定仓单、提单、存款单、票据、债券等权利在出质后不得转让，显系认为上述权利的转让需交付权利凭证，甚至需要背书，出质人事实上已被剥夺了转让的可能，故无需法律作出限制性规定。但从体系完备上考量，物权法似应有明文规定，以与股份、基金份额、知识产权、应收账款等权利质押在制度规范上一致。

（二）出质人对出质权利的利用权

权利出质后，出质人依出质权利的性质，仍然对出质权利享有一定的利用权，与动产出质后出质人不能利用质物存在区别。比如，以股权出质的，出质人仍然享有股权中的非财产权利，如股东的投票权、参与经营管理权；以专利权、商标权等知识产权出质的，出质人虽不得许可他人使用出质权利，但自己仍然可以继续使用出质权利并受益。但以票据、存款单、债券等债权出质的，出质人丧

---

① 谢在全：《民法物权论》，中国政法大学出版社1999年版，第826页。

失对出质债权的受领权，不得接受债务人的清偿；以仓单、提单等动产物权出质的，出质人丧失对物权凭证所指向的动产的受领权，不得接受义务人的履行。权利被出质后，出质人仍然有权保全出质权利，如以自己的行为中断出质债权的诉讼时效等，权利受到侵害时，出质人也有权以权利人的身份对侵权人提起诉讼，保全权利。

（三）出质人的瑕疵担保责任

出质权利存在权利瑕疵造成质权人损失的，由出质人承担损害赔偿责任。出质人的权利瑕疵担保责任限于权利的隐蔽瑕疵，质权人如果知道或者应当知道权利存在瑕疵的，依照我国合同法第 151 条①的规定，出质人不承担瑕疵担保责任。与物的瑕疵不同，权利虽然存在瑕疵但可能对质权形成不了冲击，比如出质人以自己不享有所有权的无记名债券、股票等有价证券出质的，出质的权利虽存在瑕疵，但质权人受质权善意取得制度的保护，可以对抗出质权利的真实所有权人。而出质权利的权利人不能对抗善意质权人，仅能向出质人要求承担损害赔偿责任。

四、质权人的权利义务

权利质权人的权利义务与动产质权人基本一致，如质权人享有对出质的权利凭证的留置权、孳息收取权、优先受偿权等权利，承担质权消灭后返还出质权利凭证的义务、保管出质标的物的义务等。

权利质权虽仅能产生法定孳息，但其内容较之动产孳息更加丰富，如债权的利息、股权的股息与红利、知识产权经质权人同意许可他人使用产生的许可使用费等，均具有法定孳息的性质。权利质权人也享有转质权，依照物权法第 229 条规定的准用条款，权利质权人与动产质权人一样，可以经出质人同意，或者以自己承担责任的方式，将债权与所附的权利质权一并转质给第三人，为第三人设立转质权。

质权消灭后，质权人有义务返还占有的权利。以交付权利凭证成立的质权，质权人有义务返还占有的权利凭证；以权利出质登记成立的质权，质权人有义务协助出质人办理出质登记的涂销。质权人的保管义务不仅是保管好出质的权利凭证，而且对权利的有效性负保全义务，以避免出质权利发生减损、灭失。比如，

① 对应民法典第 613 条，无实质变化。

债权质权人有权利也有义务采取积极措施中断出质债权的诉讼时效，避免债权因诉讼时效届满丧失胜诉权；票据丧失后，票据质权人应当申请启动公示催告程序，以保全票据权利等。质权人未尽保管义务造成出质人损失的，由质权人承担赔偿责任。质权人转让出质权利也属于违反保管义务的情形，应当向出质人承担赔偿责任。

五、存款单质权

存款单属于债权凭证，经济活动中以存款单质押的情况比较多见，由此产生的纠纷也较多。为满足司法实务的需要，最高人民法院于 1997 年发布了专门司法解释，即《最高人民法院关于审理存单纠纷案件的若干规定》（法释〔1997〕8 号[①]，以下简称《规定》），对存款单质押中的主要问题进行了厘定。

（一）存款单质押的性质

以存款单出质担保债权的实现，性质上属于以债权出质，由此成立债权质权。存款单性质上为债权凭证，表明存款单持有人对出具存款单的金融机构享有一笔存款债权。从债权出质的角度看，存款单出质与票据的出质本质相同，均为以债权出质，产生的质权也均为债权质权。但存款单与商业流通票据存在区别，主要在于票据具有法定的可流通性，权利与票据的不可分性等，因此，最高人民法院在起草《规定》时，基本上以存款单的债权凭证的本质为基础展开。国外的相关理论也有认为“存款单是不可流通的票据……但大额存款证可任意流通转让，现已在很大程度上取得了流通证券的地位”[②]。

（二）以虚开的存款单进行质押的处理

虚开的存款单是指由金融机构出具但无实际存款内容或与实际存款不符的真实存款单。虚开的存款单一般通过套取的方法获得，比如实际存 100 元，金融机构存款底联上记载为 100 元，但在存款人持有的存款单上却记载为 100 万元。虚开的存款单外表真实，形式要件齐备，一般人仅凭外表不能辨别存款单的效力，无法获悉存款单持有人的实际存款状况。虚开存款单的行为涉嫌刑事犯罪，必须

---

① 该文件于 2021 年 1 月 1 日进行了修正。

② ［英］H. P. 希尔顿：《银行实务与法律》，中国银行上海国际金融研究所译，中国金融出版社 1999 年版，第 25 页。

有金融机构的内部工作人员的帮助才能完成。虚开存款单的持有人虽持有存款单，但其与金融机构之间不存在如存款单记载的债权债务关系，持有人不仅不能得到法律的保护，而且应当受到刑事法律的制裁。对于以虚开存款单出质占有他人财产的，按照《规定》第8条的解释，质押关系无效，利用存款单骗取或者占有他人财产的存款单持有人对侵害他人财产负赔偿责任，出具存款单的金融机构与出质人承担连带赔偿责任。《规定》认定质押关系无效的主要理由是，出质债权自始不存在，以自始不存在的标的订立的合同属于自始无效合同。客观上，金融机构虚开的存款单是存款单持有人骗取或者占有他人财产的重要工具，金融机构应当对受害人的损失承担赔偿责任。关于金融机构的法律责任，《规定》也区分了不同情况，即接受存款单质押的债权人明知存款单为虚开而接受的，金融机构不承担民事赔偿责任；接受存款单质押的债权人在审查存款单的真实性上有重大过失的，金融机构的责任相应减轻，仅在出质人之后对债权人的损失承担补充赔偿责任。实务中，接受存款单质押的人在审查存款单真实性上的重大过失，指存款单的真实性上存在明显瑕疵，相对人因未尽到必要的注意义务而未能发现的情形。所谓明显瑕疵，即一般有理性人均可以发现的瑕疵。根据过错责任理论，当事人未尽到一般人的注意义务构成重大过失，应相应减轻金融机构的责任。

（三）以伪造、变造的存款单质押的处理

按照《规定》第8条的解释，以伪造、变造的存款单出质的，因标的虚假，质押合同无效，质权自始未设立。债权人以存款单质押为由起诉金融机构的，应判决驳回其诉讼请求，并可告知其另案起诉出质人。《规定》对接受伪造、变造的假存款单作为质押标的的债权人不予保护的理由是：

1. 存款单的持有人与金融机构之间无有效的法律关系，金融机构对伪造、变造存款单的持单人不负清偿之责，对接受存款单质押的债权人也无兑付责任；

2. 假存款单因样式、印鉴的虚假，不能表明金融机构对存款单所记载的债权有真实意思表示，当事人伪造或者与金融机构工作人员串通伪造存款单均属于个人行为。

对比以虚开存款单出质的处理可以发现，以伪造、变造的存款单质押的，金融机构的法律责任相对减轻，甚至不承担民事责任，而相对人负担较重，故认定存款单的伪造、变造时应当十分慎重。一般而言，当事人自己单独制作在样式、印鉴上明显区别于真实存款单的存款单，应当认定为假存款单；样式与真实存款单完全相同（往往取自金融机构内部），但印鉴虚假的，也应当认定为假存款单；当事人盗用金融机构的制式存款单并盗盖金融机构的印鉴制作的完全与真实存款单一样的存款单，本质上也属于假存款单，但对于此种假存款单金融机构负举证责任。值得注意的是，如存款单不真实，但持有人对金融机构的债权真实存在的，金融机构仍然承担清偿责任，接受存款单质押的债权人也受法律保护。比如，存款人将款项交付给金融机构的工作人员后，工作人员给存款人开具作废存款单（存款人无法辨别存款单的真伪），侵吞存款，按照《规定》第 5 条确立的“双重真实性原则”（即以存款单的真实性和存款关系的真实性处理案件的原则），如存款真实存在（比如有犯罪人提供的证据予以证实），存款单的虚假不影响存款人与金融机构之间存款关系的成立，金融机构仍应承担法律责任。

（四）存款单核押的法律意义

存款单核押指质权人将存款单质押的情况告知金融机构，并就存款单的真实性向金融机构咨询，金融机构对存款单的真实性予以确认并在存款单上或以其他方式签章的行为。存款单核押在本质上是向辅助人（存款行）为出质通知，辅助人在收到通知后不得向存款人兑付存款，否则对质权人不生效力。为此，担保法司法解释第 100 条①规定：“以存款单出质的，签发银行核押后又受理挂失并造成存款流失的，应当承担民事责任。”此外，存款单核押的法律意义还在于，开具存款单的金融机构对存款单进行核押，表明该金融机构对存款单的真实性予以确认，因而应推定存款单系具有完全权利内容的权利凭证，可以成为合法的权利质押标的。同时，金融机构核押存款单即知悉存款单出质的事实，存款人成为“虚有权利人”，质权人成为权利的实际控制人，金融机构不得向存款人支付存款单上的款项，更不能接受存款人的挂失。反之，以存款单出质如不向辅助人为出质通知，辅助人在不知存款单已被出质的情况下向出质人兑付存款（如通过挂失方式兑付存款），存款单所指向的债权消灭，质权也消灭。

然而，依照我国担保法、物权法的规定，存款单质押并不需要核押程序，当

---

① 从该条内容看，今后法律实践如遇到该情形，除继续采用该条的处理方法外别无选择。从中可以观察到习惯法的形成。

事人签订质押合同并交付存款单给债权人后，质权成立，核押与否不影响存款单质权的成立。但从以上分析来看，核押是质权人保护自身权利安全的重要方法，值得肯定和推广。

（五）以第三人的存款单进行质押的处理

债务人以第三人的存款单出质，本质上系以第三人的财产设定质权，必须有第三人为债务人提供担保的意思表示，方能认定第三人承担担保责任。反之，如果仅有债务人交付存款单的事实，但无证据证明第三人有为债务人提供担保的意思表示，第三人事后对债务人的出质行为又不予追认的，债务人与债权人签订的质押合同无效，债权人不能取得质权，已经占有的第三人的存款单应予返还。实务中，以第三人的存款单出质但无第三人提供担保的意思表示的情形主要有两种：一是行为人以不法占有的第三人的存款单出质；二是行为人以合法占有的第三人的存款单出质。在第一种情形中，不法占有人，如因偷、抢、骗、拾得占有存款单的当事人，以第三人的存款单出质的，质押合同无效，债权人不能取得质权。因质权的善意取得以出质人合法占有出质财产为要件，以偷、抢、骗、拾得形成的占有属于不法占有，不符合质权善意取得的要件，故无论债权人是否知悉存款单的真实情况，债权人均不能取得质权，质权的善意取得制度不能适用。在第二种情形中，债务人以合法占有的存款单出质，比如以保管、借用的存款单出质的，如果债权人对存款单的真实权利状况不知情，质权的善意取得制度发生作用。根据物权法第 106 条①和担保法司法解释第 84 条②的规定，债权人在接受存款单出质时主观上如果属于善意，并系通过支付合理对价（即发生合法债权）占有存款单的，债权人可以取得存款单质权。实务中，由于存款单系记名有价证券（不记名存款单在实行存款实名制后已经被取消），债权人在接受存款单出质时对存款单记载的真实权利人为明知，当存款单记载的存款人与出质人不是同一人时，债权人不构成善意，不能取得质权。

债务人经第三人的授权，以第三人的存款单出质的，债务人仅为代理人，第三人系担保人，质押合同合法有效，以存款单出质的法律后果由第三人承担。存

---

① 对应民法典第 311 条，无实质变化。

② 无对应内容。

款单出质中涉及家事代理的情形较为复杂。所谓家事代理，指家庭成员之间在日常家务活动中的相互代理，由此产生的代理权，称为家事代理权。家庭成员因家事代理权代替其他家庭成员处理日常家务，其后果对其他家庭成员有效。在存款单质押中，如果债务人以家庭成员的存款单出质，比如丈夫以妻子的存款单出质，无家庭成员授权的，能否依据家事代理权认定债务人的行为对家庭成员发生效力，值得研究。通常认为，家事代理限于日常家务活动，“日常家务，指夫妻及其未成年子女共同生活所必需的事项，如食物、水电、医疗保健等”[①]，以家庭成员的存款单出质系对家庭成员的财产权的处分，如果将此种行为认定为日常家务活动，则对家庭成员的财产安全构成威胁。基于一般人的理性认识，处分他人财产应征得他人的同意，即便他人系家庭成员，故债务人以家庭成员的存款单出质，包括丈夫以妻子的存款单出质，其行为应当超出了日常家务代理的范围。因此，当债权人明知出质人非存款单的权利人，如果没有存款单权利人关于出质的真实意思表示的，即便出质人与存款单的权利人之间具有家庭成员关系，甚至是夫妻关系，债权人也不能取得质权。

（六）质权人返还存款单的后果

实践中，质权人返还存款单于出质人的情况较为常见，通常系质权人为避免行使质权的障碍（实务中，银行常以质权人不是存款单记载的权利人为由拒绝付款）而返还存款单给出质人，令出质人向存款银行行使取款权，然后再由出质人向质权人清偿。存款单系出质权利凭证，出质人交付存款单是质权成立要件，质权人返还存款单则构成对出质权利凭证的丧失占有。依大陆法系各国的立法例，质权人丧失对质物或者权利凭证的占有，可以导致质权消灭，如德国民法，也可以导致质权丧失对抗效力，如日本民法。我国物权法、担保法对质权人返还权利凭证的法律后果未作规定，担保法司法解释第 87 条[②]规定动产质权人返还质物的，质权不消灭，但质权丧失对抗第三人的效力。参照该条司法解释的规定，权利质权人返还出质的权利凭证，如存款单，质权也不消灭，但质权人“以其质权对抗第三人的，人民法院不予支持”。比如，质权人返还存款单于出质人，出质

① 王泽鉴：《民法总则》，中国政法大学出版社 2001 年版，第 459 页。

② 无对应内容。

人将存款单转让或者再出质给第三人的，质权人丧失对第三人的对抗效力，质权虽未消灭但丧失担保功能。

如果质权人非因自己的意思表示而丧失对存款单的占有的，质权人有权依照物权法关于占有保护的规定提起占有返还之诉，恢复对存款单的占有，质权随对存款单占有的恢复而获得其原有效力。比如，存款单被出质人以欺骗的方式获取，质权人可以诉请法院裁判出质人返还存款单，出质人返还存款单于质权人后，质权恢复其对抗效力。

（七）存款单质权的实现方式

债权到期未受清偿，质权人可收取出质权利的给付利益，即直接向存款单的债务人——存款银行要求兑付存款单，以清偿被担保债权。如果银行拒绝向质权人兑付存款单，质权人可以单独起诉银行，或者对出质人和存款银行一并提起诉讼。对此，担保法司法解释第106条[①]明确规定："质权人向出质人、出质债权的债务人行使质权时，出质人、出质债权的债务人拒绝的，质权人可以起诉出质人和出质债权的债务人，也可以单独起诉出质债权的债务人。"质权人仅起诉存款银行的，法院原则上不能追加出质人作为共同被告，如果案件涉及对担保关系中当事人权利义务的调查，法院可以传唤出质人到庭接受调查，出质人有义务协助法庭查明事实并根据案件需要提供证据。

六、票据质权

票据质押是常见的担保形式，担保法和票据法对票据质押均有规定，但内容较少，最高人民法院关于票据法和担保法所作的相关司法解释，在一定程度上起到了弥补法律规定不足的作用。

（一）票据质权人享有的权利性质

票据质权人对出质票据享有何种权利，司法实务中存在两种不同意见：一种意见认为票据质权人的权利属于票据权利，与基于转让取得票据的票据权利人享有同等的权利，即享有付款请求权和追索权；另一种意见认为票据质权人的权利不属于票据权利，票据质权人不能享有与票据权利人相同的付款请求权和追索

---

① 无对应内容。

权，质权人行使权利应当通过出质人或者诉讼程序。根据《中华人民共和国票据法》（以下简称票据法）第35条第2款的规定，“汇票可以设定质押；质押时应当以背书记载‘质押’字样。被背书人依法实现其质权时，可以行使汇票权利”。其中的“汇票权利”，是指付款请求权和追索权，即票据权利，故汇票的质权人在行使质权时享有与票据权利人一样的“汇票权利”。因此，依据票据法第35条的规定，上述第一种意见较为妥当。虽然票据法第35条针对的是汇票质押，但依照票据法第80条、第93条规定的准用条款，本票、支票也准用关于汇票的规定，故该条也适用于支票与本票质押。此外，担保法第77条[①]也规定票据质权人行使权利的方式包括“兑现”票据，依照该条规定，“以载明兑现或者提货日期的汇票、支票、本票、债券、存款单、仓单、提单出质的，汇票、支票、本票、债券、存款单、仓单、提单兑现或者提货日期先于债务履行期的，质权人可以在债务履行期届满前兑现或者提货，并与出质人协议将兑现的价款或者提取的货物用于提前清偿所担保的债权或者向与出质人约定的第三人提存”。综上，票据质权人享有的权利性质上属于票据权利，票据质押背书与转让背书在取得票据权利上具有同等的法律意义。票据质权人以持有的票据要求付款人付款的，付款人不得以持票人系质权人而非受让人为由予以拒绝。

然而，根据票据法的规定，票据质权人的票据权利在其依法可以行使质权时发生，而质权的行使必须以债务人不履行到期债务为前提，因此，票据质权人的票据权利是附发生条件的票据权利，与基于转让取得票据的票据权利人不同，后者在持有票据时即取得票据权利。债务人到期履行了债务的，质权人应当将票据返还给出质人，此时的票据质权人不享有票据权利。如果质权人拒绝返还票据并且向付款人要求付款的，出质人可以按照《最高人民法院关于审理票据纠纷案件若干问题的规定》（以下简称票据法司法解释）第8条的规定，申请法院对票据进行保全，并有权要求法院向票据付款人签发止付通知。

票据在出质后，质权人不得就票据进行转质，票据法司法解释第47条对此有明确规定，因此，基于票据转质取得票据的当事人，不享有票据权利。

---

① 民法典第442条规定：“汇票、本票、支票、债券、存款单、仓单、提单的兑现日期或者提货日期先于主债权到期的，质权人可以兑现或者提货，并与出质人协议将兑现的价款或者提取的货物提前清偿债务或者提存。”

（二）票据质权的取得与质押背书的关系

票据质押背书对于质权人具有重要意义，质权人可以凭借质押背书向票据付款人行使权利，至于质押背书在取得票据质权上的作用，担保法司法解释和票据法司法解释之间存在差异。担保法司法解释第 98 条[①]规定："以汇票、支票、本票出质，出质人与质权人没有背书记载'质押'字样，以票据出质对抗善意第三人的，人民法院不予支持。"票据法司法解释第 55 条规定："……出质人未在汇票、粘单上记载'质押'字样而另行签订质押合同、质押条款的，不构成票据质押。"分析来看，担保法司法解释未将质押背书作为票据质权的取得要件，而是作为票据质权的对抗要件，没有背书的，债权人仍然可以取得质权，但该质权"不得对抗善意第三人"；票据法司法解释将质押背书作为票据质权的取得要件，未背书的，"不构成质押"，债权人不能取得质权。

质押背书究竟是票据质权的设立要件，还是票据质权的对抗要件，涉及质押背书的法律意义。担保法对票据质押的背书未作规定，票据法第 35 条第 2 款虽明确规定，汇票质押时应当以背书记载"质押"字样，但未规定质押背书的法律后果。对比担保法和票据法的现有规定可以发现，票据法司法解释将质押背书作为票据质权的取得要件依据不足。理由是，担保法第 76 条[②]对票据质押合同的效力规定为"质押合同自权利凭证交付之日起生效"（物权法对此已作改变，参见本章第 1 节的论述），债权人根据生效的质押合同占有票据，同时也取得对票据的质权。担保法未将质押背书作为权利质权的取得要件，票据法也未规定未作"质押背书"的质押无效，因此，仅凭无质押背书认定债权人不能取得质权无法律依据。担保法司法解释第 98 条将质押背书作为票据质权的对抗要件，与担保法关于"质押合同自权利凭证交付之日起生效"的法律规定一致，也不违反票据法关于质押背书的规定。该条解释兼顾了担保法和票据法对票据质押的规定，与后来颁布的物权法也一致。此外，根据票据法的规定，背书并不是取得票据权

---

① 民法典担保制度司法解释第 58 条规定："以汇票出质，当事人以背书记载'质押'字样并在汇票上签章，汇票已经交付质权人的，人民法院应当认定质权自汇票交付质权人时设立。"

② 民法典第 441 条规定："以汇票、本票、支票、债券、存款单、仓单、提单出质的，质权自权利凭证交付质权人时设立；没有权利凭证的，质权自办理出质登记时设立。法律另有规定的，依照其规定。"

利的唯一方式，票据权利可以因转让取得，也可以因继承、赠与、税收取得①，根据票据法第31条的规定，持票人在没有票据背书的时候，可以依法证明自己享有的票据权利。因此，仅凭无质押背书即否定票据质押，不符合票据法的规定。

担保法司法解释规定票据的质押背书系票据质权的对抗要件，无质押背书的，质权人行使质权时，票据的付款人可以拒绝付款，即票据质权人不得对抗票据义务人。在此种情形下，质权人必须根据票据法第31条的规定依法证明自己享有的票据权利（质权），方能实现其票据权利（质权）。实务中，在无质押背书的情形下，持票人证明票据权利的主要方法是提供书面的质押合同，如果既无质押背书，也无书面质押合同的，持票人占有票据无合法根据，质权不成立。此外，如果出质的票据因无质押背书而被第三人（如票据被转让给受让人）善意取得的，质权人不得以其质权对抗善意第三人，善意第三人取得票据权利后，票据上的质权消灭。

（三）关于以注明不得转让的票据出质

担保法颁布不久，实务中对“注明不得转让的票据是否可以质押”的问题争论激烈，为此票据法司法解释第53条规定：“……出票人在票据上记载‘不得转让’字样，其后手以此票据进行贴现、质押的，通过贴现、质押取得票据的持票人主张票据权利的，人民法院不予支持。”票据法司法解释明确否定了出票人注明不得转让的票据可以作为出质权利，因此以“出票人注明不得转让的票据”质押的，质押合同无效，债权人不能取得质权。如果票据上的“不得转让”并非由出票人记载，而系持票人记载的，则对持票人的前手无约束力，但对后手产生限制，该票据在持票人注明“不得转让”后不能成为出质标的。物权法理论认为，不得转让的权利亦不得作为质押标的，其中也包括当事人约定不得转让的权利，但相对人不知该约定的不在此限。当票据上已记载“不得转让”的字样，接受票据的相对人自当知悉该票据已被出票人禁止流通，相对人不能在该票据上成立质权。票据法司法解释的规定与物权法理论相吻合。

---

① 票据法第11条第1款规定：“因税收、继承、赠与可以依法无偿取得票据的，不受给付对价的限制。但是，所享有的票据权利不得优于其前手的权利。”

七、债券质权

债券是指政府、金融机构、企业为筹措资金而依法定程序向社会不特定对象发行的，约定在一定期限内还本付息的有价证券。债券一般向社会不特定对象发行，但也有仅向特定对象发行的，如中央银行向商业银行定向发行的特种债券、定向发行的证券债券等。债券的种类有政府债券（国库券）、金融债券、企业债券，均属于有价证券，可以依法转让或者出质。债券依是否记名分为记名债券和无记名债券，记名债券的转让或者出质需背书交付债券；无记名债券仅凭交付债券即可发生转让或者出质的效力。无权利凭证的记名债券因无法交付债券凭证，故以向债券登记机构进行转让登记或者出质登记进行转让或者出质。

我国债券市场起步虽晚，但发展较快，债券种类丰富，有国债、金融债、企业债，其中金融债种类较多，有政策性金融债、中央银行债、商业银行债、证券公司债等。债券的形式有纸质债券、记账式债券、凭证式债券，随着经济的发展，纸质债券逐渐让位于凭证式和记账式债券。依照物权法第224条的规定，债券的出质方式分为登记与交付两种：在中央国债登记结算有限责任公司托管的国债、政策性金融债、中央银行债、记账式企业债，在中央国债登记结算公司办理出质登记；在中国证券登记结算有限责任公司托管的证券债券、企业债券等，在证券登记结算公司办理出质登记；纸质、凭证式债券以交付债券凭证作为出质方式，是否背书不影响质权成立（但影响到债券质权的行使，后面另述）。1999年后（含1999年）财政部发行的由各承销银行以“中华人民共和国凭证式国债收款凭证”方式销售的凭证式国债，借款人申请办理质押贷款业务时，按照中国人民银行、财政部发布的《凭证式国债质押贷款办法》第6条的规定，应向其原认购国债银行提出申请，经对申请人的债权进行确认并审核批准后，由借贷双方签订质押贷款合同，并将凭证式国债交贷款机构保管，由贷款机构出具保管收据。此类凭证式国债仍然通过交付债券凭证设立质权。

债券出质后，质权人成为债券的实际权利人，出质人未经质权人的同意不得处分债券权利。债券出质后产生的法定孳息，如债券利息，由质权人收取。被担保的债权到期未受清偿的，质权人有权收取出质债券的给付利益，以清偿被担保债权。

八、应收账款质权

应收账款属于债权性质，物权法规定应收账款可以作为出质权利，为民法典所吸收，开辟了一般债权和未来债权质押的合法途径，为中小企业融资提供了有效的担保方式。

（一）应收账款的概念和类型

应收账款是指权利人因提供一定的货物、服务或者设施而获得的要求义务人付款的权利，包括现有的和未来的金钱债权及其产生的收益，但不包括因票据或者其他有价证券而产生的付款请求权。依照物权法第 223 条的规定，结合中国人民银行《应收账款质押登记办法》（中国人民银行令〔2007〕第 4 号，以下简称《登记办法》）第 4 条，可以出质的应收账款包括下列类型：

1. 销售产生的债权，包括销售货物，供应水、电、气、暖，知识产权的许可使用等；
2. 出租产生的债权，包括出租动产或不动产；
3. 提供服务产生的债权；
4. 公路、桥梁、隧道、渡口等不动产收费权；
5. 提供贷款或其他信用产生的债权。

《登记办法》现已被中国人民银行发布的《动产和权利担保统一登记办法》（2022 年 2 月 1 日生效）取代，依据新的登记办法，可以出质的应收账款类型扩大到所有以合同为基础具有金钱给付内容的债权，极大地丰富了应收账款质押的种类。

分析以上应收账款类型可以发现，依法可以出质的应收账款，首先必须具有可让与性。其次限于金钱债权。不能转让的债权（如养老金、抚恤金）和非金钱债权（如提供服务），不能作为应收账款出质。再次，应收账款出质基本上以已经发生的应收账款为主，比如已经发生的销售货款、贷款、租金等。已经发生的应收账款存在于已发生的基础法律关系之上，应收账款内容确定，债务人也特定，容易公示。以未来的应收账款作为出质标的，基本上限于有基础法律关系但尚未发生的应收账款，因为“作为质权标的物的债权不仅须有让与的可能……更须该债权在法律上足以确保者”①。无基础法律关系的未来应收账款难以特定，且债务人也系不特定的第三人，无法公示，不能作为出质权利。举例来说，已经签订有不动产租赁合同，未来租金收入有租赁合同作为基础法律关系，且债务人确定，可以作为出质权利；企业、个体工商户未来的营业收入，基础法律关系尚未发生且债务人也不特定，不能作为出质权利；公路、桥梁、隧道、渡口等不动产收费权虽债务人不特定，但收费基础法律关系——不动产经营权确定，收费稳定，可以作为出质权利；公园门票收入、景区收入、《国务院西部开发办关于西部大开发若干政策措施的实施意见》中规定的基础设施项目收费权等，具备法律上的稳定收益的特点，可以作为应收账款出质。最后，企业经营权以及各种特许经营权虽然也可以产生预期收益，但不具有应收账款性质，不得作为应收账款质押。

（二）应收账款质权的出质登记与取得

以应收账款出质的，质权人与出质人应当签订书面质押合同，合同自当事人签字盖章之时成立并依法生效，质权则自质权人（或受质权人委托的代理人）向中国人民银行征信中心办理出质登记时设立。应收账款质押登记属于应收账款质权的成立要件，未经登记的，债权人不能取得应收账款质权。中国人民银行征信中心依照物权法的规定开展应收账款质押登记，其核心职责是采取必要的措施，维护登记公示系统安全、正常运行，对当事人出质的应收账款的真实性、有效性不负审查之责。因此，从性质上看，应收账款质押登记属于形式登记，不具有公信力，只要登记人提交登记的文件和内容符合《登记办法》的规定，征信中心即可予以登记。但应收账款出质登记具备公开性，可以实现自由查询，故该登记具有对抗第三人的效力。

1. 登记与查询

应收账款质押登记由质权人通过中国人民银行征信中心的登记公示系统办理，质权人办理应收账款质押登记时，应注册为登记公示系统的用户。质权人也可以委托他人办理质押登记，比如委托出质人办理。质权人办理质押登记前应与出质人签订协议，协议应载明质权人与出质人已签订质押合同，并约定由质权人

---

① 谢在全：《民法物权论》，中国政法大学出版社 1999 年版，第 808 页。

办理质押登记。出质人或质权人为单位的，应填写单位的法定注册名称、注册地址、法定代表人或负责人姓名、组织机构代码或金融机构代码、工商注册码等；出质人或质权人为个人的，应填写有效身份证件号码、有效身份证件载明的地址等信息。被担保的主债权金额等其他内容，由质权人与出质人约定是否作为登记内容。

根据《登记办法》第 25 条的规定，“任何单位和个人均可以在注册为登记公示系统的用户后，查询应收账款质押登记信息”。第 26 条规定：“出质人为单位的，查询人以出质人完整、准确的法定注册名称进行查询。出质人为个人的，查询人以出质人的身份证件号码进行查询。”第 27 条规定：“征信中心根据查询人的申请，提供查询证明。”

2. 变更登记与异议登记

应收账款质押登记内容存在遗漏、错误等情形或登记内容发生变化的，质权人应当办理变更登记。质权人办理变更登记的，应当提交与出质人就变更事项达成的协议。依据《登记办法》第 15 条的规定，质权人办理登记时所填写的出质人法定注册名称或有效身份证件号码变更的，质权人应当在变更之日起 4 个月内办理变更登记。未办理变更登记的，质押登记失效。质权人在原质押登记中增加新的应收账款出质的，《登记办法》第 14 条规定新增加的部分视为新的质押登记，登记时间为质权人填写新的应收账款并提交登记公示系统的时间。依照物权法第 228 条的规定，质权人在增加的新的应收账款上成立新的质权，质权成立时间以新增加的应收账款的质押登记时间为准。

出质人或其他利害关系人认为登记内容错误的，可以要求质权人变更登记或者注销登记。质权人不同意变更或者注销的，出质人或其他利害关系人可以办理异议登记。出质人或者其他利害关系人应在异议登记办理完毕的同时通知质权人。出质人或者其他利害关系人在办理了异议登记后，应当对质权人提起诉讼，请求法院对双方存在的争议进行裁判。法院裁判后，征信中心应按照出质人或者其他利害关系人、质权人的要求，根据生效的法院判决或者裁定撤销应收账款质押登记或异议登记。出质人或者其他利害关系人自异议登记之日起 15 日内不起诉的，征信中心撤销异议登记。办理异议登记的出质人或者其他利害关系人也可以自行注销异议登记。

3. 登记期限与重复登记

关于应收账款质押登记的期限，物权法未作规定，《登记办法》第 12 条规定：“质权人自行确定登记期限，登记期限以年计算，最长不得超过 5 年。登记期限届满，质押登记失效。”第 13 条第 1 款规定：“在登记期限届满前 90 日内，质权人可以申请展期。”质权人展期的次数不受限制，但每次展期期限不得超过 5 年。依照物权法定原则，设立物权和消灭物权只能由法律规定，《登记办法》作为部门规章性质不能规定“应收账款质权的消灭期限”，因此《登记办法》第 12 条的规定不具有消灭应收账款质权的效力。但在实务中对应收账款质押登记规定登记期限具有一定的现实意义，除可以方便征信中心系统管理外，也有利于督促质权人及时行使质权，及时注销登记。此外，应收账款如果超过 5 年，其权利实现的可能性已经很小，应收账款成为呆坏账的可能性很大，《登记办法》所规定的 5 年登记期限也基本上能够满足质权人的需要。而且，质权人可以多次展期，登记期限基本不会损害质权人的权益。

应收账款可以重复质押，按照物权法第 228 条和《登记办法》第 5 条的规定，在同一应收账款上设立多个质权的，质权人按照登记的先后顺序取得质权并按照次序行使质权。然而，如前所述，物权法第 228 条规定出质后的应收账款未经质权人的同意不得转让，按照“法律规定不得转让的权利也不得质押”的物权法理论，应收账款在出质后未经质权人同意的也不得再出质，否则质押合同无效，即便已经办理了出质登记的，出质登记也不具有法律效力。

4. 注销登记

应收账款出质登记后，当出现主债权消灭、质权实现、质权人放弃应收账款质权或者其他导致质权消灭的情形时，按照《登记办法》第 17 条的规定，质权人应自质权消灭情形产生之日起 10 个工作日内办理注销登记。质权人不办理注销登记的，在登记期限届满后，由征信中心注销登记。

（三）《动产和权利担保统一登记办法》在应收账款质权登记与取得上的继承与进步

《登记办法》经过 2017 年修订，并进一步发展到 2022 年生效的新的《动产和权利担保统一登记办法》，其中继承性得到了很好的体现，在登记机构、程序、种类等各项主要内容上，应收账款质权的登记基本上保持稳定，仅在期限等个别规定上有变化，而且是向放宽的方向变化，很好地体现了与时俱进的品格。读者可以自己体会。但作为物权的取得与消灭，应收账款质权的取得和消灭都不能由行政规章性质的“登记办法”来规定，2007 年老版《登记办法》在这一方面做得不好，规定了一些“取得和消灭”应收账款质权的内容，但已经被后面新的“登记办法”取消。这是落实物权法律制度的一个进步。在司法实践中，这一进步的落实应当做到以下两点。

1. 物权的取得与消灭由物权法（《民法典》）规定，“登记办法”中的任何条款内容均不具有取得和消灭物权的效力，比如登记期限的规定。在应收账款登记期限届满，登记被注销后，依据物权法消灭应收账款质权，法院不能引用“登记办法”认定质权消灭；如果登记逾期后并未被登记部门注销，则质权仍然存续。同理，物权法明确规定的质权消灭的原因，比如主债权消灭时质权消灭，即便登记部门的注销登记还未办理完毕，质权自主债权消灭之日已经归于消灭，而不必等待注销登记的完成。

2. 应当办理变更登记但未在“登记办法”规定的期限内办理的，比如出质人名称、身份证号码发生变化，当事人未在 4 个月内办理变更登记的，则原登记仍然有效，质权不消灭，可以继续对抗第三人，除非该第三人系善意第三人，应收账款质权被第三人善意取得（质权善意取得的要件参考本章相关内容）。举例来说，出质企业名称发生显著变化，第三人无法识别该出质人的原身份，并以新出质人的身份在征信中心成功办理了应收账款质押登记，则原应收账款质权被该第三人善意取得，原“质权人”不能对抗新质权人。

（四）应收账款质押的效力

应收账款出质后，出质人成为应收账款的“虚有权利人”，不再享有对应收账款的受领权，不得接受债务人的清偿。质权人作为应收账款的实际权利人，有权受领债务人的清偿，有权收取应收账款产生的法定孳息。以未来应收账款出质的，质权人有权派人收取随时产生的收益，也可以委托出质人收取并交付给质权人。比如，以公路收费权出质的，质权人可以派人收取车辆通行费，也可以委托出质人收取车辆通行费并按照约定的期限与方式交付给质权人。应收账款出质后，出质人未经质权人的同意不得转让应收账款，也不得以应收账款再出质。

应收账款出质登记不仅是质权人取得应收账款质权的要件，而且因其具备公开性和可以自由查询，因而符合物权公示的要求，产生对抗第三人的效力。未经质权人同意，受让应收账款或者接受应收账款再出质的第三人，不能就应收账款取得任何权利，不得妨碍质权人已经取得的质权。

应收账款出质登记虽对第三人发生对抗效力，但对应收账款的特定债务人并不当然发生效力，债务人并无义务在清偿债务前查询应收账款出质登记。债务人如因不知应收账款已经出质的事实而向出质人履行义务，出质权利将因债务人的履行而消灭，应收账款质权也随之消灭。因此，依照合同法第 80 条[①]关于债权转让的规定，出质人或者质权人应当将应收账款出质的事实通知债务人，否则对债务人不生效力。应收账款出质后，出质人不再享有受领的权利，债务人在收到通知后，知悉出质人已经丧失了受领的权利，仍然向出质人履行义务的，对质权人不生效力，质权人仍然有权要求债务人履行债务。

九、仓单、提单质权

仓单、提单属于动产物权凭证，依照我国物权法第 224 条的规定，以仓单、提单出质的，债权人自出质人交付仓单、提单之日起取得权利质权。国外立法理论也有主张以仓单、提单出质的，质权人在仓单、提单项下的动产上成立动产质权，而非权利质权，如日本民法。仓单、提单出质后，出质人对仓单、提单项下的动产丧失事实上的处分权，而质权人占有仓单、提单后成为动产的实际权利人，享有物上请求权，当仓单、提单项下动产受到侵害时，质权人有权要求侵害人停止侵害、排除妨碍、返还占有或者承担损害赔偿责任。

仓单、提单质权所担保的债权到期未受清偿时，质权人行使权利的方式与动产质权相同，既可以与出质人协商将仓单、提单项下的动产折价，也可以将动产交付拍卖、变卖，以变现价款清偿被担保债权。在质押期间，仓单、提单项下的动产如被保管人、运送人转让给第三人，第三人符合动产善意取得的，仓单、提单权利消灭，仓单、提单上设立的质权也消灭；如果仓单、提单项下动产被保管人、运送人出质给第三人，第三人符合动产质权的善意取得的，仓单、提单权利本身并不消灭，故在仓单、提单上设立的质权也不消灭。然而，由于仓单、提单权利项下的动产置于善意动产质权人合法占有之下，仓单、提单的权利质权人不

---

① 对应民法典第 546 条，无实质变化。

能行使质权，此种情形下，仓单、提单的权利质权人后于善意动产质权人受偿。

十、股权质权

物权法、担保法均规定股权可以作为出质权利，股权出质也成为实务中较为常见的担保方式。股权有广义和狭义之分，广义的股权包括当事人因投资形成的、在各类法人或非法人组织中拥有的股份，既包括有限责任公司和股份有限公司股权，也包括合伙企业、合作企业、事业单位、社会团体股份；狭义的股权仅指有限责任公司和股份有限公司股权。我国物权法规定的可以出质的股权，依立法者的解释系狭义的股权①，即公司股权，但从物权法本身的文义上看，似不应排除其他营利性的经济组织的股权，如合伙企业的出资份额，因为后者与公司相比，除在组织形式和管理等方面存在区别外，其本质均属于营利性经济组织，股权的性质并无本质区别。因此，除有限责任公司、股份有限公司的股权可以出质外，合伙企业的股份也应当可以作为质押标的。然而，非营利性或者公益性的社会组织与团体的股份，不属于物权法、担保法规定的可以出质的股权，应当排除在权利质押范围之外。

以股权出质的，大陆法系国家和地区的立法例通常规定以交付股票或者股权证明设立质权，记名股票以背书交付股票成立质权，无记名股票仅以合意交付股票成立质权，如德国和日本。日本商法则进一步规定，在公司股东簿上进行的股权出质登记，虽不作为质权取得要件，但具有对抗第三人的效力，未经登记的，不得对抗第三人。依照我国物权法第 226 条的规定，以股权设立质权的，必须进行股权出质登记，交付股票不能成立质权。该条规定："……以基金份额、证券登记结算机构登记的股权出质的，质权自证券登记结算机构办理出质登记时设立；以其他股权出质的，质权自工商行政管理部门办理出质登记时设立……"根据我国公司法和《中华人民共和国证券法》（以下简称证券法）的相关规定，在证券登记结算机构办理出质登记的股权，指公开发行的股份有限公司的股权，依照证券法第 9 条的规定，公开发行的股份有限公司的股权既包括向不特定对象发行的股份有限公司的股权，也包括向特定对象发行累计超过 200 人（但依法实施员工持股计划的员工人数不计算在内）的股份有限公司的股权。有限责任公司的

---

① 胡康生主编：《中华人民共和国物权法释义》，法律出版社 2007 年版，第 478~479 页。

股权和发行对象少于200人的定向募集设立的股份有限公司的股权，不属于证券登记结算机构登记的股权，设立质权时，仅须向工商行政管理部门办理出质登记。

股权出质须符合公司法规定的股权转让要求，限制转让的股权，在限制期间和限制条件下既不得转让，也不得出质，如发起人的股份、公司高管人员的股份、公司公开发行前已发行的股份等。股权被设定质权后，出质人未经质权人的同意不得转让股权，不得以股权再设定质权，也不得放弃股权。股权在出质期间产生的收益，如股息、红利、赠股以及基于股息、红利所发行的增资配股，由质权人取得。股权出质后，出质人仍然享有对公司的经营管理权，有权按照法定程序对公司的经营方针和其他重大事项行使表决权。

十一、知识产权质权

专利权、商标专用权、著作权等知识产权，又称为无体财产权，不属于物权法的调整对象，但以无体财产权设立的质权属于物权，在物权法调整范围之内。依照物权法第223条和第227条的规定，专利权、商标专用权、著作权等知识产权中的财产权可以出质，质权自有关主管部门（专利局、商标局、国家版权局）办理出质登记时设立。知识产权中的财产权出质后，未经质权人同意，出质人不得转让或者许可他人使用，但自己仍然有权继续使用。故在物权法理论上，也有主张在无体财产权上设立的质权，虽然名义上是质权，但其本质与抵押权相同①，出质财产由出质人占有并使用，质权人不占有出质财产，仅享有对出质财产的优先受偿权。

第七节　权利质权的实现与消灭

一、权利质权的实现

债权已届清偿期而未受清偿时，质权人可以行使质权，以出质权利的价值清偿被担保债权。与动产质权人相同，权利质权人对出质权利享有变价权和优先受

① 史尚宽：《物权法论》，中国政法大学出版社2000年版，第419页。

偿权。根据物权法、担保法及其司法解释的规定，权利质权依出质权利的不同在实现上存在不同特点。

（一）债权质权的实现

质权人实现债权质权时，如果债权标的是金钱，质权人可以向辅助人（也称为第三债务人）要求兑付，并以兑现的款项清偿被担保债权。如果权利标的是动产，质权人的质权移转到动产上，权利质权转变为动产质权，质权人可以按照动产质权的实现方式行使质权，比如对动产进行折价或拍卖、变卖。

以债权转让是否需要通知债务人为标准，可将债权转让分为须通知债务人的权利转让和不须通知债务人的权利转让，前者指一般债权，比如合同债权；后者指有价证券所指示的债权，比如债券、票据等。法律对债权在转让上的要求同样适用于债权质押关系，并因此产生权利质权实现上的区别。

1. 债权转让须通知债务人的债权质权的实现

债权出质并非债权转让，但在质权实现时，质权人有权收取出质权利的给付利益，自然发生债权转让的法律后果，故法律关于债权转让的规定对债权出质也同样适用。我国合同法第 80 条[①]第 1 款规定："债权人转让权利的，应当通知债务人。未经通知，该转让对债务人不发生效力。"依据该款规定，债权出质应当通知辅助人，否则出质行为对辅助人不发生法律效力。然而，由于我国法律未规定债权出质必须通知辅助人，故未经通知辅助人的债权质押仍然具有法律效力，但依据合同法第 80 条的规定，债权出质未通知辅助人的，对辅助人不发生法律效力。

债权出质未通知辅助人的，对辅助人不发生法律效力，在实现质权时，质权人向辅助人直接要求其向自己履行债务，辅助人可以拒绝，质权人只能通过诉讼程序实现其质权。例如，以存款单出质的，出质人未向辅助人（存款银行）发出出质通知，辅助人因不知权利出质的事实可以拒绝质权人的履行要求。即便质权人持有权利凭证，比如存款单，由于存款单不是法定可转让债权，权利凭证与权利可以分离（比如存款单遗失的存款人可以通过挂失方式行使权利），辅助人对质权人持有存款单存在疑问的，也可以拒绝向质权人履行债务。为此，担保法

① 对应民法典第 546 条，无实质变化。

司法解释第106条[1]规定质权人需通过诉讼程序行使质权，即“质权人向出质人、出质债权的债务人行使质权时，出质人、出质债权的债务人拒绝的，质权人可以起诉出质人和出质债权的债务人，也可以单独起诉出质债权的债务人”。值得注意的是，由于辅助人未得到出质通知，所以质权人的权利虽可以通过诉讼程序实现，但辅助人并不构成违约或者侵权，辅助人不承担债务之外的违约责任或者侵权责任。

另外，辅助人在未接到出质通知的情况下，可以因不知债权出质的事实而向出质人履行债务，辅助人履行债务后，出质人的债权消灭，质权也消灭，质权人再向辅助人要求履行债务的，辅助人有权拒绝。此种情形下，质权人仅能向出质人要求承担赔偿责任。辅助人收到出质通知的，债权出质对辅助人生效，辅助人不得再向出质人履行债务，否则对质权人不生效力，质权人仍然可以要求辅助人履行债务。

2. 债权转让不须通知债务人的债权质权的实现

（1）质权实现的方式

无须通知债务人即可转让的有价证券，在出质时也无须通知辅助人。无记名的债券、本票、汇票、支票等可以通过简单交付权利凭证成立质权；记名有价证券的出质应按照法律规定进行质押背书，并交付有价证券，质权人在占有有价证券时取得质权，并以质押背书取得在债权到期后向辅助人直接要求兑付的权利，辅助人不得拒绝。质押背书因明示记载于出质的有价证券上，对第三人也产生对抗效力。

有价证券在出质后，出质人不再持有有价证券，因权利与有价证券不可分离，故出质人无权向辅助人要求履行，辅助人也不得向出质人履行债务。如辅助人在出质人不持有有价证券的情况下仍然向出质人履行债务的，该履行行为对质权人不发生法律效力，质权人仍然可以持有价证券向辅助人主张权利。

（2）质押背书的意义

以汇票、支票、本票等有价证券出质但无质押背书的，担保法司法解释第

---

① 无对应内容。

98 条①规定："以汇票、支票、本票出质，出质人与质权人没有背书记载'质押'字样，以票据出质对抗善意第三人的，人民法院不予支持。"以债券出质但无质押背书的，担保法司法解释第 99 条②规定："以公司债券出质的，出质人与质权人没有背书记载'质押'字样，以债券出质对抗公司和第三人的，人民法院不予支持。"依照该司法解释的规定，以记名的有价证券出质但无质押背书的，质权人仍然可以取得质权，但该质权不能对抗善意第三人。无记名的有价证券无需质押背书，质权人自占有有价证券时取得质权并有权对抗第三人。

无质押背书的有价证券质权不得对抗的善意第三人，首先是指辅助人（又称为第三义务人），辅助人可以拒绝向持有无质押背书的有价证券质权人兑付有价证券，比如银行可以拒绝向质权人兑付无背书的票据，质权人只能按照担保法司法解释第 106 条的规定，通过诉讼程序实现其质权；其次是正当持票人，如果有价证券被转让且出现票据法所规定的正当持票人的，票据权利被正当持票人取得，质权人的质权虽不消灭，但不能对抗正当持票人；再次，以公司记名债券出质的，如果没有质押背书，质权人不得对抗公司，公司可以拒绝兑付债券；最后，出质的有价证券被查封的，无质押背书的质权不得对抗查封债权人。

3. 主债权与出质债权清偿期的协调

主债权的清偿期后于出质债权的清偿期，即出质债权先到期的，依照担保法第 77 条③的规定："以载明兑现或者提货日期的汇票、支票、本票、债券、存款单、仓单、提单出质的，汇票、支票、本票、债券、存款单、仓单、提单兑现或者提货日期先于债务履行期的，质权人可以在债务履行期届满前兑现或者提货，并与出质人协议将兑现的价款或者提取的货物用于提前清偿所担保的债权或者向与出质人约定的第三人提存。"根据该条规定，质权人有权要求提前清偿被担保的主债权，也可以与出质人约定将到期的出质权利标的向第三人提存，质权人在提前接受清偿或者向第三人提存上有自主选择权。

---

① 民法典担保制度司法解释第 58 条规定："以汇票出质，当事人以背书记载'质押'字样并在汇票上签章，汇票已经交付质权人的，人民法院应当认定质权自汇票交付质权人时设立。"

② 无对应内容。

③ 民法典第 442 条规定："汇票、本票、支票、债券、存款单、仓单、提单的兑现日期或者提货日期先于主债权到期的，质权人可以兑现或者提货，并与出质人协议将兑现的价款或者提取的货物提前清偿债务或者提存。"

主债权的清偿期先于出质债权的清偿期，质权人须等待出质债权的清偿期届至后才能行使质权，否则辅助人可以拒绝质权人行使权利。对此，担保法司法解释第102条[①]规定："以载明兑现或者提货日期的汇票、支票、本票、债券、存款单、仓单、提单出质的，其兑现或者提货日期后于债务履行期的，质权人只能在兑现或者提货日期届满时兑现款项或者提取货物。"如果权利凭证虽然记载有期限，但该期限并不限制权利的行使，质权人则无须等待该期限届至即可行使质权。比如定期存款单上记载的存款期限，该期限不是存款权利行使期，存款人可以在定期存款到期之前的任何时间提款，以存款单出质的，质权人行使质权不受存款单上记载的期限限制。

4. 辅助人的抗辩权

对于无须为出质通知的权利质押和已向辅助人为出质通知的权利质押，辅助人对质权人有直接兑付或交付权利凭证项下动产的义务，质权人行使质权无须通过出质人。记名有价证券无质押背书和以一般债权出质未通知辅助人（债务人）的，辅助人可以拒绝质权人行使质权。辅助人对出质人享有的抗辩权，同样可以向质权人行使，辅助人的抗辩权不因权利被出质而丧失。法理上称之为"任何人不因他人间所发生之事由而受损害"[②]。意大利民法典第2805条规定："质押债权的债务人得以可向自己的债权人提出的抗辩，向质押债权人提出。"[③] 例如，辅助人与出质人互负到期债务，辅助人对出质人有抵销权的，同样可以对质权人行使，但以出质人对辅助人的债务发生在辅助人受出质通知之前为限。再如，如果出质人对辅助人的债权是附条件的债权，辅助人可以所附条件未成就向质权人抗辩。

---

① 民法典担保制度司法解释第59条规定："存货人或者仓单持有人在仓单上以背书记载'质押'字样，并经保管人签章，仓单已经交付质权人的，人民法院应当认定质权自仓单交付质权人时设立。没有权利凭证的仓单，依法可以办理出质登记的，仓单质权自办理出质登记时设立。出质人既以仓单出质，又以仓储物设立担保，按照公示的先后确定清偿顺序；难以确定先后的，按照债权比例清偿。保管人为同一货物签发多份仓单，出质人在多份仓单上设立多个质权，按照公示的先后确定清偿顺序；难以确定先后的，按照债权比例受偿。存在第二款、第三款规定的情形，债权人举证证明其损失系由出质人与保管人的共同行为所致，请求出质人与保管人承担连带赔偿责任的，人民法院应予支持。"

② 谢在全：《民法物权论》，中国政法大学出版社1999年版，第842页。

③ 《意大利民法典》，费安玲、丁玫译，中国政法大学出版社1997年版，第738页。

（二）对物权利质权的实现

对物权利质权主要指以仓单、提单出质形成的权利质权。仓单、提单出质应当有质押背书，质权人在质权行使条件成就后，可以凭有质押背书的仓单、提单直接要求保管人、承运人向其交付货物。货物交付后，质权人的权利质权转化为动产质权。如果仓单、提单出质未进行出质背书的，保管人、承运人可以拒绝质权人交付货物的请求，质权人只能按照担保法司法解释第 106 条规定的诉讼程序行使质权。

（三）股权质权、知识产权中的财产权质权的实现

在股权、知识产权中的财产权上设定权利质权后，出质人不得再转让或许可他人使用已出质权利，出质人转让或许可他人使用的行为无效，对此，物权法第 227 条①、担保法第 78 条②、担保法司法解释第 105 条③有明确规定。股权质权和知识产权中财产权质权的实现，法律没有规定特别程序，依照担保法第 81 条④关于权利质押准用动产质押的规定，质权人可以与出质人协商以股权或知识产权中的财产权折价清偿被担保债权，也可以变卖、拍卖股权或知识产权中的财产权。股权和知识产权中财产权的转让，应当符合法律规定的转让方式和程序，拍卖也不例外。比如，以上市公司流通股出质的，流通股必须在证券交易所以集中竞价方式转让；以有限责任公司股权出质，股权向股东之外的第三人转让的，其他股东享有优先购买权等。

（四）权利质权的实现与财产保全

质权人行使权利质权时，可以申请法院对出质权利进行查封、冻结。实务中，质权人以债权人身份对出质权利申请查封、冻结后，仍然可以主张质权，并以质权人的身份享有对查封、冻结的出质权利的变价权和优先受偿权。实践表明，对出质权利标的实施财产保全措施，有利于保障质权的实现和减少质权实现中的风险。

---

① 民法典第 444 条规定："以注册商标专用权、专利权、著作权等知识产权中的财产权出质的，质权自办理出质登记时设立。知识产权中的财产权出质后，出质人不得转让或者许可他人使用，但是出质人与质权人协商同意的除外。出质人转让或者许可他人使用出质的知识产权中的财产权所得的价款，应当向质权人提前清偿债务或者提存。"

② 民法典第 443 条规定："以基金份额、股权出质的，质权自办理出质登记时设立。基金份额、股权出质后，不得转让，但是出质人与质权人协商同意的除外。出质人转让基金份额、股权所得的价款，应当向质权人提前清偿债务或者提存。"

③ 无对应内容。

④ 对应民法典第 446 条，无实质变化。

二、权利质权的消灭

权利质权的消灭原因与动产质权的消灭原因基本相同，与动产质权一样，权利质权可以因主债权的消灭而消灭、可以因质权的行使而消灭、可以因质权人抛弃质权而消灭，等等。动产发生毁损、灭失且无代位物时，动产质权消灭，权利虽不会发生毁损，但可以发生灭失，如公司破产导致股权失去价值或者导致公司债券得不到兑付等，权利质权也随出质权利的灭失而消灭。

依交付权利凭证成立的质权，质权人丧失对权利凭证的占有或者质权人向出质人返还权利凭证时，参照担保法司法解释第 87 条①关于动产质权的规定，质权并不消灭，但质权人“以其质权对抗第三人的，人民法院不予支持”。至于不能对抗的第三人的范围，可参照前述动产质权部分的论述，此处不再赘述。举例来说，无记名的债券或者票据在出质后又被转让，受让人善意取得债券或者票据的，质权人在无记名的债券或者票据上的质权虽不消灭，但该质权不能对抗善意受让人。权利凭证被不法占有（如偷、抢、骗、拾得）时，质权人可以依物权法关于占有保护的规定向不法占有人行使返还请求权，质权人依占有返还请求权重新占有权利凭证后，质权恢复其原来效力。值得注意的是，依交付权利凭证成立的权利质权，权利凭证的灭失并不导致质权消灭，质权人可以通过合法途径重新获取权利凭证，质权继续存在于权利凭证所代表的权利上。比如以存款单、股票出质的，存款单、股票灭失后，存款和股权并不消灭，质权人可以通过合法途径重新获取银行或公司核发的新权利凭证，质权继续存在。

物权不受诉讼时效的制约，权利质权也不例外。如前所述，担保法司法解释第 12 条②第 2 款规定：“担保物权所担保的债权的诉讼时效结束后，担保权人在

① 无对应内容。

② 民法典担保制度司法解释第 44 条规定：“主债权诉讼时效期间届满后，抵押权人主张行使抵押权的，人民法院不予支持；抵押人以主债权诉讼时效期间届满为由，主张不承担担保责任的，人民法院应予支持。主债权诉讼时效期间届满前，债权人仅对债务人提起诉讼，经人民法院判决或者调解后未在民事诉讼法规定的申请执行时效期间内对债务人申请强制执行，其向抵押人主张行使抵押权的，人民法院不予支持。主债权诉讼时效期间届满后，财产被留置的债务人或者对留置财产享有所有权的第三人请求债权人返还留置财产的，人民法院不予支持；债务人或者第三人请求拍卖、变卖留置财产并以所得价款清偿债务的，人民法院应予支持。主债权诉讼时效期间届满的法律后果，以登记作为公示方式的权利质权，参照适用第一款的规定；动产质权、以交付权利凭证作为公示方式的权利质权，参照适用第二款的规定。”

诉讼时效结束后的二年内行使担保物权的，人民法院应当予以支持。”在物权法生效后，因第220条①赋予了出质人督促权和请求法院拍卖、变卖质物的申请权，从立法技术上已经克服了质权人怠于行使权利的问题。依照物权法第229条②的规定，权利质权适用动产质权的规定，第220条对权利质权同样适用，权利出质人与动产出质人一样也享有督促权和请求法院拍卖、变卖质物的申请权。故在物权法生效后，担保法司法解释第12条第2款的规定对权利质权也不再适用。但应当肯定的是，担保法司法解释第12条第1款仍然有适用价值，依照该款的规定，当事人约定的或者登记部门要求登记的担保期间，不具有消灭权利质权的法律效力。

实务中，权利不存在、权利消灭或者出质权利存在权利上的瑕疵，对质权人的权益产生重要影响，其中，尤以权利自始不存在和权利事后被出质人恶意消灭为甚。

（一）出质权利自始不存在的情形

出质权利自始不存在，权利质权也因此自始不能设立，有学者形象地称为“皮之不存，毛将焉附”③。以自始不存在的权利出质，比如以虚开的存款单出质的，质押合同无效，质权自始未设立，出质人的行为构成民事欺诈，情节严重的，将依法承担刑事责任。参与制作虚假权利凭证的主体，因其行为是造成债权人权利受损的重要原因，也应当按其情节与出质人共同承担赔偿责任。比如，虚开存款单、伪造仓单、提单、签发空头票据的当事人，应当与出质人一起对债权人的损失承担赔偿责任。为此，《最高人民法院关于审理存单纠纷案件的若干规定》第8条即明确规定，出质人以虚开存款单出质造成债权人财产损失的，出质人和虚开存款单的金融机构对债权人的损失承担连带赔偿责任。

（二）出质权利事后被消灭的情形

出质权利在出质时存在，但在出质后被出质人恶意消灭的，质权随之消灭。比如，以支票出质的，出质人账户内无存款，支票不能兑付，质权人在支票上的

---

① 对应民法典第437条，无实质变化。

② 对应民法典第446条，无实质变化。

③ 谢在全：《民法物权论》，中国政法大学出版社1999年版，第844页。

质权消灭；再如，以存款单出质的，存款被出质人通过恶意挂失取走，银行受理出质人的挂失符合法定程序的，存款单项下权利因挂失消灭，质权人在存款单上的质权消灭。然而，出质权利在出质时存在、嗣后消灭的，质押合同仍然有效，债权人有权依据质押合同要求出质人提供新的担保，或者要求出质人在出质权利的价值范围内承担违约赔偿责任。

第五章

留 置

第一节　我国法律规定的留置权

留置权系为保障债权实现而为债权人设置的一项权利，在世界各国法律制度中形态各异，其成立的要件也因法律制度的不同而存在区别，较为复杂。为准确把握留置权的本质和正确适用我国法律关于留置权的规定，有必要准确把握留置权的制度沿革。

一、留置权的沿革

留置权，作为债权人享有的一项担保性质的权利，在大陆法系与英美法系国家的法律制度中均有体现。大陆法系中的留置权，有以德国民法为代表的“债权效力”模式和以瑞士民法为代表的“担保物权”模式。前者将留置权看作债权的效力之一，相对人未履行前，债权人可以拒绝应为之给付，属于给付拒绝权，其权利行使的要件，须留置权人所负债务与相对人所负债务属于同一法律关系，要求债权与债权之间具有牵连关系。后者规定留置权属于法定担保物权，当留置物与债权之间存在牵连关系时，债权人在其债权受清偿前，可以留置标的物，强调债权与物之间的牵连关系[①]。英美法系的留置权（lien）分为普通法上的留置权、衡平法上的留置权、海事留置权。普通法上的留置权相当于大陆法系的留置权，以占有留置物为要件，如加工承揽合同承揽人的留置权、运输合同运输人的留置权；衡平法上的留置权不以占有为要件，相当于法律直接规定的留置权，标的通常为不动产，比如不动产买卖关系中，出卖人在获得全部清偿之前对标的物享有留置权；海上留置权也不以占有为要件，系留置权人为担保其海商法上的请求权得到偿付而对船舶、船上装备、货物等享有的扣押权[②]。

大陆法系留置权的沿革，在民事留置权与商事留置权上存在不同。上述德国

① 史尚宽：《物权法论》，中国政法大学出版社2000年版，第483页。

② 《英国商法》，董安生等编译，法律出版社1991年版，第462页。

民法的“债权效力”模式留置权和瑞士民法的“担保物权”模式留置权，在理论上称为民事留置权或者一般留置权[①]，源于罗马法上的债权抗辩权，与债务抵销抗辩权、同时履行抗辩权一样，属于对人之抗辩权。商事留置权指商人间因营业发生的债权债务关系，债权人在其债权未受清偿前，就所占有的债务人的物行使的留置权。商事留置权源于中世纪意大利商人团体习惯法，着重维持商人间之信用，以确保交易安全，故留置权成立的条件较民事留置权宽松。采民商合一立法的国家，一般将商事留置权并入民事留置权，如瑞士民法，不再单独设置，但在留置权制度中对商事留置权有所体现。我国在民事立法上即采民商合一原则，物权法规定的留置权属于一般留置权，但在内容上对商事留置权也有所体现，如物权法第 231 条[②]所规定的“企业之间留置”的留置权类型。

二、我国法律规定的留置权

留置权因各国立法差异而类型分殊，德国、日本采民商分立原则，有民法上的留置权和商法上的留置权之分；英国法有普通法留置权、衡平法留置权以及海事留置权之分。以发生原因分，有基于法律行为的留置权，如基于合同行为的留置权；有基于事实行为的留置权，如两人互相错拿对方财物而产生的留置权。以留置权所依据的法律分，有普通留置权和特殊留置权，前者指依据民法关于留置权的一般规定产生的留置权，不限于特定行为，只要符合留置权成立条件即可成立留置权；后者指依据民法和民事特别法的专门规定产生的留置权，限于特定的法律行为，比如运输合同、加工合同中债权人的留置权。普通留置权与特殊留置权均属于法定留置权。

（一）物权法规定的留置权

物权法第 230 条[③]第 1 款规定：“债务人不履行到期债务，债权人可以留置已经合法占有的债务人的动产，并有权就该动产优先受偿。”物权法属于民事基本法，该条规定的留置权又不限于特定法律行为，因此性质上属于民事、普通留置权，简称民事留置权。

---

① 谢在全：《民法物权论》，中国政法大学出版社 1999 年版，第 850 页。

② 对应民法典第 448 条，无实质变化。

③ 对应民法典第 447 条，无实质变化。

物权法第 231 条规定："债权人留置的动产，应当与债权属于同一法律关系，但企业之间留置的除外。"该条系对物权法第 230 条规定的民事留置权成立要件的规定，在"但书"部分对"企业之间留置"的要件作了特别考虑，因为"企业之间相互交易频繁，追求交易效率，讲究商业信用，如果严格要求留置财产与债权具有同一法律关系，则有悖交易迅捷和交易安全原则"①。鉴于该条"但书"是对商业行为中留置权的特别规定，因此性质上属于商事留置权。

（二）合同法、担保法规定的留置权

物权法颁布之前，我国法律对留置权的规定见于民法通则、合同法和担保法。民法通则第 89 条②第 4 项规定："按照合同约定一方占有对方的财产，对方不按照合同给付应付款项超过约定期限的，占有人有权留置该财产，依照法律的规定以留置财产折价或者以变卖该财产的价款优先得到偿还。"担保法第 84 条③第 1 款规定："因保管合同、运输合同、加工承揽合同发生的债权，债务人不履行债务的，债权人有留置权。"合同法第 422 条④规定，在行纪合同中，委托人逾期不支付报酬的，行纪人对委托物享有留置权。从以上法律规定分析来看，民法通则关于留置权的规定通过担保法和合同法具体体现，担保法、合同法规定的是合同留置权，即保管、运输、加工承揽、行纪合同留置权。合同留置权依据民法和民事特别法的专门规定而产生，限于特定的法律行为，因此，担保法、合同法规定的留置权符合特别留置权的特点。

海商法第 25 条规定造船人、修船人在合同相对人不履行合同时，可以留置所占有的船舶，以保证造船费用或修船费用得以偿还。该留置权系船舶留置权。船舶留置权发生在造船或者修船法律关系中，性质上属于加工承揽合同留置权，也属于特别留置权之一。

值得注意的是，我国法律没有关于特殊留置权的规定，如不动产出租人的留置权、营业主人的留置权。不动产出租人的留置权指不动产出租人就租赁契约所生的债权，对于承租人放在不动产上的财物，在承租人不履行债务时享有留置

---

① 胡康生主编：《中华人民共和国物权法释义》，法律出版社 2007 年版，第 499 页。

② 无对应内容。

③ 无对应内容。

④ 对应民法典第 959 条，无实质变化。

权；营业主人的留置权指旅店、饮食业或其他提供服务的人，在客人不清偿因接受服务产生的债务时，对于客人所携带的行李及其他财物有留置权。

第二节　留置权的成立要件

留置权的成立要件因法律规定而有差异，我国法律规定的留置权，如上所述，有民事留置权、商事留置权和特别留置权，在成立要件上因各自法律规定的不同也体现出不同的特征。

一、民事留置权的成立要件

物权法第230条规定的民事留置权，依照该法的规定，其成立要件有如下内容：

（一）债务人不履行到期债务

债务到期，主要指当事人约定的债务履行期届满，也包括债务人预期违约和债权人依法将债务履行期提前所形成的债务到期，未到期债务不产生留置效力。没有约定债务履行期的，债务因债权人的催告到期，催告通知到达债务人后立即生效。另外，债务履行期虽已届满，但债务人依法享有先履行抗辩权、同时履行抗辩权等合同法上抗辩权的，或者债权无诉权的，留置权不能成立。

在债务人丧失支付能力时，一些国家的立法例规定有债权人的紧急留置权，如瑞士民法，我国物权法对此未作规定。担保法司法解释第112条[①]规定："债权人的债权未届清偿期，其交付占有标的物的义务已届履行期的，不能行使留置权。但是，债权人能够证明债务人无支付能力的除外。"其中的"但书"可以视为对紧急留置权的规定。所谓紧急留置权，指在债务人丧失清偿能力的事实出现后，债权虽然未届清偿期，债权人仍然可以依照法律的规定成立留置权。比如债务人已经破产，陷入严重支付危机，但债权人依照合同约定必须先交付占有的债务人的动产，此时，为保护债权人的利益，按照紧急留置权的规定，债权人可以不交付动产，享有对占有的动产的留置权。紧急留置权旨在特殊情况下保护债权人，但由于紧急留置权是对留置权成立的一般要件的例外，因此不能取代留置权

① 无对应内容。

成立的一般要件。紧急留置权与合同法上的不安抗辩权类似，但后者不具有物权效力，只能对抗债务人，不能对抗债务人的其他债权人，不享有优先受偿权。

（二）债权人须合法占有债务人的动产

1. 占有必须合法。合法占有产生留置效力，恶意占有、非法占有不产生留置效力。债权人对物的占有可以是直接占有，也可以是间接占有，比如由第三人代替债权人占有。因侵权行为占有标的物不属于合法占有，留置权不能成立。比如，对盗、抢的财产支出费用的当事人，不享有对标的物的留置权。对占有的拾得物支出费用，一般承认有留置权，占有拾得物不属于恶意占有。

2. 标的物必须是动产。动产，相对于不动产而言，指土地及其定着物以外的、可以被人们利用的有体财产，动产既包括船舶、航空器、机动车等价值较大的动产，也包括家具、电器等价值较小的动产。少数国家规定留置权的标的可以是不动产，比如日本，但多数国家仅承认动产留置权。我国物权法规定留置物限于动产，不动产不允许留置，因此实务中存在的发包人不支付工程款，承包人不交钥匙的做法，不属于留置权范畴，但可以从合同法规定的同时履行抗辩权和先履行抗辩权角度来解释此种行为的合法性，不宜一概将承包人不交钥匙作为非法占有来对待。有价证券具有动产的本质，瑞士民法规定有价证券可以留置，但依通说，留置有价证券虽符合民事留置权的成立要件，但主要适用于商事留置权，容后详述。

3. 动产以属于债务人所有为原则。留置权标的物是否必须为债务人所有，大陆法系各国立法例不尽一致。瑞士民法主张只能留置债务人所有之物，对债务人交付的第三人之物不能行使留置权；日本民法主张留置物不限于债务人所有的物，第三人所有的物也可以留置。然而，瑞士民法也承认善意留置权，认为留置物应该属于债务人所有，但债权人对其善意取得的不属于债务人所有的物有留置权。担保法对留置物的所有权问题未作规定，担保法司法解释第 108 条[①]规定："债权人合法占有债务人交付的动产时，不知债务人无处分该动产的权利，债权人可以按照担保法第八十二条的规定行使留置权。"该条系对留置权善意取得的承认。物权法第 230 条的文义强调"债权人可以留置已经合法占有的债务人的动

---

① 无对应内容。

产”，未指明“债务人的动产”是否必须是“债务人所有的动产”，立法者在《中华人民共和国物权法释义》中也未主张物权法排除留置权的善意取得，因此，在物权法生效后，担保法司法解释关于善意留置权的规定仍然得以适用。

留置权的善意取得指债权人按照合同约定合法占有债务人的动产，债务人不履行到期债务时，即便债务人对其交付的动产不具有所有权或者处分权的，债权人仍能基于不知债务人对交付财产无所有权或处分权而善意留置债务人的财产。善意留置权是对善意债权人的特殊保护，具有实践意义，但债权人不属于善意的，不得在第三人的所有物上成立留置权。依照司法解释的规定，留置权的善意取得以债权人不知债务人对交付之物无所有权或处分权为要件，基于动产占有的公信力，证明债权人不构成善意的举证责任由债务人或者对标的物主张权利的第三人承担，应无疑问。

（三）动产与债权属于同一法律关系

大陆法系普遍要求留置权的发生须以有牵连关系为要件。罗马法以及继受罗马法的“债权效力”留置权的国家，如法国、德国、意大利，主张留置权为债权抗辩权，其牵连关系指债权与债权之间的牵连关系；瑞士和日本承认留置权为担保物权，其牵连关系指债权与留置物之间的牵连关系。理论上，对于债权与物的牵连关系的认识有所谓的“两元论”和“一元论”之分①，内容较为复杂，仅有借鉴意义，难有确定的指导意义，因此，我国物权法在立法过程中由于“牵连关系的概念过于模糊，范围不确定，法律适用中容易产生分歧”②，放弃了以牵连关系作为留置权成立的要件，明确规定以留置财产与债权属于同一法律关系为标准来衡量留置权的成立。换个角度看，留置权成立要件中所要求的牵连关系，在我国即物权法规定的“留置的动产与债权属于同一法律关系”，其要点有：

1. 留置的动产必须是某一法律关系的标的物或者因该法律关系占有的标的物，债权人的债权也必须因同一法律关系产生，如果不是同一法律关系，即便是同一性质的法律关系亦不符合物权法规定的要求。以保管关系为例，同一性质的保管关系先后发生两次，前一次拖欠保管费（债权），后一次留置保管物（动

① 史尚宽：《物权法论》，中国政法大学出版社2000年版，第496页。

② 胡康生主编：《中华人民共和国物权法释义》，法律出版社2007年版，第499页。

产），不符合同一法律关系的要求，不能成立留置权。

2. 债权和留置物属于同一法律关系，法律关系的发生不以法律行为为必要，因事实行为或者事件发生的法律关系也同样适用留置权的规定。如因拾得遗失物产生的法律关系、因对物的占有产生的法律关系，由此产生合法债权的，债权人可以对拾得物、占有物取得留置权。

3. 债权与留置物仅属于同一法律关系即可，债权是否因留置物所生在所不问。债权以系留置物所生为常态，如运输费与货物、加工费与加工物的关系，但也有两者之间无直接关联的情况，如委托关系中的委托费用与委托事项所牵涉的标的物之间的关系。

二、商事留置权的成立要件

物权法第231条“但书”规定的商事留置权，在成立要件上排除了“留置的动产必须与债权属于同一法律关系”的要件，其余与民事留置权相同。如前所述，物权法对商事留置权的规定，基于“企业之间相互交易频繁，追求交易效率，讲究商业信用，如果严格要求留置财产与债权具有同一法律关系，则有悖交易迅捷和交易安全原则”，通过“但书”排除了“留置的动产与债权属于同一法律关系”要件，降低了商事留置权的成立“门槛”，有利于企业间自力救济，维护自身合法权益。商事留置权排除牵连关系作为成立要件，日本商法也有类似规定，其第521条规定的商事留置权“以商人间其债权之成立与物的占有之取得，系由为双方商行为之行为而生者为已足，不以有牵连关系为必要”[①]。

根据物权法关于商事留置权的规定，债权人取得商事留置权仅需对债务人享有合法债权（且债务到期）并合法占有债务人的动产，债权与留置的动产无须属于同一法律关系，也无须属于同一性质的法律关系。实务中，衡量商事留置权的成立只需要衡量债权的合法性与占有动产的合法性，即可判断。举例来说，以保管关系为例，同一性质的保管关系先后发生两次，前一次拖欠保管费（债权），后一次占有保管物（动产），符合商事留置权的成立要件；再如，债权人与债务人之间先发生买卖关系，债务人拖欠货款，后发生保管关系，债权人合法占有债务人货物，债权与占有的动产既不是同一法律关系，更不是同一性质法律

① 史尚宽：《物权法论》，中国政法大学出版社2000年版，第484页。

关系，亦符合商事留置权的成立要求。

物权法规定的商事留置权以“企业之间”为限，相当于商法上所谓的“商人”之间，企业之间的行为，则相当于“商行为”。企业属于营利性经济组织，物权法规定商事留置权的目的是企业之间“追求交易效率，讲究商业信用，促进交易迅捷和交易安全”，则对“企业”的理解应当以营利性为主，不宜过苛。凡是营利性的经济组织均属于“企业”，包括有限责任公司、股份有限公司、一人公司、依《中华人民共和国全民所有制工业企业法》设立的国有企业以及不具有法人资格的合伙企业、独资企业等，均可成为商事留置权的主体。个体工商户、农村承包经营户本质上属于自然人，不能取得商事留置权。非营利性的事业单位、社会团体、农业合作社，公益性的财团法人和公法人（如国家机关）均不能成为商事留置权的主体。

三、特别留置权的成立要件

我国合同法和担保法规定的特别留置权的成立要件，主要由合同法第 422 条和担保法第 82 条①、第 84 条具体规定。合同法第 422 条和担保法第 84 条规定了特别留置权的适用领域，即加工承揽合同、保管合同、运输合同、行纪合同，其他合同不适用；担保法第 82 条规定“债权人按照合同约定占有债务人的动产，债务人不按照合同约定的期限履行债务的，债权人有权按照本法规定留置该财产”，具体指明了特别留置权的成立要件。具体内容有：

1. 特别留置权仅因法律行为（即合同行为）产生，不因事实行为产生；

2. 特别留置权仅限于在保管、运输、加工承揽、行纪合同中存在，其他合同不适用特别留置权；

3. 债权人按照合同约定占有债务人的动产，债权与动产之间必须存在牵连关系；

4. 债务人不按照合同约定的期限履行债务时，特别留置权成立，然债权人须在与债务人约定的或者法律规定的债务清偿期限届满后，始能行使留置权。债务清偿期限由法律规定时，债权人有通知债务人履行债务的义务。

担保法规定的特别留置权中债权与动产之间的牵连关系，具体到适用特别留

---

① 民法典第 447 条规定：“债务人不履行到期债务，债权人可以留置已经合法占有的债务人的动产，并有权就该动产优先受偿。前款规定的债权人为留置权人，占有的动产为留置财产。”

置权的合同则可以简单确定如下：

1. 加工承揽合同性质的加工、定作、修理等合同产生的费用与加工物、定作物、修理物之间构成牵连关系；

2. 保管、仓储合同产生的保管费、仓储费与保管物之间构成牵连关系；

3. 海运、航运、公路货物运输合同产生的运输费与货物之间构成牵连关系；

4. 行纪合同中，因处理委托事务产生的行纪人的报酬与购入或者待卖的标的物之间构成牵连关系。

比较来看，我国合同法、担保法规定的特别留置权属于20世纪90年代的产物，范围较窄，就成立要件而言要严于物权法规定的民事留置权，与物权法规定的商事留置权相比则近似过苛，因此在实务中的担保作用不明显。物权法生效后，企业之间可以径行适用物权法关于商事留置权的规定，其他当事人可以适用民事留置权的规定，涵盖了特别留置权，并且民事留置权和商事留置权成立要件较为宽松，因此，特别留置权将逐渐被民事留置权与商事留置权所代替。

四、留置权成立的消极要件

所谓留置权成立的消极要件，即对成立留置权的限制，消极要件一旦存在，即便留置权的成立要件已经具备，债权人也不能取得留置权。根据担保法司法解释第111条[①]的规定，结合物权法理论，留置权成立的消极要件一般有如下内容：

1. 债权人留置债务人的动产，不得违背公序良俗原则。比如，不得在战争时期留置军用物资，不得留置有损人的善良感情、人格权利的特殊物，不得乘人之危等。一般来说，尸体、身份证、工作证、残疾人的工具等不得留置。物权法、担保法对此虽未作规定，但依我国民法的基本原则，留置权人行使留置权必须符合公序良俗的原则。

2. 债权人行使留置权不得与债权人所承担的义务或者当事人在合同中的特殊约定相抵触。担保法司法解释第111条规定："债权人行使留置权与其承担的义务或者合同的特殊约定相抵触的，人民法院不予支持。"

（1）债权人与债务人事先约定排除留置权，或者债权人事先明示放弃留置权的，债权人不能取得留置权。留置权可以预先予以排除，多数大陆法系国家的

① 无对应内容。

立法例均有规定，比如德国、日本、瑞士等。至于留置权可否因一方的行为排除适用，一些国家的立法例也有特殊规定。比如，德国民法、瑞士民法规定债务人在交付标的物之前或同时可以作出排除留置权的意思表示，留置权因意思表示而排除。虽然两国民法没有肯定债务人可以单方面作出排除留置权的意思表示，但规定留置权可以因债务人提供担保而不得行使。因此，在债务人交付标的物之前或同时，为债务（包括将来发生的债务）提供履行担保时，留置权因债务人预先提供担保而被排除。

我国担保法第 84 条第 3 款规定："当事人可以在合同中约定不得留置的物。"担保法司法解释第 107 条[①]进一步规定："当事人在合同中约定排除留置权，债务履行期届满，债权人行使留置权的，人民法院不予支持。"物权法第 232 条[②]规定："法律规定或者当事人约定不得留置的动产，不得留置。"根据上述法律规定，排除留置权有两种情形：一是债务人与债权人约定不得留置所交付的标的物，留置权因当事人意思表示达成一致而被排除；二是法律规定不得留置的动产，留置权因法律的规定而被排除。实务中，法律直接规定排除留置权的情况并不常见，民法、合同法规定的公序良俗等基本原则可以视为对留置权的法定限制。

（2）留置财产与债权人所承担的义务相抵触时，留置权不成立。例如，运输合同中的承运人未将货物运到目的地，托运人虽未支付运费，承运人也不得留置承运的货物。

（3）留置财产与合同的特殊约定相抵触的，留置权不成立。比如，在修理汽车前，车主与修理厂特别约定，车修好后由车主试用一天无故障后，车主再支付修理费。在车主试用之前，修理厂不得因车主未支付修理费而留置修理的汽车。

第三节 留置权的效力

留置权属于担保物权，其效力与抵押权、质权等其他担保物权的效力基本一致。但留置权系法定担保物权，与依法律行为设立的抵押权、质权等担保物权相比，在效力上也具有一定的特点。

---

① 无对应内容。

② 对应民法典第 449 条，无实质变化。

一、留置权的优先效力与对抗效力

留置权对一般债权人有优先受偿的效力，因债权人占有留置物，基于占有所产生的公示效力，留置权也具有对抗第三人的效力，可以对抗包括留置物的所有权人、使用权人、抵押权人、质权人在内的第三人。留置权所担保的债权通常与留置物的价值相比数额较小，一般而言，留置权实现后，留置物价值尚有余额，可以清偿在留置物上设立的抵押权、质权所担保的债权。故留置权与抵押权、质权发生竞合时，留置权优先受偿。物权法第 239 条[①]规定："同一动产上已设立抵押权或者质权，该动产又被留置的，留置权人优先受偿。"留置权可以不论成立时间次序而对抗所有其他担保物权，包括设立在先的抵押权、质权，构成留置权对抗效力的重要特点。

二、留置权所担保的债权范围和对留置物的效力范围

（一）留置权所担保的债权范围

留置权属于法定担保物权，依法律规定直接取得，不包含当事人的意思表示内容，因此，留置权所担保的债权范围不是由当事人约定，而是由法律直接规定。担保法第 83 条[②]规定："留置担保的范围包括主债权及利息、违约金、损害赔偿金，留置物保管费用和实现留置权的费用。"该规定适用于特别留置权，也适用于与特别留置权本质相同的商事留置权、民事留置权。区别在于，物权法规定的民事留置权可以因法律事实产生，不局限于法律行为产生留置权，因此，依法律事实产生的留置权所担保的债权范围仅指实际发生的费用，无违约金、损害赔偿金等内容。比如，因债权人无因管理占有标的物并对标的物发生保管、修缮费用，债权人留置标的物以担保其债权实现的，其债权范围仅为实际发生的费用和实现留置权的费用。

（二）对留置物的效力范围

1. 孳息。留置权人基于对留置物的占有，有权收取留置物产生的天然孳息和法定孳息。留置权人收取的孳息首先用于充抵收取孳息的费用，然后用于清偿

---

① 对应民法典第 456 条，无实质变化。

② 无对应内容。

发生的债权。物权法第 235 条①对此有明确规定。

2. 留置物的代位物。留置物因不可归责于留置权人的事由发生灭失或者毁损的，留置权的效力及于留置物毁损或者灭失所产生的代位物，如留置物的灭失或者毁损所取得的赔偿金、保险金。

3. 从物。留置物与从物一并为债权人占有的，留置权的效力及于留置物和从物，即便债权人对从物未发生债权。除商事留置权外，债权与从物之间如果不属于同一法律关系，留置权的效力不及于从物。

三、留置权的不可分效力

留置的财产为可分物的，债权人只能留置与自己的债权额相当的部分，超过部分不能留置；留置物为不可分物的，债权人可以留置整个留置物。反之，留置权人的债权分割或一部分受清偿的，留置权不受影响，留置权人仍然可以对整个留置物行使留置权。担保法第 85 条②规定："留置的财产为可分物的，留置物的价值应当相当于债务的金额。"物权法第 233 条③规定："留置财产为可分物的，留置财产的价值应当相当于债务的金额。"物权法第 233 条是对担保法第 85 条的合理继承。

第四节　留置权的行使

物权法第 236 条④第 1 款规定："留置权人与债务人应当约定留置财产后的债务履行期间；没有约定或者约定不明确的，留置权人应当给债务人两个月以上履行债务的期间，但鲜活易腐等不易保管的动产除外。债务人逾期未履行的，留置权人可以与债务人协议以留置财产折价，也可以就拍卖、变卖留置财产所得的价款优先受偿。"担保法第 87 条⑤第 1 款、第 2 款规定："债权人与债务人应当在合

---

① 对应民法典第 452 条，无实质变化。

② 对应民法典第 450 条，无实质变化。

③ 对应民法典第 450 条，无实质变化。

④ 对应民法典第 453 条，无实质变化。

⑤ 民法典第 453 条规定："留置权人与债务人应当约定留置财产后的债务履行期限；没有约定或者约定不明确的，留置权人应当给债务人六十日以上履行债务的期限，但是鲜活易腐等不易保管的动产除外。债务人逾期未履行的，留置权人可以与债务人协议以留置财产折价，也可以就拍卖、变卖留置财产所得的价款优先受偿。留置财产折价或者变卖的，应当参照市场价格。"

同中约定，债权人留置财产后，债务人应当在不少于两个月的期限内履行债务。债权人与债务人在合同中未约定的，债权人留置债务人财产后，应当确定两个月以上的期限，通知债务人在该期限内履行债务。债务人逾期仍不履行的，债权人可以与债务人协议以留置物折价，也可以依法拍卖、变卖留置物。”比较物权法和担保法关于留置权人行使留置权的规定，两者之间存在一定的区别，按照物权法第178条[①]的规定，物权法优先适用，因此，留置权人或者债务人应当按照物权法第236条规定的条件和程序，正确行使留置权。

一、留置权的行使条件

留置权人行使留置权的法定条件是债务清偿期间届满。因留置权属于法定担保物权，债权人与债务人不存在协商留置权的行使条件问题，因此债权人仅能按照法律规定的条件行使留置权。与抵押权、质权的行使条件不同，法律规定留置权行使条件不是被担保的债务到期，而是“留置权人与债务人约定的债务清偿期间”届满。所谓“留置权人与债务人约定的债务清偿期间”，即债务人财产被留置后，债权人与债务人约定的清偿债务的宽限期。该宽限期在债务到期之后，期限长短由债权人与债务人约定，法律不作限制。如果债权人与债务人没有约定宽限期或者约定不明确的，按照物权法第236条第1款的规定，“留置权人应当给债务人两个月以上履行债务的期间，但鲜活易腐等不易保管的动产除外”。

留置权人与债务人约定有债务清偿期间，期间届满债务人未履行债务的，留置权人即有权行使留置权；留置权人与债务人没有约定债务清偿期间或者约定不明确的，物权法规定“留置权人应当给债务人两个月以上履行债务的期间”，该期间自何时开始起算，对留置权人和债务人均非常重要，值得探讨。担保法第87条规定，债权人与债务人未约定债务履行期限的，“债权人留置债务人财产后，应当确定两个月以上的期限，通知债务人在该期限内履行债务”。因此，债务人履行债务的两个月清偿期，自债权人通知债务人之日起算。但在实务中，担保法所规定的“通知债务人”的要求，给留置权人行使留置权造成很大困难，因为“通知债务人”属于债权人的义务，债权人如果不能顺利通知到债务人或者债务人下落不明的，留置权将不具备行使条件。物权法颁布后，其第236条第

① 无对应内容。

1款删去了“通知债务人”的要求，有效克服了上述弊端，但也产生了何时起算清偿期的新问题。分析来看，物权法规定“留置权人应当给债务人两个月以上履行债务的期间”，该期间因为不是当事人约定的，因此起算时间只能根据法律的规定合理确定。鉴于留置权成立于债务到期之日，债务人对债务到期日为明知，对留置权成立日也就明知，因此以留置权成立之日起算两个月的债务清偿期间，既符合债权人与债务人对自身权利义务的合理预期，也符合平衡双方权益的需要。基于此，留置权人与债务人没有约定债务清偿期间或者约定不明确的，自债务到期、留置权成立之日起两个月为债务清偿期间，期间届满债务人未履行债务的，留置权人有权行使留置权。

二、留置权的行使程序与方式

（一）留置权人行使留置权的程序与方式

留置权人实现留置权与质权人实现质权的程序、方式相同，均属于自力救济，无须通过司法程序。首先，留置权人可以与债务人协议以留置物折价抵偿债权；其次，留置权人可以依法拍卖、变卖留置物，以留置物变现价款优先受偿，无需通过司法机关。留置物折价或者拍卖、变卖后，其价值超过债权的部分，归债务人所有。值得注意的是，物权法规定留置权人拍卖、变卖留置物，不以先与债务人协商为必要，只要留置权行使条件成就，就可自行拍卖、变卖留置物，留置物的所有权人不得妨碍留置权人行使权利。留置权人在约定或法律规定的期限届满之前行使留置权的，应对由此造成的债务人的损失承担民事赔偿责任。

担保法司法解释第113条①规定：“债权人未按担保法第八十七条规定的期限通知债务人履行义务，直接变价处分留置物的，应当对此造成的损失承担赔偿责任……”如上所述，因担保法第87条已被物权法第236条替代，该条在物权法生效后不再适用。

（二）债务人请求留置权人行使留置权的程序与方式

留置权作为担保物权，通说认为不适用诉讼时效的规定，我国物权法也未规定留置权的存续期间，故留置权可以长期存在，除留置权担保的债权消灭或者留

① 无对应内容。

置物灭失（且无代位物）外，留置权人可以一直占有留置物。留置物在留置权人占有期间，债务人和留置权人均不能以留置物使用、收益，留置物价值得不到发挥，对债务人和留置权人均无益处，因此，应当通过制度设计鼓励、督促留置权人行使留置权，有效地终结留置权人与债务人之间的留置关系。为此，物权法第237[①]条规定："债务人可以请求留置权人在债务履行期届满后行使留置权；留置权人不行使的，债务人可以请求人民法院拍卖、变卖留置财产。"

1. 债务人的督促权。依照物权法的规定，债务人享有对留置权人行使留置权的督促权，该权利以留置权人行使留置权的条件成就为前提，即债务清偿期间届满。债务人与留置权人约定有债务清偿期的，在期间届满后，债务人即可行使对留置权人的督促权；未约定债务清偿期或者约定不明确的，债务到期后，债务人即可行使对留置权人的督促权，不必等到物权法第236条第1款规定的两个月法定债务清偿期的届满。因为，法定债务清偿期的规定是出于对债务人的保护，相当于债务人的期限利益，债务人可以放弃。

债务人行使督促权的方式是直接请求留置权人行使留置权。法律对债务人"请求"的方式未作规定，债务人可以自行选择，发函、传真、电话、电子邮件等方式均可。鉴于物权法第237条将债务人请求留置权人行使留置权作为债务人"请求人民法院拍卖、变卖留置财产"的前提，故债务人"请求"的方式以能够被证明为宜。然而，即便留置权人以债务人未先行行使督促权为由对法院依债务人的请求拍卖、变卖留置财产提出异议的，也不能实际发生阻止拍卖、变卖的作用，法院认为留置权人异议成立的，可以暂停拍卖、变卖程序，给留置权人和债务人一个合理的协商期，双方协商不成的，拍卖、变卖程序继续进行。

2. 债务人请求人民法院拍卖、变卖留置财产的申请权。当留置权人不行使留置权时，为发挥留置物的价值，物权法赋予债务人启动司法程序拍卖、变卖留置物的权利，该权利在性质上属于债务人享有的启动非诉讼执行程序的申请权。法院收到债务人的申请后，按照非诉讼执行程序予以处理，其步骤和内容与抵押权人请求法院实现抵押权的程序相同，不再赘述。

---

① 对应民法典第454条，无实质变化。

第五节 留置权的消灭

留置权的消灭原因与其他担保物权基本一致，如留置权因被担保的债权消灭而消灭、因留置物的灭失且无代位物时消灭、因留置权人实现留置权或者放弃留置权而消灭等。除此之外，留置权还有其特殊消灭原因。依照物权法第 240 条[①]和担保法第 88 条[②]的规定，留置权的特殊消灭原因有留置权人丧失对留置物的占有和留置权人接受债务人另行提供的担保。

一、留置权因留置权人丧失对留置物的占有而消灭

债权人占有留置物是留置权成立要件之一，也是留置权的公示方式，留置权人丧失对留置物的占有的，留置权消灭。留置权人丧失对留置物的占有区分为两种情况：一种情况是留置权人依自由意志丧失对留置物的占有，比如主动返还留置物；另一种情况是留置物因被侵夺而丧失占有。前一种情况下，留置权人主动、自愿放弃对留置物的占有，留置权自留置权人丧失对留置物的占有时消灭，债权人对留置物不再享有优先受偿权，但此后债权人再占有留置物时，留置权得以再生，成立新的留置权。后一种情况下，留置权人虽丧失对留置物的占有，但留置权不消灭，债权人根据物权法第 245 条[③]规定的占有返还请求权，“自侵占发生之日起一年内”，请求侵占人返还留置物，留置物返还后，留置权继续存在。比如，留置物被债务人或者第三人窃得，留置权人行使占有返还请求权获得胜诉，债务人或者第三人返还留置物于债权人，债权人占有留置物后留置权继续存在。

关于留置物被侵占后，留置权是否继续存在理解上有不同见解，主要有消灭说和存续说两种。前者主张留置物被侵占后留置权消灭，债权人行使占有返还请求权再占有留置物后，成立新的留置权；后者主张留置权不消灭，仅当留置权人不能行使占有返还请求权恢复对留置物的占有时，留置权才消灭，能够恢复对留置物占有的，原留置权继续存在，无需成立新的留置权。依我国物权法关于占有

---

① 对应民法典第 457 条，无实质变化。

② 民法典第 457 条规定：“留置权人对留置财产丧失占有或者留置权人接受债务人另行提供担保的，留置权消灭。”

③ 对应民法典第 462 条，无实质变化。

的规定，留置权人享有占有制度的保护，留置物被侵占，仅为留置权人一时丧失对留置物的占有，留置权人能够行使占有返还请求权恢复对留置物的占有的，如果认为留置权已经消灭，则再难以复活，于逻辑上有所不合，若成立新的留置权，“关于实行留置权应具之要件，应重新为之，不仅于债权人不利，且不合事理”①。故存续说较为妥当，应予采纳。

留置权人将留置物出租、出质、出借、委托第三人保管，视为留置权人间接占有留置物，留置权不消灭，但未经留置物所有人同意的，对由此造成的损失，留置权人承担赔偿责任。日本民法第 302 条即规定有此内容②。我国物权法对此未作规定，但依通说，应采上述见解③。

二、留置权人接受债务人另行提供的担保

留置权可以被债务人提供的其他担保所替代，留置权在债权人接受债务人提供的其他担保后消灭。比如，债权人同意第三人为债务人提供保证担保的，自保证合同签订后，留置权消灭。又如，债权人接受债务人提供的其他动产质押的，自债权人接受动产质物时，留置权消灭。债务人提供其他担保，不被留置权人接受的，留置权不消灭。即便债务人提供的担保与债权额相当，而留置物的价值远远大于债权额的，债务人也无权要求留置权人必须接受新的担保以替代留置权担保。此时，债务人如欲取回留置物，可以通过清偿债务的方法以消灭留置权，取回留置物。

诉讼时效与留置权的关系问题，不同的立法例有不同的态度。如日本民法认为债权的诉讼时效完成，可以消灭留置权。我国物权法、担保法对留置权与诉讼时效的关系未作规定，担保法司法解释第 12 条④第 2 款规定：“担保物权所担保

---

① 谢在全：《民法物权论》，中国政法大学出版社 1999 年版，第 890 页。

② ［日］近江幸治：《担保物权法》，法律出版社 2000 年版，第 29 页。

③ 史尚宽：《物权法论》，中国政法大学出版社 2000 年版，第 520 页。

④ 民法典担保制度司法解释第 44 条规定：“主债权诉讼时效期间届满后，抵押权人主张行使抵押权的，人民法院不予支持；抵押人以主债权诉讼时效期间届满为由，主张不承担担保责任的，人民法院应予支持。主债权诉讼时效期间届满前，债权人仅对债务人提起诉讼，经人民法院判决或者调解后未在民事诉讼法规定的申请执行时效期间内对债务人申请强制执行，其向抵押人主张行使抵押权的，人民法院不予支持。主债权诉讼时效期间届满后，财产被留置的债务人或者对留置财产享有所有权的第三人请求债权人返还留置财产的，人民法院不予支持；债务人或者第三人请求拍卖、变卖留置财产并以所得价款清偿债务的，人民法院应予支持。主债权诉讼时效期间届满的法律后果，以登记作为公示方式的权利质权，参照适用第一款的规定；动产质权、以交付权利凭证作为公示方式的权利质权，参照适用第二款的规定。”

的债权的诉讼时效结束后，担保权人在诉讼时效结束后的二年内行使担保物权的，人民法院应当予以支持。”该解释中所谓“担保物权”包括留置权，因此依该解释，在留置权担保的债权诉讼时效完成后，留置权仍然可以在 2 年内存在。然而，如上所述，物权法第 237 条[①]赋予了债务人对留置权人行使留置权的督促权，而且允许债务人请求法院拍卖、变卖留置物。立法者认为，“留置权为物权，其不受所担保的债权的诉讼时效的限制”[②]，物权法第 237 条就是为了解决“留置权长期不灭，其行使无时间限制，不符合‘物尽其用’原则的问题”[③] 而制定的，因此，物权法生效后，因为有第 237 条的规定，担保法司法解释第 12 条第 2 款不再适用于留置权的行使。

① 对应民法典第 454 条，无实质变化。

② 胡康生主编：《中华人民共和国物权法释义》，法律出版社 2007 年版，第 506 页。

③ 胡康生主编：《中华人民共和国物权法释义》，法律出版社 2007 年版，第 506 页。

第六章

定金

第一节　定金的类型和各类型的运用

作为传统的担保方式，定金在我国民事法律关系中一直被广泛运用，民法通则、合同法等都规定有定金的内容，担保法则明确规定定金是担保方式之一。定金兼具合同担保和金钱担保的双重特点，家族种类众多，有立约定金、解约定金、成约定金、证约定金等。我国法律规定的定金主要限于违约定金，对其他定金类型，诸如立约定金、成约定金、解约定金，均很少涉及。为此，我国法律对除违约定金以外的其他性质的定金是否承认、各类定金关系中当事人的权利义务内容如何界定等问题亟待明确。对此，担保法司法解释着重解决了上述问题，弥补了担保法的不足。担保法司法解释第 6 部分——关于定金部分的解释，对较为常见的立约定金、成约定金、解约定金均作了补充性解释，对当事人的权利义务关系进行了明确。

一、立约定金

立约定金也被称为订约定金，为担保合同的签订而设。由于定金具有合同性质，立约定金可视为主合同的订立而签订的从合同。对于立约定金，担保法司法解释第 115 条[①]规定："当事人约定以交付定金作为订立主合同担保的，给付定金的一方拒绝订立主合同的，无权要求返还定金；收受定金的一方拒绝订立合同的，应当双倍返还定金。"司法解释明确承认立约定金具有法律效力，肯定了当事人违反立约定金的，应当按照担保法第 89 条[②]的规定进行处理：给付定金的一

① 无对应内容。

② 民法典第 586 条规定："当事人可以约定一方向对方给付定金作为债权的担保。定金合同自实际交付定金时成立。定金的数额由当事人约定；但是，不得超过主合同标的额的百分之二十，超过部分不产生定金的效力。实际交付的定金数额多于或者少于约定数额的，视为变更约定的定金数额。"第 587 条规定："债务人履行债务的，定金应当抵作价款或者收回。给付定金的一方不履行债务或者履行债务不符合约定，致使不能实现合同目的的，无权请求返还定金；收受定金的一方不履行债务或者履行债务不符合约定，致使不能实现合同目的的，应当双倍返还定金。"

方拒绝订立主合同的，无权要求返还定金；收受定金的一方拒绝订立主合同的，应当双倍返还定金。立约定金的效力是独立的，在主合同生效之前即具有法律拘束力。意向书、预约合同等协议中设定的定金一般属于立约定金，以担保当事人将来正式缔约，其法律效力自当事人实际交付定金时发生，将来如不能正式缔约，违反承诺的一方即应受到定金处罚，立约定金由此发挥担保作用。

立约定金广泛存在于经济活动中，尤其是当事人经常在签订正式合同之前先签订意向书。在意向书中，经常能看到当事人对立约定金的约定。例如：

甲公司为乙公司提供中介服务，为乙公司寻找合作开发楼盘的合作伙伴。两公司签订意向书，约定在一周后正式签订中介合同，中介费按照楼盘总标的的千分之一计算。意向书中约定，乙公司给付 80 万元定金给甲公司，作为签订正式合同的担保。后乙公司未履行意向书的约定，另行委托一家公司为其中介，并要求甲公司返还 80 万元定金。乙公司要求返还定金的理由是：担保法规定的定金只有违约定金，由于意向书不是合同，违反意向书不构成违约，所以甲公司无权行使担保法第 89 条规定的定金罚则，80 万元定金款应予退还。事实上，意向书所约定的 80 万元定金即立约定金，系为担保双方正式签订中介合同而设定的担保方式。当事人在意向书中约定了定金条款并实际交付了定金，该定金合同即成立并具有法律效力。乙公司违反其与甲公司正式签订中介合同的允诺，甲公司有权根据约定的立约定金性质，扣收定金款。

实践中，定金依当事人设立的目的不同而存在性质上的差异，对于不同性质的定金，应当根据其性质确定当事人之间的权利义务关系，不宜僵化理解担保法第 6 章关于定金的规定，不能一概认为凡不属于违约定金的定金均为无效。在立约定金中，定金所担保的就是当事人在将来正式缔约，如果当事人违背承诺，拒绝缔约，即可以适用定金处罚，至于守约一方当事人实际损失多少，不在考虑之列。因此，与违约定金相比，立约定金的处罚仅需考察当事人是否正式缔约，易于把握。

立约定金广泛存在于民事活动中，其法律效力与意向书、预约合同的效力密切相关。如果立约定金所依附的意向书无效，比如意向书违反法律的禁止性规定，则立约定金的约定也无效。司法实践中要注意区分预约与本约，以免形成错误判断。以商品房买卖为例：实践中，开发商通常会在取得商品房销售许可之前就搞所谓“内部认购”，并且在“内部认购”协议书中约定定金（2 万元至 5 万元不等）条款，待开发商实际取得销售许可后，再与购房人签订正式的商品房买卖合同。“内部认购”协议的性质即预约合同性质，与真正的商品房买卖合同不同，其合法性、有效性不以开发商是否取得销售许可为条件，而商品房屋买卖合同属于本约，必须签订于开发商取得销售许可后才受法律保护。当事人在“内部认购”协议中约定的定金，其性质即属立约定金。商品房“内部认购”情形中，必须准确区分预约和本约，才能正确判断当事人的权利义务。具体来说，“内部认购”协议属于预约合同，具有法律效力，如果开发商在取得销售许可后拒绝与购房人签订房屋买卖合同，必须双倍返还定金；相反，购房人拒绝签订购房合同，则无权要求开发商返还定金。司法实践中，混淆预约和本约会导致两种错误认识：一是以开发商未取得销售许可为由认为“内部认购”协议无效，否定协议中定金的效力，否定定金罚则；二是虽承认“内部认购”协议的效力，但夸大其效力，将预约等同于本约——房屋买卖合同，加大违约方的违约责任。比如，开发商拒绝签订买卖合同并双倍返还定金的，还要求开发商实际履行交房义务，或者要求开发商赔偿购房人预期可得利益损失。反过来，购房人拒绝签订买卖合同的，除扣收其定金，还要求其赔偿房屋销售损失。事实上，“内部认购”协议只是预约合同，不具有本约——房屋买卖合同的效力，开发商或购房人违反预约的法律责任已经由立约定金处罚来体现，除此之外不能再要求违约方承担实际履行或者赔偿预期可得利益损失的责任，后两者是本约——房屋买卖合同的效力。只有当开发商和购房人签订了正式买卖合同后，才产生实际履行和包含预期可得利益损失在内的违约赔偿等违约责任。

二、成约定金

成约定金是指当事人约定的作为合同成立或生效标志的定金。担保法对成约定金未作规定，担保法司法解释第 116 条[①]规定：“当事人约定以交付定金作为主合同成立或者生效要件的，给付定金的一方未支付定金，但主合同已经履行或者已经履行主要部分的，不影响主合同的成立或者生效。”

依照意思自治的原则，当事人在主合同中设立的合同成立或生效的要件，除违反法律法规的强制性规定外，对主合同的成立或生效起决定性作用。当事人约

① 无对应内容。

定以交付定金为合同成立或生效要件的，也不例外。成约定金的法律意义在于，当事人在约定成约定金后，定金未交付的，合同不成立或不生效，当事人在合同中设定的权利义务也不发生法律拘束力。无论是作为合同成立要件的定金，还是作为合同生效要件的定金，司法解释统称为成约定金，合并在一条中加以解释。根据当事人意思自治原则和担保法关于定金的一般规定，成约定金具有法律效力，不应以担保法对成约定金未作具体规定而否认其效力。

合同的成立和生效条件，除当事人可以约定外，法律也可以规定。我国合同法规定合同自承诺生效时成立，依法成立的合同，除法律、行政法规另有规定或当事人另有约定外，自成立时生效。在当事人约定有成约定金的场合，定金的交付是合同成立与否或生效与否的关键，但又不能绝对化。如果当事人自愿履行合同或履行了合同的主要部分，定金虽未交付，合同也成立或生效。对此，司法解释作了明确规定。根据司法解释的规定，成约定金在合同成立或生效上的法律意义，自合同实际履行或已履行主要部分时结束。

司法解释对成约定金与主合同履行之间关系的规定，与我国合同法第 36 条、第 37 条[①]的规定相同。合同法规定，在法律、行政法规规定或当事人约定的合同成立条件未成就时，当事人一方已履行主要义务并由对方接受的，合同成立。司法解释没有以“对方接受”为合同成立或生效的条件，是因为“履行”的意思已包括“对方接受”，一方实施某种行为而对方拒绝的，自然不构成“履行”，也不构成“履行合同的主要部分”。履行合同的主要部分，指履行合同的主义务，如买卖合同中的供货义务，而不是合同的次要义务、附随义务，如通知义务、保密义务等。

三、解约定金

所谓解约定金指当事人在合同中约定的以合同解除为定金处罚条件的定金。担保法司法解释第 117 条[②]规定：“定金交付后，交付定金的一方可以按照合同的约定以丧失定金为代价而解除主合同，收受定金的一方可以双倍返还定金为代价而解除主合同。对解除主合同后责任的处理，适用《中华人民共和国合同法》

---

① 对应民法典第 490 条，无实质变化。

② 无对应内容。

的规定。”解约定金作为担保方式，其功能是担保当事人不至于轻易解除合同。当事人在合同中约定解约定金条款后如果解除合同，交付定金的一方，无权要求返还，接受定金的一方应当双倍返还。为此，当事人顾虑到定金损失，会在一定程度上降低解除合同的概率，促使合同的顺利履行。例如：

甲公司与乙公司订立房屋租赁合同，约定由甲公司出租写字楼给乙公司，乙公司支付租金。双方在租赁合同中约定，乙公司应当交付相当于两个月的租金给甲公司作为押金。乙公司在租赁期满前退租的，押金不予返还；甲公司在租赁期满前收回写字楼的，应当双倍返还押金。后乙公司提前退租并要求甲公司返还押金的一半，另一半作为提前解除租赁合同的赔偿。甲公司拒绝，乙公司向法院提起诉讼。该案例中，两公司在租赁合同中约定的押金，因为是作为提前解除租赁合同的处罚，并符合定金的特点，所以该押金的性质应解释为解约定金。在承租人不愿承租的情况下，租赁合同在性质上又不宜强制实际履行，故解约定金成为租赁合同中常见的担保方式。当事人通过约定解约定金，事先约定了合同解除时的赔偿额，既起到担保合同履行的作用，也解决了合同解除时的赔偿问题。

担保法对解约定金没有规定，对解约定金的处理应当依据担保法第 6 章的一般规定和上述司法解释的规定。实践中有以下问题值得注意：

1. 合同中约定了解约定金的，当事人以承担定金损失为代价要求解除合同的，对该合同不能强制实际履行。另一方当事人如果申请人民法院强制实际履行合同的，人民法院应当予以驳回。当事人自愿以承担定金损失为代价解除合同，应当允许，定金如果不足以赔偿守约方的损失，应当先进行定金处罚，然后再根据守约方的实际损失由违约方承担赔偿责任。定金与损害赔偿可以并存，对损害赔偿的确定，适用合同法第 97 条①的规定。

2. 守约方的实际损失大小对定金处罚不生影响，即便守约方没有损失或者损失小于定金处罚数额，违约方均无权要求减少或者免除定金处罚。我国合同法

① 民法典第 566 条规定：“合同解除后，尚未履行的，终止履行；已经履行的，根据履行情况和合同性质，当事人可以请求恢复原状或者采取其他补救措施，并有权请求赔偿损失。合同因违约解除的，解除权人可以请求违约方承担违约责任，但是当事人另有约定的除外。主合同解除后，担保人对债务人应当承担的民事责任仍应当承担担保责任，但是担保合同另有约定的除外。”

规定的违约金属于补偿性质，因此在守约方损失不大的情况下，法律允许违约方请求法院减少违约金，但定金具有惩罚性，对违约方减免定金的请求，法律不予承认。

第二节　定金的识别

经济交往活动中，当事人常在合同中约定一方向对方交付一定数额的金钱作为某种形式的担保，至于被交付的金钱属于什么性质，有何种法律效果，实践中认识不一，引发纠纷较多，需要通过分析定金的本质特点来识别定金。

当事人在合同中约定一方向另一方交付一定数额的金钱作为担保的，被交付的金钱可能具有金钱质押（金钱质）的本质。所谓金钱质押，即将金钱作为质物转移给权利人占有，以此作为履行合同的担保，比如，封金、特户等。定金作为担保方式，本质上属于信托的所有权让与①，区别于金钱质押。对定金的识别主要依据担保法司法解释第 118 条，② 该条规定："当事人交付留置金、担保金、保证金、订约金、押金或者订金等，但没有约定定金性质的，当事人主张定金权利的，人民法院不予支持。"

一、定金的性质与特点

定金性质上属于信托的所有权让与，但定金合同又是合同的一种，担保法明确规定，定金合同的生效以交付定金为要件。在担保期间，定金的所有权发生转移，接受定金的一方对定金拥有所有权。定金独特的特点还有：1. 定金的所有权自约定的定金处罚条件成就时，即发生绝对转移或成为索赔的标准。支付定金的一方违约时，定金的信托关系终止，定金由接受的一方所有，不需要再通过协

---

① 关于定金所具有的信托所有权让与本质，参见第四章权利质押部分的论述，此处不再赘述。

② 民法典担保制度司法解释第 70 条规定："债务人或者第三人为担保债务的履行，设立专门的保证金账户并由债权人实际控制，或者将其资金存入债权人设立的保证金账户，债权人主张就账户内的款项优先受偿的，人民法院应予支持。当事人以保证金账户内的款项浮动为由，主张实际控制该账户的债权人对账户内的款项不享有优先受偿权的，人民法院不予支持。在银行账户下设立的保证金分户，参照前款规定处理。当事人约定的保证金并非为担保债务的履行设立，或者不符合前两款规定的情形，债权人主张就保证金优先受偿的，人民法院不予支持，但是不影响当事人依照法律的规定或者按照当事人的约定主张权利。"

商或司法程序来行使定金上权利。接受定金的一方违约时，定金就成为支付定金一方的索赔标准，接受的一方应当双倍返还定金。2. 定金作为担保方式是双向担保，而非仅担保债权人一方，其他担保方式，如抵押、质押，都是对债权人的担保，债权人是受益人。定金对支付定金的一方和接受定金的一方均有约束力，担保双方各自履行合同义务。

二、识别定金的方法

识别定金关键在于把握定金自身的特点。当事人在合同中明确约定有定金条款或约定定金合同的，则定金的识别不存在问题；如果合同约定交付一定数额的金钱但没有冠以“定金”名称的，则应当按照合同约定的内容考察是否存在对定金的约定。依照担保法司法解释第 118 条的规定，对于约定中没有冠以“定金”并且合同内容中也没有定金的意思表示的，一律不能按照定金对待。如果合同约定没有“定金”字样，但合同内容约定有符合定金特性的定金罚则的，则应当按照定金来认定。在合同名称与内容不符应如何认定合同性质的问题上，笔者主张“名实并举，以实为主”。比如，在认定定金时，不应以名称为唯一标准，应当允许没有冠以“定金”名称的定金合同存在，即“名实”并举，不宜僵化理解法律对定金的规定。识别定金的关键在于当事人订立的合同内容中是否有对符合定金特性的定金罚则的约定，即“以实为主”。因此，以下情形可以认定为定金：

1. 当事人在合同中明确采用“定金”字样表述所交付的金钱的；

2. 没有采用“定金”字样，但明确约定适用定金性质的处罚的。

试以商品房买卖中的押金为例。商品房买卖中，购买者在正式签订买卖预购契约之前，通常要在开发商的认购书上先签字，表示认购的意向，认购书通常有关于交付押金的内容，要求购买者在签订认购书的同时交押金数万元，并要求购买者在一周内正式签订房屋买卖契约，否则不予保留购买者所看中的房屋。实践中，经常发生购买者最后决定不购房并要求开发商退还押金，而开发商拒绝退还押金所引发的纠纷。押金究竟是该退还是不该退？关键在于该押金是否具有定金的性质。根据上面识别定金的方法，首先，由于购买者与开发商签订的认购书没有明确采用“定金”来表示购买者所交付的金钱的性质，而是采用“押金”的表述，所以，不能根据名称直接认定该押金具有定金性质。其次，再看认购书是否约定对“押金”适用定金性质的处罚，即是否约定购买者在拒绝签订房屋买卖契约时，押金不予退还的处罚内容。如果没有定金处罚的内容，押金则不具有定金的性质，开发商应当退还购买者所交的押金；如果有定金处罚的内容，则押金应认定为具有定金性质，购买者签订了认购书并交付押金后，在购买者无正当理由拒绝正式签订购房契约时，开发商可不予退还押金。实践中，开发商的认购书中关于押金的性质往往表述模糊，致使一些购买者产生误解。对此，根据上面识别定金的方法，凡是未正面告诉购买者“押金不退”的，均不能按照“押金不退”来处理，即不能将此种押金作定金处理。

三、其他不属于定金的金钱担保

金钱担保的种类较多，与定金相比又有自己的特点，各自发挥着不同的担保功能。对于其他的金钱担保，实践中应当根据当事人约定的内容和行业的交易习惯来认定和处理由此引发的纠纷。试以饭店订包间交付的订金和信用证开证保证金为例。

饭店订包间交付的订金，依照行业习惯只是作为饭店保留包间的对价，没有订金的，饭店过时不候，有订金的可以在一段时间内保留包间，饭店如果对订金进行扣押，则不符合行业习惯。因此，如果饭店一方希望在客户未如期赴宴时扣收订金，则需要与客户特别约定，明示订金不退，或者将“订金”改为“定金”，以明确其法律意义。

信用证开证保证金作为金钱担保，由开证申请人交付给开证行，以担保开证申请人偿还信用证项下的款项。依照行业习惯，开证申请人交付的保证金，在信用证项下的款项没有得到清偿时，开证行有权予以扣收。开证行占有保证金，对保证金享有所有权①，开证申请人的其他一般债权人不得申请法院冻结、扣划保证金。法院也不得因其他债权人的申请，冻结、扣划保证金，否则将损害开证行的合法权益。信用证开证保证金不是定金，不存在双倍返还的处罚，在权利行使条件成就时，开证行无需与开证申请人协商即可扣收保证金。对开证保证金的认

---

① 保证金具有特户性质的，可以构成金钱质押。参见第四章权利质押部分的论述，此处不再赘述。

定和处理主要按照行业习惯，担保法司法解释第 85 条①也有明确规定，不因担保法未具明文而否定其应有的法律意义。

第三节　定金的实践性

定金在实践中的履行情况各异，有虽约定定金但不交付定金的，有少于约定的数额交付定金的。对于一方当事人少交或不交定金，另一方是否可以申请法院强制执行定金，定金条款是否还具有法律效力，涉及定金合同的实践性。

一、定金合同的实践性

定金合同属于担保合同的性质，根据担保法第 90 条②的规定，定金合同以当事人实际交付定金为合同生效要件，因此，定金合同属于实践合同，与诺成合同相对应。实践合同在当事人虽有约定但未履行的情况下，合同不生效，合同也不能被强制履行。定金合同既然属于实践合同，当事人订立定金合同后不履行交付定金约定的，不构成违约，至于当事人是否存在缔约过失责任，则应适用我国合同法第 42 条③关于缔约过失责任的规定予以认定。一般来说，由于担保法明确规定定金合同属于“交付生效”，各方当事人推定知悉法律的规定，所以不履行交付定金约定难以构成缔约过失责任。

成约定金系担保合同的生效或成立，当事人不交付成约定金，说明当事人选择让合同不成立或不生效，所以，成约定金虽约定但未交付时，不仅定金合同不生效，而且主合同也不成立或不生效。

---

① 民法典担保制度司法解释第 70 条规定：“债务人或者第三人为担保债务的履行，设立专门的保证金账户并由债权人实际控制，或者将其资金存入债权人设立的保证金账户，债权人主张就账户内的款项优先受偿的，人民法院应予支持。当事人以保证金账户内的款项浮动为由，主张实际控制该账户的债权人对账户内的款项不享有优先受偿权的，人民法院不予支持。在银行账户下设立的保证金分户，参照前款规定处理。当事人约定的保证金并非为担保债务的履行设立，或者不符合前两款规定的情形，债权人主张就保证金优先受偿的，人民法院不予支持，但是不影响当事人依照法律的规定或者按照当事人的约定主张权利。”

② 民法典第 586 条规定：“当事人可以约定一方向对方给付定金作为债权的担保。定金合同自实际交付定金时成立。定金的数额由当事人约定；但是，不得超过主合同标的额的百分之二十，超过部分不产生定金的效力。实际交付的定金数额多于或者少于约定数额的，视为变更约定的定金数额。”

③ 对应民法典第 500 条，无实质变化。

二、定金合同订立后少交付或多交付定金的处理

定金合同订立后，少交付定金的情况比较常见，超过约定的定金数额多交的情况较少，但也不能排除存在这种情形。对于多交、少交定金的，担保法司法解释第 119 条①规定："实际交付的定金数额多于或者少于约定数额，视为变更定金合同；收受定金一方提出异议并拒绝接受定金的，定金合同不生效。"司法解释的规定反映了定金合同的实践性，将当事人实际交付的定金数额作为实际生效的定金数额，对于少交的部分，不能强制履行。对方当事人对于数额不足的定金拒绝接受的，定金合同不生效，一旦接受的，实际接受的定金额为定金范围，对于未交部分，接受定金的一方无权要求对方补交。值得注意的是，对于当事人既接受不足额的定金，又提出异议的，该异议是否具有法律意义？司法解释未予涉及，根据担保法及其司法解释关于定金合同实践性的规定，既然当事人已接受不足额的定金，实际生效的定金范围已经固定，未交付的部分不作为定金范围，因此，当事人对未交付的定金提出的异议不能成立。对于多交付的定金，除超过法律规定的限额外，已交付的定金为实际定金范围，当事人各方均在实际交付的定金上享有权利，承担义务。

三、定金的限额和超过限额的处理

关于定金的限额，担保法第 91 条②规定："定金的数额由当事人约定，但不得超过主合同标的额的百分之二十。"担保法司法解释第 121 条③规定："当事人约定的定金数额超过主合同标的额百分之二十的，超过的部分，人民法院不予支持。"从立法角度分析，由于担保法第 91 条采取了"不得"字样，其性质属于强制性条款，当事人约定的定金额不得违反担保法的强制性规定，否则约定不具有法律效力。司法解释据此进一步规定，当事人约定的定金数额超过担保法规定的，超过部分人民法院不予保护。

（一）定金的最高限额

担保法规定定金的最高限额为主合同标的额的 20%。举例来说，甲公司向乙

① 无对应内容。

② 参见民法典第 586 条。

③ 参见民法典第 586 条。

公司订购总价值1000万元人民币的钢材，甲公司交付定金的最高限额是200万元，即总货款1000万元的20%。当事人约定的定金额少于主合同标的额20%的，法律不予限制；高于20%的，则超过部分“不受人民法院保护”。定金的最高限额一般针对以金钱为履行内容的合同，如果主合同的标的不能用金钱计算，或合同目的是双方共同合作经营，则不能直接适用担保法和司法解释关于最高额的限制，比如演出合同、中介合同、联营合同等。非金钱债务合同中如果约定定金的，需要通过合理换算计算出定金的最高限额。

（二）超过最高限额的处理

当事人约定的定金超过法律规定的最高限额的，超过最高限额部分的定金，人民法院不予支持。司法解释中所谓的“不予支持”，直接影响到合同效力，即超过最高限额的定金合同属于部分无效，而非定金合同全部无效，交付定金的一方可以就超过的部分请求返还。

四、定金合同订立后不交付定金的处理

担保法第90条规定了定金合同是实践合同，当事人约定了定金条款但未交付定金的，定金合同不生效。定金合同是主合同的从合同，定金合同不生效，不影响主合同的效力。主合同不生效或无效的，定金合同也无法律效力，已接受定金的一方当事人是否应当退还定金，视定金的性质而定：通常情况下定金应当退还，但如果定金是用来担保合同生效的，因交付定金的一方当事人的原因致使合同不生效或无效时，接受定金的一方可以不退还定金。

第四节　定金处罚

定金作为担保方式之一，其担保功能是通过定金处罚来实现的。当事人违反合同或解除合同，就要损失相当于定金数额的金钱，因此，为避免损失，当事人可能选择履行合同而不是违反合同。定金处罚的条件，允许当事人在合同中进行约定，也可以由法律规定。在各类定金中，处罚条件较为复杂的是违约定金，其他定金因当事人的约定明确，功能单一，处罚条件也单一。违约定金因违约行为多样化和违约后果不同，处罚条件相对复杂。为此，最高人民法院担保法司法解

释专门就违约定金的处罚条件作了规定。

一、立约定金、成约定金、解约定金的处罚条件

立约定金，依当事人的约定，担保的是当事人在将来正式缔约，所以立约定金的处罚条件即当事人违背承诺拒绝订立合同，接受定金的一方拒绝订立合同的，应当双倍返还定金；交付定金的一方拒绝订立合同的，定金作为赔偿，由相对方予以扣收。

成约定金，依当事人约定，是合同成立或生效的标志，交付定金的一方拒绝交付定金的，合同不成立或不生效，当事人交付定金的，合同成立并生效，成约定金继续发挥担保作用。在当事人违反合同义务时，成约定金与违约定金的作用相同，用来对违约一方进行处罚。成约定金的处罚条件与违约定金相同，下面还有详细阐述。

解约定金，依当事人约定，是作为对解除合同行为的担保，因此，解约定金的处罚条件非常单一，即当事人解除合同。只要当事人单方面解除合同，就构成处罚解约定金的条件。解约定金不同于违约定金，当事人一方违反合同义务，不构成处罚解约定金的条件。只有当一方当事人违约并构成法定解除合同的原因，对方当事人根据法律规定解除合同时，才可以处罚解约定金。比如，在房屋租赁合同中，承租人交付给出租人的押金，约定作为承租人或出租人不提前解除租赁合同的担保，该押金具有解约定金的性质。如果租赁合同不解除，即便承租人未按期支付租金，出租人也不能扣收押金。当承租人不按期支付租金构成出租人解除合同的原因时，出租人必须先解除合同，才有权扣收押金作为赔偿。换言之，出租人不能两全其美，既维持租赁合同效力，又扣收押金（解约定金）。

二、违约定金的处罚条件

违约定金是最常见的定金形式，处罚条件较为复杂，担保法司法解释第 120 条①因此专门对其处罚条件进行了解释。分述如下。

（一）适用违约定金处罚的条件

担保法司法解释第 120 条第 1 款规定："因当事人一方迟延履行或者其他违

① 无对应内容。

约行为，致使合同目的不能实现，可以适用定金罚则。但法律另有规定或者当事人另有约定的除外。”内容分为两个层次：一是明确了适用违约定金处罚的一般条件，二是规定了但书，列明了例外情况。首先适用违约定金处罚的条件是：当事人一方迟延履行或者有其他违约行为，致使合同目的不能实现，也称为合同目的落空。当事人有违约行为是适用定金处罚的必要条件，但仅有违约行为还不够，还必须有违约行为致使合同目的落空的结果。在适用定金处罚上，违约行为和合同目的落空两个条件缺一不可。

所谓合同目的落空，指当事人缔结合同的主要目的因违约行为而不能实现。合同的目的，指的是主合同的目的，当事人订立主合同的目的可能有主要目的，也可能有次要目的；可能有直接目的，也可能有间接目的。作为有法律意义的合同目的则仅指合同的直接目的和主要目的。致使合同的直接目的和主要目的落空的违约行为，在合同法理论上被称为根本违约，司法解释规定根本违约是适用定金处罚的条件。简言之，违约行为致使合同的主要、直接目的落空时，即构成根本违约，可以适用定金处罚。担保法司法解释的规定与其他国家的立法例有相同之处，如英国、日本等，《联合国国际货物销售合同公约》也规定以合同的目的落空作为衡量根本违约的标准①。

能够导致合同目的落空，构成根本违约的违约行为，除司法解释列举的迟延履行外，拒绝履行、不能履行也构成根本违约，而瑕疵履行、不完全履行则有导致根本违约的可能。虽有违约行为但合同目的可以实现或主要目的可以实现的，不构成根本违约，也就不符合适用定金处罚或全部处罚定金的条件。例如，合同约定甲方购买乙方煤炭 1000 吨用作冬季取暖，10 月 30 日交货。为保证按时交货，甲方要求乙方支付定金 50 万元，乙方同意并交付定金。交货期满，乙方交货 950 吨，缺 50 吨不能交货，乙方构成不完全履行合同。此种情况下若甲方扣收乙方的定金，则不符合司法解释的规定，因为就该合同的性质和履行情况而言，已供的 950 吨煤炭可以被合目的地使用，甲方购买煤炭取暖合同的主要目的，不因少 50 吨而不能实现，即乙方不构成根本违约。再如，甲与乙订立转让商店合同，并约定有定金条款，担保商店能够按期交付并正常营业。合同到期后

① 《联合国国际货物销售合同公约》第 25 条。

商店虽按期交付，但该商店的营业执照因旧业主违法经营被吊销，无法营业。此种情况下，对方当事人要求适用定金处罚应当得到支持，因为合同的目的是转让可以正常营业的商店，不是商店的不动产和动产等经营资产，因商店的营业执照被吊销，买方购入商店继续进行经营的目的落空，转让方不能交付可以合法经营的商店构成根本违约，可以适用定金处罚。

司法解释但书部分规定的“但法律另有规定或者当事人另有约定的除外”，主要是将其他性质的定金从违约定金中排除出来，因为该条解释是针对违约定金的处罚而言，其他性质的定金，如解约定金、立约定金等，均有各自的处罚条件，前面已有阐述。

（二）部分履行主合同时如何适用定金处罚

主合同部分未得到履行、构成合同目的落空的，也可以适用定金处罚。实务中，合同部分履行时对当事人实际损失的判断存在一定的难度，如果定金全部被扣收，当事人之间利益明显失衡，可能造成新的不公，为此，担保法司法解释第120条第2款规定：“当事人一方不完全履行合同的，应当按照未履行部分所占合同约定内容的比例，适用定金罚则。”举例来说：

甲与乙约定，由甲方向乙方供应钢材1000吨，作为担保合同履行，甲方支付定金50万元给乙方。交货期至时，甲方只组织货源500吨并交货500吨，乙方接受但提出甲方违约。甲方的履行属于不完全履行，合同约定了定金条款，鉴于供货严重不足，乙方可以要求适用定金处罚。因甲方已供货500吨，占总数的一半，根据担保法司法解释的规定，50万元的定金只能处罚25万元。

该条司法解释按照合同履行的比例来处罚定金，目的是平衡当事人之间的利益，从实务来看，这种方法具有一定的实用性。然而，如果合同本身没有标的额，不能计算比例的，则无法适用该条规定的比例方法来进行处理。另外，按照比例方法处罚定金，与按照是否构成根本违约来处罚定金存在适用上的协调问题。如果当事人不完全履行合同的违约行为已经形成了根本违约，那么是对定金全部进行处罚，还是按照比例进行处罚，成为问题。一般而言，如果守约方当事人接受不完全履行的结果，按照比例处罚定金较为可行；如果守约方不接受部分履行行为，则无从使用比例方法处罚定金。实践中，协调比例处罚方法和根本违约全部处罚方法在定金处罚上的冲突，需要再引入“部分根本违约”的概念。

在不完全履行合同“质变”为“全部根本违约”时，应当全部处罚定金；在不完全履行合同构成“部分根本违约”时，部分处罚定金，即按比例处罚定金；在不完全履行合同尚不构成“根本违约”时，不处罚定金。申言之，在不完全履行合同的情况下，只有当事人接受或依法不得拒绝不完全履行合同的行为时，才能部分处罚或不处罚定金；在当事人可以拒绝接受不完全履行合同行为时，部分处罚定金或不处罚定金难以运用。当事人有权拒绝接受履行合同行为须以当事人有合同解除权为限，违约方不完全履行合同致使守约方产生合同法第 94 条①第 4 项规定的法定合同解除权的，守约方有权拒绝接受违约方的部分履行合同行为，定金可以全部处罚；不完全履行合同仅构成“部分根本违约”或不构成“根本违约”，对方当事人无法定合同解除权时，只能部分处罚定金或不处罚定金。

三、免予处罚定金的情形

免于处罚定金的情形，担保法司法解释第 122 条②明确规定有不可抗力和意外事件两种，并排除了第三人过错情形。该条规定：“因不可抗力、意外事件致使主合同不能履行的，不适用定金罚则。因合同关系以外第三人的过错，致使主合同不能履行的，适用定金罚则。受定金处罚的一方当事人，可以依法向第三人追偿。”因不可抗力、意外事件而造成合同不能履行的情况下，免于适用定金处罚，仅针对违约定金而言，除此之外，无论当事人因主观因素还是因客观因素造成违约的，均可以适用违约定金处罚。

（一）不可抗力

不可抗力致使合同不能履行免于定金处罚，依据是我国合同法第 117 条③的规定。该条规定：“因不可抗力不能履行合同的，根据不可抗力的影响，部分或者全部免除责任，但法律另有规定的除外……”不可抗力可以免除违约责任是合同法的一般原则，违约定金的处罚也属于因违约产生的责任的一部分，依照合同法规定的精神，也应当在可以免除之列。因不可抗力不能履行合同也包括不能按

---

① 对应民法典第 563 条，无实质变化。

② 无对应内容。

③ 对应民法典第 590 条，无实质变化。

期履行合同，即因不可抗力造成迟延履行的情况，因此，在因不可抗力造成不能履行和迟延履行两种情况下，均可以免除定金处罚。合同法根据不可抗力的影响强弱，区分部分免除或全部免除违约一方当事人的责任，在定金处罚上，也存在部分免除的情形。比如，不可抗力仅导致合同部分不能履行，其余部分仍然可以履行的，此种情况下当事人不履行未受不可抗力影响部分的合同内容，仅能部分免除定金责任。例如，山体滑坡造成半数货物损失，剩下货物因运输中断价格暴涨，供货方转手卖给第三人牟取暴利的，对于未受不可抗力影响、可以履行的部分，供货方违约转卖给第三人，可以适用定金处罚。部分处罚定金的，依照担保法司法解释第 120 条第 2 款“应当按照未履行部分所占合同约定内容的比例，适用定金罚则”的规定。

（二）意外事件

在免予处罚定金上，担保法司法解释将意外事件与不可抗力同等看待，较之合同法规定的范围要广。意外事件的概念相对复杂，我国法律对此没有明文规定。理论上把意外事件与不可抗力的区别分为客观说、主观说、折衷说三种[①]。客观说认为意外事件是与当事人有特殊内在联系的情况，即事件与当事人的特定行为存在一定程度上的因果关系，而不可抗力与当事人特定行为无关；主观说认为意外事件是特定当事人主观上不能预见和不能防止的情况，而不可抗力是一般人主观上不能预见和不能克服的情况；折衷说认为应当结合主观说和客观说，从主客观因素出发确定意外事件。主观说、客观说、折衷说均为法律实践中认定意外事件提供了判断标准，但就操作性层面而言，因为判断标准迥异难免存在应用上的分歧。事实上，对意外事件的定义虽然存在难度，但采取排除法认定意外事件可能不失为一种捷径。既然意外事件不同于不可抗力，又不属于因第三人原因致使当事人违约的情况，那么，介于以上两者之间的、致使当事人违约的情形就应当归入意外事件的范围。对于不可抗力，我国民法总则、民法通则和合同法均有明确规定，即“不能预见、不能避免且不能克服的客观情况”，通说认为不可抗力的范围一般限于自然灾害、战争、政府行为等，范围较窄，容易确定；第三人原因致使当事人违约包括因第三人的主观过错和客观不能导致当事人违约两种

---

① 参见王利明、崔建远：《合同法新论·总则》，中国政法大学出版社 1996 年版，第 714 页。

情形，理论和实践上无太大分歧。意外事件，即处于不可抗力和第三人原因之间，排除不可抗力和第三人原因，意外事件的定义应当是“不能预见、不能避免并不能克服，但又不属于不可抗力和第三人原因的客观情况”，比如桥梁坍塌、空难等。

意外事件可以免除当事人的违约责任，一些国家法律有明文规定，如法国。我国法律没有规定意外事件可以作为免责事由，但也没有明文排除，担保法司法解释对意外事件可以免除定金处罚的规定可以视为将意外事件作为免责事由的一次尝试。

（三）第三人原因

担保法司法解释第 122 条规定因第三人原因导致合同不能履行（包括不能按期履行）的，不属于免于定金处罚的情形，应当适用定金罚则，但司法解释也进一步规定“受定金处罚的一方当事人，可以依法向第三人追偿”。第三人原因或因第三人过错致使合同不能履行或出现其他违约的，通常不作为免责事由，我国合同法第 121 条[①]规定：“当事人一方因第三人的原因造成违约的，应当向对方承担违约责任。当事人一方和第三人之间的纠纷，依照法律规定或者按照约定解决。”既然第三人原因不能免除违约责任，自然也谈不上免除定金处罚，两者一脉相承。担保法司法解释明确了第三人原因不能免除定金处罚，也明确了受定金处罚的当事人可以向第三人追偿，将当事人向第三人索赔的范围扩展到当事人在关联合同中所受到的定金损失。事实上，定金损失并不是唯一可以要求第三人赔偿的损失种类，因第三人原因导致当事人违约所招致的、需要由当事人承担的其他损失，比如违约金损失，也可以向第三人追偿。

第五节　定金与损害赔偿、违约金的并罚

定金处罚是对违约一方当事人的惩罚，也是对当事人损失的弥补，尤其是在立约定金和解约定金的场合，但在违约定金的场合，定金可能不足以弥补守约一方当事人的损失，这就需要在定金处罚之外再追究违约一方的其他法律责任，比

① 对应民法典第 593 条，无实质变化。

如损害赔偿或违约金，以弥补守约一方当事人的损失。这涉及定金和损害赔偿、违约金的并罚，值得研究。

一、定金与损害赔偿的并罚

定金属于担保方式，损害赔偿属于违约救济，两者的并罚一般不存在问题，但当事人需要通过举证证明实际损失大于定金赔偿数额。在立约定金的场合，因合同不成立而适用定金处罚后，当事人如果主张损失大于定金数额，其损失实质上属于缔约过失责任上的损失，即信赖利益上的损失。然而，由于信赖利益损失的举证较为困难，在司法实务中难以得到法院的支持。比如在购买者签订房屋认购书后，决定不购买房屋，不签订正式房屋购买契约，开发商只能扣收购买者定金作为赔偿。如果开发商主张由于购买者没有签约，自己的房屋丧失最佳出卖时机，损失大于定金要求另行赔偿的，能够得到法院支持的可能性不大。在解约定金的场合，合同法规定合同解除不影响当事人承担损害赔偿责任，因此，在理论上和法律规定上，解约定金与损害赔偿可以并罚。不过，解约定金本身就被视为对解除合同损失赔偿额的预定，定金被处罚后，当事人要证明自己的损失大于预定的赔偿额，也比较困难。违约责任是合同法上的基本救济途径，所以，违约定金当然不能排除违约责任的存在。违约责任的内容一般是损害赔偿，当事人主张因违约所受之损失大于定金额，诉请法院在定金之外裁判损害赔偿的，也需要举证证明，根据“谁主张谁举证”的原则，举证责任应当由主张损失大于定金的守约一方当事人承担。

二、定金与违约金的并罚

定金与损害赔偿可以并罚，在理论和实践上都没有太大的分歧，而定金与违约金的并罚，却分歧较大。有主张不能并罚的，认为定金和违约金都是处罚性质，并罚过于严厉；有主张可以并罚的，认为定金与违约金是两种不同性质的法律责任，法律并不限制并罚。研究该问题，需要结合定金本身的性质和违约金的具体内容。

由于违约金仅针对违约行为，在成约定金、立约定金、解约定金、违约定金等各类定金中，除违约定金外，成约定金、立约定金、解约定金与违约金不发生交叉，并罚不成为问题。换言之，在立约定金、成约定金、解约定金的场合，定金和违约金系互不交叉的两种法律责任，只要各自条件成就，即可以并罚。但在违约定金的场合，情况较为复杂，从司法实践来看，需要考察违约定金和违约金的设定（目的）指向。具体来说，如果违约定金和违约金指向同一种违约行为，那么，违约定金和违约金不能并罚，因为一种违约行为不应当招致双重处罚；如果违约定金与违约金指向不同的违约行为，则并罚就成为必要。例如：

案例 A：甲公司与乙公司签订购销钢材合同，甲公司供给乙公司工字钢 1000 吨，乙公司交付定金 100 万元给甲公司，作为甲公司按期履行合同的担保，并与甲公司约定，如果甲公司到期不能交货，甲公司应按总货款的每日万分之五计算违约金，作为给乙公司的赔偿。

在该案例中，100 万元定金的性质是违约定金，担保甲公司按期履行合同；违约金也针对甲公司不按期履行合同的违约行为，所以违约定金和违约金的指向相同，在甲公司未按期交货的情况下，定金和违约金不能并罚，乙公司只能择一行使。如果乙公司的损失超过定金或者违约金任一数额的，可以并罚损害赔偿。

案例 B：甲公司与乙公司签订购销钢材合同，甲公司供给乙公司工字钢 1000 吨。乙公司交付定金 100 万元给甲公司，作为甲公司按期履行合同的担保，并与甲公司约定，如果钢材数量短缺，甲公司支付短缺部分货款的 5%作为对乙公司的损失赔偿。

在该案例中，当事人在合同中约定的定金指向的是甲公司按期履行合同，约定的违约金指向的是甲公司按数量履行合同，违约定金和违约金所指向的违约行为清楚、不交叉，所以当甲公司既迟延履行又瑕疵（数量短缺）履行合同时，定金和违约金可以并罚。当然，如果并罚的结果导致当事人间利益严重失衡，针对定金部分当事人无权要求削减，但对于违约金过高的，法院可以根据合同法第 114 条①的规定，依当事人申请对违约金进行调整。对于违约金是否过高，在举证责任上贯彻“谁主张谁举证”的原则，由违约方提供证据。

① 对应民法典第 585 条，无实质变化。

第七章

担保纠纷案件诉讼程序与管辖

第一节　担保纠纷案件的诉讼程序

担保纠纷案件诉讼程序较为复杂，主要原因是担保纠纷案件当事人较多、诉讼地位不一，我国现行民事诉讼法对当事人较多的诉讼程序在制度设计上也明显不足，司法实务中分歧较大。担保法司法解释对担保纠纷案件诉讼程序进行的专章规定，构成审理担保纠纷案件诉讼程序的基本内容。

一、一般保证纠纷案件

在一般保证纠纷案件中，由于一般保证人有先诉抗辩权，其诉讼地位较为特殊，由此产生债权人对债务人提起诉讼是否可以将一般保证人列为共同被告，或者一般保证人是否可以单独被诉的问题。担保法司法解释第 125 条[①]规定："一般保证的债权人向债务人和保证人一并提起诉讼的，人民法院可以将债务人和保证人列为共同被告参加诉讼。但是，应当在判决书中明确在对债务人财产依法强制执行后仍不能履行债务时，由保证人承担保证责任。"该条解决了一般保证纠纷案件中如何列当事人以及一般保证人如何承担保证责任的程序问题。

（一）一般保证人在担保纠纷案件中的诉讼地位

担保法司法解释规定，一般保证的债权人向债务人和保证人一并提起诉讼的，人民法院可以将债务人和保证人列为共同被告参加诉讼，明确规定了在债权人一并起诉债务人和一般保证人的案件中，一般保证人与债务人为共同被告。司法解释将一般保证人和债务人规定为共同被告，没有将一般保证人作为第三人，是基于对一般保证人先诉抗辩权的本质认识。先诉抗辩权是一般保证人享有的实体权利，而非诉讼权利，一般保证人的先诉抗辩权基于担保法的规定，非因诉讼法的规定产生，其本质是一般保证人抗辩债权人的一项实体权利。因此，先诉抗辩权不能"抗辩"债权人的诉权，仅能"抗辩"债权人的诉讼请求。基于此，

---

① 无对应内容。

司法解释将一般保证人与债务人列为共同被告，而非第三人。换言之，一般保证人的诉讼地位不是与案件处理结果存在利害关系的第三人，而是第二顺序债务人。在保证纠纷案件的诉讼程序上，司法解释坚持主合同纠纷和保证纠纷案件合并审理的基本思路。

司法实践中，具体诉讼情形可能比司法解释规定的内容更为丰富多彩，比如，担保法司法解释仅规定了债权人将债务人和一般保证人一并起诉的情形，那么，当债权人仅起诉债务人、不起诉一般保证人，或者债权人仅起诉一般保证人、不起诉债务人时，诉讼程序应当如何安排，需要以司法解释的精神为基础加以分析。

1. 债权人仅起诉债务人，不起诉一般保证人的，债务人是单独的被告，人民法院不能将一般保证人追加为共同被告。因为，债权人对债务人的诉与对一般保证人的诉不是必要共同诉讼，债权人在诉讼时有选择的权利。如果债权人选择仅起诉债务人的，并不影响其再向一般保证人提出诉讼请求。再者，因为一般保证人是第二顺序债务人，债权人先起诉第一顺序债务人，再起诉第二顺序债务人，也是债权人在行使权利上的安排，形成的两个诉讼案件可以分别审理。

2. 债权人仅起诉一般保证人，不起诉债务人的，人民法院可以追加债务人为共同被告。因为，一般保证人是第二顺序债务人，债权人撇开第一顺序债务人而起诉第二顺序债务人的，第一顺序债务人应当参加诉讼，以体现一般保证人的先诉抗辩权。另外，担保法规定一般保证人有先诉抗辩权，并规定保证人在保证期间内承担保证责任，在一般保证场合，保证期间仅因债权人对债务人提起诉讼或仲裁才能中断。当债权人仅起诉一般保证人时，人民法院若因一般保证人有先诉抗辩权而必须驳回债权人的诉讼请求，债权人的起诉行为产生不了中断保证期间的效果（只有起诉债务人时保证期间才中断），对债权人极为不利。例如，一笔债权于 2007 年 5 月 1 日到期，一般保证人的保证期间为 6 个月，即自 2007 年 5 月 2 日至 11 月 1 日，在此期间，债权人起诉一般保证人，法院因一般保证人享有先诉抗辩权，简单地驳回债权人的诉讼请求，债权人再转回头起诉债务人，可能已经在 2007 年 11 月 1 日之后（因为一审程序就需要 6 个月），保证期间届满，保证人已经免除保证责任。此种结果对债权人极为不利。因此，为避免加大债权人的诉讼成本，并避免债权人对一般保证人的权利因保证期间的意外届满而丧失，人民法院应当追加第一债务人为被告。这样既减少了诉讼成本，又解决了债权人在保证期间内行使保证权利的问题。当然，仅从诉讼理论角度看，债权人起诉一般保证人、不起诉债务人的，法院可以驳回债权人的诉讼请求。但此种做法不符合诉讼便民原则，也难以实现良好的社会效果。

（二）一般保证人的实体权利——先诉抗辩权在判决中的体现

一般保证人的实体权利主要是先诉抗辩权，司法解释虽然规定一般保证人与债务人为共同被告，但不影响一般保证人享有的先诉抗辩权。先诉抗辩权是一般保证人依据担保法享有的权利，其权利内涵是确保一般保证人成为第二顺序债务人，在第一顺序债务人——即主合同债务人承担债务之前，一般保证人免于承担保证责任。为此，担保法司法解释专门规定“在判决书中明确在对债务人财产依法强制执行后仍不能履行债务时，由保证人承担保证责任”，其中，“在对债务人财产依法强制执行后仍不能履行债务”即先诉抗辩权的权利内容。在判决书中，判决主文可以作两项，第一项判主合同债务人应当承担的债务数额，第二项判一般保证人在对第一项裁判的主合同债务人财产依法强制执行仍不能履行债务时，承担保证责任。这样分项判决脉络清晰，民事执行中也不会出现歧义。

二、连带保证纠纷案件

担保法司法解释第 126 条[①]规定：“连带责任保证的债权人可以将债务人或者保证人作为被告提起诉讼，也可以将债务人和保证人作为共同被告提起诉讼。”连带保证关系中，保证人对债权人承担连带清偿责任，与债务人的地位相同，债务人承担的债务和保证人担保的债务系同一债务，债权人在向债务人和保证人主张权利时不分先后次序。当债权未得到清偿时，债权人可以起诉债务人，也可以起诉保证人，还可以一并提起诉讼，由债权人选择决定。司法解释肯定了债权人享有的选择权。

司法解释虽肯定了保证人和债务人可以为共同被告，但并非债权人对债务人和保证人的诉讼构成必要共同诉讼，两个诉仍然属于可分之诉。在实体权利义务关系上，债权人对债务人和对保证人的债权请求权是各自独立的，债务人和保证人对债权人承担责任也各自独立，不相互为条件。司法解释也是先肯定债务人或者保证人单独作为被告，其次才肯定两者可以为共同被告。债务人和保证人作为共同被告参加诉讼，符合诉讼效益原则，有利于查明案件事实，判决上也没有法律障碍。

---

① 无对应内容。

在连带债务关系中，债权人单独起诉各个连带债务人抑或一并起诉全部或者数个连带债务人，非担保法司法解释所创，最高人民法院在《关于适用〈中华人民共和国民事诉讼法〉若干问题的意见》第53条[①]，也采用了相同的解释方法，体现了最高人民法院在连带债务关系形成的诉讼程序问题上的一贯政策。

在债务人和连带保证人作为共同被告的诉讼中，判决主文仍然需要裁判两项，但不区分保证人和债务人在承担债务上的先后，民事执行程序中也不分次序。如果遇到保证人承担的是代债务人履行债务的保证义务，而非金钱赔偿，比如履行供货义务，建议在判决中进一步裁判保证人因不能履行担保义务给债权人造成损失的赔偿责任，即在判决中解决代为履行责任转化为金钱赔偿责任的问题，以免债权人在保证人不能代为履行后，再次涉入讼累。

三、分支机构作保证人的担保纠纷案件

分支机构作保证人，无论在实体处理上还是在诉讼程序上，均较为复杂，担保法司法解释对分支机构作保证人的诉讼程序专门进行了解释。

企业的分支机构对外提供保证，一般有两种情况：一种是企业分支机构经法人授权对外提供保证，一种是分支机构未经法人授权对外提供保证，两种情况中在保证合同上签字盖章的都不是法人，而是分支机构。在诉讼程序上，担保法司法解释第124条[②]规定："企业法人的分支机构为他人提供保证的，人民法院在审理保证纠纷案件中可以将该企业法人作为共同被告参加诉讼。但是商业银行、保险公司的分支机构提供保证的除外。"

（一）分支机构经法人授权对外提供保证

分支机构经法人授权对外提供保证，等同于法人对外提供保证，所不同的只是保证合同不是法人所签，而是分支机构代法人所签，合同签订人是分支机构，盖有分支机构的印章，但保证责任由法人承担。法人授权分支机构对外提供保证，如发生纠纷，由于分支机构是保证合同的签约人，分支机构的财产亦属于法人所有，其财产可以用于承担保证责任，因此分支机构应当作为诉讼当事人。在债权人作为原告的诉讼中，分支机构作为被告，由于分支机构不具有独立承担民

① 已失效，对应民事诉讼法解释第66条。

② 无对应内容。

事责任的能力，法人作为共同被告参与诉讼。法人、分支机构承担了对债权人的保证责任后，分支机构和法人均有权向债务人行使追偿权。

司法解释规定法人和分支机构可以“作为共同被告”，为债权人仅起诉法人或仅起诉分支机构提供了选择。如果债权人认为法人应当承担保证责任，单独起诉法人，不起诉分支机构的，符合司法解释的规定。如果债权人仅起诉分支机构，而不起诉法人的，分支机构单独为被告，司法解释也不予限制。由于分支机构无独立民事责任能力，法院在认为必要时可以依职权追加法人为共同被告。在司法实务中，法人、分支机构共同参加诉讼对查明案件事实有所裨益。

（二）分支机构未经法人授权对外提供保证

分支机构未经法人授权对外提供保证，由于分支机构不具有独立的法律地位，在无法人授权的情况下，分支机构对外保证的行为属于越权行为，一般应当认定为无效。但构成表见代理的，不在此限。虽然，分支机构是否有法人授权对实体处理影响甚巨，但在诉讼程序上基本相同，司法解释认为“企业法人的分支机构为他人提供保证的，人民法院在审理保证纠纷案件中可以将该企业法人作为共同被告参加诉讼”。无论分支机构提供担保是否有法人授权，分支机构与法人共同参加诉讼，有利于查明分支机构提供保证的效力，有利于确认法人、分支机构以及债权人之间的权利义务关系。

（三）商业银行、保险公司的分支机构对外提供保证

担保法司法解释对商业银行和保险公司的分支机构作保证人的诉讼地位作了例外规定，即分支机构可以单独起诉、应诉。

商业银行设在各地的分行不具有法人资格，均为总行的分支机构，支行又属于分行的分支机构。依照商业惯例，商业银行的分行因其客观上的财产规模而有独立的民事责任能力，可以独立承担民事责任，因此分行作保证人，如发生纠纷，分行可单独起诉、应诉，不必以总行为当事人。总行作为诉讼当事人也不符合诉讼效率原则。商业银行支行属于领取营业执照的其他经济组织，依照民事诉讼法和民事诉讼法解释的规定，支行有独立起诉能力，但无独立应诉能力，也无独立民事责任能力，如果支行因提供保证而成为被告的，债权人可以追加分行作为共同被告。

担保法司法解释对商业银行的分支机构在诉讼当事人地位上的特殊安排，是对商业银行特殊体制的认同，但不等于说商业银行的分支机构作保证人时与一般企业法人存在差别。商业银行的分支机构对外提供保证，也需要有总行的授权，一般采取分级授权，未取得授权（支行一般无保证上的授权），第三人又不属于善意第三人的，保证合同同样属于无效合同。

保险公司分支机构在诉讼中的当事人地位，与商业银行的分支机构基本相似，不再赘述。但同样需要明确的是，保险公司的分支机构为他人提供保证与一般企业法人的分支机构在法律适用上也是相同的，不能将程序上的特殊安排运用到实体处理上。保险公司的分支机构未取得保证授权，第三人又不属于善意第三人的，保证合同亦属于无效合同。

四、债务人起诉债权人的纠纷案件

债务人对债权人提起诉讼，系因主合同发生的纠纷，一般与保证人无关。债务人作为原告，债权人作为被告，保证人不是案件当事人，案由依主合同性质确定。一般情况下，如债务人因主合同发生纠纷对债权人和保证人一并提起诉讼，人民法院应当驳回债务人对保证人的起诉，债务人对保证人没有诉权。比如，在买卖合同中，保证人为买方向卖方提供保证，担保买方按期支付货款。后因货物质量问题致使买方受到损失，买方向卖方提起的诉讼。该案的案由应当定为买卖合同纠纷案件，保证人并非案件当事人。如果买方起诉卖方，并对保证人提起诉讼的，因保证人不是买卖合同中的当事人，买方对保证人没有诉权，起诉应当被驳回。

在债务人提起的诉讼中，债权人提出反诉的，担保法司法解释第 127 条①规定“保证人可以作为第三人参加诉讼”。债权人和保证人是保证合同的当事人，依照保证合同的约定，债权人对保证人有请求权。债权人在债务人提起的诉讼中提出反诉，法院对案件本诉和反诉的审理涉及保证人的利益，因此，当保证人认为案件的处理结果与自己有利害关系时，担保法司法解释为保证人参加诉讼提供了途径——诉讼第三人。需要明确的是，保证人参加诉讼是保证人的权利，不是义务，当保证人选择不参加诉讼时，人民法院不能依职权要求保证人以第三人的身份参加诉讼，债务人和债权人也无权请求法院追加保证人作为第三人参加诉

① 无对应内容。

讼。因为，债权人提起的反诉是基于债务人对债权人提起的本诉，反诉的当事人应在本诉当事人范围之内，除有必要共同诉讼情形外，反诉的当事人不能超出本诉当事人的范围。债权人与债务人以及与保证人之间的诉讼不是必要共同诉讼，保证人如不参加诉讼，债权人与保证人之间可以另案单独成讼。此外，保证人参加诉讼是以无独立请求权第三人的身份，而非有独立请求权的第三人。

五、物的担保纠纷案件

抵押、质押担保纠纷案件，债务人自己提供担保物的，不涉及第三人，诉讼程序相对简单。债权人提起诉讼的，债权人为原告，债务人为被告。当担保物系第三人提供时，第三人被称为物上保证人，诉讼程序相对复杂。担保标的是权利的，如权利质押，还涉及被出质权利的义务人，即所谓第三义务人，诉讼程序也相对复杂。担保法司法解释第 128 条[①]第 1 款规定：“债权人向人民法院请求行使担保物权时，债务人和担保人应当作为共同被告参加诉讼。”该款是对第三人提供担保物的诉讼程序所作的一般规定。此外，该司法解释第 106 条[②]还专门规定了权利质押担保纠纷案件的诉讼程序，即“质权人向出质人、出质债权的债务人行使质权时，出质人、出质债权的债务人拒绝的，质权人可以起诉出质人和出质债权的债务人，也可以单独起诉出质债权的债务人”。分述如下。

（一）抵押权诉讼程序

物权法规定抵押权人行使抵押权，“与抵押人未就抵押权实现方式达成协议时，抵押权人可以请求人民法院拍卖、变卖抵押财产”，但如果抵押权发生诉讼，比如抵押人与抵押权人就抵押合同效力、抵押登记的真实性、有效性发生争执时，必须通过抵押权诉讼（或者仲裁）解决，为此，担保法司法解释对抵押权诉讼的规定，在物权法生效后仍然有适用价值。依照该司法解释第 128 条第 1 款的规定，在抵押权诉讼中，债务人和抵押人为共同诉讼人，即便债权人仅起诉抵押人（第三人提供抵押物），法院也需要追加债务人为共同诉讼人。反之，抵押人起诉抵押权人的，无需追加债务人作为共同被告。司法解释使用了“应当”的表述，因为第三人作抵押人时性质上属于物上保证人，债务人是真实负债人，

① 无对应内容。

② 无对应内容。

仅有物上保证人而无债务人参加的案件，在查明事实上可能存在困难，并且可靠性上也存疑，选择共同诉讼的模式比较安全。

仅在抵押权诉讼中，债务人与抵押人才作为共同被告，如果是债权诉讼，即抵押权人以债权人身份主张债权请求权，不行使抵押权的，仅债务人作为被告，案由也是债务纠纷案件，法院亦无权追加担保人作为共同被告参加诉讼。

（二）质权诉讼程序

动产质权人行使质权无需取得出质人同意，当质权人与出质人就质物的处分不能达成一致意见时，法律允许质权人自行变卖或拍卖质物以清偿债权。物权法第 219 条①、担保法第 71 条②均有明确规定。如果出质人认为质权人不当处置质物，损害了出质人合法权益的，出质人起诉质权人，属于侵权之诉，不在担保纠纷范畴之内。

权利质权人行使权利质权，离不开出质权利义务人（也称为第三义务人）的协助，如果第三义务人不予配合，权利人可以按照担保法司法解释第 106 条的规定起诉第三义务人，通过诉讼程序实现权利。

担保法司法解释第 106 条是专门为权利质权人行使质权设置的诉讼程序。权利质押关系中除了质权人和出质人以外，还涉及第三义务人，无论是债权质押、物权质押，还是知识产权、股权质押均如此。债权、物权质押的第三义务人是负有清偿债务或交付特定财产的义务人，如存单质押中的存款银行、仓单质押中的存储公司；知识产权、股权质押中的第三义务人是负有协助质权人完成知识产权、股权的价值变现的义务人，如专利权质押中的专利管理机关、股权质押中的公司。例如，甲以其在丙银行的存单为乙作质押担保，甲为出质人，乙为质权人，丙银行为第三义务人。根据司法解释的规定，质权人在向出质人、出质债权的债务人行使质权时，如果出质人、出质债权的债务人不予配合，拒绝履行义务的，质权人可以起诉出质人和出质债权的债务人，也可以单独起诉出质债权的债务人。从司法解释规定的权利质权诉讼程序看，质权人可以从出质债权的债务人处获得直接清偿，法院也可以径行判决该债务人向质权人清偿。比如，在存单质

① 对应民法典第 436 条，无实质变化。

② 民法典第 436 条规定："债务人履行债务或者出质人提前清偿所担保的债权的，质权人应当返还质押财产。债务人不履行到期债务或者发生当事人约定的实现质权的情形，质权人可以与出质人协议以质押财产折价，也可以就拍卖、变卖质押财产所得的价款优先受偿。质押财产折价或者变卖的，应当参照市场价格。"

押纠纷案件中，法院可以直接判决存款银行向存单质权人兑付存款，清偿债务。

六、保证与物的担保并存的担保诉讼案件

在有人的保证和物的担保并存的情况下，如果发生纠纷，需要通过诉讼解决的，担保法司法解释第128条第2款规定“当事人发生纠纷提起诉讼的，债务人与保证人、抵押人或者出质人可以作为共同被告参加诉讼”。采取的也是共同诉讼模式。司法实务中，债权人向债务人、保证人、抵押人、出质人一并提起诉讼的，法院应当受理，并进行合并审理，不必将主债务与从债务（保证）、从权利（抵押权、质权）形成的纠纷分成数个案件审理。但需要注意的是，担保法司法解释规定的诉讼模式仅为“可以”采取共同诉讼，而不是“应当”采取，因此，债权人分别起诉债务人和保证人、抵押人、出质人等各担保人的，应予准许，不强求债权人必须选择共同诉讼模式，法院在债权人起诉某一担保人的案件中，不能追加其他担保人参加诉讼。

第二节　担保纠纷案件的管辖

担保纠纷案件的管辖基本上遵循“原告就被告”的原则。担保法司法解释规定的担保纠纷案件多数采取共同诉讼模式，主合同和从合同一并审理，被告为多人，因此，在案件管辖上也要考虑到主从合同关系。一般而言，主合同发生纠纷的案件，依据民事诉讼法的规定，应当由合同履行地和被告住所地法院管辖，区别于担保纠纷案件范围。如担保合同发生纠纷，债权人对担保人单独提起诉讼的，按照司法解释的要求，仅在连带责任保证和权利质押担保中才不需要追加债务人参加诉讼，由担保人单独作被告，被告（担保人）住所地法院取得案件管辖权。主、从合同均发生纠纷的担保纠纷案件，或者必须作为共同诉讼进行的担保纠纷案件，被告为多人的，按照担保法司法解释第129条[①]第1款的规定，应当根据主合同确定案件管辖地，即“主合同和担保合同发生纠纷提起诉讼的，应

---

① 民法典担保制度司法解释第21条规定：“主合同或者担保合同约定了仲裁条款的，人民法院对约定仲裁条款的合同当事人之间的纠纷无管辖权。债权人一并起诉债务人和担保人的，应当根据主合同确定管辖法院。债权人依法可以单独起诉担保人且仅起诉担保人的，应当根据担保合同确定管辖法院。”

当根据主合同确定案件管辖。担保人承担连带责任的担保合同发生纠纷，债权人向担保人主张权利的，应当由担保人住所地的法院管辖”。

一、债权人单独起诉债务人或担保人案件的管辖

债权人仅起诉债务人的，不属于担保纠纷案件，案件的管辖根据主合同的性质和内容，依据民事诉讼法来确定，此处不再赘述。债权人起诉担保人，仅担保人作为唯一被告的，按照担保法司法解释的规定，只有在连带责任保证和权利质押担保中才成立。

连带责任保证的场合，司法解释明确规定“担保人承担连带责任的担保合同发生纠纷，债权人向担保人主张权利的，应当由担保人住所地的法院管辖”，体现了“原告就被告”的管辖原则。如果债权人对债务人和连带保证人一并提起诉讼的，按照主合同来确定管辖地，主、从合同关系不变。

权利质押场合，质权人起诉出质人和出质债权的债务人的，出质人和该债务人为共同被告。鉴于出质人与出质债权的债务人地位平等，两者没有主从关系，面对质权人两者都是债务人的身份（权利被出质后，质权人成为“真实权利人”，而出质人成为“虚有权利人”），因此，出质人或出质债权的债务人的住所地均可以成为案件管辖地，具体管辖法院由质权人选择。质权人仅起诉出质人或仅起诉出质债权的债务人的，仍然按照“原告就被告”的原则确定案件管辖。

二、债权人一并起诉债务人和担保人案件的管辖

债权人一并起诉债务人和担保人的纠纷案件，根据担保法司法解释规定的“根据主合同确定管辖”的原则，确定案件管辖法院。司法解释的规定体现了在诉讼管辖中担保合同与主合同的主从关系，将因从合同产生的诉讼作为因主合同产生的诉讼的“从属”，以主合同关系产生的诉讼确定案件管辖。一般而言，主合同纠纷案件的管辖地即债务人住所地或主合同履行地，以此确定案件管辖地。

三、债务人与担保人必须作为共同被告案件的管辖

债务人与担保人必须作为共同被告的案件，根据担保法司法解释的规定，包括一般保证纠纷案件、担保物权纠纷案件。在一般保证纠纷案件中，债权人仅起诉一般保证人，不起诉债务人的，人民法院应当追加债务人为共同被告，因此，一般保证纠纷案件均以主合同确定管辖法院。担保物权合同也是主债权债务合同

的从合同，也以主债权债务合同确定案件管辖。权利质押纠纷案件中，债权人可以不起诉债务人，而单独起诉出质人或者出质权利的义务人，除此之外，其他担保物权发生纠纷，依照担保法司法解释的规定，债务人和担保人作为共同被告，管辖地也根据主合同来确定。例如，买卖合同关系中，保证人向卖方担保买方按期支付货款，买方在A省，卖方在B省，保证人在C省，买卖合同履行地在D省，如果买方没有支付货款，卖方作为债权人对买方和保证人一并提起诉讼的，该案件的管辖地应当是主债务人（买方）住所地A省或者主合同履行地D省。保证人住所地C省和卖方住所地B省均不能成为案件的管辖地。再如，抵押人以房屋为借款人向银行借款提供抵押担保，银行在A省，借款人在B省，抵押人在C省，房屋坐落于D省，如果发生纠纷，银行对借款人和抵押人一并提起诉讼的，案件管辖地应当是A省和B省。A省是借款合同履行地（即出借地），B省是主合同借款人住所地，抵押人住所地C省和不动产所在地D省均不是案件的管辖地（因为以主合同确定案件管辖地，所以不适用不动产专属管辖）。

四、主从合同协议管辖选择法院不一致时管辖的确定

主合同选择的案件管辖地与从合同选择的不一致时，担保法司法解释第129条第2款规定“主合同和担保合同选择管辖的法院不一致的，应当根据主合同确定案件管辖”，再次体现了主从性原则。例如，买卖合同中，当事人约定发生纠纷由买方住所地的法院管辖，而担保买方及时付款的担保合同中，当事人又约定发生纠纷由担保人住所地的法院管辖。如果卖方对买方和担保人一并提起诉讼的话，只能根据主合同——买卖合同管辖协议确定案件管辖地，即主合同选择的买方住所地法院管辖。

反担保合同系担保合同的从合同，担保人承担担保责任后既可以向债务人追偿，也可以要求反担保人承担反担保责任。担保人同时起诉债务人和反担保人的，如果担保合同和反担保合同约定选择的管辖法院不同，参照上述主从性原则，也应以担保合同的约定确定管辖法院。

图书在版编目（CIP）数据

中国担保制度与担保方法／曹士兵著．—5版．—北京：中国法制出版社，2022.8
ISBN 978-7-5216-2756-5

Ⅰ.①中…　Ⅱ.①曹…　Ⅲ.①担保法-研究-中国　Ⅳ.①D923.24

中国版本图书馆CIP数据核字（2022）第121691号

策划编辑：李小草（lixiaocao2008@sina.cn）　　责任编辑：王　熹　　封面设计：杨泽江

中国担保制度与担保方法（第五版）

ZHONGGUO DANBAO ZHIDU YU DANBAO FANGFA（DI WU BAN）

著者/曹士兵
经销/新华书店
印刷/三河市国英印务有限公司
开本/710毫米×1000毫米　16开　　印张/31.5　字数/442千
版次/2022年8月第5版　　2022年8月第1次印刷

中国法制出版社出版
书号 ISBN 978-7-5216-2756-5　　定价：108.00元

北京市西城区西便门西里甲16号西便门办公区
邮政编码：100053　　传真：010-63141600
网址：http：//www.zgfzs.com　　**编辑部电话：010-63141795**
市场营销部电话：010-63141612　　**印务部电话：010-63141606**

（如有印装质量问题，请与本社印务部联系。）